中国文化研究丛书

丛书主编／涂可国

山东社会科学院文化研究所／主办

社会儒学论丛

SHEHUI RUXUE LUNCONG

【第一辑】

涂可国／主编

山东人民出版社

国家一级出版社 全国百佳图书出版单位

图书在版编目（CIP）数据

社会儒学论丛．第一辑/涂可国主编．—— 济南：
山东人民出版社，2017.8
ISBN 978-7-209-11003-7

Ⅰ．①社…　Ⅱ．①涂…　Ⅲ．①儒学－中国－
现代－文集②社会关系－中国－现代－文集　Ⅳ．
①B222.05-53　②D66-53

中国版本图书馆CIP数据核字(2017)第211618号

社会儒学论丛(第一辑)
涂可国　主编

主管部门　山东出版传媒股份有限公司
出版发行　山东人民出版社
社　　址　济南市胜利大街39号
邮　　编　250001
电　　话　总编室（0531）82098914
　　　　　市场部（0531）82098027
网　　址　http://www.sd-book.com.cn
印　　装　山东华立印务有限公司
经　　销　新华书店

规　　格　16开（169mm×239mm）
印　　张　49
字　　数　720千字
版　　次　2017年8月第1版
印　　次　2017年8月第1次
印　　数　1-1000
ISBN 978-7-209-11003-7
定　　价　86.00元
　　　　　如有印装质量问题，请与出版社总编室联系调换。

社会儒学论丛（第一辑）编委会

当今中国为什么要大力弘扬中华优秀传统文化

涂可国

当今中国,正向"两个一百年"的战略目标迈进,整个社会也日益走向现代化、市场化、全球化、大众化和世俗化,在中国社会处于不断转型的历史背景下,为何要大力弘扬中华优秀传统文化呢?笔者认为,这绝不是发思古之幽情,不是出于民族文化的自大自恋,也不单是为了抵御外来强势文化入侵的文化保守和文化自卫,而是基于合理利用传统文化以推动社会主义文化强国建设的文化自强,基于对传统文化与当今经济、政治、文化、社会越来越相互交融、越来越一体化,越来越成为民族凝聚力和创造力的重要源泉,越来越成为综合国力竞争的重要因素,越来越成为经济社会发展的重要支撑的文化自觉。具体地说,当今中国之所以要弘扬中华优秀传统文化,主要出于四方面的战略考量:一是民族自信心的必要条件,二是文化软实力的有力支撑,三是国际竞争的独特优势,四是社会发展的宝贵精神资源。

一、民族自信心的必要条件

毛泽东同志在《新民主主义论》中深刻指出:"中国的长期封建社会

1

中，创造了灿烂的古代文化。清理古代文化的发展过程，剔除其封建性的糟粕，吸收其民主性的精华，是发展民族新文化、提高民族自信心的必要条件。"① 这里，毛泽东明确指出了清理古代文化以吸收其民主性精华是提高民族自信心必不可少的重要条件。习近平总书记在中国孔子研究院座谈时也强调对中华优秀传统文化要做到"四个讲清楚"，以增强文化自信和价值观自信。从根本上说，弘扬中华优秀传统文化对于提高民族自信心的重要性，来源于它从以下三个方面有助于推动中华民族的繁荣发展。

（一）具有推动中华民族不断发展壮大的普遍价值

步入近代以来，特别是1840年鸦片战争之后，由于西方文化的强势入侵，中华民族出现了"三千年之未有变局"，逐步沦为殖民地半殖民地，陷入落后挨打、积贫积弱的境地，这些不仅极大地冲击了中国人的民族自尊心，也动摇了一些人的文化自信心，以致滋生了文化失败主义和虚无主义。

至今仍有人认为，中国传统文化属于封建的、保守的、过时的旧文化，是一种代表农业文明和专制统治的文化形态，它不仅不能推动中国现代化，反而是中国现代化的阻力，是导致中国贫穷落后的总根源；要实现中华民族的振兴，就必须与陈旧落后的中国传统文化"实行最彻底的决裂"，全力拥抱代表先进工业文明和民主政治的西方文化；改革开放实践也证明，中国之所以成为世界第二大经济体，综合国力得到明显提升，社会充满活力，人民精神文化更加丰富多彩，正是得益于引进西方的科技文化、影视文化、经济文化、政治文化、道德文化、管理文化、节日文化以及饮食文化等。这些观点尽管不全错，但有所偏颇，而具有文化决定论和单线进化论的错误倾向。

诚然，作为建立在血源关系、小农经济和宗法封建制基础上的中国传统文化，由于受到历史条件、社会环境、生产水平和认识能力等的限制，随着时代的发展和文明的进步，有许多如封建迷信思想、男权主义、等级制、人身依附、愚忠愚孝等不能适应现代化，因而必须进行批判反思，进行解构舍弃，进行转换创新，决不能像有些人那样搞崇古复古。但是，中

---

① 《毛泽东选集》第2卷，人民出版社1991年版，第707～708页。

国传统文化既有特殊性又有普遍性，既有时间性又有超时代性，作为历史悠久、博大精深的古老文化，由于古代和现代拥有共同的人性结构、需要结构、实践结构和社会结构，以及面临共同的社会人生问题，它蕴含着众多推动当今中国社会发展的价值观念、行为准则、人生智慧、治国方略和社会理想等。

中国优秀传统文化尽管有的由于受到激进反传统运动、外来文化和市场经济的冲击而瓦解、断裂，但在今日仍有许多如仁爱之道、孝悌伦理、礼义规范、忠信律令、乡土情怀、中和思想等得到历史的承传，积淀在中国人的精神世界中，发散在中国社会生活各个领域之中，从而成为中华民族最基本的文化基因，成为中华民族复兴的重要支撑。且不说中国传统文化所展现出来的以爱国主义为核心，包括团结统一、爱好和平、勤劳勇敢、自强不息等在内的民族精神曾经为中华民族的救亡图存提供了强大的精神动力，且不说中国传统物质文化资源已经成为发展文化产业的要素和源泉，即使是儒释道等思想观念文化如天人合一、节俭反奢、协和万邦、忠恕而行等，在今天看来许多也能够跨越时空、超越国度，富有永恒魅力和普遍价值，具有消解"现代化病"——现代工具理性主义和唯科学主义造成的某些弊病的后现代特质。正如习近平总书记所指出的，"世界上一些有识之士认为，包括儒家思想在内的中国优秀传统文化中蕴藏着解决当代人类面临的难题的重要启示"①。只要结合当代中国社会现实充分弘扬优秀传统文化，并实现其创造性转化和创新性发展，一定能够为中国梦的实现提供强有力的历史根基，从而提高中华民族繁荣昌盛的自信心。

（二）积淀着中华民族最深层的精神追求

海内外一些文化虚无主义者极力摸黑中国传统文化，片面夸大中国传统文化病症，把它说成"一团糟"。有的所谓"民主精英"更是极尽污蔑中国传统文化之能事，胡说什么中国人种不行，中国文化是"阳萎的文化"，是一身"毫无用处"的俗不可耐"古装"，它一直以理性束缚感性生命，以

---

① 《在纪念孔子诞辰 2565 周年国际学术研讨会暨国际儒学联合会第五届会员大会开幕会上的讲话》。

总

序

3

道德规范框架个性意识的自由发展；反之，西方文化越发展，生命的创造意识越强。曾名噪一时的台湾自由主义者、激进反传统文化人士柏杨认为中国文化已成为"酱缸"，它的主要特征是脏、乱、差，死不认错，自我膨胀，窝里斗等，为此，他宣布"绝对崇洋"。①

其实，中国传统文化作为悠久而又博大精深的符号系统，绝不可能具有片面特征，同任何事物一样，它也是具有好坏、善恶、文野、正反等多种"悖论"，因此对其应持"一分为二"的辩证分析态度，而不能加以绝对肯定或绝对否定。文化国粹主义和极端保守主义实为盲目自信而流为自恋自大，是一种开历史倒车的行为；极力贬低乃至全盘否定中华民族传统文化的民族失败主义又势必导致民族文化精神、自尊心和自信心的丧失，而一个缺乏民族凝聚力和自豪感、自信心的国家就很难推动自身整体现代化及其文化更新。

作为中华优秀传统文化的忠实传承者和弘扬者，中国共产党历来对中华传统文化既承认其具有"精华"又肯定其具有"糟粕"，正因如此，毛泽东才强调中华先人创造了灿烂的古代文化，必须对从孔夫子到孙中山的珍贵遗产给予总结和清理。即使是在"五四"新文化运动和"文化大革命"运动中，共产党人也没有把传统文化视为完全"无用"的垃圾和包袱全部抛弃，也注重利用法家文化、戏剧中医等传统文化要素。进入改革开放特别是新世纪，我党明确提出并高度重视中华优秀传统文化，反复强调建设优秀传统文化传承体系，党的十七届六中全会《决定》② 光提到"优秀传统文化"的字眼就有 10 处之多。习近平总书记多次指出："中华文化源远流长，积淀着中华民族最深层的精神追求，代表着中华民族独特的精神标识，为中华民族生生不息、发展壮大提供了丰厚滋养。"他在会见第四届全国道德模范及提名奖获得者时发表讲话指出："中华文明源远流长，蕴育了中华民族的宝贵精神品格，培育了中国人民的崇高价值追求。自强不息、厚德载物的思想，支撑着中华民族生生不息、薪火相传，今天依然是我们推进

---

① 柏杨：《丑陋的中国人》，花城出版社 1986 年版。
② 《中共中央关于深化文化体制改革、推动社会主义文化大发展大繁荣若干重大问题的决定》。

社会儒学论丛（第一辑）

改革开放和社会主义现代化建设的强大精神力量。"无论是"优秀传统文化""深层精神追求""独特精神标识""丰厚滋养",还是"宝贵精神品格""崇高价值追求""强大精神力量",这些提法只是从不同角度肯定了中华传统文化蕴藏着值得吸收的宝贵财富,表达了对其优秀特质和重要作用的民族文化自豪感和自信心。

有的人不否认中华传统文化有其精华,但他们认为只有"反传统是突破传统继承传统的形式",只有通过"全力动摇、震荡、瓦解、消除"中国所谓旧的文化传统系统的方法来彻底重建中国文化。① 殊不知,不忘历史才能开辟未来,善于继承才能善于创新。当代新型中国文化不可能完全凭空产生,不可能完全割断历史、消解过去的文化传统,不可能完全舍弃本土传统文化而"另起炉灶"。反传统只能造成传统文化资源的破坏和浪费,以致使先进文化建设成为无源之水、无本之木。还有一些激进反传统主义者并不否定中华传统文化包含精华,但他们认为,任何一种文化体系都是不可分离和选择的有机整体,精华和糟粕往往联为一体、难以分割,对它们那么一概抛弃,要么一股脑儿接受,没有任何挑选的余地,很显然他们犯了盲目崇拜文化有机论的方法论错误。实际上,中华传统文化并不是铁板一块,它们是由无数同质的、异质的文化子系统、文化因子组成的巨系统;既可交流、沟通、渗透、融合、合并、组合,也可分离、分化、流失、转移、衰亡。尤其是器物文化,更是可以分离、组装、选择。可见,对中华传统文化完全可以进行去伪存真、去粗取精、扬长避短的分析选择,丝毫没有必要和可能绝对接纳或摒弃。

总之,中华传统文化积淀着中华民族崇高的精神追求、宝贵的精神品格、优良的道德传统、健康的理想人格和合理的价值观念等宝贵精华。只要尊重历史事实充分肯定这一点,且加以区别性对待和批判性继承,就会对传统文化抱有敬畏感和自豪感,就会增强中华民族文化价值的认同度和自信心,就会因有深厚优秀传统文化作支撑而对建设文化强国和实现民族振兴充满道路自信、制度自信和理论自信。

---

① 甘阳:《传统、时间性与未来》,《读书》1987 年第 2 期。

（三）体现了中华民族文化的独有特征

当今之所以要大力弘扬中华优秀传统文化，还在于它体现了中华民族文化多种突出的独有特征，并藉此提高中华民族的自信心。

1. 历史悠久

中华文明历史悠久、源远流长，一直以文明古国著称于世。首先，中国具有五千年的史载历史。据考古发现，早在170万年前华夏大地上就生活着云南"元谋原人"。如果说"三皇五帝"时期属于远古神话传说时代的话，那么自从商朝遗址被发现后中国历史可以确证追溯到五千年之前。其次，中国具有长久延续的文化传统。中华文化大系统中有些部分自从从殷代创始起一直延续到现代而未见多少改变，譬如祖先崇拜、天地崇拜直到如今仍在民间社会中流传着，确证了中国文化历史的悠久性。其次，中华文明是世界上唯一几千年未曾中断的古老文明形态。中国是世界上四大文明古国之一，包括三大古国文明在内的人类文明类型，有的早已夭折和流失，有的早已被消融和代替。有的文明类型如美国文明虽然得以延续，但历史短暂。中华文明迄今为止是世界上唯一拥有五千年历史沿续下来的古老文明。

2. 丰富多样

自古以来，中华大地人杰地灵，人文荟萃，是人类文明的重要发源地之一，创造了无数物质文化遗产和非物质文化遗产。中华传统文化汇聚了56个民族的文化，容纳了众多不同类别与形态的地域文化，如中原文化、齐鲁文化、荆楚文化、吴越文化、云贵文化、巴蜀文化、三秦文化、三晋文化等。它蕴藏着丰富多样的文化资源——既有道家文化、儒家文化、墨家文化、佛家文化、兵家文化等精神文化资源，也有如画像石、陶瓷、遗迹、遗址、故居等物态文化资源；既有运河文化、海洋文化和名山文化等自然人文资源，也有寺庙、塔窟、摩崖、佛像、道观等宗教文化资源；既有风筝、年画、剪纸、陶瓷、琉璃、丝绸等民间文化资源，也有祖神祭祀、婚礼丧礼、年节习惯、衣食住行等民风民俗资源；既有历法、算术、医药、农学以及四大发明等科技文化资源，还有抗战文化资源、革命文化资源和红色文化资源，等等。

3. 精深独到

虽然世界各国思想家提出了许多同中国思想家共同或相近的思想观念，例如亚里士多德的"中道"原则、罗梭的"同情心"，但中国古圣先贤基于理性的沉思作了独到的解释，提出了许多闪光的思想和高深的学说，对诸多伦理范畴之间的辩证关系进行了深刻的揭示，如"仁者必有勇，勇者不必有仁""知耻近乎勇"等，从而为人类的智慧做出了伟大的贡献。毫无疑问，历史上中华传统文化在对外文化交流过程中吸收借鉴了许多外来文化，如印度的佛教文化和西方的科技文化，可谓中外文化有机融合的结晶。但是，它并不像个别西方文化中心论者和单一文化传播论者所说的那样完全为外传的（法国人拉克伯里力主中国太古文明如八卦发源于西方），而主要是本土自本自根、自主自创的，如汉字、骨卜、丝蚕、气功、京剧、汉服等都是独创的。

4. 特色鲜明

作为历史悠久、特色鲜明的文化传统，中华文明是世界文明不可或缺的一部分，是世界文明多样性的象征，富有强烈的民族气派和民族风格，从而成为中华民族区别于其他民族的独特标识，这突出表现在以下几个方面：以儒学、道学、佛学、兵学、墨学等为主要内容的中华传统文化影响广泛，传播到日本、韩国、越南、新加坡等邻国，甚至还影响到欧美国家；形成和凸显了"以人为本""仁者爱人""内在超越""民为贵"等人文主义传统，"成人成己""与人为善""修己安人""主忠信"等社会本位主义传统，以及"见利思义""见贤思齐""己所不欲，勿施于人"等道德主义传统；以其独特的语言范式（如阴阳、五行、理器、穷达等）、思维模式（如辩证思维、整体思维、二元思维、象思维等）和修辞手法（如引用、比喻、对偶、排比、设问、借代等）等表达和阐发核心思想和崇高情感，语言凝练，哲理精辟，极具感染力和生命力，像这一类的文化传统数不胜数、得天独厚，是中华民族独特的象征符号。

二、国家文化软实力的有力支撑

基于对文化越来越成为民族凝聚力和创造力的重要源泉、越来越成为综合国力竞争的重要因素这一文化战略地位和作用的深刻把握，中国创造性地提出致力于提高国家文化软实力的时代要求。事实证明，当今世界文化在综合国力竞争中的地位和作用更加凸显，维护国家文化安全任务更加艰巨，增强国家文化软实力的要求更加紧迫。

中华优秀传统文化是中华民族的突出优势，是我们最深厚的文化软实力。中华优秀传统文化不仅是潜在的国家文化软实力，也是现实的国家文化软实力。它在历史长河中逐渐积累、沉淀而流传至今，并内化为当代中国人的文化心理结构和行为模式的动态性"活"文化，它同外来型文化、自创型文化一起共同建构了中国当代现实文化"三位一体"的有机体系，成为国家文化软实力不可分割的重要组成部分。它不仅可以为发展国家文化软实力提供不竭源泉，本身也是最深厚的文化软实力，这正是当今要大力弘扬中华优秀传统文化的根基所在。

（一）国家文化软实力的不竭源泉

历史悠久、博大精深、特色鲜明的中华优秀传统文化蕴藏着丰富的宝藏，作为一种文化资源和文化资本，它越来越成为当代文化凝聚力、创造力、竞争力和吸引力的重要源泉。这主要表现在：一是成为发展旅游、观光、休闲、求知的人文资源，二是成为文化贸易、文化招商、节庆会展等的载体资源，三是成为增加文化产品文化含量、提高文化产品知名度的品牌资源，四是成为作为吸引文化消费者的重要变量容纳于精神文化产品、提高其附加值的要素资源，五是成为致力文化创意设计、思想理论创新，激发文化创造活力和灵感的智慧资源。

所谓文化软实力，实质上就是由思想理论、价值观念、道德品行、人格品性、风俗习惯、科学技术、文化事业（包括公共文化服务设施）、文化产业、教育体育、文化市场、文化资源和文化环境等所展现出来的吸引力、感召力、创造力、凝聚力和生产力。与现实文化不同，传统文化即使再优秀、再丰富，如果不加以转化性利用和创新性发展，就永远只能停留在"源泉"的原始状态，也只能是潜在的文化软实力，尚构不成现实文化软实力。传统文化具有可传性和共享性，在文化交流交融交锋更加频繁、文化竞争更加激烈的全球化时代，它势必成为各国争夺的对象，如果本国不挖掘利用，他国就会挖掘利用，并转化为别国的文化软实力，美国利用中国的"花木兰"故事打造成动漫精品赚取大量外汇即是显例。在现实生活中，一些地区、一些人拥有宝贵的传统文化金山、银山，却缺乏发现的眼力、开发的魄力和转化的能力，使之"藏在深山人未识"，造成白白浪费和损失。正因如此，2013年12月习近平总书记在中央政治局就提高国家文化软实力进行第十二次集体学习时发表讲话指出，要努力展示中华文化的独特魅力，"系统梳理传统文化资源，让收藏在禁宫里的文物、陈列在广阔大地上的遗产、书写在古籍里的文字都活起来"。按照这一指示精神，只要在对中国传统优秀文化进行深入挖掘和系统整理的基础之上，实现活态传承，进行创造性转化和创新性发展，就一定能够将中国传统优秀文化潜在的文化软实力优势转化为现实的文化软实力优势；只要深深植根于中华优秀传统文化土壤之中，广泛吸收其丰富的营养，我们国家的文化软实力就一定能够根深叶茂，苗壮成长。

（二）价值整合力的重要构成

中华优秀传统文化同中国社会制度、组织机制、发展模式和国家形象等一起都是当代中国软实力的有机要素，它渗透、体现在中国文化的各个领域、各个层面，构成了丰富多样的文化软实力，就弘扬中华优秀传统文化的重要价值和鲜明特色而言，它显示为价值整合力的重要构成。

价值观特别是核心价值观是精神文化系统中内在深层、相对稳定而起主导作用的成分，是人精神活动的中枢系统，具有调节人的行为、维持社会秩序、推动社会发展的整合感召等精神力量。一个国家的主导价值观是否科学健康合理、是否能引人向上向善、是否能激发社会活力，是衡量其软实力强弱的重要指标。核心价值观是文化软实力的灵魂、文化软实力建设的重点，这是决定文化性质和方向的最深层次要素；一个国家的文化软实力，从根本上说，取决于其核心价值观的生命力、凝聚力、感召力。

就中华优秀传统文化来说，由儒家、道家、法家、墨家等所阐发的一系列传统显性价值观如仁爱孝悌、修己安人、谦和好礼、诚信友善、精忠爱国、克己奉公、修己慎独、见利思义、勇毅力行等，特别是"仁义礼智信"五常和"孝悌忠信礼义廉耻"古八德，经过历代统治者的倡导、主流意识形态的宣扬和民间社会的传布，得到了古代社会绝大数民众的认同，中国优秀传统思想文化所体现出来的中华民族世世代代在生产生活中形成和传承的世界观、人生观、价值观、审美观等，其最核心的内容已经成为中华民族最基本的文化基因，是中华民族有别于其他民族的独特标识。即使在当代，中华民族传统价值观仍然呈现出较为旺盛的生命力和影响力，例如由孔子提出的"己所不欲，勿施于人"价值规范已经纳入《世界宗教伦理宣言》、挂在世界联合国大厦走廊墙上，从而彰显了中国传统价值观的独特魅力。

中国优秀传统文化是中国人民价值观和精神世界的深厚根基，也是涵养当代中国社会主义核心价值观的重要源泉。显而易见，由 24 个字组成、包括三个层面的社会主义核心价值观（即富强、民主、文明、和谐；自由、平等、公正、法治；爱国、敬业、诚信、友善），批判性地继承吸收了亲仁善邻、协和万邦、和而不同、上下俱富、民贵君轻、以民为本、均平中庸、修己安人、克己制欲（存理灭欲）、精忠报国、以私利公、与人为善等价值观念。牢固的核心价值观，都有其固有的传统和根本；抛弃传统、丢掉根本，就等于割断了自己的精神命脉。只要按照习近平总书记所要求的，深入挖掘和阐发中华优秀传统文化讲仁爱、重民本、守诚信、崇正义、尚和合、求大同的时代价值①，并将其融入核心价值观体系中，就将有助于夯实核心价值观参与世界竞争的深厚历史根基，从而共同提升传统价值观和核心价值观的整合力和影响力。

（三）民族凝聚力的有机要素

民族文化是影响民族吸引力、感召力和协调力特别是凝聚力的决定性因素之一，当今中国努力弘扬中华优秀传统文化能够从多方面提升中华民族文化软实力。

1. 共同的文化基因

中华优秀传统文化是在尊重各民族文化多样化发展的基础上吸收各民族文化优秀成果融汇而成、以华夏文化为主体的多元一体文化类型。经过长期的社会化，它逐渐积淀成为中华民族成员共同的文化基因（如忠孝传

---

① 参见《习近平总书记在中央政治局第十三次集体学习时的重要讲话》。

家等），成为联结 56 个民族凝聚在一起的文化纽带。作为某种"集体无意识"，作为文化创造与再创造的信息密码，它给民族成员带来了生存意义与社会秩序，在新时期大力倡导富有包容性的中华传统文化的"合理内核"，必将极大地促进了民族及其文化的连续性、同一性和统一性，增强中华民族凝聚力。

2. 共享的文化认同

由于社会多样化导致文化多元化、封建传统意识形态残余因巨大历史惯性而延续，由于市场经济发育不健全不完善、西方各种各样文化思潮的涌入，激进反传统主义使中国传统文化中的精华也连带遭到批判和摈弃，严重地削弱了先进文化对整个社会的整合功能，导致我国传统文化和主流文化出现分裂和认同危机。然而，随着我国综合国力的强盛、文化消费需求的增长和党中央的高度重视，以及遏制现代化弊端的诉求，中华传统优秀文化的价值将得到再认知、再发现和再认同，为解决当代中国存在的思想混乱、精神乏力、信仰迷失等问题提供了文化资源，为民族凝聚力的发展提供了历史支撑。

3. 共有的精神家园

优秀传统文化凝聚着中华民族自强不息的精神追求和历久弥新的精神财富，是发展社会主义先进文化的深厚基础，是建设中华民族共有精神家园的重要支撑。中国文化发展史表明，中华优秀传统文化积淀了中华民族最深层的精神追求，蕴育了中华民族崇高的精神品格，形成了源远流长的中华传统美德，培育了健康向上的价值追求和社会理想，创造了个人待人处世和国家自立自强的行为规范和生存智慧，为中华儿女精神文化生命的成长提供了深厚的土壤、环境和营养。如果说它在传统中国社会为每个国人注入了强烈的家国情怀，为各族同胞提供了牢固的价值认同，为广大民众创立了可靠的安身立命之所，从而构建了共同永久的精神家园的话，那么在当代，它作为当代中国文化新体系的有机组成部分，必将成为重建中华民族及其成员精神家园的宝贵资源，成为凝聚海内外炎黄子孙共同为中华民族伟大复兴而奋斗的力量源泉。

（四）思想创造力的基石

思想是人类行为和文明的基础和先导，是一切文化当中最为重要、最为精致的组成部分，正是依靠思想的范导力、推动力、影响力中华文明才生生不息并长期保持优势地位。今日弘扬中华优秀传统文化固然必须是全方位的、整体性的，但是最有价值、最应用力的是挖掘传统思想文化的当代价值，这也是习近平总书记有关传统文化的重要讲话中关注的重心所在。

在中国文化软实力建设中，由中华优秀传统文化特别是思想文化所展现出来的思想凝聚力、感召力、影响力等的巨大作用不可忽视，对此下面将有所涉及，这里仅就弘扬中华优秀传统文化对于增强当代中国思想创造力的意义做一分析。创造的主要内容就是创新，而创新历来是文化进步和发展的动力，是思想文化永葆生命力的不竭源泉。早在春秋战国百家争鸣时期，中华大地上就诞生了老子、管子、孙子、孔子、墨子、孟子、荀子等一批思想巨人，他们在总结与归纳古圣先贤经验思想的基础上以其巨大的创造力提出了至今影响人类思想世界的道家思想、兵家思想、法家思想、儒家思想、墨家思想，等等，后世思想家有损有益，有的还直接创发了用以推进中华文明进步的各种思想理论。学习借鉴他们的思想创造热情和创新精神，将激发当今知识分子积极投身于思想学说创新和哲学社会科学创新事业，弥补我国思想文化创新力的相对不足。

中国传统思想文化不仅为当代思想创造创新注入精神动力，更值得指出的是，它还为当代思想创造创新提供丰富深厚的材料和滋养。正是通过对中国传统"执两用中""实事求是""相反相成""知己知彼"等思想观念的熔铸、补充、修正和改造，毛泽东致力于把马克思主义同中国传统文化相结合，提出了"实事求是"思想方法路线、"矛盾转化"辩证法等一系列丰富的思想，赋予了毛泽东思想以民族形式和民族气派。新时期以来，正是吸取中华先哲所阐发的"大同小康"社会理想，"和实生物""和而不同""以和为贵""协和万邦"等思想观念，我们党结合时代特点和时代需要加以创造性传化，提出了小康社会、和谐社会、和谐文化和和平发展等方面的战略思想。就儒学这一"中学"或"国学"主体而言，一些现代新儒家积极吸纳会通西学对儒学进行新创造，梁漱溟创立了"新王学"，冯友兰建构了"新理学"，熊十力则构建了"新唯识论"等；伴随着"儒学热"的兴起，大陆一些学者也创新性地发展出独具特色的"和合学""新仁学""仁学本体论"等。思想创新并不全是从无到有，既可以是原创，也可以是推陈出新。"中华民族是具有非凡创造力的民族，我们创造了伟大的中华文明"①。

当前，只要大胆剔除传统文化中崇古、专制、保守、一统、独尊等有碍于思想创新的消极落后因素，挖掘其中激发思想创新的合理成分，就一定会使思想文化创造精神和创造活力竞相迸发，使思想文化创新成果充分涌流，从而极大地增强中华民族的思想创造力。

三、国际竞争的独特优势

一个国家的文化软实力往往是在综合国力竞争中所显现出来的，自古以来，中华民族不仅以其硬实力也凭借文化软实力立身于世界民族之林。在文化交往日益频繁、文化竞争日趋激烈的全球化背景下，大力弘扬中华优秀传统文化，对于提升国际竞争力，具有不可替代的独特优势，这主要体现在如下三方面。

总
序

（一）提高国际文化影响力

毋庸置疑，和国际上某些强势文化比起来中国文化还处于弱势地位。即便如此，弘扬中华优秀传统文化仍从多个层面有助于提高我国国际文化影响力。

1. 历史性文化影响力

据文献记载，汉代以来中华传统文化以各种途径和方式先后传播到亚洲、欧洲的国家和地区，对亚洲的日本、韩国、越南等国的文学艺术、风俗习惯、伦常道德、宗教信仰、语言文字、哲学医学等，对欧洲的法国、德国、英国、意大利等国家的文艺复兴、思想启蒙、文官制度等，都产生了一定影响。为了更好地了解本国历史，这些国家的人必定追溯到中华文化传统。

---

① 参见《习近平总书记在第十二届全国人民代表大会第一次会议上的讲话》。

2. 异质性文化影响力

中华传统文化具有独特的语言、文艺、哲学、道德、技艺等特质和功用（如气功），它吸引了国外人士的好奇、探寻和喜爱。特别是中华传统文化中包含着许多能够消解因过度现代化、工业化、城市化带来的"西方社会病"的特有智慧，赢得了一些有识之士的关注和认同。英国著名历史学家阿诺德·约瑟夫·汤因比在 20 世纪 70 年代讲要拯救 21 世纪的人类社会必须借鉴中国儒家仁爱思想、墨家兼爱学说和大乘佛法，1988 年 1 月在巴黎召开的一次世界性会议上许多诺贝尔奖获得者达成了这样的共识："如果人类要在 21 世纪生存下去，必须回到 2540 年前去吸收孔子的智慧。"

3. 同质性文化影响力

人同此心，心同此理。中华先人面临许多古今人类需要解决而至今尚未完全解决有些甚至愈加严重的共同性问题，如天人关系、己他关系、家庭稳定、个人幸福、安邦定国等，提出了同中有异、异中有同的应对之道，如儒家的仁爱、墨家的兼爱与基督教的博爱，儒家的中庸之道与亚里士多德的中道主义，"大同社会"理想与西方的乌托邦构想，"天人合一"理念与当代西方的生态中心主义等。这些也促使一些国外人士从中华优秀传统文化中寻找古老的东方智慧以克服各种世界性的生存危机，达到相互强化、相互印证、相互激发的目的，借此扩展了中国文化的影响面。

（二）推动文明多样性发展

"文明因交流而多彩，文明因互鉴而丰富。文明交流互鉴，是推动人类文明进步和世界和平发展的重要动力。"[①] 当今中国改革开放向纵深拓展，为中华文明和中华文化"走出去"和"请进来"提供了现实可能性和必要性。在对外国际交往过程中，介绍、宣传和彰显中国优秀传统文化有利于多方面推动文明多样性发展。

1. 推进中国文明自身进步

中华文明是世界文明多样性、多元化的象征，应当使之得到坚守和兴盛。在与西方文明的多次碰撞中，它也曾陷入危机境地。但是，在"后冷

---

① 《习近平总书记在联合国教科文组织总部的演讲》。

战"的全球化时代，借助于中国优秀传统文化的独特优势和鲜明特色，依托内向和外向的双重交往，在人类各种文明交流交融、互学互鉴中，可以使中华古老文明和现代文明受到国际重视关照，为世人所了解乃至接受，由"地方性知识"发展成为世界性精神资源，以此增强国人对传统文化和中华文明的自信心和认同感。他山之石，可以攻玉。中国传统文化还可以在文明对撞中发现中华文明自身的某些不足和缺失，据此使中华文明得到修改完善。

2. 为世界文明发展作出新贡献

中国作为世界上最大的发展中国家，既有权利和世界人民一道享受人类文明璀璨的果实，也有义务为世界文明进步作出新贡献。历史上中国优秀传统文化曾经以其独特魅力与吸引力推动了世界文明的进步，在今天它同样可以为世界文明的繁荣发挥重要作用。立足于中国传统文化，我国各级政府积极参与国际文化合作与交流，开展文明对话，举办有关的主题论坛、学术会议、文化展演、图书交流、节庆活动等活动，建立海外中国文化中心、孔子学院等机构，为世界各国文化的交流互鉴、提高所在国人民的人文素质搭建了有益的平台；同时致力加强文化友好往来，有计划地组织一批涉及中国传统文化的文化交流项目，为各国文化交往、融合建立了良好的人文交流机制。不难看出，中国优秀传统文化不失为世界文明演进和发展的重要推力。

3. 重建世界文明新秩序

当今世界正处在大发展、大变革、大调整时期，领土纷争、局部战争、经济危机、种族矛盾等严重威胁着世界平衡，如何化解各种冲突、重建文明秩序是 21 世纪人类面临的共同挑战。实际上，文明是多彩的，人类文明因多样才有交流互鉴的价值；文明是平等的，人类文明因平等才有交流互鉴的前提；文明是包容的，人类文明因包容才有交流互鉴的动力。① 汤因比曾说过，人类文明的未来发展必须依赖儒家和谐思想的引导。毫无疑问，中国优秀传统文化能够为推动世界在交流互鉴中实现文明多样性发展、和

---

① 《习近平总书记在联合国教科文组织总部的演讲》。

谐性发展，以重建世界文明新秩序，提供重要的精神力量和有益的思想智慧。"以和为贵"、爱好和平的中华民族精神和民族品格，能够为防止殖民主义、霸权主义对人类文明的侵蚀筑起一道坚固的思想防线；"和而不同""求同存异""执两用中"等中国传统中和理念，能够为在尊重文明多样性的基础上实现有机融合、和谐发展提供化解文明冲突的价值基础和方法路径；"仁者爱人""兼相爱""厚德载物""推己及人"等待人之道，有助于促进世界文明从冲突走向共容与和解。

（三）增强对外话语权

国际话语权是国家文化软实力的重要组成部分，而中国优秀传统文化对于提高我国国际话语权有着独特作用。客观地讲这方面存在许多不足：国外人士开始关注中国儒家、道家、墨家、兵家、易学等思想文化，但更多的是中医、武术、京剧等传统国学；国外更感兴趣的是我国反映一些国民劣根性和消极价值观的作品，而忽视传统高雅文化；更多重视中国一些传统实用性、工具性的文化，如汉语、针灸、气功等，对中国传统文化所张扬的合理价值观和人生哲理缺乏了解和认同的意愿。加上某些反华新闻媒体的错误导向，引发了外界对中国传统文化和当代文化的陌生感、疏离感。为此，进一步弘扬中国优秀传统文化，对于习近平所要求的"提高国家文化软实力，要努力提高国际话语权"[①]，改善以上被动局面，具有极其重要的意义。

1. 优化国际传播体系

要努力提高我国国际话语权，就要增强对外话语的创造力、感召力、公信力，就要加强国际传播能力建设，精心构建对外话语体系。对此，中国优秀传统文化至少可以发挥两方面的作用。一方面是充实国际传播内容。提升国际话语权，要发挥好各种媒体、国外中国文化机构和各类主体的积极作用，以讲好中国故事，传播好中国声音，阐释好中国特色。无疑，中国故事、中国声音和中国特色既包括当代内容又包括传统内容。党和国家领导人在国际场合讲述中国传统故事，引述中国传统经典名言，展现中国

---

① 《习近平总书记在中央政治局第十二次集体学习时的重要讲话》。

传统特色文化，有力地展示了中国良好的国际形象，宣传了中国核心价值观念。另一方面是丰富国际传播形式。中国传统经典、国学、戏曲、书院、节日、音乐、故事、舞蹈、曲艺和杂技等，不仅本身可以作为文化要素在对外国际传播过程中提升我国文化软实力，还可以作为媒介宣传中国的文化精神、价值追求、道德理想和生活方式等，为中国优秀传统文化和当代主流文化实施"走出去"战略创设行之有效的平台和路径。

2. 有助于维护国家文化安全

当前，我国面临着西方强势文化的渗透与入侵，文化安全遭受较为严重的威胁。冷战结束后，西方国家并没有放松对外文化宣传，相反加大了对外文化传播和渗透，它们利用发达的技术和大众传媒大肆推销自己的价值观、生活方式、道德标准、宗教传统等，国际上主导话语权仍然掌握在西方人手里。为了有效维护国家文化安全，增强我国对外话语权，固然要利用中国传统文化资源做大做强文化产业，参与国际文化规则制定，夯实国家文化软实力的根基，但是更重要的是，要发挥中国传统文化悠久性、独特性、深刻性、唯一性和难以复制性等优势，尽快缩短与强势文化之间的距离。

3. 有助于建立完善中国文化保护体系

在全社会营造弘扬中国传统优秀文化的氛围，可以增强国民的文化保护意识，遏制文化资源遭到破坏，防止文化资源出现域外流失和掠夺，推动把中国文化资源传统优势转化为现实优势，巩固中华文化的主导权。语言本身既是一种文化，也是传播文化的重要工具，同时还是传播意识形态的重要载体。如果本国的语言日趋消失，或者在几代之后遭到彻底侵蚀，那么本国文化中的一部分内容也会消失。通过在全国、全世界普及推广以汉语为代表的中国语言文化，不仅能够阻止一些大国利用强大的语言优势对网络控制权、信息发布权的掌握，还可以抵御一些西方国家利用话语霸权推销所谓的"普世价值"，避免造成对我国主流意识形态的冲击和挑战。

四、社会发展的宝贵精神资源

当今中国大力传承宣扬中国优秀传统文化，一个重要考量就是它可以为我国社会个人的健康发展提供各种宝贵的精神资源。

总
序

17

（一）提供社会发展的精神动力

中国优秀传统文化作为特定的人文历史境遇，通过内化积淀在社会主体的心理文化结构之中，转化成人们的思想观念、价值观、思维方式、道德品格等，以此成为影响经济社会发展的驱动力。

客观地说，中国传统文化是对古代中国农业文明的反映，它强化农业经济和乡土社会，在一定意义上有碍于工商经济的成长，有碍于现代化发展。譬如中国传统的"农本商末""学而优则仕""存天理，灭人欲""无商不奸"或"无奸不商"等价值观念，这些道德至上的泛伦理主义同商品经济存在一定的冲突。但是正如习近平总书记指出的："中华文明源远流长，孕育了中华民族的宝贵精神品格，培育了中国人民的崇高价值追求。自强不息、厚德载物的思想，支撑着中华民族生生不息、薪火相传，今天依然是我们推进改革开放和社会主义现代化建设的强大精神力量。"[1] 以儒家文化为代表的中国传统文化并不全是经济现代化的阻力，它自身也蕴含着许多促进社会发展发展的动力。这一点，至少表现在以下三方面。

1. 入世情怀

中国传统文化轻鬼神重人事，讲究正德、利用、厚生，提倡内圣是为了外王，修身以达到齐家治国平天下，以关心民事民瘼为己任，反对消极遁世，追求现世社会的秩序及人的生命安顿。这种积极入世的社会情怀和经世致用传统是推动人们去建树事功、发展工商业经济的重要精神力量。

2. 进取精神

中国古代文化元典《周易》提出"天行健，君子以自强不息"的著名论断；孔子要求人们"学而不厌，诲人不倦""发愤忘食，乐以忘忧"，称道颜回不畏艰难、以苦为乐的人格，孟子不仅提出"天将降大任于是人也，必先苦其心志，劳其筋骨，空乏其身，行弗乱其所为"的吃苦理念。正是自尊自信、自主自立、发图强、坚忍不拔、勇于开拓等自强不息进取性品格，为推动千千万万中华儿女为了国家振兴和民族富强而艰苦奋斗的精神力量。

---

[1] 《习近平总书记在会见第四届全国道德模范及提名奖获得者的讲话》。

3. 家族伦理

中国传统文化倡导以家为本，要求做到父慈子孝，兄友弟恭，孝亲为大，光宗耀祖，慎终追远，为了家族的名誉、声望和繁衍发展，个人应不懈努力甚至勇于牺牲。这种家族主义伦理不仅促进家族成员努力建立和发展家族式企业（包括家族作坊）和农村家庭承包责任制，也在极其广泛的意义上推动了人们参与各种经济活动以实现发家致富。

（二）提供个人发展的行为规范

中国自古以来被誉为礼仪之邦和道德王国。中国传统文化中包含着许多道德规范，它们是对中华民族在共同生活中逐渐形成的风俗、习惯、传统的集中反映。以礼教为基石、以五常德（仁义礼智信）和五常伦（君臣父子夫妇兄弟朋友）为主要内容的中华传统道德规范，不只是具有建构社会秩序、约束个人行为的功能，还能够培养人在社会实践中学会进行合理的角色定位，学会正确的待人处世。

1. 中华传统道德规范可以塑造人的基本德性

由中华传统所倡导的德目规范如仁义礼智信和戒律规范如约之以礼虽然是外在于人的普遍性东西，但借助于个体的社会化（包括教育、学习、社会生活的参与等）过程，而逐渐内化为个人的内在文化心理结构，被个体所接受和认同，并转化为个人内在的德性。在某种意义上可以讲，中华传统对人发展产生的影响主要是借助于中华传统伦范对中华国民品性长期模铸而展现出来的。反过来，这些德性又在一定程度上影响着个人对中华传统道德规范的认可和遵循。千百年来，正是在中华传统道德规范的不断熏陶、教育、激励和指导下，中国人逐渐培养出乐善好施、恭敬有礼、诚实守信、贵和尚中等品格。

2. 中华传统道德规范能够提升人的精神境界和调节人的行为

中华传统所提出来的各种道德规范具有中心与非中心、高低层次之别，具有适用范围之不同，例如"已所不欲，勿施与人"是做人的基本道德底线，而"已欲立而立人，已欲达而达人"则是积极的较高层次的为人之道，这就使得中华传统的道德规范被赋予较广泛的适用性，能对人起着普遍的范导作用。与此同时，中华传统的任何道德规范虽然都是对当时宗法社会关系的反映，在一定时期适应了封建统治者维持社会秩序的政治需要，正因如此，它们才成为调整传统中国社会人际关系的行为准则，支配和制约着以往中国人的道德关系和道德活动。然而，中华传统道德规范又是人所应当做的社会要求，并不是人人都能做到的，它们均具有某种理想性特征，因而它们对人又具有提高行为层次和道德境界、锻造理想人格（内圣外王）的作用。

3. 中华传统道德规范能够塑造中国人特有的民族品格

中华传统许多道德规范，即使是其核心三纲五常、三从四德，在其他文化中（如摩西十戒）均能找到，因而是全人类所共同拥有的，但是，中国特殊的宗法小农社会和封建专制制度决定了中华传统道德规范具有独特的社会历史规定性，并为它的现实转化设定了不同的历史条件，使其打上泛伦理主义、人情主义、家族主义、人文主义等民族烙印。同时，中华传统道德文化也根据不同的价值观念、思维方式、学术旨趣、社会地位等而赋予道德德目和道德命题以不同的解释和内涵，这些使得中华传统道德规范在实际上模塑了独特的中华民族国民性。

要改变当前中国社会规范真空、脱节、简单、含糊、冲突等问题，使人的行为规范化、合理化，重建社会礼治秩序。一方面要善于继承和发展中国传统规范文化，摒弃其中糟粕性的、过时的成分，吸收其中反映和调节人类一般社会关系的普遍性内容，如传统中国社会的五伦、礼俗等；另一方面则要根据现实社会生活概括总结出一些新的社会规范，提出并逐步完善人们在公共事务、公共角色、公众行为中的社会规范，加强社会教育和自我修养，使社会认可和共享的各种规范内化于心、外化于行，促进我国制度文明发展。

（三）提供个人发展的人生智慧

文以载道，以文化人。习近平总书记在山东曲阜座谈时强调要用中华民族创造的一切精神财富来以文化人、以文育人，决不可抛弃中华民族的优秀文化传统。当今社会和个人之所以要学习传统、尊重传统、继承传统、弘扬传统，根本目的之一就是力图从中华优秀传统文化中吸取有用的人生智慧，以使生活更完美、人格更完善。

中华优秀传统人生智慧十分丰富，能够锻造全面发展的个人。习近平总书记指出领导干部要学习各种文史知识和中国优秀传统文化，做到以学益智，以学修身。① 他认为："学史可以看成败、鉴得失、知兴替；学诗可以情飞扬、志高昂、人灵秀；学伦理可以知廉耻、懂荣辱、辨是非。"② 这表明，学习中华优秀传统文化能够塑造德智美等综合素质。不过，习近平特别重视中华传统道德文化，认为"中华传统美德是中华文化精髓，蕴含着丰富的思想道德资源"③。今日弘扬中华优秀道德文化传统，可以为化解当前社会过度物质化、功利化、金钱化、个人化以及理想淡漠、良知麻木、道德沦丧等精神危机现象，至少可以从两方面提供赖以修养身心、健全人格的有益伦理智慧。

1. 中国传统人生智慧能够培育健康人格

过去，优秀传统文化塑造了民族品格，滋养了中国精神，陶冶了中华儿女；今天，以中华传统美德为核心的中华优秀传统文化，仍然能够引导人们向往和追求讲道德、尊道德、守道德的生活。中国古代人生哲学毕竟是传统历史的产物，它确实会导致某种奴性人格、等级观念、轻视理性等问题。但是，它作为关于生命的学问，不论是在理论上还是在现实上从总体上对中国道德人格的养成产生了积极影响。如果说佛家主张出世，推崇虚静空无，道家讲究循世、崇尚自然无为、与世无争，孕育了一种审美化的达观人生态度，那么儒家自孔子、孟子、荀子一直到王夫之等人反复论述、不断加深的"成人之道"，有见于人的德性力量、知性潜能与审美情趣的发掘，涉及到了人的全面发展问题。由儒家文化所阐发的仁且智、见义勇为、杀身成仁、和而不同、直道而行、宁折不屈等圣贤人格、君子品格和大丈夫气象，不失为提升个人人生境界、促进社会和谐稳定、安邦定国的高尚人格。正是在儒家理想人格构想的感召、激励和浸润下，中华大地才涌现出张骞、文天祥、戚继光等仁人志士和近代革命英雄。而中国传统文化所倡导的仁者爱人、依礼而行、见利思义、明知不可为而为之、持之

总
序

① 《习近平总书记在中央党校建校 80 周年庆祝大会暨 2013 年春季学期开学典礼上的讲话》。
② 《习近平总书记在中央党校建校 80 周年庆祝大会暨 2013 年春季学期开学典礼上的讲话》。
③ 《习近平总书记在中央政治局第十三次集体学习时的重要讲话》。

以恒、坚忍不拔、自强不息、勤劳勇敢等人生态度，也鼓舞无数中国人在人生实践中去战胜一切困难。由儒家文化所提出来的忠恕之道、推己及人、中道而行、和而不同、正人正己、以身作则、见贤思齐、三省吾身、讷言敏行、君子慎独、学思并重、反身而诚、主敬集义、持志养气、通权达变等一系列为人之道，将成为当代人协调人际关系的重要人生智慧。

2. 中国传统人生智慧能够为人生实践具有切实指导

儒家自始标举切问而近思、下学而上达。《论语》不仅是一部教人如何治国理政的政治教科书，也是一部教人如何待人处世的人生教科书；不仅充满种种人生哲理，也饱含着各种如何为人、做人的生活技巧。孔子在一问一答过程中的随机点拔、深入浅出，启发教育人们如何解决各种人生难题；无疑，孔学富有道德理想主义色彩，但它何尝不是平实的呢，它以亲切具体的方式指点为仁之方，本身即是很好的生活儒学、社会儒学。孔子不光提出了"四勿"和"九思"，还身体力行、以身示范，在具体生活中做到品貌端正、以礼待人。在当今中国，民众掀起了一股《论语》热，恐怕不是发思古之幽情，也不仅是为了附庸风雅，更多的人应是期望寻找到怎样应对各种人生难题的智慧。在为己、修己、克己的修身工夫方面，孟子和程朱陆王的确提出了许多规范化的一般人生准则，如仁民爱物、舍生取义、存理灭欲、致良知等，但他们同样讲述了很多行之有效的自我修养方法，如"养夜气""慎独""格物致知"等。

多元一体的社会儒学

涂可国

进入 21 世纪，伴随着以儒学为核心的中国传统文化的复兴，儒学呈现出多样化的发展态势，其中具有标志性的重大事件就是生活儒学、社会儒学和民间儒学的相继生成。笔者掌握的材料证实，作为一个标示性概念，"社会儒学"提出已经有 10 多年了，但是，作为一种儒学的新兴形态，社会儒学尚处于初创阶段，还不能说业已成熟，这主要表现在：社会知名度还不高，需要加大宣传力度；社会儒学的基本概念范式尚未构建起来，其对象问题域有待于进一步确立；一些重大社会儒学问题如儒家的社会变迁思想、社会系统思想、社会主体思想等的研究未能充分展开，相关成果不多；社会儒学与其他儒学形态之间的关系没有梳理清楚，如何定位社会儒学在整个儒学体系中的地位、作用、价值也需要阐明，等等。笔者在《社会儒学建构：当代儒学创新性发展的一种选择》① 一文中，阐述了社会儒学的内涵、建构社会儒学的意义和如何建构社会儒学等元社会儒学问题，下面笔者将立足于多元一体角度对社会儒学的本质规定、社会儒学的基本内

① 涂可国：《社会儒学建构：当代儒学创新性发展的一种选择》，《东岳论丛》2015 年第 10 期。

容、建构社会儒学的可能性和方法路径三个方面进一步加以补充、完善和拓展。

一、社会儒学的本质规定

关于"社会儒学"这一概念究竟何时提出学界认识并不一致，也有一个逐步深化的过程。笔者原以为最早是由笔者在 2008 年提交给当年在韩国召开的中韩儒学交流大会的论文①中提出来的，然而根据最新掌握的材料，这一看法必须给予修正，目前来看最早使用"社会儒学"概念的是李维武，他在 2000 年就使用了这一概念。然后陈壁生 2005 年在《谁是儒家的真正敌人？》一文中指出，今天在"国"的领域儒学明显已经不适应了，但是可以把"国"转化为"社会"，把"政治儒学"转化为"社会儒学"；"社会儒学"包括了家庭和正在式微的家族以及现代大学两种单位。② 随着新材料的发现，也许还会证实有更早的"社会儒学"提出者。尽管笔者较早提出了"社会儒学"范畴，也曾经在 2012 年由曲阜师范大学历史文化学院主办的"社会转型期儒学的重建"会议上做过"建构社会儒学"的主题发言，次年撰写了《社会儒学建构：当代儒学创新性发展的一种选择》论文带到韩国安东大学进行学术交流，经修改后该文发表在《东岳论丛》2015 年第 10 期上。以后笔者又分别于 2015 年和 2016 年组织召开了"社会儒学和社会治理"和"社会儒学和社会关系"两次国际学术讨论会。

应当说，国内最早对社会儒学进行系统阐发的是韩星和谢晓东两位同仁。韩星不仅早在 2009 年提交了《社会儒学——关于儒学发展方向的思考》的会议论文，以后也陆续撰写了若干篇社会儒学的专题文章。谢晓东则在《哲学动态》2010 年第 10 期上发表了《社会儒学何以可能》，后来又撰写了《第六伦与社会儒学》发表在《东岳论丛》2015 年第 10 期上。迄今为止，国内社会儒学的倡导者主要是笔者和韩星、谢晓东三位，当然得到了吴光、黄玉顺两位先进及其他同道的赞许和响应。然而，即便在笔者

① 涂可国：《山东儒教文化与中国儒教文化传统》，《退溪学》第十八期，2009 年 1 月版。
② 陈壁生：《谁是儒家的真正敌人？》，《南方都市报》，2005 年 11 月 19 日。

和韩星、谢晓东之间对社会儒学概念的理解也不一致，这主要出于两方面的原因。

（一）对"社会"概念理解存在差异

谢晓东并没有对"社会"做出明确界定，从他的立论来看似乎是指"后共同体时代的市民社会"。如果真是这样，那么他的"社会"范畴虽然体现了现代化特征，却未免过于狭隘了。韩星同样没有给出"社会"以明确界定，但他表示他的社会儒学是在心性儒学、政治儒学的对照中提出的，是面向大众的，以日常伦理为基本构成；他强调修身是社会儒学的根本，家庭是社会儒学的基石，社群组织是社会儒学的展开领域。结合韩星的多篇论文，可以看出，他所理解的"社会"应当包括个体、家庭和社群组织，尤其是乡村社区和城镇社区。韩星对"社会"的理解固然较为广泛，可也存在不够周延之处：他既然说社会儒学是在心性儒学、政治儒学的对照中提出的，那么社会儒学就应把个体排除在外，可是他又强调社会儒学的逻辑起点是个体的人，这有点自相矛盾；而且，他不太关心社会对儒学的影响和儒学对社会的反映，而单向度地强调儒学对社会组织的干预、整治和完善。

笔者根据《社会哲学》① 一书的理论构想从社会学角度把"社会"理解为一个由多个层面、多种要素、多种类型组成的有机系统，据此将社会儒学分为三个方面：一是作为思想内容的社会儒学，二是作为功能实现的社会儒学，三是作为存在形态的社会儒学。在作为思想内容的社会儒学方面，笔者又提出广义、中义、狭义之分——相对于自然而言的是广义的社会儒学，它由人类儒学（包括人生儒学、心性儒学和身体儒学等）、文化儒学（包括义理儒学、教化儒学、宗教儒学、艺术儒学、道德儒学等）和狭义社会儒学（包括经济儒学、政治儒学、法律儒学、管理儒学等）构成，相对于个人而言是中义的社会儒学，相对于文化而言是狭义的社会儒学。笔者的目的既是为了助成儒学的结构优化、强化儒学的整合统一，也是为了凸显儒家普遍性的而又为人们所忽视的社会思想，更是为了凸显儒学的

---

① 涂可国：《社会哲学》，山东人民出版社 2001 年版。

社会化。

笔者所说的社会儒学的三个层面并非毫不相关，而是存在内在的逻辑关联：作为功能实现的社会儒学实际上就是儒学与社会（包括传统社会和现代社会）的双向互动——双向关照、双向批判、双向参与和双向影响，作为思想内容的社会儒学正是通过功能实现而转换为作为存在形态的社会儒学。需要指出的是，无论是儒学的功能实现还是作为社会存在形态的自在的儒学样态，都必须借助于儒学的社会化和社会的儒学化两个环节。所谓儒学的社会化，是指儒学的政治化、人文化、大众化和世俗化。[①] 所谓社会的儒学化，决不是指像一些"儒学本位论"者主张的那样倡导"以儒治国"，而是通过儒学的普及、推广、教化，使社会主体自觉认同、接受儒家的思想智慧，使儒家文化资源和道德资源不断在社会中显露、展开和实现，并转化为人的内在心性、精神、习惯和外在的习俗、规则、制度，融化在社会生活的政治、法律、经济、文化等各个层面。

一些人对笔者的系统化社会儒学提出了批评，认为它试图"包打天下"或"一网打尽"。任何事物都不可能尽善尽美，笔者所设想的社会儒学也是如此。它由于包含的内容极为广泛、逻辑层次众多，因而形式上给人的印象似乎较为笼统，缺乏现今流行的制度儒学、政治儒学、生活儒学等儒学样态更为具体的特殊具体规定性。如果说韩星和谢晓东所说的"社会"是"小社会"的话，那么笔者所理解的"社会"是"大社会"，它内在地包括"小社会"，由此界定的社会儒学就是大社会儒学。但是"大"并不一定就是"大而无当"，其实它具有相当的合理性：第一，它维护了"社会"概念的完整性。要知道，当代社会历史哲学揭示了"社会"本身就是一个复杂的大系统，不能任意将它加以割裂，使之碎片化；虽然"社会"在不同语境里和不同人心目中呈现不同面向，但是当今绝大多数人依然从总体性维度把"社会"看成一个有机体，而同自然系统相对应。第二，它充分彰显了儒学的社会性特征。儒学之所以产生和发展，正是因为它力图推动社会从无序走向有序，实现大同社会理想；儒学一旦形成，就同社会发生着互

---

① 涂可国：《社会儒学建构：当代儒学创新性发展的一种选择》，《东岳论丛》2015 年第 10 期。

动关系，它不断影响着社会，社会也不断影响着它；系统的社会儒学不仅有助于把儒学作为特殊的文化类型置于社会大系统中加以关照，揭示它的社会地位和社会价值，也有助于还原和挖掘儒学丰富的社会内容。现今许多学者主张推动儒学融入现代社会①，这种融入恐怕不光是融入社区，也要融入社会成员个人的精神世界，融入社会的政治、经济、文化、法律、道德、文艺、宗教等各个层面。第三，它尊重和辐射了各种儒学形态。显而易见，系统社会儒学是一个多元一体的体系，它涵盖了韩星、谢晓东所规定的社会儒学层面，也囊括了当今学界创建的所有儒学形态，包括干春松言说的制度儒学和蒋庆倡导的政治儒学。笔者已指明了"社会"有时在中义和狭义意义上使用，也就是在区别于个体、政治、制度、文化等的意涵上使用，从而保证了笔者所界定的社会儒学不是排他性的、会造成割裂的儒学形态，而具有多元一体的可伸缩性和层次性，使之成为一个开放的、动态的体系，赋予它巨大的发展空间和多元的学术生长点。

仔细寻绎，就会发现，蒋庆批评的现代新儒家的心性儒学并不完全囿于儒家的心性层面，他有时将之称为生命儒学，因而类似于笔者所说的人类儒学；他虽然把政治儒学常常归结为儒学外化于文物典章制度的形制，但有时也将其指向社会儒学，譬如他批评新儒家的心性儒学或生命儒学不关心社会关系②，并在论及儒教的社会、文化与历史观时广泛涉猎了儒家的政治观、法律观、婚姻观、群己观、教化观和历史观等社会内容③，认为"儒学在本质上绝不是一种关于概念的哲学理论，而是一种关于实践的社会学说"④。蒋庆新儒学的谋划最大的缺欠不仅在于他具有儒学原教旨主义的思想倾向，还在于他局限于生命个体"内圣外王"的线性思维，而忽视了

① 参见郭齐勇：《当代新儒学思潮概览》、成中英：《着力建构新的世界化儒学》、楼宇烈：《儒学精华造福现代人生》，《人民日报》，2016 年 9 月 11 日。

② 蒋庆：《政治儒学——当代儒学的转向、特质与发展》，生活·读书·新知三联书店 2003 年版，第 14 页。

③ 蒋庆：《政治儒学——当代儒学的转向、特质与发展》，生活·读书·新知三联书店 2003 年版，第 202～249 页。

④ 蒋庆：《政治儒学——当代儒学的转向、特质与发展》，生活·读书·新知三联书店 2003 年版，第 15 页。

就儒学自身的义理结构来说在心性儒学与政治儒学之间实有道德儒学作为联结的中介。要知道，假如立足于宏观社会整体视角，那么，分别代表人类儒学、文化儒学和狭义社会儒学的心性儒学、道德儒学和政治儒学呈现为虽然彼此密切相关却是平行发展的三大儒学类型，从属于社会儒学总体，其中道德儒学又是整个社会儒学体系的核心。

力主生活儒学的黄玉顺表示认可在某种意义上可以说儒学即是社会儒学，肯定了笔者提出的"社会儒学"的概念胸襟与视野更为开阔和宏大，指出儒学面临的最大的关切就是"社会"问题，即群体生存秩序的问题，但是他又强调他的生活儒学所说的"生活"远非所谓"社会"或者说"社会儒学"概念所能涵盖。在笔者看来，这不仅是因为他所理解的"社会"是区别于个体的传统意义的"会社"，是一个集合体或群体概念①，也是因为他吸收了《周易》的"生生之谓易""天地之大德曰生""万物资生"等生化、变易观念和宋明理学的"生生之谓仁"哲学，以及传统中国哲学中其他爱生、重生、厚生思想传统，从而把"生活"界定为宇宙本体。从根本上说，黄玉顺理解的"生活"是在继承上的独创，不同于常人心目中的"日常生活"，他大力倡导的"生活儒学"本质上并非"生活的儒学"而属于"生"的儒学②，它与受到柏格森生命哲学影响的现代新儒家梁漱溟、熊十力的道德本体论极为相通。③ 的确，如果像黄玉顺一样把"生活"当成涵盖一切的大本大源，建构"面向生活本身的儒学"④，那么"社会儒学"就属于形而下的学问而确实无法包容形而上的"生活儒学"；但是，如果把"社会"视为由个人、文化和狭义社会组成的有机大系统，并按惯常做的那样把"生活"理解为"人的生活"而不是过于宽泛的"万物生活"或"动

---

① 黄玉顺：《儒学的"社会"观念——荀子"群学"的解读》，《中州学刊》2015 年第 11 期。

② 《论语》《荀子》和《礼记》均无"活"字，《孟子》"活"字只有三例，其中一处与"生"字相联，构成了"生活"词组，即《孟子·尽心上》："民非水火不生活"，表示"生存"的意思；相反，儒家经典大量采用"生"字，如《论语》22 例、《孟子》21 例、《荀子》224 例、《礼记》150 例，宋明理学文献更多。

③ 涂可国：《柏格森生命哲学与现代新儒家道德哲学》，《儒道研究》2014 年第 1 期。

④ 实际上，黄玉顺的"生活儒学"不应说成是"面向生活本身的儒学"而应称为"由生活生发的儒学"。

物生活"，而指向"个人生活"和"社会生活"①，那么社会儒学就必定包括黄玉顺极力倡导的生活儒学。

（二）理论出发点和视角各有不同

李维武所界定的"社会儒学"是礼学，是旨在通过礼乐文化建立一套完备的人与人的社会关系的学问。② 同样的，蒋庆发展了早期《政治儒学——当代儒学的转向、特质与发展》的观点，把社会儒学视为区别于心性儒学、政治儒学的，注重于礼乐教化的儒学形态，认为儒教的全面复兴三者缺一不可。③ 大概受到李维武的影响，韩星的几篇文章也是侧重于从社会教化的维度规定社会儒学，且不说他在早期《儒学的社会维度或社会儒学？——关于儒学发展方向的思考》一文中明确指出他是在心性儒学、政治儒学的对照中提出社会儒学的，认为社会儒学的"基本的含义不外强调儒学要发挥其应有的社会功能、作用和影响"。强调社会儒学是面向大众的，以日常伦理为基本构成，也可以称为"大众儒学""民间儒学""草根儒学""世俗化的儒家伦理"等，并通过梳理历史上儒学的社会教化来彰显社会儒学的主体性实践特征④，即使 2015 年他发表的《社会儒学的逻辑展开与现代转型》，也认为应将儒学扩大为更广泛的社会教化，以便在社会层面逐步展开，发挥其社会功能和社会作用。⑤

不难理解，韩星设想的社会儒学的社会教化内涵不再像李维武界定"社会儒学"时那样把教化仅仅归结为礼乐教化，而是凸显了整体社会教化，因而范围要宽泛一些。不过，笔者认为，这种教化层面的社会儒学还是太过狭窄、太过单一，容易导致限制社会儒学的发展空间。不错，儒学就其内容而言包括大量有关社会教化、社会教育的思想，就其功能而言它有助于教化人心，有助于敦风化俗，而且儒学的根本宗旨就是实现人文教

———————————

① 当黄玉顺讲"存在就是生活，就是生活感悟，就是生活情感"，就是"作为生活情感的爱"或"本源之仁"时，已经蕴含着把"生活"理解为"社会生活"。

② 李维武：《儒学生存形态的历史形成与未来发展》，《中国哲学史》2000 年第 4 期。

③ 蒋庆：《政治儒学默想录》，福建教育出版社 2015 版，第 307 页。

④ 韩星：《儒学的社会维度或社会儒学？——关于儒学发展方向的思考》，贾磊磊、杨朝明：《第三届世界儒学大会论文集》，文化艺术出版社 2011 年版，第 580～594 页。

⑤ 韩星：《社会儒学的逻辑展开与现代转型》，《东岳论丛》2015 年第 10 期。

化，因而在某种意义上儒学就是道德人文主义儒教。但是，正像笔者所指出的那样，儒学具有多种社会功能，这就是社会激励功能、社会规范功能、社会教化功能和社会奖惩功能①，而且就儒学的内容来说，远不止社会教化一语所能概括，它还阐发了社会变迁、社会规范、社会秩序、社会治理、社会分层等丰富多彩的内容。如果把社会儒学归结为社会教化，就会落入许纪霖把历史上的儒学加以割裂的陷阱，而"呈现出政治儒学（西汉的董仲舒）、心性儒学（宋代的朱熹）和社会儒学（明代的王阳明）等多种取向"②。从而走向否定王阳明之前的儒学具有社会儒学内容。

相对而言，谢晓东对社会儒学概念的理解要广泛一些，他认为社会儒学具有三层内涵：一是从儒学视角对社会生活进行反思和总体把握，二是从社会角度发掘儒学的价值，三是后共同体时代的以市民社会为立足点、以非政治化为基本特征、以人伦日用为基本关注点的形态，它是"以社会为存在和发展途径的现代儒学形态"③。显而易见，谢晓东与笔者对社会儒学的规定有许多接近之处，不过他主要站在当代社会角度从儒学和社会双向互动的视域架构社会儒学，以实现儒学的社会关照和社会价值，寻找儒学在当代赖以存在和发展的途径。毫无疑问，谢晓东所理解的社会儒学凸显了儒学的现代性乃至后现代性的一面，它与当前日益兴盛的大众儒学、民间儒学相对接、相贯通。可是它也存在不可忽视的缺陷，这就是遗忘了儒家传统丰富的社会思想资源，使儒学的涵盖面十分狭窄，牺牲掉了社会儒学的强大辐射力、解释力和影响力。况且，谢晓东主要立足于与政治儒学相对应的维度提出社会儒学的构想，而忘了蒋庆等人构建的政治儒学不仅指向当代也指向传统，强调政治儒学的发展应当继承儒家的政治思想传统，就此而言，社会儒学必须顾及到源远流长的儒学历史形态，而建构一种贯通古今中外的社会儒学形态。

① 涂可国：《社会儒学建构：当代儒学创新性发展的一种选择》，《东岳论丛》2015 年第 10 期。
② 许纪霖：《儒家宪政的现实与历史》，《开放时代》2012 年第 1 期。
③ 谢晓东：《社会儒学何以可能》，《哲学动态》2010 年第 10 期。

二、社会儒学的基本内容

要建构较为完善的社会儒学，就应明确其研究的对象、范围和内容，然而遗憾的是，无论是韩星还是谢晓东对此关注不够，缺乏自觉的理性反思。依据韩星社会儒学的几篇文章，他似乎把社会教化确认为社会儒学的重点内容，不过他有时也在社会儒学名义下探讨了儒家关于个人的修身养性问题、家庭伦理问题、社群组织（亲缘组织、地缘组织、业缘组织、学缘组织、信仰组织等）问题和天下大同理想问题，在他看来，诸如个人、家、国、天下是社会儒学赖以展开的领域。谢晓东自我表明，他之所以提出社会儒学主要基于共同体与社会的区分、儒学缺乏"社会"一环和非政治化倾向，立足点实际上是介于家与国之间的、由人类共同体演化而来的小社会——社会组织。他虽然揭示了社会儒学的三个向度，但更为重视"以社会为存在和发展途径的现代儒学形态"意义上的"社会儒学"，强调排除政治儒学、制度儒学而容纳心性儒学和宗教儒学，认为社会儒学可以涵盖个人的自我修养、家庭、公司、学校、社团组织、乡村和宗教组织（儒教）等。① 由此可知，谢晓东更为凸显的是儒学的人伦内容（小的市民社会）和社会存在领域。

在谢晓东有关社会儒学构想的基础上，笔者建构了包括"作为存在形态的社会儒学""作为功能实现的社会儒学"和"作为存在形态的社会儒学"三元一体的社会儒学框架。② 对如此规定的社会儒学，黄玉顺提出了批评，他认为笔者提出的"作为存在形态的社会儒学"的"存在形态"概念过于含混，会导致理论上的混乱，认为笔者所讲的社会儒学的"思想内容"和"功能实现"本身也是某种存在形态，尤其是作为"思想内容"的社会儒学"把人的生活存在当作反思的对象或思想视域"表明"生活存在"正是一种"存在形态"，唯有第三类"作为存在形态的社会儒学"才是"社会儒学"。

---

① 谢晓东：《社会儒学何以可能》，《哲学动态》2010 年第 10 期。

② 涂可国：《社会儒学建构：当代儒学创新性发展的一种选择》，《东岳论丛》2015 年第 10 期。

实际上，笔者所说的作为"思想内容"的社会儒学是一种思想观念体系，它要反映包括社会存在在内的诸多社会问题、社会现象和社会规律，可谓学术儒学，这一学术儒学早在原始儒家那里就已生成——孟荀均有心性儒学、政治儒学的论说，并非由现代新儒家创立，而且它也保存对制度、人伦日用反思的内容，因而就此意义来说社会儒学并非如韩星所说的与制度儒学、大众儒学并立的三元和合结构。①

而作为"存在形态"的"社会儒学"是通过社会化后儒学外化到社会各个领域的客观的经验性文化存在，既包括物态化的儒学如"三孔"，又包括制度化的儒学如儒生制度，还包括精神态的儒学如儒学态度，就此而言，"社会儒学"近似于陈劲松说的"儒学社会"②——虽然不能等同。从哲学本体论来说，"存在"是绝对的整体大全，它包罗万象，即便笔者所讲的"作为思想内容的社会儒学"和"作为功能实现的社会儒学"也确如黄玉顺说的是两种"存在形态"。但是，相对来说，"存在"又分为不同形态，"作为思想内容的社会儒学"所反映的"存在"是一种对象性存在，而作为"存在形态"的社会儒学的"存在"是一种直接的社会存在，主要指自在自为的民间儒学、制度儒学、学校儒学等。

作为功能实现的社会儒学的问题域主要包括社会分析、社会批判、社会重建、社会激励、社会规范、社会教化、社会奖惩等，它们构成了这一意义上的社会儒学的基本理论框架。此外，犹如笔者在上面所指出的，这一层面的社会儒学还必须关注社会与儒学的互动问题，把儒学的社会化与社会的儒学化纳入理论系统中。基于作为存在形态的社会儒学和作为功能实现的社会儒学韩星等人做了较为深入的阐发，加上篇幅的限制，在此笔者将重点阐释作为思想内容的社会儒学的问题域和基本概念范式。

中国古代儒家没有严格意义上的西方式社会学，但这不等于说没有社会思想或社会观。虽然学界缺乏对儒家社会思想的系统探究，但是前人从

① 韩星：《儒学的社会维度或社会儒学？——关于儒学发展方向的思考》，贾磊磊、杨朝明：《第三届世界儒学大会论文集》，文化艺术出版社 2011 年版，第 580～594 页。

② 陈劲松：《儒学社会》，中国人民大学出版社 2007 年版。

不同角度还是有所涉及，如潘光旦就出版了《儒家的社会思想》①。作为思想内容的社会儒学是对社会及其各个层面问题进行探讨所建构起来的观念形态的儒学，它包含两层意思：一为社会儒学是关于社会总体的思想，它构成了普通社会儒学，一为社会儒学是关于社会各个层面（包括人、文化和狭义社会）的思想，它构成了诸如人类儒学、文化儒学和狭义社会儒学及其下属各种形态的分支社会儒学。作为普通社会儒学，它大体应当探讨如下问题，即社会活动、社会关系、社会治理、社会变迁、社会理想、社会规范、社会组织、社会价值、社会制度、社会结构、社会秩序等。

韩星已先笔者对儒家社会组织理论做了阐释，足可参考，本文不予赘述，只是想指出的是，即便现代新儒家也有许多可以发掘的社会组织内容，特别是梁漱溟旨在通过乡村建设实验改造中国社会结构方面为社会儒学积累了大量材料。至于社会儒学视野下的儒家社会治理论，鉴于前贤已经作了深入系统的探究②，笔者也在《荀子治道思想的主要特质分析》③ 文章中以荀子治道思想为个案对儒家社会治理之道做了典型性分析，故这里也略而不论；同时，诸如社会变迁、社会制度、社会秩序等问题也囿于篇幅留待日后专门研究，本文将重点阐明社会活动论、社会理想论、社会结构论、社会关系论、社会分层论、社会规范论、社会价值论等普通社会儒学课题。笔者虽然基于普通社会儒学的基本思想诠释了荀子的人而能群的社会本质论、能难兼技的社会分工论、群居和一的社会理想论和明分使群的社会治理论④，但有鉴于国内儒家社会思想研究的薄弱，这里要进一步阐述作为研究社会总体的普遍社会儒学所应关注的对象性问题。

（一）社会活动论

社会学一般把社会活动理解为以他人为对象、旨在达到预期目标的个人或群体的有意义的互动行为，M. 韦伯把社会活动分为价值合理型、目的

---

① 潘光旦：《儒家的社会思想》，北京大学出版社 2010 年版。

② 黎红雷主编：《中国传统治道研究丛书》（第一辑共五本），中山大学出版社 2005 年版；洪涛：《心术与治道》，上海人民出版社 2013 年版。

③ 涂可国：《荀子治道思想的主要特质分析》，《中原文化研究》2017 年第 1 期。

④ 涂可国：《社会儒学视域中的荀子"群学"》，《中州学刊》2016 年第 5 期。

11

合理型、传统型和情感型四种；活动可以分成社会活动与非社会活动，只有当个人的活动涉及到他人的活动时，才能称为社会活动。笔者从广义上界定社会活动，把人的一切个人性的活动和社会性的活动一概归于社会活动，如此社会生活就属于社会活动的特殊形态。"社会"也好还是作为社会系统中的"人"也好，社会活动构成了其赖以生存的基石，正如黄玉顺所说的它们是由作为大本大源的"生活"或"存在"生成的。可以说，社会活动能够为社会儒学奠基，如同实践是历史唯物主义的逻辑起点一样，更具有普遍意义的社会活动是社会儒学的逻辑起点。不过，必须指出，如果这样的"存在"或"生活"不是动物的"生活存在"，那么"生活""存在"与"社会"和"人"是融为一体的，是互为前提、难分先后的，也是相互涵摄的。①

客观说，儒家没有系统的社会活动理论，但是有许多与之相关的思想理念，由此构成了儒家的社会本体论。对此，社会儒学应从以下方面加以探究：一是"生"的观念。既要从社会的维度去诠释儒家的生意、生德、生命、生死、重生等范畴，又要揭示个体生存、社会生活的本源和意义，同时还要阐释儒家有关社会生命、文化生命、道德生命和个体人生等论说的内涵，充分展现儒学作为"生命的学问"②的宏旨。二是"行"的观念。这主要是在儒家知与行的对说中阐释的，儒家知行观蕴含着许多需要进一步提炼的儒家社会行为思想。不过，儒家之"行"也经常独立运用，表示行为、行动的意思，如"行有余力，则以学文"③"先行其言而后从之"④。三是"为"的观念。儒家十分重视"为"，仅《论语》就达170个用例，大多表示作为、做、治理、处理、克制等意蕴，而且代表某种社会化活动，如"为政以德"⑤"见义不为，无勇也"⑥"能以礼让为国乎，何有"⑦等。

---

① 20世纪80年代许多人认为历史唯物主义的逻辑起点是人。
② 牟宗三：《生命的学问》，广西师范大学出版社2005年版。
③ 《论语·学而》。
④ 《论语·为政》。
⑤ 《论语·为政》。
⑥ 《论语·为政》。
⑦ 《论语·里仁》。

这些社会活动观念有待于从行为主义角度进行深入挖掘和整合，以发展儒家的社会活动哲学。此外，儒家也有不少社会交往、社会互动方面的观念，例如"与朋友交而不信乎？"① "善与人交"② "敢问交际何心也？"③ "其交也以道"④ "其交游也，缘类而有义为"⑤ "上下之交不相乱"⑥ 等，这些都是值得社会儒学加以研究的。

（二）社会理想论

为了构建良好社会秩序、提升人的精神境界、指引人类发展方向，历代儒家提出了丰富的社会理想思想，以"大同"与"小康"为典型范式，开创了中国人文主义社会理想传统。对儒家社会理想学界尽管做过一定的揭示，却很不够，目前只有韩德民的《荀子与儒家的社会理想》⑦ 等少数专著，并主要集中在《礼记·礼运》社会理想思想上。发展普通社会儒学，无疑要着力阐发"大同"与"小康"思想范式，但不能限于此，还必须扩展到更为广泛的领域，发掘儒家提出的由"国泰民安""政通人和""民康物阜""安居乐业""人人亲其亲，长其长，而天下平""上下俱富""尚贤使能，等贵贱，分亲疏，序长幼"等内容所构成的社会理想思想。

同时也要探讨儒家关于到达社会理想目标的手段、路径和方法，譬如安贫乐道、等差有分、中和致平、明分使群、礼义有序、重王轻霸、重义轻利和富而后教等，分析儒家社会理想的特质、结构、层次、地位、意义、效应、方式、途径及其合理性、正当性、有效性等，比较儒家与其他诸子百家社会理想的同异，反观儒家社会理想同其他社会理想的差异、统一、吸收和融合、重建，反思其对当前人类社会和当代中国社会理想建构的启示。必须强调，应当回到儒家原典，寻找与社会理想相关的原义，这是因为，儒家经常借助于"国""家""邦""天下"和"志"等范畴表达社会

序
言

① 《论语·学而》。

② 《论语·公冶长》。

③ 《孟子·万章下》。

④ 《孟子·万章下》。

⑤ 《荀子·君道》。

⑥ 《荀子·儒效》。

⑦ 韩德民：《荀子与儒家的社会理想》，齐鲁书社 2001 年版。

理想，如孔子提出的"老者安之，朋友信之，少者怀之"①，孟子讲的天下"定于一"② 等。无疑，儒家除了"大同"和"小康"外，更多的是陈述个人理想、志向、追求，而没有其他社会理想的系统阐述，需要我们从儒家典籍中仔细爬梳。

（三）社会结构论

国内对中国传统社会结构的研究十分全面，成果丰硕，而作为思想史的社会结构研究则比较匮乏，这大概是因为中国古代思想家缺乏现代社会学意义上的社会结构意念。如此说并不等于讲儒家没有社会结构思想，在笔者看来，它有以下方面值得普通社会儒学纳入探究的范围：一是分析儒家家、国、天下的三元社会结构构想。传统儒学建立在封建血亲－宗法关系基础上，反映了中国传统社会家庭、家族和国家在组织结构、人伦结构、思想结构、政治结构等方面的同质性、同构性。正是依据这一社会特点，儒家阐释了"移孝作忠""忠君报国""先王之道，忠臣孝子之极"③"三纲五常"等观念。这些不能仅局限于道德哲学给予诠解，也应从社会哲学维度进行阐发。另外，《大学》发明了修身齐家治国平天下这一体现内圣外王之道的社会结构理念，当代社会儒学理应遵循家→国→天下的逻辑阐释儒家的社会结构论。二是从儒家"亲亲"与"尊尊"原则解释中国传统历代社会结构维持和变化的机制，以及它们如何影响中国社会结构的稳定性。三是深入探讨儒学如何塑造中国社会结构，特别要对儒家式的社会结构进行透彻分析。四是阐发儒家社会整合思想。为维持社会结构稳定、重建社会秩序，实现天下一统，自先秦以降，儒家提出了礼乐教化、制民之产、以民为本、修身养性、德治仁政、克己复礼、尊贤使能、隆礼重法等社会控制和社会整合方案。它们不仅是儒家社会治理思想的重要组成部分，也是儒家社会结构观念的有机构成，是丰富社会儒学有关社会结构理论的重要来源。

---

① 《论语·公冶长》。
② 《孟子·梁惠王上》。
③ 《荀子·礼论》。

（四）社会关系论

在某种意义上说，儒学就是一种社会关系学，它之所以产生和发展，就是为了更好地协调人与自我、人与自然、人与人、人与社会之间的关系。处理和改善社会关系构成了儒学的核心内容之一，尤其是儒家的人伦思想最为博大精深。笔者曾经就儒学、人情文化与人际关系的优化问题做过探讨①，但没有上升到社会儒学的一般性高度阐释儒家的社会关系学说。要建构较为完善的社会儒学，就必须从如下方面展开：

一是以人伦思想为重点。虽然儒家并不是如一些学者断言的那样一点没有论及人与群体组织的关系、陌生人与陌生人之间的关系——如儒家的亲民学说，但是它毕竟重点关注的是孟子所措意的"父子有亲、君臣有义、夫妻有别、长幼有序、朋友有信"②"五伦"关系，为此社会儒学既要在徐儒宗《人和论》③等前贤先期成果的基础上，继续对儒家以五伦为代表的人伦关系思想进行再认识，挖掘《尚书·尧典》中的"慎徽五典"说法、《左传》的"父义、母慈、兄友、弟恭、子孝"五典诠释的微言大义，还要立足于当代社会发展的角度对儒家人伦思想进行补充完善，像李国鼎、谢晓东④那样创立第六伦甚至第七伦、第八伦，并对"三纲"是否要完全摈弃重新进行评价。

二是以角色关系为核心。角色与关系密切相关，它体现了人在社会关系体系中的权利和义务，正因如此，美国夏威夷大学的安乐哲构建的儒家角色伦理学特别凸显儒家角色理论的关系性（以关系为本）和他人导向、社会导向，不过他主要出于批判西方过于突出个人自由意志的原教旨个人主义⑤的考虑，而囿于强调个人的义务、责任，且局限于伦理学的视域，对儒家角色理论存在诸多误读、误解。我们应当本着客观公正立场、基于掌握学术话语权的战略考量、从社会哲学角度切入儒家角色理论，以建构中

序言

① 涂可国：《儒学、人情文化与人际关系的优化》，《东岳论丛》2011 年第 8 期。

② 《孟子·滕文公上》。

③ 徐儒宗：《人和论——儒家人伦思想研究》，人民出版社 2006 年版。

④ 谢晓东：《第六伦与社会儒学》，《东岳论丛》2015 年第 10 期。

⑤ 安乐哲：《儒家角色伦理学——一套特色伦理学词汇》，山东人民出版社 2017 年版。

国自身独特的、更为完整的儒家社会角色学。

三是以家庭关系和政治关系为基础。儒学固然涉及到社会关系的方方面面，为此台湾学者构设了儒家关系主义范式。当代中国社会儒学必须围绕社会关系主线深刻儒家的己他观、己群观、群体观、国家观，但相形之下，儒家更为重视父子、夫妻、长幼等家庭关系和君臣、君民、官民等政治关系的调控和完善，更为重视家庭血缘、姻缘关系的伦理架构，更为重视用仁义礼智信之类的核心伦理建构良好的政治关系，因而应当加强对儒家事关家庭关系和政治关系的类型、基础、运行、原则、规范、理想等各个层面问题的研究，观照儒家在哪些方面为中国传统社会人际关系的运转提供了心性情理基础，一旦时机成熟，不妨建构儒家社会关系学。

（五）社会分层论

社会分层论本来从属于社会结构论，只是由于它在儒学中具有独特而重要的地位，故此将它单独挑出来作为社会儒学研究的重要内容。所谓社会分层是指社会成员和社会群体在社会系统中呈现上下高低、等差有别的现象，它主要通过阶级、阶层、地位、角色、身份和职业等加以表征。虽然儒家并没有提出"社会分层"的概念和理论，但蕴含着丰富的社会分层思想，借以成为社会儒学建构的重要凭借，并引导我们从以下三方面展开研究：一是社会分工思想观念。譬如孟子的"劳心者治人，劳力者治于人"① 的主张、荀子的"农以力尽田，贾以察尽财，百工以巧尽械器，士大夫以上至于公侯莫不以仁厚知能尽官职夫，是之谓至平"② 的思想等。此外，儒家有关士、农、工、商的职业分工思想尤其需要关注。二是社会角色和社会身份理论。围绕君臣、父子、兄弟、夫妇等身份角色的人格修养、行为规范、价值观念、待人之道等问题，儒家做了深入全面的阐述，如孔子强调的"君君，臣臣，父父，子子"③、荀子讲的"君臣、父子、兄弟、夫妇，始则终，终则始，与天地同理，与万世同久，夫是之谓大本"④ 等，

---

① 《孟子·滕文公上》。
② 《荀子·荣辱》。
③ 《论语·颜渊》。
④ 《荀子·王制》。

它们已经成为发展社会儒学的宝贵财富。三是社会等级思想。客观上中国传统社会存在阶级、阶层之分，正如费孝通所说，中国传统社会是一个"差序格局"的社会。孔子、孟子和荀子都肯定了社会等级，认为社会区分等级和按等级分配都是合理的，而荀子对社会等级做了更加全面的论述，尤为强调社会等差级别，提出了"贵贱之等，长幼之差，知愚、能不能之分"① 的社会分层思想。社会儒学应当结合儒家经典的疏解，深入阐发儒家社会等级的类型、地位、作用、原因及其调控（如平均主义）等思想，特别是要对其合理性做辩护。

（六）社会规范论

为了调节人的社会关系，制导人的社会行为，儒家提出了极为丰富多样的社会规范，这些规范首先表现为各种"礼"，但不仅局限于礼，更不能像有些学者那样将儒家的规范论完全等同于礼论。儒家社会规范不少由规范判断加以呈现，如"成人之美""与人为善"等，此外还表现为箴言、戒律、命令等。一般来说，社会规范包括社会制度，这就意味着有制度规范也有非制度规范之分。比较而言，用社会规范去概括儒家社会思想比用社会制度去叙说更为准确，因而笔者认为与其提建构儒家制度伦理学不如提建构儒家规范伦理学更为符合儒学的真义。另外，儒家社会规范外延较为广泛，包括道德规范、政治规范、文化规范、思想规范等等，一定要防止把它归结为道德规范的片面化倾向。

毋庸置疑，社会儒学对儒家社会规范的研究最为优先考虑的方向是儒家之礼，包括儒家之礼的内涵、形态、类型、损益、地位、作用、价值、影响、变迁、转换、创新等问题，但是，下述方面也是不可或缺的：一是对儒家的仁、义、礼、智、信、勇、孝、悌等重要德目呈现的规范意义进行深入挖掘，二是对儒家提出的各种判断或命题如"己所不欲，勿施于人"② 从社会规范的维度加以分析，三是广泛搜集和研究儒家的箴言、戒律和《弟子规》、家训、家语等之类的体现儒家行为格准的社会规范。

---

① 《荀子·荣辱》。
② 《论语·颜渊》。

（七）社会价值论

儒家社会价值论亦可称为社会价值观，从广泛意义上它是与儒家自然价值观相对应的、包含儒家个人价值观的有机体系，是儒家关于社会的好坏、善恶、美丑、利弊、得失、祸福、荣辱、优劣、有用无用等方面的看法见解。目前，学界对儒家社会价值观的种类形态、结构层次、历史演变、作用影响和利弊得失等问题进行了分析探讨，发表了一系列相关论著，其中，杨国荣的《善的历程——儒家价值体系的历史衍化及其现代转换》[1] 从天与人、义与利、理与欲、群与己、经与权等关系维度阐述了儒家价值观；封祖盛和林英男的《开放与封闭》[2] 虽然并非直接探讨儒家价值观，但却以其作为核心依托，对中国传统社会价值取向从"外交""目标""国家""家庭""认识""政治""成就""经济""道德"和"人生"等社会领域十个方面作了细密的剖判；赵馥洁的《中国传统哲学价值论》从价值原理、学派取向、范畴系列、价值思维等方面系统论述了儒墨法道四大家的价值论体系、传统哲学价值论的主要范畴和中国哲学的价值思维方式等。[3]

社会儒学要进一步建构自身的范畴体系和话语体系，就应进一步加强儒家社会价值论研究：一是着力加强对儒家所崇尚的修己安人、克己制欲（存理灭欲）、以私利公、仁者爱人、和善忠恕、义以为上、重义轻利、安贫乐道、厚德载物、均平隆礼等价值观念的阐发，批判性地分析由儒家政治价值观、法律价值观、经济价值观、外交价值观、道德价值观和个体价值观、家庭价值观、国家价值观、天下价值观等组成的社会价值观系统。二是根据当代中国社会实际、文化发展状况和价值整合的需要吸取儒家文化所展现出来的仁、义、礼、智、信、恭、宽、敏、惠、忠、孝、节、悌、中、和等合理价值观念，就如何利用这些儒家社会价值论资源培育当代核心价值观的途径、方法进行探索。三是对儒家社会价值观的基本类型、发展历程、社会影响进行客观公正的分析与评价，探讨其真实的义理结构。由于在时代背景、经济基础、政治制度、国际环境等方面发生了历史性的

---

① 杨国荣：《善的历程——儒家价值体系的历史衍化及其现代转换》，上海人民出版社 1994 年版。

② 封祖盛、林英男：《开放与封闭》，河北人民出版社 1987 年版。

③ 赵馥洁：《中国传统哲学价值论》，人民出版社 2009 年版。

转换，因而对儒家社会价值观不能拿来就用，而必须紧密结合中国社会现实和全球化时代进行创造性转换和创新性发展。四是运用当代自由、公平、正义、和谐、文明、平等、法治、诚信、人权等价值范畴和范式透视儒家社会价值理念，把当今学人注目的儒家正义论、自由论、公平论、文明论、平等论、法治论和人权论统一纳入到儒家社会价值论之中进行把握，在社会价值观的平台上加强儒学与自由主义、生态中心主义、个人主义等思潮的对话。

三、建构社会儒学的可能性和方法路径

社会儒学的建构不仅牵涉儒学的当代定位问题，也涉及传统儒学的重诠与重构问题。如果说前面已经解读了社会儒学"是什么"和"做什么"两个问题，那么接下来就要回答社会儒学的"必要性""可能性"和"如何做"问题。笔者已在《社会儒学建构：当代儒学创新性发展的一种选择》中①就社会儒学的必要性或重要性做了阐述，这里不再重复，现在就其可能性做出说明；另外，该文虽然围绕社会儒学如何建构进行了一定的阐发，但语焉不详，需要给予补充论证。

在《"社会儒学"何以可能》一文中，谢晓东分析了"社会儒学"存在的三个条件：第一，儒学作为一种心灵积淀仍然普遍存在于中国人的心中，第二，多元文化结构，第三，民主制度的保护。②除第一条外后两条属于外部条件，这些条件对社会儒学的建构固然重要，但是就此而言还可以列举一些，如尊儒但不独尊、社会组织的发展、思想的开放、社会的信息化、精神家园建设的诉求、传统文化资源利用的需要，等等；在笔者看来，真正为社会儒学构建提供可能性或实在基础的是犹如第一条所表征的内在社会条件。

其一，儒学蕴藏着丰富的社会思想资源。上面对社会儒学基本内容的分析在一定程度上已经从应然性层面对社会儒学蕴含的社会思想内容作了

---

① 涂可国：《社会儒学建构：当代儒学创新性发展的一种选择》，《东岳论丛》2015 年第 10 期。
② 谢晓东：《"社会儒学"何以可能》，《哲学动态》2010 年第 10 期。

某种交代，下面做进一步论证。任何学说都是时代的产物，也是对所面临的社会问题做出反映的结晶，儒学也不例外。不同时期的儒家正是为了应对礼崩乐坏、贫富分化、民不聊生、战争动乱、信仰混乱、政治腐败、道德失序等社会问题的挑战，按照《大学》创立的"正心、诚意、修身、齐家、治国、平天下"的内圣外王之道而对社会政治、经济、文化、伦理、日用等社会秩序做出思想安排，以调节人的各种社会活动和社会关系，提供指导社会主体为人和为政的合理社会规范，借以实现崇高的社会价值目标和社会理想追求，从而阐明了"仁义道德""德治仁政""以民为本""三纲五常""天下大同"等理念，创立了包括社会活动、社会理想、社会结构、社会关系、社会分层、社会规范、社会价值以及社会秩序、社会治理、社会变迁等丰富内容的社会学说，成为中国社会思想史的主干。尽管形式上儒家缺乏现代学科意义上的社会学和一套完整严谨的规范体系，也未论及"社会"范畴，即便对中国传统"社"和"会"这样的语词也很少运用①，但是它从实质内容上对传统小农社会、宗法社会表现出来的社会问题做出了独特的思考和应对，建构了虽不系统却较为深刻的作为思想内容的社会儒学。

其二，儒学的社会功能仍然在不断呈现。笔者在《社会儒学建构：当代儒学创新性发展的一种选择》一文中曾经对儒学的社会功能做了论说，指出儒学因其主位性、普适性、丰富性和独特性而具有普遍意义和社会功能。② 即便如此，仍有非儒人士会说这只能代表传统儒学一度成为官方统治思想时对社会能够发挥巨大的作用，随着中国社会的世俗化、大众化、市场化、现代化，儒学的社会化通道和联系机制被打破，儒学越来越远离公众的视野，越来越为大众所疏离、所排斥，越来越在社会生活中变得无足轻重；特别是中国已经从熟人社会走向陌生人社会、从小农社会走向工业社会、从机械联带的"差序格局"社会走向有机联带的社会（姑且用德国

---

① 《论语》"社"的用例有三，其中《论语·先进》讲到"有民人焉，有社稷焉"。"社稷"为"国家"之义；《论语》"会"的用例也有三，其中《论语·先进》有"会同"两处，但都表示"会盟"，另一处则是《论语·颜渊》篇曾子所说："君子以文会友，以友辅仁。"

② 涂可国：《社会儒学建构：当代儒学创新性发展的一种选择》，《东岳论丛》2015 年第 10 期。

社会学家滕尼斯的话说从共同体社会走向"社会"社会），儒学赖以形成和展现的社会基础不复存在，在当代它不再有何价值和作用；退一步说，即使儒学还有点用处的话，也只能借助于心性儒学安顿人的心灵、慰藉人的精神、健康人的心智，像一些文化保守主义者期望的那样用政治儒学、制度儒学和社会儒学干预社会只会是空想。应当说，诸如此类的对儒学功能的质疑并非毫无道理。但是要知道，经历过挫折、沉潜，由于古今中外社会面临着的共同心性结构、需求结构、问题结构，当今儒学的现实意义被越来越多的国内外人士所认知、所认同，儒学的普及推广在社会各个层面展开，儒家核心社会价值理念愈来愈被国家领导人引用，各级各类政府、社团组织、机关、社区等愈来愈重视儒学传统的发用，儒学与社会的双向交流、双向渗透已然彰显，为作为功能实现的，包含政治儒学、制度儒学在内的社会儒学发展创造了坚实的土壤和源泉。

其三，儒学的历史遗存得到保护和充实。对于儒学在现代的历史命运与现实处境人们的认识与评价并不一致，从负面来说出现了"衰落说""断裂说""游魂说"，等等。的确，由于近代以来中国社会的急剧变迁，由于"太平天国运动""五四运动""文化大革命"等历次激进反传统运动的冲击，由于儒学制度化的解体（如科举制的废除）和社会基础（如血缘宗法关系）的崩解，儒家文化遭到了破坏，形成了某种断裂，以致使中国出现了如同陈劲松指明的由"儒学社会"走向"后儒学社会"①。但是，就像"后现代社会"并非毫无现代性因素一样，"后儒学社会"也不等于"无儒学社会"。作为悠久的中华文化传统，儒学仍然在历史长河中逐渐积累、沉淀而流传至今，这不仅表现在宣扬儒家思想的物态社会遗存如府学、文庙、乡校、书院、私塾、碑刻、牌位、文物、图像等许多还保留着，还表现在根据儒家理念所制订的乡规民约、家规族规、校训学规等社会化儒学文化符号随处可见，同时传统儒学要素不少内化积淀为当代人的文化心理结构和行为模式的"活"态文化，一些人依然保持着对儒家观念、儒家价值、儒家情感、儒家思维、儒家精神、儒家文艺、儒家道德等的热情和认同。

---

① 陈劲松:《儒学社会》,中国人民大学出版社 2007 年版。

这些重要的儒家文化遗产既是社会儒学延续的载体和象征，也是社会儒学进一步发展的重要根基。伴随着当前"传统文化热""国学热""儒学热"的蓬勃兴起，民间儒学日渐兴盛，儒学性质的书院、讲堂、社区等不断萌生，观念层面的"学术儒学""庙堂儒学"逐渐下移并转化为"大众儒学""百姓儒学"，从而不断丰富着作为存在形态的社会儒学的历史内涵和表现形式。

其四，社会儒学的学理基础扎实有力。且不说境内外学者围绕儒家有关社会生活、社会理想、社会结构、社会关系、社会分层、社会规范、社会价值、社会结构、社会教化、社会互动、社会保障、社会秩序、社会治理、社会变迁等内容分门别类地进行了广泛深入的研究，这方面的成果可谓汗牛充栋、数不胜数，即使从总体性上也有不少学者尝试运用社会学、文化学、人类学、社会哲学等学科的概念范式和思维框架探究儒家的社会思想，发表了大批成果，分别阐发了孔孟荀"复礼""正名""内圣外王"和"为政以德"的社会管理思想或社会治理之道①，揭示了儒家以"仁政"为中心的社会整合方案，探讨了春秋战国时期"道之以德，齐之以礼""明德慎罚"和"养民教民"的社会运行理性规范，等等。这些为社会儒学的创建奠定了较为良好的基础。笔者之所以致力于社会儒学的倡导，并不是一时心血来潮，也不是想自立山头，而是在出版了个人学术专著《社会哲学》和主编了《社会文化导论》②之后，出于对儒学复兴和儒学重建的强烈愿望和理性审视，并依此强化了笔者早就有的从"社会"角度关照和研究儒学的学术志向。

那么，如何构建具有生命力的社会儒学呢？方法路径固然很多，但重点应为以下三方面：

一为"返本开新"。所谓"返本"，既是指推动社会儒学的建构者保住儒学的核心价值、大本大源，又是指回归儒家原典或文本寻找社会理论的真实义理。传统儒家的社会教化、社会治理、社会理想、社会价值、社会

---

① 陆琦、王心怡：《探寻儒家思想的社会治理之道》，《科学时报》，2010 年 12 月 14 日。
② 涂可国：《社会文化导论》，山东人民出版社 2014 年版。

变迁等思想是当代社会儒学建构的历史本源，由历代儒家阐释的社会之理、社会之道是社会儒学的灵魂，必须在正确、客观地理解与诠释儒家社会思想的基础上，在对其道统、学统、治统和政统①有所领会、有所把握的前提下，创立儒家"社统"，发展出层次有序、多维一体的系统性的社会儒学。然而，传统儒家的社会思想毕竟较为零散，也缺乏理性的自觉，更不可能具备现代学术意涵上的社会学和社会哲学。正因如此，构建完善的社会儒学形态，除了要对历史上的儒家社会思想进行整合，联系当今社会实际赋予新的时代内涵、新的文化生命外，还应注重创新转化，科学回答当今人类面临的社会失序失调、社会关系恶化、社会价值混乱、社会结构失衡、社会理想匮乏、社会教化无力等各种社会问题，创造出一种既与儒家传统社会思想相对接又具有重大现实社会意义的社会儒学新内容、新形态。

二为"体用无间"。如果说作为思想内容的社会儒学是"体"的话，那么，作为功能实现的社会儒学和作为存在形态的社会儒学则是"用"。目前，在儒学和社会儒学体与用之间存在着割裂甚至对立的极端化倾向，有的像一些现代新儒家那样满足于埋头构筑纯学理的"经院儒学"，对重大现实社会问题漠不关心，忽视以致抹杀儒学向社会普及传播的实用做法；反过来，有的认为儒学自诞生以来已有两千多年，对儒家经典的注解、诠释不可胜数难有任何创新，真正有意义的工作是坚持"以儒化人"，向广大民众、社会领域进行儒学的普及推广，利用优秀儒家思想观念进行社会教化、精神塑造和人生引导。笔者认为，无论是儒学的"通体"还是儒学的"达用"，都是不可或缺的。就前者而言，不仅大量儒家经典需要整理，儒家义理需要重新阐释，对儒学的误读误解需要疏解、纠正，儒学的逻辑化、条理化、哲理化需要加强；即便是社会儒学的基本原理、范畴体系和思维框架也需要结合对当代社会问题的回应进行艰苦的学术建构。就后者而言，儒学从来不离日用，应更加强调儒学的学以致用、明体达用、经世致用，提倡知行合一、体用无间，犹如荀子所言"君子之学也，以美其身"②。以

---

① 牟宗三：《政道与治道》，广西师范大学出版社 2006 年版。
② 《荀子·劝学》。

防止朱熹曾批评的"务讲学者多阙于践履"① 的弊病；儒学只有构建通畅的社会化渠道以保持与社会的交流互鉴，只有真正见之于世、用之于民，只有实现对社区民众、社团组织、党政机关、事业单位和现代化社会背景下的公域空间的全面朗照、指导，才能发挥社会儒学基本义理的社会价值，才能使儒学变成广大社会群体可感、可知、可亲、可用的社会文化存在，从而建立起作为功能实现的社会儒学和作为存在形态的社会儒学。

三为"反向格义"。社会儒学的研究固然要采用当代中国学者自己创立的社会学、文化学、政治学、经济学、人类学等理论范式，深入探讨社会儒学发生发展的历史渊源、社会背景、历史作用、主要内容等问题，但是也要采用"反向格义"的方法，运用西学的人文社会科学概念方法对社会儒学进行诠释与解读，例如采用西方的行为主义理论分析儒家的社会活动思想，借用国外价值哲学理念探讨儒家的社会价值观，借鉴国外的社会结构理论研究儒家的社会结构论，等等。对社会儒学的"反向格义"，一些激进文化保守主义者延续钱穆的套路而对此表示质疑，他们认为不能用建立在学科分化基础上的西学去套由经史子集所承载的、浑然一体的国学、儒学，否则难免有削足适履之嫌；还有人出于国粹主义的民族文化防御心理把儒学归结为国学的一种而视为与西学不同的思想范式，主张二者相分离、相对抗。诚然，正如陈来所指出的，应该倡导"我注六经"、回归元典的经学致思模式，对儒家哲学进行"内在的理解"与"客观的呈现"②，但是，在西方文化仍为强势文化的背景下，采用"反向格义"的思路阐释社会儒学，不仅可以使儒学获得新的诠释、新的结论，还能够实现与西方文化的对话、融通，因而具有相当的合理性与现实性，不应加以简单否定，只有如此才能在社会儒学本土化与全球化的双极之间保持必要的张力。

① 《朱文公文集》卷46。
② 陈来：《"中国哲学"学科的建设与发展的几个基本问题》，《天津社会科学》2004年第1期。

目 录
CONTENTS

儒家社会伦理

人类儒学

儒学历史

儒学与社会

在第三届泰山文明论坛上的致辞

张述存

（山东社会科学院院长）

尊敬的各位来宾，女士们，先生们，各位专家学者朋友：

欢迎大家在这"四面荷花三面柳"的美丽时节，不辞辛劳来到历史文化名城——泉城济南。今天，由山东社会科学院主办的"第三届泰山文明论坛：社会儒学与社会关系国际学术研讨会"隆重召开，我们深感荣幸。首先，我代表山东社会科学院对本次论坛的胜利召开表示热烈的祝贺！对出席会议的各位领导和专家表示诚挚的欢迎和衷心的感谢！

中国是一个文化大国，中华文化历史悠久、积淀深厚、博大精深、源远流长，上下五千年、纵横八万里，物质层面的"四大发明"、丝绸之路、浩瀚文物，精神层面的家国情怀、君子人格、魏晋风度、盛唐气象等都给世人留下了难以磨灭的记忆和印象。与世界上其他文化相比，中华传统文化在百折不挠的前进中充分彰显了其优越性。唯有中华文明延续五千年而不衰，是唯一从古代存留至今的文明。自秦以来中国历经两千多年而最终保持统一，不像欧洲那样分成众多国家，这与中华文化不无关系。中华文化在历史上曾长期处于世界领先地位，中华文化是世界主流文化之一，对西方文化也曾产生过重要影响，只是在 19 世纪以后才开始衰落。在世界几大文化体系中，中华文化排他性最小、包容性最强，世界三大宗教都在中国存在和发展。而且中华文化遗产最为丰富，为文化传承奠定了坚实基础。而且中华优秀传统文化中更基本、更深沉、更持久的力量，是中华民族在长期发展中形成的价值观念、理想人格、思维方式、伦理观念、审美情趣

1

等，包含着无穷的哲学和科学智慧。所以我们对中华文化抱有无比的自信，相信中华民族在过去曾创造了灿烂的文明，在经历短暂的沉沦后，在中国共产党的领导和各族人民的共同努力奋斗下，中华民族必将迎来再次的辉煌，实践证明这完全是正确的。

优秀中华历史传统文化是我们对中国特色社会主义秉持文化自信的源泉。文化自信的"文化"是广义上文化概念，相当于"文明"，具体是指中华文化；"自信"源于信念，成于实力，在于展示。习近平总书记在"七一"讲话中指出："坚持不忘初心、继续前进，就要坚持中国特色社会主义道路自信、理论自信、制度自信、文化自信，坚持党的基本路线不动摇，不断把中国特色社会主义伟大事业推向前进。"这一论断，首次把文化自信提升到与道路自信、理论自信、制度自信同等重要的位置，为坚持中国特色社会主义提供了新的思想保障和精神支撑。同时强调"文化自信，是更基础、更广泛、更深厚的自信。

在5000多年文明发展中孕育的中华优秀传统文化，在党和人民伟大斗争中孕育的革命文化和社会主义先进文化，积淀着中华民族最深层的精神追求，代表着中华民族独特的精神标识。这一方面说明文化自信是道路、理论、制度自信的基础和升华，强调了文化自信在中国特色社会主义精神源泉中的基础地位；另一方面也阐明了文化自信的来源，即中华优秀传统文化、红色革命文化和社会主义先进文化，为我们树立和增强文化自信指明了方向。文化复兴是中华民族伟大复兴的重要内容、精神保障和显著特征。一个民族只有在对其文化抱有强烈信任和发展的理想信念之下，才能获得坚持和坚守的信心，才能鼓起奋发进取的勇气，才能克服前进路上的艰难险阻，才能激发创新发展的活力。我们对中华民族伟大复兴的自信从本质上说是对中华文化的自信。

山东是中华文明的重要发祥地之一，具有悠久的历史和灿烂的文化，特别是儒家思想在漫长的历史发展过程中，更是奠定了中华传统文化的核心主体，必然会成为我们今天弘扬优秀传统文化、树立和增强文化自信的重要源泉。习近平总书记在山东视察孔子研究院时指出："中华优秀传统文化是中华民族的突出优势，是我们最深厚的文化软实力，要大力推动优秀传统文化的传承弘扬，努力实现传统文化的创造性转化、创新性发展，使之与现实文化相融相通，共同服务以文化人的时代任务。"所谓创造性转化，是指按照时代特点和要求，对传统文化中具有时代价值的内容和形式加以改造，赋予其新的时代内涵和现代表达形式。所谓创新性发展，是指按照时代发展的要求，对中华优秀传统文化的内涵加以补充、拓展、完善，为其增添新的内容。我们必须要积极贯彻总书记的指示，充分发挥山东历史文化底蕴深厚的优势，建设孔子及儒家思想研究传播体系，加快推进"曲阜优秀传统文化传承发展示范区"建设，深入实施县及以下历史文化展示工程，形成重点突出、特色鲜明、覆盖广泛、充满活力的文化传承创新体系，推动齐鲁优秀传统文化在新的历史条件下不断焕发生命力，推动山东实现由文化资源大省向"文化强省"的跨越。

山东社会科学院历来重视儒学等特色传统学科的传承发展，聚集了一批具有较高儒家哲学研究水平的学者，具有较强的儒学研究和组织力量。早在1986年山东社科院就成立了儒学研究所，2009年合并组建了文化研究所，2015年又新建了国际儒学研究与交流中心，目前我院从事儒学研究的专职科研部门既有文化研究所，又有儒学研究与交流中心，还有哲学研究所，专职人员一共有20多名。本院设立了儒家文化研究中心、儒学研究中心以及儒家哲学重点学科。在以儒家哲学为重点的中国哲学研究领域，形成了自己独有的特色与品牌，特别是儒家管理哲学、社会哲学、道德哲学、政治哲学、文化哲学研究在省内外处于领先地位。先后主持和承担国家级课题10多项，主要有：涂可国主持的一般项目"中西伦理学比较视域中的儒家责任伦理研究""儒学对人发展的影响研究"以及"中国儒家学术思想史""儒家思想与东亚模式""儒学理论的系统研究""当代东方哲学的新进展——当代东方儒学的现状、特点和发展趋势研究"等；承担省部级儒学研究方面的重点课题和院重点课题40多项。先后在省级以上出版社与重要报刊出版儒学研究方面的著作近百部，发表学术论文800多篇，许多文章被《新华文摘》《中国社会科学文摘》《高校文科学报文摘》《人民日报》《光明日报》等重要报刊转载、复印。从2008年起在齐鲁书社出版了《儒家哲学文库》，形成了较好的品牌优势。

处理和改善社会关系是儒学的核心内容与宗旨之一，人伦思想是儒学的重要组成部分。儒家思想中丰富的社会道德伦理思想，如义以为上、立己达人、和而不同、身正忠信、选贤使能、民贵君轻等，构成了中华文化的基本价值观，在今天仍然熠熠闪光，对重塑中华文化自信，为世界制度探索贡献中国方案都具有重要价值。社会儒学是近年来方兴未艾的一股当代儒学思潮，由一群有学养、有担当、有信念的学人发起并实践着。据我所知，与会的很多学者都是社会儒学的研究者和践行者。我院文化研究所在涂可国研究员的带领下，社会儒学研究也成果颇丰，已经完成一个国家课题，而且发表了很多有影响的文章。在这里提一点自己的看法，我认为社会儒学虽然是一个专业的研究领域，但是他不应该仅仅停留在阳春白雪的学理研究，不应该仅仅满足于曲高和寡的哲学建构。儒家思想最重知行合一，儒家学者讲究的是学问和生命融为一体。所以，社会儒学是学术的，社会儒学更加应该是实践的、力行的。儒家学者应更多的回应时代变化与发展所带来的新问题新情况新机遇，以刚健有为的精神，实现家国天下的理想。

我们真诚期望，与会的各位专家、各位朋友，在本次论坛畅所欲言，献计献策，共同推动儒学不断传承弘扬、创新发展！我真诚地希望，与会学者能够心怀"修齐治平"的责任感和担当感，本着"学聚问辩，宽居仁行"的儒家古训，砥砺学问，涵养性情，享受一个自由、包容、多元的学术盛宴！

最后，祝第三届泰山文明论坛"社会儒学与社会关系"国际学术研讨会取得圆满成功！祝各位领导、各位专家和朋友们身体健康、万事如意！

谢谢大家！

社会儒学基本理论

SHE HUI RU XUE
JI BEN LI LUN

社会儒学建构：
当代儒学创新性发展的一种选择

涂可国

（山东社会科学院文化研究所）

自从孔子创立原始儒学以来，随着不同历史时期儒家人物的不断诠释与重构，儒学内容愈来愈丰富，叙述方式与主题形态也不断发生着改变，由于内容、方法和存在形态的不同，形成了各种各样的儒学类型。虽然儒学的系统化建构从 20 世纪初伊始已达一百多年的历史，但是当今儒学重建仍然"任重而道远"。根据时代特点和儒学发展的需要，要推动儒学的传承与创新，笔者认为应当建构社会儒学。

一、何为社会儒学

在某种意义上可以说，儒学即是社会儒学，尽管儒学体系中并没有排除对宇宙自然的沉思，如天道学说，但是，一则儒家对天道的追问是为了推演人道及社会历史的常道常理，二则儒家往往把自然之天伦理化、人道化、社会化，三则儒家致思的重心与进路主要放在对人伦政治与理想社会的构建上，因而儒学从总体上表现为社会儒学。

就社会儒学的本质规定而言，国内谢晓东、韩星等学者较早作了关注。韩星从区别于治国理政的政治关怀把社会儒学看成是社会教化维度。[①] 谢晓东立足于儒学定位的视角针对"政治儒学"提出了对社会儒学自己的独到

---

① 贾磊磊、杨朝明：《第三届世界儒学大会学术论文集》，文化艺术出版社 2011 年版。

认识。他依据德国社会学家藤尼斯共同体与社会的类型分析，认为儒学存在家与国之间的"社会"缺位，而把"社会"界定为外在于个人（心性）、家、国，包含学校、公司、医院与社团等在内的表现形态，据此，他提出社会儒学具有三层内涵：一是从儒学视角对社会生活进行反思和总体把握，二是从社会角度发掘儒学的价值，三是后共同体时代的以市民社会为立足点、以非政治化为基本特征、以人伦日用为基本关注点的形态。① 在笔者看来，不论是儒学还是社会固然存在历史形态、内容结构的分化，但是从广义上讲它们具有稳定性的一般特征，谢晓东所理解的"社会"不过是现代性视野下的狭义形态。殊不知，"社会"可以是包括多个层面、多种要素、多种类型的大系统。据此，笔者认为社会儒学可以分为三个方面：作为思想内容的社会儒学、作为功能实现的社会儒学和作为存在形态的社会儒学。

（一）作为思想内容的社会儒学

所谓作为思想内容的社会儒学，即是由儒家或儒学研究者对社会及其各个层面问题进行探讨所建构起来的儒学形态，它本质上实为有关社会的思想学说。黄玉顺同仁在系统创立生活儒学这一种儒学理论抑或当代儒学形态时，正是把人的生活存在当作反思的对象或思想视域对儒学思想进行重新诠释。他指出，"生活儒学"并不是龚鹏程所说的关于生活的儒学，不是说的将现成既有的儒学"生活化"地运用到实际生活当中去，而是说的在重建儒学即建构儒学的一种当代思想理论形态时，在观念系统中将"生活"视为作为大本大源的"存在"，而这里所说的存在并不是存在者的存在，更不是存在者，一切存在者皆由存在所生成，即是由生活所生成。②

要理解和界定作为思想内容的社会儒学，就要先弄清其对象的"社会"概念的本质特征。

对"社会"范畴的诠释历来众说纷纭，归纳起来大致有三种代表性观点。一是相互作用和相互关系说。马克思恩格斯指出，社会"是人们交互活动的产物"③，其本质只能在人们的相互行为、相互联系中寻找。马克思

① 谢晓东：《社会儒学何以可能》，《哲学动态》2010 年第 10 期。
② 黄玉顺：《生活儒学关键词语之诠释与翻译》，《现代哲学》2012 年第 2 期。
③ 《马克思恩格斯选集》第 4 卷，人民出版社 1995 年版，第 532 页。

恩格斯还指出，社会不过是人与人之间各种关系的总和，而生产关系又是基础，"生产关系总和起来构成所谓社会关系，构成所谓社会"①。日本社会学家横山宁夫也从社会关系的总体角度去解说社会。他指出，从本源意义上说，"社，意指土地之神；社会，原来意指人们以祭神为中心而进行集合。后来，便转化为把祭神的场所，称之为社，进而由此意味着以和睦为宗旨的各种集合"②。二是社会有机体说。最先把社会视为有机体的学者是孔德和斯宾塞。他们认为社会是超乎个人的、由各部分相互依存相互联系的有机统一整体。马克思和列宁也多次称社会为有机体。三是社会共同体论。这也是由经典马克思主义提出来的科学观点。他们认为，社会作为人们交互活动的产物，也就是"人的真正的共同体"③。

综合以上关于社会本质的论述，再结合其他场合人们对"社会"概念的运用，可以得知"社会"范畴除了在"国家—社会"语境中被运用外，还经常在三种不同对应概念的关系范式中获得自身特殊的规定性。

一是"自然—社会"关系范式。在此种语言环境下，人（包括个人、群体、人类）只是社会的一个内在要素、部分或环节，文化也是其中的构成因素。正如日本社会学家横山宁夫所言，社会"是由三个单位组成的：一、行为主体的人；二、人与人的相互关系；三、相互有关的人具有的意义、价值、规范之类的文化"④。

二是"人类—社会"关系范式。人固然离不开社会、社会关系或社会环境，因而他总是"社会人"；社会固然是由众多个人（至少两人）组成的，无个人即无社会，但是，个人却有其相对独立性、自律性，社会也并不是完全由个人叠加而成的，而是由无数关系、现象和实体所组成，因此，社会就不同于个人，它是超于个人之上的有机系统。这里，个人就不包括在社会范畴之中。

三是"文化—社会"关系范式。不少人类学家、社会学家和文化学家

社会儒学基本理论

经常在与"文化"相区别的意义上界定"社会"范畴。例如，美国社会学家格尔茨指出，文化"就社会互相作用发生的角度来说，是一个意义和象征的有序系统（ordered system）"，而社会系统就是"社会互相作用本身的模式"①。美国另一位著名社会学家帕森斯在研究社会结构时，把社会系统划分为四个不同的体系：行为有机体、人格体系、文化体系和社会体系。不论人们如何把握和规定"文化"的内涵与外延，它同"社会"总是有区别的，文化不过是社会的组成部分，文化是相对独立于社会系统（狭义）的以精神形态为主体的自主系统。

既然"社会"被类分为广义、中义和狭义三个不同层次，那么社会儒学也就相应分为三种类型。广义社会儒学包括历史儒学、人类儒学和中义社会儒学，它是相对于自然儒学而言的，又分为两个层面：一是作为总体的普遍的社会儒学，可称为普通社会儒学（或一般社会儒学）；二是作为特殊的具体社会儒学，可称为分支社会儒学，包括生活儒学、政治儒学、法律儒学、制度儒学、宗教儒学、道德儒学、经济儒学、民主儒学等。中义社会儒学是相对于人类儒学而言的，它由文化儒学、狭义社会儒学（经济儒学、政治儒学、法律儒学、管理儒学……）所组成。狭义社会儒学是相对于人类儒学和文化儒学而言的。这样，社会儒学就是由人类儒学、文化儒学和狭义社会儒学所组成的有机体系。② 如此规定的社会儒学与黄玉顺的生活儒学、蒋庆的政治儒学、干春松的制度儒学等并非同一系列的概念，而是上下位的关系，前者包含后者。

撇开作为研究社会总体的普遍社会儒学不论，这里单就分支社会儒学作一阐释。

1. 人类儒学

人类儒学也可称为人的儒学，由于人具有个体、群体和类三种存在形

---

① 转引自［美］R. M. 基辛：《文化·社会·个人》，辽宁人民出版社1988年版，第41页。
② 黑格尔将其哲学体系分成逻辑学和自然哲学、精神哲学。精神哲学又分为三大部分：第一，主观精神，分灵魂、意识、心灵三个环节；第二，客观精神，分法、道德、伦理三个环节；第三，绝对精神，分艺术、天启宗教、哲学三个环节。本文所说的人类儒学、社会儒学和文化儒学，大致与黑格尔所说的主观精神、客观精神和绝对精神类似，只是内容更为广泛，更为全面。

态，同时人的问题涉及人的性质、地位、存在、发展、价值和意义等内容，因而人类儒学的内涵较为丰富和多样，从形态而言主要有人生儒学、心性儒学和身体儒学等。倘若从宽泛意义上来理解社会儒学，那么生活儒学也可算作人类儒学。

一是人生儒学。历代儒家致力于思考为人之道，阐发了仁且智、见义勇为、杀身成仁、和而不同、直道而行、宁折不屈等圣贤人格、君子品格和大丈夫气象，倡导仁者爱人、依礼而行、见利思义、明知不可为而为之、持之以恒、坚忍不拔、自强不息、勤劳勇敢等人生态度，提出了忠恕之道、推己及人、中道而行、和而不同、正人正己、以身作则、见贤思齐、三省吾身、讷言敏行、君子慎独、学思并重、反身而诚、主敬集义、持志养气、通权达变等一系列为人之道，成为协调人际关系的重要人生智慧，从而阐发和发展了人生儒学。

二是心性儒学。在儒学系统中，"性"与"心"具有内在的统一性，它们相互规定、相互渗透，有时还被视为一体两面。儒家致力于从人内在的天性中探寻伦理的根源和人学根据，更为直接地强调道德之根本在于人的心性，从而把道德置于主体的规定性之上。为儒家所张扬的心性儒学为人的道德成长与实现创设了较为坚实的主体论基石，为主体道德发展提供较为坚实的人性基础，从总体而言，儒家心性儒学一般肯定人的善性、智性、仁性、理性对于人道德品质培植的积极作用，从根本上说，它为人的道德完善提供主体条件。

三是身体儒学。人是一种身心合一的统一体，因而它既具有物质属性又具有精神属性。儒学一般把人性分为肉体本性和精神本性，而人的肉体本性又大致包括两方面的含义：一方面是指形体本身的特性，也就是人作为一个物质存在的性状，如身材、体重、外貌等；另一方面则是由肉体所产生的各种感性欲望、本能、机能等，如食、色（性）、暖等。孟子肯定了形色是人的天性："形色，天性也；惟圣人，然后可以践形。"① 在著名的性命之辨中他分辨出人具有肉体（器官）机能和精神道德特质，并把人体分

---

① 《孟子·尽心上》。

成大小、贵贱。汉代思想家董仲舒认为"身之有性情也，若天之有阴阳也"①。明清时期的刘基认为，天生人和万物，并赋予它们以形和性——"天生物而赋之形与性"②，可见，他把性与形区分开来。历代儒家正是从人性论角度论述了践形、修身、养身、养气、养性等身体儒学问题。21世纪以来，有的学者提出"视中国哲学为身体哲学"的说法，台湾学者黄俊杰对儒家身体观中的"化"与"养"两个功能性概念以及"体知"问题做了充分阐释，杨儒宾则对儒家身体观作了较为系统的研究，中国香港学者王庆节对儒家身体观也作了一定的关注，中国大陆学者格明福、徐蕾则为儒家"身体"作了正名。

2. 文化儒学

在儒学发展史上，由于不同的思想追求和时代背景，思想家建构了多种文化儒学形态，既有前后相继的先秦儒学、两汉经学、魏晋玄学、宋明理学和清代朴学，也有义理儒学、教化儒学、宗教儒学、艺术儒学、道德儒学、易学儒学、佛学儒学和实学儒学，等等。

近代以来，许多儒学研究者立足于不同的学术资源和研究范式建构了不同学术形态的文化儒学，如儒学本体论（成中英）、儒学道德形而上学（牟宗三）、新理学（冯友兰）、新心学（梁漱溟）等，以及马克思主义儒学、现象学儒学、本体论儒学、社会主义儒学等。这些文化儒学均使儒学得到了新的丰富发展。

3. 社会儒学（狭义的）

社会分为不同的层面，它不仅包含着各种人际关系的总和以及各种群体、社区，还包含各种人类创造的社会物质，同时也包含着各种各种关系体系、组织形态、场景、生活部门和领域（政治、经济、法律、管理……）等，这些就为儒学分为不同的类型创造了社会基础。正是顺应这一社会现实，历代儒家和后世儒学学者纷纷提出了不同的儒学类型，既有学院儒学也有草根儒学，既有法律儒学也有家族儒学，既有制度儒学也有新兴儒家经济学。③

①　《春秋繁露·深察名号》。
②　《诚意伯刘文成公文集》卷二。
③　张峰：《新兴儒家经济学》，研究出版社2009年版。

（二）作为功能实现的社会儒学

儒学自从创立伊始，其命运可谓坎坷，几经沉浮。孔孟奔走诸侯列国宣扬自己的德治仁政主张，却屡遭碰壁，被以为"迂远阔于事情"。虽然汉代"独尊儒术"，但历代有些统治者实际奉行的却是"阳儒阴法"。汉唐自佛道两教在中土生成输入之后，逐渐发展成为上层统治者和下层民众的崇奉信仰，儒学一度被边缘化。宋初流传着"佛教治心，儒教治世，道家治身"的观念，宋明一大批道学家为了挽救"儒门淡泊"的景况，援佛道入儒，使儒学发展到第二期，儒家经典成为科考的必备科目。然而，进入中国封建社会中晚期，儒学因其经院化、贵族化使其被认为"袖手空谈心性"，遭到具有实学倾向的启蒙思想家的怀疑、批判。鸦片战争以后，由于资本主义经济的发展，西学东渐与冲击，特别是科举制的被取消，儒学在文化生存环境、政治制度依托和经济社会基础等方面遭受巨大冲击，出现了不可阻挡的衰落之势，以致有人认为儒学是"魂不附体"。

笔者认为，儒学不论是在过去还是在将来，因其呈现以下四大特征而具有不可替代的社会功能。一是主位性。自从汉代"独尊儒术"之后，儒学上升为官方统治思想达两千多年，成为中华主流文化。儒学上升为政治意识形态，成为政治化儒学，使人的生存、成长和发展有了信仰支持、精神支柱和基本规范。二是普适性。儒家创造性发展出来的纲常伦理、治国理念、人生准则、教育方法等由于建立在超越时代的文化心理结构、社会关系结构、生存环境等基础之上，使之具有普遍适用性。三是丰富性。儒家思想博大精深、流派众多，它涉及人类思想的各个方面，人们从中可以汲取到各种各样的有益精华。四是独特性。虽然世界各国思想家提出了许多同儒学共同或相近的思想观念，例如亚里士多德的"中道"原则、罗梭的"同情心"，但儒家基于道德人文主义作了独到的解释，尤其是对诸多伦理范畴之间的辩证相互规定作了深刻的揭示，如"仁者必有勇，勇者不必有仁""知耻近乎勇"等，同时儒家的经典名言精辟凝练，它们大多可成为人生格言。

儒家之所以建构不同形态的社会儒学，之所以建构不同形态的道统、学统，并非"为知而知"，而在于用之于世，在于治统、政统，这就是"修道之为教"。作为功能实现的社会儒学，它着眼于寻求社会文治教化、长治久安之策和"南面之术"，从而对中国乃至世界社会发展产生了重大的作用和影响，主要表现在其所具有的社会分析功能、社会批判功能、社会重建功能、社会激励功能、社会规范功能、社会教化功能和社会奖惩功能上，由于篇幅所囿，这里重点论述儒学的社会激励功能、社会规范功能、社会教化功能和社会奖惩功能。

1. 社会激励功能

儒家文化中的入世情怀、进取精神和家族伦理等，蕴含着许多促进社会发展的动力。一是入世情怀。儒家文化轻鬼神重人事，讲究正德、利用、厚生，提倡内圣是为了外王，修身以达到齐家治国平天下，以关心民事民瘼为己任，反对消极遁世，追求现世社会的秩序及人的生命安顿。这种积极入世的社会情怀和经世致用传统是推动人们去建树事功、发展工商业经济的重要精神力量。二是进取精神。中国古代文化元典《周易》提出"天行健，君子以自强不息"的著名论断；儒家也倡导"我欲仁，斯仁至矣""人能弘道，非道弘人"等道德自律精神；孔子要求人们"学而不厌，诲人不倦""发愤忘食，乐以忘忧"，称道颜回不畏艰难、以苦为乐的人格。孟子不仅提出"天将降大任于是人也，必先苦其心志，劳其筋骨，空乏其身，行拂乱其所为"的吃苦理念，还倡导"富贵不能淫，贫贱不能移，威武不能屈"的大丈夫气概。这些自强不息的人格品质，是推动人们为了国家振兴和民族富强而艰苦奋斗的精神力量，是实现经济现代化的根本动因。三是家族伦理。儒家文化倡导以家为本，要求做到父慈子孝，兄友弟恭，孝亲为大，光宗耀祖，慎终追远，为了家族的名誉、声望和繁衍发展，个人应不懈努力甚至勇于牺牲。这种家族主义伦理不仅促进家族成员努力建立和发展家族式企业（包括家族作坊），也在极其广泛的意义上推动人们参与各种经济活动以实现发家致富。

2. 社会规范功能

从孔子的"君君、臣臣、父父、子子"到《中庸》的"五达道"、《大学》的"五止"以及"三纲领"和"八条目"，从《礼记》的"十义"到孟子的"五伦"，最后由董仲舒较为系统地提出"三纲五常"以至宋元明清时期流传的"新四德"和"古八德"，儒家的纲常伦理经历了不断的变革、发展过程，历代儒家也曾进行过不懈探索。《左传》的"五教"、孟子的"五伦"、《大学》的"五止"尽管属于调节特殊人伦关系的行为规范，不及马王堆帛书《五行》篇和郭店楚墓竹简《五行》篇的仁、义、礼、智、圣"五行"和圣、智、仁、义、忠、信"六德"、董仲舒的仁、谊、礼、知、信"五常"更具有普遍性，但它们作为调整各种人际关系的行为规范，至今仍具有一定的作用。以礼教为基石、以五常德（仁义礼智信）和五常伦（君臣父子夫妇兄弟朋友）为主要内容的儒家道德规范，不止具有建构社会秩序、约束个人行为的功能，它还有激励人、感召人、凝聚人、教育人、指导人的多种作用，它能够培养人在社会实践中学会进行合理的角色定位，学会正确的待人处世。

3. 社会教化功能

历代儒家本身重视人文社会教化，并对社会教化思想进行了大量阐述，而且儒学也具有社会教化功能。基于此，在当权者的支持下，不仅设立了许多如乡校、私塾、文庙、书院等文化机构对民众进行德化教育，教之以"六艺"及种种为人处世之道，还借助于科举考试让民众掌握儒家的人伦知识，同时还通过书信、图片等方式对民众进行道德教化、感化，努力把儒家的伦理纲常转化为人的内在道德自觉。正是根据儒学呈现出较为强烈的社会教化功能，韩星才提出了"社会儒学"概念。①

汉代"以名为教"，以儒化民，从而发展出名教化的儒学。汉代推崇孝治，《孝经》一经问世就受到历代重视，《二十四史》多有《孝友传》《孝义传》，集中表彰历代孝悌力行的人。宋代以后，儒学的教化不再限于政治教化而进一步延伸到一般社会教化，此时，《孝经》被尊为"十三经"之一，进学读书必须诵习，科举考试从此出题。宋以迄明清，社会上流传《朱子治家格言》之类的家书，出现了如《三字经》《千字文》《名贤集》《改良女儿经》《童蒙须知韵语》《四言杂字》《教儿经》《小儿论》《增广贤文》《劝孝歌》《二十四孝图》《劝孝文》等蒙书，用生动的语言和形象宣传

---

① 贾磊磊、杨朝明：《第三届世界儒学大会学术论文集》，文化艺术出版社 2011 年版。

孝道之类的儒家道德文化。文以载道。宋明以后流传的各种小说《水浒传》《三国演义》等也宣扬"忠""孝""义"等儒家伦理，对人们的品德修养起到了浸润作用。即便是致力于张扬佛道观念的神怪小说《西游记》，也引用了大量儒家的经典名言，在一定程度上培养了人的儒家伦理品格。

4. 社会奖惩功能

儒学的社会奖惩功能主要展现在两方面。一方面是作为儒家思想形态对社会所取的奖惩作用。在儒学主导下，往往援德入法，礼法一体，把缺德行为如不孝作为犯罪加以惩处，促使人们扬善抑恶。不论是传统儒学还是当代儒学，均树立了大量理想人格让人们学习仿效，利用人见贤思齐的心理，激励民众培养向善之心，培植人的德性。儒家诸如为政以德、以道抗君、从道不从君、诛一夫、格君子之非、天谴、正己以正人、民贵君轻、和而不同、举贤荐能、闻过则喜、从谏如流等思想，对上至帝王下至士大夫也起到了批判、奖惩、约束作用。

另一方面是作为意识形态所起到的奖惩作用。儒学独尊之后，它就成为礼仪教化、典章制度、朝廷文告等的思想依据而实现褒扬或惩罚的功效，儒学经典也被奉为不可移易、不可亵渎的"圣经"而对人的言行起到规约作用。自从实行科举制以后，一般士人以至百姓通过学习儒学经典以博取功名，从而对人的行为发挥某种导向作用。

（三）作为存在形态的社会儒学

儒学各种社会功能的实现，必须借助于儒学的社会化或外在建制，融合到社会各个领域，从而建构作为存在形态的、不同层面的社会儒学，这主要表现在以下四方面。

1. 融合到社会文化领域

儒学作为重要的传统文化被纳入教育体系（如科举）、渗入各类读物、融入文艺作品（文以载道）乃至潜入百姓习俗文化之中，为个人做什么样的人及怎样做人（为人之道）提供有用的思想资源、生存智慧、行为规范和人文环境，从而发展出文化儒学。经过长期的历史演化，儒学逐渐融入精神文化领域，发展出以儒家思想为核心，以儒家观念、儒家信仰、儒家情感、儒家思维、儒家态度（如对儒学的认同或排斥）、儒家精神（如儒商精神）、儒教、儒学文艺、儒家道德等为主要内容的观念形态的精神儒学。同时，通过经典诵读、国学普及、传唱活动以及组织编写新三字经等方式，通过对儒学道德文化传统的转化，对"五伦"赋予它以新的内涵、新的生命力、新的要素，把儒学融入思想道德建设之中，发展出道德儒学。

2. 融合到社会经济领域

对儒家文化资源利用现代科学技术手段进行加工复制，加以整合、互补、烘托、再造，生产出精美的工艺品；发展与孔子相关的文化旅游、文化演艺、孔府餐饮等文化产业，打造寻根朝觐游、成人之旅等旅游品牌；开发楷雕如意、竹简论语等文物复仿制品，不断设计和推出新的儒家文化商贸产品，如金版《论语》、银版《论语》、石版《论语》、金版《文韬武略》等，这些在一定意义上有助于培育经济儒学。日本属于儒教文化圈，日本企业注重运用儒家伦理入管理之中，构建了企业儒学和管理儒学。日本、韩国等国家和地区许多企业家努力从儒家经典中寻找智慧，不少企业家把《论语》作为工商企业的圣经，主张以儒治厂，以儒治企，提出了人本管理、自我管理、忠信管理、礼治管理及和谐管理。涩泽荣一是日本具有深厚儒学修养的著名企业家，他撰著的《论语加算盘》（又名《道德经济合一》）一书还被当作"致富经国之大本"，被称为"实践论语"。

3. 融合到社会政治领域

自汉独尊儒术以后，儒学就受到统治者的重视，他们在治国理政中奉行仁治、礼治和孝治，逐渐形成了传统中国的德孝文化传统。汉唐两代君主对礼的重视和遵从，在客观上也引导民众重礼、循礼，不仅对中国形成"礼仪之邦"起到了引导作用，也对中国人的礼行、礼德发挥了范导功效。从尧舜时期的"克明峻德"，到孔孟的"德治""仁政"，再到明清时代儒家对德治思想的承继，儒学不断丰富完善，并成为中国人占统治地位的意识形态。儒家通过为当权者的为政之道提供行为准则、道德规范，将之外在化、社会化，达到政治伦理化和伦理政治化，建构了政治儒学。同时，通过制度化，也发展出所谓制度儒学。它既包括有关儒家文化的制度化规定，如汉武帝的"独尊儒术"、隋唐宋元明清的科举考试制度，以及秦汉时期的博士制度和儒生制度，也包括制度儒学化层面的条例规定，如以孝治天下、礼制等，以及按照儒家思想所制订的乡规民约、家规族规、校训学规等。制度儒学是实现儒家齐家治国平天下理想向现实社会转化的重要途径和建制。新时期以来，许多学者出于不同的理论旨趣提出了各自不同的儒学样态，例如政治儒学、民主儒学等。

4. 融合到社会生活领域

从孔子创立儒学之后，通过历代儒家不断地加以阐发，构成了历史悠久的文化传统，这一传统可分成精英文化和平民文化，它们即为余英时所讲的大传统和小传统。[①] 一方面，儒学是由文化精英所创造的，用杜维明的话说它是"士的自觉"的产物，它代表了士大夫阶层的精神追求、社会理想、价值观念，因而在某种意义上儒家文化即是士大夫文化，儒学也就是贵族儒学。另一方面，儒学又具有实用性特征，它致思的对象不离人伦日用，它的思想宗旨讲究经世致用，它不仅可以为统治者作为安邦定国工具所用，也为普通民众待人处世提供人生智慧、道德规范、行为准则和精神家园，因而通过统治者的推动，以及社会教化，儒学文化融入婚丧嫁娶中，融入衣食住行中，逐渐转化到平民的文化心理结构之中，借助于生理性遗传和社会获得性遗传，成为代代相传的平民文化传统。这些平民化传统既有如讲究婚礼、祭礼，注重敬祖，推崇孝道等，又包括重男轻女、人情往来等。这些日常生活文化构成了今人所说的"平民儒学"或"草根儒学"。

此外，儒学文化在中国古代又融入为了宣传、推行、尊奉、传播儒家思想和儒家人物而建造的物态事物之中，如府学、文庙、乡校、书院、私塾、碑刻、牌位、文物等，构成物化存在形态的儒学。当代中国大陆一些有识之士致力于儒学在社会层面的推广和普及，由此生成了所谓的校园儒学、公园儒学、都市儒学、乡村儒学、社区儒学、墙体儒学和公交论语，等等。这些物质化儒学作为重要的儒家文化载体、象征和平台，对于利用儒学教化民众、传播知识、传承文化等都具有重要的作用。

另外，从社会总体来说，在国际社会也存在不同的儒学样态，如中国

[①] 余英时著，任菁编：《内在超越之路》，中国广播电视出版社1992年版。

儒学、韩国儒学、日本儒学、美国儒学等。即使是同一个国家，儒学也分为不同的具体样式。例如中国就有大陆儒学、台湾儒学和香港儒学之别，在美国则有波士顿儒学和夏威夷儒学之分。

综上所述，儒学与社会呈现出相互作用、相互依存的态势，正是二者的双向互动，才使社会儒学得以生成、存在和发展，并赋予社会儒学以三重意蕴：一是关于社会的儒学，这就是以社会及其经济、政治、文化等为致思或研究对象的儒学形态；二是社会的儒学，也就是由社会各个领域、层面、场域等所承载和展现的儒学形态；三是功能的儒学，这就是在儒学对社会的分析、批判、重建、激励、规范、教化和奖惩中所体现出来的儒学形态。

二、建构社会儒学的意义

儒家虽不乏家国天下礼治秩序和社会价值建构的追求和构想，在其思想体系中蕴含着较为丰富的社会儒学理念，但从总体上心性儒学更为发达，以致牟宗三等现代新儒家认为心性之学是儒学尤其是宋明儒学的核心和本源。而现代以来，对上而言，儒学界缺乏对传统儒家社会思想的探究，由此带来忽视历史上儒家关于社会发展、秩序、稳定、变迁、规律、控制、治理、整合等这些社会儒学问题的研究，而仅仅停留于从纵贯维度、立足于历史哲学参考框架去触及传统儒家的社会思想，从而使得其社会儒学思想受到社会学家的重视，儒学界不过是在谈论历史观时偶尔涉及一下，未见有从总体上研究社会的比较系统、比较专门的社会儒学论著问世；对下而言，儒学界较为关注诸如生活儒学、政治儒学、法律儒学、制度儒学、宗教儒学、道德儒学、经济儒学、民主儒学等之类的中观层面的分支社会儒学，而对经验形态的社会生活各个领域的大众化儒学则疏于概括、总结和提炼，这也是导致社会儒学相对落后的重要原因之一。实际上，多元一体的社会儒学对于儒学的发展、传播、普及、应用具有极其重大意义。

（一）助成儒学的结构优化

儒学博大精深、源远流长。从内容上说，它是由天人之学、人学思想（主要是人性论、人生哲学、人格论等）、伦理思想、政治思想、教育思想、

社会儒学基本理论

宗教思想（如子不语怪力乱神）、文化思想（如博学于文）、审美思想（特别是乐论）、法律思想、经济思想（如孟子提出"井田制"）等所组成的庞大体系。与之相应，儒学可以分为天人儒学、人学儒学、伦理儒学、政治儒学、教育儒学、宗教儒学、文化儒学、审美儒学、法律儒学和经济儒学等等。以往学术界只是笼统谈论儒学，并没有严格科学梳理不同类型儒学之间的关系，以致造成了某种对儒学认知的思想混乱。例如，陈来提出"作为哲学的儒学"和"作为文化的儒学"，认为前者是学术思想的存在，后者是社会化、制度化、世俗化的整合的文化形态。① 显然他没有意识到哲学也是文化的组成部分，因而把儒学作如此分类不够准确，实际上哲学儒学从属于文化儒学。

按照笔者上面对社会结构的分析，儒学是由自然儒学和社会儒学所组成的二元一体系统，社会儒学又是由人类儒学、文化儒学和狭义社会儒学所构成的体系，除自然思想外，儒学各种思想可以划入社会儒学的不同类型之中，这样使之得到合理的定位，理清不同儒学形态之间的关系。刘述先认为儒家可以分为三种传统，即精神的儒家、政治化的儒家和民间的儒家②，如果把"儒家"换成"儒学"，那么刘氏所说的精神儒家就是学术形态的文化儒学，而政治化的儒家和民间的儒家则为狭义的社会儒学。

崔大华把儒学的理论形态主要分为天人之学、自然之学和性理之学，提出儒学的理论结构分成社会的理论层面、心性的理论层面和超越的理论层面三大部分。③ 这尽管揭示了儒学的核心内容，却忽视了以礼为主的儒家文化思想。笔者在《儒学与人的发展》一书中指出，如果用圆圈来表示的话，那么，可以认为伦理学说构成了儒家文化的核心层，人生学说和政治学说则为第二层，其他的则为第三层。④ 站在社会儒学的高度来看，这说明道德儒学是儒学的核心，人生儒学和政治儒学是儒学的副核心，而这三者分别代表文化儒学、个人儒学和社会儒学。不过，根据对儒学新的体认，

---

① 干春松：《制度儒学》序言，上海人民出版社 2006 年版。
② 刘述先：《儒家思想开拓的尝试》，中国社会科学出版社 2001 年版，第 16 页。
③ 崔大华：《儒学引论》，人民出版社 2001 年版。
④ 涂可国：《儒学与人的发展》，齐鲁书社 2011 年版。

笔者认为与其说人生儒学是个人儒学的核心，不如说心性儒学是个人儒学的核心更准确些。

（二）强化儒学的整合统一

开创儒学研究新局面，就必须推动儒学的创新性发展；而要实现儒学的创新性发展，一个重要途径就是建构一种新的儒学形态或者儒学样态。儒学具有悠久的历史性和丰富的多样性，历代儒家根据特定的思想传统、文化资源、社会条件与历史背景推动着儒学的发展，形成了不同形态的社会儒学。在社会多样化或者多元化的背景下，毫无疑问，按照现代学科分类体系，可以对儒学分别进行哲学、文学、政治学、社会学、经济学、史学、伦理学、美学等方面的专门研究，进而发展出各种类型的社会儒学。它们之间并不是绝对的你死我活的互相排斥，而是各有其存在的合理性，在"理一分殊"的理念下，根据"多元一体"的致思理路，可以共生共进，殊途同归，从不同方面丰富和发展整个儒学体系，在不同文明的对话和交流中，共同为人类提供有益的精神资源。

但是，各种形态的社会儒学（如在中国大陆较为热火的生活儒学、心性儒学、制度儒学、政治儒学、乡村儒学等）之间毕竟在思想主旨、参考框架、致思模式、理论重点等方面存在差异，它们仅是儒学系统中的组成部分，难免有相对局限性。如果任其完全自由发展，甚至互争高下，呈现多元并存的状态，不仅不利于儒学的统一，反而引致儒学的离散以致分裂。任何社会是一个有机系统，任何子系统之间都是相互联系的，一个子系统只有在与他种子系统及其要素的相互联结中，才能获得特有的规定性，才能获得合理的说明，才能发挥应有的功能。即便是儒家文化中的"仁"与"礼"也是彼此关联、互相规定的。因而有必要对各种社会儒学进行有机整合。社会儒学具有良好的整合功能。它作为儒学大系统中第二层次的亚系统，一是通过不同类型儒学的相互吸收、涵化、融会、调和而趋于社会一体化，逐渐整合为社会儒学体系，给儒学带来新鲜的血液，提高儒学内部凝聚力；二是通过儒学所彰显的社会之道、社会之理，而把生活儒学、心性儒学、制度儒学、政治儒学等不同儒学样态借助社会儒学的价值追求、社会理想、人伦秩序等统合起来，达成儒学乃至社会和谐健康发展的终极目标。

（三）促进儒学的经世致用

在一些人看来，儒学同实用性是不搭界的。这一则因为儒学"迂远而阔于事情"，它所创设的圣贤君子人格、仁义礼信等德行伦理、仁政德治政治主张等过于理想化，难以同现实合拍；二则是因为许多儒者空谈心性、理气、有无、一多、道器等"玄学"问题，不仅离百姓日常生活太远，且不易被大多数民众所理解和接受；三则儒家坚持伦理本位，具有泛伦理主义流弊，把伦理价值作为唯一的评价尺度，因而同人丰富多样的社会生活和多变的思想观念（现代尤甚）相脱节，难以真正发挥其规范指导作用。应当说，这些否定儒学实用性的说法并非没有一点道理，因为儒学确乎有着过于高远、过于理想化的一面，尤其是宋明后学更是流于空谈和玄虚。但是，从另外一个角度看，儒学又呈现出较强的实用性，它在致思对象上强调不离人伦日用，在理论主张上儒家追求学以致用，在治学目的上强调经世致用，从而强调不离日用、学以致用、明体达用、经世致用、实事求是等，足以表明儒学不失为一种实用之学。现代新儒学为人所诟病的是它过于重学理，追求利用西学范式重建儒学理论体系，而其发展起来的经院儒学往往同普通民众的生活相脱离，儒学的实用性遭到削弱乃至消解。为此，有的提出应建立一门实用儒学，以使儒学中有价值的内容能为现代社会利用。①

笔者之所以断言社会儒学能够促进儒学的经世致用，不仅在于它本身具有实用性，还在于：第一，社会儒学所阐发的齐家、治国、平天下等理念涉及社会发展、社会秩序、社会分工、社会治理、社会整合等重大问题，它们将为治国安邦、经世济民提供可资借鉴的思想资源和行为规范；第二，社会儒学由于发散在社会经验的各个层面，具有强烈的可感性、可接受性，能够为普通民众提供"日用而不知"的儒学环境，使之在潜移默化中接受儒学教育；第三，当代社会儒学在传播方式上发生了革命性的变化，它可以借助于现代性的科技手段如影视、网络、手机、动漫等使之传播更加迅速、更有效率、更为多样，推动儒学更好地进入人们的精神世界，创建用

---

① 刘宗贤、蔡德贵：《当代东方儒学》，人民出版社 2003 年版。

以安身立命的精神家园。

三、如何建构社会儒学

要积极推动社会儒学的当代重建，对于作为思想内容的社会儒学来说，要推动儒学与不同社会科学的融合，强化各种具体社会儒学的整合，挖掘传统社会儒学丰富资源，这一点前贤做了多种阐述故无须赘述；而对于作为功能实现的社会儒学和作为存在形态的社会儒学，则要完善儒学社会化的通道与机制，这里作重点阐述。

（一）政治化

所谓儒学政治化并不是要求国家大政方针奉行王道主义，也不是要儒化共产党、儒化社会主义，更不是要恢复儒家政统，而是一方面要让儒家主导价值观如仁爱、贵和、尊礼、尚中等成为主流文化核心价值体系不可或缺的价值支撑和价值基础，成为全球价值观的有机构成；另一方面，则是成为国家领导人在对外文化交往中的重要政治智慧和文化精华，使儒家名言被引用、被宣传、被推广；再一方面则是把儒家德治思想整合到"以德治国"的基本方略之中，吸收传统中国"举孝廉"、以德选官的某些做法，把具备儒家伦理品性的人选入干部队伍，纳入人事考核和管理范围。只有将儒学政治化，建构特色鲜明的政治儒学和制度儒学，才能使之像古代中国"独尊儒术"一样，成为国家统治意志和统治思想的要素而在更大范围内得到重视和推广，成为民族的集体意识和众趋人格。

（二）人文化①

俗话说"文以载道"。虽然在当前世俗化的更为开放文明的公民社会，不能强求所有文学艺术的作品、大众传媒等文化产品均要宣传纲常伦理、理想道德，但从客观上说，文化产品不能不传播某种价值观念、人生态度、道德

社会儒学基本理论

---

① 郑可君指出，国外在如何培养小公民方面大致有八种模式，即传统深厚而著称的法国公民教育、理论经验丰富成熟的美国公民教育、拓宽视野关注欧洲的英国公民教育、"多维公民"理念独特的加拿大公民教育、公民学加公民身份的澳大利亚公民教育、东方德育与西方价值兼备的新加坡公民教育、阶段特征鲜明的日本公民教育和突出国民精神教育的韩国公民教育，《中国社会科学报》2010 年11 月 2 日。

追求和审美情趣。当前，要想使儒学通过文化的传播、润泽、教育、范导而吸纳进中国以至世界主流文化之中，使之成为绝大多数国民所奉行的灵魂性东西，从而发展出覆盖广泛、内容多样的文化儒学，就务必做到：在大中小学课程中加大儒家经典的分量，不能仅满足于把四书五经作为语文范本来读，而是要像新加坡那样考虑把儒学或儒教作为专门课程来让学生选择；要充分利用好文庙、孔庙、乡校、府学、碑刻、标语、口号、墙体等载体，宣传儒家文化，为广大民众提供日迁善而不知的儒学环境，孔子的故乡曲阜的做法值得向全社会推广；利用影视、动漫、图书等形式传播儒家人物事迹；加强儒学学科建设力量，培养一大批儒学大师、专家，使之成为传道解惑的文化人才，发展好各种儒学研究机构和学术团体，使之成为传播研究乃至信仰儒学的中坚力量，从而发展出不同样态、不同层面的文化儒学。

（三）大众化

在当前，由于科举制等依托制度的废止、语言文字的障碍、社会经济基础的变更、多次激进反传统运动的破坏以及主流意识形态、西方文化和现代化等的冲击，导致儒学在许多大众心理层面出现了疏离、陌生、冷待乃至排斥，因而，要使儒学成为绝大多数中国人的精神信仰、人格操守、价值向导、观念支撑，成为大众化的儒学，就不能将儒学博物馆化、学院化，而要使它走入大众日常生活之中，内化成为他们内心世界中的重要成素，这在某种意义上也就是在全民中进行儒学普及。从修身齐家达至治国平天下的内圣外王之道固然令人向往，但如果难以做到，则由格物致知诚心正意达至修身齐家也是可为可取的。要将儒家思想转化为人们内心信仰，应借助于向大众普及儒学使之成为人们的日常生活价值准则。自 20 世纪 90年代以来，儒学普及工作正逐步展开，诸如读经班、儒学讲坛、儒学普及读物、中华美德教育实验、经典诵读活动等形式，都有力地推动了儒学在全国的推行。这里笔者们只想指出的是，目前在致力于普及儒学的人士之中，有一种泛伦理主义的倾向，把儒学普及的主题归结为"儒家伦理——公民道德——建设精神家园"。诚然，儒家伦理是儒学的核心，也是它的现实价值所在，但是儒学精神不等于儒家伦理精神，它还蕴含着人文主义精神、民本主义精神等，儒学也不能完全归结为道德，它还有为政之道和为人之道，在普及儒学、以使之成为全民族共同的价值诉求、伦理品格过程中，不仅要大力宣扬它的伦理价值和行为规范作用，同时也要把它当成人生智慧和政治智慧向全社会推广普及。当然，儒学的普及以及实用儒学、大众儒学的复兴也应注意防止当前"国学热"中出现的赶时髦、功利化（商业炒作）、装门面、浮躁化等不正之风。

（四）现代化

中国社会的现代化显然并未完成，但作为一个后发现代化国家正处于加速转型过程之中，中国社会的整体现代化需要民族精神现代化及其人格现代化、观念现代化和道德现代化，儒学毕竟是适应传统专制政体、小农经济、宗法关系等的产物，它固然蕴含一些超历史的共相的东西，但也存在不适应现代化的落后成分，它要继续成为当代中华民族精神家园能够接纳的精华，就不能不使自身实现现代转型。为此，必须进行创造性转化。这里不妨引述现代新儒学代表性人物杜维明的人格观点作进一步解释。杜先生在接受薛涌的访谈中对儒学的现代转化进行了较为系统的阐释。同李泽厚主张儒学四期说不同，杜先生力倡儒学三期说。立足于儒学三期发展说，他指出，中国的现代化要解决四个问题：要发扬代表中华民族文化认同的优良传统精神，要彻底扬弃在中国为害甚深的封建遗毒，要引进西方文化中最精彩、深刻的东西，同时也要认清与之俱来的一些负面现象，清除一些必须清除的"污染"。他指明儒家学说与现代人存在种种矛盾，如"五伦"往往会限制人的个性发展，它为人的生活提供的道路比较狭窄，对儒学的一些君子人格设想应进行批判，同时他又认为儒家所塑造的人格是一种全面性的人格，它既有开放性，又有无穷的内在动源；既非窝囊的"乡愿"，又不是以个人主义为中心的自了汉；既有开拓的心灵，又有一种群体的自我意识，以强烈的社会关切对人类各方面的问题都加以照察，因而它有适应现代化的一面。① 在笔者看来，不管是提创造性转化也好，还是提转换性创造也好，要使儒学能够适应中国社会和个人发展的需要，不仅要做好剥离工作，去粗取精，也要结合当代中国社会实际进行转换，例如

①　杜维明:《儒家传统的现代转化》,中国广播电视出版社 1992 年版。

像日本那样，把对封建君主的"忠"转化为对企业的"忠"，同时也要大力进行儒学创新，赋予它以新的内涵、新的生命力、新的要素，像国内提出的新孝文化即是对儒家"孝道"的超越。

（五）世俗化

世俗化同现代化是相伴相生的，随着现代化的发展，一个国家公民会更加关注日常生活中的享受、发展，追求平民化的生活方式，关心现世的人生体验；与之相应，民族文化也会变得更加务实，更为契合普通大众的个人正当利益追求，更加现实化、入世化。在这样的生存背景下，儒学也必须相应做出调整和更新，使其日益平民化、去魅化，只有这样，才能为广大民众所理解、认同和接受，进而上升为一种民族集体品格。20世纪90年代以来，中国大陆许多人致力于儒学世俗化的探索，这一努力对于如何吸收儒学的合理成分以建构中华民族精神家园，富有重要意义。儒学的世俗化即是通俗化，不过通俗化并不等于庸俗化，它无非是要求把儒家经典用文言文形式所传达的义理之学变成易懂的现代话语，这就是改变儒学的言说方式，使老百姓喜闻乐见、易于接受。对此，应当学习明清时期的做法，编写新的三字经之类的蒙学读物，同时把儒学的一些精神要素融贯到民规民约、标语口号、座右铭等之中去。至于利用故事、小说、评书等方式也不失为儒学通俗化的好形式，这能做到雅俗共赏、下里巴人。当然在儒学通俗化过程中，也要注意传播者的儒学功夫修养，防止出现对儒学的误读误解。陈卫平先生所讲的于丹《论语心得》出现的回避孔子儒学内在矛盾的问题确实值得我们警惕。

（六）全球化

中国儒学早在汉代就开始传播到近邻的韩国和日本，进而向越南、马来西亚等国输出，到了15世纪被一些传教士带到欧洲，以致对欧洲的启蒙运动产生了影响。日本和亚洲"四小龙"的经济腾飞也引发了马克斯·韦伯关于儒家伦理阻碍资本主义兴起思想的重新评估，有的论者甚至提出了"儒教资本主义"概念。20世纪末以来，世界经济全球化步伐进一步加快，文化全球化已成为一种必然的经验事实。全球化固然会造成文化的某种同质化，但它也为不同民族文化在全球范围内展现自身的魅力和价值提供了机会和舞台。近年来，令世人瞩目的是孔子学院实现跨越式发展，已达 400 多家，孔子早已成为世界文化名人。儒学在国际上普遍受到重视，为世人所了解乃至接受，它已不再是地方性知识而成为世界性精神资源，这些为建构全球化的社会儒学和世界儒学创造了良好的条件和平台。应将传统儒学经过去粗取精、去伪存真地改造后融入世界民族精神价值体系之中，成为全球价值、普世伦理的重要一元，成为全人类可以共享的精神资源，以更进一步增强世人对儒家传统文化的认同感，在文明对话中反观社会儒学，建构社会儒学，发展社会儒学。

社会儒学的逻辑展开与现代转换

韩 星

社会儒学论丛（第一辑）

一、社会儒学的概念与蕴涵

关于"社会儒学"的概念，据笔者所知最早大概是武汉大学李维武先生在《儒学生存形态的历史形成与未来发展》[①] 一文中提出的，他认为儒学在从先秦至 20 世纪的发展中，形成了人生儒学、社会儒学、政治儒学、形上儒学、考据儒学、文化儒学等不同的生存形态。而他所说的"社会儒学"是指儒家的礼学，"礼学实际上是一种社会儒学，所考虑的就是通过礼乐文化建立一套完备的人与人的社会关系，……这种社会儒学，是以儒学的人生哲学为指导和核心的，但它又包含着比人生儒学更为广泛的内容，涉及中国人的生活世界的诸多层面，儒学与中国人的生活世界的联系也由此而更为广泛"。笔者在 2009 年 11 月 12 ~ 14 日在广东省肇庆抱绿山庄"百年儒学"学术研讨会发表的《社会儒学——儒学的现代转型与复兴之路》中也从儒学发展史上对这个问题进行了详尽论证，2010 年 9 月 27 日至 29 日在山东曲阜第三届世界儒学大会上有提交了《儒学的社会维度或社会儒学？——关于儒学发展方向的思考》一文是前文的主体部分。我是在心性儒学、政治儒学的对照中提出社会儒学的，认为"心性儒学、政治儒学与社会儒学在博大精深的儒学体系中构成一种三元合和关系"，社会儒学的

---

① 《中国哲学史》2000 年第 4 期。

"基本的含义不外强调儒学要发挥其应有的社会功能、作用和影响"。社会儒学是面向大众的，以日常伦理为基本构成，也可以称为"大众儒学""民间儒学""草根儒学""世俗化的儒家伦理"，等等。并通过梳理历史上儒学的社会教化来彰显社会儒学的主体性实践特征。

谢晓东先生发表在《哲学动态》2010年第10期上《社会儒学何以可能》一文，提出"社会儒学是一种后共同体时代的，以市民社会为基本立足点的，以非政治化为基本特征的，以人伦日用为基本关注点的儒学形态。简单地说，社会儒学是以社会为存在和发展途径的现代儒学形态。"这对笔者很有启发，这几年也在不断深化思考这一问题。现在，笔者更明确地认识到"社会儒学"不仅仅是一种"现代儒学形态"，其实也是一种历史形态。正如许纪霖所说："儒家的修齐治平，既是一个不可分割的整体，同时由于各代儒家分别突出其中的不同面向，呈现出政治儒学（西汉的董仲舒）、心性儒学（宋代的朱熹）和社会儒学（明代的王阳明）等多种取向。"①

在中国历史上，儒学是一种全面安排社会秩序的思想系统。余英时认为"儒学不只是一种单纯的哲学或宗教，而是一套全面安排人间秩序的思想系统，从一个人自生至死的整个历程，到家、国、天下的构成，都在儒学的范围之内，在两千多年中，通过政治、社会、经济、教育种种制度的建立，儒学已一步步进入国人的日常生活的每一角落。我们常常听人说儒学是中国文化的主流。这句话如果确有所指，则儒学决不能限于历代儒学经典中的教义，而必须包括儒学教义影响而形成的生活方式"②。

其实在这之前陈寅恪先生也曾说过，"二千年来华夏民族所受儒家学说之影响最深最巨者，实在制度法律公私生活之方面……"③后来李泽厚也说：由孔子所开创的儒学"构成了一个具有实践性格而不待外求的心理模式。孔子通过教诲学生，'删定'诗书，使这个模式产生了社会影响，并日

① 许纪霖：《儒家宪政的现实与历史》，《开放时代》2012年第1期。
② 余英时：《现代儒学的困境》，《现代儒学的回顾与展望》第54页，三联书店2004年版。
③ 陈寅恪：《审查报告三》，载冯友兰：《中国哲学史》下册，中华书局1961年版，附录《审查报告三》第2～3页。

社会儒学基本理论

益渗透在广大人们的生活、关系、习惯、风俗、行为方式和思维方式中，通过传播、熏陶和教育，在时空中蔓延开来。对待人生、生活的积极进取精神，服从理性的清醒态度，重实用轻思辨，重人事轻鬼神，善于协调群体，在人事日用中保持情欲的满足与平衡，避开反理性的炽热狂迷和愚盲服从……它终于成为汉民族的一种无意识的集体原型现象，构成了一种民族性的文化—心理结构"①。

本文就是对历史上的儒学如何在社会层面的展开而形成社会儒学的逻辑理路进行梳理，为传统儒学的现代转型，儒学与中国文化的全面复兴提供一种方向性的思路。

二、修身：社会儒学的根本

社会儒学的逻辑起点是个体的人，古代儒家提出修身为本，从个体来讲就是说修身是个体生命成长，人格提升的根本；其实从社会儒学来说，修身是社会和谐，文明进步的根本。"身"在儒家思想中有狭义即形躯结构的含义和广义即统摄形、气、心而为形神相合、身心一体的生命整体的含义。修身是指修养身心，涉及自身的方方面面，如情致上的、性格上的、脾气上的等等都需要加以调治，如果向深处说修身就是修心。另外，怎样提高自己的智慧，怎样提高自己为人处事的方略等等也都属于修身的范畴，具体行为表现日常生活中就是见贤思齐，择善而从，博学于文，约之以礼，等等。儒家的"身"在许多时候指代"自己""自身"，《论语·学而》："曾子曰：'吾日三省吾身，为人谋而不忠乎？与朋友交而不信乎？传不习不？'"《论语·颜渊》"一朝之忿，忘其身"，这里的"身"就是指自身，与"己"是一个意思。《论语·宪问》载子路问君子。子曰："修己以敬。"曰："如斯而已乎？"曰："修己以安人。"曰："如斯而已乎？"曰："修己以安百姓。修己以安百姓，尧舜其犹病诸？"把自己修养好，才能史他人乃至普天下的人都得到安乐，这是比尧舜都要高的要求。《论语·宪问》云："古之学者为己，今之学者为人。"《论语注疏》曰："古人之学，则履而行

---

① 李泽厚：《中国古代思想史论》，安徽文艺出版社 1994 年版，第 36 页。

之，是为己也。今人之学，空能为人言说之，己不能行，是为人也。"就是说，古人为学的目的是做人，是为了自身全身心地体会仁义礼智信圣的德性，修心正形，切身践履；而今人为学的目的则是为了卖弄学问，沽名钓誉，给别人看的。孔子所谓"为己之学"意味着儒家将为学的重点指向自我修养，自我完善，成就理想的人格，实现理想的人生境界。

《大学》是儒家修身之道的宝典，"八条目"以"修身"为界，可分为前后两个部分：格物、致知、诚意、正心所要达到的结果是修身，离开修身的格、致、诚、正都失去了意义；修身又是齐家、治国、平天下的前提，齐、治、平是修身的主体推衍。因此，"修身"作为"八条目"中心环节在其中起着决定性的作用，是实现"止于至善"总体目标和达到"明明德于天下"最终理想的根本，即所谓"修身为本"。修身之所以为本，是因为《大学》所说的"身"是身心不分的生命整体，这对于每一个人都是普遍适用的，所以按照《大学》的说法，自上层统治者和文化精英直到贩夫走卒，都应以修身作为根本。

《中庸》也把修身放在非常重要的地位，提出了治理天下的九条大纲——九经：修身、尊贤、亲亲、敬大臣、体群臣、子庶民、来百工、柔远人、怀诸侯，修身在这里是前提，并强调"修身则道立"，修身对于确立人生之道的基础性作用。根本不立则道不得流行。

孟子对《大学》修身为本做了进一步的发挥，《孟子·离娄上》说："天下之本在国，国之本在家，家之本在身。"《孟子·尽心下》说："君子之守，修其身而天下平。"这样就以层层逆推的方式更明确地把修身看成是齐家、治国、平天下的开端和基础。孟子还提出了"修身立命"说。《孟子·尽心上》也说："夭寿不二，修身以俟之，所以立命也。"汉赵岐《孟子注》云："修正其身，以待天命，此所以立命之本。"修身为"立命之本"强化了修身对于立命的根本意义。

南宋朱熹《癸未垂拱奏札》说："臣闻《大学》之道，自天子以至庶人，壹是以修身为本，而家之所以齐，国之所以治，天下之所以平，莫不由是出焉。"元代许衡在《大学直解》里说："'本'是指身说，'末'是指家国天下说。……身为家国天下的根本，身若不修，则其根本先乱了，如何得家齐国治而天下平，所以说'否矣'"① 明代王艮根据《大学》"自天子以至于庶人，壹是皆以修身为本"提出"安身立本"的观点。他说："身与天下国家，一物也。惟一物而有本末之谓。……修身，立本也。立本，安身也。"② 身与家国天下是一体的，所以修身就是立本也，立本就是安身。王艮"安身立本"思想的主要观点在于以身为本，以家国天下为末。"安身以安家而家齐，安身以安国而国治，安身以安天下而天下平也。故曰修己以安人，修己以安百姓，修其身而天下平。不知安身，便去干天下国家事，是之为失本。"③

其实，家、国、天下是一种标准的说法，在中国古代在家、国、天下之间还存在着以不同缘分结合在一起的社会组织，其中既有亲缘组织、地缘组织，也有业缘组织、学缘组织和信仰组织。④ 修身也是支撑这些组织正常活动，发挥其社会功能的根本。因为，"所有为着人的发展的道德的、社会的以及政治的制度设施都依赖于修身，由此方可达致家庭稳固、社群规整、邦国安定乃至天下太平。这种与道德、社会和政治相通的个人主义基于一种简单的观念，即整体健全取决于它的各组成部分的活力。人的终极完善意味着家庭、学校、社群、国家乃至天下之每一以及一切成员的良好修养"。因此，"修身在自我与形形色色的政治、社会、文化团体构成的社群的链环中居于中心地位。就个人方面而言，修身涉及复杂的经验学习与心智锻炼过程。就人类总体发展而言，修身则为家庭稳固、社会有序和世界和谐的基础……修身的核心地位促使中国思想家们将伦理付诸实施，将审美作为经验，将形上学转化为智慧，将认识论运用于沟通"⑤。

三、家庭：社会儒学的基石

家庭是指在婚姻关系、血缘关系或收养关系基础上产生的，亲属之间

---

① 《许文正公遗书》卷四。
② 《心斋王先生全集》卷三《答问补遗》。
③ 《明儒学案》卷三十二《泰州学案》。
④ 邱庆平：《中国的家与国》，吉林文史出版社1990年版，第61页。
⑤ 杜维明：《修身》，《杜维明文集》第4卷，武汉出版社2002年版，第628～629、614～615页。

所构成的社会生活单位。《大学》在修身之本确立后家、国、天下并举，而家居于首位，说明在修身之后由个体向社会展开的第一个环节就是齐家。因为家庭是社会的基本细胞，国与天下只是家的放大，各种社会关系也不过是家庭关系的延伸与放大。因此，家庭在中国的传统社会中占有特殊重要的地位，人的社会化是从家庭开始的，社会儒学是建立在家庭基础之上的。中国传统的家庭伦理由父子、夫妇、兄弟三重伦理关系组成，其基本伦理规范是"夫义妇顺""父慈子孝""兄友弟恭"。《颜氏家训·兄弟篇》所云："有夫妇而后有父子，有父子而后有兄弟，一家之亲，此三而已矣。自慈以后，至于九族，皆于三亲焉。"这三种关系都是一种亲情关系，需要以温情维护。

夫妇关系是人伦确立的第一大事。人类社会之所以能够存在与发展，是因为有夫妇。故而《易经·序卦下》云："有天地，然后有万物。有万物，然后有男女。有男女，然后有夫妇。有夫妇，然后有父子。有父子，然后有君臣。有君臣，然后有上下。有上下，然后礼义有所错。夫妇之道，不可以不久也，故受之以恒。"夫妇的共同生活是组成家庭的基本条件，夫妻关系是组成家庭，保持家夫妻关系本于天地之德，它直接影响家庭的和谐、社会的安定和风教的淳朴。所以郑玄注《周礼·小司徒》"上地家七人"云："有夫有妇，然后为家。"处理好夫妻关系是家庭和睦的核心内容，对此儒家的基本伦理规范是"夫义妇顺"。"夫义妇顺"说明对夫妇的要求是双方的，首先是丈夫"义"，具体包括诸如为夫者要尊重妻子，以礼相待；稳固专一地对待妻子，不在外拈花惹草；富贵了不抛弃糟糠之妻，等等。其次是对妻子的要求是"顺"。早在战国时期，孟子就指出："女子之嫁也，母命之。……必敬必戒，无违夫子。以顺为正者，妾妇之道也。""无违夫子"，"以顺为正"，说明当时对妇女的最基本要求就是顺从。《幼学琼林·夫妇》："男以女为室，女以男为家，故人生偶以夫妇。阴阳和而后雨泽降，夫妇和而后家道成。"夫妻和睦相处，才能使家中井然有序，生活美好。

父子关系为人类以血缘关系为纽带的纵向延续，儒家家庭伦理规范是"父慈子孝"。"慈"的基本含义是爱。《说文》曰："慈，爱也。从心，兹声。"《礼记·曲礼上》："慈者，笃爱之名。"父母对于儿女的慈爱是顺应人的自然感情的，爱子之情，人人共有。但是，要儿女孝敬父母则是逆着人感情的，是比较困难的。所以谚语有云"养子才知父母恩"，即在家庭伦理中，所缺乏的、难以做到往往不是"慈"，而是子女对父母的"孝"，于是儒家特别强调"孝"。《说文·老部》："孝，善事奉父母者。"善于侍奉父母为孝，孝是中国传统伦理道德的核心，被认为是一切道德的根本，是所有教化的出发点，是"德之本""仁之实""众善之首"。孔子讲"孝"，首先强调"孝"要建立在"敬"的基础上，认为孝敬父母要发自内心，真心实意。"孝"要赡养父母，给他们基本的物质生活的满足，更重要的是要"敬"，让父母得到人格的尊重和精神的慰藉。《论语·为政》：子游问孝，子曰："今之孝者，是谓能养。至于犬马，皆能有养；不敬，何以别乎？"孝道的根本不在于仅仅赡养父母，而在于要有孝心，发自内心的尊敬。没有孝心，仅仅是被动地尽赡养责任，那所谓的饲养家禽牲畜没有什么区别了。孔子把行孝与守礼结合在一起。如果说孝道的精神本质是"敬"，那么如何表达出这种"敬"呢？这就是侍奉父母要以礼而行，按照礼来作。古代礼仪很多，对待父母最大的是三个方面：就是孔子在《论语·为政》所说的："生，事之以礼；死，葬之以礼，祭之以礼。"无论父母生前或死后，都应按照礼的规定来行孝。孔子讲孝道不是愚孝，他还提出"几谏"的原则。《论语·里仁》载子曰："事父母几谏，见志不从，又敬，不违，劳而不怨。"

家庭中的兄弟关系伦理规范是"兄友弟恭"，即兄长要关心爱护自己的弟妹，而为弟妹者要尊敬顺从兄长。"友"的含义有友好、友善、友爱、关心、爱护，是兄对弟而言的道德要求。而弟对兄而言的道德要求是"悌"。"悌"又作"弟"，《说文·老部》："悌，善兄弟也。"贾谊《新书·道术》："弟敬爱兄谓之悌。"说明"悌"就是要敬爱兄长，其实也包括了姊妹之间。中国古代家庭兄弟姐妹很多，同宗共源，血脉相连，古人有鉴于彼此的血缘之亲而比喻为手足同胞。儒家的家庭教育从小就教育兄弟姊妹间共同努力营造互助互爱，和睦融洽的家庭温暖气氛。但是，兄弟关系也是传统家庭中最容易发生矛盾的人伦关系，兄弟之间共患难易，共富贵难，往往会为了争权夺利而阋于墙，乃至干戈相间。历代皇廷上兄弟之间为争夺皇位而互相残杀的事情屡见不鲜，所以传统的家庭教育从小就注意处理好兄弟之间的关系。孔子要求做到"兄弟怡怡"（《论语·子路》），即兄弟之间和睦相处。荀子则明确地规定："请问为人兄？曰：慈爱而见友。请问为人弟？曰：敬拙而不苟。"（《荀子·君道》）作为兄长，应当爱护弟弟；作为弟弟，应当敬爱兄长。兄弟之间和睦相处，既是血缘亲情的自然结果，又是孝敬父母的必然要求。兄弟之间的友爱，又可以推展到家庭之外，朋友之间也应该互敬互爱。当司马牛因没有兄弟而犯愁时，子夏安慰他说："四海之内，皆兄弟也。君子何患无兄弟也？"

儒家还把"孝"与"悌"结合起来，讲究"孝悌之道"。孔子非常重视孝悌，认为孝悌是做人、做学问的根本。《论语》中多次以孝悌连言连用，如："弟子入则孝，出则弟。""其为人也孝悌，而好犯上者，鲜矣。不好犯上而好作乱者，未之有也。……孝悌也者，其为仁之本与？"（《论语·学而》）《孝经》："夫孝，始于事亲，中于事君，终于立身。"忠君又是孝父的扩大，孝又具有了政治功能。家与国相通，君与父相代，故形成了以忠孝治天下的政治文化传统。

家庭伦理的基本目的是家庭和谐，古人云"家和万事兴"。《礼记·礼运》云："父子笃，兄弟睦，夫妇和，家之肥也。"父子相互笃爱，兄弟之间和睦相处，夫妇之间琴瑟之好，这就能够实现一个家庭的美满幸福。清代左宗棠也申述："家庭之间，以和顺为贵。严急烦细者，肃杀之气，非长养气也。和而有节，顺而不失其贞，其庶乎？"（《左宗棠全书·家书》）

儒家的传统家庭伦理具有社会政治功能。家为国之本，治国首先要从治家开始，社会和谐要从家庭发端。《大学》云"孝者所以事君也，弟所以事长也，慈者所以使众也"，又云孝、悌、慈"其为父子兄弟足法，而后民法之也"，"一家仁，一国兴仁；一家让，一国兴让"。这就是说，孝、悌、慈是齐家之道的三大法宝。一个家庭如果仁爱的话，一个国家的人都会有仁爱之心，一家礼让的话，一个也会兴起礼让之风。这是所谓的"齐家而后治国"。

家庭主要功能之一是社会化功能，即教育和抚养儿童，使之适应社会。

家庭是由父母共同创建、共同担负教育子女的第一所学校。因此，父母也就是子女的第一任管理者和老师。从教育学的角度来讲，家庭教育是父母或其他年长者在家庭里对儿童和青少年进行的教育，是学校教育与社会教育的基础。它开始于孩子出生之日（甚至可上溯到胎儿期），婴幼儿时期的"人之初"的教育设置家庭里完成的，在人的一生中起着奠基的作用。儒家非常重视家庭教育，在儒家思想的影响下，形成了班昭的《女诫》、颜之推的《家训》、司马光的《家范》、朱熹的《朱子家训》、朱伯庐的《治家格言》以及《三字经》《千字文》等重要的家庭教育文献。如《颜氏家训》强调了早期家庭教育的意义："人生小幼，精神专利，长成已后，思虑散逸，固须早教，勿失机也。"司马光《温公家范》一书以儒家经典论证治国之本在于齐家的道理，同时广泛选取历代人物史事作为"轨范""仪型"，具体阐述各项道德准则和治家的方法，充分讨论了家庭教育的社会意义，把"齐家"作为"治国""平天下"的基础，当作关系到国家和社会兴亡的大问题对待，足以说明其重视家庭教育的程度。

四、社群组织：社会儒学的展开领域

古代中国，在家庭—国家—社会之外，还有许多社会群体组织，如亲缘组织、地缘组织、业缘组织、学缘组织、信仰组织等各种各样的组织形态。如果在细分，亲缘组织包括血缘组织和姻缘组织，主要表现为族和宗亲等。地缘组织范围也很广，重要的如乡村、会馆等，业缘组织又称职业集团，是职业相同的人们自发或自觉地建立的组织形式，有行会、公所、行、会、作、设、帮等。学缘组织有学校、同学会等，信仰组织有巫术组织、宗教组织、秘密结社组织等。①

家庭是用夫妻关系与亲子女关系构成的最小的社会生活共同体，它不断维持着最直接的人类社会的延续性，并形成家族体系。所以，"家族"是放大了的"家"，指以婚姻和血缘关系结成的亲属集团，古代有"三族""九族"等说法。《白虎通·宗族》："九族谓：父族四、母族三、妻族二。

---

① 邱庆平：《中国的家与国》，吉林文史出版社1990年版，第62、67、75、79、84~85页。

父族四者，谓父之姓一族也；父女昆弟适人有子为二族也；身女昆弟适人有子为三族也；身女子适人有子为四族也。母族三者，母之父母一族也；母之昆弟二族也；母昆弟子三族也。妻族二者，妻之父为一族；其之母为二族。"中国人亲属间称谓区分的细密，均由以上九族之关系而来，正是中国人特别重视血缘关系的表现。与"家族"接近的还有"宗族"，指父系单系亲属集团，即以一成年男性为中心（称"宗子"或"族长"），按照父子相承的继嗣原则上溯下延，这是宗族的主线。主线旁有若干支线，支线排列的次序根据与主线之间的血缘关系的远近而决定。《尔雅·释亲》："父之党为宗族。"《白虎通·宗族》："宗何谓也？宗尊也，为先祖主也，宗人之所尊也。""族者何也？族者凑也，聚也，谓恩爱相流凑也。上凑高祖，下至玄孙，一家有吉，百家聚之，合而为亲，生相亲爱，死相哀痛，有会聚之道，故谓之族。""宗"是同族之主，是同姓之内的祖先的代表，以其有功或有德于同姓，后代的人就尊其为"祖"或"宗"；"族"是总称凡与血缘有关的人。儒家的许多道德观念就是在家族、宗族基础上形成的，反过来巩固和维护家族、宗族的延续与文化传承。钱穆说："中国人的人道观念，却另有其根本，便是中国人的'家族观念。'""此所谓人道观念，并不指消极性的怜悯与饶恕，乃指其积极方面的像孔子所说的'忠恕'，与孟子所说的'爱敬'"① 原因是家族、宗族涉及夫妻、父子、兄弟等各种关系，为了维护其完整与正常运转，就必须一套价值体系来规范家族成员的行为，这套价值体系就是孝悌、忠恕、爱敬等。对家族、宗族这套价值体系推而广之，对其外社会上的人也需以这些价值准则对待，这种同心圆扩充即形成社会伦理。如儒家仁爱思想可分成仁爱之心、自爱、爱亲人、泛爱众、仁者与天地万物一体五个层次，以爱有差等原则由内向外、由近及远层层扩展。②

　　乡村既是指以农业等为经济活动基本内容的一类自然聚落的总称，也是指中国古代一种最低层的行政单位，在国家与家庭之间起着不可忽视的

① 钱穆：《中国文化史导论》，商务印书馆2007年版，第50页。
② 韩星：《梧州学院学报》（社会科学版）2013年第4期。

上情下达、上令下传的中介作用。中国古代乡村的治理经历了漫长的历史变迁，形成了不同的基本模式，正如有学者所论："在数千年的历史中，乡村治理模式屡经变迁，经历了几个较为明显的历史阶段，表现出不同的制度规定和具体实践，乡村治理组织称谓多变、功能各异，其自治色彩也各有不同，体现出不同的特点。随着中国封建集权制度的强化，传统的乡村治理越来越多地受到国家政权的干预和控制，其自治色彩逐步减弱，越来越不适应农村的社会现实，最终在清朝末年为乡镇地方自治所取代。"① 古代乡村治理的价值基础与思想根源是儒家，中国古代乡村治理以教化为基本途径，主要是通过乡官里吏、大儒乡贤的道德表率与道德教化来实现的。儒家教化在汉代最具有代表性的是循吏。他们在基层社会师儒合一，行政治理的同时采用儒家思想教化地方，其到了积极的社会效应。到宋明以后由带有强烈官方色彩的政治性教化转向带有浓重民间色彩的社会性教化。典型的就是始于北宋的乡约组织。乡约始于北宋，盛行于明代，流传至今。乡约是国家政权组织以外的一种社会组织，作为一种特殊的社会控制形式，是村民自我进行教育、自我管理的传统风俗，是一种地域性的道德规范，甚至带有法律的性质，它融政治管理与社会教育为一体。北宋吕大临兄弟在家乡蓝田制订乡约，规定同约人要"德业相劝"，"过失相规"，"礼俗相交"，"患难相恤"，以儒家移风易俗为终极理想，使"关中风俗为之一变"。在吕氏兄弟及其邻里发起的乡约是一种自发性的，是本区域本宗族、本姓氏、本血缘的族人或乡民共同发起，主事的是族内有相当文化、威望的人，受衙门的管束不大。乡约后来才受政府权力介入的。后来，朱熹加以修订，并在乡村广为推行，成为中国农村很多地方采用的一种自治性社会制度。明儒对民间社会的注视更体现在乡约制度上。王守仁在南赣做地方官时，曾仿《吕氏乡约》，并结合当地社会实际制订了著名的《南赣乡约》，其乡约组织有严密的管理制度，乡所或会所设立在距离各村等距的中心地方，实行会费与制度，规定乡约领导在实施管理和教育时要注意积极引导和正

---

① 唐鸣、赵鲲鹏、刘志鹏：《中国古代乡村治理的基本模式及其历史变迁》，《江汉论坛》2011 年第 3 期。

面教育，其主要目的是为了加强乡村管理和教化，成为一种地方自治性质的"政教合一"的组织形式，使儒家教化普遍且深入村社乡里。明清以来以阳明后学为代表的儒家士人大多热衷于办书院，民间讲学，他们无论是大江南北，还是穷乡僻壤，行迹所至，周遍乡县，四处讲学。这种讲学实质上是一种知识精英面向社会大众的宣教活动，是儒学的新形态，体现了儒者们试图重新全面整合社会的努力。

在学校当中，以太学和国子监为代表的中央和地方官学主要是培养官吏及其后备军，可以归为政治儒学，但其所发挥的化民成俗的社会教化功能无疑属于社会儒学范畴。至于私学则无疑属于社会儒学，也具有政治儒学的功能。私学产生于春秋时期，孔子私学规模最大，影响最深。在春秋礼崩乐坏，人心不古，世风日下，传统文化面临断裂危险的时代，孔子以"存亡继绝"的历史使命感，抢救并整理了濒临散失危险的上古文化典籍，并以此为教材，创办私学，向民间普及文化教育，实行"有教无类"的方针，招收学生，不论他们地位贵贱，都一律平等地进行教育，打破了只有贵族才能接受教育的特权，促成了"学在官府"向"学在民间"的转化。在教学中孔子主张"因材施教"，针对不同学生的个性、气质和水平，进行不同的教育，培养了许多德才兼备的人才，形成了儒家学派，影响中国历史至今两千五百多年。孔子教育学生有明确的目的，就是《论语·子张篇》所说的"学而优则仕"。当然，孔子教育学生不能为了一己俸禄入仕，而是特别强调入仕的道德前提和人格尊严。他要求学生"笃信好学，守死善道。危邦不入，乱邦不居。天下有道则见，无道则隐"（《论语·泰伯》），"不仕大夫，不食污君之禄"（《史记·仲尼弟子列传》），"用之则行，舍之则藏"（《论语·述而》），"邦有道，则仕；邦无道，则可卷而怀之"（《论语·卫灵公》），"邦有道，谷；邦无道，谷，耻也"（《论语·宪问》）。事实上，他的大多数学生并没有入仕，有的甚至隐于草泽之中。所以，他的私学显然是以社会儒学为主。汉代循吏既是官吏，又是师儒，一身而兼二任。作为官吏，他们以儒为治，是政治儒学；作为师儒，他们创办学校，推行教化，是社会儒学。以文翁为例，《汉书·文翁传》载其"少好学，通《春秋》，以郡县吏察举。景帝末，为蜀郡守，仁爱好教化"。见蜀地僻陋有蛮夷风，便选郡县小吏聪敏有才者派到京师都儒经博士，学成回来就授以官职，这显然是政治儒学。文翁又在成都修建学校，招收下层平民子弟为学官弟子，免除徭役，学业优异候补郡县官吏，差一点的也授予孝弟力田。这样不几数年就改变了当地的社会风气，使偏僻落后的蜀地成为可以与京师、齐鲁媲美的文教盛地，这自然是社会儒学了。后代儒者大都从办学入手，培养弟子，创立学派，教化社会。从宋代开始，书院成为社会儒学的重要场所，凡欲正人心，明道学之儒者，往往于山水之胜处，修书舍以授生徒，书院便兴盛起来。乡村书院大量出现，山林布衣、乡村长者、普通百姓、佛教僧侣都可以进院听讲，甚至登堂讲说。书院讲学以化民成俗为主要目的，讲求日用百姓之学，服务于乡村民众的文化建设，出现了儒学诠释的平民化倾向。书院讲学的平民化，促进了文化学术的下移，也使教育与学术发展获得了更为广阔的空间。①

帮会是古代社会民间秘密互助组织（如青帮、洪帮、哥老会等）的总称，源出于古代社会同业（如船帮、粮帮）或同乡关系（如福建帮、广东帮）的结合。明末清初，一些反清人士和破产农民、失业手工业者，为政治上的需要及生活上的互助，组织了各种帮会。帮常指青帮，会则指天地会、哥老会等。这些组织在漫长的发展演变中良莠不齐，或为人利用，或堕落为流氓组织。在帮会组织中，也有的受儒家思想影响，比较典型的是明清以来许多商帮自觉地贯彻儒家的道德原则，如儒家的仁义道德在山东商帮中占据极为重要的地位。山东商帮讲求信用的商业道德，自觉规范商业行为，主要表现在与生意对象间的信义约束，按约定俗成的规矩办事；在合伙经营中，山东商帮合伙人之间先立合伙合同，邀同亲好友作见证，以示恪守信用。徽商作为中国商界的一支劲旅，曾活跃于大江南北、黄河两岸，以至日本、暹罗、东南亚各国和葡萄牙。徽州是南宋大儒朱熹的故乡，儒风独盛，因此徽商大的商业道德观带有浓厚的儒家特色，以儒家的诚、信、义等作为其商业道德的根本，形成了贾而好儒的特点，使他们在

---

① 邓洪波：《儒学诠释的平民化：明代书院讲学的新特点》，《湖南大学学报》（社会科学版）2005年第3期。

商界赢得了信誉，既促使徽州成为儒风昌盛之地，徽商也称雄于明清两朝乃至海外。

在信仰组织中，明清儒学有一个显著的特点就是社会化、民间化和宗教化，大致经过了王门后学未完成的宗教化、三一教、太谷教和刘门教等真正的宗教化和其他民间宗教中的儒学因素这几个阶段。以儒为主，三教合一是这种转向的基本样态。如三一教就是由明代儒家学者林兆恩于明世宗嘉靖三十年（1551）创立的，他援佛道入儒，以儒为主，以佛道为辅，在"归儒宗孔"的基本宗旨下，创立了一种合三为一的思想体系。这一思想体系进一步演变，从以儒为主，兼容三教的学术思想转变为适应多数信徒的宗教教义，他本人从三一学说的学术领袖转变为三一教的教主，三一团体也从以士人为主的较为松散的学术团体演变为容纳社会各阶层更具组织性、具有宗教性质的宗教团体，也就是他以儒教纲常礼教为主，兼有佛道二教心身性命之学的宗教。三一教主体构成是下层普通民众，以神道设教的方式进行社会教化，产生了广泛深远的影响。因此，可以说林兆恩是古代中国以儒为主，三教合一思想的集大成者，他不仅继承了我国历史上三教合一的思想，而且对古代宗教进行改革，自己创立了一个具有中国特色的新宗教。三一教可以说是已经转换过来以后的真正的民间儒教，所具有儒家和民间宗教的一些基本特征，从而对其后明清福建和其他地区的社会信仰产生了久远的影响，后来更传播到海外，尤其是东南亚一带，至今已有四个世纪。①

总之，在家与国之间广大的社会领域，各种各样的社群组织也受到儒家思想观念，特别是道德观念的影响，也是儒学展开的领域。也正因为有这样的社会儒学，这些广大的社会领域才获得了相对良性的发展，促进了社会的和谐有序、文明进步。

五、天下大同：社会儒学的最高理想

促进社会的和谐有序、文明进步是社会儒学的基本理想，而大道之行

---

① 韩星：《明清时期儒学的民间化、宗教化转向及其现代启示》，《徐州工程学院学报》（社会科学版）2013年第5期。

的天下大同才是社会儒学的最高理想。

《礼记·礼运》借孔子之口描写了"小康"社会："今大道既隐，天下为家，各亲其亲，各子其子，货力为己，大人世及以为礼，域郭沟池以为固，礼义以为纪，以正君臣，以笃父子，以睦兄弟，以和夫妇，以设制度，以立田里，以贤勇知，以功为己。故谋用是作，而兵由此起。禹、汤、文、武、成王、周公由此其选也。此六君子者，未有不谨于礼者也。以着其义，以考其信，着有过，刑仁讲让，示民有常，如有不由此者，在执者去，众以为殃。是谓小康。"那是人类社会刚刚迈入私有制时代的一个靠礼义等国家法律制度和道德规范来维持秩序的社会，"礼"是大同公天下瓦解之后维持公天下的基本手段，"夫礼，先王以承天之道，以治人之情"（《礼记·礼运》），"礼"是先王在大道既隐以后治理社会的基本手段，"礼"无处不在，有了"礼"就有了社会准则，就可以约束人心，就可以使君臣有规序，父子有亲情，兄弟和睦，夫妻恩爱。这仍不失之为一个美好的社会。又描述了大同社会："大道之行也，天下为公。选贤与能，讲信修睦。故人不独亲其亲，不独子其子，使老有所终，壮有所用，幼有所长，矜寡孤独废疾者，皆有所养。男有分，女有归。货恶其弃于地也，不必藏于己；力恶其不出于身也，不必为己。是故谋闭而不兴，盗窃乱贼而不作，故外户而不闭，是谓大同。"这是一种美妙的阐述，没有私有制，人人为社会劳动而不是"为己"；老弱病残受到社会的照顾，儿童由社会教养，一切有劳动能力的人都有机会充分发挥自己的才能；没有特权和世袭制，一切担任公职的人员都由群众推选；社会秩序安定，夜不闭户，道不拾遗；对外"讲信修睦"，邻国友好往来，没有战争和国际阴谋。这样一个美好的理想境界，既深刻反映了当时人们的社会向往，反映了儒家高远的思想境界和伟大的政治抱负，一直是中国人追求平均、共有的理论纲领，在中国思想史上也有深远的影响。大同理想是儒家对上古历史的有意美化，借以表达其社会理想。怎么来看待这一点？"儒学对五帝大同'天下'的非历史性美化，远不止于原始公社血脉余绪的消极浪漫回音，其积极的阐释乃是历史性的，它不只是先秦儒学基于自身时代问题改造现实的重大理论环节，而实际上为整个中华民族提供了影响至今的'社会'原型观念。这一贡献的意义在于：

作为完美至善的社会，‘天下’是一种永远高于（不同一于）现实国家的理想范型，因而是规范、超越、批判现实国家的绝对尺度。同时，作为国家母体，‘天下’的公有与民本又是作为社会正义，亦即国家政府根本依据的逻辑前提的原初状态（Original position）。"① "这种原初状态当然不可以看作是一种实际的历史状态，也并非文明之初的那种真实的原始状况，它应被理解为一种用来达到某种确定的正义观的纯粹假设的状态"②。

大同与小康的关系显然是儒家社会理想的初级阶段与高级阶段的关系，这一点特别体现在《论语·雍也》："齐一变，至于鲁；鲁一变，至于道。"关于本章的主题，包咸注："言齐、鲁有太公、周公之余也。太公大贤，周公圣人。今其政教虽衰，若有明君兴之，齐可使如鲁，鲁可使如大道行之时。"朱熹《论语集注》："孔子之时，齐俗急功利，喜夸诈，乃霸政之余习。鲁则重礼教，崇信义，犹有先王之遗风焉，但人亡政息不能无废堕尔。道则先王之道也。言二国之政俗有美恶，故其变而之道有难易。"对于这一章齐鲁之间的差异还有别的文献为证，如《说苑·政理篇》曰：

> 齐之所以不如鲁者，太公之贤不如伯禽。伯禽与太公俱受封而各之国，三年，太公来朝。周公问曰："何治之疾也?"对曰："尊贤，先疏后亲，先义后仁也。"此霸者之迹也。周公曰："太公之泽及五世。"五年，伯禽来朝，周公问曰："何治之难?"对曰："亲亲，先内后外，先仁后义也。"此王者之迹也。周公曰："鲁之泽及十世。"此鲁有王迹者，仁厚也；齐有霸迹者，武政也。齐之所以不如鲁，太公之贤不如伯禽也。

《淮南子·齐俗篇》曰：

> 昔太公望、周公旦受封而相见。太公问周公曰："何以治鲁?"周

① 尤西林：《有别于"国家"的"天下"——儒学社会哲学的一个理念》，《学术月刊》1994 年第 6 期。
② ［美］约翰·罗尔斯：《正义论》，何怀宏等译，中国社会科学出版社 1988 年版，第 10 页。

社会儒学基本理论

公曰："尊尊亲亲。"太公曰："鲁从此弱矣。"周公问太公曰："何以治齐？"太公曰："举贤而上功。"周公曰："后世必有劫杀之君。"其后齐日以大，至霸，二十四世而田氏代之。鲁削，至三十二世而亡。

说明齐注重武功，行霸道；注重文治，行王道。但至孔子时，鲁由三家执政，也无道。但鲁虽无道，礼乐还存在，齐还是不如鲁。急功好利，究竟不如仁义礼乐。

杨树达先生在《论语疏证》按语中把这一章与《礼运》大同小康之说联系起来说："齐为霸业，鲁秉周礼，则王道也。齐一变至于鲁，由霸功变为王道也。《礼运》以禹、汤、文、武、成王、周公六君子为小康，是王道为小康也。鲁一变至于道者，由小康变为大同也。《礼运》言大道之行天下为公，此道正彼文所谓大道矣。"熊十力先说《礼运》"以礼运名者，诚以小康之礼教当变易而进乎大道"①。所以，孔子通过对齐鲁国家历史与现状的综合评定，借以说明其社会理想的初级阶段是三王以下的小康，是王道政治；社会理想的高级阶段是五帝以上的大同，是大道之行。

中国古代的大同思想毕竟是超越现实的高远理想，它既是对已逝的美好时光的回忆，也是对未来世界的梦想，人们惯常把它与西方的"乌托邦"联系起来，称之为中国的乌托邦思想。其实，中国古代儒家的大同学说与西方各种仅仅驰骋于空想境界的乌托邦式的思想是有很大区别的。《礼运篇》在描述大同这段话的前面载有孔子"大道之行也，与三代之英，丘未之逮也，而有志焉"的话，就是说，除了这大道之行的大同世界他本人没有亲历，即便是被他一再称赞的"三代之英"（夏、商、周）他也没有经历过，只不过他将大同视为最高理想，有志为实现这个崇高目标而努力。所以紧接着这一段，他又提出了相对于大同世界的小康社会。这个小康社会是相对于大同比较现实的，具有可操作性的。所以，儒家一方面是怀抱大同理想，而另一方面又是比较现实的，可以说是怀抱理想的现实主义者。《礼记》通篇论述礼的起源以及礼对治国治世的意义，实际上谈的都是小康

---

① 熊十力：《原儒》，中国人民大学出版社 2006 年版，第 96~97 页。

之治。儒家的小康目标更具引人入胜的力量，是孔子退而求其次的更切实际的努力方向，是通向大同的必由之路。这就是儒家大同与西方乌托邦的根本不同。

六、社会儒学的现代转换

近代以来，传统儒家所依托的整个社会基础都发生了动摇和坍塌，从经济基础到生产方式，从政治组织到人际关系，从个人修身到社团组织，都发生了和正在发生着史无前例的变革。与此同时，很多人以简单的直线进化论来看中国历史和儒家，认为儒学是农耕社会的产物，现在我们进入了工商社会，儒学已经过时了；还有人说儒学不能适应中国社会从传统向现代化的转型，不能适用于现代工商社会，等等，不一而足。这些问题可能是受到一些外国学者的影响，如马克斯·韦伯曾写了《儒教与道教》《新教伦理与资本主义精神》等书，断言儒学不能适应现代经济，不具有促进市场经济的因素，因而对于现代化进程只有负面作用，而没有正面作用。他的结论遭到很多学者反对。余英时在《士与中国文化》一书中，以大量事实反驳韦伯的结论。他指出，韦伯在新教伦理中遭到的那些促进市场经济的思想要素如敬业、勤俭等等，在儒学中都可以找到。亚洲四小龙的经济腾飞，似乎验证了现代新儒家的结论，他们提出了"儒家资本主义"的新概念，证明儒学是现代化的助力甚至是动力，并不是阻力。日本森岛通夫的《日本为什么成功》、韩国金日坤的《儒教文化圈的伦理秩序与经济——儒教文化与现代化》以及美国霍夫亨兹与柯德尔的《东亚之锋》，也都是对儒家思想在现代化过程中的积极作用的肯认。

随着中国社会的现代化，传统的"社会儒学"也有一个现代转换问题。怎么进行现代转换？我认为：第一，在当代儒学复兴多样化的情况下，在儒学新展开的过程中，应该重视社会儒学这一维度，在区分家、国、社会、天下的不同层次，区分国家与社会的二元结构的前提下，打开社会儒学发展的广阔空间。近30年来，针对当今中国出现的各种社会问题，许多有识之士在社会上掀起读经热、传统文化热，兴办私塾、兴建书院、举行会讲等社会化组织活动生机勃勃，一些大学和科研机构的儒家学者也走向民间，普及儒学，传播道德，教化社会，发挥着重要的社会影响。

第二，儒家修身传统仍然需要在现代社会重新强调。现代人不懂修身，不讲修身，已经暴露出诸多弊端：从个体生命来讲，出现了精神疾病和心理问题，生命失去意义，人生价值不能彰显；从社会来讲，人们不讲修身为本，社会乱象丛生，到处是陷阱，他人就是地狱。在现代社会再植修身之根，注重人格建树，学为君子，希贤希圣，将会提升人们的道德修养，人格境界，促进社会整体的文明进步。

第三，传承齐家之道，重视家庭建设。齐家之道就是整治家庭、管理家族之道，通过家庭伦理得以实现。齐家之道具有社会政治功能，是治理国家，平治天下的基础，家庭教育是学校教育与社会教育的基础。齐家之道怎么传承？新加坡的经验值得注意和吸取。新加坡一直都很重视家庭对思想政治教育的作用，受西方国家家庭价值观的不良影响，新加坡出现了家庭观念淡薄、离婚率高、单亲家庭增多、遗弃老人等严重家庭问题及社会问题，新加坡政府在其"共同价值观"中提出了"家庭为根、社会为本"的内容。新加坡政府认识到，只有重视亲情和家庭、孝敬父母，才能遵纪守法、效忠与自己的国家和社会；只有社会的基本单位——家庭稳定，才能为子女提供良好的受教育的条件和环境，才能为老人提供安乐的住宿和得到好的照顾。李光耀认为，国以民为本，有国先有家，有了稳固的家庭，国家的凝聚力才能增强。新加坡领导人正是引用了中国儒家的"齐家而后治国"的思想。习近平总书记在 2015 年春节团拜会上的讲话中也指出："中华民族自古以来就重视家庭、重视亲情。家和万事兴、天伦之乐、尊老爱幼、贤妻良母、相夫教子、勤俭持家等，都体现了中国人的这种观念。……家庭是社会的基本细胞，是人生的第一所学校。不论时代发生多大变化，不论生活格局发生多大变化，我们都要重视家庭建设，注重家庭、注重家教、注重家风，……使千千万万个家庭成为国家发展、民族进步、社会和谐的重要基点。"中国当今社会出现的诸多问题，促使我们重新考量家庭在现代社会的重要性，通过传承中华民族几千年来的齐家之道，促进我们在现代化的同时又能够保持传统家庭伦理，维护社会的和谐稳定与健康发展。

第四，传承传统社群组织，借鉴西方非政府组织。传统的各种社群组织受到儒家思想的影响很深，是社会儒学的组织载体。儒学的复兴，让游魂灵根再植，也许不再是传统的政治体制，即重新制度化，其最终落实应该是广阔的社会领域。百年来在传统政治制度被推翻的同时，许多社区组织也破坏了，这对中国社会的稳定与发展造成了巨大损失，埋藏着巨大危机。因此，需要重建某些社区组织。同时，我们处在现代社会，全球一体化，必须借鉴西方非政府组织的形式。20世纪80年代以来，国人在各种场合越来越多地提及非政府组织（NGO）与非营利组织（NPO），把非政府组织与非营利组织看作在公共管理领域作用日益重要的新兴组织形式。今天，在社会儒学的新发展中，要创建各种各样的非政府组织与非营利组织，以儒家的基本理念和价值充实其中，使这些组织更好地发挥其社会功能。

　　第五，历史上儒家的大同思想不可避免地有其历史局限性，但是，浸润其中的全人类之间那种不分贫富贵贱，充满真正的自由、平等和博爱的崇高理念和精神，则体现了人类社会发展的最终必然归宿，是全人类的共同财富，也应当是当今全球化核心内涵中最可宝贵的东西，值得我们继承和弘扬。近代以来环球交通，人类开始了全球一体化的进程，这预示了大同世界实现的征兆和条件。今天，我们正在构建和谐社会，建设具有中国特色的小康社会，要继承中国古代的大同小康的基本思想和理念，同时结合当代人类文明的丰富成果，立足传统，延续命脉，面向世界，建设小康，走向大同。

"社会"的观念与荀子"群学"的
生活儒学解读

——兼评"社会儒学"概念

黄玉顺

（山东大学儒学高等研究院）

较之20世纪的儒学研究（其实是儒学史的研究），21世纪的儒学有一个突出的特点，就是更加关注现实的社会问题；由此，儒学界甚至开始注意到"社会"这个概念本身的儒学解读问题。众所周知，现代汉语"社会"是一个外来词，原是近代日本人对西语"society"的翻译（しゃかい）。严复则将"society"译为"群"，例如将斯宾塞（Herbert Spencer）的 *The Study of Sociology*（《社会学研究》）译为《群学肆言》①，将穆勒（John S. Mill）的 *On Liberty*（《论自由》）译为《群己权界论》（论社会与自我的权利分界）②。这与荀子提出的"群"概念有密切的渊源关系。但"群"这种译法不符合现代汉语单词的双音节习惯，未被人们采纳。而"社会"的译法也绝不仅仅是"约定俗成谓之宜"（《荀子·正名》）③，实际上反映出汉语传统的"社""会"观念与现代的"社会"概念之间的对应关系。此外，尽管严复"群"的译法未被采纳，但荀子关于"群"的社会理论却是一个有待发掘的思想宝藏。为此，本文意在阐明生活儒学的"社会"观念，由此而明确提出"荀子'群学'"的概念，并加以简要梳理。

---

① 斯宾塞：《群学肆言》，严复译，商务印书馆1981年版。
② 穆勒：《群己权界论》，严复译，商务印书馆1981年版。
③ 王先谦：《荀子集解》，《新编诸子集成》，中华书局1988年版。

一、"社会儒学"概念的商榷

最近，涂可国先生提出了"社会儒学"的概念。[①] 五年前，已有其他一些学者提出过"社会儒学"[②] 概念；但涂先生的胸襟与视野更为开阔和宏大，即不是把某些既有的儒学排除在"社会儒学"之外，而是认为"在某种意义上可以说，儒学即是社会儒学"，"儒学从总体上表现为社会儒学"。这当然是不无道理的：确实，儒学作为一种"入世"的学说，最大的关切就是"社会"问题，即群体生存秩序的问题，亦即"礼"的建构问题，为此，才有对"义"与"仁"的追溯。

在这种特别广义的"社会儒学"概念下，笔者近几年的"中国正义论"研究，作为"生活儒学"[③] 体系中的形下层级在社会维度上的展开，当然也可以被视为一种"社会儒学"，因为"中国正义论"就是通过儒家伦理学原理的重建，探索社会的规范建构及其制度安排的一般原理。[④]

不过，这样宽泛的"社会儒学"概念能否成立，尚待商榷。

根据这个概念，涂先生甚至将整个"生活儒学"体系都视为一种"社会儒学"，而归入其中的"作为思想内容的社会儒学"一类。这尽管并非毫无道理，毕竟"社会"问题也是"生活儒学"题中之义，但也存在着可以质疑的问题，因为：生活儒学所说的"生活"远非所谓"社会"；或者说，"社会"概念远远无法涵盖"生活"。

为此，这里提出两点讨论：

---

① 涂可国：《社会儒学建构：当代儒学创新性发展的一种选择》，《当代儒学》第七集，广西师范大学出版社 2015 年 5 月第 1 版；又见《东岳论丛》2015 年第 10 期。以下凡引此文，不再注明。

② 韩星：《儒学的社会维度或社会儒学？——关于儒学发展方向的思考》，见《第三届世界儒学大会论文集》，山东曲阜 2010 年 9 月 27 日；谢晓东：《"社会儒学"何以可能》，《哲学动态》2010 年第 10 期。

③ 关于"生活儒学"，参见黄玉顺：《面向生活本身的儒学——黄玉顺"生活儒学"自选集》，四川大学出版社 2006 年版；《爱与思——生活儒学的观念》，四川大学出版社 2006 年版；《儒家思想与当代生活——"生活儒学"论集》，光明日报出版社 2009 年版；《儒学与生活——"生活儒学"论稿》，四川大学出版社 2009 年版；《生活儒学讲录》，安徽人民出版社 2012 年版；《生活儒学：黄玉顺说儒》，孔学堂书局 2014 年版。

④ 关于"中国正义论"，参见黄玉顺：《中国正义论的重建——儒家制度伦理学的当代阐释》（文集），安徽人民出版社 2013 年版；《中国正义论的形成——周孔孟荀的制度伦理学传统》（专著），东方出版社 2015 年版。

（一）"社会儒学"三类划分的问题

涂先生将"社会儒学"分为三类，即"作为思想内容的社会儒学""作为功能实现的社会儒学"和"作为存在形态的社会儒学"，而将"生活儒学"归入其中的第一类。

这种划分固然不无道理，但其"存在形态"这个概念恐怕过于含混，会导致理论上的混乱。例如，生活儒学的"思想内容"，按涂先生的说法，乃是"把人的生活存在当作反思的对象或思想视域"，那么，既然是"生活存在"，难道不正是一种"存在形态"吗？甚至"生活儒学"体系本身，如涂先生所说的是"一种儒学理论抑或当代儒学形态"，难道不也是一种"存在形态"吗？

显然，一切事物皆有其存在形态，或者说本身就是一种存在形态；一切儒学也有其存在形态，或者说本身也是一种存在形态。因此，涂先生所说的前两类，即"思想内容"和"功能实现"，其实也都有其存在形态，或者说本身也是某种存在形态。除非涂先生所说的"存在形态"是特指的"社会存在"；但这样一来，又会陷入另外一种尴尬：按照这样的概念，那就唯有第三类"作为存在形态的社会儒学"才是"社会儒学"了，其他两类都不是"社会儒学"，因为在涂先生看来，它们并不"作为存在形态"。由此可见，"思想内容—功能实现—存在形态"的三分法，在逻辑上是不能成立的。

不仅如此，"存在形态"概念的含混，导致了"社会儒学"概念的混乱。根据这样的"社会儒学"概念，无法理解"生活儒学"。这是因为："社会"这个概念并不能将一切"存在形态"一网打尽，也不能将儒学包括"生活儒学"的内涵一网打尽；能够涵盖一切"存在形态"、包括"思想内容"和"功能实现"这样的"存在形态"的观念，唯有"生活"。这是生活儒学的一个基本命题：生活即是存在；生活之外别无存在。这就是说，生活之外别无"存在形态"，别无"思想内容""功能实现"。

（二）"作为思想内容的社会儒学"问题

涂先生关于"社会儒学"中的第一类的定义是："所谓作为思想内容的社会儒学，即是由儒家或儒学研究者对社会及其各个层面问题进行探讨所建构起来的儒学形态，它本质上实为有关社会的思想学说。"这个定义可能适用于"中国正义论"，但绝不适用于整个"生活儒学"。这是因为："有关社会的思想学说"只涉及"生活儒学"三大观念层级之一，即其中的形而下学层级；而且只涉及形下层级中关于社会界的伦理学方面，未涉及关于自然界的知识论方面。"生活儒学"涵摄三大层级：生活存在→形而上学→形而下学（知识论、伦理学）。"社会"仅属于伦理学的范畴。

这就是说，"生活儒学"所说的"生活""存在"或"生活存在"，决非"社会"层面的概念，即绝不是所谓"社会存在"或"社会生活"的概念；恰恰相反，在生活儒学看来，"社会"作为一种"存在者"，倒是由更本源的"存在"或"生活"生成的。这样的作为大本大源的"存在"或"生活"，并非涂先生所说的"人的生活存在"，因为"人"作为一种主体性的"存在者"，也是由"生活存在"生成的；更非涂先生所说的"反思的对象"，因为"反思"恰恰是"人"的反思，即主体性存在者的一种活动，其"对象"即是对象性的"存在者"，也是由"生活存在"生成的。这两种存在者构成的"主—客"架构，正是"生活儒学"首先要解构、然后再重建的观念架构。

在这个意义上，"生活儒学"不仅不属于"社会儒学"，恰恰相反，倒可以对"社会儒学"进行"奠基"，即为之提供思想视域或基本方法论。这是因为："社会儒学"必须以"社会"的存在及其概念为前提，这就首先需要回答这样一个问题：作为一种"存在者"的"社会"是何以可能的？这个问题的答案，只能在"存在"或"生活"之中。

不过，无论如何，"社会儒学"的提出，是具有重要的理论价值和现实意义的。其现实意义在于：当今社会和当今世界出现了种种"社会问题"，亟待儒家提供解决问题的思想理论和实际行动；"社会儒学"的提法，无疑可以提醒当代儒家更多地关注现实的社会问题。其理论价值在于：在上述现实生活的迫切需求下，"社会儒学"的提法，无疑可以促使当代儒家更多地从"社会"的角度来思考重建儒学的问题，从而建构儒学的某种当代理论形态。确实，"社会"可以作为重建儒学理论的一种独到视角，可以由此而重新整合儒家既有的某些思想理论资源。就此而论，涂先生所进行的工

社会儒学基本理论

51

作，是一种有益的尝试。

但这里仍然要指出：这样的"社会儒学"不可能是涂先生所设想的一网打尽、涵盖一切的儒学，而只能是儒学的一个分支，即从作为一种形而下存在者的"社会"角度上来建构的儒学。为此，就需要对"社会"概念进行更为详尽的澄清。

二、汉语"社会"的历史文化渊源

尽管汉语"社会"是日本人翻译的外来词，然而"society→しゃかい→社会"的对应，必然蕴涵着汉语"社""会"与西语"society"之间在语义上的某种或某些对应内涵；否则，这种译法不可能被人们普遍接受。因此，有必要对汉字"社""会"的涵义及其与"社会"的关系加以考察。

（一）汉语"社"的社会涵义

汉字"社"的本义是土地之神。汉代大儒许慎解释：

> 社：地主也。从示、土。《春秋传》曰："共工之子句龙为社神。"《周礼》："二十五家为社，各树其土所宜之木。"（《说文解字·示部》）①

所谓"地主"，即是"社神"，亦即土地之神。但严格说来，这并不是"社"字的最原始的语义。按照汉语的上古声韵，"社"与"土"最初其实是同音字，即是同源词；这就是说，"社"就是"土"，亦即土地。因此，在"社"字的构成中，"土"既是义符，也是声符。"土"加上"示"，表示与神相关，即许慎所讲的"示，神事也"（《说文解字·示部》）。按徐中舒《甲骨文字典》"示"字条的解释："示即主，为庙主、神主之专用字"；"象以木表或石柱为神主之形"②。这与早期农耕社会的生活方式密切相关：土地是最重要的资源，人们因此"安土重迁"，在特定区域的土地上聚族而

---

① 许慎：《说文解字》，[宋]徐铉等校定，中华书局 1963 年版。
② 徐中舒：《甲骨文字典》，四川辞书出版社 1990 年版。

居，于是有土地崇拜，这种崇拜体现在原始宗教里就是社神。

因此，"神主""示""主"就是后世所谓"灵位""牌位"。而许慎说："主：灯中火主也。"（《说文解字·丶部》）这是不对的。"主"指祭祀的神主，象形，是"宝"的古字。《说文解字·宀部》说："宝：宗庙宝祏（shí）。"段玉裁注："经典作'主'，小篆作'宝'。'主'者，古文也。"①《玉篇·宀部》也说："宝，今作'主'。"由此可见，灯中火主之"主"是假借字，本字即"丶"（zhǔ）；而许慎对"丶"的解释"有所绝止，丶而识之"乃是作为标点符号的"丶"（dòu），即"句读"（gōu dòu）之"读"，而与作为文字的"丶"（zhǔ）混为一谈了。甲骨文有"示"字，无"主"字，似乎"示"字即是"主"字，或者是同源词。

许慎所谓"各树其土所宜之木"，并不是说的植树造林，而是在讲社神的事情。许慎解释："宜：所安也。从宀之下、一之上，多省声。"（《说文解字·宀部》）这个解释很不确切：从字形看，"宜"字应该由"宀"与"且"构成，而非"宀之下、一之上"；从字音看，也不读"多"，而是以"且"为声，即"且"既是义符也是声符。徐中舒《甲骨文字典》"宜"字条指出：此字"从且、从肉，象肉在俎上之形"；"'且'为'俎'之本字，本为以断木所作之荐"；"故且、宜、俎实出同源"。又"且"字条："象俎形。"又"俎"字条："象俎上置肉之形。"又"祖"字条："诸形均象盛肉之俎"；"本为断木，用作切肉之荐，后世或谓之'桄俎'"；"其后，俎由切肉之器逐渐演变为祭神时载肉之礼器"；"借为父祖之'祖'"。简而言之，"宜"的字形是：置荐俎（且）于房屋（宀）之中。此荐俎（且）本是切肉的木墩（断木），后演变为"祭神时载肉之礼器"；此房屋（宀）即是祭神之庙。因此，许慎所说的"其土所宜之木"，即是土地之神的牌位。

农耕时代，最重要的神，除土地之神"社"外，还有与此密切相关的谷物之神"稷"。"稷"字的本义是稷谷，即一种谷物，亦即许慎所谓"五谷之长"（《说文解字·禾部》）。由于神灵崇拜，"稷"被奉为谷神；神的人格化，相传烈山氏之子，名柱，为夏朝主管农业的稷正，死后被奉为农

---

① 段玉裁：《说文解字注》，上海古籍出版社1989年版。

神，即"稷"。所以，《甲骨文字典》解释甲骨文"稷"字的构成，除"禾"之外，另一部分并非"畟"的写法，而是"为'祝'字所从"，即类似于"祝"中之"兄"的字形。关于这个字形，该字典"祝"字条解释："祝"字所从的并非"兄"字，而是形如人之跽跪；而"示为神主"；合起来看，"祝"的字形"象人跪于神主前有所祷告之形"。由此看来，"畟"本来的写法也应像一个人跪祷之形；加上"禾"即"稷"字，是人向禾跪拜，即是谷神崇拜。

随着文明的发展，国家产生了，于是，土神"社"与谷神"稷"合起来，就是"社稷"，成为国家主权的象征，这显然是以农立国的观念。于是，不是任何人都可以"立社稷"，例如《汉书·高帝纪下》说："又加惠于诸王有功者，使得立社稷。"① 这其实是此前的王权封建时代的遗俗：只有天子和诸侯有权"立社稷"，亦即建立国家。

但是，单就"社"而论，按照中国的传统，不仅天子、诸侯、王公贵族可以"立社"，民间亦可"立社"，亦即建立祭祀土地之神的"社庙"。于是，"社日"，即祭祀土神的日子，成为民间的重大节日。汉代以前只有"春社"，以后又有"秋社"；宋代以来，以立春、立秋后的第五个戊日为社日。社日的狂欢庆典，叫作"社火"；其中的一项重要节目，就是"社戏"。

（二）汉语"会"的社会涵义

在上述"立社"活动即"社事"中，衍生出了"会社"的组织，下自家族之社、村堡之社，上至国家之社，成为人们社会交往的一种组织形式，诸如"社火会""孝义会""自乐班会""曲子会""香火朝山会社"等等，设会头，订会章，招会员，收会费。后世的"帮会"，也是模仿的这种"会社"组织形式。在这个意义上，"会"与"社"是一个意思，合起来叫"会社"，分别使用则叫"某某会""某某社"。由此可见，"社"的一种重要功能就是"会"，即把人们会合、会集起来，也就是"会社"组织。

汉字"会"的本义即集合。许慎解释："会：合也。从亼、从曾省。曾（增）：益也。佮：古文'会'如此。"（《说文解字·会部》）《甲骨文字典》

---

① 班固：《汉书》，中华书局1962年版。

社会儒学论丛（第一辑）

说："会"字"从合、从曰"；"甲骨文'迨'字……与'会'之古文字形略同，故会、迨古应为一字"。又"迨"字条，以"迨"为"会"："《说文》'会'之古文作'徻'，魏正始三体石经'会'之古文作'徻'，与甲骨文之'徻'同，迨、会古应为一字。"这就是说，"会""徻""迨"最初乃是同一个字的异体字。

"会"字从"亼"，许慎解释："亼：三合也。从入、一，象三合之形。读若'集'。"（《说文解字·亼部》）但徐铉注释："此疑只象形，非从入、一也。"如果"会"仅仅是"三合之形"，未必是人的集合；但从"徻"与"迨"的字形看，则显然是说的人的集合，因为"彳"与"辶"都是人的行为——行走；"三合"表示众人，所谓"三人为众"。所以，"会"的本义就是：人们走到一起来。

人们走到一起来，而形成组织，就是"会社"，在汉语中，乃是泛指的集会结社，即今所谓"社团"，源于古代"立社"活动；流传到日本（写作"かいしゃ"）、韩国（写作"회사"）之后，又引申出商行、公司的意思。在日语中，通过"社""会"二字的先后顺序变化，而形成了"会社"（かいしゃ）与"社会"（しゃかい）两个不同的概念。

然而，不论一般的集会结社，还是公司商行，这样的"会社"（association）当然就是某种"社会"（society）。其实，英文"society"同样如此，既含有"社会"的意思，也含有"会社"的意思，这表明西方的"社会"概念同样与"会社"有关；换言之，"社会"有"会社"的涵义，或者说，"会社"是一种"社会"。

（三）"社会"的普遍概念

至此，我们大致可以确定"社会"的不同涵义：（1）最狭义的"社会"就是"会社"，亦即社团组织，源于"立社"活动；（2）最广义的"社会"则是泛指的所有一切群体生活形式，如家庭生活、经济生活、政治生活、社团生活、社区生活等群体形式；如今甚至还有互联网上虚拟的各种网络社区的"群"的形式，使人想到荀子的"群"概念。这大致上正是"society"的概念。今天人们讨论社会问题，通常都是使用的这种广义的"社会"概念。

显然，无论关于"社会"的观念怎样演变，它总与"社"即"土"相关，这就是说，"社会"观念总是带有地域性、区域性或空间性，直至今天"网络空间"的网络社会依然如此，人们总是在某种"社"的空间里"会"起来，聚在一起，进行某种形式的共同生活。于是，空间区域的划分成为区分各种社会的一种基本指标。在这个意义上，所谓社会，就是在某个共同空间里共同生活的群体。这时候，汉语"社会"和西语"society"完全是同一个概念。

　　这种共同生活的群体形式多种多样，小至家庭、村落，以至民族、国家，大至全球性的"地球村"，每一个都可以叫作"社会"。在现代意义上，"社会"的形式更加丰富：这是一个民族国家（nation）的时代，一个民族国家就是一个社会，例如中国社会、美国社会；民族国家之间，叫作"国际社会"；民族国家内部，社会形式更为复杂，每一个家庭、企业、机构、社团、组织、社区等，都是一个相对独立的社会。

　　社会既然是指的群体，自然使人想到作为它的对立面的个体。于是，社会与个人的关系就成为一个重大问题。这个问题在观念上的反映，归结为两种对立的价值观，即集体主义和个体主义。集体主义认为群体优先，而个体主义则认为个人优先。但这种抽象的争论是没有实质意义的，任何一方似乎都有颇为充足的理据，然而任何一方都无法说服另一方。

　　这是因为争论双方的思想方法共同一致地存在着两个层面的问题：一是缺乏某种更为透彻的思想视域，而陷入"先有鸡还是先有蛋"的永无休止的荒诞争论；二是由于上述思想视域的缺乏，从而也就缺乏某种恰当的历史哲学的视野，事实上，人类历史上的某些社会形态是群体优先的，而某些社会形态则是个人优先的。这是下文将要详加讨论的问题。

　　近代以来"社会"概念在世界范围内的广泛流行，有一个很大的思潮背景，那就是"社会主义"（socialism）运动。社会主义是基于集体主义价值观的，它与基于个体主义价值观的自由主义相对立而伴生。但是，时至今日，"社会主义"这个词语已经滋生了太多的歧义，甚至"纳粹主义"（National sozialismus）意思就是"国家社会主义"（National Socialism）（或译"民族社会主义"），所以人们不再热衷于在"社会主义"这个概念下来讨论社会问题。如今，人们喜欢谈论"社群主义"（communitarianism）。现代汉语"社群"也是一个外来词，即西语"community"的汉译，其背景是近年来"社群主义"的兴起。"社群"与"社会"其实是相近的概念，都是指的社会群体；在这个意义上，"社群"实质上是一种"社会"观念。与社会主义一样，社群主义采取的是集体主义的群体优先的价值观念。但无论是社会主义、还是社群主义，同时包括自由主义，其思维方式都基于上述两点不足，而陷入"先有鸡还是先有蛋"的无谓争吵。

朱熹论"知"与"行"的关系，有一种说法很有意思，即区分"先后"和"轻重"两个不同的角度，他说："论先后，知为先；论轻重，行为重。"（《朱子语类》卷九）① 我们这里讨论的不是知行关系，而是集体与个体的关系，只是仿照朱熹区分"先后"与"轻重"的表达方式，而可以这样讲：论先后，集体与个体互为先后，其实无先后之分，他们同时由生活所生成；论轻重，前现代社会以集体为重，现代性社会以个体为重，这也是生活方式所决定的。

三、生活儒学的"社会"概念

在上述普遍的"社会"概念下，我们来讨论两个对于今天来说最重要的概念，即历代的"社会形态"和现代的"公民社会"。

（一）"社会"的历时概念：历代"社会形态"

由于生活方式是在不断演变之中，社会也在演变之中，例如有古代社会和现代社会、农业社会和工业社会等区分。于是就有"社会形态"的概念。"社会形态"（soziale form）本来是马克思的概念，他根据生产方式的历史性变动，把人类历史划分为五种连续更替的形态，即原始社会、奴隶社会、封建社会、资本主义社会和共产主义社会。我们借用这个术语，表达一种比由"生产方式"转变而导致社会转型的概念更宽泛的、由"生活方式"转变而导致社会转型的概念。所谓"社会形态"（social form），就是人类在某种基本的共同生活方式下的共同生活形式。显然，这是一个历史哲学的概念。

---

① 黎靖德编：《朱子语类》，中华书局1994年版。

如今学界已经达成共识：中国社会的历史形态和西方社会的历史形态并不是一一对应的，尽管两者具有某种共同的历史趋向。因此，我们主要讨论中国历代的社会形态。与所谓"原始社会"相对应的社会形态已不可考，因"文献不足徵"（《论语·八佾》），姑且不论。根据中国的历史事实和当下所显示出来的历史趋势，可分析出三大社会形态和中间两个社会转型时期：

1. 王权社会（夏商西周"三代"）

所谓"王权社会"，是从政治制度角度命名的。众所周知，在夏、商、西周"三代"，中国社会的政治制度是王权制度，至高无上的"王"是"天下共主"。过去人们将这个社会形态称为"宗法社会"是有道理的，因为当时人们的基本的共同生活方式是宗族生活，人们常说的"家—国—天下"同构，就是王室所属宗族的"大宗—小宗"套接结构；换言之，社会的主体是宗族，而非个人。在这个意义上，王权社会亦可称为"宗族社会"。因此，王权社会形态的价值观不是个体主义，而是某种集体主义；这种集体，就是宗族家庭。

2. 第一次社会大转型（春秋战国时期）

由于包括生产方式在内的整个生活方式的转变，王权社会转向皇权社会。生活方式的种种转变，学术界已经有许多研究成果。例如，土地作为最重要的生产资料，其所有制从"溥天之下莫非王土"的公有制（王室宗族公有）转为私有制。不仅如此，整个生活方式都从宗族生活方式而转变为家族生活方式，"家"成为比"宗"更重要的社会主体。

3. 皇权社会（自秦朝至清朝）

所谓"皇权社会"，也是从政治制度角度命名的。自秦朝至清朝，中国社会的政治制度是皇权制度。皇权与过去的王权是不同的：过去的王，并没有现在的皇帝这样"乾纲独断"的专制权力，毋宁说是某种意义的贵族共和。现在皇帝"独裁"，这样的国家制度叫作"帝国"，所以，皇权社会就是帝国社会，而非原来的诸侯"列国"。从分封制向郡县制的转变，不仅仅是行政区划制度的变动，甚至也不仅是政体的变动，而是国体的根本变动，这种国体的最高权力就是皇权。但皇权实质上并非皇帝个人的，而是属于皇室家族的。这是因为当时的基本的共同生活方式是家族生活方式；因此，社会的主体也非个人，而是家族，整个中国社会是由大大小小的家族组成的，最重要的社会斗争并不是所谓"阶级斗争"而是家族之间的斗争。所以，皇权社会亦可称为"家族社会"。因此，皇权社会形态的价值观也不是个体主义，而是某种集体主义；这种集体，就是家族家庭。

4. 第二次社会大转型（近现当代）

同样由于包括生产方式在内的生活方式的转变，中国社会发生第二次大转型，即从皇权社会转向民权社会。这就是中国近代、现代和当代已经发生并还在发生的事情。这次转型异常艰难，但这不是本文的课题；这里只想指出一点：无论如何折腾，中国社会的历史发展趋势乃是民权社会，这是任何人、任何力量也无法抗拒的。

5. 民权社会

所谓"民权社会"，同样也是从政治制度角度命名的。但尤须指出的是：这里的"民"并不是说的所谓"人民"，而是说的个人的集合；在这个意义上，民权社会就是"人权社会"，而此所谓"人"也不是说的"人类"，而是说的个人；在这个意义上，民权社会就是"个人社会"。

这是因为：民权社会的基本的共同生活方式，并非家庭生活方式，而是个人化、个体性的生活方式。显然，家庭生活只是个人的种种社会生活的一个方面而已；在经济生活、政治生活以及其他许多生活领域中，个人都不代表家庭。例如，这种个体性在政治上的体现，就是公民；而任何公民都并不代表他所属的家庭或他所在的社会单元，而仅仅代表他自己。同样，在职业生涯中，个人也不是以一个特定家庭的成员的身份而出现的。这一切都与前现代社会大不相同。这是现代性的一个最根本的特征：个体性在社会生活的方方面面体现出来。这就是说，在这种生活方式下，社会主体已不再是家庭，而是个人。

因此，民权社会形态的价值观绝不是集体主义，而是个体主义，这是必然的。当然，这并不是说现代社会就没有集体及其利益，而是说：现代社会的集体或群体有许许多多的社会形式，或者说有许许多多的社会，除家庭外，还有学校班级、事业单位、企业、社区、各种社团组织、政府机构乃至民族、国家等等；而任何集体都是由个体组成的，即都是个人自由自主选择的结果，就此而论，个人显然始终具有价值优先性，即上文所说的以个体为重。

由此可见，任何儒学，只要反对个体主义、宣扬集体主义，就是在拒绝现代性，抗拒谁也无法抗拒的民权社会的到来，这样的儒学显然是在自取灭亡。上述关于现代社会——民权社会的分析，其实已经规定了何谓真正的"现代儒学"。事实上，我们看到：近代以来，儒学的发展正在朝这个方向前行，尽管步履蹒跚。

（二）"社会"的共时概念：现代"公民社会"

上文关于现代社会存在着"许多社会形式"的分析表明，民权社会形态区别于古代社会形态的特征之一是：整个社会的构成不再是"大一统"的格局，即不再是一元结构，而是多元结构。在这种多元格局中，"公民社会"（civil society）（或译"市民社会"）作为其中的一元，具有极其重要的地位，以至于如果没有公民社会，就不是现代社会。

上文谈到的狭义"社会"，亦即社团，与现代的"公民社会"概念密切相关，乃至可以更准确地将西语"civil society"译为汉语"公民社团"。作为一个现代概念的"公民社会"，基于现代社会形态、亦即民权社会的社会构成的三元模式：政治社会—经济社会—公民社会。政治社会是指的社会中的权力系统，例如政府或国家政权系统；经济社会是指的社会中的经济系统，例如企业界；而公民社会则是指的社会中独立于上述两大系统之外的社会系统，亦即社团系统，诸如专业协会、工会、非政府组织（NGO）、社区组织、慈善团体等。须注意的是：在现代政党政治的条件下，公民社会并不包括政党组织，因为政党组织属于政治社会。所以，所谓"公民社会"就是公民为某种共同利益而自愿结成的非营利性的社团组织，或者说是由社团组织所形成的社会，它在政治上独立于政治系统之外，经济上独立于经济系统之外，组织上也独立于这两大系统，而对这两个系统形成制约。①

---

① 顺便指出：所谓"社团主义"（corporatism）（亦译"法团主义""统合主义"）恰恰是与公民社会的理念尖锐对立的，是要将所有社团统合在一元的政治权力之下。

不仅如此，公民社会乃是作为现代社会形态的民权社会的基础。这是因为：假如没有自由的公民、并且组成一种独立自主的甚至是决定性的社会力量，现代性的政治生活和经济生活都是不可设想的；而要形成这种社会力量，那就需要公民组织、亦即公民社会。因此，公民社会的存在，是现代性的社会形态的一个基本标志；公民社会的发展程度，是一个社会的现代化实现程度的一个基本标志。在这个意义上可以说：现代化的进程就是公民社会成长的过程。

由此看来，建构一种作为现代儒学分支的"公民社会儒学"（civil social confucianism）显然具有极其重大的社会意义。

四、荀子"群学"的生活儒学解读

根据以上关于"社会"概念的分析，现在可以来解读荀子的"群"观念了。严复将"society"译为"群"，尽管未被采用，其实是颇有道理的：荀子的"群"概念，所指的正是社会群体。为此，有必要提出荀子或儒学的"群学"概念。

（一）严复对荀子"群"概念的解释

当然，这里的"群学"不是严复使用的"社会学"（sociology）概念，而是指的荀子或儒学中关于社会或社群的学说。不过，严复对荀子"群"概念的解读和对"群学"概念的界定还是值得重视的，因为严复的翻译有一个特点：并不是简单的直译，而是一种诠释；而且这种诠释乃是"以中释西"，即在很大程度上是用儒学来解释西学。他说：

> 荀卿曰：民生有群。群也者，人道所不能外也。群有数等。社会者，有法之群也。社会，商工政学莫不有之；而最重之义，极于成国。尝考六书文义，而知古人之说与西学合。何以言之？西学"社会"之界说曰：民聚而有所部勒、东学称组织祈向者，曰社会。而字书曰：邑，人聚会之称也；从口，有区域也；从卩，有法度也。西学"国"之界说曰：有土地之区域而其民任战守者，曰国。而字书曰：国，古文"或"；从一，地也；从口，以戈守之。观此可知中西字义之冥合

矣。(《译群学肄言序》)

"群学"者何？荀卿子有言："人之所以异于禽兽者，以其能群也。"凡民之相生相养，易事通功，推以至于兵刑礼乐之事，皆自能群之性以生。(《原强》)

严复对荀子"群"概念的理解，有两点是值得商榷的：

其一，严复认为，荀子的"群"概念不等于"社会"概念；"群有数等"，而"社会"只是"群"中的一等，即"有法度"之"群"。这是不对的，因为荀子凡谈到"群"，都是说的"有法度"的群体，即是社会。所谓"法度"，就是社会规范，即儒家所谓"礼"。荀子指出："以群则和，……故先王案为之制礼义以分之，……是夫群居和一之道也。"(《荣辱》)所以，凡是"群"，"不可少顷舍礼义"(《王制》)。由此可见，荀子之所谓"群"正是"社会"概念。

其二，严复将荀子的"群"概念偷换成了"国"的概念，即用"国"来解释"群"——社会。这固然有现实的缘由，即在中国亟待建构现代民族国家之际，对"国"的重视是可以理解的；但无论如何，社会的形式远不仅仅是国家，荀子所说的"群"也远不仅仅是"国"。再者，即便荀子谈到"国"，也不是指的现代民族国家（nation），而是指的当时的诸侯国家。

不过，严复对"国"的实际解释却有可取之处：

1. "国"有"会"的涵义。严复指出，"国"即"人聚会""民聚而有所部勒""组织"。这其实并非"国"的概念，倒正是广义的"社会"概念，也正是荀子"群"概念的涵义。

2. "国"有"社"的涵义。严复注意到了"社"是"土"的意义，即"有土地之区域"。当然，这只是从"国""社"的历史渊源来讲的；随着社会的发展，"区域"未必就是实体性的"土地"，而是扩展到了更为广义的"区域"概念，例如"领域"的概念。

总之，严复所论之"群"，就是广义的"社会"概念，其涵盖面非常之广。他说："凡民之相生相养，易事通功，推以至于兵刑礼乐之事"，"商工政学莫不有之"。这也正是荀子的"群"概念。

（二）荀子"群学"的基本原理

荀子的群学并不是社会学，毋宁说是一种社会哲学，或者说是儒学关于社会的一般原理。这套原理，我们曾以"荀子的社会正义理论"的名目加以专题研究。① 荀子群学的基本原理，包涵以下几个基本的理论环节：

1. 社会存在：有"礼"之"群"

上文谈到，荀子的"社会"观念，就是"有法度"的"群"。在他看来，"法度"即"道"，而"道"就是"人道"："道者，非天之道，非地之道，人之所以道也。"（《儒效》）进一步说，所谓"人道"，就是"能群"之道，即能组成社会的一般原理：

> 道者，何也？曰：君道也。君者，何也？曰：能群也。能群也者，何也？曰：善生养人者也，善班治人者也，善显设人者也，善藩饰人者也。……四统者具而天下归之，夫是之谓能群。（《君道》）

所谓"班治"，就是加以规范，即建构一套社会规范和制度的"规矩"。这套规矩的意义在于"藩饰"，也叫"文饰"（《礼论》），就是使社会群体具有"礼文""礼节文貌"（《礼论》），亦即具有一套"礼"。荀子所谓"礼义文理"（《礼论》），"礼"即"文"，"义"即"理"。人道即"君子之道，礼义之文也"（《礼论》）。所以，他说："规矩者，方圆之至；礼者，人道之极也。"（《礼论》）

进一步说，"礼"的功能特征是"分""分辨"，即对人群加以划分、区分、分别，即"礼别异"（《乐论》）、"至文以有别"（《礼论》），群体由此而有序化、系统化。所以，他说："人道莫不有辨，辨莫大于分，分莫大于礼。"（《非相》）他论证道：

> 人之生，不能无群。群而无分则争，争则乱，乱则穷矣。故无分者，人之大害也；有分者，天下之本利也。（《富国》）

---

① 黄玉顺：《荀子的社会正义理论》，《社会科学研究》2012 年第 3 期。

因此，荀子将"能群"之道归纳为"明分使群"。这就是说，"分"（动词 fēn）的结果，人人各有其"分"（名词 fèn），即各有其名分、社会角色，这就叫作"明分（fèn）"；唯有如此，才能"使群"——使之形成一个社会。因此，他说：

> 百技所成，所以养一人也。而能不能兼技，人不能兼官，离居不相待则穷，群而无分则争。穷者患也，争者祸也。救患除祸，则莫若明分使群矣。(《富国》)

显然，这是在讲社会分工。这就是说，社会或"群"是由社会分工形成的。这样的"能群"之道、"人道"，荀子谓之"群居和一之道"。他说：

> 先王案为之制礼义以分之，使有贵贱之等，长幼之差，知愚、能不能之分，皆使人载其事而各得其宜，然后使慤禄多少厚薄之称，是夫群居和一之道也。(《荣辱》)

根据这样的"群居和一之道""群居和一之理"(《礼论》)，使群体有序化，这就形成了社会。

这里谈到的贵贱、长幼、智愚、能否的区分，及其在身份角色上的划分，显然是任何社会形态都具有的；但是，不同的社会形态，这些区分和划分的具体内涵是不同的。换句话说，对于社会或"群"来说，"礼"（社会规范及其制度）既是普遍的，又是特殊的。其普遍性在于：任何社会形态都有其规范和制度，否则不成其为社会；其特殊性在于：不同社会形态的规范和制度是有所不同的。这就涉及了孔子指出的一个道理："礼"有"损益"(《论语·为政》)。

2. 社会发展："礼"之"损益"

荀子继承了孔子"礼"有"损益"的思想，认为"礼"即社会规范及其制度并非一成不变，因为社会形态亦非一成不变的；换言之，"群"的内容和形式不是一成不变的，而是"损益"因革、变化发展的。

荀子时而讲"法后王",时而讲"法先王",似乎自相矛盾；其实，"法先王"是讲的关于"礼"之"损益"的一般原理，即我们所讨论的"荀子社会正义理论"的普遍原理；而"法后王"则是讲的"礼"的当代"损益"，即从王权封建社会转向皇权专制社会的制度转型，这是当时的历史趋势。

荀子书中三次谈到"损益"，似乎主张"不敢损益""莫能损益"，其实不然：

> 夫天生蒸民，有所以取之：志意致修，德行致厚，智虑致明，是天子之所以取天下也；政令法，举措时，听断公，上则能顺天子之命，下则能保百姓，是诸侯之所以取国家也；志行修，临官治，上则能顺上，下则能保其职，是士大夫之所以取田邑也；循法则、度量、刑辟、图籍，不知其义，谨守其数，慎不敢损益也，父子相传，以持王公，是故三代虽亡，治法犹存，是官人百吏之所以取禄秩也；孝弟原愨，軥录疾力，以敦比其事业，而不敢怠傲，是庶人之所以取暖衣饱食，长生久视，以免于刑戮也；饰邪说，文奸言，为倚事，陶诞突盗，惕悍憍暴，以偷生反侧于乱世之间，是奸人之所以取危辱死刑也。（《荣辱》）

> 愿愨拘录，计数纤啬而无敢遗丧，是官人使吏之材也；修饬端正，尊法敬分而无倾侧之心，守职循业，不敢损益，可传世也，而不可使侵夺，是士大夫官师之材也；知隆礼义之为尊君也，知好士之为美名也，知爱民之为安国也，知有常法之为一俗也，知尚贤使能之为长功也，知务本禁末之为多材也，知无与下争小利之为便于事也，知明制度、权物称用之为不泥也，是卿相辅佐之材也：未及君道也。能论官此三材者而无失其次，是谓人主之道也。（《君道》）

> 礼岂不至矣哉！立隆以为极，而天下莫之能损益也。（《礼论》）

第一段引文，荀子将人群的构成分为五等，"不敢损益"的是其中的第三等，即"官人百吏"；第二段引文，荀子将政治人物分为四等，"不敢损益"的是其中的第三等，即"士大夫官师"。这两类人，即今天所说的"官员"，他们在那个时代里是没有立法权的，所以，他们对于既有的现行制度之"礼"确实"不敢损益"。在荀子所讨论的那个时代的社会形态下，拥有立法权的是天子，亦即所谓"圣人制礼作乐"。

但这并不是说"礼"是不可"损益"的。实际上，荀子有一种区分，即"礼"与"义"的区分。"礼"即社会规范及其制度；而"义"则是正义原则，它是建构社会规范及其制度的价值根据。荀子所说的"不敢损益"的东西，其实是"义"，而不是"礼"。上引荀子的话说："立隆以为极，而天下莫之能损益也。……礼之理，诚深矣！"（《礼论》）这里所说的其实不是"礼"，而是"礼之理"——"礼"背后的"理"，也就是"义"——正义原则，这是不可损益的普遍原则。而士大夫、官人百吏之所以"不敢损益"，就是因为他们"谨守其数"（恪守既有礼制）而"不知其义"（不懂正义原则）。

至于"礼"，即社会规范及其制度，则是可以损益的。社会规范及其制度的整体性、系统性的损益，其实就是社会形态的转换。

3. 社会转型：以"义"制"礼"

在社会转型中，对"礼"的"损益"，即重建或重新选择社会规范及其制度，其价值根据或价值尺度何在？在荀子思想和儒学中，这就是"义"，亦即正义论中所说的"正义原则"。荀子指出：

> 水火有气而无生；草木有生而无知；禽兽有知而无义；人有气、有生、有知，亦且有义，故最为天下贵也。力不若牛，走不若马，而牛马为用，何也？曰：人能群，彼不能群也。人何以能群？曰：分。分何以能行？曰：义。故义以分则和，和则一，一则多力，多力则彊，彊则胜物，故宫室可得而居也。故序四时，裁万物，兼利天下，无它故焉，得之分义也。故人生不能无群，群而无分则争，争则乱，乱则离，离则弱，弱则不能胜物，故宫室不可得而居也，不可少顷舍礼义之谓也。……君者，善群也。群道当，则万物皆得其宜，六畜皆得其长，群生皆得其命。（《王制》）

这就是说，"人之异于禽兽"，在于有"义"。有"义"然后"能群"，即能组建人类社会。具体来说："义"的特征是"分"，故称"分义"；由"分"而后有"礼"。换句话说，唯有人类，才有所谓"社会"即"群"，由此而超越动物界；人类社会（群）的特征在于具有一套社会规范及其制度（礼），而建构社会规范和制度的价值尺度则是正义原则（义）。

这就是荀子群学的"义→礼→群"的理论结构。显然，社会的转型意味着组建一个新的社会形态（群），这就要求重建一套新的社会规范和制度（礼），而这种重建的根据就是普遍的正义原则（义）。

然而在荀子那里，"义"其实并不是理论的起点；荀子作为儒家，其理论的大本大源必定是仁爱。换句话说，荀子"群学"作为儒家的社会哲学，其理论起点必定不是"义"，而是"仁"，或如孟子所说的"仁义而已"（《孟子·梁惠王上》）。

4. 社会本源：居"仁"行"义"

儒家所谓"仁"，有时是指的一种形而下的道德规范，有时甚至是指的形而上的本体；但就其本源意义而论，"仁"即仁爱，是说的一种本然的情感。

荀子亦然，他将社会的"礼"或"礼文"的建构归结为"称情立文"，而此所谓"情"就是仁爱情感。所以，在谈到"群居和一之理"时，他说：

> 三年之丧，何也？曰：称情而立文，因以饰群，别亲疏贵贱之节，而不可益损也。……称情而立文，所以为至痛极也。……凡生乎天地之间者，有血气之属必有知，有知之属莫不爱其类。……故有血气之属莫知于人，故人之于其亲也，至死无穷。将由夫愚陋淫邪之人与？则彼朝死而夕忘之，然而纵之，则是曾鸟兽之不若也，彼安能相与群居而无乱乎！……故三年以为隆，缌、小功以为杀，期、九月以为间，上取象于天，下取象于地，中取则于人，人所以群居和一之理尽矣。（《礼论》）

荀子认为，"三年之丧"的礼制安排，追本溯源，来自一种情感，即"爱其类"；礼制的建构，在于"称"这种"爱"的情感。所以荀子总是强调"仁义之统，以相群居"（《荣辱》）。于是，荀子群学就是"仁→义→礼→群"的理论结构。这就是"群居和一之理"，也就是"群学"的基本原理。

也谈荀子的"群学"

——基于社会儒学的诠释

涂可国

（山东社会科学院文化研究所）

黄玉顺先生在提交的宏文《"社会"的观念与荀子"群学"的生活儒学解读——兼评"社会儒学"概念》（以下简称《黄文》）中深刻指出，严复将"society"译为"群"而未译成"社会"，如将斯宾塞（Herbert Spencer）的 *The Study of Sociology*（《社会学研究》）译为《群学肄言》，虽未被人们采纳，但荀子关于"群"的社会理论却是一个有待发掘的思想宝藏。尤其具有创新性的是，黄先生站在儒家礼学的视角把荀子群学的基本原理概括为有"礼"之"群"的社会存在、"礼"之"损益"的社会发展、以"义"制"礼"的社会转型和居"仁"行"义"的社会本源四个理论环节。笔者尽管在专著《儒学与人的发展》①有关章节和论文《儒家群众观及其启示》②涉猎到荀子关于"群"的问题，却未专门就荀子的群学进行过探讨。受到黄先生的启示，本文将在他的基础上仿照他从生活儒学角度对荀子群学所进行的解读，立足于社会儒学③的参考框架诠释荀子群学，并把荀子的

---

① 涂可国：《儒学与人的发展》，齐鲁书社 2011 年版。

② 涂可国、李玉：《儒家群众观及其启示》，《马克思主义论坛》（第九辑），山东人民出版社 2013 年版。

③ 就目前所见的公开资料而言，李维武在《儒学生存形态的历史形成与未来转化》一文中最早提出了"社会儒学"范畴，以后谢晓东在《"社会儒学"何以可能》（《哲学动态》2010 年第 10 期）、韩星在《儒学的社会维度或社会儒学？——关于儒学发展方向的思考》（第三届世界儒学大会提交的论文，收入贾磊磊、杨朝明主编：《第三届世界儒学大会学术论文集》，文化艺术出版社 2011 年版）等文章中相继对"社会儒学"作了阐发。

群学归纳为四个方面，即人而能群的社会本质论、能难兼技的社会分工论、群居和一的社会理想论和明分使群的社会治理论，以求教于黄先生及各位先进，至于黄先生对笔者在《社会儒学建构：当代儒学创新性发展的一种选择》① 对社会儒学的界定提出的质疑和批评将另文作答。

一、人而能群的社会本质论

首先必须表明，笔者本节所说的"社会本质论"内含两层意思或两个问题：一则为社会的本质，也就是"社会"是什么，更进一步追问的是"群"能不能代表"社会"的本质；一则为人的社会本质属性，也就是"社会"或"群"是不是人所独有的类特性，由于荀子思考的重心放在第二个方面，这决定了本节将着意于此。

笔者在《社会儒学建构：当代儒学创新性发展的一种选择》一文中依据马克思、恩格斯、横山宁夫、孔德和斯宾塞等人的理解，把他们对"社会"范畴的诠释归纳为相互作用相互关系说、社会有机体说和社会共同体说三种代表性观点。黄文则依据丰富的文献学材料对"社""会"和"社会"三个概念作了较为翔实的训诂学考察，较为全景式地揭示了三者的历史文化渊源。他深刻指出，汉字"社"的本义是土地之神，除此之外，还有与此密切相关的谷物之神——"稷"，土神"社"与谷神"稷"合起来，就是"社稷"，成为国家主权的象征。汉字"会"的本义即集合，"社"的一种重要功能就是"会"，即把人们会合、会集起来，也就是"会社"组织，"社会"有"会社"的涵义，或者说，"会社"是一种"社会"。"社会"具有两种不同涵义：一为最狭义的"社会"就是"会社"，亦即社团组织，源于"立社"活动；二为最广义的"社会"，泛指一切群体生活形式；无论关于"社会"的观念怎样演变，它总与"社"即"土"相关，这就是说，"社会"观念总是带有地域性、区域性或空间性。最后他得出结论说，所谓社会就是在某个共同空间里共同生活的群体。

在此，笔者想问的问题是，究竟能不能如同黄先生所做的那样把"社

① 　涂可国：《社会儒学建构：当代儒学创新性发展的一种选择》，《东岳论丛》2015 年第 10 期。

会"的本质归结为"在某个共同空间里共同生活的群体"？要对此做出恰切的回答，应当弄清楚"群"的真实含义。孔孟荀先秦儒家并没有对"群"作严格界定，而只是沿用习惯用语而已。众所周知，"群"字从君从羊。《国语·周语》说："兽三为群。"《诗·小雅·无羊》讲："三百维群。""群"有时指百姓，如"群元"。《汉语大字典》把"群"界定为包括人、马、牛、羊、猪、鸡、鸭、鱼等在内的一切动物集合体。这些用法和定义表明，"群"应理解为三人以上的人类团体性的集合，它同黄先生所考证的"社会"概念十分接近，在某种意义上说，"社会"的本质规定性就是"群"或"群体"，因而严复将斯宾塞《社会学研究》译为《群学肄言》不无道理。不过，"群"或"群体"仅仅是"社会"最为原初、最为直观也最为重要的本质规定性之一，抑或说是"社会"的核心内容，现代人、现代社会学往往赋予它更为宽泛的含义、更为多元的向度：一是犹如笔者在《社会儒学建构：当代儒学创新性发展的一种选择》一文中所指出的那样，社会是一个包含人群、人际关系、社会化物质、组织形态、场景、生活部门和领域（政治、经济、法律、管理、文化……）等多种要素、多个层面的有机系统；二是假如说过往认定只有三人以上的人数才能组成一个"群"或"群体"的话，那么当今却有"二人社会"的说法，这就意味着二人也可以构成"社会"；三是与第一点密切相关，现今流行"国际社会""全球社会""民族社会""民间社会""网络社会"或"虚拟社会"等各种各样的提法，它们不仅代表某种人口学意义上的"群"或"群体"，也蕴含着土地、人权、资源等意蕴，不仅是一种人群集合体，也是一种政治集合体、文化集合体；四是正如谢晓东所指出的，现代"社会"可以界定为与"政治"相分离的，外在于个人（心性）、家、国而包含学校、公司、医院与社团等在内，以后共同体时代的市民社会为立足点，以非政治化为基本特征，以人伦日用为基本关注点的表现形态。①

以上从语言学、历史学、文化学等角度分析了"社会"的"群"或"群体"本质，可对于儒家来说，它更为重视的是立足于为人之道和为政之

---

① 谢晓东：《社会儒学何以可能》,《哲学动态》2010 年第 10 期。

道参考框架阐释人的社会本质。儒学发展史上，作为开山之祖的孔子第一个涉及"群"的问题，并从两个方面提出了一些影响甚广的经典性的有关"群"的理念。一方面，孔子强调人不同于动物的族类特质。在周游列国途中"渡口问路"时孔子说："鸟兽不可与同群，吾非斯人之徒与而谁与？天下有道，丘不与易也。"（《论语·微子》）此章尽管旨在表明孔子没有漫骂隐士只是反对消极避世而力主积极入世和变革世道人心的思想愿望、社会责任和做人智慧，但也间接说明人有高于鸟兽的族类本质——人不能与动物同群，鸟兽不可为伍，不能像动物一般只是本能地、机械式地适应环境而不知自觉理性地去改变客观世界。

另一方面，孔子更为直接倡导人要学会群处的待人处世之道和道德选择价值观。他明确提出了两条君子处理己群关系的规范："君子矜而不争，群而不党"（《论语·卫灵公》）和"君子周而不比，小人比而不周"（《论语·为政》）。所谓"君子矜而不争，群而不党"，就是指作为一个君子庄重矜持而不与人相争、合群团结而不结党营私；所谓"君子周而不比，小人比而不周"，就是指君子合群但不勾结、小人勾结但不合群。这些虽然是作为德位合一的君子所应秉持的为政之道，但它们也不失为普通百姓所应追求的人格理想，代表着孔子儒家处理己群关系的为人之道。群体是由个人所组成的集合体，它是个人赖以生存和发展的环境和条件。据此，孔子才提出"群而不党"和"周而不比"。此外，孔子还基于伦理主义的处世之道强调指出"群居终日，言不及义，好行小慧，难矣哉"（《论语·卫灵公》）。"群居"本无可厚非，因为这是人的本性也是人生存发展的需要，但如果整天聚集在一块，所言谈的又都不符合道义而只是卖弄小聪明，那就不可救药或难以教导。依照孔子"群而不党""周而不比"等有关合群的精神，每个人在处理己与他、个人与群体的关系时，就应遵循"群和之道"或"和而不同"的待人处世之道，做到以和处众。王齐彦也正是从这一道德人生观和价值观角度系统探讨了儒家的群己观。他以历史的发展和不同时期的历史特点为线索，把儒家群己观划分为先秦儒家的群己互益说、汉唐儒家和宋明理学的群体至上说、宋明清儒家功利派的群己关系学说和近现代儒家的个体自觉说等，并从中国特定的社会条件、历史传统的演化发展，论证了中国儒家群己关系形成的逻辑构成，分析了这一群己关系的辩证发展轨迹。[①]

荀子尽管如同孔子一般从社会集合意义上凸显群体的本位价值和地位，尽管也是立足于个体与群体关系维度阐发"群"的问题，可是他的着力点并非像孔子一样阐发如何处理个人与社会、个体与群体的关系的理想人格构造，而是根据人与动物的差别去申述人的社会本质规定性。

荀子强调人能群能分，创造性地提出了人"能群"的社会本质观：

> 水火有气而无生，草木有生而无知，禽兽有知而无义，人有气、有生、有知，亦且有义，故最为天下贵也。力不若牛，走不若马，而牛马为用，何也？曰：人能群，彼不能群也。人何以群？曰：分。分何以能行？曰：义。故义以分则和，和则一，一则多力，多力则强，强则胜物，故宫室可得而居也。故序四时，裁万物，兼利天下，无它故焉，得之分义也。故人生不能无群，群而无分则争，争则乱，乱则离，离则弱，弱则不能胜物。（《荀子·王制》）

荀子这段话环环相扣、观点鲜明，展现了如此的思想逻辑：首先指明了人不同于动植物的一般本质，这就是人有气、有生、有知而且有义，所以是天下最为高贵的动物；然后指出，人尽管在某些生理功能上不如动物，但却能御使动物而为我所用，其原因就是人能群而它们不能群，而人之所以能群，就在于人能够以义相分；最后荀子概括了能群、义分的社会功效——"和则一，一则多力，多力则强，强则胜物"。

按照当代人学思想，不论是合群性还是角色分工在动物界是普遍存在的现象，此种意义上的社会性在有的动物身上一点也不亚于人类，某些动物如蚂蚁、蜜蜂、猿猴等具有劳动、合群、交往等社会性，这些群居动物聚集在第级有序、组织严密的共同体中以群体合作的方式揽食和防卫，且分工十分精细，因而荀子把合群性视为人与动物两相区别的标志不太科

---

① 王齐彦：《儒家群己观研究》，中国社会科学出版社 2006 年版。

学。但是两千年前荀子就把"能群"规定为人的社会本质，不但表现出卓越的智识和先见之明；而且，荀子指明了人之所以能够"能群"归根到底就在于人类社会具有礼义规范这类文化表征，正如李泽厚所指出的那样荀子突出强调了群体规范秩序作为人的族类本质的意义①，因而"能群"论断具有相当的合理性。人本性上是一个合群的动物，这一合群本能是从群居性动物的"社会本能"演变而来的。由于人类个体的局限性、食色本能的对象化要求，以及追求生存和享受的驱动，使人生来就倾向于同他人合作和交往，并结成一定规模的群体组织；人类为了弥补个体满足生存、安全、性爱等需要的能力不足而形成的合群本能，后来又在人的劳动协作和社会交往实践中予以强化和巩固。诚如康德所言"人类天性具有不合群的合群性"。马克思也曾指出："人是最名副其实的社会动物，不仅是一种合群的动物，而且是只有在社会中才能独立的动物。"② 不过，人的群体组织和社会分工更为发达完善、更具理性特征。正因如此，恩格斯才讲："我们的人类祖先是一种社会化的动物，人，一切动物中最社会化的动物，显然不可能从一种非社会化的最近祖先发展而来。"③

二、能难兼技的社会分工论

人生活在群体之中，固然要接受群体的共同规范、价值、习惯等，可每一个人又不是完全同质性的个体，而在社会群体中呈现分化的特点，具有不同的社会分工。先秦时期，社会分工的客观现实存在必然反映到孔孟荀思想中来，他们都具有社会分工的一些思想观念，只不过尚无自觉的、系统化的理论建构。

孟子反对代表墨家思想的许行弟子陈相主张的人人不分贵贱都应从事生产劳动的观点，而认为要维持天下国家的社会生活秩序，必须实行必要的社会分工：

① 李泽厚：《中国古代思想史论》，天津社会科学院 2004 年版。
② 《马克思恩格斯全集》第 12 卷，人民出版社 1962 年版，第 734 页。
③ 恩格斯：《自然辩证法》，人民出版社 1971 年版，第 151 页。

社会儒学论丛（第一辑）

有大人之事，有小人之事。……或劳心，或劳力；劳心者治人，劳力者治于人；治于人者食人，治人者食于人，天下之通义也。（《孟子·滕文公上》）

在社会生活中，劳心者与劳力者作为不同的社会群体类型承担着不同的社会职能，劳力者从事物质生产，劳心者则从事政治活动、管理活动及文化活动，他们各司其职。这种社会分工既是治国为政、安邦定国的社会控制手段，也是促进社会经济发展和维持社会秩序的需要。而且，有了合理的社会分工，才能够互通有无、互惠互利，满足人类不同层次、不同群体的各种需求，从而为社会稳定运行创造相应的物质文化条件。如果说"治于人者食人，治人者食于人"（《孟子·滕文公上》）体现了整个社会领域不同社会分工及其交换的话，那么，农夫"以粟易械器"（《孟子·滕文公上》）"陶、冶亦以其械器易粟"（《孟子·滕文公上》）则体现了生产领域的社会分工及其交换。在孟子看来，只有进行不同形式的社会分工，才能"以其所有易其所无"（《孟子·公孙丑下》），通过相互交换达到"通功易事，以羡补不足"（《孟子·滕文公下》）相互补充的目的，从而使社会群体生活正常运行和发展。

荀子尽管一直以孟子反对者自居，可是他的社会分工思想与孟子惊人一致，只是更为明确、更为多样、更有特色罢了，而其最明显的特点则是将其纳入"群学"之中进行讨论，开创性地发明了能难兼技的社会分工思想。这主要体现在以下三方面。

（一）社会职业分工

自从人类社会产生以来，就存在一定的职业分工，而且这种职业分工随着社会的发展越来越细致化、越来越专业化；在任何时代、任何国家的社会生活中，职业各不相同，而不同的职业及其组成的群体其所承担的职责或职守也相应有大小、种类之分。就荀子社会思想而言，他注重从仁、义、礼三大儒家极力推崇的德性伦理和规范伦理角度讲究社会职业分工问题。荀子这样说：

故仁人在上，农以力尽田，贾以察尽财，百工以巧尽械器，士大夫以上至于公侯莫不以仁厚知能尽官职夫，是之谓至平。(《荀子·荣辱》)

这里荀子非常推重道德化"仁者"的人格力量，认为只要仁者在上、在位，那么农、工、商各种职业人群，就可以分职而治，就可以任其职、尽其责（四尽：尽田、尽财、尽械器、尽官职），就可以做到如孔子反向倡导的那样"在其位，谋其政"，尤其是士大夫以至公侯官吏更是会依靠仁厚、智能恪尽职守。荀子充满自信地说，在"仁者"的引导、感召和治理下，且"制礼义以分之"，就会促使各种职业人群尽职尽责，从而达到"至平之世"的社会进境。

荀子特别重视明"群分"的功能作用，他讲：

人之生，不能无群。群而无分则争，争则乱，乱则穷矣。故无分者，人之大害也；有分者，天下之本利也。(《荀子·富国》)

要正确把握荀子的社会分工思想，就必须厘清他经常使用的"分"概念。犹如黄先生所深刻指明的，荀子将"能群"之道归纳为"明分使群"，而"分"包含两层意思：即作为动词（fēn）的"分"，大致指对人群加以分辨、分别、划分、区分，以及作为名词（fēn）的"分"，即各有其名分、社会角色，这就叫作"明分（fèn）"。应当说黄先生做这样的区分完全符合《荀子》一书的原义，这还可以从荀子所说的"以齐之分，奉之而不足，又偏也"(《荀子·仲尼》)"分分乎其有终始也"(《荀子·儒效》)等论断上得到印证。更进一步加以分析，笔者认为荀子的"群分"思想实际包括三种指向：一是"礼分"。荀子认为礼的功能除了"养"还有"分"或"别"。他说："人道莫不有辨，辨莫大于分，分莫大于礼。"(《非相》)又说："故尚贤使能，则主尊下安；贵贱有等，则令行而不流；亲疏有分，则施行而不悖；长幼有序，则事业捷成而有所休。"(《荀子·君子》)二是"义分"。如上面引述的荀子一段话说道："故义以分则和，和则一，一则多力，多力则强，强则胜物，故宫室可得而居也。故序四时，裁万物，兼利天下，无它故焉，得之分义也。……故宫室不可得而居也，不可少顷舍礼义之谓也。"（《荀子·王制》）由于荀子"隆礼义"、礼义并称，故他强调"群和"不可一刻离开礼义，所以"礼分"和"义分"可以合称为"礼义之分"。三是"职分"。荀子讲：

> 事业所恶也，功利所好也，职业无分，如是，则人有树事之患，而有争功之祸矣。（《荀子·富国》）

在现代汉语里，"职分"一般是指名词性的"职责本分"，可是荀子这里所讲的"职业无分"的"分"却是指动词性的"分"，两种并非等同，笔者只是把"职业无分"简称为"职分"而已。古代中国主要有士、农、工、商四种职业或四大行当。王先谦《荀子集解》注云："事业，谓劳役之事，人之所恶。职业，谓官职及四人之业也。"荀子恐怕是儒学思想史上最早提出"职业"范畴的人，不仅如此，他还不无忧虑地表示，如果不专注于事业而一味追求功利，同时职业又无明确分工，就会带来立个人之事、贪他人之功的祸患。显然荀子非常重视职业分工对于社会秩序的调节作用。

（二）社会角色分工

自从阶级社会生成以后，每一个民族、国家都存在阶级、阶层、身份、等级、角色等社会分层结构。"角色"一词源于戏剧，类似于剧中的某个人物。1934年美国社会学家米德首先运用角色概念说明个体在社会舞台上的身份及其行为，当代社会学往往把角色定义为"与社会地位相一致的社会限度的特征和期望的集合体"。角色包含着由个人在不同社会关系体系中所处的社会位置赋予的权利和义务，它可以由不同的职位和岗位担任。在一定意义上，社会职业即是社会角色，但两者并非同一，而是相互交叉，社会角色既有职业角色——如工人、农民等，也有非职业角色——如丈夫、妻子等。角色同身份、名分具有同一性，经常交互使用、交互诠释。名分有时指因名而分——分配利益，有时指因名而分，即是名位与身份——社会身份。《庄子·天下》言"《易》以道阴阳，《春秋》以道名分"。儒家也很注重名分，孔子就提出了有名的正名思想，强调等级名分对于达至社会良序的影响。他说："名不正，则言不顺；言不顺，则事不成；事不成，则礼乐不兴；礼乐不兴，则刑罚不中；刑罚不中，则民无所措手足。"（《论语·子路》）虽正不必中，但中必正。所谓"正名"实质上就是"正名分"，也就是孔子所说的"君君，臣臣，父父，子子"——每个人都按某种差异化的角色行事。在孔子看来，只有"正名"，才能言顺罚中，才能使人的行为走向规范化、有序化。

荀子在"明分使群""群而无分则争"的思想框架下从三方面充分肯定了等级名分对于社会秩序的重要性。

一是立大本。在讲到"君子之治"时，荀子指出：

> 君臣、父子、兄弟、夫妇，始则终，终则始，与天地同理，与万世同久，夫是之谓大本。故丧祭、朝聘、师旅一也；贵贱、杀生、与夺一也；君君、臣臣、父父、子子、兄兄、弟弟一也；农农、士士、工工、商商一也。（《荀子·王制》）

如果说荀子所言的君臣、父子、兄弟、夫妇是指社会身份的话，那么他所说的农、士、工、商显而易见是指社会职业。荀子把礼所规定的，由业缘、血缘、姻缘等社会关系构成的君臣、父子、兄弟、夫妇四种人伦称为"大本"，认为当一个人的社会角色或名分被礼确定了之后，他就拥有与之相应的权利和义务；不论是君臣、父子、兄弟、夫妇四种社会身份还是士、农、工、商四色人等，都必须履行自己的职责，并受到礼的统一节制；荀子重述的、为孔子重视的"君君，臣臣，父父，子子"角色要求，突出的不是某一社会角色和社会身份单向的、无条件的义务，而是双向的、有条件的对等性义务，表明彼此所拥有的权利以承担各自的义务作为前提；荀子所言说的由礼所规定的"君君，臣臣，父父，子子"角色无疑体现了美国汉学家安乐哲所讲的儒家角色伦理学，但不限于此，不完全是一种人伦规范，而是指向更为广泛的角色社会学。

二是明分职。荀子不仅提出了"职分"观念，尤为重要的是还在治国理政的思想视域中明确地阐明了"明分职"理念。他说：

> 隆礼至法则国有常，尚贤使能则民知方，纂论公察则民不疑，赏克罚偷则民不怠，兼听齐明则天下归之；然后明分职，序事业，材技官能，莫不治理，则公道达而私门塞矣，公义明而私事息矣；如是，则德厚者进而佞说者止，贪利者退而廉节者起。书曰："先时者杀无赦，不逮时者杀无赦。"人习其事而固，人之百事，如耳目鼻口之不可以相借官也，故职分而民不慢，次定而序不乱，兼听齐明而百姓不留；如是，则臣下百吏至于庶人，莫不修己而后敢安止，诚能而后敢受职；百姓易俗，小人变心，奸怪之属莫不反悫，夫是之谓政教之极。（《荀子·君道》）

这里，荀子从社会功利主义角度层层递进地阐述了"职分"和"分职"的作用：如果"明分职，序事业，材技官能，莫不治理"，那么就会"公道达而私门塞，公义明而私事息"；如果"职分而民不慢，次定而序不乱，兼听齐明而百姓不留"，那么天下所有人就会"修己而后敢安止，诚能而后敢受职"。所谓的"明分职"，也就是明确各自的职业分工；所谓的"职分"，也就是对每一个人进行职业分工，使百吏、庶人都有事可做。在荀子看来，只有严格进行职业分工，老百姓才不敢怠慢。

三是等贵贱。照比孔孟，荀子对等级名分提倡最为有力、论述也最多，《荀子》大部分篇章都讲到等级差别。他在《荀子·君子》一篇中明确提出了"尚贤使能，等贵贱，分亲疏，序长幼"的社会分层思想，而最值得关注的是他在阐发礼义的功能时除"养"外更多地凸显了"分"和"别"。他如此说：

> 礼者，贵贱有等，长幼有差，贫富轻重皆有称者也。（《荀子·富国》）
> 故先王案为之制礼义以分之，使有贵贱之等，长幼之差，知愚、能不能之分，皆使人载其事而各得其宜，然后使悫禄多少厚薄之称，是夫群居和一之道也。（《荀子·荣辱》）

针对荀子这两段话，笔者想指明三点：第一，荀子强调"贵贱有等"带有浓厚的封建主义等级制色彩，现当代社会彰明的是人无论在人格上、道德上还是在权利上、政治上都是平等的。不过，即使现代化较为发达的社会，并非绝对平等的，而是仍然存在社会地位、社会分配、社会待遇、社会身份等方面的等级差别，也存在中国传统社会具有的"差序格局"，这种差序或差异存在于个体、家庭与社会之中。这乃是不争的历史事实，也具有相当的历史合理性。"物以类聚，人以群分"。自古至今、东方西方，各个民族、国家内部制定的制度（礼）无不将处于不同社会关系体系中的人划分为上下有别的利益共同体。第二，如果说"贵贱有差等"体现了一定歧视性的价值评判的话，那么，荀子所讲的"长幼有差""贫富轻重皆有称""知愚、能不能之分"是在古今中外任何群体社会中都存在的客观事实。长幼、贫富、知愚、能不能显现了社会角色、社会身份的差异，它们可以通过制度化的规定和个人自身的努力逐步加以缩小，但不可能也不应根本改变。对于荀子来说，礼义相对人的等级名分呈现出"二律背反"的价值双重化"悖谬"——既借助于礼义防止长幼、贫富、知愚、能不能走向极端的两极分化，又依赖礼义将其固化、强化。第三，荀子基于"尊王但不贱霸"的治道思维，在肯定名分等级制的同时，强调社会不同人群的互助、平等。他说："强胁弱也，知惧愚也，民下违上，少陵长，不以德为政，如是，则老弱有失养之忧，而壮者有分争之祸矣。"（《荀子·富国》）在荀子看来，如果强胁弱、知惧愚、民违上、少陵长、政失德，那么就会带来老弱失养、壮者分争的忧患和祸害。由此体现了他悲天悯人、扶弱济困的人道主义情怀。

（三）社会技能分工

荀子云：

> 百技所成，所以养一人也。而能不能兼技，人不能兼官。离居不相待则穷，群而无分则争。穷者患也，争者祸也。救患除祸，则莫若明分使群矣。（《荀子·富国》）

出于儒家一贯持有的等差主义，荀子进一步指出，个人并非万能，在有限的生命里，他的能力总是相对有限的，不可能具有一切技能、从事一切工作，不可能创造所有产品；而人又具有衣、食、住、行等多方面的需求，这些需求只有得到较为充足的满足，他才能够生存、发展，故此必须依靠具备许多具有不同技能的人分工合作，才能养活一个人，这乃是人的宿命。可见，人总是一个有限性的存在，他固然具备无限的潜能，具有多种发展的可能性，但现实却是残酷的，每个人所掌握的技能总是有限度的，个人自由全面发展只能作为个体理想和社会远景去无限接近它。正因如此，个人只有各安其位、各尽其职并同他人交往合作、团结共处，依靠群体的智慧和力量，才能生存，否则就会如同荀子说的"离居不相待则穷"——离群索居只会使自己陷于困顿之中。即使是鲁滨逊也不可能离开社会和他人的帮助。荀子之所以断定"群而无分则争"，不仅在于一个社会群体假如缺乏依据每个人不同的技能进行合理的社会分工，就会造成人人由于能力有限只能去抢夺他人财物来满足自己所需；还在于社会技能分工很大程度上决定着社会职业分工和社会角色分工——人的地位、职业、角色、身份有的是先赋的、世袭的，有的是个人后天修为带来的，有的则是根据技能及其表现确定的，一个真实而不虚假的集体、群体只有"明分使群"，根据人的才能、技术、智慧、德性等要素在地位、职业、角色、身份诸多方面进行分工、分化，做到像荀子所讲的那样"尚贤使能而等位不遗""德必称位""无德不贵""无能不官"，做到"论德而定次，量能而授官，皆使人载其事而各得其所宜，上贤使之为三公，次贤使之为诸侯，下贤使之为士大夫"（《荀子·君道》），才能"救患除祸"，实现社会的繁荣稳定。

按照迪尔凯姆《社会分工论》中"机械社会"与"有机社会"的两分法，中国先秦社会虽然经历了马克思主义所说的三次社会大分工，但仍属于"机械社会"，此时集体意识与个人意识没有明显分化，习俗、价值、信仰、规范等具有较强的共享性、同质性，社会分工较为原始，成员个体间依靠机械联结起来，分散的小农彼此自给自足。在这样的社会情势下，荀子能够意识到三种类型的社会分工，显示了他的高超洞见。

 社会儒学基本理论

三、群居和一的社会理想论

笔者曾在《儒家的社会理想与中国梦的圆成》[①] 一文对儒家的社会理想思想作了阐发，指出，儒家开创了中国人文主义社会理想传统，它以"大同"与"小康"为典型范式，具有层次有序、伦理为本和与时俱变的基本特征；儒家社会理想思想提出了中和致平、安贫乐道、明分使群、等差有分、礼义有序、重义轻利和富而后教等达到理想社会目标的基本方略。该文没有也不可能对荀子"群学"视野中的社会理想思想作专门探讨。韩德民撰著的《荀子与儒家的社会理想》涉猎到儒家社会理想的历史前提、儒家社会理想的发生发展，对荀子的君臣父子——荀子社会理想的秩序描述、礼乐刑法——荀子社会理想的规则设定、天道性命——荀子社会理想的价值依归、君子人格——荀子社会理想的主体呈显等社会理想思想进行了结构透视，对荀子社会理想的实践影响做了分析[②]，只是遗憾的是它缺乏荀子由"群学"所生发开来的社会理想的深入、透彻探索。下面笔者试图就荀子以"群居和一"为核心内容的社会理想思想展开讨论。

（一）合群乐群

如前所言，荀子从人类本体论维度揭示了人的"能群"社会本质，实际上，他还站在社会价值理想立场上解释了人的"合群乐群"问题。他这样说：

> 古之所谓仕士者，厚敦者也，合群者也，乐富贵者也，乐分施者也，远罪过者也，务事理者也，羞独富者也。今之所谓仕士者，污漫者也，贼乱者也，恣孳者也，贪利者也，触抵者也，无礼义而唯权埶之嗜者也。（《荀子·非十二子》）

和孔孟一样，荀子富有浓厚的崇古情结，他对比古今"仕士者"的人

---

① 涂可国:《儒家的社会理想与中国梦的圆成》,载中国孔子基金会编:《中国梦与儒家文化》,齐鲁书社 2014 年版。

② 韩德民:《荀子与儒家的社会理想》,齐鲁书社 2001 年版。

生态度指出古代"仕士者"乐于"合群"。鉴于此处"合群"之"合"与厚、乐、远、务、羞前后照应，因此它如同"于是乎合其州乡朋友婚姻"（《国语·楚语下》）"将合诸侯"（《周礼·秋官·司仪》）"离则复合，合则复离"（《吕氏春秋·大乐》）"齐桓公合诸侯"（《吕氏春秋·精谕》）"公子即合符"（《史记·魏公子列传》）等经典文献中的"合"，当解为聚集、聚合、会聚、联合、符合、适合等含义，而主要不是指和睦、和谐、融洽（和合）等意思。荀子还从儒家"道统"角度论及了人的"群居"社会理想："今以夫先王之道、仁义之统，以相群居，以相持养，以相藩饰，以相安固邪。"（《荀子·荣辱》）对个体来说，合群、乐群不光为人的本性和需要，也反映了个人的社群主义价值取向。是选择独处、自处还是倾向群居、合群，虽然属于个人的生活方式、生活趣味和性格特质问题，他人无可指责，不能强求，但是它虽无法与集体主义价值观画等号，却未尝不牵涉到个人的群体取向人生价值观，在某种意义上"合群"代表着个人更愿意追求集体生活，更关心集体的成长，更倾心集体的责任。对群体来说，一个大的群体如民族、国家往往是由若干个小的群体组成的有机系统，社会群体所要建构的理想，既有希望社会系统中的每一个个体"合群"——期望社会成员从属于群体，遵循群体制定的各种制度规范，与群体保持一致，也希望每个小群体之间分工合作，共同维护大群体的利益，而不是像鲁迅先生批评传统中国人的那样每个人如同原子式的个体一盘散沙。当然，"合群"也好，"群居"也好，应是自愿的而不是强迫的，应出以公心公义，而决不能结党营私、拉帮结派、搞个人小圈子，更不能搞宗派主义和小团体本位主义，以真正做到孔子所教导的"群而不党"，这是一个健康社会所追求的理想群体生活状态。笔者认同黄先生所指出的，前现代社会以集体为重，现代性社会以个体为重，这是生活方式所决定的。然而，究竟是以集体为重还是以个体为重恐怕不能笼统而论，且不说存在由社会制度所引发的价值观差异，就是新加坡前总理李光耀所倡导的亚洲价值观也具有儒家倚重的群体至上特点，就是西方发达国家在凸显个人价值的同时也不排斥个人的"合群"或"群居"。

（二）各得其宜

分析荀子"群学"思想逻辑，可以看出，一个理想社会必须达到"群而有分"，因为"群而无分"必然造成社会的争夺和混乱，而要使社会"群而有分"，则必须依赖制礼行义达到人人各得其宜、各得其所：

> 夫贵为天子，富有天下，是人情之所同欲也。然则从人之欲，则势不能容，物不能赡也。故先王案为之制礼义以分之，使有贵贱之等，长幼之差，知愚、能不能之分，皆使人载其事而各得其宜，然后使悫禄多少厚薄之称，是夫群居和一之道也。（《荀子·荣辱》）

在荀子看来，人人都有追求富贵的欲望，但无论社会情势还是社会资源（物）都是有限的，不可能满足所有人的所有要求；要解决欲多物少的社会矛盾，大致可采取两种办法：一则是"节养"，一则是"分别"。由于"分均则不偏，势齐则不壹，众齐则不使。有天有地而上下有差，明王始立而处国有制。夫两贵之不能相事，两贱之不能相使，是天数也。势位齐而欲恶同，物不能赡则必争，争则乱，乱则穷矣"（《荀子·王制》）。因此荀子反对平等分配地位、财富、荣誉等社会福利，而主张等级之治。而制度化的礼正可以区分贵贱、长幼、知愚、能不能，对生活在社会群体中的个体的权利和义务做出明确而有差别的规定，然后据此根据正义原则合理分配相等的社会资源（使悫禄多少厚薄之称）。这是达成社会和谐的有效治道。按照贡献、长幼、知愚、能不能等的差异进行分配，既符合人的利益驱动本性、有利于充分调动各社会成员的活力和潜能，也符合公正优先的原则，同时还能消除争乱，因而不失为当代社会的理想目标。值得指出的是，荀子不仅在《荀子·君道》篇中也在这段话里面再次谈到了"皆使人载其事而各得其宜"。所谓"载其事而各得其宜"，就是每个人的职责任务分明，具体说就是："掩地表亩，刺中殖谷，多粪肥田，是农夫众庶之事也。守时力民，进事长功，和齐百姓，使人不偷，是将率之事也。高者不旱，下者不水，寒暑和节而五谷以时孰，是天下之事也。若夫兼而覆之，兼而爱之，兼而制之，岁虽凶败水旱，使百姓无冻餧之患，则是圣君贤相之事也。"（《荀子·富国》）无疑，分工明确、责权清晰、各尽其能、分际有秩是一个理想的社会所应基本具备的：一个组织有序的群体、社会不仅表现为贵贱有等、长幼有差、知愚有别、能不能有分，其内部形成井然有序、层次分明的合理"差序格局"，也表现为人人各得其位、各司其职、各尽其才。

（三）救患除祸

荀子"群学"的根本理论旨趣就是实现无争乱患祸、人民安居乐业的"至平"社会，他之所以反复强调"群而有分""群而必分""群而应分"，主要原因也在于此：

> 人之生，不能无群。群而无分则争，争则乱，乱则穷矣。故无分者，人之大害也；有分者，天下之本利也。（《荀子·富国》）
> 离居不相待则穷，群而无分则争。穷者患也，争者祸也。救患除祸，则莫若明分使群矣。（《荀子·富国》）

荀子"群学"的内容主要分为两大方面：一为作为工具理性的"群分"，二为作为价值理性的"群定"。前面两段话都强调"群而无分则争"，并指出"争"必然造成祸乱，从而从反面彰显了"群分"的手段价值。尽管任何社会群体都难免争与乱、祸与患，但人类总是在理想设定上趋向于避免争与乱、祸与患，寻求社会的安定和谐。受到荀子社会儒学影响的《礼记》所构想的"大同社会"也不过是"谋闭而不兴，盗窃乱贼而不作，故外户而不闭"。荀子创建的为人之道、天人之道、君臣之道、教化之道、礼义之道、治国之道等"道学"固然散发着道德理想主义精神，但也充满了现实的功利主义气质，因而完全可以说荀子是一个社会功利主义者。这两段话集中体现了荀子推崇"群分"的思想，第一段话从客观角度把无分、有分上升到大害、本利的高度，而第二段话则从"救患除祸"的社会实践角度强调"明分使群"的普遍价值，从而将现实与理想、实然与应然、工具与价值结合起来。

（四）群居和一

荀子处处强调"群分"，他构想的理想社会秩序是贵贱、尊卑、长幼、亲疏有别，强调人们遵照礼义的要求过群体生活，做符合自己社会职业、社会身份、社会地位的事。然而，荀子毕竟是一个战国末期的思想集大成者和辩证法大师，他顺应天下即将统一的大势，继承并发展了孔孟儒家"大一统""定于一"的思想，在提倡社会"群分""别异"的同时又时时主张"群一""合同"，并从两方面鲜明构设了"群居和一"的社会理想。

一方面是礼义同一。《荀子·乐论》提出"礼别异，乐合同"，殊不知，荀子礼学思想中包含着大量"礼合同"观念。比如他说：

> 以类行杂，以一行万。……天地不理，礼义无统，上无君师，下无父子，夫是之谓至乱。……故丧祭、朝聘、师旅一也；贵贱、杀生、与夺一也；君君、臣臣、父父、子子、兄兄、弟弟一也；农农、士士、工工、商商一也。（《荀子·王制》）

表面上，"礼别异"与"礼合同"是矛盾的，其实不然。因为二者的切入点不同。所谓"礼别异"是在功能上强调礼义能够"等贵贱，分亲疏，序长幼""少事长，贱事贵，不肖事贤"，而"礼合同"则是遵循"以类行杂，以一行万"的原则——按类别治理各种纷繁复杂的事务，用统一的法则治理万事万物。就礼义之治而言，就是把"等贵贱，分亲疏，序长幼""少事长，贱事贵，不肖事贤"看成天下的通义加以推行，视礼义为维护、调节社会等级名分的普遍规范。正因如此，荀子才提出了"三一统"，即贵贱、杀生、与夺一统，君君、臣臣、父父、子子、兄兄、弟弟一统和农农、士士、工工、商商一统，借以维持社会统一的群体秩序。

另一方面是和而不同。荀子提倡的"群居和一之道"并非"同而不和"而是"和而不同"，它不排斥差别，因此荀子才把用礼义分别人的贵贱、长幼、知愚、能不能看成"群居和一之道"（《荀子·荣辱》）。但是，"群居和一之道"又强调同一性，强调人的群居生活应当和谐统一，强调将差异性的事务加以整合。为此荀子引述古语"斩而差，枉而顺，不同而一"，并将此称之为人伦（《荀子·荣辱》），同时主张天下社会必须"总方略，齐言行，壹统类"（《荀子·非十二子》），以实现言行一统、思想一统、学说一统和行动一统，建设"大一统"的社会政治秩序。那么如何达至"和"呢？除了上面讲到的"义以分则和，和则一"之外，最关键的是实现礼治。因为礼具有给人以求、养人之欲、区分等级、维持秩序、促进和谐等多种作用，由礼可以"分"，由"分"可致"和"。荀子指出："凡用血气、志意、知虑，由礼则治通，不由礼则勃乱提僈；食饮、衣服、居处、动静，由礼则和节，不由礼则触陷生疾；容貌、态度、进退、趋行，由礼则雅，不由礼则夷固僻违，庸众而野。"（《荀子·修身》）由此可见，礼的致中和功能多种多样，不但可以使人变得文明高雅，而且还使人身心和谐。

四、明分使群的社会治理论

在《荀子治道思想的主要特质分析》一文中，笔者从政治主义、德治主义、礼治主义和人治主义四个方面探讨了荀子以"隆礼重法"为主体框架所建构起来的治道思想的基本特质，但对荀子明分使群的社会治理论几乎没有涉及，这里将在社会儒学的参考框架下就明分使群的社会治理论这一"群学"的重要内容进行阐述。

比较起来，孟子更为强调"内圣"一面，强调士的独立性，强调士的道统精神与政统精神的对立性，强调道统对政统的优先性和主导性；而荀子更为强调"外王"一面，强调道统与政统的统一性，在他那里，道统不限于仁义之道而包含君道、臣道、王道等政治之道。就社会治理主体而言，荀子明分使群的社会治理可以分为以下三种情形：

（一）君子之治

荀子十分重视君子之治的社会和谐功能，从反向方面阐明了必须在君子的主导下强化礼义之化、法正之治和刑罚之禁。他说："今当试去君上之势，无礼义之化，去法正之治，无刑罚之禁，倚而观天下民人之相下也；若是，则夫强者害弱而夺之，众者暴寡而哗之，天下之悖乱而相亡不待顷也。"《荀子·性恶》。如果不对人类进行礼义刑罚的管理，整个社会就会陷入以强欺弱、以众凌寡的混乱状态。荀子倡导的治道思想主要目的是为当权者提供统治术，而在他看来，为君者要治理好天下国家莫过于"明分使群"。荀子首先讲明了"使群"的重要与必要：

社会儒学基本理论

87

君者，善群也。群道当，则万物皆得其宜，六畜皆得其长，群生皆得其命。故养长时，则六畜育；杀生时，则草木殖；政令时，则百姓一，贤良服。（《荀子·王制》）

前面说过"群"字从君从羊。君、群不仅字音相近，字义也有一致之处。"君"的本义为"管事人""干事"，引申义为"地方主事人"，而"羊"指某一地方的居民。众所周知，羊具有极强的合群性，故此有"羊群"一说。《荀子》文献中"群"还有聚集、会合、联合之义，如"群天下之英杰"（《荀子·非十二子》），以及众多之义，如上述的"群生皆得其命"。荀子把"君"视为善于组织群体、治理群体的高位者，立足于治理之道提出了"群道"概念，且高度肯定了君子善群、为群、利群的重要作用。他认为如果"群道当"，也就是组织社会群体的原则、方式恰当，那么万物都能得到应有的合宜安排，六畜都能得到应有的繁衍生息，一切生物都能得到应有的寿命。所谓"群道当"，具体地说就是饲养牲畜适时、砍伐种植适时和政令颁布适时，而做到了这三种适时，六畜就能生育兴旺，草木就能繁殖茂盛，老百姓就能被统一起来，有德才的人就能心悦诚服。可见，作为《周易》大师，荀子深得《周易》时中要义，他的君子为群之学承继了易学的"归妹愆期，迟归有时""变通莫大乎四时""时大矣哉"等观念，凸显了时中对于群道的意义。

荀子不仅讲明了"使群""善群"的价值所在，还为我们进一步指明了"使群""善群"的方法、路径。他说：

道者，何也？曰：君之所道也。君者，何也？曰：能群也。能群也者，何也？曰：善生养人者也，善班治人者也，善显设人者也，善藩饰人者也。善生养人者人亲之，善班治人者人安之，善显设人者人乐之，善藩饰人者人荣之。四统者俱，而天下归之，夫是之谓能群。不能生养人者，人不亲也；不能班治人者，人不安也；不能显设人者，人不乐也；不能藩饰人者，人不荣也。四统者亡，而天下去之，夫是之谓匹夫。（《荀子·君道》）

这里，荀子直接把一般性的"道"归结为具体性的"君道"，而君道由前面的"使群""善群"转换成了"能群"。在他的"群学"思想系统中，所谓"能群"即是实施"四统"——君王治国安民的四条准则，也就是善生养人者、善班治人者、善显设人者和善藩饰人（善于养活抚育人、善于治理人、善于任用安置人、善于装饰区分人）；如果做到了"四统"，那么就可以达到民亲、民安、民乐、民荣的民本主义目的，进而使天下人归顺。对他来说，只有如此，才算是组织治理好社会群体，才算是真正的管理好民众，才算是治国平天下的典范。

（二）先王之治

与孟子单纯主"法先王"有所不同，荀子诚然主"法后王"，但他如孔孟一样具有较强的崇古情结，因而也力主"法先王"。在彰明"群分"思想时荀子诠释了先王之治的治理模式。不妨看下面一段文字：

> 人之生不能无群，群而无分则争，争则乱，乱则穷矣。故无分者，人之大害也；有分者，天下之本利也。而人君者，所以管分之枢要也。故美之者，是美天下之本也；安之者，是安天下之本也；贵之者，是贵天下之本也。古者先王分割而等异之也，故使或美或恶，或厚或薄，或佚或乐，或劬或劳，非特以为淫泰夸丽之声，将以明仁之文、通仁之顺也。故为之雕琢、刻镂、黼黻文章，使足以辨贵贱而已，不求其观；为之钟鼓、管磬、琴瑟、竽笙，使足以辨吉凶、合欢、定和而已，不求其余；为之宫室、台榭，使足以避燥湿、养德、辨轻重而已，不求其外。诗曰："雕琢其章，金玉其相，亹亹我王，纲纪四方。"此之谓也。（《荀子·富国》）

大意是说，人的生存不能没有群体，有群体如果没有等级差别就会产生混乱；古代帝王把人类社会划分为不同的等级差别，并不是故意制造荒淫、骄横、奢侈，而是要明确崇礼尊贤的礼乐等级制度；在先王治理下，社会上创造了各种物态文化并不是追求外在形象，而是为了辨贵贱、辨吉凶、辨轻重社会识别目的，为了保证人民合欢、避燥湿合理利益诉求，为了实现定和、养德各种道德化育动机。此一段话未见"礼"字，只见"仁"字，可它所讲的实质上就是礼的定分功能、调适功能，表达了礼既可以明分、养德、定和又可以明仁、通仁的礼教理想，肯定了人君作为管分之枢要的本根意义和先王分割等异、实行礼治带来的积极社会功效。

（三）圣王之治

孔孟未将"圣"与"王"合称，但也未将两者相分，荀子则指明了它们在尽伦与尽制上的差别："圣也者，尽伦者也；王也者，尽制者也。两尽者，足以为天下极矣。故学者以圣王为师，案以圣王之制为法，法其法以求其统类，以务象效其人。"（《荀子·解蔽》）不过荀子同孔孟圣王之道若合符节，同样将"圣""王"合称，从"化性起伪"说和"礼莫大于圣王"论出发，论述了"圣王"是礼义道德的创造者——"礼义法度者，是圣人之所生"（《荀子·性恶》），提出了圣王之治："今人之性恶，必将待圣王之治，礼义之化，然后皆出于治，合于善也。"（《荀子·致士》）

就荀子的群学而言，他提出的圣王之治大致可以分为两方面。一方面是赏行罚威。在论述"群而无分则争"之后，荀子进一步指出：

> 故先王圣人为之不然：知夫为人主上者，不美不饰之不足以一民也，不富不厚之不足以管下也，不威不强之不足以禁暴胜悍也，故必将撞大钟，击鸣鼓，吹笙竽，弹琴瑟，以塞其耳；必将錭琢刻镂，黼黻文章，以塞其目；必将刍豢稻粱，五味芬芳，以塞其口。然后众人徒，备官职，渐庆赏，严刑罚，以戒其心。使天下生民之属，皆知己之所愿欲之举在是于也，故其赏行；皆知己之所畏恐之举在是于也，故其罚威。赏行罚威，则贤者可得而进也，不肖者可得而退也，能不能可得而官也。若是则万物得宜，事变得应，上得天时，下得地利，中得人和，则财货浑浑如泉源，汸汸如河海，暴暴如丘山，不时焚烧，无所臧之。（《荀子·富国》）

荀子为我们揭示了先王圣人如此管理智慧或治理之道，这就是"赏行罚威"。他所依据的理由无非就是，只有美饰才能统一民众，只有富厚才能管理好下属，只有威强才能禁暴胜悍。用现代话来说，就是建立完善惩恶扬善、奖勤罚懒的社会治理机制。在荀子那里，赏行罚威不仅可以使财富涌流、富国足民，还可以使国泰民安、社会有序，实为富国安国强国之道，实为治国理政的有效方略。

另一方面是等差有别。《君道》篇阐发"能群"之圣王之治时，紧接着指出：

> 圣王财衍以明辨异，上以饰贤良而明贵财，下以饰长幼而明亲疏；上在王公之朝，下在百姓之家，天下晓然皆知其非以为异也，将以明分达治而保万世也。（《荀子·君道》）

荀子从动机和效果统一方面分析了"明分使群"的圣王之治。他认为，古圣先王控制好富饶有余的东西来彰明区别等级差别，装饰贤能善良的人而显示各人地位的高低，装饰老少而表明各人的亲疏关系，并不是故意制造等级差别，而是要用它来明确名分、达到治理的目的，从而保持千秋万代永远太平。这里，荀子再次重申了他所推崇的"群而有分"和"等差有别"的社会治理之道。

以上笔者从社会儒学视野围绕人而能群的社会本质论、能难兼技的社会分工论、群居和一的社会理想论和明分使群的社会治理论四个层面对荀子的群学思想做了初步探讨，可以说荀子建构了由分群（群分）、能群、使群、善群、为群、利群、乐群、安群等一系列重群理念所建构的群学思想，它虽不是荀子社会儒学的主流，但不失为荀子社会儒学体系的有机构成，不失为如黄先生所深刻指明的有待今人发掘的丰富思想宝藏。

社会儒学视角下的杜维明

谢晓东　马冉冉

（厦门大学哲学系）

摘　要： 作为现代新儒学第三代的代表人物，杜维明颇为关注儒学的现代定位问题。其实，杜维明的理路暗合于笔者所提出的社会儒学概念。杜维明对社会儒学的思考有以下三个维度：第一，接纳政治自由主义；第二，阐述社会儒学得以存在的充分必要条件；第三，指出儒学第三期发展的目标是走向全球的社会儒学。

关键词： 社会儒学　杜维明　立宪民主制　儒学第三期

在儒学复兴的背景下，涌现出了一些关于儒学的新概念。而这些新概念，大多是以某某＋儒学的形式来表达的，比如政治儒学、制度儒学、生活儒学、公民儒学以及社会儒学等。其中，本文所要探讨的是社会儒学概念。在不同的研究者那里，社会儒学概念呈现出不同的含义。① 在这里，笔者沿着以往的理路，即社会儒学是指，"以社会为存在和发展途径的现代儒学形态"。近来笔者发现，其实前贤已经有了类似的思想，只不过他们并没

---

① 到目前为止，至少有四种关于社会儒学概念的含义。李维武：《儒学生存形态的历史形成与未来转化》，载《中国哲学史》2000 年第 4 期。谢晓东：《社会儒学何以可能？》，载《哲学动态》2010 年第 10 期；以及谢晓东：《第六伦与社会儒学》，《东岳论丛》2015 年第 10 期。韩星：《儒学的社会维度或社会儒学？——关于儒学发展方向的思考》，载贾磊磊、杨朝明主编：《第三届世界儒学大会学术论文集》，文化艺术出版社 2011 年版；韩星：《社会儒学的逻辑展开以及现代转型》，《东岳论丛》2015 年第 10 期；涂可国：《社会儒学建构：当代儒学创新性发展的一种选择》，《东岳论丛》2015 年第 10 期。但是，真正专门系统地论述社会儒学概念的，则是韩星教授、涂可国研究员以及谢晓东教授这三家。

有明确地使用社会儒学概念而已。从社会儒学的视角来看，徐复观和杜维明的相关思想都是非常丰富的。本文先拟研究杜维明的社会儒学，而另行撰文探讨徐复观的社会儒学。

一、杜维明对政治自由主义的接纳

作为 20 世纪中国的两大思潮，现代新儒学与其竞争对手自由主义之间相互作用、相互影响，其重要结果之一就是新儒学对自由主义一些思想观点的接受与改造。新儒学与中国的自由主义在自由民主问题上形成了广泛共识，其差别主要体现在对待中国文化和儒家传统的态度上。① 新儒家在传统与自由主义的张力之间上下求索。这种长期探索与思考的产物便是：在现代新儒学中形成了一个政治自由主义传统。② 自丹尼尔·贝尔以来，越来越多的人相信一个人可以同时信奉文化上的保守主义、政治上的自由主义和经济上的社会主义。③ 其实，早在他提出这个著名公式以前，就有不少新儒家是这一公式的实行者。④ 其中，可以较为肯定地认为张君劢、徐复观、杜维明是政治上的自由主义者。政治自由主义是自由主义在政治上的集中体现，反映了自由主义的根本关注所在，反映了自由主义者的共识，因而数百年来倍受诸多自由主义思想家的重视，已形成了相当丰富的理论内容。其基本内容包括：捍卫人权，提倡宪政以约束国家权力，力行民主以增强权力的合法性，实行法治以保护个人自由。

（一）儒学的困境

杜维明曾经把儒学区分为政治化的儒家与儒家伦理⑤，前者乃问题所在，而后者则体现了儒学的普世精神。政治化的儒家之所以存在问题，除

---

① 李明辉：《儒家视野下的政治思想》，北京大学出版社 2005 年版，第 14 页。

② 谢晓东：《论现代新儒学中的政治自由主义传统》，《厦门大学学报》（哲学社会科学版）2008年第 2 期。

③ 丹尼尔·贝尔：《资本主义文化矛盾》，赵一凡等译，生活·读书·新知三联书店 1989 年版，第21 页。

④ 方克立：《要注意研究 90 年代出现的文化保守主义思潮》，《现代新儒学与中国现代化》，天津人民出版社 1997 年版，第 532～533 页。

⑤ 杜维明：《新加坡的挑战——新儒家伦理与企业精神》，《杜维明文集》（第二册），武汉出版社2002 年版，第 100 页。

了外在的客观条件之外,儒学本身也难辞其咎。在他看来,儒家思想"有它的缺陷和局限性,尤其是在社会政治领域之内"①。那么具体来说,儒家的困境何在?"儒家最大的症结是自己没能成立一个完成其道德理想的政治结构,而又不能冲破专制政体所造成的枷锁,因而只能在业也完备的官僚结构中进行有限的转化。"② 换言之,儒家缺乏一个合理的政治结构或政治制度。应该说,杜维明的这个判断是有道理的。确实,儒学的一大困境就是制度的承诺无法兑现理论的承诺,这就导致"圣君贤相"的王道政治理想始终是镜花水月。③ 对此,杜维明也是心知肚明的。他多次沉痛指出,儒家的圣王理念从来就没有实现过④,而都是以王圣的现实告终。⑤ 问题在于,为何从来就没有实现过呢?杜维明提供了一个简单的理由,即"'内圣外王'的儒家理想是无法付诸实践的,只有圣人才有资格成为王的要求也是不现实的"⑥。换言之,圣王的理念只不过是一个批判性的"抗议性理想"⑦,因而是无法现实化的。在这种情况下,既然儒家自己的理想不好使,如果有别的思想资源可以弥补自己的短板,那么就没有理由不予以引进、吸收与消化了。尤其是在全球化时代,须知他山之石是可以攻玉的。

(二) 自由主义的价值

杜维明意识到,政治自由主义的核心原则是,"个人独立的选择权利,个人谋利的动机,通过契约来规范,人的理性一定能照顾到各个人的利益"⑧。其实,杜在此处的理解不够精确,他刚才谈的应该是自由主义的主

---

① 杜维明:《新加坡的挑战——新儒家伦理与企业精神》,《杜维明文集》(第二册),武汉出版社2002年版,第115页。
② 杜维明:《民族自决与民主理想》,《杜维明文集》(第五册),武汉出版社2002年版,第219页。
③ 谢晓东:《走出王道——对儒家理想政治的批判性考察》,《哲学动态》2014年第8期。
④ 杜维明:"以道德理想转化政治这派儒家一直是失败的,并没有成功过。"《儒家哲学与现代化》,载《论中国传统文化》,北京三联书店1988年版,第115页。
⑤ 杜维明:"王圣的实践,而非圣王的观念,成了中国文明中永久的政治现实。"《道·学·政——论儒家知识分子》,《杜维明文集》(第三册),武汉出版社2002年版,第528页。
⑥ 杜维明:《道·学·政——论儒家知识分子》,《杜维明文集》(第三册),武汉出版社2002年版,第526页。
⑦ 关于"抗议性理想"一词,可以参阅[美]乔·萨托利:《民主新论》,冯克利、阎克文译,世纪出版集团、上海人民出版社2009年版,第270~271页。
⑧ 杜维明:《自我认同的谱系:兼论儒家与自由主义》,《杜维明文集》(第五册),武汉出版社2002年版,第268页。

要内容。"市场经济、民主政治、公民社会背后的核心价值一定是自由。是它主导了个人自主、个人选择、个人尊严、个人权利等一系列现代西方社会的基础的价值信念"①。而我们知道,市场经济、民主政治与市民社会,都是自由主义的基本组成部分。杜维明认识到,自由主义在现代已经渗透到社会的各个层次。"从西方中世纪到现代,自由主义的价值已经渗透到政治、经济、社会、教育、宗教等各个领域,所以从这个角度来说,我们这个时代的命运及其所标示的价值诸如自由、独立、多元等都与自由主义密切相关。尤其所要指出的是,自由主义在政治建构、制度设计方面的作用更是不可加以忽视"②。其实,"自由主义在政治建构、制度设计方面的作用"就是政治自由主义的体现。

（三） 自由主义能从根本上克服儒学的困境

杜维明清醒地认识到"儒学第三期发展"的问题是如何回答科学与民主提出来的挑战。③ 因此,他继承乃师徐复观的思路,力图实现儒学的现代转换,凸显其人文主义色彩以在儒学与自由主义之间架设桥梁。徐复观同意自由主义的普遍主义性质,他反对那种认为自由主义产生于西方因而不适合中国的言论,"近代民主自由,虽启发自西方,但一定要在人类中,开花结果"④。在此基础上,徐的弟子杜维明明确指出,自由主义民主（政治自由主义/立宪民主制度）是儒学得以再生的条件。"作为一种充分发展的政治体系的民主,则是近代的现象,它在中国从未出现过。它也不可能从儒家思想本身发展出来,尽管我们在回顾的时候发现儒家伦理中有些民主的成分。所以,在儒家思想的范畴内,新的民主形式的产生,必须依靠比

---

① 曾明珠整理:《儒家与自由主义——和杜维明教授的对话》,该文收入哈佛燕京学社、三联书店主编的《儒家与自由主义》一书,三联书店 2001 年版,第 39 页。本文所引该文的地方均是杜维明本人的话语。

② 杜维明、东方朔:《杜维明学术专题访谈录——宗周哲学之精神与儒家文化之未来》,复旦大学出版社 2001 年版,第 225 页。

③ 杜维明:《道·学·政——论儒家知识分子》,《杜维明文集》（第三册）,武汉出版社 2002 年版,第 649 页。

④ 徐复观:《国史中人君尊严问题的探讨》,《儒家政治思想与民主自由人权》,八十年代出版社 1979 年版,第 168 页。

方像议会那样的西方民主结构。这不是中国所固有的东西"①。

儒学的缺陷可以由民主来填补，不过之前还要解决一个问题，即儒学是否能够经过民主的考验。对此，杜维明指出，宋明儒学的价值应该"受到西方文化的洗礼，要对人权、民主、市场经济、法治等最基本的现代文明的价值，做出创建性的回应，使之成为自己的资源。否则，儒家传统是无法生存的"②。看来，在现代条件下，能否通过立宪民主制度的检验成为关乎儒学生死存亡的试金石。对于儒学来说，民主简直是好处多多。其中一种是对抗儒学在政治领域的堕落，"民主的程序是对抗儒家思想的政治化的最重要的方法之一"③。好处不止如此，杜维明还认为，"儒家的理想人格，在现代自由民主的氛围中比在专制条件下更能实现"④。就此而言，立宪民主制简直就是儒学的大救星。民主是一种儒家应该吸收借鉴的理念与制度，而自由主义也是如此。"自由主义有一个基本假设，它是从最低的要求来谈的，不是在理想上完成自我人格，而是从最平常的环境下面人们的相处之道，如此定下了最基本的价值"⑤。自由主义确立了行为的底线，而这个底线就是所谓的最低要求。"在最低的要求方面是没有什么可以妥协的"⑥。就此而言，杜维明确实也是一个自由主义者。对此，部分读者可能会有疑虑。在我看来，疑虑是可以消除的。杜维明指出，"对儒家而言也一样，它要进一步发展，有个前提就是要现代化，我们要现代化你就要接受自由主义的自由、民主、人权等基本理念的考验，这是儒家进一步发展不

---

① 杜维明：《新加坡的挑战——新儒家伦理与企业精神》，《杜维明文集》（第二册），武汉出版社2002年版，第129页。

② 杜维明：《从亚洲危机谈工业东亚模式》，《杜维明文集》（第四册），武汉出版社2002年版，第459页。

③ 杜维明：《新加坡的挑战——新儒家伦理与企业精神》，《杜维明文集》（第二册），武汉出版社2002年版，第135页。

④ 杜维明：《儒学的理论体系与发展前景》，《杜维明文集》（第四册），武汉出版社2002年版，第466页。

⑤ 杜维明：《自我认同的谱系：兼论儒家与自由主义》，《杜维明文集》（第五册），武汉出版社2002年版，第270页。

⑥ 杜维明：《自我认同的谱系：兼论儒家与自由主义》，《杜维明文集》（第五册），武汉出版社2002年版，第269页。

可或缺的任务"①。

（四）政治自由主义限定儒学

问题在于，儒学与自由主义这两种成分，占据主导地位的是什么呢？尤其是当二者发生冲突时，何者优先呢？对此，作为新儒家的杜维明却毫不含糊。"要建构自由主义理念认为所要建构的那套秩序，这条路没有任何一个现代文明社会能够摆脱掉，没有这套秩序，其他任何高远的理想都不必谈，一定是异化"②。因此，对杜维明而言自由主义秩序是不可跨越的。"我们举证了以上自由主义的贡献，最大公约，最大程度的相对公正、最底线的价值标准，以及自由、民主、人权这些价值理念，和它的宽容原则；那么，面对这一切，儒家作为一个有涵盖性的文明接受这些的可能性有没有？或者是否有必要？在我看来，不仅可能，而且必要。换言之，假如这些原则和儒家的基本信念发生冲突，不是这些原则要改变，而是我们要重新思考儒家的原则"③。可以认为，在杜维明看来，政治自由主义的基本理念与原则，不是儒学所能挑战的。而事实上，杜维明也无意挑战之。一般认为，立宪民主制度是自由主义与民主的结合。④ 而以杜维明为代表的儒家，则同时接纳了民主与自由主义，即立宪民主制度。在这种情况下，杜维明才把"五四"以来的80年里所形成的自由主义看成是中国最珍贵的传统之一，他号召"海内外华人共同合作一起来开发自由主义的资源"。⑤ 自由主义所构造之秩序的核心就是建立在政治自由主义基础之上的基本制度，具体来说就是立宪民主制度。立宪民主制度，是现代政治的基本结构。就此而言，儒学在该（制度）层面的资源是极为有限的。需要指出的是，这里的"制度"一词是指一个社会的主要制度，故而我采纳的是比较狭窄的含义，它相当于罗尔斯意义上的"社会的基本结构"或者"政治结构和主

① 哈佛燕京学社、三联书店主编：《儒家与自由主义》，三联书店 2001 年版，第 123 页。
② 哈佛燕京学社、三联书店主编：《儒家与自由主义》，三联书店 2001 年版，第 114 页。
③ 哈佛燕京学社、三联书店主编：《儒家与自由主义》，三联书店 2001 年版，第 116 页。
④ 乔·萨托利：《民主新论》，冯克利、阎克文译，世纪出版集团、上海人民出版社 2009 年版，第 338～340 页。
⑤ 杜维明：《"五四"·普世价值·多元文化》，《杜维明文集》（第五册），武汉出版社 2002 年版，第 315 页。

要的经济和社会安排"①。自由主义在制度文明领域取得了巨大进展，在其走向全球之后儒学便因此得到了史无前例的发展机会。而这种机会，主要体现在非政治的社会层面。②

综上所述，杜维明的相关思考和笔者所提出的社会儒学观念若合符节。接下来，我们就探讨他对社会儒学何以可能的论述。

二、杜维明对社会儒学何以可能的思考

其实，社会儒学何以可能的提问方式意味着，社会儒学存在的充分必要条件是什么呢？就此而言，杜维明有一系列论述。

（一）儒学作为一种心灵积淀普遍存在于中国人的心中

之所以强调这一点，这是因为中国以及东亚的儒学社会比如日本、朝鲜、越南，在近代以来都受到了西方的猛烈冲击，处于一种受批评的弱势地位。弱势地位是相对于之前的强势地位而言的，尤其是对于中国来说。首先，儒学是传统中国的占主导地位的学说。杜维明认为，"传统中国的知识分子主要信奉儒学，儒学在传统中国扮演了主要的角色"③。不仅如此，儒家传统更是中国文化的主流。④ 基于此，一些学者把中国称作"儒教中国"。数千年来，儒学在中国具有巨大的影响力。其次，西方文明冲击之下儒学依然不灭。杜维明意识到，在中国流传了数千年的儒学，即便是在对其极为不利的全盘性反传统主义的冲击之下，依然顽强地在存在着。"列文森判定儒教中国的没落，但他似乎忽视了没落的儒教中国在中华民族的文

---

① 罗尔斯：《正义论》，何怀宏等译，中国社会科学出版社1988年版，第7页。

② 当然，有时杜维明对"制度"一词的使用较为广义。比如，"儒家如果只是伦理学意义上个人修身的一套价值理念，而在整个大的历史时机的制度安排、制度转化、制度创新上没有任何积极作用，制度安排一定要在儒家之外才能取得，那儒家发展的空间就非常小，可能性也很弱。"（哈佛燕京学社、三联书店主编：《儒家与自由主义》，三联书店2001年版，第43页。）再比如，杜维明指出，佛教对印度文化予以了批判，"它提出了一些理念，它也有制度创新，因为佛教才出现了出家人所建立的这些制度，类似丛林制度等等。没有佛教的理念，它是不可能出现的。"（哈佛燕京学社、三联书店主编：《儒家与自由主义》，三联书店2001年版，第56页。）这里所谓的制度，都是较为局部和细小的，从社会儒学的视角来看是属于社会领域的，因而不足以挑战本文对制度的规定。

③ 杜维明：《儒学第三期发展的前景问题》，《杜维明文集》（第一册），武汉出版社2002年版，第376页。

④ 杜维明：《现代精神与儒家传统》，《杜维明文集》（第二册），武汉出版社2002年版，第492页。

化心理结构中尚潜存着无比的威力"①。需要指出的是，李泽厚所提出的儒学是中国人的文化心理结构的主要方面的观点，对杜维明颇有影响。故而他一方面运用这个观点反驳列文森的儒学在中国已经"博物馆化"的论点，另一方面说明儒学在中国以及东亚依然具有重大影响。就后者而言，杜维明指出，"儒家传统如果和东亚有关系，它的关系也是复杂的，多半是在文化心理的没有经过反思的层次"②。再比如，他认为，"在文化和心理结构方面，在行为方面，甚至在总的精神趋向方面，新加坡有许多人是儒家的"③。杜维明后期比较喜欢使用"心灵的积习"这个概念，其实，这个概念和所谓的文化心理结构的指向是一致的。杜维明不大赞成余英时的"游魂说"，他认为，"农业社会改变了，专制政体解体了，家族制度变化了，但很多人从人类学、社会学方面发现了儒家传统在'文化中国'各地还有很大的影响力。这种影响力在什么地方呢？就在于西方学者所说的'心灵的积习'。儒家传统在'心灵的积习'上面还有很大的影响力"④。总的来说，就社会儒学何以可能的第一个条件而言，杜维明的相关论述是指向了这个层面的。

（二）多元文化结构

笔者在《社会儒学何以可能》一文中之所以提出中国大陆的多元文化结构的问题，是因为之前的中国大陆乃马克思主义的一枝独秀。改革开放之后，多元文化结构逐渐形成，而儒学在其中占据了一个重要地位。对于杜维明而言，由于其思考的视野比较开阔，他发现，中国大陆之外的日本、韩国、越南、新加坡以及港澳台等地，儒学事实上都是多元文化中的一支。从理论上看，杜维明颇为认同多元文化主义。在他看来，儒学的新发展必须要能够迎接多元文化主义的挑战。⑤ 而从世界的角度而言，儒学则是与基

① 杜维明：《儒学第三期发展的前景问题》，《杜维明文集》（第一册），武汉出版社 2002 年版，第 413 页。

② 杜维明：《现代精神与儒家传统》，《杜维明文集》（第二册），武汉出版社 2002 年版，第 564 页。

③ 杜维明：《新加坡的挑战——新儒家伦理与企业精神》，《杜维明文集》（第二册），武汉出版社 2002 年版，第 153 页。

④ 杜维明：《自我认同的谱系：兼论儒家与自由主义》，《杜维明文集》（第五册），武汉出版社 2002 年版，第 203～204 页。

⑤ 哈佛燕京学社、三联书店主编：《儒家与自由主义》，三联书店 2001 年版，第 40 页。

督教、伊斯兰教、佛教等宗教一样，扮演着重要的角色，即便目前儒学总体上主要在东亚地区存在。杜维明对亨廷顿所提出的"文明冲突论"不以为然，但是杜也据此指出，现实世界确实有三大主要的文明，即广义的西方基督教文明、伊斯兰教文明与儒家文明。就此而言，儒学当然是世界多元文化结构中的重要组成部分。需要指出的是，多元文化结构与杜维明所提倡的多元现代性，有其内在的联系。从现代性的角度而言，西方的现代性主要是指市场经济、民主政治与个人主义。而东亚现代性（或中国式或儒家式）是对西方现代性的吸纳、转化与改进。当然了，目前杜维明还缺乏对于中国式现代性的核心价值内涵的明确而系统地论证。①

三、儒学的第三期发展：走向全球的社会儒学

儒学的第三期发展，是杜维明长期宣扬的学说。从某种程度上讲，儒学的第三期发展是杜维明的"中心关怀"②。

（一）儒学第三期发展的目标：通过回应西方文化的挑战而世界化

儒学第三期发展这个命题并不是由杜维明首先提出的，而是其前辈牟宗三与徐复观等所提出。杜维明告诉我们，"唐君毅、徐复观、牟宗三已经提出来儒学第三期的问题……对他们的真正挑战，乃是复兴后的儒学如何回答科学与民主提出的问题。尽管这些问题对于儒家传统而言乃是陌生的，但是，对于中国之今天确实绝对必须的"③。在继承前辈的基础上，杜维明对此理论有所发挥。从传播地域角度来看，第一期儒学是从山东邹鲁发展到全中国，截止时间大概是到汉末。此时，儒学从诸子百家中的重要派别成长为汉代的官学，成为中国思想的主流。儒学的第二期发展则从中国传播到东亚的韩国、日本以及越南，时间大概从南宋末到第一次中英战争。此时，儒学成为东亚文明的体现。经过这一阶段的发展，东亚就形成了儒教文化圈、汉字文化圈。杜维明对儒学的第二期发展评价很高，视之为类

---

① 李翔海：《杜维明"启蒙反思"论述评》，《中国社会科学院研究生院学报》2011 年第 5 期。

② 胡治洪：《全球语境中的儒家论说——杜维明新儒学思想研究》，三联书店 2004 年版，第 292 页。

③ 杜维明：《道·学·政——论儒家知识分子》，《杜维明文集》（第三册），武汉出版社 2002 年版，第 649 页。

似基督教的新教改革，即路德宗对天主教的革新。就此而言，杜维明受到了罗伯特·贝拉的宗教演化论的影响。杜维明展望到，儒学的第三期发展，将会从东亚传播到全球，换言之，实现世界化。① 此外，杜维明还从比较文化的角度阐释儒学的第三期发展。"如果儒学第二期的发展，是针对印度文化，或者佛教文化的挑战，作为一个创造性的回应，即消化了印度文化，提出一套中国特有的思考模式；那么儒学有无第三期发展的可能，也就取决于它能否对西方文化的挑战有一个创造性的回应"②。所谓西方文化的挑战，简单来说就是科学与民主的挑战。理解了这一点，我们就会明白为何牟宗三会苦心孤诣地发明"良知的自我坎陷"说，以图在儒家的道德理性中安顿科学与民主。需要指出的是，牟宗三、徐复观、杜维明等人所理解的民主其实是自由主义民主，或政治自由主义，即立宪民主制。③ 正因为如此，所以才在新儒家中形成了一个政治自由主义传统。

（二）儒学第三期发展的意义：回应人类的危机与困境

杜维明是一个具有世界眼光的学者，他还认识到，儒学的第三期发展不是自说自话，而是要回到人类目前发展的困境与问题，以求解决之道。"儒家传统进一步发展的契机不在这里，而是从西方文化发展到现在人类所碰到的危机和困境处设想。在这个情况下，多元发展的趋势是不可抗拒的。而儒学第三期发展的意义正在于此"④。在杜维明看来，生态环保、女性主义、宗教多元与全球伦理问题，需要其他的"可以普世化的价值"比如"公义、同情、义务、礼仪以及人的群体性"来回应这些挑战，"在这个向度上，儒家与自由主义不仅可比，而且还有很强的优势"⑤。从本文的主旨来看，既然儒学在基本制度层面的作为有限，那么其可发挥作用的领域何在呢？杜维明指出，儒学有相对于自由主义的优势。这样的优势还体现在，

① 杜维明：《现代精神与儒家传统》，《杜维明文集》（第二册），武汉出版社 2002 年版，第 603 页。

② 杜维明：《儒家自我意识的反思》，《杜维明文集》（第一册），武汉出版社 2002 年版，第 565～566 页。

③ 谢晓东：《现代新儒学与自由主义——徐复观殷海光政治哲学比较研究》，东方出版社 2008 年版，第 24～28 页。

④ 杜维明：《现代精神与儒家传统》，《杜维明文集》（第二册），武汉出版社 2002 年版，第 618 页。

⑤ 哈佛燕京学社、三联书店主编：《儒家与自由主义》，三联书店 2001 年版，第 40 页。

"从家庭直到人类社群，在自由主义理论中资源相当薄弱"①。就本文而言，从家庭到人类社群，本质上都属于非政治的社会层面。在这些层面，自由主义确有不足之处。从修身一直到平天下，儒学可以发挥自己的独特作用。儒家特别强调政治精英的修身，强调贤人在位，对于自由主义过分重视制度而对于个体的品德较为忽略的状况，因而有一定的对治作用。杜维明没有一味强调儒家贤人政治之优越性，他清醒地认识到，"我甚至有一种想法，即儒家所提出的贤人政治，其价值在成熟的民主制度中才可以充分体现"②。这几年，大陆学术界颇流行"贤能政治"观念，一些学者似乎认定贤能政治是一种比立宪民主制度更加高明的根本制度。或许，对于他们来说，杜维明的话可以起到清醒剂的作用。

就本文的视角而言，杜维明强调在立宪民主制的基础之上发展儒学，其实质与笔者所提出的社会儒学观念，是内在一致的。就此而言，杜维明所提倡的儒学第三期发展要实现世界化，其实也就是社会儒学的理路。只不过杜维明的社会儒学思想，和笔者在过去的两篇论文中所阐发的社会儒学概念相比，有一个重要区别，那就是杜维明的基本着眼点已经超越了中国大陆，而以东亚为出发点、以世界为单位。他以诗化的语言讲道："如果儒学第三期的发展真有可能的话，它不会只局限于中国或是东亚，它必须流出中华世界去接纳新的水源，以维持其不绝的生命力。"③ 故而，杜维明是超越了中国关怀的。当然了，杜的观点和笔者所提出的社会儒学概念的内涵并不矛盾，而仅仅是一种放大。而这种放大，归根到底其实是杜维明强调了社会儒学概念的最大外延，也就是全球。就此而言，笔者通过和杜维明的相关思想的对话，就可以对原有的社会儒学概念在外延层面作一点明确化的工作，即社会儒学是以"全球社会为存在和发展途径的当代儒学形态"。

---

① 哈佛燕京学社、三联书店主编：《儒家与自由主义》，三联书店 2001 年版，第 112 页。
② 杜维明：《现代精神与儒家传统》，《杜维明文集》（第二册），武汉出版社 2002 年版，第 640 页。
③ 杜维明：《儒教》，陈静译，北京三联书店 2008 年版，第 147 页。

谁是儒家的真正敌人？

陈壁生

（中国人民大学国学院）

2005 年 11 月 25 日。

一种思想，一旦摆脱了书卷的羁縻，降临于社会现实之中，成为生活原则、政治政策，便不免显出歧异的面貌来。于是为这种思想鼓吹的，并不见得便是信奉者，反抗这思想的人，有时恰恰是这种思想的知音。譬如魏晋时代，权力集团是喜欢儒家的，于是"以孝治天下"。孝则孝矣，三代之治没有来临，反倒治出一个"名士少有全者"的社会。而当时的名士，却偏不吃统治者那一套，所以只得"非汤武而薄周孔"。所以，整天自奉为礼教信徒的人，却是败坏礼教的人，而反礼教的，倒是真诚地相信礼教。这种状况，历史并不乏见。

而在古代，谁是儒家真正的敌人？是叔孙通、公孙弘那样的人，他们自称儒家，他们做的事情，也似乎能够在儒家的书里找到一点证据，但是，他们主要是用儒家去服务于专制政治，用儒家去让刘邦知道做皇帝的风光。这些人败坏了儒家的形象，更对儒学臣服于专制下二千年负有重大责任。

近代以来，谁是儒家真正的敌人？就是那些宣称自己信奉儒家的统治者，和为这些统治者出谋划策的读书人。儒学太容易被专制利用了。清末政府为了挽救颓局，就大力抬高孔子的地位。民国袁世凯的尊孔读经封圣衍公，其背后，也是为了他的帝制。正是这些把尊孔读经挂在嘴边的人，他们的迂腐、愚昧、贪婪，让那些对儒学抱有幻想、存有信心的人，最终彻底丧失了幻想与信心。倒是那些全盘反传统的自由主义者，用一种极其激烈的态度，把中国新时代面临的新问题，尖锐地提到了儒家面前。五四时期提出来的民主、科学、自由、人权，都是一个历史时代不得不面临的问题，而这些问题，儒家内部在当时并不能消化。

到了 21 世纪，我以为儒学在中国可能的发展前景，主要在两个层面：第一个层面，作为一个表达中国人伦理道德、生命情感的符号系统，它可能通过话语功能的强化，在本源处重建道德。在这个层面定义儒学，可以说很多人都是儒家，比如反传统的鲁迅对待寡母的态度，胡适对待发妻的态度。在这个层面上，儒学与汉语联系在一起，也与日常生活联系在一起。第二个层面，是儒学在现代社会中如何面对政治。传统社会中儒学的"落脚点"，也就是它的政治社会功能的实现，落实在家与国两个领域上。而今天，在国的领域，儒学明显已经不适应了，但是可以把"国"转化为"社会"，把"政治儒学"转化为"社会儒学"。"社会儒学"在我看来包括了两种单位，第一种是家庭和正在式微的家族；另一种是书院，承担着类似于现代大学的部分功能。

在今天的社会，出现了一种非常怪诞的现象，那就是那些儒家口号叫得越大声、态度越激烈的人，就越出名。而不管这个人的水平到底如何——恰如芙蓉姐姐现象。

空言不如行事之深切。当今同情儒家的朋友们，至少应在个体修身上做好，要在家庭、家族中扮演好自己的角色，然后再发扬坚持道统批评社会的儒家传统。十三经之中，除了《孝经》之外，其他的经书中个体安身立命的地方都在家庭、家族，在"社会"。不要动不动就把儒学政治化，把儒教国教化，汉代专制政治对儒家的伤害已经够大了。

社会儒学论丛（第一辑）

第六伦与社会儒学

谢晓东[*]

（厦门大学哲学系）

摘　要： 台湾的李国鼎在 1981 年提出的第六伦概念，具有相当的针对性，故而具有重要的理论与实际意义。对于社会儒学概念，第六伦概念具有重要的证立（justification）作用。社会儒学概念可以涵盖第六伦概念，因而具有更强的解释力。

关键词： 李国鼎　第六伦　社会儒学　证立

社会儒学是近年来产生的一个新概念。在不同的研究者那里，社会儒学概念呈现出不同的含义。[①] 根据概念（concept）与概念含义（conceptions）[②] 的区分可知，上述现象是一种可喜的学术进展，是学术探索的必然产物。本文继续沿着笔者以往的思路，试图提供一种新证明，从而进一步

　＊　基金项目：国家社科基金项目"政治哲学视角下的先秦儒学与古典自由主义研究"（10CZX020）和中央高校基本科研业务费专项资金"政治哲学视域下的朱子研究"（项目编号：2013221002）。

　①　就目前而言，笔者已经见到了三种关于社会儒学概念的含义。李维武：《儒学生存形态的历史形成与未来转化》，载《中国哲学史》2000 年第 4 期；谢晓东：《社会儒学何以可能？》，载《哲学动态》2010 年第 10 期；韩星：《儒学的社会维度或社会儒学？——关于儒学发展方向的思考》，载贾磊磊、杨朝明主编：《第三届世界儒学大会学术论文集》，文化艺术出版社 2011 年版。

　②　具体论述参阅［英］哈特：《法律的概念》，张文显等译，中国大百科全书出版社 1996 年版，第 157～160 页；以及 John Rawls. *A Theory Of Justice*. Harvard University Press，1999，p. 5.

社
会
儒
学
基
本
理
论

证立（justification）① 社会儒学概念。需要指出的是，本文主要是从"第六伦"这个伦理学概念切入进行论证的。全文分成三部分：第一部分检讨传统的五伦观念，在此基础上，第二部分分析第六伦概念得以提出的理由、目的和意义，而第三部分则正式考察第六伦与社会儒学概念的证立。

一、对五伦观念的检讨

1981 年 3 月 15 日，台湾的李国鼎先生在"中国社会学会"发表了一场演说，演讲题目是《"民国七十年代"社会学者面临的挑战》。在该讲演中，他创造性地提出了第六论的概念。② 其讲词要点发表在次日的《联合报》上。李国鼎明确指出，第六伦概念是针对五伦而提出来的。因而，首先就要了解何谓五伦，以及为何要补充以第六伦。

（一）五伦观念的内容

五伦观念非常重要，诚如贺麟所言，"五伦的观念是几千年来支配了我们中国人的道德生活的最有力量的传统观念之一。它是我们礼教的核心，它是维系中华民族的群体的纲纪"③。那么，支配中国人的心灵与行为的五伦观念，又是如何起源的呢？孟子首先提出了关于五伦的完整表述，他说道："后稷教民稼穑，树艺五谷，五谷熟而民人育。人之有道也，饱食、暖衣、逸居而无教，则近于禽兽。圣人有忧之，使契为司徒，教以人伦，父子有亲，君臣有义，夫妇有别，长幼有叙，朋友有信。"④ 在孟子看来，存在五种基本的人际关系，即父子、君臣、夫妇、兄弟与朋友，而每一种人际关系都有调节自身的法则。比如，父子要相亲相爱，君臣关系要受到义

① 对该词的中文翻译，存在不同译法。陈嘉明把其译成确证，具体参见《知识与确证：当代知识论引论》，上海人民出版社 2003 年版，第 3、34、78 页；周濂把它翻译为证成性，具体参见《现代政治的正当性基础》，北京三联书店 2008 年版，第 7 页；而台湾学者彭孟尧等人则把它译为证立，具体参见《知识论》，三民书局 2009 年版，第 33 页。笔者以为，证立一词具有提供理由来证明并树立某种观点的含义，故而似乎更为贴切一些。

② 其实，何永佶在 1932 年曾经有过类似提法，不过当时并未引起重视。何永佶：《提倡第六伦道德》，载于《民声周报》，第 9～12 页。转引自王昱峰《从"社会对体"（socialdyad）看"第六伦"的普遍主义取向：一个本土视域的尝试》，台湾师范大学 2005 年博士论文，第 468 页。

③ 贺麟：《五伦观念的新检讨》，收入氏著《近代唯心论简释》，上海人民出版社 2009 年版，第 203 页。

④ 《孟子·滕文公上》。

的制约，等等。孟子的五伦思想在汉代逐渐占据了主导地位。由于受到法家的专制主义思想以及秦汉以来的专制主义政治的影响，在汉代的《白虎通义》中正式出现了三纲的说法。所谓三纲就是从五伦中抽出三种人际关系，即君臣、父子与夫妇，并赋予其中一方以绝对地位，从而成为主导者。可以说，三纲观念是对五伦观念的最高、最后的发展。[①] 如果说五伦强调了人际关系的相互性，那么三纲则突出了人际关系的单向性，即一方对另一方的绝对服从。至此，尊卑、贵贱等观念进入了儒家的五伦，进入了儒家影响下的生活世界。当然了，为了简化问题，本文在以后的探讨中暂不考虑三纲观念，而集中分析五伦观念。

（二）五伦观念的特点

五伦观念是以自然的血缘联系为中心的。五伦中的夫妇、父子和兄弟三伦，乃基于家庭的血缘关系。在西周的宗法的封建制度中，家国同构，作为统治者的诸侯或王与臣子之间，多存在血缘关系。就此而言，君臣关系就类似于父子关系。朋友一伦是五伦中最具平等关系的，是人们在交往过程中形成的稳定的友谊关系。中国人常常形容关系要好的朋友亲如手足，可见，朋友关系就是类似于兄弟关系的。一言以蔽之，五伦观念就是家庭关系的缩影和放大。人与人之间的关系相对密切，彼此遵循着一定的游戏规则。一般而言，这样的规则是较为突出责任或义务的。五伦观念较为关注的是个体所应尽的义务，而对人的权利则不大关注。在中国社会，总有一些思想家或学派或思潮试图摆脱家庭责任，这种行为就称之为出家。由于五伦观念在中国社会的支配地位，鼓吹出世的佛教与道教虽然具有重要影响，但却难以占据主导地位。五伦观念所生存的土壤，是"和中国传统社会的村社结构、宗法制度以及人际交往的封闭性与狭窄空间有着极大的关系"[②]。那么，什么是调整五种人的基本关系的道德范畴呢？儒学后来把之统一在"仁义礼智信"，也就是说，"仁义礼智信"是支配人的行为的五种亘常的德性（五常）。要言之，五伦观念是对宗法制社会的一种精准的抽

---

① 贺麟：《五伦观念的新检讨》，收入氏著《近代唯心论简释》，第209页。
② 景海峰：《五伦观念的再认识》，《哲学研究》2008年第5期。

象与概括，它调节的乃是熟人之间的关系。换言之，五伦观念是熟人社会的产物。

（三）社会结构的变化与五伦的不足

随着中国从农业社会向工业社会过渡，社会结构出现了巨大的变迁，五伦观念的不足，一一暴露出来。秦汉以来的中国社会结构，可以这么来描述：经济上的土地私有和土地买卖；政治上的专制皇权与官僚政治；社会组织上的农村里的宗族体系以及城市里的行会；文化上的儒学定于一尊。① 1840 年以来，中国逐渐融入世界，从而发生了翻天覆地的变化。这种变化表现在：经济上由农业占主导地位到工业和服务业等非农部分占主导地位；政治上在向民主政治过渡；宗法组织与行会瓦解、城市兴起以及市民社会成长；文化上由儒学定于一尊到多元文化结构的形成。换言之，整个社会发生了"几千年未有之大变局"，中国从传统社会向现代社会过渡。根据经济基础决定上层建筑的原理，传统上支配人的心灵与行为的五伦观念，就不得不面临严峻的挑战。在新的条件下，五伦观念的不足暴露得一览无余，此点下文详论。五伦的不足呼唤新的伦理，于是第六伦就应运而生了。

二、提出第六伦的理由、目的与意义

80 年代初的台湾是亚洲四小龙之一，正在快速工业化。在这种情况下，台湾人首先感觉到了五伦观念的不足，从而提出了第六伦的新概念。② 现在，我们就来对此新概念予以简要地分析与考察。

（一）提出第六论的理由

所谓第六伦，简单地说就是个人与社会大众的关系，或者说是群己关系。③

---

① 陈旭麓：《近代中国社会的新陈代谢》，上海人民出版社 1992 年版，第 3～20 页。

② "等到李国鼎加入财经决策机构工作时，他发现中国文化中有许多缺点，和经济现代化的精神十分不合。"康绿岛：《李国鼎口述历史——话说台湾经验》，卓越文化出版 1993 年版，第 248 页。

③ 时任台大校长孙震（发表时用笔名"吴惑"）的文章呼应了李的观点。由于李在演讲中并没有说明要如何称呼第六伦，孙建议可以称为群己关系。为何要重视群己关系，这是因为传统"一条鞭"式的社会结构和"一对一"的五伦关系，已经不大能满足现代社会的需求了。而在现代社会，"个人所要处理的问题，已不再仅限于'一对一'的关系，而要扩及于'一对多'的关系。而社会的结构，也因此不可避免地将由'一条鞭'的形式，而转变成'扇形'的结构"。而第六伦就是所需要的新规范、新伦常。孙震：《群己关系——为第六伦命名》，《联合报》1981 年 3 月 18 日 02 版。后来，李国鼎也采纳了该论述，具体参阅《经济发展与伦理建设——第六伦的倡立与国家现代化》，《联合报》，1981 年 3 月 28 日 02 版。

但是，五伦处理的也是群己关系，只不过是熟人社会的比较亲密的人之间的群己关系而已。看来，第六伦之所以得以提出的根本原因不完全在于"群己关系"，而是在于，"尽管我们是一个文明古国，礼仪之邦，一向重视伦理，然后我们对于个人与陌生社会大众之间的关系，则缺乏适当的规范"①。也就是说，第六伦处理的是个体与陌生人之间的关系。② 这就和五伦处理个体与熟人之间的关系形成了鲜明对比。第六伦既然是针对传统五伦的不足而倡导的，那么在李国鼎看来二者有何差别呢？第一，从社会文化背景来看，五伦的是经济活动与社会结构较为简单的传统社会，第六伦的则是经济活动和社会结构都很复杂的现代社会。第二，从人际关系的表现来看，五伦的优点是比较有人情味，缺点则是裙带关系和对陌生人冷漠；第六伦的优点是正义与秩序，缺点则是人与人之间的关系疏远。第三，从道德的性质来看，五伦属于私德，第六伦属于公德。③ 因而，基于以上三点李国鼎就得出了结论：五伦的行为准则属于特殊主义（Particularism），即仅适用于特殊对象，例如父慈子孝只适用于父母子女之间；第六伦的行为准则属于普遍主义（Universalism），即大家都适用同样的准则。

（二）提出第六伦的目的

李国鼎认为，倡导第六伦的目的在于，"不是要求人人为圣贤，只是要求人人守本分，不是要求牺牲自身的利益，只是要求不侵犯别人的利益，不论此别人是和我们有特殊关系的对象，抑或是陌生的社会大众"④。用伦理学的术语来讲，第六伦属于底线伦理。这种伦理要求人不得为恶⑤，从而和要求人们成圣成贤的传统儒家的道德理想主义形成鲜明对比。于是，可

① 李国鼎：《经济发展与伦理建设——第六伦的倡立与国家现代化》，《联合报》，1981年3月28日02版。

② 李国鼎在演讲中强调，"建立新的道德准绳，使素昧平生的'第三者'，同居被善意尊重和关爱的地位，这就是建立'第六伦'的最大需要和理由"。《联合报》，1981年3月16日03版。

③ 就此而言，李国鼎的观点就与梁启超的私德/公德区分颇为相似，差异在于李明确提出了第六伦的构想。梁启超：《梁启超选集》，上海人民出版社1984年版，第213～216页。

④ 李国鼎：《经济发展与伦理建设——第六伦的倡立与国家现代化》，《联合报》，1981年3月28日02版。

⑤ 正如英国法哲学家哈特所言，道德"并不是由提供积极服务，而是由消极克制构成的。其中对社会生活最重要的就是限制使用暴力杀人或施加肉体伤害。"哈特：《法律的概念》，张文显等译，中国大百科全书出版社1996年版，第190页。

以把上述伦理称为高调伦理。提出第六伦并不是要完全替代五伦，而是对五伦与第六伦划定界限，从而发挥各自的作用。"只重视五伦不注意第六伦固然达不到做人的标准，只重视第六伦不注意五伦同样达不到做人的标准。六伦必须各赋予适当的地位"①。诚如有识者所云，"我们的传统文化模式原缺培育社会人的功能，如何开发现代社会人以配合现代社会的需要，'第六伦'自然是一卓见，然若不把其他五伦厘定新义划清层界，人人仍秉传统文化性格，有者罔顾债务，有者捞揽过界，第六伦也无由建立"②。相对而言，"五伦环绕在我们的身边，关系的好坏关乎我们立即而直接的福利。第六伦的关系比较远，其报偿往往间接而迂回。从社会全体的观点看，适用范围较广、层次较高的规范，应受到较大的重视"③。在传统社会里，第六伦之所以没有受到重视，根本原因在于是经济形态的落后性。而在经济全球化的时代，已经到了必须对其加以重视的时候了。否则一个社会普遍缺乏公德心，便会降低生活素质，败坏社会的秩序、和谐与安宁，同时损伤社会作为促进个人福利之工具的有效性，最终会阻碍经济发展。④

（三）提出第六伦的意义

在笔者看来，纪刚的论述对于第六伦的意义予以了深刻阐发。纪刚呼应了李国鼎的新观点，他认为，传统的诚意正心修齐治平的《大学》文化模式，在今日看来问题多多。"例如五伦中父子、夫妇、兄弟三项皆同属家庭伦次。一个人出了家门便入国门，忠孝双全便可成为完人，所以传统中国有优良的'家庭人''国家人'，而独缺'社会人'。"⑤ 换言之，第六伦概念聚焦于塑造社会人，而这才是现代人的真正本质。在笔者看来，可以把第六伦概念提出的意义归纳如下：第一，扩充了儒家伦理的空间，从而

---

① 李国鼎：《经济发展与伦理建设——第六伦的倡立与国家现代化》，《联合报》，1981 年 3 月 28 日02 版。

② 纪刚：《我们原缺"社会人"》，《中国时报·人间副刊》，1981 年 7 月 3 日。

③ 李国鼎：《经济发展与伦理建设——第六伦的倡立与国家现代化》，《联合报》，1981 年 3 月 28 日02 版。

④ 李国鼎：《经济发展与伦理建设——第六伦的倡立与国家现代化》，《联合报》，1981 年 3 月 28 日02 版。

⑤ 纪刚：《我们原缺"社会人"》，《中国时报·人间副刊》，1981 年 7 月 3 日。

克服了五伦的缺陷。五伦乃立基于熟悉的人之间，故而是熟人伦理；而第六伦则立基于陌生人之间，因而是可普遍化的新伦理。根据滕尼斯的思想，熟人构成的是一个共同体，而陌生人才形成了社会。[①] 现代社会就是一个陌生人社会，人大体是生活于陌生人中间的。因而，第六伦概念就大大扩充了儒家伦理的作用范围，跳出了五伦所作用的狭小空间。第二，实现了儒家伦理的现代转换。虽然李国鼎并未明确第六伦也属于儒家伦理，但是从笔者的意图看来第六伦具有浓厚的儒家特质，因而是属于儒家伦理的。第六伦使得儒家伦理由传统向现代转换，从而具有了现代性的色彩。以此为中心，便可以实现儒家伦理的现代化。

三、第六伦与社会儒学概念的证立

第六伦概念在上述的意义之外，还有一个意想不到的价值，那就是为证立社会儒学概念提供了新证据（proof）。

（一）第六伦可以是儒学概念

上文已经提到过此点，但是并未给出足够的理由。在笔者看来，证明第六伦概念可以是儒学的概念，这是以之证立社会儒学概念的前提。因此之故，先来证明之。一个完整的现代伦理学，必然是五伦加上第六伦。它们如鸟之双翼、车之两轮，缺一不可。从理论上讲，第六伦（群己关系）是无颜色的，它可以属于康德意义上的义务论，也可以属于边沁、密尔意义上的功利主义；它可以属于儒家，也可以属于非儒家。笔者为第六伦应该属于儒家提供了如下几点理由：其一，在中国语境里，谈人际交往关系，乃儒家之胜场，非佛道之出世主义所能比拟，故而第六伦更有可能非儒家莫属。其二，由于五伦观念是儒家的，在此基础上推出的第六伦，和儒家而不是和非儒家具有更为密切的关系。其三，从第六伦的提出者和呼应者来看，都是深受儒家伦理影响的人，而且他们也是从儒家传统话语中引申出问题意识的。基于以上三方面的理由，可以较有把握地认为，第六伦是儒家的（或儒学色彩的）概念。

---

① ［德］斐迪南·滕尼斯：《共同体与社会》，林荣远译，商务印书馆 1999 年版，第 58~144 页。

社会儒学基本理论

（二）第六伦对社会儒学概念之证立

既然第六伦是儒家的概念，那么用它来证立社会儒学概念，就是一种合理的行为了。笔者曾经指出，传统儒学缺乏"社会"一环，故而现代儒学的表现形态就应该是"社会儒学"[1]。不难发现，第六伦提出的理由，与社会儒学概念提出的理由，有惊人的相似之处，即都意识到了传统儒学的基本缺陷是关注熟人问题而忽略了陌生人问题。这在社会结构简单、经济不发达的农业社会或许问题不大，但是在社会结构复杂、经济全球化的现代工业社会，就是一个难以容忍而必须予以克服的缺陷了。针对同样的问题，李国鼎提出了第六伦的概念，而予则证明了社会儒学概念。从直接的意义上讲，第六伦侧重的群，就是社会儒学强调的"社会"二字，故而前者对后者实在是具有直接的证立。此外，传统儒学是家族主义的，而第六伦则强调对家族主义的突破和超越，这和社会儒学的做法，也是一致的。福山提出过一个观点，在世界各大文明中，只有西欧的天主教文明才打破了家族制度的束缚，从而产生了个体主义和资本主义，而中国则没有实现这个突破。[2] 其实，这个观点和韦伯对儒教的判断是一致的。第六伦和社会儒学概念，都是对家族主义的突破，从而具有了现代性色彩。第六论走出家族主义而迈向社会，"以社会为存在和发展途径"之理路实开启了社会儒学之门，从而对社会儒学具有间接的证立。

（三）第六论可以涵盖在社会儒学概念之中

虽然第六论对社会儒学概念具有明显的证立，但是也对之产生了挑战。或许有人会问，既然已经有了第六论观念，且该观念提出时间在前，为何还需要社会儒学概念呢？在笔者看来，一方面它们具有不同的问题意识，第六论主要关注的是群己关系，而社会儒学主要思考的是儒学的当代定位问题，故而无法相互替代；另一方面，社会儒学既包含了处理私德的五伦，又包括了处理公德的第六伦，故而是一个外延更广的概念。就此而言，社会儒学打通了五伦与第六伦，因而是一个更具有涵盖性的概念。而第六伦

---

[1] 谢晓东：《社会儒学何以可能?》，《哲学动态》2010 年第 10 期。

[2] Francis Fukuyama. *The Origins of Political Order：From Prehuman Times to the French Revolution*. Volume 1，Farrar，Straus and Giroux，New York，2012，pp. 229～231.

概念，是对五伦观念的补充，它无法取代五伦观念。因此，谈第六伦，不能忽略或绕过五伦；说五伦，不能不辅助以第六伦。于是，五伦和第六伦就构成相关补充，不可分割的关系。而社会儒学处理的是抽象的人之间的关系，既能针对熟人，也能针对陌生人。因而，它似乎就是一个比第六伦包容性更强的概念。涵盖性或包容性比较强，也就意味着解释力更强。对两个概念的比较来说，当然是解释力更强的较优。最后，社会儒学概念还比较简明扼要。根据思维经济原则，社会儒学概念就比五伦和第六伦观念的结合要更经济，因而效果会更好一些。

五伦观念在传统中国发挥着巨大的作用。但是当历史的脚步跨入近代以来，五伦观念的缺陷便充分暴露了。基于现代社会的伦理要求，第六论概念应运而生，从而相当程度上弥补了五伦观念的不足。内在于本文的问题意识可以发现，第六伦对于社会儒学概念的证立，起到了明显的作用。当然了，这种证立并不是单向的。相对而言，社会儒学比第六伦概念的涵盖性和解释力都要更强，因而前者似乎要优于后者。需要指出的是，社会儒学概念对于第六论概念的丰富与发展，也是能起到相当大的作用的。不过限于篇幅，本文就不具体证明这一点了，而留待以后去补充说明之。

社会儒学基本理论

建构社会儒学：
促进当代儒学与现代社会系统接融

柳河东

"小政府大社会"是大势所趋，中国"社会治理"日益升温，国际大社会面临全球治理与生态危机的共同难题，社会组织的地位和作用将逐步凸显。社会概念与儒学本义有着天然的血亲关系，社会儒学的倡导与建构，将有助于当代儒学与现代社会的系统对接，有机相融，积极有为。本文试就社会儒学建构的时代背景和意义、理论定位、组织保障、实施主体、与现代社会的系统接融而有所作为等进行论述与探析。

一、社会儒学建构的时代背景和意义

（一）社会巨大转型，呈小政府大社会发展之势

改革开放三十多来，中国经济持续快速发展，国内生产总值跃居世界第二位，但发展过程中的矛盾和问题日益突出，不仅面临着自然灾害、交通事故、劳资纠纷、贫富矛盾等传统安全问题，还面临着环境污染、食品安全、金融危机、恐怖主义等新型风险，尤其是功利主义强势导致价值紊乱、道德下滑、精神不振、生活奢靡、假冒伪劣、贪污腐败等，社会不和谐音符激增，社会道德危机和社会风险不断加剧。弘扬优秀文化，光大儒家文化优良义理、价值、精神，彰显儒学社会教化功能，进行社会治理和道德约束，以有效防范、化解社会危机成为时代必然。

市场经济的迅速发展，必然带来经济的多元化。根据"经济基础决定上层建筑"的论断，经济的多元化必将促进社会方方面面的多元化，政府

与社会的关系将重新定位，"转变政府职能，深化行政体制改革，创新行政管理方式，增强政府公信力和执行力，建设法治政府和服务型政府"，原有的政府为主导的治理结构将转变为多元化治理结构，政府将从无限行政权力向有限行政权力转型，实现从政府本位向社会本位的转变，呈小政府大社会走向。

社会组织在现代社会中发挥着连接党政与民众、市场与社会的桥梁和纽带作用。承担社会管理、服务、教化、扶贫帮困、公共事务、危机防范和化解职能的社会组织将蓬勃发展。当代儒家社会组织在发挥社会教化、提升国民人文素养和道德情操上的作用和优势将逐步显现出来，社会儒学建构亦迎来挑战与机遇。

（二）由"社会管理"向"社会治理"转型

2013年，中共十八届三中全会通过《中共中央关于全面深化改革若干重大问题的决定》，专列一章部署"创新社会治理体制"，并从改进社会治理方式、激发社会组织活力、创新有效预防和化解社会矛盾体制等方面对如何创新社会治理体制进行了阐述。这是中共成立以来首次在正式文件中提出"社会治理"概念，标志着执政理念由"社会管理"向"社会治理"转型的新变化。

1998年《关于国务院机构改革方案的说明》首次出现"社会管理"一词，2002年，中共十六大报告将"社会管理"明确为政府四项主要职能之一。为何时隔十多年之后，将"管理"转变为"治理"？中国由原来的社会结构单一、利益诉求简单进入了利益格局复杂、社会诉求多元的时代，而且新局面还将日益加剧。管理主体单一、方式比较简单、机械，而治理则主体可以单一，亦可以多元，方式随参与主体的多元而多样、灵活，因此，社会治理不仅更适合当国情、社情，而且易于调动社会各方积极性，更行之有效。

《决定》提出："创新社会治理，最大限度增加和谐因素，增强社会发展活力，提高社会治理水平。""改进社会治理方式。坚持系统治理，加强党委领导，发挥政府主导作用，鼓励和支持社会各方面参与，实现政府治理和社会自我调节、居民自治良性互动。""激发社会组织活力。正确处理政府和社会关系，加快实施政社分开，推进社会组织明确权责、依法自治、发挥作用。适合由社会组织提供的公共服务和解决的事项，交由社会组织承担……"

对社会儒学建构，对新兴的儒家社会组织来讲，这是加快自身发展，实现积极有为、争取有位的历史良机。

（三）执政党四大时期工作重心的转移、拓展与创化发展

"一阴一阳之谓道。"1919 年至 2039 年，120 年间，中国政治社会文化经历了或正在经历着"三十年河西、三十年河东"的演变发展：1919 年至 1949 年"三十年河西"，反传统与全盘西化浪潮汹涌，西风劲吹，西方的自由主义、马列主义、宪政主义、基督教文化在中华大地上迅猛发展；1949 年至 1979 年"三十年河东"，新中国成立了，中国人民站起来了，中华优良传统美德、价值、精神以中国化的马列主义重新彰显出来；1979 年至 2009 年"三十年河西"，西方科技、市场经济、经营管理方式、生活方式、消费模式等，乃至价值观的引进和发展；2009 年至 2039 年，随着大国经济崛起，儒学复兴，国学光大，中华义理、价值和精神再度彰显光辉。

与此同时，执政党在四大时期工作重心发生了转移、拓展与创化发展：1919 年至 1949 年，党的工作重心在军事、军队建设上，大批干部产生在战场；1949 年至 1979 年，党的工作重心在政权、政府建设上，大批干部产生在行政机关；1979 年至 2009 年，党的工作重心在经济、工商金融企业建设上，大批干部产生在工商金融战线。前三个时期的每一初始阶段，党的工作推进和拓展均克服了巨大思想观念的阻碍和重重现实困难，后来均取得了巨大的创新性发展。2009 年至 2039 年，党的工作重心将逐步转向社会治理、社会组织建设领域，大批干部将产生在社会工作领域。现处于起步阶段，同样不被时人看好，同样需要克服强大的传统思想观念阻碍和许多现实困难，但大势所趋，任何困难都难以阻挡。

历史是面镜子，历史中蕴藏着铁的规律。从以上分析中，我们不难看中华文化复兴、社会组织发展、社会治理强化的时代趋向。当代儒学迎来了儒家文化复兴与儒家社会组织大发展的，可喜与难得的双重历史机遇。

（四）全球日益一体化，国际社会面对人类共同难题

市场经济的迅速发展，现代工商金融的日益强势，跨国公司的强大，国际贸易的发展，国际交流的增多，国与国之际的关系日益不可分。通讯、交通的快速发展与便利，使得地球村概念越来越得到强化，而接近现实，国际关系史无前历的密切。

全球经济一体化给人类带来富足与便利的同时，也带来了共同的危机与风险。在人类物质生活水平空前提高的同时，生存环境却日益恶化，人与大自然之间矛盾日益尖锐，人类长存和繁荣面临严峻挑战：

资源过度消耗和枯竭：据有关统计，整个20世纪人类消耗了1420亿吨石油、2650亿吨煤、380亿吨铁、7.6亿吨铝、4.8亿吨铜。按照传统的消耗量计算，世界石油仅够维持50年，煤、天然气仅够开采200～300年。物种以惊人的速度减少和灭绝：世界自然保护基金会报告认为，在过去的30年里，地球上的生物物种减少了35%，地球上平均每天就有一个物种灭绝。森林锐减和土地沙漠化：据联合国粮农组织统计，地球上每分钟有2500平方米森林被毁掉。世界沙漠化土地已经达4800万平方公里，几乎是中国、印度、美国和俄罗斯国土的总和。

与此同时，还有全球气候变暖、海平面提升、臭氧层破坏、酸雨增多、湖泊消失、河水断流、热带雨林减少、电子垃圾猛增、土壤侵蚀、海洋污染、太空污染……全球性生态危机已严重威胁着人类的生存安全。

尽管国际关系日益密切，和平与发展成为主流。但是，政治强权、军事霸权、经济巧取豪夺行为随时存在，冲突和混乱随处发生，战争阴影驱之不散。全球核武随时有毁灭人类的威胁，据瑞典斯德哥尔摩和平研究所（SIPRI）报告：截至2016年1月全球共拥有15395枚核弹头，爆炸威力足以摧毁地球数十次。

人类社会共同危机的背后，实质上是道德危机，人类"贪欲"被现代工商利益空前放大，人类"良知"招致现代功利主义的强大遮蔽。儒家文化不仅倡导积极入世、进取、刚健有为，而且主张克己、修身、秩序、包容、和谐，人类历史上许多战争都是由排他性强的宗教或文化冲突引发，而讲求"义以为上""克己复礼""己所不欲，勿施于人""忠恕"之道、

117

"和为贵"的儒家文化很少引发战争。儒家信奉"天人合一"，孔子与儒门先贤二千多年前就有超前的生态意识，"钓而不纲，弋不射宿"（《论语·述而》），认为"万物并育而不相害，道并行而不相悖"（《中庸》）。儒家"天地与吾同体，万物与吾同气""致良知"以达"万物一体之仁"的主张体现了极高智慧和博大情怀。

全球治理、世界和平、国际环保事业有赖于当代儒学和当代儒家、现代君子的积极有为。社会儒学建构、当代儒家社会组织发展亦将在史无前例的、更为广阔的国际舞台上，甚至宇宙空间进行思考与探索。

（五）传统血亲大家族消失，新型大家庭社会产生

儒家文化"齐家"的"家"，不同于我们今天的小家庭，而是自成社会体系的大家族。表面上是以血亲为联接纽带，实际上成员们是靠相互依存、经济互助、利益相关而紧密联系在一起的，实质上一个经济利益命运共同体。虽然，现代社会中以血亲关系和家族利益为纽带的传统血亲大家族退出了历史舞台，但是，以地缘关系和地区利益为纽带的现代地区大家庭、以同姓关系和现实利益为纽带的现代宗亲协会大家庭、以同事关系和共同利益为纽带的现代企业大家庭等现代新型大家族又快速形成，并展壮大。加上现代通讯、交通的快速与便利，现代社会竞争的激烈和强大的生存发展压力，这些新型大家族内部的沟通与凝聚不会逊于传统大家族。传统儒学"修身、齐家、治国、平天下"的结构，将以新的方式延续和创新发展，社会儒学建构、儒家社会组织发展亦会得到有力支撑。

（六）虚拟社会、网络社会的出现与快速发展

网络、通讯科技的高度发展，电脑、手机的普及，推动了QQ、微信等的广泛使用，虚拟社会、网络社会的迅速出现与快速发展，成为现代社会的又一特征，已经并将深刻改变人们的生活方式、社会面貌。这将为社会儒学建构、当代儒家社会组织发展提供新的助推和新的施展空间。

二、社会儒学的理论建构与推动主体

（一）理论建构思考

关于社会儒学的理论建构定位，韩星先生在《儒学的社会维度或社会

儒学》中将社会儒学与心性儒学、政治儒学相对应，认为三者在儒学体系中构成一种"三元合和关系"；社会儒学的基本层面是"民间儒学""草根儒学"、大众儒学。涂可国先生在《社会儒学建构：当代儒学创新性发展的一种选择》中将社会儒学分为三个方面：思想内容的社会儒学、功能实现的社会儒学、存在形态的社会儒学；并对思想内容的社会儒学做了三个层次的定义：广义社会儒学、中义社会儒学、狭义社会儒学。对推动社会儒学的建构很有开创性意义。笔者在他们探索成果的基础上，提出如下思考：

将社会儒学进行两个方面的定位：广义社会儒学与狭义社会儒学。

广义社会儒学，即儒学体系，儒学总体上可称为社会儒学。社，古指土地神和祭祀土地神的地方，现多指团体、机构。会，常用表示聚合、聚拢、集合，如会议等。"社会"有着浓郁的集体、团体意味，与以"仁"为核心价值的儒学有着天然的亲合性。社会儒学，从概念上看，比之心性儒学、政治儒学等，多了几分中和、包容、大气，而心性儒学、政治儒学概念上就将儒学旗帜显明地进行了偏狭定位。

社会是个体、群体体通过各种社会关系联合起来的集合体、有机体、共同体。人类社会迄今已大体形成以下七个层面的关系：

社会基本细胞：个人层面——身心关系。

微社会：家庭、家族层面——家庭成员之间的关系、个人与家庭的关系。

小社会：社区（乡村、机关、企业等）层面——人际关系，社区（机关、企业等）内部人与人之间，及人与社区（乡村、机关、企业等）之间的关系。

中社会：地区（机关、大型企业等）层面——社际关系，地区（机关、大型企业等）内部社区（单位）之间的关系。

大社会：国家（国际组织、跨国企业等）层面——区际关系，国家（国际组织、跨国企业等）内部地区（单位）之间的关系。

超级社会：天下（世界）层面——国际关系，国与国之间的关系。

超越社会：宇宙层面——天人关系，人类与自然万物的关系。

按照《论语》之"修己、安人、安百姓""立己达人""成己成物"、《大学》之"格物、致知、诚意、正心、修身、齐家、治国、平天下"的内圣外王进路，《中庸》"天命、率性、修道、教"的性命探求，与宋儒"为天地立心、为生民立命、为往圣继绝学、为万世开太平"的立学旨趣、王阳明"天地万物一体之仁"的境界，除了现代企业领域，传统儒学在古代社会于以上七个方面均有所探索、建树，形成了有经时济世情怀和功用的经学、理学、心学、实学等。当代儒学定位于社会儒学，面向整个人类社会乃至与人类密切相关的宇宙自然，实现全体大用，用现代"仁学"（内在激励与约束）、现代"礼制"（外在激励与约束），处理错综复杂的现代社会关系，促进个体、集体、地区、国家的全面发展与人类社会和谐进步，乃至人类与宇宙自然万物的和谐共生，发挥时代作用和功效。

狭义定义：与文化儒学、政治儒学、经济儒学相对应，以社会力量为主导，以社会教育、教化、服务为手段，以促进社会治理、增进社会和谐为目标，与时俱进的、开创中的社会儒学。社会儒学与文化儒学、政治儒学、经济儒学构成当代儒学四位一体的和合共生关系。

文化儒学包括：经学、理学、心学、仁学、心性儒学、哲学儒学、伦理儒学、艺术儒学等。

政治儒学包括：公羊学、制度儒学、法制儒学、帝制儒学、民主儒学、宪政儒学等。

经济儒学包括：体制儒学、工商儒学、财金儒学、管理儒学、企业儒学、儒商管理学等。

社会儒学包括：教育儒学、宗教儒学、礼俗儒学、乡村儒学、社区儒学、社会组织儒学等。

社会儒学的最大优势与功能在于：因应时代变化与难题，将官方与民间、学界与大众、工商与大众打通，促进文化精英、政治精英、经济精英与大众的联结，避免历史与当下的两极紧张和力量互消，形成社会教化、社会教育、社会激励、社会规范的合力，推动当代儒学与现代社会的系统对接，有机相融，积极有为。学者常口上强调学在民间，往往又放不下身段，融不进民间；强调独立意志，与官方保持距离，是不自信、不务实的表现，往往沦为清流。均影响了儒学的现代化与传播。而社会儒学或可促进学者下与民间、上与官方的有效接合与融通。

（二）儒家社会组织

社会儒学建构与实施的组织保障：当代儒家社会组织（儒学社团、儒家社团、儒教社团）。

弘扬儒学是高尚的事业，没有庞大的组织体系做保障，难以形成足够强大的合力，只会是小打小闹，有如小孩子"玩过家家"，于疯狂的功利主义统治之当世无大补。随着市场经济体制的完善和政府职能转变，现代社团在国家社会活动中的地位会越来越重要；伴着法制的建设步伐，现代社团会逐步走向正轨。当代儒家应抓住难得的历史机遇，建设起自组织体系，依靠现代法人机制的有效保护，走出人存社存、人去社亡，人在学兴、人去学衰的历史怪圈，实现百年、千年长兴和力量的有效壮大。

外取西方成功的现代社团法人运作机制之优长，内承中华儒学之智慧和精神，建设富有生机活力的现代儒家社会组织：儒学社团、儒家社团、儒教社团，聚合全世界、全国各方面的力量，形成振兴儒林、复兴中华文化的合力。

国际性：国际儒学联合会、世界儒家社团联合会、世界儒教联合会等的建设。

全国性：中华孔子学会、中华儒学会、中国孔子基金会、中华儒林事业发展联合会、中国儒教协会等的建设。

地方性：省、市、县级当代儒家社会组织建设。

基层性：城市社区与农村当代儒家基层组织建设，如：儒学讲习堂、孔学堂、国学馆、儒学传播中心等，推动"接地气"、生活化、大众性的工作开展。

道场性：文庙、书院、先贤祠、宗祠等的管理运营组织建设，如，国家级的两大文庙（北京孔庙、曲阜孔庙）、30多座省级文庙、300多座市级文庙、近3000座县级文庙管理委员会或理事会的建设与运营等。

实体性：当代儒家科研、教育、培训、传媒等实体性机构的建设，如，国家级的中国儒家文化大学、省级的儒家文化专修学院、市级的儒家文化专修学校、乡村与社区的学堂等。

产业性：当代儒家养老、抚幼、济困福利产业的培育与建设。

（三）时代君子群体

社会儒学建构与实施的主体力量：当代儒家社会组织广泛团结的各阶层人员，特别是有情怀、有修为、有担当、有奉献精神的表率人群，即当代儒家、现代君子群体。

文化的复兴，实质是价值与精神的复兴。中华文化的复兴，根本上讲，是中华民族优良价值与精神在现代生活中的活化、光大。而这又依赖着人，依赖着能够用生命去践行、弘光之的社会优秀群体。当代儒家、时代君子将通过群体的成长、挺立、壮大、积极有为而推动中华文化的复兴。

个体成长、挺立的过程，就是一个人追随圣贤足迹，不断超越自我，涵养君子情怀，培养君子精神，养成君子心性，铸就君子人格，从小我走向大我的过程。

当代儒家、现代君子当从"学、思、践、弘"四个字做起，树标杆、立楷模、做表率，成为现代社会的道德模范和精神脊梁。

学习：由于历史原因，百年来文化中断、经典蒙尘、古圣先贤智慧精神不传已久，今天一切有志成为时代君子的人，均当摒弃功利、浮躁之心，以补课的心态，心存敬畏，认真学习中华经典，从中华文化母乳中汲取有价值的营养和正能量，开启生命大慧；学习古圣先贤的优秀品格、高尚德操、优良精神，内化于心，外化于行，提升生命的境界。

探思：每个时代有每个时代的特点和社情，当代儒家应当立足当下，针对现代社会的实际情景，善于思考，勇于探索，大胆创新，对传统儒家思想、理论、礼仪、规制等进行现代性、创造性转化发展，使之适合当今社会生产、生活方式，行得通，接地气，有吸引，大众喜闻乐见，能够推广开。

践行：因为要开风气，做到知行合一是件很不容易的事，现实生活中要面对强大的不良世俗风气和力量的影响，甚至阻挠，当代儒家须得有坚强的精神信念，不因外界的影响和内心的困闷而动摇自己的行动。世风的转化，不是一朝一夕之事，当代儒家还要有韧的战斗精神和持续行动的能力。要立身行道，立志弘道，有为有位亦很重要，当代儒家还应修炼得充满智慧，拥有才干，积极有为，在现代市场经济和政治文化生活中展现才能，体现和实现价值。

弘扬：言传莫过身教，宣说不如力行。对现实社会的积极影响与改造，榜样的力量是无穷的。当代儒家不是高高在上的道德说教者，而是礼仪践行之表率、国民道德之楷模，是正仁心、明信义、致良知的时代先锋、时代君子。以组织为依托，以集体的力量，通过鲜活生命的张显，使儒家传统中骨子里的、血脉中的不朽东西，能够穿越历史时空的恒常价值和精神，如忧患意识、担当精神、力行作风、反省能力、克己工夫、尚学品格、高尚情操、坚强意志、厚宽胸怀、乐天知命、好礼乐群、奉献精神等，在新时代进行活化、弘扬、光大。

三、社会儒学与现代社会系统相融

传统儒家在中国历史上已有与古代社会互动相融二千多年的成功经验，这是我们的优良传统，也是我们的最大优势。社会儒学依托未来遍布全球全国、富有生机的、庞大而强有力的当代儒家社会组织和优秀的成员——当代儒者、现代君子群体，在保持独立自主的基础上和前提下，将与现代社会全方位、系统性的良好相融，有机互动，积极有为，在现代政治、经济、文化、社会等各领域、各行业呈现出"当代儒门气象万千"之状。

（一）当代社会治理的接融与担当

积极建构社会儒学理论，发展当代儒家社会组织，壮大团体力量，抓住国家由向小政府大社会转型、政府由"社会管理"向"社会治理"转变、"激发社会组织活力""重点培育和优先发展行业协会商会类、科技类、公益慈善类、城乡社区服务类社会组织"的历史机遇，与当前"党委领导，政府主导，鼓励和支持社会各方面参与"的社会治理方式主动接融，勇于担当，善于作为。

在社会教化上作为：政治教化因与生俱来的强制性、说教性，往往教条、刻板、僵化，流于形式。民间教化优势在于灵活、生动、接地气，但因主体不明、缺乏公信力，常显得随意、松散、无力。而社会教化，以作为连接政府与民间桥梁与纽带的社会组织为依托，则能兼具二者之优长。当代儒家、现代君子依托各级儒家社会组织，积极走进广大乡村、城市社

社会儒学基本理论

123

区，通过所管理的文庙、书院、讲堂，所经营的慈善、福利、教育、培训、宣传等机构，和所举办的祭孔、纪念先贤先儒、人生大礼（成童礼、成人礼、婚礼、丧礼、寿礼等）、单位重大活动典礼、传统节日、地方传统活动等礼乐教化活动，以春风化雨的方式，潜移默化地推广儒家伦理和优秀价值理念，传播正能量，引导世俗人伦，为提升国民人文素养和道德情操，为建设人文大国，构建和谐社会做积极贡献。

在人文教育上作为：当代儒家、现代君子积极投身现代学校教育、做优秀的教育工作者、管理者、开创者和良师、名师，推动以儒学为主的中华优秀传统文化在校园内、课堂上、书本中有效弘扬。与此同时，发挥各级儒家社会组织动员、调动、整合社会资源的能力，积极推动现代书院、现代私塾、国学早教、儒家文化专修教育机构等民办教育建设事业，让大、中、小学生及少儿适时接受儒学经典、国学经典教育，加强中华文化熏陶，接受圣贤智慧和精神的哺育、滋养，促进励志、修身、养性、增才、启慧，提升人文素养，增强人生发展后劲，为国家和民族培养优秀人才和时代君子。

在宗教创新发展上作为：顺应全球宗教稳定发展的大势，学习国外宗教发展和管理的成功经验，依照现代政教分离原则，积极推动现代儒教、孔教的创化发展，让儒家义理和中华文化价值精神，以礼乐教化、道德敦化、伦理规范、现代宗教熏染的形式全面进入中国人民的精神生活，培固牢靠的中华文化信仰。同时，积极与其他宗教良好互动，学优取长，大力支持本土宗教道教、佛教的发展，促进基督教、伊斯兰教等外来宗教的进一步儒家化、中国化，相辅相成，借力打力，维护中华文化的主体地位。

（二）现实政治秩序的接融与提升

促进政治儒学建构与实施，实现与中国现实政治秩序的对接、相融，用家的王道仁政、大一统等优秀理念和政治智慧应对时代难题，提升现代政治文明。

在国家政治层面：发挥参政、议政作用。一方面当代儒家、现代君子作为个体，以才智、能力、素养，积极入政、从政、参政、议政、为政、服政、拥政、监政，另一方面以组织的名义和力量，通过人民代表大会、政治协商会议、重大会议与论坛等各种正规途径，推动传统儒家的王道仁政、礼乐刑政、内圣外王、修齐治平、大一统等优秀理念和经验在现代政治生活中创化发展，发扬光大，为现代政治文明建设做有价值的贡献。

在社会治理层面：积极发挥参与、担当作用，充分利用政府转变职能，鼓励社会力量参与社会治理的历史机遇和现存的"基层群众自治制度"，推动乡规乡约（社规社约）的建设和当代儒家基层社会组织、现代乡绅、族长共同治理乡村（社区），建设书香乡村（社区）、礼乐、礼仪乡村（社区）、人文乡村（社区）、和谐乡村（社区）、美丽乡村（社区）。

在法制建设层面：推进现代法学与传统儒学、仁政礼制的融通，积极建构与发展法制儒学、儒家法学、现代礼制，将儒家文化中的政治智慧、治理经验、不朽价值、优良义理、伟大精神，通过进入宪法、法律、法规，而上升为现代国家意志和精神，促其在当下的活化与光大，推动和提升现代民主法制文明。

（三）现代市场经济的接融与改良

促进经济儒学的建构与发展，实现与现代市场经济的对接、相融，使"以义制利""义利统一"的儒家价值观从宏观，到中观，至微观全面融入现代市场经济体制，改良和提升现代经济建设。

宏观：经济体制的接融与改良。儒学和市场有着天然的亲合力，他们的成功联姻，不仅是现代中国的福，更是未来中国的福。日本、韩国、新加坡在创造性地运用"以义制利""义利相辅"的儒家市场经济伦理，约束、改良和推动市场经济发展方面取得了优于西方市场经济的效率和成就，打破了西方长期以来主张唯有新教伦理能够促进资本经济发展的神话。学习借鉴日、韩、新的市场经济发展模式和成功经验，建设以"以义制利""义利统一"为基本理念的当代儒家市场经济伦理理论，促进中国特色市场经济体制的完善和中国市场经济的稳健、高效发展。

中观：企业治理的接融与改良。支撑现代国家经济发展和国民财富积累的背后，是一群卓越企业集团的成长与发展。创新和弘扬儒学，转变传统的重义轻商观念，提倡"学而优则工商"，建构企业儒学、儒商管理学，指导与扶持现代儒商企业、儒商财团、儒商银行、儒商产业、儒商事业的发展，实现物质财富与精神财富协同增长。

社会儒学基本理论

微观：企业家、资本家、工商金融精英与从业人员的正心修身。当代儒家、现代君子积极投身现代工商业，学而优则工商，工商优则学，开创现代市场经济中"修身、齐家、治企、富天下"内圣外王之新辉煌，以儒家伦理引导、改良、驾驭现代市场经济和现代工商业，用儒学义理教育和熏陶企业家、职业经理人、从业人员，抑制功利主义的过渡泛滥，使义利统一起来，使得个人、企业、家（地方）、国、天下利益兼顾周全，达至良财与美德相映生辉。

（四）现代主流文化的接融与有为

促进文化儒学建构与弘扬，实现与中国现实主流文化的对接、相融，实现传统儒学的返本与开新，在中华新文化、新文明建设中积极有为。

文化是国家的命脉、民族的灵魂，也是一个地区、团体的核心竞争力与软实力之所系。60 余年来，主导中国主流意识形态的是中国化的马克思主义、中国特色社会主义理论；30 多年的改革开放，特别是市场经济的快速发展，基督教文化、伊斯兰文化、佛教文化迅猛发展，自由主义、宪政思潮等也有所发展。中国现实文化成一元主导、多元竞发的格局。

存在，即有合理性。强大的存在，则必有其强大存在的因由和优势。儒家文化作为历史上的强大文化，与今天中国现实存在的主流文化——中国化马克思主义不是对立关系，而是相辅相成的关系。如何实现儒家文化与马克思主义有效对接与相融，实现相生相荣，创造出更灿烂的中华优秀文化，方是明智之举。

儒家文化在数千年的发展历史中，因胸襟开阔，勇于吸收诸多异质文化之优长，为我所有，为我所用，才有了日新不息、不断辉煌与绵延不绝。对待基督教文化、伊斯兰文化、佛教文化、自由主义、宪政思潮等发展势头良好的"新贵"文化，亦应采取虚心好学、积极纳长的态度。

在文化儒学创新发展上，应坚持精英儒学与大众儒学、理论研究与转化应用、学术钻研与普及传播、精品艺术与生活日常结合并重。特别是学界要摒弃"文人相轻"、小家子气的门户之见、派系之争，胸怀坦荡，鼓励儒学内部的多元化、多向化发展。

不仅要大力传承经学、理学、心学、仁学，还要创化发展心性儒学、哲学儒学、伦理儒学、艺术儒学等，更要广泛开展接地气的儒学现代化、当代化应用性理论研究。举办儒学学术会议、讲座、论坛、读书会、培训等，开展形式灵活多样、大众喜闻乐参的国学经典诵读、儒学普及活动。

依托各级儒家组织，团结与聚合各种力量，加强电影、电视、戏曲、音乐、舞蹈、美术、书法、摄影、小说、诗歌、散文、报告文学、微电影等大众儒家文化艺术创造，利用广播、电视、报纸、刊物、网络等大众媒体，推动儒学大众化传播与普及，提搞大众学习传承儒家文化的热情。

（五）全球治理和生态建设的接融与有为

积极发展当代儒家国际性社会组织，在联合国宪章框架下积极开展活动，实现全球儒学、儒家、儒教、儒商、儒官等各界、各阶层同仁的大联合，壮大实力与影响力，推动国际儒学、生态儒学的建构与实施，在建设"万邦协和""世界和谐"的国际新秩序与"天人和谐"的宇宙新秩序上积极有为。

在尊重世界各国、各民族优秀文化的大前提下，推动儒学在世界的创新和复兴，有似于欧洲文艺复兴运动一样，高扬儒家人文主义、仁道主义、天下主义，在全球倡导儒家"四海之内皆兄弟""天下为公"的天下观，"协和万邦""和为贵""与邻为善"的邦和观，"和而不同""己所不欲，勿施于人"的"包容""和谐"理念和价值，化解国与国、民族与民族之间的根本矛盾，减少或消除军事对抗、军备竞赛，制止战争，促进人类和平与发展，建设"多元一体，和而不同；仁行天下，和谐共荣"的国际政治经济文化社会新格局，维护世界和平，建设和谐世界。

积极在全球倡导儒家文化关于环保和生态安全的观念与思想，弘扬儒家"万物并育而不相害，道并行而不相悖""日月星辰、禽兽草木、山川土石，与人原只一体"之"万物一体之仁"的极高智慧和博大情怀，"天地与吾同体，万物与吾同气""为天地立心，为万世开太平""民胞物与"的自然与人文终极关怀，建构以"仁民爱物""天人合一"为核心价值与理念的国家生态伦理、全球生态伦理、宇宙生态伦理，让数千年的儒家生态智慧活化于今、广为流传，以有效促进人类与自然的和谐相处，化解人与自然的矛盾，消解人与自然之间的张力，保护人类家园地球与宇宙，改善人类的生存发展环境，建设和谐地球、和谐宇宙，实现人类族群繁荣永续。

社会儒学基本理论

儒学的历史与未来

——我的儒学观

陶　清

（安徽社科院文化与哲学研究所）

摘　要：通过关于儒学历史的反省和反思，揭明儒家思想自身发展的哲理化/哲学化、神学化/宗教化和技术化/科学化的历史进程，是儒家思想与现实的个人的日常生活世界渐行渐远以至于变得敌视人了的根本原因，这就是我的儒学历史观；在此基础上，省察和沉思儒学历史进一步发展的可能走向和未来命运，提出接续儒家思想自身发展的学问化/人格化进程以拓展儒家仁学思想在全球化语境中为人的全面发展提供思想理论支持和心理文化支撑的理论构想，这就是我的儒学发展观。我的儒学历史观和儒学发展观合称为我的儒学观，以表达本人关于儒家思想和儒家学问的历史和未来的省思所持有的个人立场和观点。

关键词：儒学　哲理化/哲学化　神学化/宗教化　技术化/科学化　学问化/人格化

儒学的历史，就是儒学自身思想发生和发展的历史；由于儒学思想自身发展的历史过程中，不断遭遇异端邪说的挑战、外来思想理论的渗透和时代精神的变迁，儒家思想也就不断地因革损益且与时俱进地改变着自己的形式，因此也就不断地创新着儒学的思想理论内容，这就是儒学教科书所告诉我们的儒学历史。但是，历史的常识未必就是历史的真相，深入真相才有可能接近真理，而真理性的认识则可能为历史的发展开辟更加广阔的空间。因此，摆脱"我们认为""一致认为"等虚空说法和放弃"老子认为""孔子认为"等假托之辞，勇敢地运用自己的理性思维、公开地阐明个人的理论观点、直接地表达本人的学术个性，或于思想之活跃、理论之深化和学术之进步以至于历史的发展不无小补。值此之故，本人尝试直接表达个人关于儒学思想发展的历史和未来进一步发展的可能前景的基本立场和观点，径名之曰："我的儒学观"以规避援引、借重、偷运之嫌和含混、两可、遁已之巧，澄清自己的思想并就教于同好时贤。

一

经历长时间地学习、研究和思考儒家思想发展的历史，本人深感儒家思想发展的历史实际上就是自身理论化或曰思辨化的历史，是儒家思想与人们尤其是现实的个人的日常生活世界渐行渐远以至于变得敌视人了的历史。按照通行的中国哲学史教程的格式化表述，儒学发展史就是先秦儒学——汉唐新儒学——宋明新儒学——现代新儒学依次递进的思想理论发展史；其中，表现持续发展的"新"，无非是当时的儒家学者针对时代的新问题和学术思想格局的新态势、援引和利用当时并存且溯源及流的思想理论资源和背景文化支持，如道家、佛教以及近现代西方哲学和文化去理论化、思辨化、哲理化以至于哲学化地诠释儒学经典而已，由此而来的理论创新和思想创造更多地表现为理论与实践、思想与实际从而学问与人生愈来愈疏远以至于愈来愈对立的发展态势。一个自称为儒家学者的人，既可以"两耳不闻窗外事，一心只读圣贤书"，也可以"理论上说得好听，实际上完全不可行"，甚至可以"抛却自家无尽藏，沿门求乞效贫儿"以至于"满口仁义道德，一肚子男盗女娼"；不言而喻，如此为学之道与原始儒学的"为已之学"，与其说是相距何啻千里，毋宁说是正相反对的。那么，问题究竟出在哪里？

不言而喻，形成上述问题的原因是极其错综复杂的；仅就思想理论自身发展的内在原因而言，在我看来，儒家思想自身的理论化、神学化和技术化的发展方向及其表现出来的历史现实，乃是最为根本的原因。窃以为：儒家思想自身理论化或曰思辨化的历史实际，源始于孟子面对诸侯争霸的社会现实和百家争鸣的思想界实际而做出的选择；孟子以后儒家思想的历史发展——无论是汉唐新儒学，还是宋明新儒学，以至于现代新儒学，都是孟子所开启的儒家思想自身理论化或曰思辨化的历史的延异或曰路径依赖，本质上不具有"范式革命"的意义，或者说，不过是孟子哲学思想的注脚而已。孟子以后关于他的哲学思想的评论，可谓见仁见智、莫衷一是；在我看来，晚生孟子十年的荀子的评价，洵为的评。荀子在他的《非十二子》一文中指出："略法先王而不知其统，然而犹材剧志大，闻见杂博。案往旧造说，谓之五行，甚僻违而无类，幽隐而无说，闭约而无解。案饰其辞而祇敬之曰：此真先君子之言也。子思唱之，孟轲和之，世俗之沟瞀儒嚾嚾然不知其所非也，遂受而传之，以为仲尼、子弓为兹厚于后世。是则子思、孟轲之罪也。"后世多以为荀子关于思孟的批评，乃学派门户偏见或嫡庶正偏之争，其实不然。择要而言，孟子以"心之官则思"即"心"的思维和辨识功能以及"尽心、知性、知天"的认识路径，去诠释孔子的"为仁由己"的为己之学，将原本应当通过个人的言、听、视、动的感觉功能和感性活动去实现的道德践履，虚化成为"思诚""求放心"等主观意识和德性思维活动，遂使原本人人可以动手去做起身而行的实际践行抽象化为"良知""良能"的外化或曰对象化，从而使得原本教人如何做人如何做事的儒家学问抽象化为书本上钻研、册子上考究的理论研究和理性思辨，以至于由人人可为且时时可做变成学者专业和专门学问、动手去做且起身而行变成口讲笔耕和门户争讼、反身自省且推己及人变成理性思辨和概念辨析、正己正人且推己及人变成经术干政和王天下悬设，此之谓"甚僻违而无类，幽隐而无说，闭约而无解"。易言之，儒家思想由原初教人如何做人如何做事从而为人奠定安身立命之本的学问，扶摇直上而为崇尚理性思辨致力于著书立说以至于虚化为坐而论道、空谈心性的抽象理论，孟子或恐难辞其咎。

不过，据实而论，儒学早在唐末已呈"花果飘零，门庭稀落"之衰象，孟子所开启的儒学哲理化进程所导致的儒家学问与现实的个人的日常生活世界渐行渐远固然有关；然而，荀子所发端的儒学神学化（意识形态化）进程推动儒家学问戮力于攀登正统政治信仰、主流意识形态和国家哲学之王座的努力，似也难脱干系。荀子片面地继承和弘扬孔子学说对于"周礼"的推重而将"礼"抽象化为形上之"道"，成为"天、地、君、亲、师"的本质而一以贯之，以至于升华至自然法则的信仰高度；正如陆建华教授所深刻指出的："关于礼的价值说明，荀子是从礼是先王之道、诸侯治国之道、人生准则等形下层面与礼是宇宙主宰的形上层面加以证明的。在礼的价值得到证明之后，荀子才论述礼的由来，这是为礼的产生找寻根据。礼只有'存在'，才有必要思考它从何而来。荀子以天人相分否定了礼出于神、礼出于天这一传统思路；以人性本恶和人'群'需'分'论证礼根源于人的自然本性和社会属性。至于形下世界中的礼乐制度如何出现，荀子回答以先王、圣人等作之；至于先王等作礼时的效法对象，荀子限定为天地和人，特别是先祖和君师。礼存在且有其存在依据，这种礼究竟为何'物'？荀子从礼的政治性、道德性、超越性等侧面考察礼的本质，界定礼为政治制度，兼具道德规范和宇宙之道的属性，也就是说，礼主要是政治制度。"① "礼"是政治制度、道德规范和宇宙之道，因此是政统、学统、道统一以贯之，这才是儒学法先王且重人为的根本所在；顺便提一下，这实际上也就是荀子指责思孟"略法先王而不知其统，然而犹材剧志大，闻见杂博"的理由所在。但是，需要指出的是，荀子对于"礼"的崇尚因其后学，尤其是他的法家高第的"法、术、势"致思取向的放大效应而极易走向偏至，极有可能固化为根本大法、南面之术和国家发展道路；汉儒董仲舒所谓"天不变，道亦不变"乃至以谶纬侵凌皇权，明中叶宋明新儒学上升为国家哲学、国颁教科书和主流意识形态②，清末康有为以"请尊孔圣为国教"为经术干政和变法维新之归宿③，现代新儒学宗教化儒学的取向尤其是牟宗三的"圆教"说④，无不是为儒学登上全民信仰和国家主流乃至唯一意识形态以至于与世界各大宗教平起平坐之宝座而做出的努力。

---

① 陆建华：《荀子礼学研究》，安徽大学出版社 2004 年版，"引论"第 3～4 页。

② 陶清：《中国哲学史上的真理观》，黑龙江人民出版社 1997 年版，第 86～93、242～245 页。

③ 陶清：《经学传统在晚清的流变·康有为的经学思想及其演变》，载《晚清哲学》，安徽人民出版社 2002 年版，第 453～503 页。

④ 牟宗三：《圆善论》，台湾学生书局 1985 年版。

不仅如此，而且由于汉儒董仲舒的努力，"罢黜百家，独尊儒术"建言的被采纳和"五经博士"学术思想地位的被确立，儒学又开始了绵延两千年的自身经学化的漫长历程；儒学自身经学化的进程，使得原本可以通过师生良性互动从而相互启发、教学相长的学问切磋和上手可做、起身可行的实行践履，一变而成师门教法私相授受且终身弗叛的家法私学，变成文字考据典章校雠乃至琐碎饾饤皓首穷经的专门技术，变成门户森严师法规整乃至于口舌争讼势若水火之党同伐异，以至于四库馆臣亦云："自汉京以后，垂二千年，……要其归宿，则不过汉学宋学两家互为胜负。"①儒学专门化为经学，经学长期浸淫于今文古文、汉学宋学之争，因废科举遂化作文字学、文献学等现代科学从而厕身现代学科分制的历史过程，我称之为"儒学的技术化/科学化进程"。如果说，假如：由孟子所开启的儒学思辨化进程，经历宋明新儒学的儒学哲理化和现代新儒学的儒学哲学化的思想发展历史，可以概括为"儒学的哲理化/哲学化进程"；设若：由荀子所发端的儒学意识形态化进程，中经汉代新儒学家董仲舒的儒学神学化和汉唐新儒学的儒学经典神圣化以及宋明新儒学的儒学国家哲学化，后继以康有为的孔子素王说和儒教国教说尤其是现代新儒学的儒学宗教化特别是牟宗三的圆教说的思想发展历史，可以总结为"儒学的神学化/宗教化进程"，那么，个人以为：正是儒学的哲理化/哲学化进程、儒学的神学化/宗教化进程和儒学的技术化/科学化进程的或隐或显、此起彼伏的顽强推进和努力抗争，加之封建统治阶层尤其是最高统治者本人出于长治久安从而永享国祚的政治需要的选优汰劣和利益诱导，遂使儒学与现实的个人的日常生活世界渐行渐远、与平民百姓的现实需要拉开距离以至于变得敌视人了，终致儒学成为脑力劳动者的谋生手段、专门技巧和职业技能；在我看来，儒学对象化自身为理性思辨、思想信仰和理论知识从而成为概念辨析和逻辑推理、皈依信奉和宣谕说教、精致考订和分析钻研的对象，成为社会特定人群谈论、传布、研究以至于专擅独揽、教谕众生乃至自欺欺人的专门法器，是儒学由"迂远而阔于事情"（司马迁语）渐至"儒门淡薄，收拾不住"

①《四库全书总目提要》卷一，《经部总叙》，参见《晚清哲学》，第407～408页。

（张方平答王安石语）以至于"以理杀人"（戴震语）的根本原因，是明末以迄中国社会但凡遭遇"天崩地坼"（黄宗羲语）"二千年未有之变局"（梁启超语）的生死存亡之际总是反省乃至归咎于儒学的根本原因，甚至也是直斥孔子已成为"历代帝王专制之护符"（李大钊语）宣称"中国哲学的未来，有赖于从儒学的道德、伦理和理性的枷锁中得到解放"（胡适语）①以至于"以西释中""批判继承""反向格义"近百年还得面对"中国哲学的合法性"问题的困扰和质疑的根本原因。在下以为，这样的根本原因也许不会如烟般随风而逝，抑或值得研究儒学的专家学者和大师大德以至于像我这样的儒学研究的从业人员深长思之。

二

毋庸置疑，无论是孟子所开启的儒学哲理化/哲学化进程，还是荀子所发端的儒学神学化/宗教化进程和董仲舒以后的儒学技术化/科学化进程，都是儒家思想在不同的时代条件下生存和发展之必需，都是儒家学者因应时代要求从而为应对时代问题而做出的努力以至于顽强抗争，都是不同历史时期的时代精神的精华，都是中华民族弥足珍贵因而应当认真总结的精神/文化遗产，这是每一位从事思想史/学术史研究的从业人员都应当持守的历史主义立场。但是，也许问题还有另外一个方面。众所周知，伽达默尔在考察诠释学历史时发现，主观理解如何达致理解的客观性，是诠释学证明自身真理性的努力方向，从而导致了狄尔泰提出"我们必须从文本自身来理解某个文本"的文本解释原则并应用于世界历史。② 然而问题在于：正如与人交谈，我们不是把自己置入对方的内心状态中一样，理解文本也不可能真正进入作者的内心世界而与作者本人同思想、共命运。因此，文本作为一个有意义物的被理解，"该有意义物自身是可理解的，并且作为这种自身可理解的有意义物无需要人再返回到他人的主观性中。诠释学的任务就是要解释这种理解之谜，理解不是心灵之间的神秘交流，而是一种对

① 陶清：《经学传统在晚清的流变》（下），载《晚清哲学》，安徽人民出版社 2002 年版，第 504 ~ 568 页。

② 伽达默尔：《真理与方法》（修订译本），洪汉鼎译，商务印书馆 2007 年版，第 277 ~ 298 页。

共同意义的分有（Teilhabe）"①。值此之故，客观上也就存在着这样一种可能性：我们有可能比作者理解他本人更好地理解作者，而且我们的理解乃是作者本人所不可能企达的；因为，我们与作者之间的历史距离使我们能以觉察到作者及其作品的社会影响和社会效应，历史间距或曰时间距离的客观存在有效地保证了我们与作者的不同理解；"因此，时间距离并不是某种必须被克服的东西。这种看法其实是历史主义的幼稚假定，即我们必须置身于当时的精神中，我们应当以它的概念和观念、而不是以我们自己的概念和观念来思考，并从而能够确保历史的客观性。事实上，重要的问题在于把时间距离看成是理解的一种积极的创造性的可能性。"② 在这个意义上说，也许我们可以暂时搁置我们对于儒学思想发展历史的客观性的追求，从而为重新理解儒学思想发展历史尤其是这一历史发展所产生的社会效应提供可能。鉴于理解对象本身的源远流长和博大精深，不可能通过一篇文章就考镜源流、辨章学术；因此，试以戴震关于宋明新儒学的批判为例，予以说明。

戴震关于宋明新儒学的批判，以直接写下"以理杀人"四字最为醒目。显而易见，以"理"杀"人"之人，不可能仅仅只限于知识分子或曰知书达理之人，否则，径曰"以理杀士"或许更为贴切；精通文字训诂、字义考订以至于被后世目为乾嘉汉学之皖派经学大师的戴震，不应轻率粗疏如此，其间亦或有深意存焉。返诸戴震批判理学的主要文本如《孟子字义疏证》，看看戴震本人怎样说。戴震写道："盖言之谬，非终于言也，将转移人心；心受其蔽，必害于事、害于政。彼目之曰小人之害天下后世也，显而易见；目之曰贤智君子之害天下后世也，相率趋之以为美言，其入人心深，祸斯民也大，而终莫之或寤。辩恶可已哉！"③ 个人理解如下：发表错误荒谬的言论，其错误和荒谬不会终止于言论而必将影响和改变人心，这是戴震不得不与理学家们论辩的原因；而且，错误和荒谬的言论蒙蔽了人心，必将有害于做人做事和政治治理从而祸害社会。与当年"孟子辟杨、

① 伽达默尔：《真理与方法》（修订译本），洪汉鼎译，商务印书馆 2007 年版，第 397 页。
② 伽达默尔：《真理与方法》（修订译本），洪汉鼎译，商务印书馆 2007 年版，第 404 页。
③ 戴震：《孟子字义疏证》，张岱年主编：《戴震全书》第六卷，黄山书社 1994 年版，第 147 页。

墨，韩退之辟老、释"① 不同，长期浸淫于儒学教化中人自然视杨墨老释为异端邪说而不信其说，而把程朱等人则视作正人君子、孔孟传人；被普遍视为正人君子和孔孟传人的理学家们，虽然他们的言论祸害天下后世，也被尊崇为至理名言而争相信奉因而沁人心脾、身被其祸而终生或无察觉，这就是戴震必然与理学家们论辩至水落石出、真相大白的根本原因。然而，仅仅只是停留在戴震反复表白对于"程子""朱子""敬其人而恶其言"的复杂心态之"同情地理解"上，还是不够的；窃以为：戴震批判理学的思想深刻之处，还不仅仅在于通过论辩以驳倒谬误呈现真理，而是或主要是揭露理学家们的思维模式以杜绝谬种流传、余孽滋生。戴震反复强调：言理则曰"如有物焉，得于天而具于心"、说理欲之辨则曰"不出于理则出于欲，不出于欲则出于理"，才是理学家们以个人意见为普遍真理、以一己之私祸害天下的根本原因。② 为了警醒世人，我把戴震所揭露的理学家们的思维方式抽象为："不是……，就是……"的一体两分、二元对立的思维模式和"凡是……，就都是……"的非此即彼、是此非彼的价值评判模型，姑名之曰"理学思辨模式"③；按照这样的"理学思辨模式"，人们的所做所为乃至所思所想，不是出于"理"的，就是出于"欲"的；凡是出于"理"的就都是好的、应当坚持而且发扬光大的，凡是出于"欲"的就都是坏的、应当克制以至于禁绝的。这样的"理学思辨模式"的欺骗性，不仅仅在于我们似曾相识，而且在于我们总是依据我们关于"理""欲"的个人理解乃至记忆而遵循这一模式去思维的；当下人心不古、物欲横流的社会现实，又总是激活人们对于朴素简单、清心寡欲的美好生活的向往，以至于一些专家学者乃至大师大德至今仍对"存天理，灭人欲"心存敬畏乃至念念不忘，却对于所谓"天理"不过只是个人意见、一己之私的警示遗训熟视无睹乃至不以为然。试想："如有物焉，得于天而具于心"的"有意义物"，真的可以理解为具有普遍现实性和客观必然性性征的真理吗？"举凡

① 戴震：《孟子字义疏证》，张岱年主编：《戴震全书》第六卷，黄山书社1994年版，第215页。
② 戴震：《孟子字义疏证》，张岱年主编：《戴震全书》第六卷，黄山书社1994年版，第216页。
③ 具体论证和说明，请参见陶清：《戴震与理学思辨模式批判》，《哲学动态》2010年第3期。

饥寒愁怨、饮食男女、常情隐曲之感，则名之曰'人欲'"①，如此的人欲岂能灭绝？扪心自问：无论是"理"是"欲"，当它作为动机或意向尚未表现出来和获得实现，真的可以断定其是非善恶吗？即便是"私字一闪念"而为人指斥，难道不是诛心之论吗？"腹诽"入刑，殷鉴不远；是"理"是"欲"，"在上者"说了算，所谓"极权""专制"不过如此。不仅如此，戴震批判理学的深远地历史意义和重大地理论价值还在于：他深入到了社会心理/文化层面，揭示"理学思辨模式"的反社会效应和反人类效应的危害性。按照"理""欲"二元对立且是此非彼的"理学思辨模式"，即使是正人君子亦可求全责备，因为即使他们也不能全无"人欲"；"于是谲说诬辞，反得刻议君子而罪之，此理欲之辨使君子无完行者，为祸如是也"②；而真小人"依然行其贪邪；独执此以为君子者，谓'不出于理则出于欲，不出于欲则出于理'，其言理也，'如有物焉，得于天而具于心'于是未有不以意见为理之君子；且自信不出于欲，则曰'心无愧怍'。夫古人所谓不愧不怍者，岂此之谓乎！不寤意见多偏之不可以理名，而持之必坚；意见所非，则谓其人自绝于理；此理欲之辨，适成忍而残杀之具，为祸又如是也"③。对于每一个活生生的、有血有肉的人来说，"饮食男女"乃人生必需，合理地满足和实现人生必需合情合理；而治理社会以制度安排和非制度建设以保障人之必需的合理实现，方可谓之通情达理。因此，"古之言理也，就人之情欲求之，使之无疵之为理；今之言理也，离人之情欲求之，使之忍而不顾之为理。此理欲之辨，适以穷天下之人尽转移为欺伪之人，为祸何可胜言也哉！"④"灭绝人欲"不可能，"穷尽天理"又做不到，只能假装伪善、虚与委蛇，驱天下人尽入自欺欺人、虚假伪善之渊薮而不能自拔。作为"直接亚圣"的孔孟传人、"天理"化身的神圣家族，"其惑人也易而破之也难，数百年于兹矣"，"天下尊而信之，帝王因尊而信之者也"⑤，遂使

① 戴震：《孟子字义疏证》，张岱年主编：《戴震全书》第六卷，黄山书社 1994 年版，第 216 页。
② 戴震：《孟子字义疏证》，张岱年主编：《戴震全书》第六卷，黄山书社 1994 年版，第 216 页。
③ 戴震：《孟子字义疏证》，张岱年主编：《戴震全书》第六卷，黄山书社 1994 年版，第 216 页。
④ 戴震：《孟子字义疏证》，张岱年主编：《戴震全书》第六卷，黄山书社 1994 年版，第 217 页。
⑤ 戴震：《孟子字义疏证》，张岱年主编：《戴震全书》第六卷，黄山书社 1994 年版，第 217 页。

"理欲之辨"升华为全民信仰和基本国策而动摇不得。戴震说："人知老、庄、释氏异于圣人，闻其无欲之说，犹未之信也；于宋儒，则信以为同于圣人；理欲之分，人人能言之。故今之治人者，视古圣贤体民之情、遂民之欲，多出于鄙细隐曲、不措诸意，不足为怪；而及其责以理也，不难举旷世之高节，著于义而罪之。尊者以理责卑，长者以理责幼，贵者以理责贱，虽失，谓之顺；卑者、幼者、贱者以理争之，虽得，谓之逆。于是下之人不能以天下之同情、天下所同欲达之于上；上以理责其下，而在下之罪，人人不胜指数。人死于法，犹有怜之者；死于理，其谁怜之！"① 呜呼哀哉！这是怎样一个冷酷死寂、尔虞我诈的悲惨世界，一个怎样充满了残忍与伪善共在、机巧与无奈并存的社会怪现状，怎样一幅在上者总是有理、下之人总是无理以至于以死抗争则自绝于理的历史画卷。

三

显而易见，戴震笔下的历史与书本历史包括哲学史教科书所告诉我们的历史包括哲学史，与其说是不是同一个历史，毋宁说是反差极大的两个历史。那么，究竟哪个历史更具有客观性？兹体事大，一言难尽；止举一例，以斑窥豹：中国漫长的封建社会尤其是宋明以后，妇女的地位低下应是不争的事实；不仅作为"在下之人"而且身缚神、族、父、夫、子、贞节六大绳索的妇女，生即有罪死则尽理也不是什么骇人听闻的历史现象。杨国平副教授的相关研究告诉我们："理学精神最显之处就是'存天理，灭人欲'，倡导'饿死事极小，失节事极大'。现在依旧竖立在徽地的贞节牌坊即是坚强的证据。理学以'天理'为念，要求人们致身国事，孝慈亲友，也强调对人欲的节制，提倡过一种类似于宗教禁欲主义的生活，所以要求妇人守节也是题中应有之义。作为程朱理学渊源的徽州此风尤盛，对于节烈的提倡更是不遗余力，《休宁碎语》卷一说：'新安节烈最多，一邑当他省之半。'婺源县城有一处牌坊记载的烈女自宋以至于光绪年间共有 5800 人之多，民国修订的《歙县志》16 本当中就有 4 本是《烈女传》，其他未

---

① 戴震：《孟子字义疏证》，张岱年主编：《戴震全书》第六卷，黄山书社 1994 年版，第 161 页。

社会儒学基本理论

见于史料者便可想而知了。"① 如果说，真相永远在现场，那么，作为生长于斯的休宁人戴震，直斥理学家们"以理杀人"或许并非出于偏激狭隘且所言非虚。如果戴震真的说出了历史真相，我们有什么理由保持沉默乃至"集体无意识"甚或保持"价值中立"？作为儒学研究的从业人员，我们有什么理由规避关于儒学历史的反省和反思以"面对事情本身"乃至直面血淋淋的现实以至于深究其故？如果"理学思辨模式"真的存在甚或谬种流传、余孽滋生，我们有什么理由"接着讲"乃至从一而终以至于一往情深？如此自我拷问，实际上也就是本人的儒学历史观，即通过关于儒学历史的反省和反思去追问儒家思想与人们的日常生活世界渐行渐远以至于变得敌视人了的根本原因，这一根本原因可以归结为儒家思想自身的哲理化/哲学化、神学化/宗教化和技术化/科学化的历史进程。

不言而喻，即便儒家思想自身的哲理化/哲学化、神学化/宗教化和技术化/科学化的历史进程是儒家思想与人们的日常生活世界渐行渐远以致于变得敌视人了的根本原因这一个人观点可以成立，这样的历史过程也是不以人的意志为转移的历史事实和客观实际、是一个仍将在未来持续下去的实际进程和路径依赖，对此，本人坚信不疑；历史无法重新来过，未来又将惯性绵延，那么，历经十数年的反省和反思所追逐的、可能的根本原因的表白，到底还有什么意义呢？让我们再次回到伽达默尔。如前所述，时间距离并非确保历史的客观性所必须克服的东西，而是达到客观的认识的保证。然而，"一个历史事件的可综览性（Uberschaubarkeit）、相对的封闭性，它与充实着当代的各种意见的距离——在某种意义上都是历史理解真正积极的条件。因此历史方法的潜在前提就是，只有当某物归属于某种封闭的关系时，它的永存的意义才可客观地被认识。换句话说，当它名存实亡到了只引起历史兴趣时，它的永存的意义才可客观地被认识。只有到这时才似乎可能排除观察者的主观干扰。这实际上是一种悖论——是'某人在死前能否被称为幸福'这一古老道德问题在科学理论上的翻版"②。为了

---

① 杨国平：《新安理学与徽州民俗》，载王国良主编：《新安理学与宋元明清哲学》，安徽大学出版社 2005 年版，第 115 页。

② 伽达默尔：《真理与方法》（修订译本），洪汉鼎译，商务印书馆 2007 年版，第 405 页。

规避悖论，中国古人遂有"知人论世"且"盖棺论定"的治学规矩。不过，据我观察：值得庆幸的是，儒学并未成为历史博物馆中的陈列物，而是以一种特殊的方式，或可说是以"文化/心理积淀"（李泽厚语）的方式而存活在中国人的心中，并通过家庭伦理、社区道德以至于个人的行为准则、交往规范乃至人格塑形而顽强地表现出来；一个简单的例子即可证明，当"学院知识分子"走出"象牙塔"去面对公众谈论儒学，仅仅只是与一本儒学经典相关的个人读书心得，就会激活数以百万计的人们的热烈响应。① 可见，儒学作为历史博物馆里的陈列物，只是善良的人们的杞人忧天；而"儒门淡薄，收拾不住，尽归释氏"的忧患意识以至于"吃人的礼教"的指控，不过是"清谈孔孟"中人的作茧自缚和"以理杀人"的通俗说法而已，未必就是儒学的本质使然。

然而，说到儒学的本质又难免堕入概念辨析细如牛毛、口舌争讼势若水火的语义分析陷阱，毕竟两千多年的层积叠累和创造发明充满了我们的头脑、建构了先入为主且不由自主的成见和见解，伽达默尔称之为"占据解释者意识的前见（vorurteile）和前见解（vormeinungen）"②；为了规避见仁见智、莫衷一是之未有穷期和与国际接轨、与科学联姻之光荣与梦想，也许我们可以参考伽氏的建议："理解借以开始的最先东西乃是某物能与我们攀谈（anspricht），这是一切诠释学条件里最首要的条件。我们现在知道这需要什么，即对自己的前见作基本的悬置。但是，对判断的一切悬置，因而也就是对前见的一切悬置，从逻辑上看，都具有问题的结构。"而"问题的本质就是敞开和开放可能性"③。悬置一切前见以保证价值中立和学术公平，还不就是伽氏上述建议的本义；事实上，我们不可能放弃我们的前见，就像"天理"不可能是放之四海而皆准、传诸万世而不悖的绝对真理一样，我们也不可能摆脱自身历史性的纠缠。"悬置前见"的真正意义在于：我们的前见的被悬置，可以有效地保证我们不会对他人的见解不屑一顾以至于放弃了对他人关于真理的主张的分有，可以让我们从历史主义的

---

① 《从阎崇年、易中天到于丹》,《人民日报·海外版》,2007 年 2 月 13 日第 4 版。
② 伽达默尔:《真理与方法》(修订译本),洪汉鼎译,商务印书馆 2007 年版,第 402 页。
③ 伽达默尔:《真理与方法》(修订译本),洪汉鼎译,商务印书馆 2007 年版,第 407 页。

天真幼稚即超历史的幻想中解脱出来以便能够通过反省和反思去真正地面对历史尤其是历史真相。伽达默尔指出："所谓历史主义的素朴性就在于它没有进行这种反思，并由于相信它的处理方法而忘记了他自己的历史性。这里我们必须摆脱一种有害于理解的历史思维而要求一种更好地进行理解的历史思维。一种真正的历史思维必须同时想到它自己的历史性。只有这样，它才不会追求某个历史对象（历史对象乃是我们不断研究的对象）的幽灵，而将学会在对象中认识它自己的他者，并因而认识自己和他者。真正的历史对象根本就不是对象，而是自己和他者的统一体，或一种关系，在这种关系中同时存在着历史的实在以及历史理解的实在，一种名副其实的诠释学必须在理解本身中显示历史的实在性。因此我就把所需要的这样一种东西称之为'效果历史'（wirkungsgeschichte）。理解按其本性乃是一种效果历史事件。"①"效果历史"，是本人追随伽达默尔教授的脚步、摸索前进所达致的一个重要目标；自此之后，我将暂时告别伽达默尔教授而独自前行。

从效果历史的观点看，不仅先秦儒学——汉唐新儒学——宋明新儒学——现代新儒学的思想/学术路线图和家族谱系是一种历史的实在，而且儒家思想自身的哲理化/哲学化、神学化/宗教化和技术化/科学化的历史进程是儒家思想与人们的日常生活世界渐行渐远以至于变得敌视人了的根本原因也是一种历史的实在，或者准确地说，都是历史理解的实在；那么，这样也就存在着更多的可能性，诸如：在儒学思想自身的哲理化/哲学化、神学化/宗教化和技术化/科学化的历史进程的宏大叙事之外，也许还存在着某种本诸个人化的发展路径和历史进程，或可名之曰"儒学的学问化/人格化进程"。窃以为：所谓"儒学的学问化/人格化进程"，是指以原始儒学的"为仁由己"的为己之学为志向、反身追问自己的生命价值和生活意义为旨归的学问；通过好学善问或曰"博学而笃志、切问而近思"（子夏语）不断塑形"恭、宽、信、敏、惠"乃至"温、良、恭、俭、让"以至于"仁、知、勇"之君子人格并以"己所不欲，勿施于人""己欲立而立人，己欲达而达人"自我实现和自我确证之，最终通过"修己以敬"推己及人

---

① 伽达默尔：《真理与方法》（修订译本），洪汉鼎译，商务印书馆 2007 年版，第 407～408 页。

至"修己以安人"乃至"修己以安百姓"，实现理想人格——理想政治——理想社会间良性互动那样一种个人全面发展的历史进程。在我看来，孔子在《论语》中与弟子们讨论的"君子"乃至"理想人格"并非一种理论悬设，而是每一个人只要愿意就可以去做的行为操守指南，从而也就是与每一位读者密切相关且良性互动的"他者"；在这里，直接诉诸个人的感觉经验和感性能力，因此而没有概念辨析而是教你如何做人做事，没有神灵恫吓而是劝善诫恶，没有校注虫鱼而是坦言直白，甚至"欲"也不是万恶之源而是价值之源（子曰："仁远乎哉？我欲仁，斯仁至矣。"《论语·述而》，下引此书，只注篇名），以至于仅凭自己本性的力量就可以自我实现和自我确证自己的生命价值和生活意义。[①] 因此，明遗民总结明亡教训，率以"孔门授受，只在彝伦日用讨归宿，绝不于此外空谈本体、滋高明之惑，只此是性学"（刘宗周语）、"士不先言耻，则为无本之人；非好古而多闻，则为空虚之学。以无本之人而讲空虚之学，吾见其日从事于圣人，而去之弥远也"（顾炎武语）、"奈何今之言心学者，则无事乎读书穷理；言理学者，其所读之书不过经之章句，其所穷之理不过字义从违。……自附于所谓道学者，岂非逃之愈巧乎"（黄宗羲语）、"饮食男女皆义理所从出，功名富贵即道德之攸归。……确尝谓：人心本无天理，天理正从人欲中见；人欲恰好处，即天理也。向无人欲，则亦并无天理之可言矣"（陈确语）为拯偏救弊且拨乱反正、挽狂澜于既倒之关钥[②]，直可谓开先戴震、先得我心矣。

由于儒家思想自身的学问化／人格化进程以志学反问、教学相长的个人化形式实现并以成就德性、塑形人格的方式完成且通过经世致用、经邦济世的社会实践表现出来，因此，既无学术流派、思想谱系之源流互证，也无宗派门户、大师大德之桃李芬芳，以至于传世论著、事迹遗址也乏善可陈，其存在的合法性亦难获得证明。但是，一个不争的历史事实就是：在中国历史尤其是民族国家生死存亡之际，总是有一些人挺身而出、肩担道

---

① 详细论述和具体表达见拙著,有兴趣者可参见陶清:《性学研究·中国传统学问的自我体认和诠释》,南方出版社2000年版。

② 详细论述见拙著,有兴趣者可参见陶清:《明遗民九大家哲学思想研究》,台湾洪叶文化事业有限公司1997年版。

社会儒学基本理论

义，成为后世敬仰的仁人志士、民族英雄，而这些英雄人物的成长与原始儒学的君子人格或不无关联。或者说，儒家的启发式教育、潜移默化的教化，以及好学自讼、为仁由己、见贤思齐、孝弟为本、知耻不辱、讷言敏行、见利思义、正己正人、朝闻夕死，或于英雄品性、君子人格的塑形亦有力焉；"子以四教：文、行、忠、信"，"子之所慎：齐、战、疾"，"子不语怪、力、乱、神"，"子曰：饭疏食饮水，曲肱而枕之，乐亦在其中矣。不义而富且贵，于我如浮云。"（《述而》）或于高级需要、理性精神、高尚人格、崇高价值的培养不无必要；先有"曾子曰：可以托六尺之孤，可以寄百里之命，临大节而不可夺也。君子人与？君子人也。""曾子曰：士不可以不弘毅，任重而道远。仁以为己任，不亦重乎？死而后已，不亦远乎"（《泰伯》）的弟子之矢志不移，以后也就有"为天地立心，为生民立命，为往圣继绝学，为万世开太平"（张载语）和"先天下之忧而忧，后天下之乐而乐"（范仲淹语）以及"自古人生谁无死，留取丹心照汗青"（文天祥语）"苟利国家生死以，岂因祸福趋避之"（林则徐语）的后学之壮怀激烈，或于儒家君子人格的仰慕传承不无关联。如果说，孔门师弟、后学私淑、英雄豪杰"俱往矣。数风流人物，还看今朝"（毛泽东诗词）；那么，在当下的全球化时代，儒家思想自身的学问化/人格化进程还能否继续延展以至于发皇光大？全球化时代，真的就是告别宏大叙事、放逐理想主义的后现代吗？以理想道德转移人心的儒家学问，是否必然因君子道消、史诗隐匿而告终结？让我们去请教马克思。

从人自身存在和发展的宏观视野，马克思将人类历史理解为三大社会形式或曰三个阶段，指出："人的依赖关系（最初完全是自然发生的），是最初的形式，在这种形式下，人的生产能力只是在狭小的范围内和孤立的地点上发展着。以物的依赖性为基础的人的独立性，是第二大形式，在这种形式下，才形成普遍的社会物质变换、全面的关系、多方面的需要以及全面的能力的体系。建立在个人全面发展和他们共同的、社会的生产能力成为从属于他们的社会财富这一基础上的自由个性，是第三个阶段。第二个阶段为第三个阶段创造条件。因此，家长制的、古代的（以及封建的）状态随着商业、奢侈、货币、交换价值的发展而没落下去，现代社会则随着这些东西同步发展起来。"① 个人体会：当下的全球化时代，仍然是处于"第二大形式"的现代社会阶段；而当前人类面临的全球性问题以至于资源短缺、环境恶化乃至道德沦丧、伦理崩塌、人心不古、物欲横流等全球化危机，乃是"以物的依赖性为基础的人的独立性"仍然沿着开启现代化之门的不二道路任性延展，以至于"交换价值"成为核心价值、"商业"成为唯一交往关系、"奢侈"成为成功人士的唯一标志和"货币"成为无所不能且为所欲为的唯一神圣。显而易见，这样的"现代性"只能批量复制"单向度的人"和造就"市场至上"以至于"市场凯旋"之物欲狂欢，而不可能培养和造就"普遍的社会物质变换、全面的关系、多方面的需要以及全面的能力的体系"，更无论"个人全面发展和他们共同的、社会的生产能力成为从属于他们的社会财富这一基础上的自由个性"；也许，古人尤其是孔门师弟视不义而富且贵如浮云从而不为物役的价值观，尤其是"邦有道，贫且贱焉，耻也；邦无道，富且贵焉，耻也"（《泰伯》）的道义至上的价值观，更多地体现了"人是目的"这一高尚的、终极的价值理念。"因此，古代的观点和现代世界相比，就显得崇高的多。根据古代的观点，人，不管是处在怎样狭隘的民族的、宗教的、政治的规定上，总是表现为生产的目的，在现代世界，生产表现为人的目的，而财富则表现为生产的目的。事实上，如果抛掉狭隘的资产阶级形式，那么，财富不就是在普遍交换中产生的个人的需要，才能，享用，生产力等等的普遍性吗？财富不就是人对自然力——既是通常所指的'自然'力，又是人本身的自然力——的统治的充分发展吗？财富不就是人的创造天赋的绝对发挥吗？这种发挥，除了先前的历史发展之外没有任何其他前提，而先前的历史发展使这种全面的发展，即不以旧有的尺度来衡量的人类全部力量的全面发展成为目的本身。在这里，人不是在某一种规定性上再生产自己，而是生产出他的全面性；不是力求停留在某种已经变成的东西上，而是处在变易的绝对运动之中"②。

---

① 马克思：《经济学手稿(1857～1858)·导言》，《马克思恩格斯全集》第30卷，人民出版社2002年版，第107～108页。

② 马克思：《经济学手稿(1857～1858)·导言》，《马克思恩格斯全集》第30卷，人民出版社2002年版，第479～480页。

窃以为：在我们民族的历史上，也许曾经有过那样一种情形：老师"默而识之，学而不厌，诲人不倦，何有于我哉"（《述而》），教导学生则"不愤不启，不悱不发。举一隅不以三隅反，则不复也"（同上），学生请教"为仁之目"则曰"非礼勿视，非礼勿听，非礼勿言，非礼勿动"（《颜渊》）、请问"为仁之事"答曰"出门如见大宾，使民如承大祭；己所不欲，勿施于人；在邦无怨，在家无怨"，请教者即便"不敏"也能"请事斯语矣"（同上）；这样的教育方针，难道不是有利于受教育者的德性与智慧以及德行操守、高级需要和践行能力的全面发展吗？在我们民族的历史上，也可能有过这样的历史场景："昔者孔子曰：'大道之行也，与三代之英，丘未之逮也，而有志焉。夫大道之行也，天下为公，选贤与能，讲信修睦。故人不独亲其亲，不独子其子；使老有所终，壮有所用，幼有所长。其不幸不全于天者，皆有所养。男有分，女有归。货恶其弃于地也，不必其藏于己；力恶其不出于身也，不必为己。是故纤蠹尽闭，至理聿臻，故外户而不扃，质实而无伪，是谓大同。'夫以禹、汤、文、武、周公之治为小康，而以此为大同。可见雍熙之盛，非有奇谟异术也"①；这样的历史场景，即使只是在物质生产力低下从而物质财富匮乏的历史初始条件下的情景因此是不可持续的历史碎片甚或历史记忆，难道不是值得我们为之奋斗的社会理想吗？难道只有人均 GDP 数千乃至数万美金之量化指标的达到，才能算得上是"小康""大同"吗？马克思说："一个成人不能再变成儿童，否则就变得稚气了。但是，儿童的天真不使成人感到愉快吗？他自己不该努力在一个更高的阶梯上把儿童的真实再现出来吗？在每一个时代，它固有的性格不是以其纯真性又活跃在儿童的天性中吗？为什么历史上的人类童年时代，在它发展的最完美的地方，不该作为永不复返的阶段而显示出永久的魅力呢？"②导师的教诲，为我原本黯淡的内心世界投入一缕阳光；也许，孔子向往的践仁希圣乃至再现"三代之治"的良辰美景，尚有一线生机？也未可知。因此，在下以为：在全球化的语境下，放逐理想、嘲弄人格、

---

① 朱之瑜：《朱舜水集》卷六，《书简三·元旦贺源光国书八首》，中华书局 1981 年版，第 113 页。
② 马克思：《经济学手稿（1857～1858）·导言》，《马克思恩格斯全集》第 30 卷，人民出版社 2002 年版，第 53 页。

泯灭良善、耻言仁义从而重蹈历史虚无主义覆辙，抑或亦是全球性问题迭出、全球化危机濒临的原因之一；所以，我相信：人类若想自我拯救，不能不返诸人类自己的古老智慧，儒家思想自身的学问化/人格化进程也就不可能不一阳起复乃至国人好仁如好色以至于推及天下，从而能以与儒学思想自身的哲理化/哲学化、神学化/宗教化和技术化/科学化的历史进程的惯性延续一起，为全球化时代的人们特别是人们对于自己的生命价值和生活意义的追求，提供自我实现和自我确证所必需的思想理论支持和心理文化支撑，这实际上也就是我的儒学发展观。我的儒学历史观和儒学发展观合称为"我的儒学观"，以表达本人关于儒学历史的反省和反思基础上的关于儒学未来发展的省察和沉思的个人立场和观点；直接引用伽达默尔教授的诠释学研究成果和马克思对于人类历史的思想贡献，是本人多年来坚持以中国传统文化、西方文化传统和马克思思想三者间的良性互动和综合创新范式指导自己的研究工作的本来应有之义①，也是个人所信奉的实现中国传统文化的现代化的不二法门和必由之路。

社会儒学基本理论

---

① 关于这一研究范式的具体论述，有兴趣者可参见陶清:《"经典诠释学"与"经学诠释学"·兼与魏长宝同志讨论》,《哲学动态》2006 年第 11 期。

儒家社会伦理思想简论

王国良

（安徽大学哲学系）

摘 要： 先秦儒家除了强调家庭血缘伦理、亲情伦理之外，还大量论述了人人都应该遵循的社会道德伦理，如义以为上、立己达人、和而不同等等。这些道德伦理在中国传承几千年，已经成为中国人尊崇的优秀品格，为广大人民所喜闻乐见，成为人民辨是非、论善恶的基本依据，对中国人的基本价值观、对中华民族的民族精神的形成产生极为深刻的影响。这些道德伦理就是居于"九夷之地""蛮貊之邦"也不能放弃，是"放之四海而皆准"，现在依然普遍适用于中外，是真正的值得向全世界推广的普世价值。本文从个体品德、社会伦理、政治职业道德、现代价值四个方面试作论述。

关键词： 个体品德 公共伦理 普世价值

先秦儒家孔子、孟子、荀子提出了许多社会道德伦理范畴，如义以为上、立己达人、和而不同等等。这些道德伦理在中国传承几千年，已经成为中国人尊崇的优秀品格，为广大人民所喜闻乐见，成为人民辨是非、论善恶的基本依据，对中国人的基本价值观、对中华民族的民族精神的形成产生极为深刻的影响。然而，一段时期以来，有人认为儒家提倡的道德伦理大部分属于血缘伦理、亲情伦理，只能适用于传统的乡村社会，不能适用于现代的市民社会、公民社会；或者说，儒家伦理最多只能适用于"熟人社会"，对我们现代越来越广泛涉及的社会领域、"陌生人社会"则逐渐

149

失去有效规范价值。但是，细检先秦儒家文献经典，我们不难发现，儒家除了突出强调家庭血缘伦理、亲情伦理之外，还大量论述了人人都应该遵循的全社会道德伦理，这些道德伦理就是居于"九夷之地""蛮貊之邦"也不能放弃，是"放之四海而皆准"，现在依然普遍适用于中外，是真正的值得向全世界推广的普世价值。本文从个体品德、社会伦理、政治职业道德三方面试作论述，以求教于学界。

一、个体品德

春秋时期社会的动荡变革产生出新的社会内容。这种新内容主要有以下三点：其一是个人逐渐挣脱宗族体系的束缚而获得不同程度的独立与解放。都市文明与商业文明的迅猛扩张与发达，给人们提供多样化的就业机会和生活道路；其二是突出人的作用与能力的人文精神的勃兴；其三是人们开始探索与追求人的新品格、新人生观，新的价值观念不断涌现并逐渐流行。社会关系的丰富需要人们"信以为本，循而行之"（《左传·昭公元年》），人应该具备"敬、德、仁"（《左传·僖公三十三年》）的品格，"德义、利之本也"（《左传·僖公二十七年》）。晋国的张老推荐魏绛为卿，因为他具有"智、仁、勇、学"四种新品格（《国语·晋语七》）。赵孟解释他提出的"忠信贞义"为"临患不忘国，忠也；思难不越官，信也；图国忘死，贞也；谋主三者，义也"（《左传·昭公元年》）。这些新品格的细目不断增多，"敬、忠、信、仁、义、知、勇、教、孝、惠、让"（《国语·周语下》）。随着观念的传播和普及，这些品格逐渐被确立为人的基本道德规范。

以上新时代精神内容的三个方面是同时性的，是相互渗透的、相互作用的时代统一体。这些新时代精神的磅礴四溢造成了一个新的社会氛围，形成创立公共道德规范和新理想人格的前提和依据，先秦儒家就是在此基础上顺应时代的要求创立了新伦理观、新价值观。

（一）自强不息

先秦儒家将依靠自己的有为进取精神视为成就个体品德的重要途径，这是理解儒家个体特征的关键所在。没有个体的积极努力奋发，就不能获得较高的道德修养，更不能达到完美的理想境界。因此个体自强不息的有为精神是君子必备的最基本品格。

孔子提出"君子求诸己，小人求诸人"（《论语·卫灵公》）的论断，可说是第一次把是否依靠自己作为一个界标来区分君子与其他类型的人。孔子在这里提出的"求诸己"，看起来是对君子的要求，实际上适用于任何个人。在这一论断中包含着对个体自觉自主的意识和信念，包含着对个体力量的自我理解和体认。从这里可以看出儒家的基本立场，作为君子，必须自己承担完善自己提高自己的责任，不能依靠别人，别人代替不了自己，即，"为仁由己，而由人乎哉！"（《论语·颜渊》）"我欲仁，斯仁至矣"（《论语·述而》）。孟子认为"祸福无不自己求之者"（《孟子·公孙丑上》），"求则得之，舍则失之，是求有益于得也，求在我者也"（《孟子·尽心上》），同样是突出个体自决的意义。这就需要开发自己的潜在力量，培养提高自己的能力，"君子病无能焉，不病人之不己知也"（《论语·卫灵公》），只要使自己的能力得到自觉充分的发挥，就能够达到理想目标，因为"人能弘道，非道弘人"（《论语·卫灵公》）。在这方面不须仰仗外在的权威，"文王既没，文不在兹乎"（《论语·子罕》），"待文王而后兴者，凡民也。若夫豪杰之士，虽无文王犹兴"（《孟子·尽心上》）。同样也不能依能依赖天然环境的作用，"君子敬其在己者，而不慕其在天者，是以日进也；小人错其在己者，而慕其在天者，是以日退也"（《荀子·天论》）①。所以儒家认为权威与环境并不能决定你是否具有高尚品德，根本的决定因素还在于你自己的不断奋发努力争取。"譬如为山，未成一篑，止，吾止也；譬如平地，虽覆一篑，进，吾往也。"（《论语·子罕》）人不但要依靠自己，而且要不断进取。人与人的差异同样通过是进不是止的选择而区分高下。"君子与小人之所以相县者，在此耳。"（《荀子·天论》）由此可见，积极进取是人人都应该具备的品格，孔子就主张积极进取，"与其进也，不与其退也"（《论语·述而》）。

---

① 有必要指出的是，儒家并不否认环境的"注错习俗"的作用，如"蓬生麻中，不扶自直"等等，但儒家认为环境也依靠人的主动选择，如"里仁为美，择不处仁，焉得智"等都是突出人对环境的主动选择。

儒家社会伦理

然而，积极进取作为个体的品格，并不是偶尔的跃进，这种追求努力必须是一个不间断的过程，如果停止或到一定程度就放弃追求，那么固然可以有一定成就，但进取的品格却难以保持了。因此孔子、孟子、荀子都突出个体的努力追求是一恒久息的过程。孔子本人树立了这种君子风范，"其为人也，发愤忘食，乐以忘忧，不知老之将至"（《论语·述而》），甚至"知其不可而为之"（《论语·宪问》），孟子也强调坚持不懈的意义，"有为者辟若掘井，掘井九轫而不及泉，犹为弃井也"（《孟子·尽心上》），因此要专心致志，不能"一日暴之，十日寒之"。荀子总结并大大弘扬了儒家的发奋进了精神和"学能成圣"的信念，认为要相改革自己的现状，"其唯学乎"（《荀子·儒效》）。《荀子·劝学》第一句是"君子曰：学不可以已"。荀子继续孔学传统，把不停地学习进取视为一条提高人类的原则，把人看作是处在不停地变化发展和向上的过程中，"必至乎没而后已"，荀子甚至把是否积极进取提到人禽之辩的高度来认识，"学数有终，若其义则不可须臾舍也。为之，人也；舍之，禽兽也"（《荀子·劝学》）。

学习、进取可以使人不断突破狭窄有限的眼界的限制，不断提高自己，超越自己，一旦停止，就会受到有限的控制，因此要"锲而不舍"。"真积力久"，只有不断"修身自强"，才能够"名配尧、禹"（《荀子·修身》）。《易经·乾卦·象传》中提出的"天行健，君子以自强不息"，就是以凝练的语言揭示了君子依靠自己不断发奋有为了崭新品格。君子只有通过自强不息的进取途径，才能达到志意修、德行厚、知虑明、功业美的光辉境界。

（二）独立意志

具有自己的独立意志是儒家个体的第二个自我特征。意志表征个体的价值定向，表明个体只愿意按照自己认可的原则办事，不愿意屈就自己按另外的原则行事。因此，意志实现的程度表明个体自由的程度。个体人格的尊严也是由独立意志来表现，"笃志而体，君子也"（《荀子·修身》）。孔子说"三军可以夺帅，匹夫不可以夺志"（《论语·子罕》），就是把个体之志看得比三军之帅还要重要，三军无统帅则群龙无首，不战自乱，但个体丧失意志无异于丧失灵魂。所以儒家把个体意志视同生命，必要时为了坚定地实现意志可以超越生命。

社会儒学论丛（第一辑）

但个人的独立意志不是盲目地坚持一己之偏见私见，一味地狷狭狂傲，而是以理性选择为前提，个体意志是建立在价值判断基础上，只有通过具体内容如立身行事的法则理想表现出来。孔子经常要学生"各言尔志"，就是要他们表述各自人生理想和价值观念。个体的理性进取就是为了达到和完善自己的理想，个人的意志就表现为坚持自己的理想与价值观。儒家君子的意志就表现在"志于道"（《论语·述而》），志于仁义，孟子要士高尚其志，志就是仁义①。儒家把仁义之道的追求同时看作是对个体独立意志的砥砺，因此注重个体节操。

（三）义以为上

儒家判断是非有一个标准，即"义以为上"，见利应该思义，义就是达宜正当的行为②，衡之于利欲，应是"可欲之谓善"（《孟子·尽心下》）。"无欲其所不欲。"（《孟子·尽心上》）如果"非其有而取之，非义也"（《孟子·尽心上》）。"君子喻于义，小人喻于利。"（《论语·里仁》）

物质利欲不能有损个体品格，权威势力、外在诱惑也都不能改变个人意志的坚定性，君子应该"当仁不让于师"（《论语·卫灵公》）。"乐其道而忘人之势"（《孟子·尽心上》），志意修、道义重则可以轻王公。"富贵不能淫，贫贱不能移，威武不能屈。"（《孟子·腾文公下》）只要个体选择正确，行为光明正大，就"难狎"，"难胁"，就能够做到"不诱于誉，不恐于诽，率道而行。端然正己，不为物倾侧"（《荀子·非十二子》）。这就不愧为"诚君子"。

如果君子坚持正义。无所畏惧，在命运攸关的重大问题上不改变志向，个体的意志就升华为崇高的气节：

> 志士仁人，无求生以害仁，有杀身以成仁！（《论语·卫灵公》）
> 生，亦我所欲也，义，亦我所欲也；二者不可兼得，舍生而取义者也。（《孟子·告子上》）
> 权利不能倾也，群众不能移也，天下不能荡也，生乎由是，死乎

儒家社会伦理

---

① 《孟子·尽心上》："王子垫问曰：'士何事？'孟子曰：'尚志。'曰：'何谓尚志？'曰：'仁义而已矣'。"
② 《中庸》：义者，宜也。

由是，夫是之谓德操。(《荀子·劝学》)

义之所在，不倾于权，不顾其利，举国而与之不为改视。重死持义而不桡，是士君子之勇也。(《荀子·荣辱》)

气节是君子独立意志的充分发挥，是个体自由的真正实现，是堂堂正正的儒家人格价值的顶峰，天见其明，地见其光。

（四）"反求诸己"的精神修养

儒家个体注重精神修养，即"内省"与"反求诸己"。

孔子提出"君子道者三"，即"仁者不忧，知者不惑，勇者不惧"（《论语·宪问》）。孔子认为君子是否具有"仁、知、勇"的品性，并不在于别人是否认可，"人不知而不愠"。主要在于自己的自我认同和反思，这就是通过"内省"来衡量。具有"仁、知、勇"的品性的表现是不忧、不惑、不惧，显而易见，忧、惑、惧都是人的情感方面的软弱因素，是自我意识不确定、缺乏信念与意志的表现。但只要经过自我反思和理性的疏导，确认自己努力追求了理想品格，就可以克服情感上的软弱因素。即"内省不疚，夫何忧何惧"（《论语·颜渊》）？"不疚"就是没有自愧之处，从而建立起理性基础上的心理平衡。因此，孔子认为君子应该"不怨天，不尤人"，而是经常"内自省""内自讼"，"自厚"，"吾日三省吾身"。

内省是个体心理机制的自我调节修养过程，目的是保持精神境界的充实饱满，不受外在之物的支配，"内省而外物轻"，坚持个体存在的意义和价值，不忧不惧，无适无莫，"君子坦荡荡"，这不是一种无原则的无我境界，而是一种自我确认的弘毅精神。"仁者不忧"是因为"刚、毅、木、讷，近仁"（《论语·子路》），仁具有个体的刚健乐观的品格内容，"仁者乐"。理性精神的扩充使个体显示刚健明朗的精神，充实而有光辉。我们知道，春秋时期是一个忧患氛围笼罩下的时代。社会的变动，传统观念的动摇和人们安全感的丧失，使社会各阶层都处于忧患、迷惘与失落的情绪中。[1] 孔子以内省的方式肯定个体的意义与存在价值，使个体建立自我内心

---

[1] 诗三百篇,言及忧怨悲哀之诗竟达一百多首,便是这种时代气氛的最好明证。

境界的充实，具有极大的历史意义。它使个体在忧患与动乱中不会陷入宗教神秘主义的情绪体验，不会去追寻和依归外在神力，而是凭借个体坚定的理性去克服忧患①，净化迷惘恐惧的情绪，并将其转变为刚健乐观的精神。所以君子的内心境界不是忧，而是饱含生命意义的乐②。

孟子上承孔子，提倡君子应该"反求者己"，应该"自反""自得"，反对"自暴""自弃"。孟子认为君子有三乐，其中之一是"仰不愧于天，俯不怍于人"（《孟子·尽心上》），这就是内省不疚，感到精神充实，因此是"反身而诚，乐莫大焉"（《孟子·尽心上》）。君子之乐并不在于广土众民与王天下，而在于得道而居之安，在于尊德乐义。即使是处于逆境，也能产生"天将降大任于斯人"的理性体验式的乐观精神。孟子把精神修养看作是养气，善养"浩然之气"。孟子的养气看似神秘，实际上就是理性精神与意志的凝聚与扩张，"气，体之充也"（《孟子·公孙丑上》），就是使个体内心境界充实弥满，气发自于志，"至大至刚，以直养而无害，则塞于天地之间。其为气也，配义与道。无是，馁也"（《孟子·公孙丑上》）。气是集义所生的，并且是凝聚意志于其中，因而使个体的内心境界充满正气，使个体人格得到美的高场。

二、社会伦理

（一）立己立人，厚德载物

所谓公共伦理，一般来说就是人们在社会公共领域应该遵循的基本道德伦理规范。先秦儒家对社会道德伦理作了大量论述。在公共社会交往关系中，儒家能从人性相同的原则出发，将别人看作是和自己一样平等的人。因而具有理解和尊重他人的人道精神。孔子提出了君子"可以终身行之"的基本社会交往准则是"己所不欲，勿施于人"（《论语·颜渊》），这是推己及人的行为方式。即根据自己的思想情感意愿去类推他人。自己不愿意

---

① 有的论者认为儒家没有陷入宗都神秘境界是由于把伦常日用心理化，固然有一定道理，但根本原因在于儒家的理性精神导致对个体在意义的自我确证。

② 如"学而时习之，不亦乐乎""贫而乐""智者乐，仁者寿""乐以忘忧""饭疏食饮水，曲肱而枕之，乐亦在其中矣""人不堪其忧，回也不改其乐"等等都是发自生活并超越物质利欲的乐观精神。

的，也勿强求他人。这就是仁的品格体现在社会交往方面的涵义。"夫仁者，已欲立而立人；已欲达而达人"（《论语·雍也》）。这是从正面出发对他人的类推，自己有所树立、有所成就，也要允许别人有所树立、有所成就；或者说，自己有所树立、有所成就，应该有助于、有利于别人有所树立、有所成就，而不是损害别人的成就和利益，表现出君子"厚德载物"的襟怀风度。"君子成人之美，不成人之恶，小人反是。"（《论语·颜渊》）在具体的行为方式上君子应该"温良恭俭让以得之"（《论语·学而》），行"恭宽信敏惠"（《论语·阳货》）于天下。甚至要具备"不念旧恶"（《论语·公冶长》）的宽容精神。孟子也认为："君子莫大乎与人为善。"（《论语·公孙丑上》）这都可以说是"仁者爱人"的原则在社会交往中的运用。使人际关系充满和谐的人情味。

但这并不意味着要君子无原则地讨好取媚他人，君子应该以"贞""直""忠信"立身，"以直抱怨，以德报德"（《论语·宪问》）反对"巧言令色"，不搞虚假表面的一套。对于那些不得罪人的滑头"乡愿"孔孟都斥之为"德之贼也"。

（二）和而不同

儒家在一视同仁地平等宽厚待人的同时，又能在社会交往中坚持个体的独立自主性和正义性。这表现在君子的活动光明磊落，不依附他人："君子周而不比"（《论语·为政》）"君子和而不同"（《论语·子路》），不与某部分人结成小集团、小宗派，而是保持个体交往自主性，"君子矜而不争，群而不党"（《论语·卫灵公》）"人之过也，各于其党"（《论语·里仁》）。孔子所指的党就是某些人结成的小集团，构筑起把集团外的人区分开来的狭隘限制关系。这样就阻碍了人的社会性全面联系的畅通，造成人际关系的紧张，这就是人为之过错，孔子认为君子应该能"群"，即与一切人保持正常和谐的关系，无偏无党，只以公正为原则。"君子之于天下也，无适也，无莫也，义之与比。"（《论语·里仁》）这样君子就不会成为"狭隘人群的附属物"，而是凝社会性与社会关系总和于一身。在广泛的社会联系中保持主体性，即自主和自由的品格，荀子把这品格描述为"君子崇人之德，扬人之美，非谄谀也；正义直指，举人之过，非毁疵也；言己之光美，拟于舜、禹，参于天地，非夸诞也"（《荀子·不苟》）。君子在社会交往中能坚持自主，衡以正义，说明社会关系自由化程度的提高，表现个体不受外在关系控制和束缚的意气风发的昂扬人格，是儒家理性精神觉醒与对价值观念的自我选择确认的统一，即个体的道德实践的主体结构的初步形成。

（三）朋友平等有信

儒家的人际交往中，还有一层"朋友"关系。这是建立在彼此志同道合基础上的平等互助的关系。朋友关系不是固定的，而是可疏可密，可以相互自由选择。君子之交不是以某种利益为关节点，而是以道德志向将彼此联系起来，如孔子要君子"友直、友谅、友多闻"（《论语·季氏》），"无友不如己者"（《论语·学而》）。如果君子多贤友则是一件乐事。孟子认为君子如"友也者，友其德也"（《孟子·万章下》），如果二人德性品格相当，那么"天子而友匹夫"（《孟子·万章下》），只是平等的朋友关系，如果君主的德性不高，那么欲做君子的朋友还不够格，因为以位而论，"则子，君也；我，臣也；何敢与君友也？以德，则子事我者也，奚可以与我友？"（《孟子·万章下》）由此可见君子之交主要是以精神为纽带的高尚的关系。君子之交是为了相互砥砺道德品性，互相帮助，"君子以文会友，以友辅仁"（《论语·颜渊》），"朋友切切偲偲，兄弟怡怡"（《论语·子路》），朋友之间可以相互"责善"，如果看法不同应该"忠告而善道之"（《论语·颜渊》）。朋友之间也要承担责任，即"与朋友交，言而有信"（《论语·学而》）。孔子把"朋友信之"（《论语·公冶长》）作为君子的品行之一。孟子也重视"朋友有信"（《孟子·滕文公上》）的原则。朋友有信虽然是指朋友之间的相互信任，是个体忠直可靠的德性，但却内涵着个体的独立性，以个体能自己决定和主宰自己为前提，这样个体才能对自己的言行负责，不失信于朋友。因此，朋友之间的关系不是一种依附关系，而是彼此独立、平等的关系。

儒家个体在社会交往中的品格与君子的自我品格一样，凝聚和体现新时代精神，表现个体的独立自主的人格和宽容博大的人道情怀。个体的新型品格将不知不觉地参与社会面貌的改变。但儒家认为，改变社会面貌，

儒家社会伦理

157

推动社会发展更主要的是通过政治活动来实现。在人际交往中，君子主要表现主体的道德实践，只有在政治领域，君子才能发挥、彰显自己的品格才能。而且，儒家培养君子才能的主要目标是管理国家公共政务，完成匡世济民之功。

三、政治职业道德

（一）身正忠信

自春秋以来，世卿世禄的垄断政治局面趋于解体分化，现实政权开始向广大的士阶层开放。贵族以外的人士对政治的参与从作为执政者的家臣、陪臣、邑宰而最终发展为由布衣一跃为国家卿相。与此发展态势相一致，儒家要求参政的气魄也愈来愈大，姿态愈来愈高昂，政治观点也愈来愈鲜明。为此儒家也制订了一系列的从政准则和理想，要求参政的儒家人士予以实施。

政治领域是特殊的公共领域，儒家对参加政治公共领域活动也提出一系列规范要求，这些要求在现代依然能够成为公务员的政治职业道德操守。儒家认为，参政（即在政权机构中担任一定职务）的人士首先要做到"身正"，具体表现是"忠信"守职。孔子曾用一双关语说明政治特征，"政者，正也"（《论语·颜渊》），"正"即指为政者自己身正，"苟正其身矣，于从政乎何有？不能正其身，如正人何"（《论语·子路》），只有自己以身作则，才能施令于别人，"其身正，不令而行，其身不正，虽令不从"（《论语·子路》）。孟子荀子也都以"修身"作为从政的基础和起点。儒家认为只要身正就能令行治隆，不免有些简单化，但对于当时许多其身不正、聚敛暴虐的统治者来说，却具有矫正时弊的意义。身正就是自我调整，端正自己，这实际上是君子的自我品格的政治运用。

身正由忠信来体现，忠即忠于职守，并不具有效忠君主个人的意义（但含有对国君负责的意思），而是具有突破氏族宗族框架的社会性的公的行政意义。孔子一再言及"主忠信"，孟子荀子也屡言忠信，所谓"致忠而公"（《荀子·臣道》）。

忠是君子内在方面或自我方面表现的严守职责，信则是从外在方面表现的对君子的视听言动的忠的证实与信赖。信是从政的重要品德，"信则人任焉"（《论语·阳货》），"人而无信，不知其可也"（《论语·里仁》），"其何以行之哉"。对于其他执政者要"信而后谏；未信，则以为谤己也"（《论语·子张》），反而起副作用。对于百姓方面君子应该"信而后劳其民"（《论语·子张》），"民无信不立"（《论语·颜渊》）。荀子以为君子应该"忠信而不庾"，信之与否关系到政治的兴衰，"政令信者强，政令不信者弱"（《荀子·议兵》）。应该说明，政治层面的"信"与社会交往的"信"内涵是一致的。

（二）选贤使能

孔子明确地把"举贤才"（《论语·子路》）列为儒家人士的为政措施之一，"君子尊贤而容众，嘉善而矜不能"（《论语·子张》）。贤者也是善者，"举善而教不能，则劝"（《论语·为政》）。随着政权开放范围的扩大，举贤也愈来愈被强调，孟子倡导"尊贤使能，俊杰在位"（《孟子·公孙丑上》），并力图以尊贤来突破贵胄等级潘篱："贵贵尊贤，其义一也"（《孟子·万章下》），更加推重"尊贤育才、以彰有德"（《孟子·告子下》）的意义。孟子又认为在举贤方面慎重，选拔人才"将使卑逾尊，疏逾戚，可不慎舆"（《孟子·梁惠王下》），在态度上还有些遮掩。荀子在举贤方面的态度，则十分明朗磊落："贤能不待次而举，罢不能不待次而废"（《荀子·王制》），"尚贤使能"（《荀子·王制》）是君子从政三大节之一。隆盛的政治气象表现在"论德而定次，量能而授官"（《荀子·君道》），"尚贤推德天下治"（《荀子·成相》）。任贤使能，不拘一格拔擢人才在当时无疑是具有进步意义的开明政治措施，是从儒家的人的本质共同性理论生发出的必然要求。因而在任贤政策中内在地凝聚着儒家哲学思想的精华。

（三）以民为本，民贵君轻

儒家的政治价值取向是以民为本。儒家力求通过政治来完成"博施于民而能济众"的既仁且圣的伟大功业。孔子认为从政要"节用而爱人，使民以时"（《论语·学而》），"足食，足兵"（《论语·颜渊》）。"庶矣""富之""教之"（《论语·子路》），孟子将仁政表述为"与民同乐"（《孟子·梁惠王下》）。"乐民之所乐""视民如伤"。而且仁政是"兼济天下"的，不仅仅为一国之利。仁政的实质是以百姓人民为轴心，而不是为了执政者利益，"百姓足，君孰与不足？百姓不足，君孰与足？"（《论语·颜渊》）这也就是"民为贵，社稷次之，君为轻"（《孟子·尽心下》）。这都充分表现出仁政的人民性与人道精神。孔孟都反对为君主私利而争城略地的不义战争，反对横政暴敛，反对刑残百姓。这种仁政理想就是在今天仍然闪耀出光辉。具有积极的借鉴意义。

荀子进一步发挥了孔孟的仁政思想，议兵论政，讲王制王霸之道，谋富国强国之策，主张分权、分职、分工。反对聚敛。"聚敛而亡。"其基础是"平政爱民"（《荀子·王制》），利民。"爱民而安。"（《荀子·君道》）

四、儒家社会道德伦理的现代价值

以上我们从个体品德、公共伦理、政治职业道德三个方面面揭示儒家社会道德伦理规范的基本内容与合理价值，这三方面特征是相互联系、相互贯通的整体。儒家倡导的社会伦理规范已经构成中国文化基本价值观，对当代培育和弘扬社会主义核心价值观具有重要意义。自强不息是中国文明史上首次出现的个体新道德、新精神。具有伟大的哲学革命的意义。在中国历史发展中始终起着积极作用，激励历代志士仁人为国家的富强努力奋斗，特别是经历近百年艰辛曲折革命历程考验证明仍然具有先进意义，有助于我们确立道路自信，制度自信，理论自信，文化自信。任何人都要义以为上，凡事"义之与比"，义具有公正的含义，"公正"可以说是"义"的现代用法。"义"者宜也，"行而宜之之谓义"，义具有正当性，适当，恰好，公正，公平等多种含义，经常与仁义、道义合用。儒家个体的独立意志、内省修身、立己立人、和而不同、朋友平等有信等价值观有助于和谐、自由平等、诚信友善的核心价值观的培育。身正忠信、以民为本，无疑有助于爱国敬业精神的践行。儒家选贤任能的政治取向，有助于中国特色的民主制度的建设。现在中国各级政府重要岗位职务的聘用，基本上是通过不同层次的推举和考核来选拔。中国当今的贤能推举制度不断加以改进和完善，通过采取有效的制度措施摒除中国传统贤能推举制度中的弊病与恶习，借鉴当代世界人才选拔体系的优点，从具体实践中总结经验，就能够逐步形成具有中国文化基础和优势的民主制度。

儒家几个基本道德规范剖析

汪霏霏

（山东社会科学院文化研究所）

儒家道德规范论的内容十分丰富，学界大多从类型学角度去把握它，且按照个人与社会两条线路加以归类。王润生把道德分为协调性道德和进取性道德：前者属于用以调整人与人之间关系的社会道德（广义的），它又分为狭义的社会道德（包括社会公德、民族道德、阶级道德、行业道德、朋友道德……）和家庭道德（包含夫妻、父母子女、兄弟姐妹等之间的道德）；后者又称为个人道德，它是指用以维持人类生存和发展的个人品质修养，包括刚毅、勇敢、明智、节制、勤奋、热情、坚忍等。[①] 由于儒家伦理范畴具有极为广泛而深刻的规定性，它尽管有时表示人们应追求的某种德性（德目），但它同时又是比大部分命题更具普遍性的道德规范，因而，许多儒家倡导的道德准则具有较大的适用范围。因此，学术界更习惯用道德范畴来表达儒家道德规范。牟钟鉴《儒学价值的新探索》一书中论及儒家的主要道德规范与道德品质时，就列举了仁、义、礼、智、信、忠、孝、悌、恕、中庸、诚、耻、勇、廉、直、节、志、俭等 18 个范畴，而弓克在谈到新纲常时，把仁、义、勤、勇、智、忠、孝、礼、信、和归结为"十德"。傅永聚等人主编的《中华伦理范畴》丛书实质上也是对儒家道德规范的研究。在该丛书总序中，张立文按照和合学的"三观"说，把中华伦理（主要是儒家伦理）范畴看成是由人心—家庭—人际—社会—世界—自然的

顺序构成的逻辑系统。

应当说，根据个人和社会的路径来划分儒家道德规范和伦理范畴，在一定意义上是合理的，也是可以接受的。但这样做会带来一个最大的问题，就是儒家许多范畴和判断具有极为广泛的适应性、层次性和多样性，如果把它们硬性划归到社会道德、公德或者个人道德、私德之中，就会将它丰富的内容加以割裂。我认为，不妨根据重要性——包括在儒学体系中的学术重要性和现实生活中的实践重要性，把儒家道德规范分为三类：一是核心道德规范，包括仁、义、礼、信、忠、孝、和、勇、中等；二是基本道德规范，包括耻、慈、温、诚、悌、勤、俭、惠、节、恕、直、恭、宽、敏、廉等；三是普通道德规范，包括毅、让、顺、博、刚、贞等。在每一个德目下面，实际上又包括许多较为具体的道德规范。下面我就其中儒家几个基本道德规范做出剖析，不当之处，敬请各位专家批评指正。

一、勤

中华民族素以勤劳勇敢著称于世，在人们眼里，这无疑同深受儒家文化的熏染分不开。在解释日本和亚洲"四小龙"经济腾飞原因时，虽有马克斯·韦伯否认儒家伦理对资本主义的助缘作用，虽有制度派与文化派之争，但一般都不否认正是由于奉行儒家勤劳这一工作伦理，才在一定程度上推动了儒教文化圈国家和地区经济的发展。那么，儒家有关勤德思想到底具有什么特点呢？首先，论述不多。翻遍先秦儒家经典文献，谈论"勤"并不多。只是在《尚书·大禹谟》中说："克勤于邦，克俭于家。不自满假，惟如贤。"其次，儒家之"勤"主要侧重于勤学上。先秦儒家讲得最多的是人为什么要好学、如何好学，如"博学之"①、"笃信好学"②、"发愤忘食"等。孔子批评那种"饱食终日，无所用心"的人难以有所作为。③ 从总体上，儒学更为凸现勤学而不是勤政、勤劳。再次，儒家重勤主要表现在对古帝推崇上。《孟子·滕文公上》讲到"五伦"之起源时，认为舜帝基于

---

① 《中庸》。
② 《论语·泰伯》。
③ 《论语·阳货》。

人们"饱食、暖衣、逸居而无教"而使契为司徒，教以人伦。孟子还称赞大禹"三过其门而不入"的勤政精神①。最后，儒家更多从反面强调勤劳，如"生于忧患，死于安逸"等。也许正是儒家谈勤不多，牟钟鉴在论及儒家主要道德规范和道德品质时，一共列了18条唯独缺少"勤"。② 这里，我们试对儒家对"勤"所言不多作出解释。摩尔根在《古代社会》一书中把勤劳同勇敢、团结、互助作为原始人生活的四种美德。在传统中国社会，由于大自然不可能自动满足人的基本需要，加上生产力水平不高，造成了"短缺经济"，为了生存的需要，人们不得不辛勤劳作，"日出而作，日落而息"，因而勤成为具有普遍必然性的道德品质。故此，儒家觉得没有必要对"勤"加以着力强调。在极度匮乏的传统中国社会，广大劳动人民在艰苦的改造自然和改造社会的实践中锻造出了勤劳品格，并大力倡导勤德。在古代中国，诸如"勤能补拙""一生之计在于勤""忧劳可以兴国，逸豫可以立身""万恶懒为首，百善勤为先""天道酬勤""业精于勤荒于嬉""民生在勤，勤则不匮"等训条普遍流行于世。

在当代中国，倡导儒家克勤克俭、勤奋好学、杜绝淫逸的精神，对于培养人们的勤劳美德，有着很强的现实指导意义。我国正日益走向富裕社会，绝大多数人承受巨大的竞争压力而辛勤工作，但无可否认的是，一些人身上好逸恶劳、奢侈浪费、投机取巧现象不断滋长，严重损害国家的形象。为此，党和国家强调要发扬艰苦朴素作风，并把勤劳勇敢纳入中华民族精神系统中加以倡导。中国当前仍属于发展中国家，仍然需要大力弘扬勤奋学习、勤劳致富、勤政为民等优良传统。对于官员来说，应当学习大禹治水"三过家门而不入"、周公辅政"一沐三握发，一饭三吐哺"、诸葛亮"鞠躬尽瘁，死而后已"的勤政为民精神，发扬愚公移山、精卫填海、勤俭建国精神，发扬尊重劳动的精神。

二、俭

勤是开源，俭是节流，前者是财富之源，后者则是对财富、资源的正

---

① 《孟子·离娄下》。

② 牟钟鉴:《儒学价值的新探索》,齐鲁书社 2001 年版。

当利用和合理节制，因而二者经常连用。同勤德不同，儒家就俭德论述相对多一些，这主要表现在以下几方面。一是强调俭以养德。"俭以养德"是由诸葛亮明确提出来的。他本人提倡节俭，反对奢侈，认为"夫君子之行，静以修身，俭以养德，非淡泊无以明志，非宁静无以致远"①。先秦儒家对俭以养德的作用似未明确论述，孔子倒是有类似的观念。他指出："道千乘之国，敬事而信，节用而爱人，使民以时。"② 对"节用而爱人"有的解为"节制用度，并且爱护人民"。不过，从前后句来看，似解为"节约用度以爱护人民"更贴近些。在儒家那里，"爱民"是一种政治美德。俭作为美德之一，自然应是仁德的表现，因此，《礼记》讲"俭近仁"。秦汉以后，一些思想家、政治家也对"俭"的意义作过探索，提出了"崇俭兴国"（隋文帝）、"治国之道，节用为先"（张居正）等。二是取之有度。本来，取与俭是两个相反的行为范畴，前者是如何占有财富，后者是如何使用财富。不过，两者也有一定相关性。巧取豪夺、唯利是图一般是为了追求奢侈、享乐。因此，儒家特别重视见利思义、生财有道。从以义驭利价值观出发，孔子讲到富贵如果是可求的，也就是合义的，那么就可以追求，否则宁愿放弃。他说："富而可求也，虽执鞭之事，吾亦为之。如不可求，从吾所好。"③ 孟子不仅提出了"富贵不能淫"的大丈夫气概，还提出如果熊掌与鱼不可得兼，则根据仁义而取鱼。在回答任国人问"礼与食孰重？"时，孟子认为"礼重"。④ 三是适度消费。俭既不是主张像葛朗台守财奴式的图啬，也不是主张禁欲主义，而是消费有度。孔子之所以婉言谢绝了颜路请求他卖掉车子为颜回办棺椁，是因为他认为作为士大夫必须坐车不能徒步。⑤ 孟子也认为"可食而食之矣……食功也"⑥。四是节用反奢。俭总是与节联用，之所以如此，就对内而言，俭即是节制个人欲望，力戒贪欲，不放纵自己；就对外而言，俭就是有节制地合理地使用财物，反对奢侈浪费。一方面，

---

① 《诸葛亮集·文集·诫子书》。
② 《论述·学而》。
③ 《论语·述而》。
④ 《孟子·告子下》。
⑤ 《论语·先进》。
⑥ 《孟子·滕文公下》。

俭必须节约（俭约），节约时间、精力、财物、金钱、机会等，相当于孔子所说的"节用"。另一方面则是反对奢侈浪费。孔子讲："奢则不孙，俭则固。与其不孙也，宁固。"[1] 奢侈是与节俭两种相反的人生取向，要俭就必须反奢，何况孔子认为奢与俭会带来"不孙"（谦逊）与"固"（简陋）两种后果，而简陋毕竟比不谦逊要好。孔子认为，尊礼固然重要，但决不能因礼而奢华，而应厉行节约，他说："礼，与其奢也，宁俭。"[2] 在《论语·子罕》中，孔子又说"麻冕，礼也；今也纯，俭"。荀子亦反对奢侈，倡导节俭，认为粮食大侈，就会让一些人乞讨乃至饿死。[3] 他还谈到节用的基本原则，这就是"节用裕民"[4]、"节用以礼"，并且明确提出"开源节流"思想："故明主必谨养其和，节其流，开其源，而时斟酌焉。"[5] 五是安贫乐道。孔孟均认为追求富与贵是人之大欲，但假如不得不陷入贫困、困顿之中，也应自得其乐，为此孔子提出了所谓"孔颜之乐"。他称赞颜回安于简陋生活的精神："贤哉，回也！一箪食，一瓢饮，在陋巷，人不堪其忧，回也不改其乐"[6]，肯定安贫乐道生活："饭疏食，饮水，曲肱而枕之，乐亦在其中矣"[7]，并表示不害怕简陋："君子居之（九夷），何陋之有？"[8] 可见，只有据道奉行生活简朴的人，才能真正做到节俭。

综上所述，儒家虽然缺乏对俭的系统性论述，但也提出了许多有关俭德的一些闪光思想，由俭以养德、节用爱人、俭近仁、取之有度、节用以礼、孔颜乐处等所组成的儒家俭德规范要求，对人的发展同样具有重要的教育、引导和激励功能。俭以养德，用之对人进行教育，不仅可以培养人的节俭美德，还能促成人养成廉洁、勤奋、重义、节制等德性。同时，在短缺经济的物质贫困时代，节俭是人赖以生存的重要方式，也是立业兴国

① 《论语·述而》。
② 《论语·八佾》。
③ 《荀子·荣辱》。
④ 《荀子·富国》。
⑤ 《荀子·富国》。
⑥ 《论语·雍也》。
⑦ 《论语·述而》。
⑧ 《论语·子罕》。

的重要策略，正是在尚俭文化的长期教化下，中华民族形成了勤俭持家、勤俭建国的优良传统。在今天，物质生活富足了，一部分人先富起来了，然而由于缺乏正确的价值观引导，部分人出现了畸形消费、奢侈性消费，大手大脚、奢侈浪费极为严重，有的人还以扩大内需为由，追求非理智的消费，把节俭视为现代化的阻碍。诚然，发展市场经济、提高生活质量应鼓励人消费，但凡事都有一个度，过与不及均不好，消费必须遵循合理的尺度。我国毕竟人均收入还不高，几千万人还未脱贫，生态失衡，尤其是社会资源和自然资源总是相对匮乏，这就要求我们要发扬儒家尚俭精神，注意厉行节用、节俭，反对奢侈。特别是中国仍处于现代化未发达阶段，为了积累生产资金，为了教育、医疗投资，我们每个人也应厉行节约。要知道，二战以后正是由于日本奉行儒家节俭反奢伦理，才在某种程度上促进了后来的经济起飞。

三、节

节总是与俭联系紧密，如节俭、节用、节约等。不过，我认为，节是一个更为根本的伦理范畴。对内来说，如果没有节，或者说缺乏对欲望的节制，有时难以做到俭约；对外来说，如果没有节度、节制、节约，就难以实现俭。况且，一个人的道德自律实际上表现为人对私欲的节制，所谓道德心即是人的节制心。不过，遗憾的是，儒家似乎未将"节"作为一个完整独立的德目凸现出来，"节"一般是在与别的字连用时表达某种理性的合宜的态度和行为，如节俭、节简、节养、节约、节制、节用、节省、节度等，唯一例外的是荀子说过"士大夫莫不敬节死制"①。儒家之节大致有三层意思。一是节制，也就是对个人欲望和行为的适度控制。这一点除上述外，有子认为"知和而和，不以礼节之，亦不可行也"②。不以礼节制致和行为，那也行不通。孟子在论及"四德"时也谈起过"节制"。他说："礼之实，节文斯二者弗去是也。"③ 礼的实质就是对仁义进行节制和文饰。

---

① 《荀子·王霸》。
② 《论语·学而》。
③ 《孟子·离娄上》。

这显然是外在之节，只是由于它对仁义道德的调节而具有伦理价值。当然，把节当作一种伦理化行为加以强调，主要是荀子，他在《荀子》一书中多处提到节用，如"节用而强本""节用裕民"等。二是礼节。这也就是来源于上述有子和孟子"节制"之语。同时，《论语》也在子路遇见隐者仗荷老人时讲到，子路认为"长幼之节，不可废也"①。可以看出，子路所讲的"节"也是"礼节"的意思。三是一种人格操守，即气节，它是一种不为外界所动的坚强意志，是一种能够运用理智对自己的私欲和行为进行抑制的道德自律精神。节操，即是一种信守道义不为外界所动的恒心、耐心，一种保持人格独立的精神力量，如同曾子所言"临大节而不可夺也"②。这是一种为某种信仰而献身的意志品质，包括气节、节操、贞节等。

儒家节德观念尽管较为零散，它对人发展的作用却不可小视。首先，它有助于造就人的节制心，助成人的道德自律意识，培养人的忍让观念。尤其是在当代中国，随着社会经济的发展，人面临着金钱、权力、美色、财富、名誉、地位等各种诱惑，一些人物欲横流，纵欲过度，唯利是图，对自然资源进行掠夺性开发，带来生态失衡、权钱交易、权色交易、卖淫嫖娼、制假售假等一系列社会问题。这些迫切要求我们汲取儒家节德思想的精华，加强节制教育，提高人的自律能力。其次，它有助于培养人的道德节操。在传统中国重节文化的影响下，中国士（知识分子）形成了重气节轻名利的优良传统，一大批仁人志士和革命先烈临危不惧、坚守民族大义和个人气节，做到"富贵不能淫，威武不能屈，贫贱不能移"。不错，由于深受封建礼教的束缚，在旧中国产生了一批节女、节妇，封建官府也为表彰她们立了不少贞节牌坊，这些无疑在某种意义上是对人性的摧残。但无论如何，即使是现在，夫妻间的忠诚（不二），坚守名节气节，防止过分放荡（一杯水主义），总是值得肯定的。《周易》曰："节，亨，苦节，不可贞。"节制而又适度，则万事通达。死守名节和毫无节操，都是不可取的。再次，它有助于遵循可节制性发展模式。儒家不仅强调个人的节制品德，

① 《论语·微子》。

② 《论语·泰伯》。

也在国家层面强调节用、节俭。无节制则无可持续性发展。人的欲望是无止境的，俗话说"人心不足蛇欲象"，人的幸福是一种主观感受，它是会"水涨船高"的。虽然当代我们不主张一味节衣缩食，但也不能过分地贪大、贪优、贪多。荀子说得好："人生而有欲，欲而不得，则不能无求，求而无度量分界，则不能不争，争则乱，乱则穷。"① 一个国家和社会无论怎么发达，资源总是相对有限的，这就要求对人的欲望和需要进行度量划界，防止欲望过度膨胀（节欲），以免引起人世间的争斗、混乱。

四、恕

在儒家那里，恕总是与忠联结在一起，但含义有所不同。假如说"忠"是讲尽心、尽己、尽力、诚心的话，那么"恕"就是将心比心、推己及人。曾子认为孔子所说的一贯之道即是"忠恕之道"②。儒家之"恕"大致可以从三方面加以理解。

1. 恕的含义。可以说，将心比心是"恕"的本义，它是推己及人的道德心理基础，同孟子的恻隐之心、同情之心较为接近。孔子在回答子路问哪一句话可以一辈子奉行时，说"其恕乎！己所不欲，勿施于人"③。所谓恕，即是自己不想要的，不要强加给别人。还有一次是在答问仲弓问什么是"仁"时，孔子说："出门如见大宾，使民如承大祭。己所不欲，勿施于人。"④ 这表明，"己所不欲，勿施于人"作为"恕"道，亦是"仁"的表现。对孔子恕道思想，《礼记》作了继承和发挥。《中庸》讲："施诸己而不愿，亦勿施于人。"《大学》更是提出了"絜矩之道"："所恶于上，毋以使下；所恶于下，毋以事上……。"关于"己欲立而立人，己欲达而达人"，如前所述是属于"忠"还是"恕"历来存有争议。许多人把它当作积极意义上的"忠"而区别于消极意义上的"恕"。由于孔子只是提出"己欲立而

---

① 《荀子·礼论》。
② 《论语·里仁》。
③ 《论语·卫灵公》。
④ 《论语·颜渊》。

立人，己欲达而达人"①。并未说它即是"忠"，这就给我们的理解增添了困难。我认为，把"己立立人，己达达人"同"己所不欲，勿施于人"作为"恕"的一体两面似乎更好些。假如说"忠"是讲尽心尽力、一心一意的话，那么，"恕"是以将心比心为本然情感而对他人的关爱、帮助——立人、容人、宽人。当然，"忠"同样是立人达人容人的仁心根基。忠应该说主要是指对某种事物的坚定信仰、服从、认同。况且，孔子在把"己欲立而立人，己欲达而达人"界定为"仁"后说"能近取譬，可谓仁之方也已"②。能够从自身出发去处理己他关系。这也说明"己立立人，己达达人"同将心比心较为接近。

2. 恕的作用。孔子十分推崇忠恕，这不仅可以从曾子把夫子之道归结为忠恕之道得到证实，也从孔子自己认定"恕"可以一辈子奉行得到证明，同时，这还体现在孔子把"己立立人，己达达人"和"己所不欲，勿施于人"作为"仁德"的展现。我认为，仁固然是全德之称，但忠恕作为处理人际关系（当然忠还有对事业的忠诚）的重要道德规范，最能体现"仁者爱人"的本质。

3. 恕对人发展的当代意义。如果说"己立立人，己达达人"的推广有助于培养人的乐于助人、与人为善的精神品格的话，那么，"己所不欲，勿施于人"的传播与教化则有助于养成人宽以待人、诚以容人的优良品性，虽然后者境界不如前者高，但它是人的底线伦理，在利益冲突日益加剧、交往愈来愈频繁、生存压力较大的社会历史背景下，能够做到"己所不欲，勿施于人"实属不易，正因如此，房龙才写了《宽容》，"己所不欲，勿施于人"才作为金律纳入了《世界伦理宣言》，国内许多人才把它视为座右铭。

五、直

直的内容十分丰富，包括直率、正直等。儒家直道对中国民众和民族心理产生的影响很大，但在学术界也引起了很大争议，主要是"父子相隐"

---

① 《论语·雍也》。
② 《论语·雍也》。

和"以直报怨"两大问题。不妨从以下几方面去把握儒家直道思想。

1. 直的基本含义。在儒学中，"直"当然首先指正直、公道，公正无私为直，它是遵循中道原则而产生的不偏不倚品性。不过，"直"有时也指直率、坦诚和实在，说明一个人性格耿直，凡事不加掩饰、实诚。只有内在的心诚、意诚，才能"从容中道"①，才能真正达到正直。而外在言说的直率并不必然造成正直。正直同直率有很大相关性，但并非必然联结，正直的人不一定遇事必然直率，而直率的人也并不是绝对出于正直。正如荀子所说："是谓是，非谓非，曰直。"②《论语》记载叶公对孔子说："吾党有直躬者，其父攘羊，而子证之。"孔子曰："吾党之直者异于是：父为子隐，子为父隐。直在其中矣。"③ 有的人把这里的"直"训为"直率"。就"子证之"来说，把"直"解为"直率"似无不可，但这样显然不符合父子相隐的义理，况且，直率与正直有所不同，它仅仅是表达一个人的性格，并不一定就是伦理范畴。故此，这一语境中的"直"应理解为"正直"。在这里，隐不隐不重要，重要的是顺乎人的天性与人情，因为父子相隐是出自人的真情表露。

2. 直的道德要求。《老子》说："大小多少，报怨以德。"④ 意思是说以道德报答别人的怨恶。《论语·宪问》上记载："或曰：'以德报怨，何如?'子曰：'何以报德? 以直报怨，以德报德。"同老子人生哲学不同，孔子主张用正直回应仇怨，以道德报答道德。老子道家和西方基督教的以德报怨固然境界甚高，但却过于理想，一般人难以做到，况且，这也会在特定意义上助长人作恶之风（姑息养奸）。以怨报德、不识好歹和以怨报怨，诚然属于不当行为层次，以德报德也是属于正当行为，这实为互惠互利。以直报怨虽比不上以德报怨直观意义上精神境界高，但它较为平实，它从正义观念出发，讲究适度、中道，它既有"本当如此"的意义，也有"应当如此"的含义，你做了对不起我的事，我会按照公正合理原则去对待你，不

---

① 《中庸》。
② 《荀子·修身》。
③ 《论语·子路》。
④ 《老子》六十三章。

社会儒学论丛（第一辑）

自慊，不做作，不饰过，不同流合污（乡愿之人），因而，正直总是同正义内在相关。子张问孔子士怎么做才可以"达"，孔子认为子张所讲的"在邦必闻，在家必闻"是"闻"而不是"达"，他指出"夫达也者，质直而好义，察言而观色，虑以下人。在邦必达，在家必达。夫闻也者，色取仁而行违，居之不疑。在邦必闻，在家必闻"①。这里，孔子严格区分了"闻"与"达"的界线，认为前者假仁求名，达者则秉义正直，惟义是从。

3. 直道的意义与作用。孔子肯定了直道而行可以服人。他在回答鲁哀公问怎样才能使民众信服、服从时说："举直错诸枉，则民服；举枉错诸直，则民不服。"② 使民服的为政之道是提拔重用正直的人，也就是扶正祛邪。孔子还强调为人正直可以幸运善终。如前所说，围绕"父子相隐"问题当代中国学术界展开了激烈论辩。刘清平等人认为，不论是孔子提出来的"三年之丧"、由孝悌到泛爱众、父子互隐，有子所说的"孝亲为大"，还是孟子所讲的大舜"窃负而逃"和"封之有痹"，均体现了血缘亲情，是一种家族团体本位，孔子把父慈子孝的特殊亲情置于诚实正直的普遍准则之上，它必然同泛爱、推恩相矛盾，也会牺牲社会公正，造成腐败。而郭齐勇等人认为"父子相隐"不仅符合当时的民间习俗，也为当时上层社会的伦理体系所肯定，同时，它也符合特殊、具体的道德情感。③ 对于争论双方的是非曲直这里不想多作评论，只想就直道与"亲亲相隐"作一辨析。就"诚"而言，如果说"子证之"是诚实的话，那么，在孔子看来，父子相隐也是一种求真，只不过它是讲符合人间真情，讲究父子血缘亲情这一自然之诚；就"义"而言，揭发父子在某些法理框架下应是"正义"的体现，但在有些国家和地区，父子相隐不仅是符合法理正义的，也合乎伦理正义，即符合由血缘亲情所要求的适宜、合当、正当乃至应当的义行。朱子说："父子相隐，天理人情之至也，故不求为直，而直在其中。"④ 说父子相隐符合至情并且直在其中是对的，但说孔子不求直则是错的。抽象地看，

---

① 《论语·颜渊》。
② 《论语·为政》。
③ 郭齐勇：《伦理争鸣集》，湖北人民出版社 2004 年版。
④ 《四书章句集注·论语集注》卷七。

儒家社会伦理

义子相隐有时是合法的，但不合情理，有时既合法也合情理，有时既不合法又不合情理，一切应依据具体的法理规定而定。至于孔子所讲的"父子相隐"这一正直是否会带来政治腐败，就要看能否将它保持在一个合适的范围之内。最后，我想扼要指出，儒家的直德思想无疑会培养人的正义感、正直品格，它最容易同西方的正义原则接轨（当然要进行一定的转换）的。

六、恭

在古汉语中，"恭"的本义是肃敬、谦逊、有礼貌。《礼记·曲礼》疏注曰："在貌为恭，在心为敬"。相对于"勤"而言，儒家对"恭"的言说较多。儒家恭德思想大致有以下几个特点。

1. 更多的是把它作为君子人格的品质规范加以论述。一是孔子把"恭"当作"九思"之一，说"君子有九思：视思明，听思聪，色思温，貌思恭，言思忠，事思敬，疑思问，忿思难，见得思义"①。从而，"思恭"成为君子必备的行为素质。二是提出"恭道"。孔子评价子产说："有君子之四道焉：其行己也恭，其事上也敬，其养民也惠，其使民也义。"② 显然，这里的"君子"属于德仁兼有的统治者，孔子认为这样的君子既要敬事惠民，使民以义，同时要行为态度谦逊、庄重，把个人修身同外王之道结合起来。孔子弟子称赞他具有"温而厉，威而不猛，恭而安"③ 的人格特质。

2. 强调"恭"的意义与价值。在与其他德目连用时，孔子儒学明确揭示了"恭"的重要性。子贡在回答子禽问孔子每到一个国家听闻政事、是自己求还是别人说与时，说："夫子温、良、恭、俭、让以得之。夫子之求之也，其诸异乎人之求之与？"④ 称赞孔子以恭敬等态度去求取政闻。孔子从礼角度认为"恭而无礼则劳"⑤，谦逊但没有礼貌会使人劳顿。子夏指出，只要做到"敬而无失，与人恭而有礼"，就会"四海之内，皆兄弟"⑥。恭

---

① 《论语·季氏》。
② 《论语·公冶长》。
③ 《论语·述而》。
④ 《论语·学而》。
⑤ 《论语·泰伯》。
⑥ 《论语·颜渊》。

不仅使人有礼，也可使人明礼，故《礼记·曲礼》说："君子恭敬，撙节退让以明礼。"孔子把"恭"作为仁德的表现，认为做到"恭"就会"不侮"。他还讲"能行五者于天下，为仁矣"，那五者呢？这就是恭、宽、信、敏、惠，而"恭则不侮"①，人如果谦恭，就不会招致侮辱。孔子强调要珍惜恭这一仁德。他在回答樊迟问何为仁时，说："居处恭，执事敬，与人忠。虽之夷狄，不可弃也。"②

3. 从知耻、明耻角度倡导恭敬。孔子弟子有子说："信近于义，言可复也；恭近于礼，远耻辱也；因不失其亲，亦可宗也。"③ 一个人谦恭而符合礼节，就会免于耻辱。孔子本人也对"巧言令色足恭"表示同左丘明一样感到羞耻而不以为然。④ 由上可见，孔子及其弟子十分重视恭德的规范意义，认为它是君子人格的基本要素，是为人处世的行为准则，也是治国安民的为政之道。在孔子儒学这里，恭敬两者有时难以分开，可谓大同小异，都是表示一种待人接物的真诚态度，但同时又明确将它们作为不同德目加以使用，如"其行己也恭，其事上也敬""貌思恭……事思敬""居处恭，执事敬"等。朱熹认为恭侧重于待人的容貌，而敬侧重于内在的态度："恭主容，敬主事。恭见于外，敬主乎中。"⑤ 说"恭主容，敬主事"可，说"恭见于外，敬主乎中"似不妥，因为恭也是一种内在谦恭态度，而敬既然是待事也是见乎外的。也许正是恭敬难分，且与礼相连，孟子便把恭敬之心当作礼德的形而上心性本体："恭敬之心，礼之端也。"程明道先生也认为恭敬、忠直通仁体。不过，二程似乎不大重视"恭"，而极力倡导"敬"，并提出了著名的"敬以直内，义以方外"⑥ 的论断，且同朱子一起共同发展了"主敬"学说。

先秦儒家提出来的温良恭俭让、恭近于礼、行己也恭、恭而安、恭而有礼、居处恭、恭则不侮等重恭思想，以及程朱理学的"主敬"理论，作

---

① 《论语·阳货》。
② 《论语·子路》。
③ 《论语·学而》。
④ 《论语·公冶长》。
⑤ 《四书章句注·论语集注》卷七。
⑥ 《二程集·河南程氏遗书》卷十二。

为大多数传统中国人耳熟能详的经典言论，对中国文化也好，对民族精神也好，对个人的品性修养也好，均产生不可忽视的影响。像恭宽信敏惠、温良恭俭让已经深入人心，成为中华民族精神的文化基因。当然这种作用并非单纯是好的、积极的，也包含着某些消极成分。它诚然能够引导人待人谦和、恭敬、有礼貌，有助于建立人与人之间和谐关系，使人间充满温情与敬意，也能促使彼此之间互相尊重，从而培养一种谦谦君子型人格。但不可否认，谦恭、礼敬也可能在一定意义上助长自我萎缩性人格，使人不敢张扬、不思冒尖，乃至导致人畏葸，过于退让。这大概也许是毛泽东不大赞同恭敬的原因吧，因为他说，革命不是请客吃饭，不是做文章，不是那样雅致、文质彬彬、温良恭俭让。

七、宽

作为一个道德规范，"宽"主要是指宽容、宽恕、宽仁、宽宏、宽厚等。在儒家那里，宽无疑是一种重要的个人性品德。孔子认为能做到恭宽信敏惠可谓仁。他称赞伯夷、叔齐"不念旧恶"[1]，可见，宽乃是宽以待人、为人仁厚的心胸和气量。曾子讲："以能问于不能，以多问于寡；有若无，实若虚，犯而不校，昔者吾友尝从事于斯矣。"[2] 被侵犯了，但不计较，这种宽以待人的品格得到了曾子的赞扬。这一昔日朋友（有人认为指颜回）可谓宽宏大量。不过，孔子更多的是把"宽"作为为政之德加以倡导。他认识到"政宽则民慢，慢则纠之以猛；猛则民残，残则施之以宽"[3]。因而主张宽猛相济。孔子对那种心胸狭窄的为官者表示鄙夷不屑，说："居上不宽，为礼不敬，临丧不哀，吾何以观之哉？"[4] 人非草木，孰能无过。宽能容众。孔子儒家倡导的宽容精神无疑是促进人与人和睦相处的一剂良药，特别是在人事纠纷、利益纠纷频仍的现时代，多学一点儒家宽以待人的处世之道，有助于化解各种矛盾和冲突，促进社会和谐及个人内心和谐。

---

① 《论语·公冶长》。
② 《论语·泰伯》。
③ 《左传·昭公二十年》。
④ 《论语·八佾》。

试论传统儒家制度的伦理基础

沈顺福

（山东大学儒学高等研究院教授）

摘　要：率性自然的伦理精神体现了传统儒家对普通人的自主能力的不信任。由此，制度不是出自普通之人。它们或者出自本性（孟子），或者受教于圣王、先师。均不能体现民众的心声。在制度体系中，君主是牧羊人、民众是被管理的对象，如同牲畜。民众几乎没有尊严可言。制度建设的目的，既不是为了民众，甚至也不是为了君主。这种无视民众心声、仅仅为了管理民众的制度，显然与现代制度相距甚远。我们在建设现代制度的过程中需要反省儒家传统。

关键词：儒家　制度　君　民众

儒家是一门经世之学。政治从来就是儒者们的思想焦点。故《庄子》将儒家的思想概括为"内圣外王"，其中的"外王"便指儒家的政治。那么，儒家政治的伦理基础是什么？假如我们设想儒家政治最终落实为系统的制度，那么，儒家的这些制度的伦理基础是什么？或者说，什么是儒家的制度伦理？这是本文所关心的主要问题。

一、率性与非心：对人的自主能力的不信任

仁政说是孟子的政治哲学。孟子认为："夏后、殷、周之盛，地未有过千里者也。而齐有其地矣。鸡鸣狗吠相闻，而达乎四境。而齐有其民矣。地不改辟矣，民不改聚矣；行仁政而王，莫之能御也！"（《孟子·公孙丑

上》）仁政能够王天下，仁政是最好的政治方式。这个最好的政治方式即仁政的基础，孟子曰："人皆有不忍人之心。先王有不忍人之心，斯有不忍人之政矣。以不忍人之心，行不忍人之政，治天下可运之掌上。"（《孟子·公孙丑上》）仁政的基础是人的"不忍人之心"。而所谓"不忍人之心"便是人性。孟子曰："所以谓人皆有不忍人之心者：今人乍见孺子将入于井，皆有怵惕恻隐之心；非所以内交于孺子之父母也，非所以要誉于乡党朋友也，非恶其声而然也。由是观之，无恻隐之心，非人也；无羞恶之心，非人也；无辞让之心，非人也；无是非之心，非人也。恻隐之心，仁之端也；羞恶之心，义之端也；辞让之心，礼之端也；是非之心，智之端也。人之有是四端也，犹其有四体也。有是四端而自谓不能者，自贼者也；谓其君不能者，贼其君者也。凡有四端于我者，知皆扩而充之矣。若火之始然，泉之始达。苟能充之，足以保四海；苟不充之，不足以事父母。"（《孟子·公孙丑上》）修身、成人、王天下无非是由性而为。这种由性而为的形式，《中庸》称之为"道"："率性之谓道"（《礼记·中庸》）。道即率性。由此，孟子为儒家人道理论确定了基调，即，"在正统儒家看来，人天生有仁义、道心、良知等德性。成人即由仁义行、人心由道心，及由心做事"，这便是率性自然。

率性的伦理精神成为儒家政治或人道理论的基础。率性或顺性自然是成人之道。那么，对于人来说，顺其自然便可以了。人无需任何的主观的故意，即，对于普通人来说，我们无需自己去思考、去判断和去选择。这一立场集中体现在孟子的养勇论中。孟子剖析了北宫黝与孟施舍二者之后说"北宫黝之养勇也"（《孟子·公孙丑上》）在于无惧，即，无知者无畏之"勇"，而"孟施舍之所养勇也，……虑胜而后会"（《孟子·公孙丑上》），他懂得取舍之策略，意在思考。孟子对此也不以为然："孟施舍之守气，又不如曾子之守约也。"（《孟子·公孙丑上》）在孟子看来，能够持守本性（"约"）、顺应本性之然的曾子才是真正的勇敢。故，孟子曰："舜明于庶物，察于人伦，由仁义行，非行仁义也。"（《孟子·离娄下》）任由仁义之性而行才是正道。孟子的这种率性论，不仅仅无视或忽略了人类的自主的、理性的能力，而且褫夺了个体的独立判断和选择的权利。我们顺性自然，无需思考，也不应该自己思考、判断和选择。

孟子的这种认识直接影响到他的政治学说。孟子仁政哲学的核心便是顺性而为。任何故意的政治活动比如行政，孟子皆不以为然："'我能为君辟土地，充府库。'今之所谓良臣，古之所谓民贼也。君不乡道，不志于仁，而求富之，是富桀也。'我能为君约与国，战必克。'今之所谓良臣，古之所位民贼也。君不乡道，不志于仁；而求为之强战，是辅桀也。"（《孟子·告子下》）单纯的行政者无异于"民贼"者、"富桀"者，因为这是一种有意的行为。孟子反对有意的作为。对有意行为的消极态度体现了孟子对人类自主的、理性的选择能力的不信任。孟子的这种不信任态度为儒家的人道理论设定了基调。传统儒家从来就不相信百姓能够依靠自己的力量如理性去做出正确的判断、产生正确的想法、并用以指导自己的行为。

在对人的认识能力等问题上，荀子继承了孟子的相应立场。荀子曰："心者，形之君也，而神明之主也，出令而无所受令。自禁也，自使也，自夺也，自取也，自行也，自止也。故口可劫而使墨云，形可劫而使诎申，心不可劫而使易意，是之则受，非之则辞。故曰：心容，其择也无禁，必自现，其物也杂博，其情之至也不贰。"（《荀子·解蔽》）心乃形身之主，它能够无限制地自由活动，这很危险。比如，"心未尝不臧也，然而有所谓虚；心未尝不两也，然而有所谓壹；心未尝不动也，然而有所谓静。人生而有知，知而有志；志也者，臧也；然而有所谓虚；不以所已臧害所将受谓之虚。心生而有知，知而有异；异也者，同时兼知之；同时兼知之，两也；然而有所谓一；不以夫一害此一谓之壹。心卧则梦，偷则自行，使之则谋；故心未尝不动也；然而有所谓静；不以梦剧乱知谓之静。未得道而求道者，谓之虚壹而静"（《荀子·解蔽》）。从今天的角度来说，"未尝不臧"影响到人们的善恶价值判断，"未尝不两"影响到人们的理性判断，"未尝不动"则体现了人类的意识活动。三个"未尝"充分体现了荀子对个体之心认知能力的不信任。于是，"虚壹而静"与改造心灵便是必然的选择。

孟子的率性而为的成人之道，暗示了他对人类理性的自主能力的忽视与自主抉择的权利的褫夺。荀子的虚心论则进一步阐释了人类自主抉择行为的风险与危害。于是，个人的独立自主的理性认识便被贴上了危险或邪恶的标签，即，"人心惟危"。既然自己之心靠不住，那就只能够听从他人的意见。于是，道德说教、礼法制度便成了养民之道。故，孟子曰："上无道揆也，下无法守也；朝不信道，工不信度；君子犯义，小人犯刑：国之所存者，幸也。"（《孟子·离娄上》）对于君子来说，自发之义可以约束自己。但是对于平民来说，外在的刑、法是不可缺的。荀子曰："故先王圣人为之不然：知夫为人主上者，不美不饰之不足以一民也，不富不厚之不足以管下也，不威不强之不足以禁暴胜悍也，故必将撞大钟、击鸣鼓、吹笙竽、弹琴瑟，以塞其耳；必将錭琢刻镂、黼黻文章，以塞其目；必将刍豢稻粱、五味芬芳，以塞其口。然后众人徒、备官职、渐庆赏、严刑罚，以戒其心。使天下生民之属，皆知己之所愿欲之举在是于也，故其赏行；皆知己之所畏恐之举在是于也，故其罚威。赏行罚威，则贤者可得而进也，不肖者可得而退也，能不能可得而官也。"（《荀子·富国》）只有礼法制度才能够约束民心、治国安邦。

孟子和荀子在此问题上完全一致：个人不能自己独立地思考、判断和选择，不能够自行其是。这是我们的第一个结论：孟子和荀子等经典思想家都不信任人的理性能力和自主能力。对个体能力的不信任直接影响到儒家的制度学说。

二、制度的起源与个体意愿

那么，礼仪制度等人道的基础是什么呢？在这个问题上，传统儒家有两种不同的观点，分别以孟子和荀子为代表，并因此形成两种不同的传统。

在孟子看来，仁义礼智等人道（似乎不包括法律等）起源于人类自身之性。孟子曰："人皆有不忍人之心。先王有不忍人之心，斯有不忍人之政矣。以不忍人之心，行不忍人之政，治天下可运之掌上。……恻隐之心，仁之端也；羞恶之心，义之端也；辞让之心，礼之端也；是非之心，智之端也。"（《孟子·公孙丑上》）王政源自仁心、礼仪本自辞让之心等。故，孟子曰："君子所性，仁义礼智根于心；其生色也，睟然见于面，盎于背，施于四体，四体不言而喻。"（《孟子·尽心上》）本心是仁义礼等制度的本原。"本心即性。"故，制度源自人性。或者说，人性或德性是某些制度或人道的基础。这便是以孟子为代表的性本论的基本立场。

孟子似乎不太讨论法等制度问题。荀子则直面这一问题，并提出了和孟子不同的观点，即，礼法制度源自圣王："古者圣王以人性恶，以为偏险而不正，悖乱而不治，是以为之起礼义，制法度，以矫饰人之情性而正之，以扰化人之情性而导之也，始皆出于治，合于道者也。今人之化师法，积文学，道礼义者为君子；纵性情，安恣睢，而违礼义者为小人。"（《荀子·性恶》）远古的圣人看到世人出于性情而好利、争夺，导致悖乱，便发明了仁义礼法等一系列的社会规范与制度，从而约束人性、治理社会。针对孟子的性善论或性本论，荀子明确批判曰："凡礼义者，是生于圣人之伪，非故生于人之性也。故陶人埏埴而为器，然则器生于陶人之伪，非故生于人之性也。故工人斲木而成器，则器生于工人之伪，非故生于人之性也。圣人积思虑，习伪故，以生礼义而起法度，然则礼义法度者，是生于圣人之伪，非故生于人之性也。"（《荀子·性恶》）礼法制度与人的本性无关，而是出于圣人的创造。荀子曰："故圣人化性而起伪，伪起而生礼义，礼义生而制法度。然则礼义法度者，是圣人之所生也。"（《荀子·性恶》）制度是圣王的产物。圣王创立制度，并将其灌输给百姓。故，依荀子之见，制度的基础是外部的灌输即教化。这便是教化论传统的基本立场。

孟荀的制度本源论，分别阐述了制度的本原或基础。孟子以为制度源自本性。本性是类的本性，与个体想法无直接的关系。荀子以为制度源自圣王，与民众无关，民众只需接受并照办即可。由此看来，无论是孟子制度人性论还是荀子制度圣王论，他们的制度理论均没有体现群体成员或个体的意愿和想法。

在孟子那里，有限的制度源自本性。从本性到礼仪制度，是一个自然的过程，比如交往之礼。"万章问曰：'敢问交际何心也？'孟子曰：'恭也。'曰：'却之却之为不恭，何哉？'曰：'尊者赐之，曰其所取之者，义乎，不义乎，而后受之，以是为不恭，故弗却也。'曰：'请无以辞却之，以心却之，曰其取诸民之不义也，而以他辞无受，不可乎？'曰：'其交也以道，其接也以礼，斯孔子受之矣。'"（《孟子·万章下》）交际之礼便是一个自发的、自然的过程，无关乎行为人的独立的、理性的思考。如果此时反思"合适与否"，这便是不恭敬、不合礼。交际之礼，自然成就，无待思维。即便是仁政中的战争，也是自然的。比如，《尚书》中的"葛伯仇饷"所引发的汤征葛伯事件也是自然的："为其杀是童子而征之；四海之内，皆曰：'非富天下也，为匹夫匹妇复雠也。'汤始征，自葛载；十一征而无敌于天下。东面而征，西夷怨，南面而征，北狄怨，曰：'奚为后我？'民之望之，若大旱之望雨也；归市者弗止，芸者不变；诛其君，吊其民，如时雨降，民大悦。……不行王政云尔，苟行王政，四海之内，皆举首而望之，欲以为君；齐、楚虽大，何畏焉。"（《孟子·滕文公下》）发自本心的行为，即便是杀戮，孟子认为也是仁政、王政：它出于本心的自发，或者是君王的本心自发，或者是百姓的本心自发。这种战争是自发的、自然的。

所以，在孟子看来，人类制度、政治行为等，都是本性之自然，无关乎个人的思考或想法。也就是说，这些源自本性的礼仪等仅仅是人性自然发展的结果，而不是人类理智思考、理性选择的产物。它既然无关乎理性思考，便不能说它表达了作为参与者的个体成员的意愿和想法。故，孟子的礼仪制度并不在意于成员的想法。依照荀子的制度起源论，礼法制度源自圣王，更与普通个体意愿无关。相反，荀子认为个体天生有自己的想法，这些想法在未被教化之前是靠不住的，即"人心惟危"。这便是我们的第二个观点，即，无论是孟子的性本论，还是荀子的圣人本源论，都将礼法制度等看作是与个体成员的意愿、想法几乎无关的事情，或者说，礼法制度并没有表达广大个体的意愿或想法。制度不是其成员个体自己想的事情。

三、君、群与牧：制度中的人

在制度设定的群体中，君民各自分享什么样的角色呢？具有怎样的地位呢？

群体之群，本义为羊群。它由羊与君组成。这意味着：群内含两类角色，即，羊与君。其中，君是管理者，羊是被管理者。羊与君合成群。这基本反映了早期人们对待群体的基本认识。荀子基本保留了这种认识："君者，善群也。群道当，则万物皆得其宜，六畜皆得其长，群生皆得其命。故养长时，则六畜育；杀生时，则草木殖；政令时，则百姓一，贤良服。"（《荀子·王制》）君主即统治者，其角色是统治、管理万物、六畜和群生。百姓也是其中之一。在群体中，有充当统治者的君主，还有被统治的百姓、民众。荀子曰："人之生不能无群，群而无分则争，争则乱，乱则穷矣。故无分者，人之大害也；有分者，天下之本利也；而人君者，所以管分之枢要也。"（《荀子·富国》）君主是管理者、统治者，是群体制度建设的重要部分，具有重要的功能。它统领百姓："君者仪也，民者景也，仪正而景正。君者盘也，民者水也，盘圆而水圆。君者盂也，盂方而水方。君射则臣决。楚庄王好细腰，故朝有饿人。故曰：闻修身，未尝闻为国也。君者，民之原也；原清则流清，原浊则流浊。"（《荀子·君道》）在政治团体中，君主的言行能够决定性地影响到民众的举止。荀子将君主比作民众的父母："故天地生君子，君子理天地；君子者，天地之参也，万物之摠也，民之父母也。无君子，则天地不理，礼义无统，上无君师，下无父子，夫是之谓至乱。"（《荀子·王制》）君主是民众的父母、决定者。这一思维后来演化为中国传统政治思维，即，代表君主的官员为自己的父母。

君主依靠制度管理群体。这个制度便是道。荀子曰："道者，何也？曰：君之所道也。君者，何也？曰：能群也。能群也者，何也？曰：善生养人者也，善班治人者也，善显设人者也，善藩饰人者也。善生养人者人亲之，善班治人者人安之，善显设人者人乐之，善藩饰人者人荣之。四统者俱，而天下归之，夫是之谓能群。不能生养人者，人不亲也；不能班治者，人不安也；不能显设人者，人不乐也；不能藩饰人者，人不荣也。四统者亡，而天下去之，夫是之谓匹夫。故曰：道存则国存，道亡则国亡。"（《荀子·君道》）君主以道治国，具体为生养、班治、显设和藩饰等方面。这四个方面分别要求不同的人员配置与制度安排："省工贾，众农夫，禁盗贼，除奸邪：是所以生养之也。天子三公，诸侯一相，大夫擅官，士保职，莫不法度而公：是所以班治之也。论德而定次，量能而授官，皆使人其事，而各得其所宜，上贤使之为三公，次贤使之为诸侯，下贤使之为士大夫：是所以显设之也。修冠弁衣裳，黼黻文章，雕琢刻镂，皆有等差：是所以藩饰也。"（《荀子·君道》）在这些人员配置中，既有与君主（天子、诸侯）接近的三公、宰相等，也有工商业者、农民等民众，甚至还包括盗贼与奸邪之徒等小人。其中，广大的民众（包括那些小人、坏人等）如同牲畜一般需要生养。这便是荀子等儒家给民众的基本定位。

在荀子看来，人天生分享一致的本性："材性知能，君子小人一也；好荣恶辱，好利恶害，是君子小人之所同也。"（《荀子·荣辱》）这种一致的本性，便是人的生物本性："凡人有所一同：饥而欲食，寒而欲暖，劳而欲息，好利而恶害，是人之所生而有也，是无待而然者也，是禹桀之所同也。目辨白黑美恶，耳辨声音清浊，口辨酸咸甘苦，鼻辨芬芳腥臊，骨体肤理辨寒暑疾养，是又人之所常生而有也，是无待而然者也，是禹桀之所同也。"（《荀子·荣辱》）这些本性，简单地说，便是趋利避害、近乎人的动物性本能。这些生物性本性，荀子以为恶："人之性恶，其善者伪也。今人之性，生而有好利焉，顺是，故争夺生而辞让亡焉；生而有疾恶焉，顺是，故残贼生而忠信亡焉；生而有耳目之欲，有好声色焉，顺是，故淫乱生而礼义文理亡焉。然则从人之性，顺人之情，必出于争夺，合于犯分乱理，而归于暴。"（《荀子·性恶》）人天生性恶。如果不予以教化与改造，邪恶之性会导致政体灭亡。

在荀子看来，邪恶之性是人的生存的基本事实。荀子曰："凡贵尧禹君子者，能化性，能起伪，伪起而生礼义。然则圣人之于礼义积伪也，亦犹陶埏而为之也。用此观之，然则礼义积伪者，岂人之性也哉！所贱于桀跖小人者，从其性，顺其情，安恣孳，以出乎贪利争夺。故人之性恶明矣，其善者伪也。"（《荀子·性恶》）人天生具有成为小人的基质、倾向或条件。化性起伪者可以成为君子、圣人，成为统治者。而那些纵性任情、不待教化者，则沦为小人。在整个社会中，成为君子、圣人者毕竟是少数。多数人，尽管努力化性起伪，却终究未能如愿。在儒家看来，占绝对多数的民众并没有被教化好，依然是小人。故，民众是缺乏教化或教化不够的小人。荀子曰："君子以德，小人以力；力者，德之役也。百姓之力，待之而后功；百姓之群，待之而后和；百姓之财，待之而后聚；百姓之执，待之而后安；百姓之寿，待之而后长。"（《荀子·富国》）在此，小人之力即百姓之力，百姓等同于小人。

　　孟子也有类似的观点：民众是小人、野人。孟子将人分为大人和小人两类："从其大体为大人，从其小体为小人。……耳目之官不思，而蔽于物；物交物，则引之而已矣。心之官则思，思则得之，不思则不得也。此天之所与我者，先立乎其大者，则其小者不能夺也：此为大人而已矣。"（《孟子·告子上》）顺从本性者便是大人。"放心"者便是小人。民众便是这等小人："然则治天下独可耕且为与？有大人之事，有小人之事。且一人之身，而百工之所为备。如必自为而后用之，是率天下而路也！故曰：或劳心，或劳力；劳心者治人，劳力者治于人；治于人者食人，治人者食于人，天下之通义也。"（《孟子·滕文公上》）民众是劳力者，是小人。民众又叫"野人"："子之君，将行仁政；选择而使子，子必勉之。夫仁政必自经界始；经界不正，井地不均，谷禄不平。是故，暴君污吏，必慢其经界。经界既正，分田制禄，可坐而定也。夫滕，壤地褊小：将为君子焉，将为野人焉；无君子莫治野人，无野人莫养君子。"（《孟子·滕文公上》）"野人"即在荒郊野外劳作的民众。

　　小人、野人的重要特征是依仗生物本能，唯利是图。故，孟子提出："无恒产而有恒心者，惟士为能。若民，则无恒产，因无恒心。苟无恒心，放辟邪侈，无不为已。及陷于罪，然后从而刑之，是罔民也。焉有仁人在位，罔民而可为也！是故，明君制民之产，必使仰足以事父母，俯足以畜妻子；乐岁终身饱，凶年免于死亡。然后驱而之善，故民之从之也轻。"（《孟子·梁惠王上》）对于小人来说，利益是主导其行为的主要动力，即，有恒产者有恒心。这些小人或民众需要教化与约束。制度因此必要："至道大形：隆礼至法则国有常，尚贤使能则民知方，纂论公察则民不疑，赏克罚偷则民不怠，兼听齐明则天下归之；然后明分职，序事业，材技官能，莫不治理，则公道达而私门塞矣，公义明而私事息矣：如是，则德厚者进而佞说者止，贪利者退而廉节者起。……夫是之谓政教之极。"（《荀子·君道》）制度能够确定秩序、归化民心，然后百姓能够修身止行。这便是政、教的目标。

　　其中，政侧重于刚性的制度，比如刑罚制度，教化侧重于软性的制度，

儒家社会伦理

比如礼乐规范等。礼法制度的功能便是改造天生邪性的民众、小人。在荀子看来，民众、小人几乎类似于畜生，需要政教来改造："请问为政？曰：贤能不待次而举，罢不能不待须而废，元恶不待教而诛，中庸不待政而化。分未定也，则有昭缪。虽王公士大夫之子孙也，不属于礼义，则归之庶人。虽庶人之子孙也，积文学，正身行，能属于礼义，则归之卿相士大夫。故奸言、奸说、奸事、奸能，遁逃反侧之民，职而教之，须待之，勉之以庆赏，惩之以刑罚。安职则畜，不安职则弃。五疾，上收而养之，材而事之，官施而衣食之，兼覆无遗。才行反时者死无赦。夫是之谓天德，是者之政也。"（《荀子·王制》）教化、规范和改造民众是政治活动的重要内容。

在荀子等眼里，庶人、民众类似于牲畜。因此，对待这些民众，要和对待动物一般比如生养："不违农时，谷不可胜食也；数罟不入洿池，鱼鳖不可胜食也；斧斤以时入山林，材木不可胜用也；谷与鱼鳖不可胜食，材木不可胜用，是使民养生丧死无憾也；养生丧死无憾，王道之始也。"（《梁惠王上》）民如同动物一般需要养。"省工贾，众农夫，禁盗贼，除奸邪：是所以生养之也。"（《荀子·君道》）农夫、工商业者以及盗贼等需要养。故，荀子强调"富国"："不富无以养民情，不教无以理民性。故家五亩宅，百亩田，务其业，而勿夺其时，所以富之也。立大学，设庠序，修六礼，明七教，所以道之也。诗曰：'饮之食之，教之诲之。'王事具矣。"（《荀子·大略》）富国以养民，再而教之，王事成矣。事实上，荀子等将民众几乎等同于动物。他常常以动物来类比民众："臣以政知之。昔舜巧于使民，而造父巧于使马；舜不穷其民，造父不穷其马；是以舜无失民，造父无失马。"（《荀子·哀公》）民等同于马等牲畜。对于动物来说，感性需求是第一位的。故，"圣王之制也：草木荣华滋硕之时，则斧斤不入山林，不夭其生，不绝其长也。鼋鼍鱼鳖鳅鳣孕别之时，罔罟毒药不入泽，不夭其生，不绝其长也。春耕、夏耘、秋收、冬藏，四者不失时，故五谷不绝，而百姓有余食也。污池渊沼川泽，谨其时禁，故鱼鳖优多，而百姓有余用也。斩伐养长不失其时，故山林不童，而百姓有余材也"（《荀子·王制》）。民众如动物一般，满足生理需求是第一位的。

故，在儒家制度中，民众始终是被管理者、被统治者。只有极少数的平民可能会通过自己的努力上升至统治阶层，成为统治者，但是绝大多数人终生是平民。这意味着绝大多数平民终生是庶人、小人，几乎不参与制度管理活动。它们仅仅是被管理、被统治的对象，如同牲畜一般。这便是民众在儒家制度设计中的角色和地位。

四、制度的目的

儒家制度建设的目的是什么呢？在荀子看来，制度建设的直接目的是为了秩序，其最终目的是政体的存在与稳定。

首先，荀子指出了社群对于人类生存的意义："水火有气而无生，草木有生而无知，禽兽有知而无义，人有气、有生、有知，亦且有义，故最为天下贵也。力不若牛，走不若马，而牛马为用，何也？曰：人能群，彼不能群也。人何以能群？曰：分。分何以能行？曰：义。"（《荀子·王制》）人因为能够形成群体或团体，故而能够战胜群雄。因此，群体形式对人类生存有用。

其次，荀子以性恶论为基础，提出了制度建设的必要性。荀子曰："然则从人之性，顺人之情，必出于争夺，合于犯分乱理，而归于暴。故必将有师法之化，礼义之道，然后出于辞让，合于文理，而归于治。"（《荀子·性恶》）人天生之性好利。如果不进行有效的控制或改造，人性的滋生繁衍会引发争夺、从而乱理，并最终导致灭亡。故，制度是矫正人情、安治天下的最好的方式。即，只有制度才能够确保群体的秩序。荀子指出："故人生不能无群，群而无分则争，争则乱，乱则离，离则弱，弱则不能胜物；故宫室不可得而居也，不可少顷舍礼义之谓也。能以事亲谓之孝，能以事兄谓之弟，能以事上谓之顺，能以使下谓之君。君者，善群也。群道当，则万物皆得其宜，六畜皆得其长，群生皆得其命。故养长时，则六畜育；杀生时，则草木殖；政令时，则百姓一，贤良服。"（《荀子·王制》）群体需要制度来维护秩序，否则会乱。"川渊深而鱼鳖归之，山林茂而禽兽归之，刑政平而百姓归之，礼义备而君子归之。故礼及身而行修，义及国而政明，能以礼挟而贵名白，天下愿，令行禁止，王者之事毕矣。……无土则人不安居，无人则土不守，无道法则人不至，无君子则道不举。故土之与人也，道之与法也者，国家之本作也。君子也者，道法之摠要也，不可少顷旷也。得之则治，失之则乱；得之则安，失之则危；得之则存，失之则亡，故有良法而乱者有之矣，有君子而乱者，自古及今，未尝闻也。"（《荀子·致士》）令行禁止、制度严明是确保政体稳定的基本手段。

那么，维护秩序的目的是什么呢？首先可以肯定的是：在古代制度体系中，民众从来就不是目的。这不仅是儒家政治理论，而且也是数千年来的历史事实。从儒家理论来看，制度产生的基础决定了它不以民众为目的。制度或者出自圣王，或者出自本性，与民众的想法几乎无关。这些制度并没有直接体现民众的意愿和想法，即，制度不是民众自己想的事情。只有出于自己的想法与心声、自己想的事情，才是自足的目的、最终的目的。故，一个忽略了民众的心声的制度，我们很难说它能够真正地为其服务。

在儒家哲学体系中，制度不是为个体之人服务的。人不是目的。从伦理来看，它表现为无视人的尊严。无视民众心声的制度，必定无视民众的个体尊严。尊严，按照康德的观点，"人类的以及所有的理性自然物的尊严的基础是自律"。它不仅体现在意志自我立法上，即，"人性的尊严存在于人具有能够普遍立法的能力上"，而且表现于自我对"自己给出的法则（即道德律）的遵从"，即，"我们不是出于害怕它，也不是因为喜欢它，而是因为我们尊重法则，并因此给我们的行为带来的道德价值"。所以，立法和守法是自律的基本内容，也是人的尊严的基础。"在康德理论的基础上，我们形成了关于尊严的伦理意义，并成为后来《人权的普世宣言》的基本框架"或基础。也就是说，通常认为，尊严的基础在于：自己立法、自己守法。对民众心声的无视，便剥夺了民众的（自我）立法权（社会制度立法和个体道德立法）。无论是社会制度如法律等，还是道德规范等，按照儒家的逻辑，皆与个体意愿无关。故，个体没有立法权（制度立法和道德立法）。对于民众来说，他只有守法的义务，却无立法的权利。缺少了立法权、无法表达自己的意愿，显然谈不上尊严。因此，在儒家传统文化中，民众几乎没有尊严可言。从法律的角度来看，儒家化的法律制度的目的并不主张民众的利益。故，中国传统法律即中华法系的主要内容是刑律，而无民法。后者关注于民众的私利。

儒家制度不以人为目的，即，它不仅仅不以民众为目的，而且即便是统治者，也不是它的目的。在早期儒家体系中，君主并没有绝对权威的地位。如孟子曰："民为贵，社稷次之，君为轻。"（《孟子·尽心下》）君轻于政体。在孟子看来，君主不合格，完全可以更换。荀子甚至说："天之生民，非为君也；天之立君，以为民也。故古者，列地建国，非以贵诸侯而已；列官职，差爵禄，非以尊大夫而已。"（《荀子·大略》）君主是上天为了民众而安排的。即便是汉代的董仲舒，在将君主、天子神话的同时，也强调："天之生民非为王也，而天立王以为民也。故其德足以安乐民者，天予之；其恶足以贼害民者，天夺之。"（《春秋繁露·尧舜不擅移汤武不专杀》）君主不合格，老天也会废除的。因此，在儒家体系中，君主也不是目的，至少不是直接的目的。

因此，从形式上来看，儒家倡导的制度既不以民众为目的，也不以统治者为目的。如果要说有目的的话，政体自身可能是其目的，即，它的目的是为了政体的稳定和持久存在。这便是儒家的大学之道：修齐治平。荀子曰："听政之大分：以善至者待之以礼，以不善至者待之以刑。两者分别，则贤不肖不杂，是非不乱。贤不肖不杂，则英杰至，是非不乱，则国家治。"（《荀子·王制》）好的政治即王道政治、王者之事，它的目的是为了国治家安。尤其是国家的安定与存亡，乃是第一要务。荀子曰："凡古今天下之所谓善者，正理平治也；所谓恶者，偏险悖乱也：是善恶之分也矣。今诚以人之性固正理平治邪，则有恶用圣王，恶用礼义哉？虽有圣王礼义，将曷加于正理平治也哉？"（《荀子·性恶》）安治天下、保存政体才是荀子等儒家政治哲学的终极目的。

当然，民众不是目的，并不是说民众不重要。民众是本，是政权的基础，因此非常重要。孟子曰："诸侯之宝三：土地、人民、政事。"（《孟子·尽心下》）民众和土地一样是君主、政体的重要因素，十分珍贵，此即"民为贵"：它仅仅表示民众很重要，如土地对于国家的重要性一般，而不涉及人格、尊严等。

结论：儒家制度伦理的反思

两千年来，儒家为了中华民族文化的传承、正统的承续、政权的稳定等，在制度建设方面做出了许多杰出的贡献，如提出君君臣臣、三纲五常等制度。这些制度不仅有其历史价值，而且有些可能还会有些现实价值，如兄友弟恭等。但是，从现代伦理学和政治哲学的角度来看，它的制度伦理需要被认真地检讨和反思，有些可能需要彻底抛弃。

从近代以来，以康德的"人是目的"的口号为代表的思潮将人类在宇宙世界中的地位提到了前所未有的高度，即，人类是世界的主人，也是自己的主人。人从来就不应该被当作手段。相反，人是目的。这意味着：第一，制度应该反映民众的心声。这便是民主政治的中心。对此，儒家显然忽略了。其次，制度仅仅是手段，其目的是为民众服务。这是契约论的基本理念，即，以制度为工具来确保自己的利益、以实现自己的目的。第三，人是理性的、自由的主人。这便是近代哲学提供给人类的关于人的崭新理论。儒家仅仅将民众视作一种特殊的动物，以生养和富贵来对待它。人从未得到过真正的尊重，也没有尊严可言。

尽管我们承认制度对于任何一个社会与团体的重要性，也相信团体对于人类的价值，但是团体、政体和制度终究是为人服务的。人是目的。任何一种制度和政体建设，都应该以此为基础。传统儒家制度伦理忽略了这一基础。这便是儒家制度伦理的最大不足。这也是我们在重新审视儒家传统时必须面对的问题，是我们在继承儒家传统时必须注意的事项。

"角色"意识:《易传》之"定位"观念与正义问题

——角色伦理学与生活儒学比较

黄玉顺

(山东大学儒学高等研究院)

摘　要: "角色伦理学"与"生活儒学"及其伦理层级上的"中国正义论"之间颇有相通之处,但也存在着重大差异。一个人的"角色"是由其所居之"位"规定的,因此,可以从儒家《易传》"位"或"定位"观念来切入这个问题:

1. "正位"并且"当位"是指的恪守既定的位置及其角色,这是行为正义问题,角色伦理学与生活儒学对此都有基本的确认;

2. "得位"是指的获得一种新的位,即对原有之位置与角色的超越,角色伦理学与生活儒学对此的理解有所不同;

3. "设位"是指的对社会角色秩序本身的设置或重置,这是制度正义问题,角色伦理学未触及这个问题,而生活儒学则通过中国正义论的重建来探索这个问题。

关键词: 角色伦理学　生活儒学　《易传》　定位　中国正义论

作为对儒家哲学的一种新的诠释,安乐哲(Roger Ames)等人建构了儒家的"角色伦理学"①，这与我对儒家哲学的诠释"生活儒学"② 及其在伦理层级上的"中国正义论"③ 建构颇有相通之处，但也存在着重大差异。一个人的"角色"是由其在社会上所居之"位"规定的，因此，对这两个思想系统加以比较，我们可以从《易传》的"位"观念入手，即分析社会"角色"与"定位"问题之间的关系。

一、定位：正位、得位、设位——《易传》的"位"观念

所谓"角色"（role），或曰"社会角色"，是由社会的角色分配结构决定的，这种社会结构，在儒学话语中叫做"名份"或"位"（positions）。一个社会共同体就表现为一个"位"的系统，每一个人都在其中占有某种"位置"、扮演某种"角色"。这种社会结构实质上是一个人际关系结构，这种结构是由社会规范及其制度决定的；在儒学话语中，这套社会规范及其制度表现为"礼"（rite）。礼决定了位，而位决定了角色，亦即：礼→位→角色。

在儒家文献中，《易传》系统地提出了"位"的观念。《易传》的"位"本来是指的筮法中的"爻位"。如《系辞下传》说："二与四同功而异位，其善不同：二多誉，四多惧，近也。……三与五同功而异位：三多凶，五多功，贵贱之等也。"《说卦传》说："《易》六位而成章。"又如《象传》里讲的"六位时成"（乾）、"位乎天位"（需）、"柔得位而上下应之"（小畜）、"履帝位而不疚"（履）、"柔得位得中"（同人）、"柔得尊位"（大有）、"虽不当位，利用狱也"（噬嗑）、"刚当位而应"（遯）、"女正位乎内，男正位乎外"（家人）、"当位贞吉"（蹇）、"进得位""其位刚得中也"（渐）、"征凶，位不当也"（归妹）、"柔得位乎外而上同"（涣）、"当位以节"（节）、"刚失位而不中"（小过）、"刚柔正而位当也"（既

---

① 安乐哲：《儒家的角色伦理学：一个词汇表》，香港中文大学：中国大学出版社 2011 年英文版。

② 黄玉顺：《爱与思——生活儒学的观念》，四川大学出版社 2006 年版；《面向生活本身的儒学——黄玉顺"生活儒学"自选集》，四川大学出版社 2006 年版；《儒家思想与当代生活——"生活儒学"论集》，光明日报出版社 2009 年版；《儒学与生活——"生活儒学"论稿》，四川大学出版社 2009 年版；《生活儒学讲录》，安徽人民出版社 2012 年版。

③ 黄玉顺：《中国正义论的重建——儒家制度伦理学的当代阐释》，安徽人民出版社 2013 年版。

济）、"虽不当位，刚柔应也"（未济）等，本义皆指爻位。①

但当孔子"不占"（《子路》②）、进而儒家《易传》建构义理系统的时候，"位"进一步获得了伦理学及政治哲学的意义、甚至形而上学的意义：

伦理政治层级上的"位"观念："刚中正，履帝位而不疚，光明也。"（《履象传》）"刚当位而应，与时行也。"（《遯象传》）"家人，女正位乎内，男正位乎外，男女正，天地之大义也。"（《家人象传》）"君子以正位凝命。"（《鼎象传》）"君子以思不出其位。"（《艮象传》）"居上位而不骄，在下位而不忧。"（《乾文言》）"子曰：'贵而无位，高而无民，贤人在下位而无辅，是以动而有悔也。'"（《乾文言》）"君子黄中通理，正位居体，美在其中而畅于四支，发于事业，美之至也！"（《坤文言》）"列贵贱者存乎位。"（《系辞上传》）"德言盛，礼言恭；谦也者，致恭以存其位者也。"（《系辞上传》）"圣人之大宝曰位。何以守位？曰仁。"（《系辞下传》）

形而上学层级上的"位"观念："飞龙在天，乃位乎天德。"（《乾文言》）"天尊地卑，乾坤定矣；卑高以陈，贵贱位矣"；"天下之理得，而成位乎其中矣"。（《系辞上传》）

更进一步，《易传》提出了"定位"的观念。在流俗语言的用法中，"定位"（positioning）是一个消极的概念，是说的在一个既有的角色结构系统中确定自己的位置；但实际上它本来是一个积极的观念，不仅包含上述含义，还包含着去寻找并获得一个新的位置的意思，甚至还包含着对这个既有的角色位置结构系统加以变革、创建新的角色位置结构系统的意谓。例如，《说卦传》说：

天地定位，山泽通气，雷风相薄，水火不相射，八卦相错。

《周易正义》说"此一节就卦象明重卦之意"，即讲的八经卦如何重出六十四别卦，因而这里的"天地"是指的乾坤两个经卦，"定位"并不是说

① 《十三经注疏·周易正义》，中华书局 1980 年影印本。

② 《十三经注疏·论语注疏》，中华书局 1980 年影印本。

儒家社会伦理

的乾坤自己如何在六十四卦中确定自己的位置，而是说的乾坤如何为六十四卦定位。进一步说，乾坤就是阴阳，而在《周易》，一切皆由阴阳生成，也可以说一切结构系统皆由阴阳"定位"。由此可见，《易传》的"定位"不仅仅指"得位"（在一个既定的位置系统中获得一个角色）、"正位"并且"当位"（恪守"礼"的规定对这个角色的要求），还指"设位"（设置或者重新设置这个角色位置系统本身）。

所以，"定位"（positioning）包含三层意义：1. "正位"（putting oneself in a correct position）并且"当位"（being in a proper position），指恪守社会角色，这是行为正义问题，角色伦理学与生活儒学对此都有基本的确认；2. "得位"（getting a［new］position），指获得一种新的位，即对原有之位的超越，角色伦理学与生活儒学对此的理解有所不同；3. "设位"（setting［system of］positions），指对社会角色秩序本身的设置，这是制度正义问题，即真正的社会正义论问题，角色伦理学未触及这个问题，而生活儒学则通过中国正义论的重建来探索这个问题。

二、正位并且当位：社会角色的恪守——行为正义问题

任何一个社会共同体都表现为一个"位"的系统，每一个人都必须在其中找准自己的"位置"、扮演好自己的"角色"。这就是《易传》所说的"正位"与"当位"的问题。

（一）正位：摆正自己的位置

所谓"正位"，就是找到自己的正确的位置。例如：

> 家人，女正位乎内，男正位乎外，男女正，天地之大义也。家人有严君焉，父母之谓也。父父、子子、兄兄、弟弟、夫夫、妇妇而家道正，正家而天下定矣。(《家人彖传》)

这是一个"父子、兄弟、夫妇"的角色秩序系统，所谓"正位"就是每一个人都要在这个系统中摆正自己的位置并扮演好自己的角色。《周易正义》指出："家人之道，必须女主于内，男主于外，然后家道乃立"；"父母

一家之主，家人尊事，同于国有严君"；"父不失父道，乃至妇不失妇道，尊卑有序，上下不失，而后为家道之正；各正其家，无家不正，即天下之治定矣"。显而易见，这是宗法社会的伦理政治观念，与《大学》所讲的一致："身修而后家齐，家齐而后国治，国治而后天下平。"①

当然，不同社会形态的位置系统并不相同，角色定位也不相同。例如在现代社会中，竖立封建君主"严君"、以男性为"家长""男主外、女主内"这样的伦理未必能够成立。但是无论如何，任何一个社会形态总有其位置系统与角色定位。正是在这个意义上，儒家主张：

> 君子以正位凝命。(《鼎象传》)

《正义》指出："'正位'者，明尊卑之序也；'凝命'者，以成教命之严也"；"制法之美，莫若上下有序，正尊卑之位"。也就是说，这里所说的"正位"就是"正尊卑之位""明尊卑之序"。所谓"尊卑"，就是社会地位高低的区分，例如现代所谓"科层"。这样的社会地位区分系统，也就是"礼"，它规定了每个人在这个系统中的角色，因此，每个人都要在其中确定自己的位置、角色。其实，这也就是孔子所说的"克己复礼为仁"(《颜渊》)的意思。《易传》还说：

> 君子黄中通理，正位居体，美在其中而畅于四支，发于事业，美之至也！(《坤文言》)

《正义》认为："此一节明六五爻辞也。'黄中通理'者，以黄居中，兼四方之色，奉承臣职，是通晓物理也。'正位居体'者，居中得正，是正位也；处上体之中，是居体也。"这是从爻位而讲到职位，而且不仅涉及"正位"问题，实际上还涉及了"当位"问题：由具有"黄中通理"之德的君子来"正位居体"，即是恰当之人居于恰当之位。

---

① 《十三经注疏·礼记注疏》，中华书局 1980 年影印本。

（二）当位：充任恰当的角色

所谓"当位"，是说一个人的"德行"与其所居的"位置"要相当、相称。唯有如此，才能扮演好其"角色"。

例如《蹇象传·六四》说："'往蹇来连'，当位实也。"《正义》解释："'当位实'者，明六四当位履正，当其本实。而往来遇难者，乃数之所招，非邪妄之所致也，故曰'当位实'也。"王弼《注》释蹇卦卦辞"利见大人，贞吉"："爻皆当位，各履其正，居难履正，正邦之道也。"这对应于《象传》"当位贞吉，以正邦也"，《正义》认为："'当位贞吉，以正邦也'者，二、三、四、五爻皆当位，所以得正而吉，故曰'当位贞吉'也。'以正邦也'者，居难守正，正邦之道，故曰'以正邦'也。"这里的"履正""守正"，就是其德。

以下就是两个不能"当位"的例子：

> 子曰："贵而无位，高而无民，贤人在下位而无辅，是以动而有悔也。"（《乾文言》）

这是解释乾卦的上九爻辞"亢龙有悔"。注云："处上卦之极而不当位，故尽陈其阙也。"《正义》认为："此明上九爻辞也。'子曰贵而无位'者，以上九非位而上九居之，是无位也。"这里其实是说：尽管具有君主之德，但却处在一个尴尬位置，"高而无民，贤人在下位而无辅"，实为"孤家寡人"，所以"动而有悔"。这是有德而无位，亦即"处无位之地，不当位者也"（《象传·需上六》注）。另一种情况则是有位而无德：

> 子曰："德薄而位尊，知小而谋大，力小而任重，……不胜其任也。"（《系辞下传》）

"位"的复杂性在于：我们每一个人实际上都具有多重角色，其中有些角色甚至可能尚未被我们自己意识到。例如今天，假如我们曲解"君子以思不出其位"（《艮象传》），那么我们可能会误以为：一个老百姓是不配议论国家大事的。但事实上，议论国家大事却正是这个人的"位"所决定的：作为一个公民，他的公民之"位"决定了他对于国家大事的政治责任。顾炎武说"天下兴亡，匹夫有责"，就是这个意思。

（三）位的存在论意义：作为存在的生活

角色伦理学的积极意义之一，在于赋予了"角色伦理"以某种存在论的意义，甚至以其独特的方式触及了生活本源的思想视域。安乐哲引述罗思文的观点、同时也是他自己的观点：

> 我的长期合作者和最好的朋友罗思文（Henry Rosemont Jr.）开始郑重其事地开发本书的主题——儒家角色伦理学的观念。像任何优秀的儒家哲学家一样，他是以对下述问题做出观察开始的：作为人类，我们事实上是怎样作为完全语境化（contextualized）、境位化（situated）和关系组成化（relationally-constituted）的人来生活的？他说："我们都出生并养育于一个特定的文化共同体之中，每个共同体都有它关于人之为人的事实真相（what it is to be a human being）的语言、价值观、宗教信仰、风俗习惯、传统及伴生观念。简言之，文化上无偏见的人类是不存在的。我们每一个人都有特定的希望、恐惧、欢乐、悲伤、价值观和见解，它们与我们关于'我们是谁'和'我们是什么'的解释之间存在着不可分割的联系，这些解释已经受到文化共同体的无法抗拒的影响，我们是这个共同体的一部分。"儒家哲学需要对日常经验的观念（notion of ordinary experience）有这样一种忠诚，在它的伦理生活的表达中既作为其最初出发点，也作为其裁定（adjudication）的终极源泉。①

这里的关键是：人"事实上是怎样……生活的"，这被视为"出发点"和"终极源泉"。这一点是可以与生活儒学的观念相通的；但更确切地说，这是与海德格尔那种作为基础存在论的生存论相通的，"我们都出生并养育于一个特定的文化共同体之中"，用海德格尔的话来说，我们一开始就"被

---

① 安乐哲：《儒家的角色伦理学：一个词汇表》，香港中文大学：中国大学出版社2011年英文版。

抛"于特定的"语境""境位"和"关系"之中，我们的"去存在"和自我完善都只能在这种给定的角色位置秩序之中。

须注意的是，角色伦理学在方法论层级上的真正关键概念，其实是相互对立的"个体"（individual 或 person）和"关系"（relation 或 correlation）。角色伦理学把西方哲学归结为个体主义，而把儒家哲学归结为关系主义，并将二者对立起来，批判前者，试图用后者来解决前者带来的问题，甚至批判现代的"权利"观念。说实话，我对此是深表怀疑的。且不说能不能这样简单地归结，也不谈现代性生存与个体性的内在必然联系，我所深感忧虑的是：对于今天的中国来说，个体权利不是太多了，而是太少了，那么，这种关系至上的伦理如何能够保障个体权利？我的看法是：对于今天的中国来说，亟须批判的正是这种关系至上的传统伦理。

我的判断是：角色伦理学是将那种前现代的中国的生活方式——那个前现代的"文化共同体"的"语境""境位"和"关系"——认定为了现代性的中国乃至人类应有的生活方式，以此为"出发点"和"终极源泉"。于是，人们只能在这种前现代的伦理关系或角色体系中去存在、去生活。

二、得位：社会角色的超越——进取问题

这样一来，"超越"问题就凸显出来了：人能不能超越既有的"语境""境位"和"关系"？能不能超越给定的"位"与"角色"？这就涉及《易传》的"得位"与"设位"问题了。

首先是"得位"问题。众所周知，儒家具有强烈的进取精神，即孔子所说的"狂简进取"，否则便有"乡原"之嫌。（《孟子·尽心下》①）这种进取精神意味着我们不仅仅是消极地恪守自己既有的社会角色，同时还应积极地超越给定的角色。"得位"这个观念意味着：一个人原来并不具有某种"位置"，即并不扮演某种"角色"；他通过进取而"得"此"位"、扮演此"角色"。

例如坤卦六二爻，注："居中得正，极于地质。"（坤象征地。）《正义》

---

① 《十三经注疏·孟子注疏》，中华书局 1980 年影印本。

解释："二得其位，极地之质，故亦同地也。……以此爻居中得位，极于地体故，尽极地之义。此因自然之性，以明人事，居在此位，亦当如地之所为。"这是从爻位而说到人事："居在此位"即"得位"，"亦当如地之所为"即扮演这种"角色"。

又如观卦六四爻"观国之光，利用宾于王"，是说的担任为王礼宾的职位。注云："居近得位，明习国仪者也。"《正义》解释："'利用宾于王'者，居在亲近而得其位，明习国之礼仪，故曰利用宾于王庭也。"这也是说的"得位"而扮演其"角色"。

角色伦理学最深刻的思想之一，是对"人类"或"人"的重新理解，即从"存在着的人"（human beings 人的存在）观念转向"形成着的人"（human becomings 人的形成）观念。① 如果说，传统哲学的出发点是某种给定的（the given）主体性，如海德格尔所说，"哲学的事情就是主体性的事情"②，那么，角色伦理学就超越了这个观念，认为人并不是一开始就已经给定了的、已经"存在着"或曰"是"（being）的，而是"在形成中"的或曰"形成着"（becoming）的。由于对人的理解的这种转变，角色伦理学所理解的儒学已经超越了孔孟以后的传统儒学，在某种意义上回归了孔孟儒学③，因为它不再承认诸如"性善""性恶"那样的任何一种先天的或者先验的人性。这种观念是与生活儒学对人的理解一致的。生活儒学同样认为，人、或者说主体性，并不是我们思想的已被给定的出发点，相反，人或主体性是"被给予的"（given）东西。

既然如此，那么，我们应当追问的是：它是被什么给出的？或者说，它是怎样被给出的？同样，角色伦理学接下来的问题也是：人是怎样形成的？或者说，人是在怎样的条件下形成的？角色伦理学所强调的，是一个

---

① 安乐哲：《儒家的角色伦理学》第 3 章第 1 节"'人类'（Human Beings 人的存在）还是'成人'（Human Becomings 人的形成）"，第 87 ~ 92 页。

② 海德格尔：《哲学的终结和思的任务》，见《面向思的事情》，陈小文、孙周兴译，商务印书馆 1999 年第 2 版，第 76 页。

③ 关于孟子的思想的性质，乃是一个有待澄清的问题。角色伦理学并不认为孟子的人性论是先天论的或先验论的，参看安乐哲：《儒家的角色伦理学》第 3 章第 11 节"《孟子》与人之形成"，第 136 ~ 143 页。

人所在的"境位"（situation 处境位置），这种境位是由社会关系，尤其是伦理关系、又特别是家庭伦理关系所决定的。按照角色伦理学，人的形成、或者说成为一个人，就是在社会关系中获得一个角色（role）并且在这个角色中完善自己。

当然，人一开始就处在一种特定的境位中，此时他已经被给予了一个角色，这类似于海德格尔所谓"被抛的此在"；但他并不限于这个既定的角色，他还可以谋求一种新的角色，这类似于孔子所说的"君子不器"（《为政》）。这就是"形成着的人"或"人的形成"这个概念的真正意义。

孔子所说的"君子不器"，就是不拘限于角色的意思。邢昺解释："器者，物象之名。形器既成，各周其用，若舟楫以济川，车舆以行陆，反之则不能。君子之德，则不如器物各守一用，言见几而作，无所不施也。"例如：

> 子贡问曰："赐也何如？"子曰："女器也。"曰："何器也？"曰："瑚琏也。"（《公冶长》）

何晏注引包氏："瑚琏，黍稷之器，夏曰瑚，殷曰琏，周曰簠簋，宗庙之器贵者。"孔子既是在鼓励子贡为"贵器"，更是在批评子贡毕竟"器"了、而没有达到"不器"的境界。朱熹的理解是很准确的："子贡虽未至于不器，其亦器之贵者与。"（《论语集注·公冶长》①）

孔子曾说："管仲之器小哉！"因为他"不知礼"（《八佾》）。这是区分"小器"和"大器"，所谓"瑚琏"即是一种大器。但即使是大器，也还不是君子的最高境界。最高境界乃是"不器"。

孔子还说："君子……及其使人也，器之。小人……及其使人也，求备焉。"（《子路》）邢昺解释："言君子有正德，……度人才器而官之，不责备，故易事。……小人……及其使人也，责备于一人焉，故难事也。"君子对于别人并不求全责备，而是因才任事。但是无论如何，君子对于自己却

---

① 朱熹：《四书章句集注》，中华书局 1983 年版。

是"求全责备"的，就是要求自己"不器"。

孔子"君子不器"的思想与《易传》"得位"的思想是一致的，是说一个人不必固守既有的"位置"而死守固有的"角色"，他可以更加积极地"去生活"——"得"一个新的"位"。这让人先起陈胜的名言："王侯将相宁有种乎？"（《史记·陈涉世家》①）

这种"得位"观念比起上文所谈的"正位"以及"当位"来说是更积极的，但是比起下文将要讨论的"设位"观念来说则仍然有消极的意味。例如无妄卦六二爻，《正义》解释："六二处中得位，尽于臣道，不敢创首，唯守其终，犹若田农不敢发首而耕，唯在后获刈而已。不敢菑发新田，唯治其菑熟之地，皆是不为其始而成其末，犹若为臣之道，不为事始而代君有终也。"具体到角色伦理问题，即是说，尽管我们可以通过努力而"得"新"位"，但最终仍然不过是"守位"而已，对这个"位"的秩序系统本身并无触动。

三、设位：社会角色秩序系统的设定——制度正义问题

其实，按照儒家的思想，我们不仅可以超越自己既有的社会角色、可以"越位"，这在《易传》即"得位"的观念；我们甚至可以改造既有的、规定社会角色的位置系统本身，亦即改造社会规范及其制度本身，这在《易传》即"设位"的观念。从正义论的角度来看，角色伦理学仅仅涉及了行为正义（justice of behavior）领域，而未触及制度正义（justice of institution）问题。下面我们就来探讨这些问题。

《易传》两次谈到"设位"：

> 子曰："易其至矣乎？夫易，圣人所以崇德而广业也。知（读为"智"）崇、礼卑。崇效天，卑法地。天地设位，而易行乎其中矣！成性存存，道义之门。"（《系辞上传》）

① 司马迁：《史记》，中华书局 1980 年版。

注云："天地者，易之门户；而易之为义，兼周万物，故曰'行乎其中矣'。"疏云："天地陈设于位，谓知之与礼而效法天地也。'而易行乎其中矣'者，变易之道，行乎知礼之中，言知礼与易而并行也。若以实象言之，天在上，地在下，是天地设位；天地之间，万物变化，是易行乎天地之中也。"所谓"天地设位"，是说的设置"天—地"这样的形而上的"易之门"；人道效仿天道，即"知之与礼而效法天地"，就是设置"智—礼"这样的形而下的"道义之门"。我们知道，"礼"的设置就是"制礼"的问题。这是中国正义论的基本课题。通过"义"（道义）来制"礼"，这正是中国正义论的最核心的结构：义（正义原则）→礼（制度规范）的结构。[①]

不仅形而下的"智—礼"设置是人的事情，即使是形而上的"天—地"设置其实也是人的事情：

天地设位，圣人成能；人谋鬼谋，百姓与能。（《系辞上传》）

疏云："'天地设位'者，言圣人乘天地之正，设贵贱之位也。'圣人成能'者，圣人因天地所生之性，各成其能，令皆得所也。"所谓"设贵贱之位"，也就是"制礼"，亦即设置一套"位置"系统，以规定人们在其中的各种"角色"。例如《蹇象传》说："当位贞吉，以正邦也。"这是说国君"当位"以后，他的一个基本职责就是"正邦"。所谓"正邦"，自然包含着正定国家的制度、亦即"设位"。这就是中国正义论要解决的制度正义问题。如果既有的社会规范及其制度本身就是不正义的——不正当或者不适宜的，那么，它所设置的"位置"及其规定的"角色"就是不值得我们去争取的。这时候，人充当了一种更为伟大的角色——重新设置角色系统的角色（the role who re-sets the system of roles）。

这里还涉及一个更深刻的问题。我曾谈到，当下的生活际遇、角色所

---

① 黄玉顺：《中国正义论纲要》，《四川大学学报》2009 年第 5 期；人大复印资料《伦理学》2010 年第 1 期全文转载。

处的当下"位置"系统、"角色"秩序，具有双重性质，看起来似乎是一种循环：

> 生活本身的本源结构决定了，我们总是要去生活，即总是要超越现实的生活，这是一种"改变现实"的态度。我们首先必须承认现实，然后才有可能改变现实；否则，改变现实的愿望只是一种空中楼阁。过去人们不理解孔子对"礼"的态度，就是因为不懂得这个道理：孔子一方面主张"学礼""克己复礼""非礼勿视，非礼勿听，非礼勿言，非礼勿动"，另一方面却主张"礼有损益"，人们感到这似乎是自相矛盾的。其实，"礼"作为规范构造是具有不同的意义的：它固然是前此的规则建构，即是"损益"的结果；但它却是当下的生活际遇，所以首先必须"学礼"。……我把生活儒学的意义概括为这样两句话：凡是现存的，都是本源的；凡是现存的，都是应当超越的。第一句话的意思是：凡是现存的，都曾经是前此的某种形而下学的构造，但是，无论如何，对于当下的我们来说，它们都是我们的在生活之际遇，我们只有由此出发，才能去生活而超越；第二句话的意思是：凡是现存的，纵然都是我们的在生活之际遇，但是，我们必定去生活而超越它们，而这种去生活而超越，同样归属于我们的在生活之际遇。——这种看法既无所谓"保守"，也无所谓"革命"；生活儒学只是告诉我们：我们向来在生活，并且总是去生活。[①]

这就是说，正如角色伦理学所言，既有的角色位置系统是我们的"出发点""源泉"；但生活儒学及其正义论坚持，既有的角色位置系统同时也可能正是我们应当加以改造、超越的对象。例如，在宗法王权时代，王族的嫡长子生来就被预定了王的位置和角色；但其前提是嫡长子继承制，而这个制度安排本身在今天却已经是不正义的了。

---

① 黄玉顺：《面向生活本身的儒学——"生活儒学"问答》，载《面向生活本身的儒学——黄玉顺"生活儒学"自选集》，四川大学出版社2006年版，第89~91页。

即便就角色伦理学所注重的家庭伦理来看，事情也是如此。表面来看，家庭角色是不可超越的。例如，在父亲面前，儿子永远是儿子的角色。但事实上事情并非这么简单。例如在现代社会中，当儿子还是一个未成年人时，他的角色是被监护人；然而当他成人以后，他就摆脱了被监护人的角色。

近年来，有不少儒者特别强调家庭，甚至认为家庭伦理才是儒学的特色、中国文化的特征。其实未必如此。家庭本身就是一个历史地变动的概念：我们曾经有上古王权时代的宗族家庭；曾经有中古皇权时代的家族家庭；还有现代的核心家庭，以及诸如合法的单亲家庭，乃至合法的同性恋家庭等复杂的家庭形式。这些不同时代的家庭形式具有不同的家庭伦理，不同的"礼"的制度、不同的"位"的安排、不同的"角色"定位。就此而论，"角色"问题并非儒学的根本所在；角色是由"礼""位"规定的，而"礼""位"又是由"仁""义"导出的。这是我们今天所应具有的一种"角色"意识。

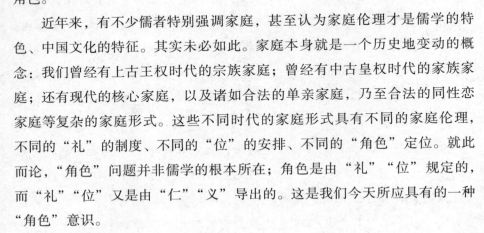

安乐哲儒家角色伦理学探析

李文娟

（山东社会科学院国院儒学研究与交流中心）

近年来，安乐哲所提倡的儒家角色伦理学（Confucian Role Ethics）备受关注。该理论是一种中西文化比较视野下的新型儒学理论，不仅为西方尤其是美国重新理解儒学提供了新的视角，也为中国重新审视自身的文化传统带来了新的参照。从目前学界的反响来看，大多是批评和质疑的声音，主要针对这一理论的合理性和严谨性，而忽视了它的学术背景和重点指向。笔者认为，有必要对这一理论的来龙去脉作出详细解释，以便使读者更清楚地了解安乐哲提出这一观点的理论和现实意义。

一、基于对"个人主义"的反思与挑战

"儒家角色伦理学"理论的提出，是基于安乐哲对美国乃至国际社会问题的关注。在这二三十年间，美国的经济发展风云变幻，社会问题与之相伴而生。20 世纪 90 年代的信息技术革命，造就了美国经济神话，全世界的资金和人才如潮水般涌入美国的资本市场，确立了其金融霸权的地位，也加快了全球化的进程。无奈好景不长，自 2001 年起，美国便遭受重创，先是发生"9·11"事件，接着卷入伊拉克战争，导致国内资金大规模撤离，经济逐渐呈现下滑趋势，几度引发金融危机。进入 21 世纪以来，美国陆续有 200 余家大企业被迫申请破产，400 多家中小银行倒闭，社会失业者达到数百万。高额的教育和医疗费用，已经超出中产阶级的负荷，大规模的抗议者要求调整经济和政治结构。作为一位人文学者，安乐哲敏感地意识到，

美国的经济危机已经蔓延成为文化危机，甚至社会危机，不再仅仅是凭借几人之力、一时之间能够解决的问题，而是各种矛盾交织积聚后所产生的必然恶果。

然而，在这场由地域性危机引发的全球风暴中，中国却作为新的世界工厂跻身于世界中心地位。人文环境也呈现出良性发展态势，中国许多大学里相继成立了国学院或国学研究中心，世界上的孔子学院如雨后春笋般遍地生根，儒家哲学一步一步被中国的学术机构和政府机构合力推进。对于中美局势的急剧变化，安乐哲认为根本的症结是"社会中畸形的、不负责任的个人主义"[①] 阻碍了美国的发展，如个人无限度地滥用资源，经济集团利欲熏心而不择手段，更甚的是小布什政府"不是朋友，就是敌人"的单边主义宣言。他认为个人主义削弱了美国人的道德责任感，而中国却依赖于儒家的金科玉律——"己欲立而立人，己欲达而达人"（《论语·雍也》）在重重危机中脱颖而出。

在笔者看来，或许安乐哲对自己的国家——美国抱有"恨铁不成钢"的心情，而中国给他留下了各种美好的印象。事实上，我们知道，已经融入世界金融体系的中国，在全球性的经济危机面前，根本无法置之度外。在中国市场上，也出现了通货膨胀日益明显，房价居高不下，千万个工厂企业面临生存危险等等经济危机。中国社会同样充满隐患，如大学毕业生就业竞争激烈，土地流失使得农民工游弋于城乡之间难以维持生计，贫富差距不断加大，老龄化问题日益严重，退休人员面临财政供养的巨大缺口，各种社会保障措施难以落实等等。这些问题也使得中国学者深感困扰。回顾近 200 年的历史，美国经历了工业革命，完成了原始积累，又创造了经济神话，现在的情况是正在从高处向下滑落；而中国经历了鸦片战争的侵蚀，列强国家的洗劫，接着又是几番内争外战，现在正从低谷向上攀爬。纵然中国形势有所好转，但是与美国相比，境地孰好孰坏尚不能妄下结论。

既然安乐哲把症结归根于"个人主义"，那么，何为个人主义？它具有

社会儒学论丛（第一辑）

---

① 安乐哲：《儒家的角色伦理色与杜威的实用主义：对个人主义意识形态的挑战》，《东岳论丛》2013 年第 11 期。

哪些特征呢？从本源上来看，个人主义可以追溯到基督教信仰，其教义虽然以上帝之名宣称在自然和道德上人人平等，提倡"己所欲，施于人"式的利他主义的爱，但是这种爱不能超越对上帝之爱，并且保守的基督徒（基要派）仍然坚持"基督以外无拯救"的宗教理念，上帝对个人拯救的关切也没有脱离个人主义。从理论上来看，可以追溯到古希腊伦理观，其强调尊重个人利益，而非他人利益。亚里士多德《论灵魂》和柏拉图《菲多篇》都有提及，人性是被上帝给定的，人生来就是不平等的，这种理念下的伦理观对道德的基本要求就是实现个人本性。在实现个人本性时，一切以个人为中心，尊重个人的解放、个人的奋斗、个人的选择。①

　　根据价值理念的不同，个人主义又可以表现为"道德个人主义""经济个人主义"和"新个人主义"。"道德个人主义"具有宗教性，可以被看作是一种道德的哲学，其目的在于确保个人灵魂获得自由和救赎，同时也强调道德的自我独立，反抗权威，反对压迫，它是古典自由主义的重要元素。"经济个人主义"是工业革命的产物，它强调一己之私，用金钱来衡量个人利益，倾向于利己主义。"新个人主义"来自于杜威的社群理论，它尊重社会共同体的规则和权利，强调个人的能动创造性，提倡以合理的方式谋取个人利益。② 安乐哲对个人主义进行批判时经常具体指向"自治的个人主义"，其中诟病的主要是那种自私自利的"经济个人主义"。就目前看来，这种个人主义不仅在美国盛行，在中国也有一定程度的存在。正是因为这种个人主义，才使得某些社会精英和少数权威者自恃正义，以牺牲大多数人的利益为代价来谋取供个人享有的自由。③ 安乐哲深切地感受到这种个人主义正在全球快速发展，尤其在西方已经深入人心，它为一种不受约束的个人自由提供了存在的理由，对社会造成了极大的负面影响。所以，他决心向这种意识形态提出挑战，并将眼光投向了杜威的实用主义和儒家哲学，试着通过它们探寻和找回那第二种更具有生命力的正义观念。

————————

　　① 王书道：《个人主义与集体主义：反思与整合》，《天中学刊》2000 年第 6 期。
　　② 王书道：《个人主义与集体主义：反思与整合》，《天中学刊》2000 年第 6 期。
　　③ 安乐哲：《儒家的角色伦理色与杜威的实用主义：对个人主义意识形态的挑战》，《东岳论丛》2013 年第 11 期。

二、从"关系"中寻找价值

所谓"第二种正义",是相对于个人主义的正义而言的。罗尔斯在其专著《正义论》中对个人主义的正义作出批评:世界上大多数国家的民主,被公司资本主义所霸占,他们注重的是程序正义或者司法正义,权利优先于善,结果便会倾向于实现少数权威者的利益,而无视或损害多数人的利益分配。他还指出,学术和政治力量越是捍卫和保护道德,维护大多数人利益的社会正义越是难以实现。之所以这样说,是因为他认为现代西方的道德理念植根于经济体系,割裂了个人与他者的关系,被提升为一种抽象的原则,将人定义为自由的、理性的个体,剥离了人性中的善,减弱了社会责任感,丧失了内在的动力。① 正如安乐哲所言,西方的"道德"已经不足以解答"为什么要爱别人"这样的问题。② 在批评的同时,罗尔斯也进一步谈到了他的正义观:"有关人的处境的特殊事实———人的智力和技能、性别、宗教、种族、财富、健康等等———都不属于证明正义原则的正当理由。"③ 从这句话来看,罗尔斯的正义理论一笔勾销了同西方社会宗教传统的关系,认为实现社会正义就要从根本上否定各种宗教信仰。在安乐哲看来,这种以独立原则存在的正义只是一种假定。

实际上,杜威与罗尔斯颇有渊源,两人的思想都源自德国古典哲学,又不约而同从中出走;起初均是基督徒,后来又偏离或抛弃了基督教。不同的是,杜威选择了一条温和的改良路线。他很少在其政治理论中直面正义问题,而是从民主社会理论出发进行正义理论的转换。与罗尔斯不同,他没有彻底否认个人主义的基础地位,而是将其进行了改造,承认人需要成就卓越的个体性,但是坚持这种个体性存在并植根于关系之中,只有在关系中才能培养个人美德和获得平等。而且,杜威所指的平等,已经不是

---

① 安乐哲:《儒家的角色伦理色与杜威的实用主义:对个人主义意识形态的挑战》,《东岳论丛》2013 年第 11 期。

② 牟钟鉴、安乐哲、单纯:《全球化背景下的中国文化反思——牟钟鉴、安乐哲对话录》,《中国图书评论》2007 年第 1 期。

③ 张国清、刘腾:《零碎的抑或总体的:杜威和罗尔斯社会治理理论比较研究》,《浙江大学学报》(人文社会科学版)2013 年第 4 期。

传统观念中的个人专属，而是属于整个共同体，需要在协调自己来成就共同体的过程中来才能实现。同样，"正义"理念也是由关系而产生。安乐哲认为，杜威对西方人熟悉的"平等"进行了重新建构，变得更加合理化，可是，将民主或正义理论建构在以个人主义为基础的"关系"上仍然存在风险。① 但是，不得不承认，安乐哲对于杜威提出的"关系"理论充满了欣赏，因为这可以帮助他挑战那种将人视为不相关联、自由、自治、理性、自利、个体的个人主义。②

与此同时，他也注意到了与杜威在正义模式上有着共鸣的儒家哲学。与杜威相比，儒家哲学的正义观强调个人内在的道德修养与直觉感悟，更侧重于对社群关系的整体把握；承认个体差异，却倾向于用礼义对政治权威进行道德上的约束。同样希望通过"关系"实现"正义"，杜威认为"人不仅仅是事实上交往的，而且成为一种由想法、感情和深思熟虑的行动所组成的社会动物。人所相信、希望以及奋斗的是交往和交流的结果"③，这种关系多表现为外在行为的交往和思想层面上的交流。而儒家一向重视人与人之间、人与天之间关系的感应和协调，"诚者非自成而已也，所以成物也。成己仁也，成物知也。性之德也，合内外之道也"（《中庸》第 25 章），用"诚"等内在的道德来贯穿天、地、人，这种关系是一种内在的正义脉络，可以通向外在的社会结构与政治制度。④ 值得关注的是，唐君毅"一多不分"⑤ 的宇宙论给了安乐哲更多的启发。"一多不分"理论认为："部分与全体交相融合"是中华文化的根本精神。安乐哲将这种"一多不分"观念运用到儒家角色伦理学的"关系"上，认为个人与社群互联互利不可分割。看似抹去了"关系"的内外特性的区别，或者说是变得内外兼具。总

---

① 安乐哲：《儒家的角色伦理色与杜威的实用主义：对个人主义意识形态的挑战》，《东岳论丛》2013 年第 11 期。

② 安乐哲：《儒家的角色伦理色与杜威的实用主义：对个人主义意识形态的挑战》，《东岳论丛》2013 年第 11 期。

③ 安乐哲：《儒家的角色伦理色与杜威的实用主义：对个人主义意识形态的挑战》，《东岳论丛》2013 年第 11 期。

④ 吴进安：《先秦儒家正义观探析》，《孔子研究》2012 年第 6 期。

⑤ 唐君毅：《中西哲学思想之比较论文集·导言》，台湾学生书局 1988 年版，第 16～17 页。

之，儒家角色伦理坚持"关系"的首要性，力在排除终极个体的任何观念。

无论是内在、外在的"关系"，还是内外兼备的"关系"，杜威与儒家都把人看作是生活于群体中的个体，这就为正义提供了一种务实性、普遍性和整体性的意义。两种资源都与安乐哲所寻找的"第二种正义"有着某种契合。他认为，人就是正义本身和正义主体，正义的合理性应该由实证性经验来证明。① 所以，在此基础上建立起来的"儒家角色伦理"，可以理解为——它以家庭生活和家庭情感为起点，从而将个人纳入家庭角色和代际关系之中，然后援引道德在关系中成长，反过来促进角色、关系的意义达到最佳化，最终成就一种理想的社会秩序。归根结底，儒家角色伦理就是为了从"关系"中寻找那种更有生命力的社会正义。

儒家角色伦理试图通过"角色"为我们提供行为规范。角色伦理意在指导我们如何合理地接人待物，用恰当的行为来传递人类高度复杂的心理活动，同时启发出一种实在的正义感。② 安乐哲认为，置于社会关系之中的"角色"本身就是一种道德的代名词，如"做母亲""做邻居"不光是描述事实，更重要的是要担当起相应的责任，表达出真实的情感。③ 他试着通过《论语·乡党》篇的内容来支持这一观点：

> 孔子于乡党，恂恂如也，似不能言者。其在宗庙朝廷，便便言，唯谨尔。
>
> 朝，与下大夫言，侃侃如也。与上大夫言，訚訚如也。君在，踧踖如也，与与如也。
>
> 入公门，鞠躬如也，如不容。立不中门，行不履阈。过位，色勃如也。足躩如也，其言似不足者。摄齐升堂，鞠躬如也，屏气似不息者。出降一等，逞颜色，怡怡如也。没阶趋进，翼如也。复其位，踧踖如也。
>
> 疾，君视之，东首，加朝服，拖绅。

---

① 安乐哲：《儒家的角色伦理色与杜威的实用主义：对个人主义意识形态的挑战》，《东岳论丛》2013 年第 11 期。

② 安乐哲：《儒家角色伦理》，《社会科学研究》2014 年第 5 期。

③ 安乐哲：《儒家角色伦理》，《社会科学研究》2014 年第 5 期。

这几段文字，是孔子这位士大夫真实的生活写照。孔子对于乡党、下大夫、上大夫、国君而言，扮演着不同的角色。面对这种错综复杂的社会关系，孔子时时处处需要找到一种相应的姿态，去传达一种足以维系各种关系的恰当的尊重或忠诚的感情。孔子的一言一行，都在遵从"礼"的安排，他的行为是发自内心真实感情的流露，既涉及身体力行，又涉及内在精神；既具有审美性，还具有道德性，甚至宗教性。①的确，道德"角色"可以塑造出"圣人""君子"般的文化英雄，从而对周围的人起到典范作用。

既然"角色"具有道德性，那么，由此而形成的"关系"必然也会包含道德性。安乐哲用"子为父隐"（《论语·子路》）的学术公案作出了详细的论证。他认为，《论语》中的这个案子，并非是司法正义所能解决的问题。问题的难点不在于"儿子是否应该掩护犯了罪的父亲"，关键在于当父子之间正常的互联关系被扭曲了以后，还如何加以"隐"？亦即如何使之"直"？安乐哲要表达的意思是，司法性正义考虑的是如何将嫌疑人依法论罪；而关系性的正义是为了找出使得社会和政治和谐最佳化的方法。从中我们可以看出，儒家角色伦理不赞成凭借理性思维方式来达到理想的道德境界，而是要求人在关系中培养审美、道德、宗教等方面的想象力。

三、来自中西方学术界的质疑和批评

针对儒家角色伦理学的批评，主要来自两个方面：

一方面，来自倾向于支持儒家德性伦理学的中西方学者，他们对角色伦理学的合理性问题提出了质疑。从中国传统学者的角度来讲，认为儒家思想通常把"人"看作是德性的存在，而非以"角色"为中心。孔孟荀均主张"道德"是自然界赋予人的特殊本质，是人区别于其他一切存在的最好的证明，如"天生德于予"（《论语·述而》），"人之所以异于禽兽者几希"（《孟子·离娄下》），"水火有气而无生，草木有生而无知，禽兽有知

---

① ［美］安乐哲、郝大维：《切中伦常：〈中庸〉的新诠与新译》，彭国翔译，第158～159页。

儒家社会伦理

而无义，人有气有生有知亦且有义，故最为天下贵也"（《荀子·王制》）。①所以，儒家学者习惯上称之为道德伦理或德性伦理，很难接受角色伦理这一创新提法。山东大学沈顺福教授直接表明，儒家伦理学的主题是"德性"，而非"角色"，儒家哲学中深深烙着德性的印记。同时，他也指出，儒家的"德性"是即有的本性，并不是亚里士多德的"德性"。② 武汉大学郭齐勇教授认为，角色伦理虽然突破了西方中心主义和道德虚无主义，彰显了儒家伦理的家庭本位性和特殊性，但是却将根植于人性中的道德置放于关系和角色之中，失去了它原本的普遍性、超越性和终极性。③ 山东大学刘宏博士则以《中庸》的"慎独"理论为依据，证明儒家伦理正是要求人要摆脱各种角色关系的束缚，坚持自己的价值判断；同时又以《孟子》"乍见孺子将入于井"为例，再证人的德性并不依托于关系中的角色而存在。然而，他对以德性为儒家伦理学主题的看法也表示担忧，因为它将面临来自西方德性学说的干扰。④

　　的确，要想取得两种文明的相互认可，必须要清楚中西方概念之间的区别。在西方伦理中，也具有一定的道德传统。自苏格拉底的"知识就是美德"开始，到柏拉图的"善的理念"，再到亚里士多德的"至善"理论，都将道德与善视为追求绝对理念的最佳手段。只不过，在西方道德伦理中，道德不仅仅指优秀品德，还包括事物的卓越性；它也不是人类先天赋予的，而是后天获得的一种性质，并且服从于绝对理念。⑤ 虽然中西方对"道德"的理解不同，但也不失为一条儒家伦理与西方伦理对话的有效途径。20世纪以来，德性伦理学成为西方伦理学的一个重要特征。万白安、艾文贺、余纪元等西方学者借助"德性"这一视角，展开了对儒家伦理学的研究。对于"儒家角色伦理学"的提出，他们提出批评，认为其出自于韦伯的"理念型分析"，纯属安乐哲等人自我指涉的理论产物。他们觉得角色伦理

① 严火其、严燕：《浅谈中西方传统的德性伦理》，《道德与文明》2006年第1期。
② 刘宏：《"儒家角色伦理"国际学术研讨会述评》，《当代儒学》2014年第1期。
③ 刘宏：《"儒家角色伦理"国际学术研讨会述评》，《当代儒学》2014年第1期。
④ 刘宏：《"儒家角色伦理"国际学术研讨会述评》，《当代儒学》2014年第1期。
⑤ 严火其、严燕：《浅谈中西方传统的德性伦理》，《道德与文明》2006年第1期。

学就像"奥卡姆剃刀",不仅会误删掉"德性"在儒家思想中的价值,还会使早期儒家伦理过度片面化和后现代化,从而失去了与西方德性伦理对话的可能。

从以上分析来看,这些顾虑也有其自身的道理。站在中国学者的角度,他们担心对"角色"的过分强调会产生错误导向,致使德性在传统观念中重要地位的滑落。事实上,对西方学者来说,他们更是无法忘记古希腊城邦制度中"角色"给人们所带来的桎梏。公元前8世纪的城邦制度以父权制为基础,城邦居民只有获取公民权才资格成为共同体成员,而对于女性、奴隶和来自外邦的移民来说则永远无法享有公民权利。同时,由家族神祇任命的家族族长通过"祭司"这一角色来获取权威,他们掌管着邦中议事和审判的权利。然而,直到公元1世纪基督教的出现打破了这种根深蒂固的城邦理念,宣称所有个体在上帝面前都是平等的——无论是男人还是女人,无论是贵族还是奴隶,甚至包括罪人都以兄弟姐妹相称,无需考虑自身的社会角色。[1] 从这个角度来看,角色伦理学的出现,无疑是对基督教所倡导的平等自由理念的一种"反叛"。对于道德伦理学学者的批评,安乐哲似乎无意辩证。他只是反复强调,儒家角色伦理学与道德伦理并不冲突,它不是一种独立存在的伦理理论,而只是想给道德提供一种更加广阔且独特的视角,使它能够走出抽象的心性概念,融入生活经验中去寻求保证。[2]

另一方面,还有一些学者对于角色伦理的严谨性,尤其是对"关系"的界定问题提出了质疑。西方学者黄百锐对角色伦理学中"关系"的解读是:"我们以生物有机体获得生命,通过和同类建立关系而成人。"[3] 可见,黄氏把个体的存在放在首位,关系是在个体的交流中予以获得。安乐哲在《心场视域的主体——论儒家角色伦理的博大性》一文中专门作出回答,他否定了独立性个体的存在,"我们是关系的总和并被关系所组成,而非复制

① 大卫·马昆德:《我们不应忘记自由主义的宗教渊源》,张舒译,《东方历史评论》,2015年3月20日。

② 安乐哲:《新场视域的主体——论儒家角色伦理的博大性》,《齐鲁学刊》2014年第2期。

③ Amy Olberding. *Dao Companion to the Analects*. Dor-drecht:Springer,2014,p.192.

这些集中的、惯性的中心"①。显然，安乐哲的回答并不足以消解所有的疑虑。山东大学蔡祥元教授认为，儒家角色伦理学中的关联性思维是怀特海过程哲学和杜威实用主义的经验流变之说，虽借中国古代哲学之名，但只强调经验层面，这并不能全然表达中国传统文化中更深层次的"变化之道"。②

诚然，安乐哲已经深刻认识到"关系"在社会伦理中的存在价值，但是对"关系"之中个人与群体的内在逻辑并未给出清晰的解释，或者说他有意在坚持"关系"的积极的模糊性。对于上述蔡教授的评论，笔者想要作出补充。实际上，安乐哲的关联性思维更多的灵感来自于唐君毅先生"一多不分"的宇宙论，具体表述如下：

> 中国哲学中，素不斤斤于讨论宇宙一或多之问题。……吾人今亦援前例而论一多不分观之来源。第一，可谓其来自合动静有无观。盖吾人之所以将一多视作分立，正由吾人将各物视作静而不动有而不无以自成界限。若以为动静有无可相转变，多可相融合以为一，一可以变化而成多；何一多对立之有。第二，可谓其来自无往不复观。盖吾人之将一多视作对立，又必待吾人视各物为相离则不能合，相合则不能离者。若离复能合，合复能离，则一多之分立自不可能。物之离合，即可视作物之往复。若持往复无常观，自当持离合无常观，而一多不分之义在其中矣。第三，可谓来自无定体观。盖若一切均无定体，则一与多均无支持之者。一多既均无支持之者，则孰使一常住为一，多常住为多。第四，可谓来自吾人所谓中国文化之根本精神不自全体中划出部分。盖吾人之所以有一外之多，必先由全体直接经验中划出许多独立之部分；吾人之所以有多外之一，必将全体直接经验视作离此划出之部分而另有其存在者。若吾人根本不自全体中划出部分，自无一外之多与多外之一之分立矣。③

---

① 安乐哲：《新场视域的主体——论儒家角色伦理的博大性》，《齐鲁学刊》2014 年第 2 期。
② 刘宏：《"儒家角色伦理"国际学术研讨会述评》，《当代儒学》2014 年第 1 期。
③ 唐君毅：《中西哲学思想之比较论文集·导言》，台湾学生书局 1988 年版，第 16～17 页。

的确，中国哲学宇宙观支持这一观点。从老子的"万物得一以生"（《道德经》第 39 章），到《易经》的"万物睽而其事类也"（《睽卦》），再到朱熹的"一本万殊"（《朱子语类》），都把"一"与"万物"紧密联系在一起，两者不可分割。但是，安乐哲将其与实用主义结合起来，应用到人类社会的经验层面，难免会出现问题。因为"一多不分"主要是指宇宙万物变化之象，而社会中的人具有思想意识和主观能动性，很难在关系活动中达到"一多不分"的程度。儒家哲学自孔子起，虽然重视群体秩序，但并不抹杀人的个体性，如"为仁由己，而由人乎哉"（《论语·颜渊》），即"为仁完全由自己，不在于外人"[1]。另外，孟子说："人人亲其亲、长其长，而天下太平"（《孟子·离娄上》），即只要人人亲爱自己的双亲，尊敬自己的长辈，天下就太平了。可见，儒家哲学中个人与他人的"关系"也是有远近亲疏差别的，并不能一概而论。虽然汉代大一统时期偏重群体秩序，而宋明理学强调"为己之学"，但总体来说仍沿袭着孔子的"中庸之道"。[2] 所以，笔者认为安乐哲有必要对角色伦理学中的"关系"做深度分析，否则就会走向与罗尔斯相对的另一个极端。山东大学孟巍隆教授也指明了这一点，他说文化比较研究不必采用东西两极化对立的思维模式，以西方哲学为标准固然会掩盖中国哲学的价值，但是，东方主义的取向又会切除掉儒家哲学中的一般原理，这同样是一种矫枉过正的做法。[3]

四、儒家角色伦理学的意义

或许，站在更高的角度来看，儒家角色伦理学不仅是要挑战个人主义意识形态，还有意要克服儒家思想中旧有"关系"理念所带来的局限性。安乐哲在《角色伦理：一个需要重新认识的儒学思想》中指出，儒家生活目标被局限在熟人的圈子中或囿于生活琐事，往往会过分强调或依赖亲近的私人关系，势必会导致裙带依存、任人唯亲、狭隘的地方主义和腐败现

---

① 钱穆：《论语新解》，三联书店 2002 年版，第 303～304 页。

② 余英时：《群己之间——中国现代思想史上的两个循环》，《现代中国思想的核心观念》，上海人民出版社 2011 年版，第 206～209 页。

③ 刘宏：《"儒家角色伦理"国际学术研讨会述评》，《当代儒学》2014 年第 1 期。

象；儒家对家庭和个人亲近关系的过分投入使得公共人力资源短缺，不利于形成一个有活力的公民社会；儒家伦理价值观的某些片面性助长了某些狭隘的地方主义，致使一些国家出于自利主义和应急政策取得暂时媾和，从而对国际关系的发展产生了负面影响。[1] 所以，他认为，在跨文化交融的国际舞台上，应该重新思考儒家的角色和关系，建立一种符合现代社会交往准则的更有生命力的儒家伦理价值观。在此基础上，角色伦理学要求以家庭为起点，但要突破家庭亲缘关系的限制，以一种更高的姿态应用于更宽广的领域之中，甚至要将关系延伸为一种以人为中心的宗教性理念[2]，成为国际社会共同认可的价值观。

从理论上来看，角色伦理学是儒家德性伦理为适应现代国际社会的进一步发展。它使得古代的传统得以理论化和当代化，尝试表达一种独特的道德哲学，让儒家传统发出自己的声音。另外，它提醒着我们，儒家要实现"齐家治国平天下"的宏愿，不能拘泥于文化自我中心主义，必须将眼光放得更长远。牟钟鉴教授支持这一观点，他认为，儒家道德需要根据时代特征吸收新的道德因素；现代中国正在向发达国家迈进，道德领域也大大扩展了，家庭血缘关系固然仍有积极作用，但是有些社会关系不是靠旧的思路所能理解的；市场经济体制下的社会，职缘关系和职业道德占有头等地位，除了发掘传统资源，还需要借鉴海外经验并且大胆进行创造。[3] 以此来看，角色伦理足以称为一种"大胆的创造"。

那么，回到安乐哲的理论起点，将角色伦理引入西方文化，是否会有它生长的"土壤"？美国哲学家乔尔·库普曼认为："个人主义鼓励我们要按照个人的意愿去选择自己的生活，这一切不会被我们与其他人的互动所影响，而角色伦理却在提醒我们要纠正这种简单化的看法。但是，需要声明的是，角色伦理并不阻碍我们继续去关注个人主义因素，而只是会塑造

---

① 安乐哲：《角色伦理：一个需要重新认识的儒学思想》，《北京日报·理论周刊》，2010 年 11 月 29 日。

② 安乐哲：《儒家角色伦理学：挑战个人主义意识形态》，《第六届世界儒学大会学术论文集》，第 41 页。

③ 牟钟鉴：《涵泳儒学》，第 291 页。

和美化我们的社会生活。"① 可见，库普曼对角色伦理学的理解依然建立在个人主义的基础上。安靖如也承认，坚持儒家角色伦理是道德生活的独特自述，使我们"不须声称角色伦理不能与西方道德理论兼容"②。尽管这种观点在西方并不普遍存在，但也是一个良性的开始，至少它可以使更多人看到儒家哲学的价值。目前，国际社会形势并不乐观，霸权主义与恐怖主义流行，地方性冲突持续不断，而西方国家尤其是美国经常采用以暴制暴的方式，不仅不能从根本上解决问题，而且还形成了暴暴还治的恶性循环。基于马基雅维利的强权政治论、达尔文的社会进化论和基督教的独尊性和排他性，西方文化在引导国际局势走向和平的道路上似乎是举步维艰。③ 角色伦理学的引入，希望能够在消解这种强权文化上做出一点贡献。另外，自 20 世纪 90 年代冷战结束至今，"中国威胁论"在国际社会上便不绝于耳。实际上，这是美国等一些国家对中国崛起的误读和主观猜忌。美国学者亨廷顿断言，中国将成为西方文明的天敌，未来世界的冲突可能在西方的傲慢、伊斯兰国家的不宽容和中国的武断的相互作用下发生。④ 在一些西方人看来，西方世界天生富有人性、爱好和平，是民主和自由的，而中国是不属于主流文化的"另类"，在政治制度上永远都是"异己"，是一个专制和集权的国家。⑤ 儒家角色伦理在美国的提出和传播，可以让西方人看到中国文化追求关系和谐、共同发展、共同安全的特征，明白中国强大不等于霸权的道理。

从实践上来看，与德性伦理相比较，角色伦理更容易被中国现代社会的年轻人所理解和接受。传统乡村社会结构下，中国人特别看重家族间的人伦关系，十分强调道德的作用。与"伦理本位"的乡村社会相比，当代中国社会结构发生了巨大变化，"伦常道德"不再是它的基础，核心家庭本

① Joel J. Kupperman. *Confucian Role Ethics：A Vocabulary by Roger Ames*. China Review international，Vol 18，Issue 4，2011，p. 450.

② Angle，Steve. *Moral Vision and Tradition：Essays in Chinese Ethics*. The Journal of Asian Studies. 2001，Vol. 60，Issue 4，p. 1149.

③ 牟钟鉴：《涵泳儒学》，第 222 页。

④ ［美］塞缪尔·亨廷顿：《文明的冲突和世界秩序的重建》，新华出版社 1999 年版，第 199 页。

⑤ 鲁世巍：《新一轮"中国威胁论"：解析与应对》，《中国特色社会主义研究》2013 年第 3 期。

位已经成为其主要文化特征。加之西方后现代意识形态的影响，中国的年轻人较多地关注到西方社会自由平等理念和个人价值的实现，很难将道德嵌入现代社会场域。较为乐观的是，尽管中国的年轻人群体持有不同程度的个人主义，然而其思想仍然以儒家文化为底色，比西方人更容易接受角色伦理的"关系"理念。儒家角色伦理呼吁建立一种有责任感的、积极的主体意识，引领人们不断回到关系性的存在之中，在反思自我与他者、个体与群体的关系之中，发现自身的价值和意义。[①] 在此基础上，将家庭角色作为完善道德的进入点，援引道德想象在社群关系中成长。另外，角色伦理在中国的传播，能够使更多的年轻人关注到自己的文化传统，从自身文化中汲取精神力量，最终树立文化自信。

---

① 李慧子:《儒家伦理学对西方伦理学的挑战——评安乐哲的"儒家角色伦理学"》,《社会科学研究》2014 年第 5 期。

孝悌责任伦理：儒家家庭责任伦理的核心

涂可国

（山东社会科学院文化研究所）

序　言

作为家庭责任伦理的有机组成部分，由儒家所阐发、所倡导的孝悌道德，不仅是一种德性伦理、规范伦理，也是一种责任伦理。在儒学系统中，孝被规定为"三纲""五常"的原点，尤其是儒家把"孝"置于人伦道德的极为重要地位，提出了"百善孝为先""孝悌为仁之本""夫孝，德之本"等重孝观念，孝成为儒家所倡导的基本行为规范；在儒家重孝思想影响下，孝治自汉以后成为重要的政治方略，中国传统文化在一定意义上被看作建立在孝德基础上的"家国同构"文化。大概受宗法关系和父权制的影响，儒家更为关注的是父子关系、夫妻关系，而不太重视兄弟姐妹关系。不过，这并不等于说儒家没有就兄弟姐妹关系提出道德规范，"悌"就是其中之一。悌同孝具有极大的粘连性，孝悌之道作为密切相关的儒家道学的重要内容一再被彰显，以致影响到邻国韩国的家庭伦理，使之成为重孝的有名的儒教国度之一。

五四运动以来一些反传统的激进派把矛头直指儒家之孝，这不仅表现在揭明儒家之孝道会造成牺牲社会公正、奴性人格（顺民）、等级主义、男尊女卑、矫饰之情、伤生毁生等流弊，还表现在对儒家孝道众多理念或命题的不认同或抵触：有的断言"父母在，不远游"（《论语·里仁》）观念不利于鼓励社会流动；有的认为"身体发肤，受之父母，不敢毁伤，孝之

儒家社会伦理

217

始也。立身行道，扬名后世，以显父母，孝之终也"（《孝经·开宗明义章》）宣传的是明哲保身、个人本位乃至贪生怕死；有的则讲儒家倡导的"报恩尽孝""报本返始""父慈子孝""兄友弟恭"以及"三年免于父母之怀"等观念，不过是一种亲情交易、功利算计，并不是高尚的道德情感，等等。

有关悌的责任伦理也时常受到一些人的诸难，他们认为，"兄友弟恭"反映的是弟对兄恭顺的等差秩序，它在某种程度上也会造成奴性人格；悌限于家族内的"私情""私意"，容易与公德、公正相冲突，它"凭借血亲伦理压抑社会公德"；孟子所举事例大舜"封之有庳"会同"推恩"仁爱产生深度悖论，是产生腐败的渊薮；孟子把"孩提之童，无不知爱其亲者；及其长也，无不知敬其兄也"（《孟子·尽心上》）视为人天赋的"良知良能"，是一种唯心的先验主义，不符合人的道德主要是后天养成的逻辑；孔孟所倡导的"劳而无怨"宣扬的是愚孝，等等。

从道德责任和道德义务角度来说，某些激进反传统人士指责儒家孝悌伦理形成单向的义务强制，造成对人的自由和个性的泯灭。吴虞在其《说孝》一文指出，儒家及封建皇帝教孝，所以教忠，也就是教一般人恭恭顺顺地听他们一干在上的人愚弄，不要犯上作乱，把中国弄成一个"制造顺民的大工厂"①。进入改革开放新时期，马景仑、赵英黎虽然承认孔子及儒家所倡导的"孝"，十分强调子女对父母的热爱、尊敬之情，强调子女对父母的奉养责任，这是一种十分美好、十分高尚的情操，但是他们也批评说儒家之孝强调孝子的行为要符合"礼"的规定，强调家庭内部孝子对父亲的绝对服从关系，这就把"孝"这个宗法社会家庭内部两代人之间的伦理关系准则发展衍化为君臣之间的政治等级关系，到了汉代形成了"君为臣纲，父为子纲，夫为妻纲"和"君要臣死，臣不死不忠；父要子亡，不亡不孝"的封建伦常，成为束缚中国人民的精神枷锁和阻碍社会前进的僵死教条。② 我认为一些人对儒家孝悌责任伦理诸种观念的批评乃至指责，尽管

---

① 曾振宇：《儒家伦理思想研究》，中华书局 2004 年版，第 6～10 页。
② 丁冠之等：《儒家道德的重建》，齐鲁书社 2001 年版，第 31～34 页。

不乏某些合理之处，但大多出于误解、曲解，或是断章取义，缺乏全面科学把握。

一、父慈子孝：双向的责任

不论是《论语》的"君君，臣臣，父父，子子"、《左传》的"父义，母慈，兄友，弟恭，子孝"五教，还是《大学》的"为人君，止于仁；为人臣，止于敬；为人子，止于孝；为人父，止于慈；与国人，交止于信"、《礼记·礼运》的"父慈，子孝，兄良，弟悌，夫义，妇听，长惠，幼顺，君仁，臣忠"，以及《孟子》提及的"三命曰：敬老慈幼，无忘宾旅"（《孟子·告子下》），都提出来父与子的角色责任伦理要求，其中核心是父慈子孝的义务规范。

就慈这一义务而言，《左传》讲的是"母慈"，而《礼记·大学》和《礼记·礼运》讲的是"父慈"，实际上，这二者可以通用，它们表达的是作为长辈对于晚辈所应尽到的照顾、关爱、教育责任。慈是爱的一种表现形式，《说文解字》云："慈，爱也。"因而有"慈爱""仁慈""慈善"之类的说法。而且，慈主要指上对下、长对幼的爱，譬如《周礼·大司徒》云："一曰慈幼。"《管子·形势解》讲："慈者，父母之高行也。"《贾子·道术》说："亲爱利子谓之慈，恻隐怜人谓之慈。"为此，《仪礼·丧服》提出了"慈母如母"的论断，《周礼》《礼记》同样多次用到"慈母""慈幼"概念，中国社会广泛流行着"慈父""慈母"的说法。尽管先秦道家、墨家和后世佛家都提倡"慈"，可值得关注的是，儒家经典所言说的"慈"也指示子代的责任，例如《仪礼·仕相见礼》指明了"与众言，言忠信慈祥"。《礼记》讲明了"子孙慈孝"，儒家有时也将"慈"或"慈惠"推及为上者对民众爱的责任，在论及"慈"的作用时孔子明确指出：

> 季康子问："使民敬忠以劝，如之何？"子曰："临之以庄则敬，孝慈则忠，举善而教不能则劝。"（《论语·为政》）

孔子的意思是，管理百姓，如果做到容貌端庄，民众就会敬畏；如果讲求孝道，待民众仁慈，就能获得百姓的忠诚；如果提拔善良之人，并教化不能为善的人，就能让他们改过迁善。朱熹把"孝慈则忠"训解为"孝于亲，慈于众，则忠于己"（《四书章句集注·论语注》）。《大学》也把"慈"扩展为"使众"的政治责任伦理，它说："君子不出家而成教于国。孝者，所以事君也；悌者，所以事长也；慈者，所以使众也。"孟子甚至提出了"孝子慈孙"的概念：

> 孟子曰："规矩，方员之至也；圣人，人伦之至也。欲为君，尽君道；欲为臣，尽臣道：二者皆法尧、舜而已矣。……名之曰幽、厉，虽孝子慈孙，百世不能改也。"（《孟子·离娄上》）

对孟子来说，假如不行仁政，就会导致国家灭亡，纵使拥有再多的孝子顺孙，纵使经历了一百代，也无法更改这一治国之道。荀子虽然从亲代对子代关爱的责任角度提出了"慈母，衣被之者"（《荀子·礼论》）以及"夫行也者，行礼之谓。礼也者，贵者敬焉，老者孝焉，长者弟焉，幼者慈焉，贱者惠焉。"（《荀子·大略》）但是他更多从广义上理解和规定"慈"的责任，他不但提出了"慈爱百姓"的命题："殷之国，安以静兵息民，慈爱百姓，辟田野，实仓廪，便备用，安谨募选阅材伎之士"（《荀子·王制》），还把"慈"作为社会角色的义务之一加以强调："请问为人君？曰：以礼分施，均遍而不偏。请问为人臣？曰：以礼侍君，忠顺而不懈。请问为人父？曰：宽惠而有礼。请问为人子？曰：敬爱而致文。请问为人兄？曰：慈爱而见友。请问为人弟？曰：敬诎而不苟。请问为人夫？曰：致功而不流，致临而有辨。请问为人妻？曰：夫有礼，则柔从听侍；夫无礼，则恐惧而自竦也。"（《荀子·君道》）这里，荀子视慈爱为兄长的责任。汉代董仲舒在《春秋繁露》也涉及子孙的"慈孝"，并把"父子不亲，则致其爱慈"（《春秋繁露·为人者天第四十一》）作为天子的责任。

儒家之所以重"慈"，不仅在于"孝慈则忠"——对老百姓的慈惠、慈祥是一种有效的为政之道，更在于作为特定的家庭责任伦理，"慈"可以维护家庭、家族的和睦，保障父母家长的权威，增强家庭的人情、亲情。为此，宋明理学家致力于为"慈"责寻找各种根源。周敦颐阴阳之人性善恶的维度论证"慈"的形而上来源，张载从天人合一的视角指出"尊高年，所以长其长，慈孤弱，所以幼其幼"（《西铭》）。朱熹依体用释"慈"："君臣、父子、国人是体，仁敬慈孝与信是用。"（《朱子语类》）

与"父慈"的责任伦理相对应，儒家更为凸显"子孝"的道德义务。一些人指责"孝悌也者，其为仁之本欤"宣扬的是片面义务，它成为束缚人思想和行为的枷锁，否定了父母与子女的人格平等。殊不知，儒家伦理本质是一种家族主义伦理，而孝正是基于血缘关系而产生的下辈对上辈、晚辈对长辈的敬养品德和义务，是一种调节家庭生活的行为准则，是建构和维护上下前后代际关系的家庭秩序的报偿机制。无疑，孝反映的是子女对双亲的敬养感情和职责，因此儒家一再强调"子孝"的义务。《说文解字》把"孝"释为"善事父母者。从老省，从子，子承老也"。从而"孝"被说成是一种"子德"。不过，"孝"还经常从广义上看作是儿女尊祖敬宗的亲情伦理，也就是说"孝"固然以亲子血缘关系为核心，但也包括儿女对一切具有亲缘关系的前辈表达爱心的履责伦常行为。孔孟儒家适应服务于宗族制的需要，不仅凸现孝的善事父母这一中心规定，同时还把"孝"加以泛化，将其对象扩展到包括兄弟、朋友、大宗、族人、君长、诸老等在内的几乎所有血缘亲情关系及社会人伦。

围绕孝道的责任，儒家提出了更为具体的一系列道德义务规整。一是赡养的义务。从物质上关心赡养父母，是孝的最起码要求，这也是对父母养育之恩的反哺之情。尤其是当父母双亲年迈体衰之时，更需要儿女尽孝道，以使其能安度晚年。因此，孟子在《孟子·离娄下》明确指明不养父母即为不孝。二是有敬的义务。如果仅仅是养活父母，而缺乏精神情感上的关怀、尊重，在儒家看来，那还不是真正的"孝"。孔子讲："今之孝者，是谓能养。至于犬马，皆能有养；不敬，何以别乎？"（《论语·为政》）孔子认为只有表现出对父母双亲的尊敬之情，才能把人从动物之中提升出来。《礼记》把"孝"分为三个层次，认为"大孝尊亲，其次弗辱，其下能养"（《礼记·祭义》）。可见，孝养仅是孝最低层次的伦理要求，而敬亲或孝敬才是大孝。三是无违的义务。所谓"无违"，固然有不违背双亲意愿含义，

221

但它实质上是指不违背礼节，也就是孔子明确所讲的："生，事之以礼；死，葬之以礼，祭之以礼。"(《论语·为政》)要做到这些，不仅要不改父之道，要继承先人的遗志——"夫孝者，善述人之志，善继人之事者也"(《中庸》)。同时要像孟子所一再强调的那样通过娶妻生子以承农祭，否则就为大不孝。孟子说："不孝有三，无后为大。"(《孟子·离娄上》)所谓"三不孝"，按照《十三经注疏》的解释是："于礼有不孝者三事，谓阿意曲从，陷亲不义，一不孝也；家贫亲老，不为禄仕，二不孝也；不娶无子，绝发祖祀，三不孝也。"四是谏诤的义务。儒家认为假如双亲有什么过错，做晚辈的应进行劝谏，只是当父母不听从时，才要求不能滋生怨恨之情，而仍表示恭敬态度，如此才是"孝"。孔子说："事父母几谏，见志不从，又敬不违，劳而不怨。"(《论语·里仁》)《孝经》说："父有争子，则身不陷于不义"，而《十三经注疏》在诠释孟子"三不孝"时也认为曲从双亲是不孝之举。五是忧思的义务。孔子在回答孟武伯问孝时说："父母唯其疾之忧。"(《论语·为政》)这里，不论是理解为忧父母之疾，抑或是解释为由于自己染疾而使父母忧虑，都表明对父母双亲的关切。《论语·里仁》还说："父母之年，不可不知也。一则以喜，一则以惧。"知悉双亲的年龄，既为他们的健康长寿而喜悦，也为他们的衰老而忧惧，这些同样是孝的具体伦理要求。六是显耀的义务。光宗耀祖在儒家看来也是孝的重要规定，儒家经典《礼记》就讲："显扬先祖，所以崇孝也。"也要求子女为了尽孝自身要立德、立言、立功："立身行道，扬名于后世，以显父母，孝之终也。"(《孝经·开宗明义章》)对诸如此类的事亲责任，《孝经》精辟地概括为致敬、致乐、致忧、致哀和致严五个方面，这就是："孝子之事亲也，居则致其敬，养则致其乐，疾则致其忧，丧则致其哀，祭则致其严。五者备矣，然后能事亲。"(《孝经·纪孝行章》)

不难窥见，儒家是从施与报的关系范式分析孝亲责任伦理的合理性和必要性。在动物界，也存在"乌鸦反哺""牛羊跪乳"等报恩伦理。对于子女来说，"有天地然后有万物，有万物然后有男女，有男女然后有夫妇，有夫妇然后有父子，有父子然后有君臣，有君臣然后有上下，有上下然后礼义有所错"(《周易·序卦》)。父母对其有生养之功、哺育之义、扶持之情，全心全意，唯恐不及，可谓最大的施恩者。《诗经·蓼莪》对此作了深刻刻画："父兮生我！母兮鞠我！拊我蓄我，长我育我，顾我复我，出入腹我。欲报之德，昊天罔极！"孔子在批评弟子宰我认为三年之丧过长时指出，君子居丧内心不安，且"子生三年，然后免于父母之怀。夫三年之丧，天下之通丧也。予也有三年之爱于其父母乎？"（《论语·阳货》）这里，孔子认为儿女三年才脱离父母怀抱，理应守三年之丧以报答父母之爱。父母养育之恩绝非三年之丧可以报答，孔子只是以此去责备宰我无恩。

在激进反传统人士看来，做儿子的以其奉养、有敬、无违、忧思、显耀和劝谏等孝道文化去报本返始，以恭去回报长兄的照顾，充其量是一种等价交换，是一种功利交易，并无崇高道德价值。对这些似是而非的观点，我想说的是：毫无疑问，家庭是父子母女兄弟姐妹生于斯长于斯的利益共同体，成员之间的相互照顾、相互关爱是维系家庭稳定、和谐、延续的纽带，血缘、姻缘亲情固然蕴含天然成分，但孝亲之类的责任情感主要建立在利益攸关的共同基础之上，孝之被称为天经地义之事，离不开家族成员的互惠互利，从此一意义上说孝只能算是正当化的行为规整。但是，一则齐家是治国、平天下的先在前提，二则自古以来父子之间难免充满各种各样的矛盾和冲突，三则不论是古代还是当代父不慈子不孝的现象屡见不鲜，因而儒家孝道责任伦理对人还是具有提升、教化、整合作用的道德意蕴，何况有时它还要求家庭成员作出巨大的自我牺牲——伟大而无私的母爱。

美籍华人著名学者、夏威夷大学教授成中英指出，儒家伦理哲学是以人心、人性为德性的根源，而非以权利和责任为行为的基础，故对于人之所应行或不应行应以个人所处的地位、关系以及人心的情操来决定，由人与人之间关系启发出来的个人德行，可名之为"对应德行"，它不同于西方18世纪康德理性主义道德哲学所倡导的、西方现代社会通行的、基于理性德则与意志同意规范出来的"交互权责"。就孝悌的德性与价值而言，孟子显然是以孝悌为无限度、无条件的，孝悌在他那里是绝对的德性，无论其对象有无相应的德均需尽己之性、尽己之心以行；但对于忠，孟子继承了孔子的"君使臣以礼，臣事君以忠"（《论语·八佾》）观念，把它视为

"交互权责"，而不完全属于"对应德性"。①

在我看来，儒家规范伦理提出了"相应德行"和"对应德行"。所谓"相应德行"是指每个人由社会关系所决定的道德角色（义务），也就是孔子所言说的"父父，子子"，它固然要以人心、人性及道德情感为基础（如孟子的"四端"），但主要取决于人先天赋予和后天获得的社会地位，并不以关系对方的态度为转移。所谓"对应德行"，一方面是指人伦关系双方均应承担各自相应的道德责任，另一方面是指一方的应行德行以对方是否尽到道德责任为前提，父慈子孝必须同时推行。

应当承认，孔孟所代表的以"父慈子孝"为主要内容的儒家家庭责任伦理也具有某些局限性：一是虽然在自在层次上儒家对此作了一定的阐释，但同亚里士多德一样并未上升到理性自觉层次上从权利和义务角度去分析父慈子孝问题；二是孔子从正面论述了父子之间德性、德行的相互规定性，却似乎并未关照到父子、兄弟之间的冲突所引发的人际关系矛盾及其相应的道德态度，他没有像孟子那样从反面提出孝悌的绝对性，而孟子进一步以大舜的孝悌事例说明了孝悌的绝对性——即使父母不慈爱，儿子仍要孝顺；三是由此引发了儒家"轻慈重孝"的非对称家庭责任伦理，《五经》中与"孝"并举连用的"慈"在《四书》中只有寥寥的片段论述，而对"父不慈"采取了较为宽容的态度②，相反，经过孔孟的阐发，自先秦始，儒家形成了较为系统的中国重孝传统，从而鲜明体现了古代中国家长制的社会结构特点。

二、游必有方：感情的责任

孔子所讲的"父母在，不远游"在当今社会引起了最大、最多的误解、误读。在一些人看来，"父母在，不远游"（《论语·里仁》）这一尊孝观念束缚了做儿女的自由，不利于子代的开拓进取，过分强调子女对双亲的责任，易培养人的依附性人格；特别是在当代社会，社会的水平流动和垂直

---

① 成中英：《文化·伦理与管理》，贵州人民出版社1991年版，第150～155页。
② 《礼记·坊记》有云："父母在，不称老，言孝不言慈。"

流动加快，市场经济也需要年轻人离开父母、乡土到异地创业求职，"父母在，不远游"显然同此背道而驰；随着人们生活水平的提高，休闲旅游的需求日益增长，"父母在，不远游"不利于旅游业的快速发展，等等。乍听起来，这些批评似无不对，可仔细一想，又不尽然。

1. 它属于对儒家孝悌伦理的断章取义。这段话出自《论语·里仁》。原话是："父母在，不远游。游必有方。"这里有三个问题需要讨论。一是为何"父母在，不远游"？当父母健在的时候守在身边，目的无非是为了使子女尽孝道的义务，以便彼此照顾，特别是双亲年迈体衰时，养老送终成了天大的问题，要解决好更是离不开儿女亲自侍候。这既是做父母的权利，也是做儿女应尽的责任。二是为何"远游"？所谓"游"，在古代中国社会，无非是为了读书、做官、经商或游说。孔子并未反对儿女可以游，只是他所说的游不是随便的游走、出游，也不是当今人民所讲的旅游，更不是漫无目的或赌气的出走、出逃。三是为何"游必有方"？孔子认为"游"可以，但必须"有方"。一些人只是截取"父母在，不远游"而有意无意忽略了后面一段话。那么，"方"作何解呢？有人训为"常去之地"，例如皇侃引《礼记·曲礼》云："为人子之礼……所游必有常，所习必有业"；有人解为"方式方法"；还有人理解为"理由道理"等。《礼记·玉藻》所说的"亲老，出不易方，复不过时"可以作为参考。朱熹在《四书章句集注·论语注》中认为它是指"如己告云之东，即不敢更适西"。这就是说，离开父母去往他方可以，但必须让父母知道自己所去（或所处）的地方。

2. 体现了子女对长辈忧思的责任。实际上，"父母在，不远游。游必有方"正是表达了对父母双亲的仁爱之情。孔子儒家之所以要求父母在世时不要远游，这一则是它可以防止一些人无正当理由推卸奉养长辈的责任。假如是为了出仕、求学、创业等合理需要而远离家乡父母，那无可厚非，但现实生活中，也有些人仅仅是为了逃避责任、抛弃父母等一己私利而远离父母，这无疑是不肖子孙。二则是它表现了对双亲深深的眷念之情的尊重。"慈母手中线，游子身上衣。"远在他乡从情感上说必定会使父母忧思、忧愁、挂念，尤其是在交通通讯极不发达的传统社会，子孙"独在异乡为异客"，家乡的二老必定牵肠挂肚。假如子女出远门又无合理的去处或理由，更会让父母忧心如焚。故此，孔子提出"游必有方"，以使父母不必过于担心，这正如朱熹所说："欲亲必知己之所在而无忧，召己则必至而无失也。"（《四书章句集注·论语注》）孔子要求"不远游"和"游必有方"实际上假设了一个前提，这就是"父母在"。它意味着如果父母离世了，就可以出游，"游必有方"并未否定晚辈行动选择的自由权利，它不过表达了孔子着重强调父母健在时子女必须尽孝道的义务和责任。

3. 表达了对传统的尊重。孔子所处的时代，"父母在，不远游"为相沿成习的一贯风习。因此，孔子周游列国只是在他的父亲叔梁纥和母亲颜征相继去世之后的事情，以实际行动践行了"父母在，不远游。游必有方"的尽孝责任，同时也以切身体验表达了因妻子亓官氏去世未能赶回奔丧的愧疚之情。不过，春秋时期诸侯争霸，竞相延揽人才，一些士人经常离乡、离国寻求安身立命、扬名立功的机会，导致出现了大批游士。孔子所说的"不远游"并非绝对的不能远游，而是"不轻易远游"，也就是相对的"游必有方"。否则的话，就会同他主张的"修己以安人""修己以安百姓"（《论语·宪问》）的社会理想相背离，也跟他"有朋自远方来，不亦乐乎？"（《论语·学而》）的志向相矛盾。往深处想，也许孔子这番话是对离群索居、难尽孝道的隐士的批评。

三、不亏其体：重生的责任

"身体发肤，受之父母，不敢毁伤，孝之始也。"这一出自《孝经·开宗明义章》的命题到底是不是像有些人所断言的那样倡导明哲保身呢？许多人认为，《孝经》乃曾子弟子所作。在《礼记》中也有类似说法：

> 曾子曰："身也者，父母之遗体也。行父母之遗体，敢不敬乎？"《礼记·祭义》
>
> 曾子闻诸夫子曰："天之所生，地之所养，无人为大。父母全而生之，子全而归之，可谓孝矣。不亏其体，不辱其身，可谓全矣。"（《礼记·祭义》）

曾子曰："身者，亲之遗体也。行亲之遗体，敢不敬乎?"（《大戴礼记·曾子大孝》）

从孔子到曾子再到乐正子春的儒家学派之所以一以贯之地倡导不敢毁伤、不亏其体、不辱其身，主要是基于以下理由：

1. 身体是父母双亲之遗体。身固然属于个人的生命和形躯，我们每个人作为自然存在均有保存生命的义务，但同时它又是父母通过生理性遗传而给予的，是他们生命的延续。不唯如此，我的物质化的身体，还是父母生养的结果，他们对儿女有生育和养育之恩，因而必须悉心加以维护，这是孝敬父母的基本义务。更何况双亲的生养付出了巨大的辛劳：十月怀胎，九死一生；哺幼将雏，历尽艰辛；"子生三年，然后免于父母之怀"。正因如此，《孝经·圣治章》才说："父母生之，续莫大焉。"

2. 做到保全其身。《孝经》认为天地所生养之物人为最大、最宝贵，只有不亏损自己的身体，不使自身蒙受恶名，才能使身心保持完整；父母把一个完整的生命给予了后代，后代唯有竭力尽心加以保养，将其完美无缺地归还父母，才可称得尽了孝道。正因如此，乐正子春因伤足三月不出门并面有忧色，并在走路时择大道而不抄小路，过河时乘坐舟船而不敢游泳，不敢拿父母留给的身体去冒险。当然，更为重要的是，儒家之倡导"不敢毁伤"理念不仅出于道德情感的考虑，也是出于"不被刑伤"的法律打算。在古代中国，处理罪犯有"五刑"：墨（在额头上刻字涂墨）、劓（割鼻子）、刖（剁脚）、宫（毁坏生殖系统）和大辟（死刑），每犯一刑必导致伤身。由此，可以认为"不敢毁伤"旨在阻止人们无故犯罪。

3. 决非明哲保身，更非贪生怕死。在儒家文献中，"身"诚然蕴含物质化的肉身含义，但它更为凸现"自己"的自我指称意蕴，是身心合一的自我本体。古代中国不乏明哲保身的思想，如《诗·大雅·烝民》的"既明且哲，以保其身"，《左传》中的"藩身""庇身""图其身不忘其君"，《礼记·檀弓下》的"利其君不忘其身，谋其身不遗其友"，《孝经》中的"谨身节用"，《孟子》中的"守身为大"，等等。这些观念并非宣扬一种保身哲学，更不是追求贪生怕死，而是贯穿着一种尊重生命的价值理念，崇奉的是自主自强、自尊自爱的独立不倚人格。要知道，儒家更为重视以德润身，以仁养身。孔子不仅提出了"不使不仁者加乎其身"（《论语·里仁》），还讲述了一系列"正身"思想，更进一步把仁置于身之上，认为为了体仁、成仁即使牺牲生命也在所不惜："子曰：志士仁人，无求生以害仁，有杀身以成仁。"（《论语·卫灵公》）在西方伦理学中，生命是第一原则，毛泽东也讲"人的生命是最可宝贵的"。在战争频仍、诸侯混战的历史情势下，乐正子春等儒家要求人"全身"既是对个体生命的尊重，也是为了更好使父母双亲得到奉养，使家族生命延续长久，因而具有极大的历史合理性。

四、劳而无怨：代际的责任

在论及谏诤时，首先由孔子提出了"劳而无怨"观念。儒家主要从礼义角度阐述了谏诤对于孝的意义。人非圣贤，孰能无过。敬亲养亲、敬上顺兄诚然是孝悌之大伦，但绝不是不分青红皂白一味顺从父兄，而必须视其行为是否符合礼义规范。假如君亲父兄的言行合乎礼义，就应敬顺；反之，就应加以规谏，否则，就会陷亲兄于不义之地。对此，《孝经》借孔子之言作了阐释：

> 曾子曰："若夫慈爱、恭敬、安亲、扬名，则闻命矣。敢问子从父之令，可谓孝乎？"子曰："是何言与！是何言与！昔者，天子有争臣七人，虽无道，不失其天下；诸侯有争臣五人，虽无道，不失其国；大夫有争臣三人，虽无道，不失其家；士有争友，则身不离于令名；父有争子，则不陷于不义。故当不义，则子不可以不争于父；臣不可以不争于君；故当不义则争之。从父之令，又焉得为孝乎！"（《孝经·谏诤章》）

这里，孔子一方面强调了谏诤的重要性——即使无道，但只要有人劝谏，也不会丧失什么，而当父亲的如果有诤子，就会避免陷入不义境地；另一方面，孔子又从"义以为上"出发，提出父母双亲如若不义，做儿子的就应谏诤，而不应一味顺从父命，只有这样，才是真孝、大孝。《荀子》进一步从维护道义角度提出"从道不以君，从义不从父"，认为这是人的"大行"（《荀子·子道》）。问题在于，在宗法家长制的社会背景下，做父亲的一旦不听从儿子的劝告怎么办？搞得不好，就可能引发父子冲突乃至影响家庭和睦。对此一问题，《孝经》似乎未加深究，倒是《论语》《礼记》作了一定的解答。孔子说："事父母几谏。见志不从，又敬不违，劳而不怨。"（《论语·里仁》）这意思是说，在侍奉父母之时，如果他们有什么过失，就加以委婉的劝说：看到自己的意见没被听从，仍然恭恭敬敬，不去触犯他们，内心忧虑但不怨恨。父母有过加以善意劝谏仍不从，为何仍要"又敬不违，劳而不怨"呢？其理由大致是：大概是父亲未能认识到自己的不对，所以未能做到知错就改，需要时间加以理解和沟通；犹如上述，人非圣贤，孰能无过，不能因为父辈有点过错，就失去对其恭敬之情，他们毕竟为儿女付出了巨大的心力；如果对双亲不听劝谏而不顺从乃至心生怨恨之情，只能激化父子矛盾，无助于错者改过自新；父辈劝而不从，过而不改，心里感到不安忧虑，这是出于对其关爱之心，是为了他们好，因为如果错而不改，不仅为不义，而且可能酿成更大错误。可以说，"劳而不怨"既表达了对父母的关爱、敬重和诚意，又是化解矛盾、避免陷父于不义的合适情感表达，它绝不是什么愚孝，也不是产生奴性人格的渊薮。况且，如果父母暂时不从，还可以待日后再谏。这正如《礼记·内则》所言："父母有过，下气怡色，柔声以谏。谏若不入，起敬起孝，说则复谏。"

由于受到重孝派思想的影响，孟子与子思稍有不同，更为凸现孝道——如主张"事亲为大"，把仁和孝推向极致，为此，他极力推崇大舜之孝："孟子道性善，言必称尧舜"（《孟子·滕文公上》）"五十而慕者，予于大舜见之矣"（《孟子·万章上》）"尧舜之道，孝悌而已。"（《孟子·告子下》）在将舜帝神圣化过程之中，孟子更进一步深化了孔子"劳而无怨"的观念。《孟子·万章上》载"万章问曰：'舜往于田，号泣于旻天，何为其号泣也？'孟子曰：'怨慕也。'万章曰'父母爱之，喜而不忘；父母恶之，劳而不怨。'然则舜怨乎？"（《孟子·万章上》）孟子并未直接回答，而是引述长息与公明高的对话后提出了两点：一是"人悦之、好色、富贵，无足以解忧者，惟顺于父母，可以解忧"；二是"大孝终身慕父母。五十而慕者，予于大舜见之矣"（《孟子·万章上》）。这里，必须明了的是，孟子所说的"怨慕"中的"怨"同"劳而无怨"中的"怨"是不同的，前者是指怨恨自己，用朱熹的话来说是"怨己之不见得其亲"（《四书章句集注·孟子注》），后者是指怨恨父母双亲，如果不把这两个"怨"加以区分，那就会认为孟子在对待大舜孝德上是自相矛盾的。在孟子看来，大舜之所以能做到"父瞽瞍顽，母嚣，象傲，皆欲杀舜。舜顺适不失子道，欲杀，不可得；即求，尝在侧"①。就在于他特别重视父子兄弟家族亲情，把人生的忧乐系于亲子之爱及兄弟友情上；就在于大舜认为只有顺从父母才可以解除忧愁，从而做到"劳而无怨"，乃至以直报怨、以德（孝）报怨。同时，也正是充满着对双亲的爱，以至于"孝亲为大"，大舜才能"怨慕"，既怨恨自己、处处自责，又终身思慕双亲。换言之，大舜之所以虽为父母所恶、所恨，不仅不心生恨意，反而处处顺从甚至牺牲某种社会公义，也是因为他认为双亲欲加害自己是自己的过失，是自己还不能完全尽孝。而且，在孟子看来，大舜以孝顺对待双亲的怨恨，不仅可以感化父母，化解父子之间的仇恨，还可以安定天下："舜尽事亲之道而瞽瞍底豫，瞽瞍底豫而天下化，瞽瞍底豫而天下之为父子者定"（《孟子·万章上》）。孟子还引述《尚书》话说："《书》曰：'祗载见瞽瞍，夔夔齐栗，瞽瞍亦允若。'是为父不得而子也。"（《孟子·万章上》）大舜恭敬地看望瞽瞍，态度谨慎敬畏，瞽瞍也就和顺了。由此可见，大舜不论是其怨慕，还是劳而无怨，抑或是孝顺父母，决不同于后世某些腐儒所宣扬的"君叫臣死臣不得不死，父叫子亡子不得不亡"教条，而是出自内在仁心仁性的人间亲情，是化解家庭矛盾、积怨的为人之道，是促进家庭和睦、成人成己的处世良方，是一种人生大智慧，不会带来培养奴性人格的后果，也不会助长愚孝。

五、兄友弟恭：同辈的责任

《尚书·舜典》载："帝曰：契，百姓不亲，五品不逊。汝作司徒，敬敷五教，在宽。"《汉书·艺文志》解释道：

---

① 司马迁：《史记·五帝本纪》，岳麓书社 2004 年版，第 7 页。

儒家者流，盖出于司徒之官，助人君顺阴阳，明教化者也。此言儒家之远源也。《尚书·舜典》帝曰："契，百姓不亲，五品不逊，汝作司徒，敬敷五教，在宽。"司徒之官，以、掌教为职，故儒家以教育为职志。尧、舜以司徒敷教，而教在五教。五教者，五伦也。故儒家之教，又以明伦为职志。孔子亟称尧、舜，删书断自唐、虞，其意在此。

所谓"五品"，即是"父子有亲，君臣有义，夫妇有别，长幼有序，朋友有信。"五常之伦。这里，《尚书·舜典》只是从对等性义务角度涉及"长幼有序"的规范，还没有论及单方面应履行的责任，倒是《左传》明确指明了"父义，母慈，兄友，弟恭，子孝"五种品德性义务。不过，孔子将伦理政治化、伦理政治化，由内圣推及外王，由家族伦理推及政治伦理，依此，他认为注重孝与友也是为政之道，且将"兄友"推而广之提出了"友于兄弟"的论断："或问孔子曰：'子奚不为政？'子曰'《书》云：孝乎惟孝，友于兄弟，施于有政。是亦为政，奚其为政？'"（《论语·为政》）段注云："善兄弟曰友，亦取二人而如左右手也。"

在古汉语里，"友"是一个会意词，象征着顺着一个方向的两只手，表示以手相助。西周时期较为流行"友"的观念，如《诗·邶风·匏有苦叶》："人涉卬否，卬须我友。"《尚书·康诰》："元恶大憝，矧惟不孝不友。"《尚书·洪范》："平康正直，强弗友刚克，燮友柔克。"许慎《说文解字》训释道："同志为友，从二又，相交友也。"孔颖达把《易·兑·象》中的"君子以朋友讲习"疏解为"同门曰朋，同志曰友"。吴峥嵘指出，"朋"的本义是集合数量单位，"友"的本义是互相帮助，它们不断地引申出新的词义，并因"朋"的"同群同类者"义和"友"的"志趣相投的人"义进而发展为"同门为朋，同志为友"的同义词①——《诗·大雅·乐》："之纲之纪，燕及朋友。"《诗·大雅·既醉》："朋友攸摄，摄以威仪。"《诗·大雅·抑》："惠于朋友，庶民小子。"《诗·小雅·雨无正》："亦云可使，怨及朋友。"也许正是出于此，孔子才说"有朋自远方来，不亦乐乎?"(《论语·学而》)①。可见，"友"既作为一个名词表示朋友、同志，也作为一个形容词表示有交情的人彼此关系亲近、和睦，还作为一个动词表示履行使兄弟关系双方到达友好、友善、和顺程度的责任。无疑，孔子所说的"友于兄弟"内容更为宽泛，它作为体现兄弟双方的对等责任内在地包括"兄友"的单方面责任要求，甚至可以断定它包含下面所讲的"弟恭"或"弟悌"诫命。而孟子更是把"友"扩展到乡间众多交往的对象域，构建了"乡田同井，出入相友，守望相助，疾病相扶持，则百姓亲睦"(《孟子·滕文公上》)的理想境界。

就弟对兄的责任来讲，如上所述《左传》强调"父义，母慈，兄友，弟恭，子孝"五种教条，而《礼记·礼运》则提出"父慈，子孝，兄良，弟悌，夫义，妇听，长惠，幼顺，君仁，臣忠"十种义务律令，不难看出，一个说"弟恭"，一个说"弟悌"，显示出一定的差别。"恭"的本义是肃敬、谦逊、有礼貌。《礼记·曲礼》疏注曰："在貌为恭，在心为敬。"儒家对"恭"的论说大致包括以下三方面。一是主要把它当作为君子人格品质加以倡导。孔子立足于"恭道"的维度评价子产说："有君子之四道焉：其行己也恭，其事上也敬，其养民也惠，其使民也义。"(《论语·公冶长》)显而易见，此处的"君子"属于德位兼具的掌权者。孔子弟子称赞他具有"温而厉，威而不猛，恭而安"(《论语·述而》)的人格特质。孔子本人把"恭"当作"九思"的内容之一，指出："君子有九思：视思明，听思聪，色思温，貌思恭，言思忠，事思敬，疑思问，忿思难，见得思义。"(《论语·季氏》)从而使得"思恭"成为君子必备的行为素质。二是把"恭"与"敬"加以连用并举。如上面所言的"其行己也恭，其事上也敬"(《论语·公冶长》)，提出了为人须谦恭、做事须敬业的行为责任态度。孔子还说"居处恭，执事敬，与人忠。虽之夷狄，不可弃也"(《论语·子路》)

---

① 先秦儒家还有许多有关"友"的思想言论，例如，《论语·季氏》云"友直，友谅，友多闻，益；友便辟，友善柔，友便佞，损矣"，《论语·颜渊》云"以友辅仁"，《论语·学而》云"无友不如己者"，《荀子·大略》云"友者所以相有也"。

等。也许正是恭敬难分难解，且与礼相连，孟子便把恭敬直接连用并且把恭敬之心当作礼德的形而上心性本体："恭敬之心，礼之端也。"（《孟子·公孙丑》）程明道认为恭敬、忠直通仁心、仁德、仁体，朱熹阐明"敬"侧重于内在的态度，而"恭"侧重于待人的容貌："恭主容，敬主事。恭见于外，敬主乎中。"（《四书章句注·论语集注》卷七）我认为，恭也是一种内在谦恭态度，而敬既然是待事也是见乎外的，因而说"恭主容，敬主事"可以，说"恭见于外，敬主乎中"就不妥。三是强调"恭"的地位与作用。孔子的弟子子贡称赞孔子遵循温良恭俭让的原则求取功名："夫子温、良、恭、俭、让以得之。夫子之求之也，其诸异乎人之求之与？"（《论语·学而》）。孔子从礼的角度认为"恭而无礼则劳"（《论语·泰伯》）——谦逊但没有礼貌会使人劳顿。子夏指出，只要做到"敬而无失，与人恭而有礼"，就会"四海之内，皆兄弟"（《论语·颜渊》）。孔子把"恭"作为仁德、仁爱的内在特质和重要表征："能行五者于天下，为仁矣"，并认定"恭则不侮"（《论语·阳货》）。在回答樊迟之问时，孔子说："居处恭，执事敬，与人忠。虽之夷狄，不可弃也。"（《论语·子路》）从而将"恭"视为仁的德性要素。孔子弟子有子认为出于恭敬之心的行为只有符合礼节、礼数，才能远离耻辱的后果："信近于义，言可复也；恭近于礼，远耻辱也；因不失其亲，亦可宗也。"（《论语·学而》）反过来，在《礼记·曲礼》看来，"恭"的一个重要功能就是使人明礼："君子恭敬、撙节、退让以明礼。"可见，历代儒家把"恭"视为普遍性的重要道德规范和责任伦理。

应当指出，检索发现，只有《左传》才言"弟恭"，而真正的儒家典籍如《礼记》等均明言"弟悌"。儒家之悌德规范应从以下两点加以把握。

一是儒家在广义和狭义两个层次上去使用"悌"。无疑，儒家更多的是从善事兄长这一狭义上去规定"悌"。《中庸》讲："所求乎子，以事父未能也；所求乎臣，以事君未能也；所求乎弟，以事兄未能也；所求乎朋友，先施之未能也。"在此"五伦"基础上，《礼记》在讲到"十义"时指出："父慈，子孝，兄良，弟弟，夫义，妇听，长惠，幼顺，君仁，臣忠，十者谓之人义。"（《礼记·礼运》）显然，《礼记》把"悌"（悌同弟）作为敬爱兄长而提出来。《孝经》更多把"悌"界定为弟对兄长的恭顺礼敬之情。

如它讲："敬以悌，所以敬天下之为人兄者也""事兄悌，故顺可移于长""故虽天子，必尊也，言有父也；必有先也，言有兄也"等。贾谊《道术》说："弟爱兄谓之悌。"从儒家经典文献上看，除《礼记》《孝经》等外，似乎有把"悌"当作兄弟姐妹相互敬爱的倾向。在宣传"兄友弟恭"的同时，孔子讲"入则事父兄"（《论语·子罕》），"入则孝，出则悌"（《论语·学而》）。这里的"悌"并不完全就是敬重兄长、善事兄长，也包含着宽泛意义上的兄弟彼此之间的笃爱和睦，甚至在某种意义上也包括把家外的人当兄弟一样看待。

二是儒家之"悌"也有"次第"之意，从而同孟子所说的"长幼有序"接近，表达的是一种等差秩序。这同把"悌"规定为"善事兄长"密切相关。孟子似没有明确将弟事兄作为"悌"提出来，他只是在讲到"五伦"时提出"父子有亲，君臣有义，夫妇有别，长幼有序，朋友有信"（《孟子·滕文公上》）的责任论断。完全可以说"弟恭"反映的正是弟对兄恭顺的等差秩序——长幼有序。孟子还提出"孩提之童，无不知爱其亲者；及其长也，无不知敬其兄也"（《孟子·尽心上》）。我推测在孟子那里，所谓"弟恭"，就是对兄长的敬爱之情。中国历史上许多王朝实行长子继承制或"兄终弟及"制，可谓"悌"道的充分体现。《礼记·礼运》在论及小康社会时指出："大人世及以为礼。……以正君臣，以笃父子，以睦兄弟。""父死子继"称为"世"，"兄终弟及"称为"及"。应该说，"悌"的长幼有序含义对于中国社会兄弟姐妹之间建立互相爱护、相互恭顺的人伦秩序发挥着重要作用。

孝与悌紧密相关，互为表里，为此，孔子才讲"弟子入则孝，出则弟，谨而信，泛爱众，而亲仁"（《论语·学而》），孟子才指出"尧舜之道，孝悌而已矣"（《孟子·告子下》）。悌与孝虽然属于不同层次的家庭责任——悌表达的是同辈之间兄弟姐妹的义务，而孝说明的是下辈子女对上辈双亲的义务，但是从总体上说，两者既相对独立、具有不同规定性又相互融通，既具有差异性又具有统一性。要把握儒家"悌"这一责任伦理的意蕴，就必须在孝与悌的多方面对照性比较中加以体会。

一是在儒家责任伦理体系中，孝悌地位有高低分别但又均不失重要伦理范畴。且不说有子把"孝悌"共同看作"仁之本"①，认为人葆有孝悌之道，就不会犯上作乱，孟子还把"敬长"看成"义之实"，朱熹甚至把仁义之道的作用限定为"事亲从兄"。作为对家庭主要成员和主要关系的责任和义务，孝悌充分反映了以血缘关系为纽带的中国传统宗法制度，凸显了子女对父母履行道德的义务，本质上是调节家庭上下辈关系的行为责任规范，它们共同维护了家族的和谐稳定。

二是孝悌分属于处理不同人伦关系但又同属于家庭伦理的两种义务。由儒家之孝道责任比起悌德责任作用要大得多，孝与悌又各有自己的规定性和适用范围。"孝"是善事父母、慎终追远，反映的是不同辈份之间的敬善亲情伦理；"悌"从宽泛意义上讲是指同辈兄弟姐妹之间的同胞手足情谊，从严格意义上是指敬兄尊长的伦理情怀。不过，从根本上说，不论是"孝"还是"悌"均是晚辈对长辈的仁者情怀和义务伦理，均是用以调节家庭（家族）内部血缘亲情关系的德性品格。

三是孝悌作用有别但并称连举。由于长兄经常是父亲权力与地位的天然继承者，且一般对弟妹要尽更多照顾义务（父母不在，长兄为父），事兄须悌的责任正好体现了宗法制度的伦理规定，因而儒家往往将这两者加以连用并提，被视为仁的根本道德义务类型。《论语·学而》中有子说："其为人也孝弟，而好犯上者，鲜矣；不好犯上，而好作乱者，未之有也。君子务本，本立而道生。孝弟也者，其为仁之本与！"同"孝"一样，"悌"亦是一种家庭中重要的伦理情感，它同样是"仁"或"人"的根本，是作仁（人）的出发点，它代表着家庭价值和家庭稳定，只有强化这种血缘伦常情感，才能为避免犯上作乱提供人性基础。朱熹说："故仁义之道，其用至广，而其实不越于事亲从兄之间。"（《四书章句集注·孟子集注》卷七）阳复子江谦在《论语点睛补注上》上讲："论性则仁为孝弟之本，论修则孝弟为仁之本。"这从一个侧面揭示了孝悌对于仁德的本源性。中国人评价一个人时，常讲"幼而孝悌，长而忠诚"。

---

① 有子曰："其为人也孝悌，而好犯上者，鲜矣；不好犯上，而好作乱者，未之有也。君子务本，本立而道生。孝悌也者，其为仁之本欤！"（《论语·学而》）

略论儒家责任伦理及其当代价值

姚春鹏

（曲阜师范大学政治与公共管理哲学系）

一、引言

儒学是蕴含着从思想原则到实践方法，包含道德伦理、政治管理乃至终极价值追求为主要内容的复杂的文化学术体系。包括儒学在内的中国传统思想学术与西方思想学术的一个根本区别在于：后者是以建立关于某一领域的系统客观的知识体系为目标；而前者并不以系统客观的知识体系为自己的目标追求，而是以服务于个人道德修养、社会治理等现实需要为目标追求。后者以客观、系统、逻辑严谨的知识体系为特征，而前者在形式上并不是后者那种逻辑严谨、系统客观的知识体系；而是表现为思想内容复杂、缺乏形式的系统性，以服务于个人和社会的主观需要为特征。

简言之，西学是纯粹客观的知识之学，而中学则是满足主观需要的实用之学。这不是说西学没有实用的价值，只是说西学首先并不以实用为其目的，其追求的目标是把"理"搞清楚，使某一领域的知识成为系统、明晰、严谨的客观知识。人类的任何实践都不能没有理论的指导，中学也不能没有关于实践领域的"理"的认知与论说，但中学并不以建立明晰、严谨、系统的知识体系为目的，因而关于"理"的论说相对简明扼要；同时，由于人类实践的内容极其丰富，因而其思想内容也非常复杂。由此看来，中西思想文化是完全不同类型的学术，二者难以简单地类比对照。但在当今全球化，而且是西学占主导地位的时代，不能不进行中西交流，也难免

236

以西学的视角来理解中学。以儒学为例，从西学的角度就有不同的解读，而且都能找到充足的根据。这是因为，正如前述，儒学是以人生和社会实践为旨归的，由于实践的复杂性，导致了儒学思想本身的复杂性。因而，从任何角度切入，都能找到论述的根据。严格说来，都不是儒学的不来面貌。如果研究者自认为自己的解读完全符合儒学本真精神，则显然是错误的。如果认为自己的研究不过是儒学在当下的一种理解，则是可以接受的。

笔者认为任何以西学为出发点的研究都将对儒学有所遮蔽，都不能真实的反映儒学的本真精神，都不是儒学的全貌，而只能是其某一个方面的不十分真实的反映。任何一种思想文化能够产生功用一定是其根本精神能够发生作用，儒学的复兴也必以其根本精神的复兴为前提。这就是为什么在正式开始之前，颇费笔墨申述的原因。本文从儒家责任伦理的视角对思想内涵极其丰富的儒学，做一浅显的理解。

责任伦理是德国社会学家韦伯提出的政治伦理。在韦伯看来，政治是特殊的领域，判定政治家行为的道德性，不能仅仅依赖动机，必须把可以预见的行为后果纳入道德判断之内。韦伯的责任伦理概念为很多学者借鉴来理解儒家伦理。从伦理学的视角看，从孔子开始，儒家伦理之中蕴含着丰富的责任伦理。甚至可以说，责任伦理是儒家伦理的基本特征。因此，笔者也从这一视角简单谈谈儒家伦理。

二、儒家责任伦理的本体论根据

与现代西方个人主义哲学强调个人的权利不同，儒家思想之中缺乏强调个人权利的意识；相反，强调个人对他人及群体乃至天地万物的责任。余英时先生认为儒家的责任意识间接地也能够得到某种权利。因为每个人都对他的相应的伦理对象尽道德责任，这样每个人就得到了自己的权利。儒家的责任意识一方面与西周以来的宗法血缘社会传统有关，一方面也与儒家的自我期许有关。以孔子为首的儒家的创始人的身份是士，属于当时统治阶级的成员。虽然，士在统治阶级中的层级比较低，但处于礼崩乐坏的春秋大变革时代，儒家自觉地肩负起拯救天下苍生，恢复礼乐和平的历史使命。

儒家伦理重视责任意识，除了以上的历史原因，还有更深层的中国传统哲学的本体论根据。中国古代占统治地位的哲学世界观是气化论的自然观或者称为元气论自然观。这种自然观认为天地万物都是由气或者元气化生而来的。关于气或元气化生万物的过程，不同的学说观点并不一致。与西方古代原子论世界观不同，中国古代的元气论自然观是有机化生性的生命自然观；而西方古代的原子论自然观则是机械构成论的自然观。元气论自然观把由元气化生的整个世界看成是有生命的存在，是一个巨大的综合生命体，而不仅仅是构成性的纯粹的物质世界。

"元气"化生的天地万物是有生命的存在，"元气"是生命活动的动力源泉，"元气"也是生命的表征。"有气则生，无气则死，生者以其气。"（《管子·枢言》）"元气论"自然观从整体上说就是生命世界观。世界不仅是为人而存在的客体物质世界，万物即整个世界是有生命的，有价值的存在。根据"元气论"自然观的观点，"元气"化生阴阳、阴阳化生五行，五行化生万物，万物皆禀受阴阳、五行而生。天地之间万物生命的直接来源是阴阳、五行，最终来源是"元气"。从万物发生的生成论来说，万物之间都具有或远或近的亲缘关系，万物都是有生命的存在。

古人常讲天地人物，这是说宇宙中存在的主要物类就是天、地、人、物四大类。从生成论的角度说，古人认为元气分化为阴阳，阴阳生成天地。阳气清轻上浮而为天，阴气重浊下降而为地。天地的阴阳二气再交互作用形成五行之气而生成人与物。所以，虽然天地万物都化生于元气，但相对而言，天地又是化育人、物的本原。所以，天地与人、物不仅是空间上的并列的关系而且是时间上的生成关系。

由于元气论自然观的生命哲学本性，元气所化生的天地人物也具有生命的根本特性——主动性。套用西方哲学的语言，可以说"元气论"自然观认为天、地、人、物都是主体。传统说法以天地人为"三才"，即三种有才干、有能力的存在。当然，也就是主体性的存在。"元气论"自然观并不仅把世界看成是自然的世界，而且看成是价值和意义的世界。赋予世界价值与意义的是天、地和人。

《易传》说："天地之大德曰生。"这句话告诉我们，天地是生化的主体，也是德性的主体。天地能生化孕育万物，天地最大的德性是化育万物，万物是有生命的存在。天地能化育万物，而人能辅助天地的化育之德，所以，除了天地之外，人也是主体。《周易》泰卦《象》曰："天地交，泰；后以财成天地之道，辅相天地之宜，以左右民。"天地之气相互交感，万物因禀受天地阴阳之和气而安泰平和。君王则能变化剪裁天地之道，辅助天地完成化育万物的目的，改善人们的生活，使之和谐安宁。虽然这里具体讲的是君王是财成辅相的主体，而从更一般的角度看，也就是人有财成辅相的能力。因为君王也是人，不过是天下或一国的共主。

《中庸》则直接讲人有赞天地化育之能。"能尽物之性，则可以赞天地之化育。可以赞天地之化育，则可以与天地参矣。""可以与天地参"就是说人可以参与到天地生化万物的大化流行中去，而成为与天地并立的"叁"（三）。"叁"即"参"，人与天地并称"三才"。人虽然不能生化万物，但能辅助天地去生化万物，所以也是"主体"。天地是生化的主体，人是赞化的主体。

除了天地人之外，万物在宇宙中处于何种位置呢？依"元气论"自然观，万物为"元气"化生，万物也是有生命的存在。任何生命体都具有排除外部干扰，按照自己的目标运行的性质。可以说，生命体都具有自主运动的本性。老子说："生而不有，为而不恃，长而不宰。是谓玄德。"这虽然是对"道"的赞美之辞。说道创生了万物而不占有，有所作为而居功，使万物成长而主宰。但从反面看，万物是具有自我运行、发展能力的，否则就无所谓"不有""不恃""不宰"。老子说："道常无为，而无不为。侯王若能守之，万物将自化。"这里就明确地指出了万物具有自我生化的能力了。

从本体论的角度看，人虽然没有创生万物的能力，却有因顺自然法则、辅助万物生化的能力，人负有对万物及自身赞化的责任。虽然中国古代哲学笃信天地是至善的，天地生化万物的行为就是其至善之德的体现。但不等于天地万物在运化之中不会出现差错和失误或者自然运化本身必定符合人类利益。人可以通过智力和体力来调整自然万物运化中出现的偏差或者在顺应自然整体大化流行的总体趋势下，局部地改变万物的运化方向以符合人类的利益并且不伤害万物。这就是人的赞化自然万物的能动性，是人的主体性的体现，也是人对万物及自身责任伦理的体现。

这是因为在中国哲学的视野中，天地是生化的主体，人是赞化的主体，万物是自化的主体。虽然万物不具有像天地人那样的能动性，但它是自身运化的主宰，依然可以视为主体。包括天地人物在内的整个宇宙犹如一个大家庭，天地好比父母，人好比父母的长子，万物好比其他子女。因此，人不仅对自身的所以成员而且对万物也负有道德责任。这样的思想在宋儒张载和明儒阳明那里直接地表述出来了。《西铭》提出"民胞物与"，《大学问》讲"天地万物一体，天下一家，中国一人"。显然，儒家的责任伦理并不限于人自身必然推及万物。这是中国哲学元气论自然观的必然要求。

三、儒家责任伦理的时变性

儒家责任伦理是一种普遍伦理，要求一切具有行为能力的人，在行动时都对其伦理对象负有道德责任。如在多子女的家庭中，中国的家长经常会要求稍微年长些，具有一定行为能力的子女照管好自己的弟弟妹妹。显然，这里隐含着年长子女负有照管年幼弟妹的伦理责任。人在生活和生产中负有不损害并保护万物生长的责任。程颐先生在幼帝玩耍高兴时无意中采折花枝行为的批评体现了儒家培养帝王对万物负有责任伦理的强烈要求。

儒家的责任伦理不仅指向外物，同时也指向自身。《孝经》说："身体发肤，受之父母，不敢毁伤。"儒家认为人的身体受之父母，秉之天地，人不仅没有权利毁伤，而且负有保护好自己身体的责任。这就是古人的"敬身"之教。儒家责任伦理的对象不仅包括全体人类，而且广及万物；不仅指向他人而且指向自身；不仅是对具有法律地位的成年人的要求，而且也是对具有一定行为能力的儿童的要求。可以说，儒家的责任伦理是一种普遍的理论。其普遍性表现为两方面：即伦理对象的最大普遍性和伦理主体的最大普遍性。

儒家责任伦理不仅具有普遍性，还具有时变性也就是特殊性。儒家的责任伦理并不要求一切人，在任何时间和地点履行共同的伦理责任，而是要求因时、因地、因人而变。唯此，儒家责任伦理才具有实践的可能性。

儒家认为人与人的关系并不是"原子"式的外在的空间并存关系，元气论自然观决定人与人的关系具有多少不等的亲缘关系。任何人与人的关系都不是外在关系，换言之，人与人总是处于某种内在的必然关系之中。这种关系也是一种伦理的关系，彼此之间必然负有一定的伦理责任。

传统社会认为人与人之间存在五种基本的伦常关系，即君臣、父子、夫妇、兄弟、朋友。其中，父子、夫妇、兄弟三种关系，依家庭而有，是家庭成员之间的三种基本伦常关系。其生成顺序应该是夫妇、父子、兄弟。只有夫妇关系，才能有父子关系。这里的父子是父母子女的略说。只有父子关系才能有兄弟关系，这里的兄弟也是兄弟姐妹略说。君臣和朋友则是家庭之外的两种基本的人际关系。君臣关系广义地理解就是工作中是上下级关系。这种关系的形成就个人说谋生的需要，就人类整体说是维系社会运行的需要。而朋友关系则主要是因为人的情感需要而结成的非血缘的较稳定而经常的人际关系。当然，朋友关系于谋生也有一定的助益，但并不以此为目的。任何人在自己的一生中都不可避免地进入五伦中的某一种位置。

由于五伦关系是基本而又重要的人际关系，古人规定了五伦之间基本的责任伦理。即君义臣忠，父慈子孝，夫唱妇随，兄友弟恭，朋友有信。要说明的是：第一，五伦之间的责任伦理是一种相互的责任伦理，也就是说双方都要尽到对对方的伦理责任。如果一方没有尽到对对方的责任，对方也就没有对自己的伦理责任。第二，五伦之间的责任伦理是一种差异责任伦理。也就是说虽然五伦关系中的双方彼此对对方都负有伦理责任，但因为双方的位置关系不同，因而其伦理责任不同。只有朋友一伦双方处于相等的位置，而彼此负有相同的伦理责任。第三，五伦之间的责任伦理要求位置在上的一方首先实践自己对对方的伦理责任。《论语·八佾》记载："定公问：君使臣，臣事君，如之何？孔子对曰：君使臣以礼，臣事君以忠。"孔子的意思是只有君上首先以礼敬使用臣下，臣下才有责任以忠诚事奉君上。第四，五伦之间的责任伦理并不是五伦关系中全部的伦理责任，而仅仅是其必须履行的基本的伦理责任。如果不履行五伦之间基本的伦理责任，则五伦关系是名存实亡的。换言之，五伦之间的伦理责任并非仅仅是如上所规定的，还应该包含更丰富的内容。以上所规定的仅仅是必须实践的伦理责任。

儒家责任伦理的差异性在孔子那里是以"正名"的形式表现出来的。《论语》中记载：子路问孔子，如果卫国用您治理国家，您从那里开始？孔子说：正名。正名就是端正名实。过去认为"名"是名词、概念，"实"是实体，物质。孔子以名正实，被认为是唯心主义。其实，孔子讲的正名与逻辑学无关，更与唯心、唯物扯不上关系。孔子的意思是名与实有着固定的对应关系，名要符合实，实也要符合名。在伦理关系中，每个具体的"名"都要求一定的"实"来保证，有其实，实践了自己的伦理责任才有相应的名；无其实，没有实践自己的伦理责任则无相应的名。正名就是明确不同的伦理角色的伦理责任，使其有所依循。正名也就是后来的"名教"，即因名设教。因为并不是每个人生来都对自己的伦理责任都自觉认同的，需要师长的教育，需要引导和培养。

五伦关系规定的伦理责任并不是针对某些或某个特定的人，而是一种形式的规定。人只要进入五伦中的某种关系就应该遵守和实践与自己身份相符合的伦理责任。不在某种五伦关系中则没有相应的伦理责任。所以，就某个具体的人而言，他的五伦伦理责任并不是固定不变的，而是随着自己的身份的变化而变化的。这就是朱熹所谓的"理一分殊"。每个人都对他人及天地万物负有伦理责任，这就是"理一"；但由于每个人在现实生活中所处的位置差异，其具体的伦理责任则是各不相同的，这就是"分殊"。这里的"分"即"份"，是每个人的不同身份。

儒家特别重视"分殊"的责任伦理，因为抽象地谈论"理一"的责任伦理并没有太大的道德实践价值。朱熹的老师李侗说："吾儒之学，所以异于异端者，理一分殊也。理不患其不一，所难者分殊耳"（赵师夏《跋延平问答》）这是说，一般地谈论"理一"是容易的，但真正地理解并实践"分殊"则是很难的。朱熹完全接受这一观点，他说："盖能于分殊中事事物物、头头顶顶理会得其当然，然后方知理本一贯。不知万殊各有一理，而徒言理一，不知理一去何处？"（《朱子语类》卷二十七）这样就为处于不同位置的人的道德实践指明了方向。他又说："万物皆有此理，理皆同出一源，但所居之位不同，则其理之用不一。如为君须仁，为臣须敬，为子须孝，为父须慈。物之各具此理，事物之各异其用，然莫非一理之流行也。"（《朱子语类》卷十八）

儒家责任伦理的时变性，除了上述因为位置的变化而变化的时变性外，还表现在经权之变上。这里要说明的是，以上的论述似乎一直在谈位置，即空间问题而没有谈时间问题。其实，位置的变化是随时间的变化而变化的，没有纯粹的位置变化，位置（空间）变化与时间变化是同时发生的。所以，我们没有特别地强调时间。儒家责任伦理的经权之变，我们可以用两个例子说明。一个是淳于髡试图用"男女授受不亲"之"礼"和"嫂溺则援之以手"的矛盾来责难孟子。淳于髡的意思是既然儒家把"男女授受不亲"作为男女之间的"礼"，那么"嫂溺不应援之以手"，否则就是矛盾的。孟子反驳说："嫂溺不援，是豺狼也。男女授受不亲，礼也。嫂溺援之以手者，权也。""男女授受不亲"是一般情况下的"礼"（经），而"嫂溺援之以手"则是特殊情况下的"权"。非此，则是豺狼。就是说在一般情况下，弟弟对嫂子应该遵守授受不亲的责任伦理；在但嫂子溺水的非常情况下，为了救嫂子必须打破这一常则，而实践拯救生命的更重要的责任伦理。这二种做法都是合乎道德的。

另一个例子是"杀身成仁"与"明哲保身"的经权之变。依中国元气论哲学自然观，元气是生命性的本源存在，元气创生的天地万物则是巨大的生命整体。保护人类每个成员及万物的生命是人必须承担的伦理责任。因为"生生"是"天地之大德"，人是赞化主体。因此，即便在艰难的情况下，儒家也不轻言放弃自己的生命，倡导"明哲保身"的重生论哲学。《中庸》说："国有道，其言足以兴，国无道，其默足以容。《诗》曰：既明且哲，以保其身。其此之谓兴！"这是说，在国家政治黑暗时，保持沉默以使自己容身于暗世以待光明。但是，当人的肉体生命与道义价值发生冲突时，儒家毫不犹豫地主张"杀身成仁"，"舍生取义"。在可能的情况下儒家总是主张人要尽到保护自身肉体生命的伦理责任，但这种伦理责任不是无条件的，一当这种伦理责任与保存道义价值的伦理责任发生不可避免的冲突时，前者就当让位于后者。这就是"权"。

四、儒家责任伦理实现的条件——道艺双修

责任伦理的实践与一般的伦理实践有所不同，需要伦理主体具备一定的能力条件。这也可能是韦伯在政治伦理中提出"责任伦理"的一种考量吧。这种能力条件最基本的应该包括：伦理主体的道德素养和技艺素养两方面。用古人的说法，就是包括"道"与"艺"两方面。一提起儒学，人们就容易将其与伦理学、政治学、哲学等等联系起来，儒学似乎是某种理论科学。其实，真实的儒家、儒学并不是这个样子。我们知道，从来源说，"儒"是一种职业，是助人相礼的一种职业。孔子开办私学首先也是以实用的技术教人，这就是我们熟悉的"六艺"。孔子本人就是精通多种技艺的专家。如果孔子开始就打出什么哲学、政治学、伦理学等旗号，恐怕是无人问津孔门的。因为人首先要吃饭，要谋生。当然，孔子开办的也不是纯粹的技术学校。在技术的学习中，孔子渗透了道德理想主义的价值，故创立了儒家学派。

儒学是以完善自身的道德修养，进而济世安邦为主要目标的学派。儒家认为增进个人的道德修养水平不仅是提升自我内在价值的需要，也是伦理、政治实践的必要条件。没有一定的道德认知和修养水平是不太可能实践伦理、政治责任的。儒家认为高尚的道德情操是个人和社会生活的基石，因此，儒家极其重视道德，视道德为一切行为的前提。

孔子当时办学的目的是把学生培养成君子，并且精通某种或某些技艺，具备从政的能力。这样，就可以进入政府管理部门，实现治国安邦的目标。孔子认为从政者的基本条件是必须具有高尚道德和从政技艺（各种专业技术能力）。无论从当时还是从现在看，这一主张都是正确的。如果官员缺乏高尚道德，就可能公权私用，败坏政府形象，扰乱社会秩序。显然，官员的道德素养是第一位的。除了道德素养外，官员还必须具有一定的职业能力才能办好公务，否则，就无法实现对社会的有效管理。因此，孔子提出了"志于道，据于德，依于仁，游于艺"的士人培养方案。其中，道、德、仁，是道德修养；而艺，则是专业技能。孔子认为只有依照这样的路线才能培养出合格的国家公职人员，以完成士人肩负的政治伦理责任。

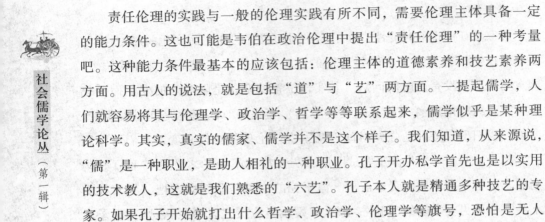

社会儒学论丛（第一辑）

随着儒家对人特别是对儒家自身道德责任认知的扩大，儒家认为自身所当研修的技艺（专业知识）的内容也在发展。这里，我们举医学为例。如上所述，孔子创立的儒家学派是以培养合格的政府管理人员为目标的，其能力内涵主要包括道德素养和从政需要的技艺能力。从政能力中除了一般人都具有的普通能力外，还是需要一些特殊能力，这是需要学习和训练的。

在儒家的责任伦理中"孝亲"是最基本的道德责任。有子说："孝悌也者，其为仁之本与！"孝亲，在一般情况下只要子女尊敬、赡养、照顾父母，就可以了。这并不需要太高的外在条件，关键是对自己的道德责任的认同和实践。但是，当父母生病时，如何解除父母的病痛，则不仅是道德问题，还需要特别的医学能力。当然，有人会反对说，治病是医生的事，普通人怎么可能会治病呢？子女只要能够给父母找最好的大夫治病就是孝子了。这样说，诚然不错。但是，从儒家强烈的"孝亲"观念出发，是应该内在地包含着"知医为孝"的观念的，至少是不矛盾的。

知医为孝，最早由深受儒学浸染的古代医家提出，最后得到了儒家的认同，并且得到了发展，形成了我国医学文化史上独特的儒医现象。"医圣"张仲景，据说原本是长沙太守，是儒者出身。东汉末年，战乱频仍，疾病流行。张仲景家族原来的二百多人，竟然有三分之二的人死亡了。因为大量亲人以及百姓的亡故，仲景再也无法安心于仅仅做官了。起而研究医道，"勤求古训，博采众方"，结合自己的医疗实践写成了中医方书经典《伤寒杂病论》。仲景曾经批评当时的"士人"说："曾不留神医药，精究方术，上以疗君亲之疾，下以救贫困之厄。"（《伤寒论》自序）这里的"上以疗君亲之疾，下以救贫困之厄"就生动地体现了仲景仁孝的崇高伦理动机。

晋人皇甫谧说："夫受先人之体，有八尺之躯，而不知医事，此所谓游魂。若不精通于医道，虽有忠孝之心，仁慈之性，君父危困，赤子涂地，无以济之，此固圣贤所以精思极论尽其理也。"（《甲乙经》序）皇甫谧和仲景一样也不是医家出身，原来习儒，中年患风痹，乃钻研医学。儒家的责任伦理信念是他习医的巨大动力。皇甫谧最早讲出了"虽有忠孝之心，仁慈之性"，然"君父危困，赤子涂地，无以济之"，不能算是真正的孝子仁人，所以应该"精思极论尽其理"，通晓医道，是成为圣贤的重要条件。这里已经蕴涵了"知医仁孝"的思想。

唐人孙思邈在《备急千金要方序》中也说："君亲有疾不能疗，非忠孝也"，"若有疾厄来求救者，……皆如至亲之想"。上述诸位医家的言论都是儒家责任伦理观念特别是仁孝观念在中医学中的发展。做孝子、忠臣的能力虽然有大小之别，但还是可以在生活中或者通过学习就能逐渐掌握的一般能力。在深受儒家责任伦理观念浸染的医家看来，诊治疾病的能力也是孝子、忠臣应该具备的重要能力。为了能够保证君父的身体康健，就必须学习并精究医术。

宋朝建立之后大兴文教，其中也包括重视医学事业。宋代的很多帝王都重视甚至亲自主持医学著作的编写，呈现出完全不同于以往的一种新气象。同时，文人士大夫之间也渐兴重医之风。一代名臣范仲淹年轻时说过一句影响了中国历史至少是影响了中国医学史的话：不为良相，即为良医！范仲淹的这句话并非一时心血来潮之言，而是有着深刻的学理和信仰背景的。儒家从孔子开始就立志修养道德，增长才干，报效国家，服务百姓。范仲淹认为做官并不是人生的根本目的而只是实现人生价值的一种手段。虽然，并不是每个读书人都有机会做官从政，但这并不影响儒家人生价值的实现。实现人生价值的途径有多种，并非从政一途。其中，从医，做一名良医也是非常理想的一条路。金元医家的集大成者朱震亨就是在范仲淹影响下由儒而医的杰出人物。他说："士苟精一艺，以推及物之仁，虽不仕于时，犹仕也。"

宋儒虽然不一定自己都精通医学，但其重视医学、倡导知医为孝的观念对社会特别是儒生和医家产生了重要影响。程颢是理学家中把医道与孝道相提并论是始作俑者。他说："病卧于床，委之庸医，比于不慈不孝。事亲者，亦不可不知医。"程颐对知医为孝的道理说得更清楚："今人视父母疾，乃一任医者之手，岂不害事？必须识医药之理，别病是如何，药当如何，故可任医也。"现在的人把父母的疾病完全交付在医家手里，难道不误事？必须懂得一些医药的道理，明白疾病是怎么回事，药是怎么回事，才能任用医家。有人说："己未能尽医者之术，或偏见不到，适足害事。"程颐说："且如识图画人，未必画得如画工，然他却识别得工拙。如自己曾学，令医者说道理，便自见得，或己有所见，亦可与他商量。"（《二程遗书》卷十八）有人担心自己对医道一知半解，又固执己见，反而误事。程颐认为自己学画虽然不如画工画得好，但却能识别画工水平的高低，让医家说病理，自己就能理解，或者己有所见与医家商量。这样就不至于被人摆布。

由于宋儒的倡导，到了明代，儒者通医已经是很普遍的事了。在著名的理学家中通晓医道的有：王艮、王廷相、何瑭、吕坤、方以智、黄宗羲、王夫之、傅山、吕留良、颜元诸人。其中，傅山在妇科方面造诣颇深，在中医妇科学史上占有重要地位。另一方面，宋以后行医者特别是有医学著作传世者大多数是儒者出身，往往因为各种原因弃举业而操岐黄之术。

五、儒家责任伦理的当代价值

由上述可知，儒家伦理思想具有强烈的责任意识。在中国传统社会中，维系社会有效运行的，主要不是法律而是道德。其中，伦理责任起到了关键的作用。大多数人在生活中都能够承担起自己的伦理责任。如在五伦关系中，君义臣忠的伦理责任能够实现，则国家的行政活动就能够正常进行；夫唱妇随、父慈子孝、兄友弟恭的伦理则能够实现，家庭生活就能和睦幸福；朋友有信的伦理责任能够实现，人际关系就能和谐正常。

人是社会性的存在，不能离群索居。在群体中生活的人必须遵循一定的行为规范，才能保证人与人之间不会因为激烈的冲突而使社会无法运行。这就好比人们在道路上行走，必须遵守交通规则，才能保证道路畅通。西方社会维系社会正常运行所依靠的主要是法律。人们订立契约，制定法律，并共同遵守。在中国古代则表现为遵循由远古以来形成的礼俗，"礼"是维系社会运行的纽带。到了孔子开创的儒家，则把"仁"注入"礼"之中，"礼"成为道德的外化形式。其中，自觉的道德责任意识是人们能够遵循"礼"的关键。道德作为一种规范人的行为的力量在于人对道德义务的自觉。儒家正是通过自我不断的道德修养，自觉体悟道德责任，并且通过教化向社会传播道德意识，逐渐形成了自觉履行道德责任的习俗，保证了古代家庭、社会的有效运行。

我国自五四新文化运动以来，儒学不仅退出了政治领域，而且在社会伦理领域也遭到了彻底的批判。特别是到"文革"时期，对传统文化，包括儒学的否定达到了登峰造极的地步。中国早期的马克思主义者，新文化运动的主将陈独秀提出："伦理的觉悟，为吾人最后之觉悟之最后觉悟。"整个新文化运动也就是向传统文化、道德宣战的运动。对包括儒学在内的僵化的文化传统进行批判在当时自有其历史的意义。但是，中国人对自己文化的批判是缺乏理性的，是过激的。把包括儒学在内的一切文化传统皆视为糟粕彻底否定，造成了民族文化、传统道德的真空，由此也带来了灾难性的后果。当今社会人们常说的道德滑坡甚至道德崩溃，其形成的原因当然很多，但对以儒家为代表的传统道德的彻底否定，所造成的传统道德真空无疑是首要的原因。

当今社会，乱象纷呈，毒奶粉、地沟油、虚假广告、过期疫苗，……这些社会问题我们不说。本文重点谈谈当今中国的家庭道德状况。人们常常对社会的道德状况多有抱怨；人们也常说，家庭是人生的港湾。似乎我们的家庭道德不存在问题。其实，在我看来，当今不仅社会道德出了问题，而且家庭道德同样出了问题，而且更加严重。家庭是社会的细胞，没有好的家庭何来好的社会？

现在很多人缺乏道德责任意识，不懂得对自己的伦理对象负有伦理责任。自我中心，只想获得，不愿意付出；只讲权利，不讲义务。在传统家庭伦理的夫妻一伦中，强调夫妻双方的责任义务。如夫义妇顺，夫唱妇随等。儒家讲夫为妻纲，成了被批判的靶子。把夫为妻纲误解为丈夫对妻子的压迫与统治。其实，在任何一个统一体中，构成统一体的要素不可能是完全等同的，总是有差异的。儒家夫为妻纲讲的是在夫妻关系中，丈夫是主导的，但同时也负有更多的责任。绝没有统治、压迫的意思。因为儒家更根本的道德要求是仁，仁者爱人是儒家对儒家关系的基本要求，何况在夫妻关系中怎么会主张压迫呢？当然，在现实确有欺压妻子的丈夫，但也有欺压丈夫的妻子，又如何解释？这不是儒家的问题，而是没有真正认同儒家责任伦理的问题。儒家是非常重视夫妻关系的，因为夫妻是家道之始、人伦之始。在《孔子家语·大婚解》中，孔子就讲"敬妻子"。儒家讲"名教"，讲与名相应的伦理责任。所谓"夫"是对"妻"而言的，夫要对妻尽伦理的责任，否则就不是夫。古人云："夫者，扶也。"丈夫应该扶助妻子。"妻者，齐也。"妻子的行为应该与丈夫一致。这样才能家庭和谐。

现在很多人不懂得夫妻之间应该相互尽伦理责任，各自从自我出发，不懂得自我反省，相互指责对方，最后婚姻破裂，从当今中国的离婚率就可见问题的严重性。从资料看，中国的离婚率已经得到30%左右，问题相当严重。有人认为离婚率上升代表了女性地位的提高，我不这样看。如果说家庭是社会的细胞，离婚是社会细胞的崩解，这么多社会细胞崩解，社会能是好的社会吗？从以上资料也可以发现，虽然中国整体离婚率惊人，但其中相对有些省份比较低，像我们山东、河北、安徽、山西等。我想可能与内地的文化传统底蕴相对要多些有一定的关系吧？而东北三省相对较高，与那里文化传统相对淡薄有关。

不仅五伦中的夫妻一伦出了大问题，父子一伦也令人担忧。当今，父不慈，子不孝者，大有人在。很多人以工作为名，整天不在家，难得与子女在一起亲近交流。很多人认为只要赚来钱，给子女提供了良好的物质生活条件，就算尽到了做父亲的责任。这种认识是有偏差的。父母不但要满足子女成长中在物质上的需要，还要满足其精神的需要。而且，后者在一定意义上更重要。古人云："养不教，父之过。"作为父母特别是父亲，抽出一定的时间与子女在一起生活，不但是应该的，而且是必须的，是为父母必须尽的道德责任。

与年轻的父母对年幼的子女不慈相对，年长的子女对年老的父母的不孝则更加严重。很多人自己也已经是老人，依然对自己的老父母不尽孝养之道，以至于被判刑，由国家公权力强制执行尽子女的责任，岂不大悲乎？有人不但不尽自己的孝道，而且对老人拳脚相加。如此，就不仅是不孝的问题，甚至触犯国家法律了。当然，严重的，极端的不孝行为毕竟少见，但孝道责任伦理观念的淡薄则是普遍的现象。这对于和谐社会建设，首先是和谐家庭建设是极其不利的。至于家庭伦理中的兄弟一伦就更糟糕了，有的兄弟相互推诿赡养父母，而为了争夺父母遗产，却大打出手，甚至成为仇人，连路人的关系都不如。血缘亲情被物质利益击得粉碎。

　　当今令人担忧的家庭道德状况形成的原因是多方面的，但其核心和关键是人们责任伦理意识的普遍缺乏。儒家丰富的责任伦理资源可以为改善中国当今的道德状况特别是家庭责任伦理的缺失提供有益的帮助，这是我们今天重温儒家有关责任伦理教诲的现实意义之所在。

论中国传统文化中的"天人合一"思想

张宏敏

（浙江省社会科学院哲学所）

摘　要："天人合一"，作为中国哲学中最根本特征，是中国传统文化最根本、最基础的问题，可谓中华文明的"基点""基因"。对于"天人合一"的思想起源，可以从殷周时期的"祖先崇拜""《易》经八卦"的两重维度进行探讨。"天人合一"类型有三种：第一种是儒家的"天人合德"，经历了三个阶段，发轫于周公"敬德保民"观念，"道德意识的觉醒"，孔子将其具体化，以孟子道德形上学即"心性学"的确立为形成标准；第二种是道家自然意义上的"天人合一"，以庄子的"天地与我并生，万物与我为一"为极致境界；第三种是儒学（教）"天人感应"基础上的"天人合一"，具体表现为董仲舒的"灾异谴告"说与"人副天数"论。对于"天人合一"思想可能的哲学根据，本文指出："天人合一"的第一个哲学根据便是"心"能"感通"并且有一种"虚灵"的功能，"有情的宇宙观"是"天人合一"思想可能的另一哲学根据。最后，本文指出，中国哲学"天人合一"的基本理念影响到我们的思维方式、价值追求、修养境界、审美情趣、政治理念、人格评价：在思维方式上，为我们提供了一套直觉的方法；在价值观上，我们提供了和谐的价值追求；在哲学与文学的关系上，为我们提供了"人文合一"的神韵境界；此外，"天人合一"还影响到中国人对人格特质的要求，为我们提供了一种价值判断标准。

关键词：中国哲学　天人合一　感通　和谐

儒家社会伦理

习近平主席在"纪念孔子诞辰 2565 周年国际学术研讨会暨国际儒学联合会第五届会员大会开幕会上"的讲话中提到:"中国优秀传统文化的丰富哲学思想、人文精神、教化思想、道德理念等,可以为人们认识和改造世界提供有益启迪,可以为治国理政提供有益启示,也可以为道德建设提供有益启发。"还指出:"世界上一些有识之士认为,包括儒家思想在内的中国优秀传统文化中蕴藏着解决当代人类面临的难题的重要启示,比如,关于道法自然、天人合一的思想,……"有鉴于此,本文拟对"中国优秀传统文化"中的"天人合一的思想"进行解读,不正之处,敬请大家批评。

一、"天人合一"的思想起源

"天人合一",作为中国哲学的基本特质,是中华古文明最根本、最深层、最基础的问题,亦是中国传统文化的"基点""基因"(特指生活、生命中最深层的问题)。我们知道,胡适用现代方法撰写的《中国哲学大纲(上)》,是从《老子》讲起;20 世纪第一部"中国哲学史"是一部"无头"的哲学史,应该找一个"头",那就是——"天人合一"的观念。本文以为:"天人合一"思想产生于殷周时期,始见于文简《诗经》《尚书》。这里,本文着重从"祖先崇拜""《易》经八卦"两方面,探讨"天人合一"的思想起源。

(一)"祖先崇拜"

"祖先崇拜",是中国原始宗教的鲜明特色。中国古代宗教与世界各民族的相异之处,主要表现在"神人"关系的表述上,"祖先"是"神"与"人"之间关系的沟通中介:"上天""上帝"→"祖先"→"人"。在中国古人思维中,"上天""上帝""神"与"人"的关系甚为亲密。无怪乎,西方有学者指出,在古代中国,"家庭是宇宙的象征"。

举个例子,自古至今的中国人对"土地神"十分看重,因为"土地神"与人的关系十分密切:中国古人常借"土地神"来传达人的意志于"上天"。衍而申之,中国传统思维经常把宇宙天地万物看成一种有感情的东西,有"万物皆有情"云云。所以,如果用马克思主义哲学原理中唯物、唯心二元论哲学模式来诠释中国哲学,中国哲学中基本没有"唯物论",只不过有一些"唯物论"倾向而已。

中国的"天""帝"观念具有"仁民爱物"的特性，即把先验道德之义赋予"天""帝"之中。中国古代最高政治领袖是"王"，一个"好王"，在管理（治理）国家中必须体现出上天"仁民爱物"的精神，即上天对人民的爱。这是儒家"人"与"天"关系基本理念：道德基础上的"天人合一"，即"天人合德"。"天人合德"的萌芽就是君王要体会"上天"对黎民百姓的"爱"。

我们还应知道，中国古代的祖先崇拜与天神崇拜的目标是一致的：照顾百姓，为百姓驱除苦难，"仁民爱物"。"天""帝""神""祖先"的功能就是"赏善罚恶"，应该指出，这是一种劝人为善的方法、方式。天的"赏善罚恶"功能，几千年来，一直影响着我们的思维观念与生活方式：（1）中国人受到冤枉时，总会讲到"天地良心"。（2）中国知识分子常说"我可以对天发誓"。（3）男女恋爱时，女人常要求男人"对天发誓"。（4）中国历史上，长辈常骂不肖子孙要遭"天打雷劈"。由是观焉，"天"的观念一直活在我们心中。

（二）"易经八卦"

《易》中亦可寻找到中国哲学"天人合一"的思想起源。

我们知道，"八卦"最基本的两卦是"乾""坤"，二卦由"—""– –"二爻构成；阴阳观念正是从乾坤二卦中衍生而来。"—""– –"二爻的最初象征就是男女生殖器，这是中国古人生殖崇拜的一种表现。《易》中有许多句子就是描述男女关系。过去受时代局限，对此，我们忌讳不言；现在，我们则可以讲。应该指出，这是人类学家的研究成果与伟大贡献。

《易》的内容生成及衍变过程十分复杂，"伏羲画八卦，文王演周易，孔子传述易"。《易》历经三代、春秋战国、秦汉的漫长衍变，逐渐形成一套完整的理论系统（以《易传》完成为标志），并成为儒家重要经典。《易·象辞》文以及《序卦》《系辞传》文中对宇宙万物起源即天人关系的论述最为精彩。

《易传·系辞上》有"易有太极，是生两仪，两仪生四象，四象生八卦，八卦定吉凶，吉凶生大业"。《易传·说卦》曰："乾，天也，故称乎父。坤，地也，故称乎母。"意即乾卦代表天，尊称为父亲。坤卦代表地，尊称为母亲。《系辞传》曰："天地氤氲，万物化醇。男女构精，万物化生。"这就是说"天地间阴阳二气交融，万物才能变化而完美，阴阳雌雄两性交合，万物才能产生变化"。《易传·序卦》曰："有天地然后万物生焉。……有天地然后有万物，有万物然后有男女，有男女然后有夫妇，有夫妇然后有父子，有父子然后有君臣，有君臣然后有上下，有上下然后礼仪有所错。"这就是说，天地间阴阳二气交合才能化生万物，有万物才能产生男女、夫妇、父子、君臣、上下、礼仪，万物离开天地就无法生存，天地是产生万物的根源。

概而言之，《易》的宇宙生成模式系统是：乾坤（阴阳）→天地→万物→男女→夫妇→父子君臣。《易》给我们最大的启示就是，宇宙的起源与生命的起源是合二为一的。

二、天人合一的类型

"天人合一"类型有三种：第一种是儒家的"天人合德"，经历了三个阶段，发轫于周公"敬德保民"观念，亦即"道德意识的觉醒"，孔子将其具体化，以孟子道德形上学即"心性学"的确立为形成标准。第二种是道家自然意义上的"天人合一"，以庄子的"天地与我并生，万物与我为一"为极致境界。第三种是儒学（教）"天人感应"基础上的"天人合一"，具体表现为汉代大儒董仲舒的"灾异谴告"说与"人副天数"论。

（一）儒家的"天人合德"

儒家道德上的"天人合一"经历了三个阶段抑或步骤。

第一个阶段，"道德意识的觉醒"，这是中国古代历史上伟大的智慧。我们一般认为，西方文化（以古希腊为代表）是重智的文化；东方文化（以中国为代表）是重德的文化。中国人自觉的道德意识觉醒，源于周公"敬德保民"观念。

殷商时代的最高统治者即"帝王"大都相信天命，认为帝王的位子是上天照顾所得。尔后，商为周所灭，天翻地覆，改朝换代，周代商而立，正如《诗经》所云："天命靡常"。周公需要为周代商的"合法性"提供理论依据，遂提出"敬德保民"观念：上天是不会照顾无道昏君的，一朝国君要想使王位时代延续，就必须"仁民爱物"，体恤民力。国君须"爱民""敬民""保民"，为民造福，上天成就行德政之国君。衍而申之，"人"即"王"要想保持王位，须体会"天"的仁爱，这就是"天人合德"的雏形，因而跨出儒家"天人合一"的第一步。

进一步将"天人合德"具体化的是孔子，"天生德与予，桓魋其如予何"（《论语·述而》），意谓德乃天生，此德应与天命同格，亦即"天人合德"。应该指出，这是一种道德的勇气与使命感。如是，"天人合德"的关系又迈出了第二步。

"天人合德"的形成表现为孟子道德形上学即"心性学"的确立："尽其心者，知其性也。知其性则知天矣。存其心，养其性，所以事天也。"（《孟子·尽心上》）"心""性"是儒家哲学的根本观念。

我们知道，孟子性善论由四端证明："人皆有不忍人之心。……恻隐之心，仁之端也。羞恶之心，义之端也。辞让之心，礼之端也。是非之心，智之端也。人之有是四端，犹其有四体也。……凡有四端于我者，知皆扩而充之矣。"（《孟子·公孙丑上》）应该指出，作为先验论的"四端"在世俗世界中是无法检验的，但是可以通过扩充善端，来印证人性本善。详而言之，一方面，人的心性天生是善良的，那么通过不断扩充心之善端，就可以印证"性"也是善良的，"尽心"到"知性"是一个不断修养的过程；另方面，如果"心""性"皆善，那么还可以通过来印证"天"也是"善"的，因为"尽其心者，知其性也。知其性则知天矣"。

综上，孟子道德形上心性说，体现了一种"天人不二""天人一体"的思想，儒家"天人合德"的观念由是正式确立。

（二）道家自然意义上的"天人合一"

道家的自然，不同于我们通常所言的大自然，是一种非人为的自然。自然不是人为的，而是自然而然，自己如此，生而有之，没有任何人为因素介入。从这种意义上讲，道家是反儒家而生，因为儒家人为地安排人类社会生活秩序。衍而申之，孔子之"仁"就是用来正确处理或协调人与人

255

之间社会关系的行为准则和道德规范。

对于道家"自然"，我们认为庄子讲得较为贴近本原义，指宇宙或生命的一种混沌不明状态，即"道"的原始状态。道家喜欢把生命混沌不明的原始状态拟人化，喻之为"赤子""婴儿"，以象征一种没有经过文明污染的状态。

我们知道，道家的理想就是回归自然，人只有活得如婴儿般"纯真""朴实"，才是可爱的。然而，现实中的每个人的成长经历，都要靠文明来支撑，否则很难生存；同时，现实中的人在成长过程中，也产生了许多"恶"因。易言之，文明帮助我们的同时，也污染了我们，使我们越来越不可爱。道家的修养，讲求的就是涤除文明污染，使人"返璞归真"，更加可爱；道家追求的修养境界就是"赤子之心"，如"婴儿"般的"纯真朴实"状态，可谓原始生命的本然状态。一言以蔽之，"返璞归真"是道家之理想人生。

庄子时指出，庄子的修养工夫就是剔出生命历程中的文明污染成分，消解环境对人的负面影响，从而达到"天地与我并生，万物与我为一"的极致境界，这就是道家意义上以自然为基础的"天人合一"。

与西方哲学研究中理性思辨不同，中国哲学的研究离不开历史，"史"与"哲"是不分的。庄子哲学智慧与庄子本人的生活环境与生存背景息息相关。战国时代，诸侯争霸，战乱频繁，庄子生活的宋国，北接晋，东邻齐鲁，西近郑国，是各国发动战争的必经之地；再有，宋国是殷商后代，作为亡国之民，受人歧视。可以想象，生存在"战乱之地"的宋民，生活中感受到的只能是绝望与痛苦：庄子"乱世哲学"由是而生。庄子哲学恰好可以用来安顿人生，鼓励人们追求一种超凡脱俗式的内在心灵自由。要之，庄子哲学要求人们在绝望中反思人生意义，生命价值，从而获得生存动力。

（三）儒学（教）"天人感应"基础上的"天人合一"

中国哲学与历史紧密相连，"史""哲"统一。汉朝开国皇帝刘邦，原来身份乃一民间流氓，他登上皇位的首要任务是把"天子平民身份合法化"，这样，古老的"天命"观念又重新回归。应该清楚，刘邦的皇位是用阴谋诡计战胜项羽，取得"楚汉之争"胜利而得到，作为流氓皇帝，刘邦本人根本没有什么道德修养，他用儒生帽子撒尿；而儒家恰恰强调仁义道德。在这种特殊历史背景下，"天人感应"观念应运而生。

一是灾异谴告说。历史上每个时代都有天灾人祸，诸如旱灾、水涝、地震、台风，儒生们为吓唬、控制刘邦，告诉刘邦上天"赏善罚恶"的道理，如果你胆敢胡作非为，上天定会谴告灾异，因为天人相感相应。当然，这套荒谬的理论对付刘邦这种没有多少知识的流氓无赖皇帝比较奏效。灾异谴告说风靡汉代朝野，具有不容置疑的无上权威性，它积淀于每个儒生的灵魂深处，并且内化为一种思维定式。汉儒每每以灾异谴告说，指陈时弊，警醒人君。灾者，天之谴也；异者，天之威也。谴之而不知，乃畏之以威。《诗》云：

> "畏天之威。"殆此谓也。凡灾异之本，尽生于国家之失。国家之失乃始萌芽，而天出灾害以谴告之；谴告之而不知变，乃见怪异以惊骇之；惊骇之尚不知畏恐，其殃咎乃至。（《春秋繁露·必仁且智第三十》）

> 美事召美类，恶事召恶类，类之相应而起也，如马鸣则马应之，牛鸣则牛应之。帝王之将兴也，其美祥亦先见；其将亡也，妖孽亦先见，物故以类相召也。（《春秋繁露·同类相动第五十七》）

国家政治好坏会招致大自然出现各种灾异与祥瑞：政治清明，上天降下祥瑞；政治黑暗，降下灾异。统治者应根据大自然的各种现象去检讨政治措施，否则会丧失天命。灾异谴告说，由是可见一斑。

二是"人副天数"论。董仲舒进一步将天人感应学说理论系统化，提出"人副天数"说，强调"天人一体"：

> 为生不能为人，为人者，天也。人之人本于天，天亦人之曾祖父也。此人之所以乃上类天也。人之形体，化天数而成；人之血气，化天志而仁；人之德行，化天理而义；人之好恶，化天之暖清；人之喜

儒家社会伦理

怒，化天之寒暑；人之受命，化天之四时；人生有喜怒哀乐之答，春秋冬夏之类也。喜，春之答也；怒，秋之答也；乐，夏之答也；哀，冬之答也。天之副在乎人。人之情性有由天者矣，故曰受，由天之号也。（《春秋繁露·为人者天第四十一》）

人有三百六十节，偶天之数也；形体骨肉，偶地之厚也；上有耳目聪明，日月之象也；体有空窍理脉，川谷之象也；心有哀乐喜怒，神气之类也；观人之体，一何高物之甚，而类于天也。……是故人之身，首坌而员，象天容也；发，象星辰也；耳目戾戾，象日月也；鼻口呼吸，象风气也；胸中达知，象神明也；腹胞实虚，象百物也。……天以终岁之数，成人之身，故小节三百六十六，副日数也；大节十二分，副月数也；内有五脏，副五行数也；外有四肢，副四时数也；乍视乍瞑，副昼夜也；乍刚乍柔，副冬夏也；乍哀乍乐，副阴阳也；心有计虑，副度数也；行有伦理，副天地也；此皆暗肤着身，与人俱生，比而偶之弇合，于其可数也，副数，不可数者，副类。皆当同而副天，一也。（《春秋繁露·人副天数第五十六》）

人在天地万物中是最为尊贵的，人禀赋天地之精华而生，人的本质与结构与天完全类似，人能够参赞天地之化育。要之，天人同类，天人相副，天人合一，天人相感。应该指出，这套学说是十分荒谬怪诞的，然而哲学就是要发挥人的想象力，从而彰显哲学之魅力。

三、"天人合一"思想可能的哲学根据

这主要是回答"天人合一"思想"为何、如何"的问题：论证"天人合一"在中国思想史中"可能性"的根据。与西方哲学要求从经验上印证"如何可能"不同，中国哲学的千言万语皆由"心"发挥出来，即是"心"的功能、能量的发挥。从这个意义上讲，儒、道两家都是"唯心论"哲学。

在中国哲学，无论儒家抑或道家中，"心"有多种理解，可谓"言不可尽'心'意"。一般认为"心"有两种最重要的特性。

第一，"感通"，意即"感应之交流沟通"，这是说心有一种感通的能

力，并且可以从经验上予以证明。

孔子哲学核心观念"仁"，就是落实在"心"上讲的，意即"能感通的心"。"仁"，在中国观念史上，可谓源远流长。从正面讲，有"仁者爱人"，人的本性就是能感通"爱"。反言之，有"麻木不仁"，这是讥讽极不道德的人，对人性、人道没有任何感应能力。要之，孔子从"仁"言"心"，"仁"给"心"内容。

孟子从"四端"，即"恻隐、羞恶、辞让、是非"来讲"心"，同上，"心"没有"感通"，人之性善就无法成就。"四端"之心只有发挥"感通、交流"之功能，才会有"天人合一"的精神境界。易言之，"心"有感通功能，才能讲"天人合一"。"天人合一"的第一个哲学根据便是"心"能感通。

第二，"虚灵"，"心"有一种"虚灵"的功能。心只有通过发挥"虚灵"功能，这样才能达到理想中的"天人合一"的境界，即"圣人"境界。

"虚""灵"都是修养的境界。南宋理学之集大成者——朱熹讲到"虚灵自是心之本"。应该指出：中国传统儒、释、道三家的哲学观念是互相借用的，如是，才有"三教合流"之说。

"虚"，意谓"不实"：如果人的脑子被各种欲望（主要是物质欲望）充满，那么就不"虚"了。易言之，人的心灵如果被各种欲望塞满，就谈不上"虚"了。如果一个人的灵性高，修养高，那么，他对物欲的追求是很少的。这就是修养境界上的"虚"。当然，追求精神世界上的"虚"，并不是要求人不要欲望，而是"节制"欲望，对物欲不可作过多追求与刺激。要之，"虚"，作为修养的起点，是要人不执着于物质的欲望，以求多一些"灵"气。

"灵"之功能就是人与万事万物皆能相感相通，这也是中国文化一个很大特色。

"天人合一"思想可能的另一哲学根据是"有情的宇宙观"。中国人认为"万物皆有情"，宇宙万物都是有感情的，所以我们有"触景生情"一说。中国人喜欢把自己的感情投射到宇宙之中，故说"万物皆有情"。从一定意义上讲，这是一种"泛神论"思想。中国传统思想观念中有"树神"

"石神""水神""海神"等。

宋明理学开山祖师——周敦颐，窗前有很多草，他却不要去掉，讲到"我喜欢草的活泼生机，蓬勃向上，可以给人感动，使人喜悦"。再有，我们看到新生婴儿一天天地长大，会感到喜悦，这是"生机"使然。人的生命生机和草木生机是一样的，都是宇宙给予的一种生命力。要之，人与物（天）是合一的。

现在，中国人对"有情的宇宙观"十分关注，并将其运用至环境伦理、自然生态等学科领域。近百年来，我们由于受到西方"科学至上"观念影响，认为，"人在为自然立法""人是自然的主人"，如今，我们遭到自然的报复：环境污染、生态恶化、天灾频繁、空气污染、水土流失、资源匮乏、海啸地震等等。正如习近平主席所讲："当今世界，人类文明无论在物质还是精神方面都取得了巨大进步，特别是物质的极大丰富是古代世界完全不能想象的。同时，当代人类也面临着许多突出的难题，比如，贫富差距持续扩大，物欲追求奢华无度，个人主义恶性膨胀，社会诚信不断消减，伦理道德每况愈下，人与自然关系日趋紧张，等等。要解决这些难题，不仅需要运用人类今天发现和发展的智慧和力量，而且需要运用人类历史上积累和储存的智慧和力量。"

现代"文明病"的发生，自然使我们想到中国传统文化中的"仁者以天地万物为一体"的观念。故而对于西方近代文明，即"科学可以证明一切"的泛科学主义思潮，我们必须深刻反省：征服自然的后果便是自然对人类的无情报复，地震海啸、气候无常、环境污染、生态危机，如此等等，便是明证。反省"科学至上主义"，我们呼唤生态学，重新思考人与自然的关系，我们就应该恢复对大自然的感情，所以，"有情的宇宙观"应受到人的重视。可悲的是，受西方文明的侵蚀，我们已经并且还在继续失去"空气""水"和"阳光"这三样大自然赐予人类的最可贵东西。

四、"天人合一"思想对中国哲学文化的影响

"天人合一"作为中国哲学的基本特征对中国传统的思维方式或价值追求，及至哲学文学、审美情趣、人际交往、人格评价等诸多领域所产生的

影响是十分广泛而且深远的。

第一，在思维方式上，"天人合一"提供给我们"直觉"的方法。

我们知道，西方哲学注重逻辑推理，理论论证，中国哲学与之相反，重视直觉，即"感性的直觉"，直觉证悟乃中国哲学的一大特色。举例证之。例一：我们都知道，明代大儒王阳明的悟"良知"。良知不是知识、观念，而是"良心"。王阳明的"良知"是从"百死千难"中体悟（证）出来的：一方面，它是一个长期学习知识、观念的过程，要向"理学正宗"即"朱学"权威挑战；另一方面，阳明一生仕途坎坷，数次被贬，谪贵州龙场驿经历就说明了这一点。应该指出，"悟"是一刹那间的灵光爆破，这是一种直觉。例二：佛教的坐禅，也是一种开悟。禅宗讲"明心见性"，倡"静"工夫。禅悟的境界就是一片灵光，当然每个人感通并不是一样，"如人饮水、冷暖自知"。应该指出，中国禅宗把直觉利用至极致，如"棒喝"，一点就"通"，即"开窍"。另外，禅宗有《传灯录》，讲"传灯"，意即"星火相传"，"火"就象征开悟之"灵光"。要之，禅宗的受教，一点就通。

一言以蔽之，修养就是直觉证悟的过程。无论佛家之"空"抑或道家的"虚"，还是儒家之"静"（"敬"），都是修养工夫，它们不可以也不可能直接从知识、观念等意识形态中去了解。近百年来，我们受西方哲学的影响，总是把中国文化传统的"修养"当作知识、观念来认识，无疑是"本末倒置"，"削足适履"。衍而申之，20世纪的中国哲学研究，是中国文化没落的象征，理性知识固然重要，但是人格、修养的境界才是最根本的。所以，今天，我们研究传统儒学，不但要把学问做好，还应该提倡修养工夫，追求"学以成人"（Learn to be human），以成就圆满人格。

第二，"和谐"是中国传统文化中一个伟大的价值观念，"天人合一"的终极目标，就是成就人、自然、社会三者之间的高度和谐。

中国历史上的和谐价值追求可以从个人修养、家庭和睦、国家政治，乃至建筑风格、宗教选择等方面加以诠释。（1）内心和谐，我们提倡修养工夫，个人修养首先要追求的是内心的和谐。易言之，个人的修养就是做到内心和谐。（2）家庭和谐。孔子有："父为子隐，子为父隐"（《论语·

子路》），这句话的真实目的就是为了做到家庭的和睦、成员和谐。孟子有"父子之间不责善"（《孟子·离娄上》），父子之间应该相亲相爱，任何伤害父子亲情的事情都做不得，因为"家和万事兴"。（3）协和万邦。和谐观念运用到国家政治外交方面，我们应提倡一种和平共处的外交理念。《尚书》中最早讲"协和万邦"，就是要求所有邦国（部落）要和平相处；中国古代虽有"夷夏之际"，但是我们还是提倡"和戎狄"，与蛮夷之人也讲和平。当今中国的外交，我们不是一直提倡"和平外交政策"，"坚持与邻为善、以邻为伴""走和平发展道路"，以成就"和平崛起"之伟业：这些都是"和谐"价值，在政治的外交上的具体运用。（4）建筑和谐。中国古代的建筑风格，以"和谐"著称，中国古代园林的设计理念、建筑风格在17世纪的欧洲，影响广泛。从美学角度上讲、园林的建筑风格就是追求和谐。和谐是中国古代最基本的建筑理念。（5）和而不同。孔子有云："君子和而不同，小人同而不和"（《论语·子路》），意谓我们应该和气待人，意见、理解上可以不同；不同，可以相互尊重，因为彼此尊重也是一种和谐。（6）宗教宽容。宗教之间应该讲究宽容，佛陀在世时，当时印度有很多"外道"，即不同的教派，佛陀讲到：你要是相信"外道"，我尊重你的选择。这是讲尊重人的选择。宗教宽容对于解决当今的宗教冲突，也是一种很有价值的参考理念。

第三，"天人合一"思想影响到中国的哲学与文学的关系。

在西洋，哲学与文学是分道扬镳。中国文化由于受天人合一思维的影响，哲学与文学的关系十分密切，中国哲学史与中国文学史有"一以贯之"的相通之处。这可谓中国文化一大特色。我们不是一直讲"文史哲不分家"嘛，就是讲三者在学术方法、精神上是可以"合一"的。如上所言，哲学重视直觉，文学也重视直觉。文学家有一种特殊的本领，即吸收素材能力强，敏感度高，感受力强，这就是直觉的能力：这就是文学上的直觉。另外，"有情的宇宙观"，就是一种文学性的宇宙观。中国文学创作讲究"移情"，就是把我们人的感情投射到宇宙万事万物中去。正是由于有"有情的宇宙观"作为天人合一可能的根据，中国古代的文学、绘画、艺术（山水、田园）特别发达，成就颇高。再有，中国形容文人时，有"文若其人"，就是讲文章与人格是"合二为一"的一种意境。唐代文学家王维的"诗中有画，画中有情"，就是一种典型的"文人合一"境界。

王国维在 1908 年发表《人间词话》中提倡"境界说"。"境"，中国古代文艺评论家专门用语，如宋朝严羽的"兴趣"、清朝王士桢的"神韵"、袁枚的"性灵"诸说，但都是就风格、技巧而言，王国维则提到美学的本质论高度。他说："然沧浪所谓兴趣，阮亭所谓神韵，犹不过道其面目，不若鄙人拈出'境界'二字，为探其本也。"（《静安文集续编》）此外，《人间词话·删稿》有云："言气质，言神韵，不如言境界。有境界，本也。气质、神韵，末也。有境界而二者随之矣。"

第四，"天人合一"的高超境界也影响到人格评价问题。

中国文化（包括哲学、文学、艺术、美学等）非常重视"性情"，称为"性情文化"。我们一般认为，一个"真性情"的人，十分纯真，与人友好，重视人格，重视性情。要之，天人合一的观念影响到中国人格的评价立场。唐代诗人李白，可谓一流的天才，有"诗仙"美誉；然而，另一位诗人杜甫的地位则超越李白，有"诗圣"之称，这是人们我们受到中国"性情文化"中道德修养的影响，更看重杜甫的"性情"。

与儒家重视"温柔""敦厚"的道德修养不同，道家追求的是"自然""洒脱"。现实上伟大的道家学者非常重视"洒脱"气质的培养：汉代开国功勋张良，"视富贵如浮云"；汉代的严子陵，"视功名为粪土"，弃官归隐，全身而退，这都是真正的"洒脱"精神。

总之，中国哲学"天人合一"的基本理念影响到我们价值追求、修养境界、审美情趣、政治理念。它，在思维方式上，为我们提供了一套直觉的方法；在价值观上，我们提供了和谐的价值追求；在哲学与文学的关系上，为我们提供了"人文合一"的神韵境界；此外，"天人合一"还影响到中国人对人格特质的要求，为我们提供了一种价值判断标准。

论《孔子礼食箴言》

骆承烈

（曲阜师范大学历史文化学院）

摘　要：齐鲁膳艺餐饮研究院编著的《孔子礼食箴言》是探讨饮食礼仪的一本专著，有以下几个要点：自古饮食重礼，探索礼食渊源；饮食是门科学，吃喝要讲营养；孔子重视礼食，饮食依礼而行；孔子祭祀致斋，食必洁礼必恭；孔裔继承祖德，饮食意同演礼；饮食体现道德，礼食提升道德。

关键词：孔子　礼　饮食文化

山东有着悠久的历史，灿烂的文化。几十万年前的旧石器时代就有人在这里居住，作为新石器文化代表的龙山文化、大汶口文化遗址中出现的大量食器、酒器足可证明，在原始社会就有了餐饮文化。西周初年姜尚、周公被封到这里，建立齐、鲁两国，是先秦时代文化最发达的诸侯国。尤其在思想史、文化史上，影响最大的是鲁国。

鲁国文化的代表人物是孔子，中国历史上第一个饮食理论家也是孔子。孔子是世界文化巨人，学习、奋斗一生，创立了一些学说。有强调制度、纪律规范的"礼"，有协调人际关系的"仁"，有做事力求恰到好处的"中庸"，更有全部体现这几种思想并在各方面付诸实践的"和"。孔子思想是治国安邦之道，也是社会和谐之道、稳定之道。这种思想表现在饮食文化上，也体现了一种和谐，如选料广泛，刀工精细，制作讲究，口味适中等特点。

社会儒学论丛（第一辑）

所谓饮食文化，不仅指制作的菜肴是文化，品尝菜肴也是文化。山东孔府菜最大的特点就是，自始至终贯穿以礼仪。齐鲁膳艺餐饮研究院编著的《餐饮论语——孔子礼食箴言》（简称《孔子礼食箴言》），就是探讨饮食礼仪的一本专著。此书有以下几个要点：

一、自古饮食重礼，探索礼食渊源

　　人们都知道，饮食为了摄取营养，强身健体。美好的菜肴入口，也是一种享受。其实，人们在共进饮食时，也体现一些礼仪。我国古史"六经"（易、诗、书、礼、乐、春秋）中，"礼"是其中之一。因为当时人们对礼特别重视，不久演变成"三礼"（《周礼》《仪礼》《礼记》）。《周礼》是记载古时官制的书，《仪礼》对各种礼仪予以详细的记载，《礼记》则是人们对礼的各种解释、说明、研究与阐发。此书中记有"礼"的大量内容。

　　"禮"字最初是指祭神时的祭品，左面的"礻"即"示"，为一个案子，右面下部的"豆"是一个容器，上部的"曲"是供奉的祭品。后来由祭神的祭品变作人们相互馈赠的礼品。如《礼记·曲礼》记："来而不往，非礼也。"① 后来又由物质的礼品变作精神的行为，即各种礼节、礼仪、礼貌行为。再往后，礼又变作一些规定、规范甚至制度、政策（如井田制、官制、军制等）。

　　在饮食方面自然也少不了礼。《礼记·礼运》记："夫礼之初，始诸饮食"。因为饮食是人们日常生活中最常见的事，也是最重要的事，故当人们说起礼节时，首先说起饮食礼节。《礼记·曲礼》分上、下两篇，对礼的记载十分详细。开头便记："夫礼者，所以安亲疏，决嫌疑，别同异，明是非也。""人有礼则安，无礼则危。"此篇中对饮食时将近三十个具体情节与要求，都记载很详细。《孔子礼食箴言》对每一条均加以详细解释，这对于继承古代餐饮文化及建立新的餐饮礼仪定会起到积极作用。

　　二十年前，我在《中国语言文字报》发表文章，认定孔子是中国历史

儒家社会伦理

---

　　① 《礼记·曲礼上》。

上第一个推广普通话的人①，《论语·述而》中记有："子所雅言，诗书、执礼，皆雅言也。"孔子要求弟子们在读古人的书及进行各种礼仪活动时，都要用"雅言"，即人人都听懂的官话。餐桌上不但有种种礼仪，说起话来也要文雅、儒雅、高雅，不要出现一些低俗的俚语或无用的废话。今日餐饮业的服务人员不但在形象、动作上要求标准化，语言也要求高雅化、规范化，这正是对古人餐饮礼仪的继续。

二、饮食是门科学，吃喝要讲营养

吃与喝是人的本能，老人、孩子，甚至弱智者、呆痴者都知道吃饭喝水。多年来人们习以为常，没把它当作一门学问来重视。于是便出现乱食、杂食、食不定时、食不定量、憨吃傻喝，及只追求稀奇、高档却不讲营养的误区。其实，饮食是一门科学，是一种最基础的、很复杂的、人们还在不断认识的一门科学。这一科学人人天天都接触，人人天天都应学，学了以后执行起来才能强身健体。《孔子礼食箴言》中大量引述孔子的语言，对饮食科学作了一次次的阐释。

人们说起孔子的饮食观时，往往只说到《论语·乡党篇》中的一些论述，其实《论语》中还有许多篇章论及饮食文化。如《为政篇》《八佾篇》《里仁篇》《雍也篇》《子罕篇》《卫灵公篇》《阳货篇》等，都有孔子关于饮食文化方面的记载。《礼记》中更有大量记载。仅就《论语》来说，它从各个方面体现孔子的饮食观：

第一，重视饮食：把饮食当作人生与社会上的一件大事。"食不厌精，脍不厌细"②是说对饮食一事不应马虎。肉切碎些好消化，认真制作饭菜，人们吃得适口，才能有益于健康。"失饪，不食"是说，不按一定规范制作的食品不吃。这些说法的意思，都是要把烹饪当作正式任务来看，不要马马虎虎不当回事。

第二，强调饮食卫生：《论语·乡党》中的八"不食"，主要是强调饮

---

① 《语言文字报》，1992 年 12 月 27 日。

② 《论语·乡党》。

社会儒学论丛（第一辑）

食卫生。不但平日这样，连国君赏赐给最高档的胙肉，过了三天也不能吃。饮食为了健康，吃有损健康的东西是最不合算的事。人们如果不遵从，便是明明知道不对，却去办的一种傻事。

第三，重视饮食的量及各种搭配：孔子主张，宴席上的肉再多，也要吃些主食。五谷杂粮是最基本的食物，各种蔬菜也是不可少的。吃饭时不要过饱（"食无求饱"）①，居住时别过分追求安逸（"居无求安"）。尽管这句话是说一个君子应胸怀天下，不要过多地重视生活的小事，但"食无求饱"的意思却是不要在饮食中过分讲究。

第四，重视饮食中的"度"：做什么事情都要有个限度，饮食同样是这样。饮食的时间、地点、内容、数量都应有一定的限度、要求。"不时不食"可以解释为动、植物未长成，不到该吃的时候不吃，也可理解为要按时吃饭，该吃时要吃，不该吃时不吃。有节制、有限度地吃饭才能有益于健康，否则会损害健康。孔子说过最科学的话便是"唯酒无量，不及乱"。酒是一种有刺激性的饮料，每个人的素质不同，体质不同，水平不同，能喝多少不应强求一律，要承认差别，不要过量（"不及乱"）。过了量不但有损健康，也是一种很不礼貌的行为。孔子在饮食方面的论述很多，《孔子礼食箴言》一书从各个不同角度对其诠释，将使人们更好地继承孔子饮食文化这一宝贵遗产。

三、孔子重视礼食，饮食依礼而行

孔子自称"祖述尧舜，宪章文武"，自己向古人学习，"述而不作"，以古圣先贤为榜样。他向古圣先贤学习的内容很多，主要有两点：一是从政治国，对待百姓讲仁讲德；二是在各种场合、各个方面都讲礼。

一向重视饮食文化的孔子，在饮食上当然更重礼了，其表现主要有：

第一，对国君的食礼：孔子一生忠君尊王，上至天子、下至诸侯，都极力尊崇，他直接的君主是鲁昭公、定公、哀公。《论语·乡党》中记"君命召，不俟驾行矣。"君主一旦召唤，来不及备车，立即跑去见国君，一片

---

① 《论语·学而》。

诚心可鉴。"君赐食，必正席先尝之。"如果国君赐给熟食，孔子一定摆正座席先尝一尝。"君赐腥，必熟而荐之。""君赐生，必畜之。"国君赐给的生肉一定要煮熟以后，先向祖先供奉；国君赐给的活物（家禽、家畜等）一定要养育牠，不要随意杀掉。"侍食于君，君祭，先饭。"与国君一起吃饭时，在国君举行饭前祭祀时，可以先吃点饭，不要急着吃菜。这些礼仪是对国君的尊重，也是对祖先、神灵的尊重。看来琐细，实际上在当时是一种必备的礼节。

第二，平日的食礼：饮食是日常生活中的重要内容。孔子随时随地坚持礼仪："有事弟子服其劳，有酒食，先生馔。"① 这句话是子夏向孔子问孝后，孔子回答的。孔子先说"色难"，对父母时时保持和颜悦色不容易。然后又说到有事情年轻人效劳，有酒食让给年长的人先吃喝，这样才是孝啊。先请年长人吃喝，就是食时之礼。"席不正，不坐"，也是一般的食之常理。古时宴请时，先在地上铺一层苇蒲编的较大粗席，叫"筵"，再在上面铺一层细密讲究的席。铺上席后放端正，主、宾才能落座。"席不正，不坐"，就是没有准备好不要急于坐下，免得有贪吃、失礼之嫌。"有盛馔，必变色而作。"做客时，主人如果把食物做得很丰盛，一定要严肃地对待，比方站起来整整衣冠表示道谢。因为主人以丰盛的菜肴宴请你，是一种礼貌行为，应以礼还礼，不然便显得自己不知礼。古时很讲究祭祀，孔子那时"虽疏食菜羹，必齐如也"，虽然是糙米饭小菜汤，也一定在吃以前祭一下，郑重、虔诚，和真正的祭祀一样。

第三，特殊时期的食礼：在饮食时遇到特殊的场合，也要见机施礼。如宰予向孔子提出可以废除三年之丧时，孔子对他说："夫君子之居丧，食旨不甘，闻乐不乐，居处不安，故不为也。"② 一个有道德的君子，在三年居丧期间，吃什么好东西也不觉香甜，听到音乐也不快乐，睡起觉来也不安稳，因为思想中对父母之殁哀痛，这是人之常情。不但对父母是这样，孔子"食于有丧者之侧，未尝饱也"③，在有丧事人家的一旁吃饭，因为人

---

① 《论语·为政》。
② 《论语·阳货》。
③ 《礼记·檀弓》。

家正处于悲哀时期，自己也要与别人相同，不要大吃过饱，这也是食中之礼。"齐必变食，居必迁坐。"在祭祀前斋戒时一定要改变平时的饮食，要素食，不要大鱼大肉，也不要吃韭菜、葱等辛辣食物。居住也要搬到另处，不能与妻妾同房。古时，地方上每年有一次乡饮酒礼，目的是尊老敬贤。这种礼仪完成后，先让杖者（老人）走出，然后年轻人再出门，这也是食后之礼。

第四，饮酒之礼：饮酒是饮食的重要部分，孔子在这方面也有不少论述。孔子曾谦虚地对别人说："出则事公卿，入则事父兄，丧事不敢不勉，不为酒困，何有于我哉。"① 一个人出外服事公卿，入门服事父兄，有丧事不敢不尽礼，不为酒所困扰，这些事我做到了那些呢？这些事显然是一个君子、成人必须做到的，孔子十分谦虚地说自己还没做到，其中之一就是不要因为多饮酒困扰了自己。饮酒过多不是好事，所以他说："唯酒无量，不及乱"。做什么事情都有个标准、尺度，只有饮酒一事，有人能多饮，有人能少饮，有人不能饮，但却不能超过自己的"度"。喝醉酒是最不礼貌的事。至于人们一起进行比赛射箭，射以前相互揖登堂，射后走到堂下，作揖喝酒，这种喝法正是一种礼貌的行为。②

四、孔子祭祀致斋，食必洁礼必恭

《论语·述而》记："子所慎：齐、战、疾。"在三项大事中，涉及人们生命的是战争、疾病，孔子从来以人为本，当然应该重视。而摆在第一位的是"齐"。"齐"即"斋""斋戒"，祭祀前的准备工作。古时人们祭祀的对象有二：一是祖先，二是神灵。祖先是生养自己的先人，神灵包括天地、日月、山川、社稷等方面的神灵。人们希望祖先的在天之灵对其子孙保佑、呵护，也希望天地等神灵对人们降下福祉，确保丰收，平等、吉祥。人们祭祀时，首先是各种严格的礼制，如祭祀前要进行斋戒。包括沐浴、更衣、独居、戒嗜欲、不喝酒、不吃荤、不与妻子同寝等。这样表示心地诚敬，

① 《论语·为政》。
② 《论语·八佾》。

这种活动叫"致斋",一般是三天,这三天中更要"五思"(思其居上、笑语、志意、所乐、所嗜),不仅如此,对外的一切交往也要停止。说起饮食来,祭祀时更不能缺。为了请被祭祀者吃好、喝好,历代曾作过各种规定。如祭天大礼用"太牢",即杀死整个牛、猪、羊(叫作牺牲),次一点的是"少牢"(只有猪、羊)。这是主要食品,还辅以其他。例如,后世祭祀孔子时除"太牢"外,还要在一些特制的器皿中供奉太羹、和羹、黍饭、稷饭、稻饭、菁菹、笋菹、韭菜等等,凡人间所食之物,应有尽有。更少不了祭酒。祭孔时的"三献"各有三种乐章。乐生、舞生、礼生各有所司、各有所行。对被祭祀的人即奉以各种洁净的食物,又给予高档的礼仪。《孔子礼食箴言》中对此也作了较详细的描述。

五、孔裔继承祖德,饮食意同演礼

孔府平时的宴席有寿宴、喜宴、家宴等,其中敬奉老人的寿宴规格最高。从室内画有"麻姑献寿"的彩绘中堂,"福如东海长流水,寿比南山不老松"的大红对联,到桌上摆的寿桃,到细吹细打优美悦耳的乐曲,一派祥和气象。家内人依次坐定,众星捧月般簇拥着"老寿星"。宴席上少不了"一品寿桃"之类的菜品,家人依次向寿星敬酒,宴席后依次向寿星叩头祝寿。子孙们向寿星讨"长寿延年""长命百岁"的吉祥口采,充分显出"圣人家"中"礼门义路家规矩"的特点。

孔府平时的宴席十分重礼,事先依照阴阳、荤素等规矩摆席,主、客入席特别讲究。一般是陪客的主人(主陪)坐于正中,其左、右为主次宾。依右上左下的规矩,主宾坐于主陪之右,次宾坐于主陪之左。主陪对面为副陪,即规格稍低的当家人。其任务是帮助主陪劝酒及自己以实饮劝主宾、次宾饮酒。有的开始时还要"祭食",即以少许饮菜或先倒出一点酒放进一食具中,表示食前对祖先、神灵或应祷念的人的敬意。开始时主陪主动向主宾、次宾夹菜,表示诚心相请。上菜也有一定的顺序,一般是桌上先上瓜子、花生仁等,四小碟或八小碟(喜宴则为枣、花生、桂圆、莲子,寓"早生贵子"),四(或六)个凉菜在先,热菜随后。每上一个大件,后面须跟二至四个小件(称行菜),上菜的程序是先荤后素,先咸后甜。最先或最后上几小盘点心，最后上饮食盘。至于就餐时的各种礼仪也很讲究，充分显现出主人诚心好客的态度，体现出"圣人家"知礼、明礼。

六、饮食体现道德，礼食提升道德

中华传统文化中有许多美德，最主要的是"仁、义、礼、智、信"。《孟子·告子上》中说到一个人应有"恻隐之心""羞辱之心""恭敬之心""是非之心"后，把四"心"归纳为"仁、义、礼、智"。

"仁"是尊重人，爱护人，是协调人际关系的重要手段。"君子无终食之间违仁"，仁亦即礼。一切做法，都建筑在礼的基础上。仁者"爱人"，是在尊重人的前提下才能爱人。"己所不欲，勿施于人"，不要把不愿干的难事、坏事推给别人，这是一种礼貌行为。"唯仁者，能爱人能恶人"，要人们是非明确，爱憎分明，其中也明确有礼的成分。

"义"者，宜也，办事适宜、该办叫义。孔子说"义然后取"，是说该得到的可要，不该得到的不应要。礼是为人处世的标准，一事当前，怎样处理合理、合礼，怎样处理不合理，不合礼。一件事往往用义来衡量该不该办，用礼来衡量该怎样对待和处理。义的原意是在人间保持真、善、美。一个人的行为如果做到真、善、美，便是最合理、最符合礼仪的事，两者又相通。

"智"同知，即理智或智慧，也可以解释作聪明或聪明的人。这个词除学问外，也可上升为理性认识的哲学思想，包括道德认知和道德理性。这些正确的思想就符合礼，孟子说仁的主要内容是侍奉父母，义的主要内容是顺从兄长，智的内容是在明白上面两种道理的基础上坚持下去。而这一切，都要用礼的形式表现出来。一个智者，从来是知礼、明礼，以礼的方式处理好各方面的关系，决不会是一个不谙世事、不守礼法的糊涂虫。

"信"字是由"人""言"构成的。人言为信，一个人应说话算数。儒家从来把"诚""信"连到一起，一个人"言忠信，行笃敬"，他一定是一位懂礼行礼的谦谦君子。"礼"包括成文法和非成文法两方面，恪守各种法律、法规及非成文法的人，正是一种讲礼信、懂礼貌的人。古人说："诚之者，天之道也，人之道也。"讲诚信的人符合天人之道，即符合礼法，是执行礼、法最好的人。

一个彬彬有礼的君子，他的行为符合仁、义、智、信，社会上的各种礼节、礼仪，都是保证仁、义、智、信贯彻执行的。饮食文化中的礼也是这样。从事餐饮工作的人，从思想上到行为上懂礼、明礼，对人礼貌，熟悉并执行各种礼节、礼仪，自然就贯彻了仁、义、礼、智、信。通过礼提升了自己的道德水平，提升了自己的素质。

中国的饮食文化悠久丰富，中国菜肴精美绝伦，已为国人共知。几乎走遍世界各国的孙中山先生在《建国方略》中指出："我中国近代文明进化，事事皆落人之后，惟饮食一道之进步，至今尚为文明各国所不及。中国所发明之食物，固大盛于欧美，而中国烹饪之精长，又非欧美所可并驾。"① 中国是礼仪之邦，讲文明、讲礼貌的中国人，在饮食文化上同样文明、礼貌。孔子是中国乃至世界上最早的饮食评论家，产生于孔子故乡的孔府菜，最大特点就是文化层次高，讲礼、执礼，它不愧为中华传统文化中的奇葩。《孔子礼食箴言》在此方面开了个好头，日后更应认真研究、发掘，使其发扬光大，在世界饮食文化中再领风骚。

---

① 孙中山：《孙中山全集》第六卷，中华书局 1985 年版，第 160～161 页。

礼 教

——社会儒学的实践途径

韩 星

（中国人民大学国学院）

一、何谓礼教？

"礼"《说文解字》"从示从豊。履也，所以事神致福也"，起源于祭祀。人不可能天生下来就懂得礼仪，为使人明礼、行礼就需要教育、教化，"教"《说文解字》"从攴从孝。上所施，下所效也。凡教之属皆从教"，《礼记·学记》："教也者，长善而救其失者也。"以礼进行教育、教化就是礼教。

为了更好地理解礼教就得从六艺之教说起。中国古代有六艺，一指礼乐射御书数，二指《诗》《书》《礼》《乐》《易》《春秋》。礼乐射御书数六艺之教始于西周贵族教育，是周王官学要求贵胄子弟掌握的六种基本才能，《周礼·保氏》："养国子以道，乃教之六艺：一曰五礼，二曰六乐，三曰五射，四曰五御，五曰六书，六曰九数。"其中礼教为六艺之一，"五礼"即吉、凶、宾、军、嘉。《诗》《书》《礼》《乐》《易》《春秋》又称六经，《礼记·经解》篇：

> 孔子曰："入其国，其教可知也。其为人也温柔敦厚，《诗》教也。疏通知远，《书》教也。"广博易良，《乐》教也。絜静精微，《易》教也。恭俭庄敬，《礼》教也。属辞比事，《春秋》教也。故《诗》之失

愚，《书》之失诬，《乐》之失奢，《易》之失贼，《礼》之失烦，《春秋》之失乱。其为人也温柔敦厚而不愚，则深于《诗》者也。疏通知远而不诬，则深于《书》者也。广博易良而不奢，则深于《乐》者也。繁静精微而不贼，则深于《易》者也。恭俭庄敬而不烦，则深于《礼》者也。属辞比事而不乱，则深于《春秋》者也。

其中内心恭俭，行为庄敬是《礼》教要达到的目标，但因为《礼》易失于烦琐，所以只有做到恭俭庄敬而不烦，才是对于《礼》的精义的深刻把握。《荀子·儒效》："《诗》言是，其志也；《书》言是，其事也；《礼》言是，其行也；《乐》言是，其和也；《春秋》言是，其微也。"即认为《礼》是说的人的行为方式。《淮南子·泰族》篇也论六艺（六经）之教：

> 六艺异科而皆同道（《北堂书钞》九十五引作"六艺异用而皆通"）。温惠柔良者，《诗》之风也。淳庞敦厚者，《书》之教也。清明条达者，《易》之义也。恭俭尊让者，《礼》之为也。宽裕简易者，《乐》之化也。刺几（讥）辩义（议）者，《春秋》之靡也。故《易》之失鬼，《乐》之失淫，《诗》之失愚，《书》之失拘，《礼》之失伎，《春秋》之失訾。六者圣人兼用而财（裁）制之。失本则乱，得本则治。其美在调，其失在权。

《淮南子》说恭俭尊让是《礼》的修为，但《礼》之失在于过于表现技能，失去其内在精神。董仲舒说《春秋繁露·玉杯》篇论六艺（六经）之教云：

> 君子知在位者之不能以恶服人也，是故简六艺以赡养之。《诗》《书》序其志，《礼》《乐》纯其养，《易》《春秋》明其知。"六学"皆大，而各有所长。《诗》道志，故长于质。《礼》制节，故长于文。《乐》咏德，故长于风。《书》著功，故长于事。《易》本天地，故长于数。《春秋》正是非，故长于治人。能兼得其所长，而不能遍举其详也。

董仲舒认为《礼》《乐》的功能净化人的审美情趣，因为《礼》制使人节俭克制，调度管束，所以擅长于文饰。

马一浮认为："六艺之教可以该一切学术，这是一个总纲"，"学者当知六艺之教，固是中国至高特殊之文化。惟其可以推行于全人类，放之四海而皆准，所以至高；惟其为现在人类中尚有多数未能了解，'百姓日用而不知'，所以特殊。""六艺之教，莫先于《诗》，莫急于《礼》。诗者，志也。礼者，履也。在心为志，发言为诗。在心为德，行之为礼。"① 六艺之教就是中国文化的全部，是囊括一切学术思想的总纲，而其中的礼教则最为急迫。礼是践履的意思，礼仪是内在道德发之于外的实行实践的规范。

古代文献中还有直接讲教化的，礼教是其中的重头。如《周礼·地官·大司徒》"十二教"："因此五物者民之常，而施十有二教焉。一曰以祀礼教敬，则民不苟；二曰以阳礼教让，则民不争；三曰以阴礼教亲，则民不怨；四曰乐礼教和，则民不乖。五曰以仪辨等，则民不越；六曰以俗教安，则民不偷；七曰以刑教中，则民不虣；八曰以誓教恤，则民不怠；九曰以度教节，则民知足；十曰以世事教能，则民不失职；十有一曰以贤制爵，则民慎德；十有二曰以庸制禄，则民兴功。"其教民的内容可谓具体而广泛，涉及民生的各个层面，而其中涉及礼教的有以祀礼教敬，以阳礼教让，以阴礼教亲，以乐礼教和。贾公彦疏云"'一曰以祀礼教敬，则民不苟'者，凡祭祀者，所以追养继孝，事死如事生。但人于死者不见其形，多有致慢，故《礼》云'祭，极敬也'。是以一曰以祀礼教敬。死者尚敬，则生事其亲不苟且也。'二曰以阳礼教让则民不争'者，谓乡饮酒之礼，酒入人身，散随支体，与阳主分散相似，故号乡射饮酒为阳礼也。乡饮酒即党正饮酒之类是也。党正饮酒之时，五十者堂下，六十者堂上，皆以齿让为礼，则无争，故云以阳礼教让则民不争也。'三曰以阴礼教亲则民不怨'者，以阴礼谓昏姻之礼，不可显露，故曰阴礼也。男女本是异姓，冕而亲迎，亲之也。亲之也者，亲之也，使之亲己，是昏礼相亲之义。昏姻及时，

① 马一浮：《泰和宜山会语》，吴光编：《中国近代思想家文库·马一浮卷》，中国人民大学出版社2015 年版，第 12、15、188 页。

儒家社会伦理

则男女无有怨旷，故云以阴礼教亲则民不怨也。'四曰以乐礼教和则民不乖'者，自'一曰'至'三曰'已上，皆有揖让周旋升降之礼，此乐亦云礼者，谓飨燕作乐之时，舞人周旋皆合礼节，故乐亦云礼也"。《礼记·王制》中亦云司徒"修六礼以节民性，明七教以兴民德，齐八政以防淫，一道德以同俗，养耆老以致孝，恤孤独以逮不足，上贤以崇德，简不肖以绌恶"。其中的"六礼"是指：冠礼、昏礼、丧礼、祭礼、乡饮酒礼、相见礼，孔颖达疏曰"'修六礼以节民性'者，六礼谓冠一、昏二、丧三、祭四、乡五、相见六。性，禀性自然，刚柔轻重迟速之属，恐其失中，故以六礼而节其性也"。《礼记·王制》："乐正崇四术，立四教，顺先王诗书礼乐以造士，春秋教以礼乐，冬夏教以诗书。"《列子·杨朱》"卫之君子多以礼教自持"，《孔子家语·贤君》有："敦礼教，远罪疾，则民寿矣。"三国魏吴质《在元城与魏太子笺》："都人士女，服习礼教。"

由以上可以看出，古代"礼"有狭义和广义之分，狭义的"礼"指礼仪，所以狭义的"礼教"指礼仪的传承与实践，与"乐教"并提。广义的"礼"指礼乐，所以广义的"礼教"指礼乐的教育、教化，以化成人性、化成天下。本文即在以礼为教、以乐为教这个意义上使用礼教概念的。与礼教相近的是"名教"。礼教因其重视名分，又称名教，因此，礼教和名教一定程度上可以说是同义词，但礼教主要是指礼制和教化，而名教则是以正名分为中心的礼教，具有很强的政治性。

五四新文化运动知识精英打着"打倒孔家店"的旗号，对传统礼教展开了一轮又一轮的攻击，一百多年来形成了对礼教的负面看法，所以现在出版的词典对礼教的解释都是带着偏见和批判。《现代汉语词典》说礼教是指"旧传统中束缚人的思想行动的礼节和道德"[1]，这里的贬义很明确；《古代汉语词典》说礼教指"关于礼制的教化"[2]，还算是比较中性的表达。至于与礼教相近的名教，《现代汉语词典》说名教指"以儒家所定的名分和儒

---

① 中国社会学院语言研究所词典编辑室编：《现代汉语词典》，商务印书馆 2002 年增补本，第 772 页。

② 《古代汉语词典》编写组：《古代汉语词典》，商务印书馆 2005 年版，第 958 页。

社会儒学论丛（第一辑）

家的教训为准则的道德观念，曾在思想上起过维护封建统治的作用"①。《古代汉语词典》说名教是"以等级名分为核心的封建礼教"②，显然全是贬义了。礼教果真是这样不堪吗？

二、礼教与社会文明

中国礼教历史悠久，原本不是儒家的创造，而是上古、三代就存在。它既称"礼"（指其存在方式而言），也称"礼教"（指其传授和传播方式而言）③。古代圣贤按照天地运行的规律、法则定制人类社会生活方方面面的礼制。《周礼》是记载古代设官分职的典籍，共记载了王室大小官377名，并详列各官的职权。《仪礼》是记载冠、昏、丧、祭、朝、聘、燕享等等典礼的详细仪式的典籍，阐述了春秋战国时期士大夫阶层的礼仪，提倡一种有等差的人伦礼仪。《礼记》主要是记载和论述先秦的礼制、礼意，解释《仪礼》，记录孔子和弟子等的问答，记述修身做人的准则。春秋末年，礼崩乐坏，孔子批评天下无道，欲以礼乐拯救世道人心，克己复礼成为他的毕生追求，秦汉以后，随着儒学在中国文化主体地位的确立，礼教制度化、社会化，中国社会逐渐演化为礼教社会。礼教规范社会的方方面面，小到父子相处、夫妻相处，大到社会政治中君臣相处，臣民相处；小到日常百姓的婚丧嫁娶，大到国家的外交、军事，成为中国古代宗教生活，政治生活，社会生活，乃自私人生活的一切规范。因为中国传统的社会结构与西方存在根本想的差异，比起西方的宗教，礼教的影响则更广泛和更深远。几千年来，西方离开宗教不能治，中国离开礼教不能治。只有明白礼教的来龙去脉，礼教的社会功能，才能管窥中国社会的深层结构。明末清初之际王夫之指出："夫礼之为教，至矣大矣，天地之所自位也，鬼神之所自绥也，仁义之以为体，孝弟之以为用者也；五伦之所经纬，人禽之所分

① 中国社会学院语言研究所词典编辑室编：《现代汉语词典》，商务印书馆 2002 年增补本，第886 页。
② 《古代汉语词典》编写组：《古代汉语词典》，商务印书馆 2005 年版，第 1072 页。
③ 邹昌林：《中国礼文化》，社会科学文献出版社 2000 年版，第 329 页。

辨，治乱之所司，贤不肖之所裁者也。"① 礼教的社会功能非常大，天地赖以定位，鬼神赖以安抚，仁义以之为体，孝悌以之用；能够经纬五伦，分辨人禽，主宰治乱，裁定贤与不肖。人有"礼"而才能与动物区别开来，使人成为社会的人，人的一举一动、一言一行都要合于礼，一个社会"有礼则安，无礼则危"（《礼记·曲礼》）。所以，"礼教"使人们从野蛮无序走向文明有序，是区分人与动物、文明与野蛮的基本标志，是社会文明进步的集中体现。

礼教起于古代圣人使人自别于禽兽，也即自觉与动物界区分开来，走上文明之路。人能好礼、行礼，是人区别于动物的基本标志。《孟子·滕文公上》："人之有道也，饱食、暖衣、逸居而无教，则近于禽兽。圣人有忧之，使契为司徒，教以人伦：父子有亲，君臣有义，夫妇有别，长幼有序，朋友有信。"人之所以为人，就在于吃饱饭、穿暖衣、有了空闲时间还要有人伦教化，不然就会堕入动物界。《礼记·冠义》说："凡人之所以为人者，礼义也。"礼义是人之所以为人的本质。《荀子·王制》说："水火有气而无生，草木有生而无知，禽兽有知而无义。人有气有生有知，亦且有义，故最为天下贵也。力不若牛，走不若马，而牛马为用，何也？曰：人能群，彼不能群也。"荀子认为人与其他动物比较起来之所以"为天下贵"，是因为人"能群"，即结为群体，组成社会。当然，有的动物也能结为群体，但那只是动物自我生存需要的本能，动物不懂得用礼义规范群体内部的秩序，而人有礼教，能够以礼义维护社会群体的秩序。《礼记·曲礼上》："鹦鹉能言，不离飞鸟。猩猩能言，不离禽兽。今人而无礼，虽能言，不亦禽兽之心乎？夫唯禽兽无礼，故父子聚麀。是故圣人作，为礼以教人，使人以有礼，知自别于禽兽。"郑玄注："聚，犹共也。鹿牝曰麀。"孔颖达疏说："人能有礼，然后可异于禽兽也。"太古时代，人与禽兽为伍，像禽兽一样不知父子夫妇之伦，故有父子共牝之事，即两代杂乱的性行为。人之有礼教，就是人自身比动物尊贵的体现。《晏子春秋·内篇》："凡人之所以贵于禽兽者，亦有礼也。"所以，礼是一个人自立于社会的根本，《左传·昭公

---

① 王夫之：《读通鉴论》第 17 卷。

七年》："礼，人之干也。无礼，无以立。"礼是人之为人的根本，没有礼，人就不能立足于社会，成为社会的人。

人把自己与禽兽区分开来的标准有二：一个是"别"，另一个是"让"。所谓"别"就是区别、区分。人与禽兽的区别标准之一是人从动物的自然群居生活方式进化到人类社会性群居的生活方式，要有男女之别。《荀子·非相篇》："人之所以为人者，非特以二足而无毛也，以其有辨也。夫禽兽有父子而无父子之亲，有牝牡而无男女之别。故人道莫不有辨。辨莫大于分，分莫大于礼。"人之所以成为人，并不只是因为他们有两只脚而身上没毛，而是因为他们能够自觉地把自己与动物区别开来。那禽兽有父有子，但没有父子之间的亲情；有雌有雄，但没有男女之间的分别。而之所以为人之道，就在于能够把自己与动物区别开来。因区别就形成了名分，因名分而有礼教。《礼记·效特性》："男女有别，然后父子亲；父子亲，然后义生；义生，然后礼作；礼作，然后万物安。无别无义，禽兽之道也。"《礼记·内则》说："礼，始于谨夫妇，为宫室，辨内外。"如古代礼仪当中的"亲迎礼"，是新郎亲自迎娶新娘回家的礼仪，起源甚古，唐杜佑《通典·第十八天子纳妃后》载："夏亲迎于庭，殷于堂。周制限男女之岁定婚姻之时，亲迎于户。"《诗经·大雅·大明》："大邦有子，天之妹，女定厥祥，亲迎于渭。"亲迎礼始于周代，女王成婚时也曾亲迎于渭水。此礼历代沿袭，为婚礼的开端，含有序夫妇，理人伦的大义。《春秋》隐公二年载："九月，纪裂繻来逆女。"《公羊传》曰："外逆女不书，此何以书？讥。何讥尔？讥始不亲迎也。"何休注曰："礼所以必亲迎者，所以示男先女也。"对《春秋》此条的理解，《公羊传》以为是讥不亲迎。何休进一步解释婚礼"必亲迎"是为了体现"男先女"，即"男子先迎，女从后至"，而其内容含有的刚柔之义核心则在于"阳倡阴和""男女有别"。

人与禽兽的区别标准之二是人从动物的自然群居生活方式进化到人类社会性群居的生活方式，要能够礼让。《谷梁传·定公元年》云："古之人重请。何重乎请？人之所以为人者，让也。请道去让也，则是舍其所以为人也，是以重之。"《礼记·乡饮酒义》中说："尊让絜敬也者，君子之所以相接也。君子尊让则不争，絜敬则不慢，不慢不争，则远于斗辨矣。不斗辨，则无暴乱之祸矣。期君子所以免于人祸也。""尊让"指崇尚谦让，"絜敬"指清洁而庄重。乡饮酒礼的教化作用就在于通过体现出"让"和"敬"的精神才能养成人们不争斗、不怠忽的人生态度和生活方式。乡里之中如果人人如此，则不会发生"斗辨""暴乱"之祸，乡间的社会秩序就会和谐稳定。《左传·襄公》13 年载："让，礼之主也。……君子尚能而让其下，小人农力以事其上，是以上下有礼，而谗慝黜远，由不争也，谓之懿德。"让是礼的主旨，有修养有能力的人要礼让下层百姓，下层百姓就会尽力事奉你，这样上下都有了礼，邪恶奸佞的人被斥逐，疏远，是因为大家都不争了，这才是美德啊。儒家文化中礼的基本精神之一就是礼让他人。《礼记·礼运》说："讲信修睦，尚辞让，去争夺，舍礼何以治之？"礼是人与人之间相互尊重、相互礼让这一美好关系的制度化、规范化形式。人类的道德自觉力量源自于礼、也镶嵌在礼之中。《孟子·公孙丑上》曰："辞让之心，礼之端也。"在儒家看来，社会就是人们相互尊重礼让的一个场所，人就其同群体本性来说其本质就是一个礼仪性的存在，"社会在孔子的构想中成为一个宏大壮阔的礼仪活动"①。

除了人禽之辨，还有文野之辨。《群书治要》引晋傅玄说："虎至猛也，可畏（畏作威）而服；鹿至粗也，可教而使；木至劲也，可柔而屈；石至坚也，可消而用。况人含五常之性，有善可因，有恶可改者乎！人之所重，莫重乎身，贵教之道行。士有伏节成义，死而不顾者矣。此先王因善教义，因义而立礼者也。因善教义，故义成而教行；因义立礼，故礼设而义通。……中国所以常制四夷者，礼义之教行也。失其所以教，则同乎夷狄矣。"这把人与动物木石进行比较，强调人含五常之性，有善可因，有恶可改，所以可以教化。而教化的基本手段是礼义，礼义之教是中原华夏能够胜于夷狄的根本原因，华夏如果失去礼义之教，就同于夷狄了。这就把礼教看成是区分人与动物、华夏与夷狄的根本。中国古代的华夷之辨的本质乃是文明与野蛮之辨，其重要标准就是礼教。《左传·定公十年》载孔子语

---

① 赫伯特·芬格莱特：《孔子——即凡而圣》，彭国翔、张华译，江苏人民出版社 2002 年版，第 65 页。

云："裔不谋夏，夷不乱华"，孔颖达疏曰："夏，大也。中国有礼仪之大，故称夏；有服章之美，谓之华。华、夏一也。"意即因中国是礼仪之邦，故称"夏"，"夏"有高雅的意思；华夏族的服饰很美，故作"华"。《唐律疏议》"中华"一词释文如下："中华者，中国也。亲被王教，自属中国。衣冠威仪，习俗孝悌，居身礼仪，故谓之中华。"① 可见，中国或者华夏是因为其有礼仪之大，有服章之美，代表了文明。华夷之辨的基本标准就是礼仪。扬雄《法言·问道》在谈到"中国"时就说，就是以有没有礼乐来分别的，"圣人之治天下也，碍诸以礼乐，无则禽，异则貊。吾见诸子之小礼乐也，不见圣人之小礼乐也"。《三国志·乌丸鲜卑东夷传》在说到夷夏之分的时候也说，"虽夷狄之邦，而俎豆之象存。中国失礼，求之四夷，犹信"，钱钟书先生在《管锥编》中《全唐文》卷686皇甫湜的"东晋元魏正闰论"说："所以为中国者，礼义也；所谓夷狄者，无礼义也。岂系于地哉？杞用夷礼，杞即夷矣；子居九夷，夷不陋矣"；又引卷767陈黯的"华心"一文说："以地言之，则有华夷也。以教言，亦有华夷乎？夫华夷者，辨在乎心，辨心在察其趣向。有生于中州而行戾乎礼义，是形华而心夷也；生于夷域而行合乎礼义，是形夷而心华也。"最后并标注说："华夷非族类（ethnos）之殊，而亦礼教（ethos）之辨。"② 由此，华夷之辨本质上就是是否有礼教之辨。

正是出于人禽之辨，文野之辨，《礼记·曲礼》云："故圣人作，为礼以教人。使人以有礼，知自别于禽兽。"为了让人们懂得"自别于禽兽"，就有圣人起来"为礼以教人，使人以有礼"。"为礼以教人"就是圣人制定了礼来教化人，要让百姓懂礼、行礼、守礼，这样就会使人自觉地区别于禽兽，从野蛮走向文明。《白虎通·礼乐》云："夫礼者，阴阳之际也，百事之会也，所以尊天地，傧鬼神，序上下，正人道也。"可见，礼教是一种文化自觉，人有文化自觉，自知不可与鸟兽同群，通过礼自别于禽兽；礼教是一种文明自觉，人有文明自觉，自知文明与野蛮的分际，通过礼自别

① 长孙无忌等：《唐律疏议》卷三《名例》，中华书局1983年版。
② 钱钟书：《管锥编》，生活·读书·新知三联书店2001年版，第2311页。

于野蛮人。

三、礼教与社会秩序

中国礼教传统源远流长，是随着人类的文明进化，脱离动物界，形成人伦社会的重要标志。人类为了生存和发展，必须与大自然抗争，不得不以群居的形式相互依存，进而形成人类的群居性。人类群体生活男女有别，老少有异，既是一种天然的人伦秩序，又是一种需要被所有成员共同认定、保证和维护的社会秩序。而为了维护这种人伦社会秩序，我们的祖先发明了"礼"。"礼"由祭祀仪式，进而扩展演变成一系列重要场合的礼仪活动，包括吉、凶、宾、军、嘉五礼，又有冠、婚、丧、祭、朝、聘、射、乡饮八礼之分，此外还有郊、社、尝、禘、馈、奠、射、乡、食、飨十礼之说，等等，可以说涉及君臣之义、父子之伦、夫妇之别、长幼之序等社会生活的方方面面，成为中国传统社会维系人与人社会关系的基本制度。因此，礼是符合社会整体利益的行为准则，礼是道德观念和风俗习惯体现于社会生活而形成的仪节，礼是人与人交往言行举止的各种表现，是人与人一种和谐共处关系的反映，"代表了一种更具混溶性的社会秩序"①。

礼是社会一切活动的准则，礼教可以对社会各方面发挥整合作用。《礼记·曲礼》所说："夫礼者，所以定亲疏，决嫌疑，别同异，明是非也。……道德仁义，非礼不成；教训正俗，非礼不备；分争辨讼，非礼不决；君臣上下、父子兄弟，非礼不定；宦学事师，非礼不亲；班朝治军、莅官行法，非礼威严不行；祷祠祭祀、供给鬼神，非礼不诚不庄。是以君子恭敬撙节退让以明礼。"礼是决定亲疏、判断嫌疑、分别异同、明辨是非的，是道德的标准、教化的手段、是非的准则，是政治关系和人伦关系的名分定位体系，是具有威严的法律体系，是人神沟通的宗教性体系，所有一切社会活动都必须以礼为准绳，故而礼教可以对社会各方面发挥整合作用，发挥治国理民的功能。《旧唐书·礼仪志》云："故肆觐之礼立，则朝庭尊；郊庙之礼立，则心情肃；冠婚之礼立，则长幼序；丧祭之礼立，则孝慈著；搜

① 阎步克：《士大夫政治演生史稿》，北京大学出版社 1996 年版，第 86 页。

狩之礼立，则军旅振；享宴之礼立，则君臣笃。"礼教几乎涵盖了社会关系的各个方面，包括政治，所以也自然成为巩固君权，维护统治秩序的工具。对此，孟德斯鸠认识到：中国的立法者"把宗教、法律、风俗、礼仪都混在一起。所有这些东西都是道德。所有这些东西都是品德。这四者的箴规，就是所谓礼教。中国的统治者就是因为严格遵守这种礼教而获得了成功。中国人把整个青年时代用在学习这种礼教上，并把一生都用在实践这种礼教上。文人用之以施教，官吏用之以宣传，生活上的一切细微的行动都包罗在这些礼教之内，所以当人们找到使它们获得严格遵守的方法的时候，中国便治理得很好了"①。礼教之所以能够发挥社会整合作用是因为礼教"以理为教，以天道义理为教，就是以天道乾元本体为最高教理，以此统摄一切、会通一切、贯通一切、旁通一切、贞正一切，建立人类社会法则秩序。现在讲多元社会，不讲一元之理。实际上，人类社会历史存在，只讲多元，不讲一元，不讲乾元本体与贞一之理，是建立不起法则秩序的"②。

礼教社会整合作用在于塑造行为规范，确立社会公共秩序。古人认为，先王怕人欲无限膨胀、导致社会混乱，故制礼以"明贵贱，辨等列，顺少长，习威仪"（《左传·隐公五年》）；"使贵贱之等，长幼之差，知贤愚、能不能之分，皆使人载其事而各得其宜"（《荀子·荣辱》）；"朝觐之礼，所以明君臣之义也；聘问之礼，所以使诸侯相尊敬也；丧祭之礼，所以明臣子之恩也；乡饮酒之礼，所以明长幼之序也；昏姻之礼，所以明男女之别也"（《礼记·经解》）。"无礼，则手足无所措，耳目无所知，进退揖让无所制。"（《礼记·仲尼燕居》）不懂得"礼"就不懂得协调人际关系的行为规范，就不能立身处世。"所以定亲疏，决嫌疑，别同异，明是非也。"（《礼记·曲礼》）礼教必须从日常生活行为细节抓起，体现于人的言行举止的细节中。人作为社会成员，人的言行举止是人们互动交往的文化符号，一举一动都不再是个人的行为，而是对他人发生作用，进一步对社会起着潜移默化的影响。礼仪不是针对不同环境深思熟虑后正确的言行选择，而

① 《中国印象——世界名人论中国文化》（上册），广西师范大学出版社2001年版，第42页。

② 司马云杰：《中国礼教与现代秩序——兼论创建新型礼教文明的意见》，《文化学刊》2016年第6期。

是人经过礼教内在修养体现为言行举止的真实流露。《论语·为政》载子贡曰："夫子温、良、恭、俭、让以得之。"孔子的温、良、恭、俭、让是其道德修养内修的外见，言行举止，态度风范，都植根于内在心性的修养，需要长期的积淀和修行。这样内外打成一片，合内外之道，就能够使人信任、敬爱，乐于与你交接，你就能获得人们的信任、支持和帮助。《论语·乡党》集中记载了孔子的容色声貌、言谈举止、衣食住行等，可以看出孔子是个一举一动都遵循礼的正人君子，并显示出其内在的修养和品质，如孔子在面见国君时、面见大夫时的态度；他出入于公门和出使别国时的表现，都显示出正直、仁德的品格。如"孔子于乡党，恂恂如也，似不能言者。其在宗庙朝廷，便便言，唯谨尔。"孔子在本乡的地方上显得很温和恭敬，像是不会说话的样子。但他在宗庙里、朝廷上，却很善于言辞，只是说话时比较谨慎罢了。"乡人饮酒，杖者出，斯出矣。乡人傩，朝服而立于阼阶。"他参加乡饮酒礼，必先礼送老年人起身，才走出来，这是对老年人的尊重。乡人举行驱逐疫鬼的风俗活动，他穿着官服站立在东边阶梯，这是对先祖五祀之神的诚敬。在这个意义上，礼教具有公共性品格，能够使人增强社会公共意识，培育公共精神和公共生活领域中的文明教养。

礼教社会整合作用还在于调和人的社会关系，促进人际关系和谐。通过礼教，人们学会相互尊重，彼此敬让；各安其分，不相僭越；彼此关爱，和乐融融；秩序井然，有条不紊。《礼记·曲礼》卷首的"毋不敬，俨若思，安定辞"一语，实际上是提示全卷的思想性，强调一切礼仪必须出于诚敬。《礼记·曲礼上》："夫礼者，自卑而尊人。虽负贩者，必有尊也，而况富贵乎？富贵而知好礼，则不骄不淫；贫贱而知好礼，则志不慑！"礼的实质在于对自己卑谦，对别人尊重，即使是挑着担子做买卖的小贩，也一定有令人尊敬的地方，更何况富贵的人呢？身处富贵而懂得爱好礼，就不会骄横过分，身处贫贱而知道爱好礼，那么志向就不会被屈服。这里的"自卑"不是自我轻视，自愧无能，而是谦卑的意思。无论什么人都把自己放在一个谦卑的位置，把对方放在一个受尊重的位置，即使对方是贩夫走卒，他都有做人的尊严，都应该受到大家的尊重，这就包含了可贵的人格平等的思想。《孝经》说："礼者，敬而已矣。"所谓"礼"，无非是表达敬意罢了。《孟子·告子上》："恭敬之心，礼也。"《孟子·离娄下》："君子以仁存心，以礼存心。仁者爱人，有礼者敬人。爱人者，人恒爱之，敬人者，人恒敬之。"人人都能够发自内心的尊重别人，仁爱他人，人与人的关系自然就和谐美好了。

《论语·学而》载："有子曰：'礼之用，和为贵。先王之道，斯为美。小大由之，有所不行，知和而和，不以礼节之，亦不可行也。'"礼在应用的时候以实现和谐为最高境界，古代圣王治国平天下之道就集中地体现在在这方面。但不能事无大小都用礼而不用乐来实现"和"，需要礼与乐相互配合。因为礼是通过区分亲疏远近，尊卑贵贱，其基本功能是讲究名分，节制各等级身份及其行为，使行为符合礼的规定，所以本质是"分"；乐是源于天地万物的自然和谐，统一人们的心理感情，使之和顺。礼乐的作用不同，礼主要是控制、规范、归化人们的行为，乐主要是宣泄、疏导、调整人们的情感。当然，如果一味地为和而和，一团和气，不以礼来进行约束，也是不行的。所以，这里的"和"就是"和而不同"的"和"，而不是没有任何差别的同和，不是毫无原则的苟合。

《荀子·礼论》也说："礼者，断长续短，损有余，益不足，达爱敬之文，而滋成行义之美者也。"礼，是要做到取长补短，减少多余的，弥补不足的，既表现出爱慕崇敬的仪式，又养成按礼行事的美德。《荀子·君道》："请问为人君？曰：以礼分施，均遍而不偏。请问为人臣？曰：以礼待君，忠顺而不懈。请问为人父？曰：宽惠而有礼。请问为人子？曰：敬爱而致文。请问为人兄？曰：慈爱而见友。请问为人弟？曰：敬诎而不苟。请问为人夫？曰：致功而不流，致临而有辨。请问为人妻？曰：夫有礼，则柔从听待，夫无礼，则恐惧而自竦也。此道也，偏立而乱，俱立而治，其足以稽矣。"每个人在社会中具有不同的角色，要处理不同的社会关系，以礼义为标准，就形成了不同人应当遵循的道德规范，借以和谐人际关系，促进社会和谐。对此，杜维明论证说："在儒家的脉络中，'礼'与人类沟通的社会视界密切相关。……由《礼记》所代表的社会视界，不是将社会定义为一种基于契约关系之上的对立系统，而是一种强调沟通的信赖社群。由士、农、工、商四民分工所组成的社会，是一种协同运作。作为对这一协同运作有所贡献的成员，每一个人都有义务承认他人的存在并服务于公益。"①

  礼教社会整合作用还在于整顿、规范人们的言行举止，预防违法犯罪。孔子在礼崩乐坏的时代，打破了"礼不下庶人"的传统，主张对所有人"齐之以礼"（《论语·为政》），邢昺疏云："民或未从化，则制礼以齐整，使民知有礼则安，失礼则耻。如此则民有愧耻而不犯礼，且能自修而归正也。"即以礼作为社会公共生活的准则整顿、规范人们的言行举止，做到"非礼勿视，非礼勿听，非礼勿言，非礼勿动"（《论语·颜渊》），以维护社会秩序。《孔子家语·贤君》载鲁哀公问政于孔子，孔子回答说："省力役，薄赋敛，则民富矣；敦礼教，远罪疾，则民寿矣。"孔子认为要治理好一个国家，除来了省力役，薄赋敛外，还主张通过礼教，使老百姓远离犯罪，这说明了礼教在当时具有经济、政治、法律多重功能。《礼记·坊记》："礼者，因人之情而为之节文，以为民坊者也。""坊"与"防"相通。所谓礼，就是顺应人的这种情况而为之制定控制的标准，以作为防止百姓越轨的堤防。又说："夫礼者，所以章疑别微，以为民坊者也。"所谓礼，是用来去掉疑惑、辨别隐微，从而防范百姓越轨的。《礼记·经解》："夫礼，禁乱之所由生，犹坊止水之所自来也""故礼之教化也微，其止邪也于未形，使人日徙善远罪而不自知也。是以先王隆之也"。礼，可以用来消除祸乱的根源，就好比堤防可以防止河水泛滥那样。所以，礼的教化作用是从看不见的地方开始，它禁止邪恶是在邪恶处于萌芽状态时就开始了，它使人们在不知不觉之中日积月累地弃恶扬善，所以先王对它非常重视。《白虎通·礼乐》云："人无不含天地之气，有五常之性者，故乐所以荡涤，反其邪恶也，礼所以防淫佚，节其侈靡也。"礼乐都是为了调正人秉天地庞杂之气防淫佚，节侈靡，走上人生正道。

  总之，礼教在中国传统社会起着巨大而全面的社会整合作用，构建了社会运行的基本秩序，因此中国传统社会也被称为"礼教社会"。

---

  ① 杜维明：《何为儒家之道？》，《东亚价值与多元现代性》，中国社会科学出版社 2001 年版，第 182～184 页。

社会儒学论丛（第一辑）

四、礼教与社会伦理

汉语中"伦理"一词，"伦"，《说文》曰："伦，辈也。"由树木的年轮而来，引申为辈、次序，主要指人际关系。《释名》："沦，水小波曰沦。沦，伦也，水文相次有伦理也。"像水的波纹一样有层次、有秩序。"理"，《说文》曰："理，治玉也。……玉之未理者为璞。"本义为治玉，引申为对物的整治，进而引申为规律、规则等。伦、理二字合在一起，便是指人际关系中所应当遵守的规则。其实，传统上一般多用"人伦"这个词，显示了中国文化以人道为主的特征。儒家亦称"伦常"，即人伦之常道，指的即是古代宗法社会中以血缘家族为基础的人伦尊卑等级秩序。社会伦理指在处理人与人，人与社会相互关系时应遵循的道理和准则。

费孝通先生在《乡土中国》中提出了著名的差序格局说来概括整个中国传统社会的基本结构。他在之比较视野下讨论这个问题，指出西方的社会结构是团体格局："西洋的社会有些像我们在田里捆柴，几根稻草束成一把，几把束成一捆，几捆束成一挑。每一根柴在整个挑里都是属于一定的捆、扎、把。每一根柴也可以找到同把、同扎、同捆的柴，分扎得清楚不会乱的。在社会，这些单位就是团体……我们不妨称之为团体格局。"而"我们的社会结构本身和西洋的格局不相同的，我们的格局不是一捆一捆扎清楚的柴，而是好像把一块石头丢在水面上所发生的一圈圈推出去的波纹。每个人都是他社会影响所推出去的圈子的中心"①。这种差序，是一种有差等的次序②，正确理解差序格局应当是把它看作"一种立体多维的结构，而不仅仅是一个平面多结的网络。在这个结构里，纵向的等级差别至少与横向的远近亲疏同等重要"③。也就是说这种差序格局就是我们传统的社会结构里最基本的亲疏远近、尊卑贵贱人伦关系，是人和人关系网络中的纲纪。与这种差序格局相应的社会治理模式是礼治，所谓"礼治秩序"，就是利用传统的人际关系和伦理维持社会秩序。在费孝通看来，礼是社会公认合式

---

① 费孝通:《乡土中国》,生活·读书·新知三联书店 1985 年版,第 22～23 页。
② 费孝通:《乡土中国》,生活·读书·新知三联书店 1985 年版,第 25 页。
③ 阎云翔:《差序格局与中国文化的等级观》,《社会学研究》2006 年第 4 期。

的行为规范。合于礼的就是说这些行为是做得对的。如果单从作为行为规范的意义上来说，礼和法律没有什么差别，因为法律也是一种行为规范。然而二者维持规范的力量是不同的：法律是靠国家的权力来推行的，维持礼这种规范的则是传统。①

梁漱溟先生认为中国社会是一个"伦理本位底社会"，具体讲可以包括两方面：一是安排伦理名分以组织社会；二是设为礼乐揖让以涵养理性。这两方面统摄于一个"礼"字，其实是代替宗教者②，所以，他所谓的道德代宗教实质上是礼教代宗教。

确实，我们古代社会主要是通过礼教来维护基本伦理的。《礼记·大传》云："亲亲也，尊尊也，长长也，男女有别，此其不可得与民变革者也。"亲亲、尊尊、长长、男女有别，是维护社会伦理的基本原则，是不会随着社会历史的变化而变化的。春秋时齐国晏婴有一段话对礼的社会伦理功能作了精辟的阐释，他说"君令臣共，父慈子孝，兄爱弟敬，夫和妻柔，姑慈妇听，礼也"（《左传·昭公》二十六年），社会人伦需要通过礼来维护。当齐景公问有何良策可以挽救姜齐政权的倾危时，晏婴回答说"唯礼可以为之"，并认为，只要施行了礼，就会"民不迁，农不移，工贾不变。士不滥，官不谄，大夫不收公利"（《左传·昭公》二十六年）。这一席话，说得景公连称"善哉"，并说"吾今而后知礼之可以为国也"。显然，齐景公一改过去对礼的轻慢态度，是因为他认识到了礼教通过调节社会人伦关系就可以起到治国安民的作用。

《礼记·经解》在说明礼的社会伦理作用时指出："故以奉家庙则敬，以入朝廷，则贵贱有位；以处室家，则父子亲兄弟和；以处乡里，则长幼有序。故朝觐之礼，所以明君臣之义也；聘问之礼，所以使诸侯相尊敬也；丧祭之礼，所以明臣子之恩也；乡饮酒之礼，所以明长幼之序也；昏姻之礼，所以明男女之别也。"制定了朝觐之礼，是用来表明君臣之间的名分；制定了聘问之礼，是用来让诸侯互相尊敬；制定了丧祭之礼，是用来表明

---

① 费孝通：《乡土中国》，生活·读书·新知三联书店 1985 年版，第 50 页。
② 梁漱溟：《中国文化的命运》，中信出版社 2013 年版，第 146～154 页。

臣子不应忘记君亲之恩；制定了乡饮酒之礼，是用来表明尊老敬长的道理；制定了男婚女嫁之礼，是用来表明男女的有所区别，这样，通过一整套礼仪仪式来养成人与人、人与群体、群体与群体之间的伦理关系。如果废弃了这些礼，社会伦理就乱了，《礼记·经解》继续说："故昏姻之礼废，则夫妇之道苦，而淫辟之罪多矣。乡饮酒之礼废，则长幼之序失，而争斗之狱繁矣。丧祭之礼废，则臣子之恩薄，而倍死忘生者众矣。聘觐之礼废，则君臣之位失，诸侯之行恶，而倍畔侵陵之败起矣。"如果废弃男婚女嫁之礼，夫妇之间的关系就会遭到破坏，而淫乱苟合伤风败俗的坏事就多了；废弃乡饮酒之礼，就会导致人们没老没少，而互相争斗的官司就多了；废弃丧祭之礼，就会导致作臣子的忘掉君亲之恩，而背叛死者、忘记祖先的人就多了；废弃朝勤、聘问之礼，就会导致君臣之间的名分丧失，诸侯的行为恶劣，而背叛君主、互相侵陵的祸乱就会产生了。

伦理与道德是相辅相成的。《孔子家语·五刑解》引孔子说："明丧祭之礼，所以教仁爱也。能教仁爱，则服丧思慕，祭祀不解人子馈养之道。丧祭之礼明，则民孝矣。……朝聘之礼者，所以明义也。义必明则民不犯，故虽有弑上之狱，而无陷刑之民。斗变者生于相陵，相陵者生于长幼无序而遗敬让。乡饮酒之礼者，所以明长幼之序而崇敬让也。长幼必序，民怀敬让，故虽有斗变之狱，而无陷刑之民。淫乱者生于男女无别，男女无别则夫妇失义。婚礼聘享者，所以别男女、明夫妇之义也。男女既别，夫妇既明，故虽有淫乱之狱，而无陷刑之民。"通过不同的礼仪形式，可以教化人们懂得仁爱、孝敬、敬让、道义，处理好各种人伦关系。

清代学者凌廷堪说过："上古圣王所以治民者，后世圣贤之所以教民者，一礼字而已""夫其所谓教者，礼也，即父子有亲、君臣有义、夫妇有别、长幼有序、朋友有信是也。"① 是说上古圣王治理民众以及后世圣贤教育民众的方法，都可以归纳为一个"礼"字，而礼教的基本内容就是人伦道德。所以，圣贤教民，是要让百姓懂礼、守礼，造就一个彬彬有礼的礼仪之邦。

① 凌廷堪：《复礼》，《校礼堂文集》卷四。

五、礼教与社会风俗

礼与俗密不可分，有同有异。《周礼·天官·太宰》："六曰礼俗，以驭其民"，这里礼俗连言，表明二者具有同一性。《礼记·曲礼》："礼从宜，使从俗"，这里又礼、俗分言，说明二者具有差异性。所以，孙诒让《周礼正义》曰："今案：礼俗，当分为二事。礼，谓吉凶之礼，即《大司徒》十二教，阳礼教让，阴礼教亲之等，是也。俗，谓土地所习，与礼不同而不必变革者。即十二教以俗教安。"礼是成文，经过国家制定，能使大家共同执行的，具有统一性、社会性；而俗则是民间百姓日用而不知一般的习俗，是因地因人而自然形成的习惯性行为模式与思想观念，具有多样性、地域性。礼是范围人心，引导大众为善的；而俗则是有善的，也有不善的。钱穆先生说："中国人言社会，则尤重其礼俗。俗亦礼也，唯俗限于一地一时，礼则当大通于各地各时，其别在此。"①

学界认为俗先于礼，礼源于俗，礼本于俗。近代刘师培曾言："上古之时，礼源于俗。"② 吕思勉《经子解题》也说："礼源于俗。"③ 杨宽先生在对诸礼进行详加探究后，也认为礼源于初民社会的习俗和传统习惯，起初是把某些特别的习俗抽象为带有象征性动作的仪式，后来推而广之，把实践活动中所有的约定俗成的习俗和传统习惯概括、衍化为礼。他在《"冠礼"新探》中指出："礼的起源很早，远在原始氏族社会中，人们已惯于把重要行动加上特殊的礼仪……这些礼仪，不仅长期成为社会生活的传统习惯，而且常被用作维护秩序、巩固社会组织和加强部落之间联络的手段。"④礼起源于原始社会的风俗习惯，在人类文明混沌未开时，俗与礼浑然一体。伴随着人类进入文明社会，经过古圣先贤的加工改造，礼逐渐从原始习俗中提升出来，成为成文的礼仪。

---

① 钱穆：《晚学盲言》(上)，九州出版社 2011 年版，第 587 页。
② 刘师培：《古政原始论》之十《礼俗原始论》，《刘师培全集》第二册，中共中央党校出版社 1997 年版，第 54 页。
③ 吕思勉：《经子解题》，华东师范大学出版社 1995 年版，第 45 页。
④ 杨宽：《古史新探》，中华书局 1965 年版，第 234 页。

礼起源于俗，但礼不同于俗，且高于俗。常金仓认为，礼是文明的标志，是古代中国特有的文化特征。它虽然也是在原始风俗和礼仪的基础上发展起来的，但二者有着本质的区别。俗比礼形成的早得多，礼是习俗发展到一定阶段的产物；俗是民间流行的文化，而礼是最高政权控制范围内统一规定的法则；礼有严格的等级精神，而俗却没有。① 因此，历代为政者出于社会治理的需要，强调以礼乐教化的形式，使人们自觉遵循礼制的约束，"化民成俗"成为官吏治理社会的目标。

中国幅员广阔，地区差异很大，数千年的中国历史是在统一与分裂、兴盛与衰落交替演进，但以统一和兴盛为常态，以分裂和衰落为变态，其重要原因之一，就在于不同地域的人民对于"礼"有普遍的认同。因此，礼对社会习俗就起着巨大的整合作用，这种整合的基本原则主要有二：

一是"教训正俗，非礼不备"（《礼记·曲礼上》），孔颖达疏："熊氏云：教谓教人师法，训谓训说义理。以此教训，正其风俗"，即以礼教端正风俗。《资治通鉴·汉献帝建安十年》："善恶要乎功罪，毁誉效于准验，听言责事，举名察实，无或诈伪以荡众心；故俗无奸怪，民无淫风。是谓正俗。"由于"礼"具有行为规范和社会准则的功能，移风易俗必须以礼为手段、为标准。礼教于上，训说于下，就是为了正风俗之不正。风俗的好坏决定社会治乱的成败，关系国家和民族的命运，《资治通鉴·汉献帝建安二十四年》：〔司马光曰〕"教化，国家之急务也，而俗吏慢之；风俗，天下之大事也，而庸君忽之。"传统儒家和统治者对于社会风俗的调正非常重视，强调"求治之道，莫先于正风俗"（《明史·钱唐传》）。通过整饬风俗，发挥风俗在社会礼治秩序建设中"不令而自行，不禁而自止"（《春秋繁露·身之养重于义》）的功能。

二是"君子行礼，不求变俗"（《礼记·曲礼下》）），陈澔在《礼记集说》卷一中认为，这句话的本义是，"言卿大夫有徙居他国者，行礼之事，不可变其故国之俗，皆当谨修其典法而审慎以行之。"从文化整合的角度来，君子应该以礼正俗，以礼驭俗，因俗行礼，而不是以礼代俗，这样才

---

① 常金仓：《周代礼俗研究》，黑龙江人民出版社 2004 年版，第 7～9 页。

能达到化民成俗的目标。杨时则说："五方之民皆有性也，其安居、和味、宜服、利用、备器，不可推移。先王修礼以节其性。因之以达其志，通其欲为之节文，道之使成俗也。以是驭之故无殊俗，离而二之则非矣。"①《周礼·地官司徒》："礼俗、丧纪、祭祀，皆以地嫩恶为轻重之法而行之"，郑玄注曰："礼俗，邦国都鄙民之所行先王旧礼也。'君子行礼，不求变俗'，随其土地厚薄为之制丰省之节耳。"贾公彦疏："俗者，续也。续代不易，是知先王旧礼，故引《曲礼》'君子行礼，不求变俗'以证之。谓若周公封康叔于殷墟，其民还行殷之礼俗者也。"这里郑注与贾疏都将礼与俗连用，强调礼与俗的一致之处，凡与礼的精神不悖逆的习俗是可以存在和被尊重的，不能以礼代俗。《礼记·王制》也提出了"修其教，不易其俗"的"因俗而治"的原则，《慎子·佚文》中说："礼从俗"，礼教的推行要尊重民间风俗。据史书说姜太公封齐就运用"简礼从俗"的原则，后来齐历代政府对齐地民间宗教及巫俗文化不仅很为尊重，而且试图把其提升、融入国家化的伦理体制和意识形态的内容当中，并用成为齐国传承不废的治国之道。

由于礼对俗的整合功能，古代儒者非常重视以礼教化民成俗，形成良好的社会风尚。儒家的前身就是一种教职。《周礼·天官·大宰》云："以九两系邦国之民……四曰儒，以道得民。"郑玄注曰："儒，诸侯保氏有六艺以教民者。"《地官·大司徒》云："以本俗六安万民……四曰联师儒。"郑注曰："师儒，乡里教以道艺者。"可见，儒本为一种教职。孔子相信"性相近，习相远"（《论语·阳货》），要透过德礼教化，才能可使民"有耻且格"（《论语·学而》）。他指出"不学礼，无以立"（《论语·季氏》）。君子好礼、学礼并非仅仅自立，孔子又云："上好礼，则民易使"（《论语·宪问》），在上者好礼，在下的小人自然受其影响，依礼而行。在这个意义上，君子好礼、行礼，就不单单是个人之"修身"，也是"治国平天下"的重要途径，"君子敬而勿失，与人恭而有礼，四海之内皆兄弟也"（《论语·颜渊》）。《论语·学而》曾子曰："慎终追远，民德归厚矣。"丧葬与祭祀是对已故的先人一些物质和精神的奉献，不是要死者像活人一样享受一切，

---

① 王志长：《周礼注疏删翼》卷一，钦定四库全书。

而是作为一种礼，作为一种训化手段，使"民德归厚"，使人人具有仁爱之心。如果对于去世者的丧礼能慎重地处理举行，日久之后亦能定期举行祭礼不断追思的话，社会之风俗道德也一定可以渐渐笃厚起来的。《荀子·儒效》篇对于儒者社会作用是这样描写的："儒者在本朝则美政，在下位则美俗。"儒者在朝内做官就会使政治美善，如果生活在民间就会使风俗淳美。

通过汉代的乡举里选和隋唐以降的科举制度，"儒士"可以通过考试进入官僚集团，即所谓"学而优则仕"，成为士大夫，整个官僚系统大体上是由"士大夫"来操纵的。儒家士大夫利用宗族、学校、乡约、会馆等社会组织，成为民间社会的领导阶层，推广社会教化，形成良好的社会习俗。在儒学的发展历史上，明代是一个转折。余英时认为明代儒学的转向就是由"上行"的"得君行道"改为"下行"的"化民成俗"①。当时儒者们所关注的"在下而不在上，在社会而不在朝廷。明儒无论在朝在野多以'移风易俗'为己任，故特别重视族制、乡约之类的民间组织，不但讨论精详，而且见诸行事"②。怎么"化民成俗"？当然主要是"以礼化俗"，成为他们与帝王共治天下的首务，原先贵族、士大夫之家所行之礼仪开始向民间渗透。其实，这种"以礼化俗"北宋就开始了，张载和其弟子蓝田吕氏躬行礼教，以《乡约》化民成俗就是典型例子。据吕大临《横渠先生行状》载，张载在做云岩县令时"政事大抵以敦本善俗为先，每以月吉具酒食，召乡人高年会于县庭，亲为劝酬，使人知养老事长之义，因问民疾苦及告所以训诫子弟之意"③。"（张载又）患近世丧祭无法，期功以下未有衰麻之变，祀先之礼袭用流俗，于是一循古礼为倡。教童子以洒扫应对；女子未嫁者，使观祭祀，纳酒浆，以养逊弟，就成德。"④ 张载以躬行礼教，和者寂寥，独蓝田吕氏兄弟信之不疑。吕氏家族当时是蓝田的望族，四兄弟先后都从教于张载和程颐，其德行、才能、名望享誉关中。《吕氏乡约》是吕氏兄弟——吕大防、吕大忠、吕大钧、吕大临制订，吕大钧亲撰的。他们认为

① 余英时：《士商互动与儒学转向》，《现代儒学的回顾与展望》，三联书店 2004 年版，第 248 页。
② 余英时：《现代儒学的回顾与展望》，《现代儒学的回顾与展望》，三联书店 2004 年版，第 146 页。
③ 《吕大临横渠先生行状》，《张载集》，中华书局 1978 年版，第 382 页。
④ 黄宗羲原著，全祖望补修：《宋元学案》卷十七《横渠学案上》，中华书局 1986 年版，第 663～664 页。

儒家社会伦理

乡贤不应独善其身，而应推己及人，以敦化乡风乡俗，制订规约来在乡里推行教化，目的是化民成俗，维护基层社会和谐稳定。《吕氏乡约》以儒家道德伦理为准绳，规定同约人要"德业相劝""过失相规""礼俗相交""患难相恤"，以德礼为先、为重，以惩罚为后、为轻，形成了一种德治、礼教、刑法三元和合的立体乡村治理模式。特别是吕大均"日用躬行，必取先王法度以为宗范。居父丧，衰麻、敛、奠、比、虞、祔，一襄之于礼。已又推之冠、婚、饮酒、相见、庆吊之事，皆不混习俗。与兄进伯、微仲、弟与叔率乡人，为《乡约》以敦俗，……节文灿然可观。自是关中风俗为之一变。横渠叹：'秦俗之化，和叔（吕大钧）有力。'"①《宋元学案》称经过张载等人的努力，"关中风俗一变而至于古"②。此外，还有司马光《居家杂仪》、朱熹《家礼》《仪礼经传通解》等礼书为整合社会风俗，重建礼教秩序提供了理论依据。与此同时，他们还提出了一系列将儒家礼教规范推向民间社会的主张并进行了积极的实践，这些就是"礼下庶人"运动的发端。

明儒在这方面赓继先贤的同时多有创新，他们发现宋儒的礼教基本是立足士人之家，所著礼书保留古礼的成分较多。于是，对其进行了通俗化改造，使之贴近普通百姓，礼仪普及化的趋势更加明显：这种普及不仅表现在社会阶层、地域人群的推广，还表现在人生阶段或人口年龄的下移，不仅"礼下庶人"，而且"礼下竖子"，儿童习礼成为明代家庭和社会共同关注的问题。③杜荣桂通过考察明代中后期广东乡村礼教与民间信仰的变化认为，古代的岭南属百越地区，在元明以前的风俗一般仍是较原始落后的。汉代记载岭南迷信的风气很盛，《后汉书·郊祀志》记载当地人"祀天神，帝百鬼，而以鸡卜"。唐时岭南仍流行用祭祀卜筮等方法治病，《太平广记》卷288引《朝野佥载》："岭南风俗：家有人病，先杀鸡鹅等以祀之，将为修福；若不差，即刺杀猪狗以祀之；不差，即次杀太牢以祷之；更不差，即是命也。不复更祈。"自南宋开始，虽然岭南在经济上的重要性日渐增

---

① 钦定四库全书《少墟集》卷十九《阕学编一》。
② 黄宗羲原著，全祖望补修：《宋元学案》卷十七《横渠学案上》，中华书局1986年版，第664页。
③ 赵克生：《童子习礼：明代社会中的蒙养礼教》，《社会科学辑刊》2011年4期。

加，但据《宋史·地理志》，一般风俗仍是"大率民婚嫁丧葬，多不合礼，尚淫祀，杀人祭鬼"。但逮至元明之际，岭南风气为之一变，据嘉庆《广州通志·民物志一·风俗志》记载："衣冠礼乐，无异中州，声华日盛，民勤于食，尤以广州府一带，更是礼教渐摩，名德辈出，缙绅之家，以不学无礼为耻，以导欲诲淫为戒。"明清珠江三角洲礼俗的变迁，与官方士绅的教化政策息息相关，也是宗族制渗透乡村社会的重要途径，更反映士庶文化相互影响的过程。①

六、礼教的现代反思与重建

礼教在漫长的历史发展过程中发生了异化，内在精神的异化、外在仪式的异化。儒家倡导的"礼教"本来是以维系社会伦理秩序为目标的，秦汉以后被统治者纳入政治体制之中，一方面起到了治国理民的积极作用；另一方面在专制政治中最终却成为维护社会等级和权势的工具。这当然不是礼教本身的问题，而是推行礼教的人的心术和态度问题，也是专制政治对礼教的利用和扭曲的结果。到了五四新文化运动中国历史发生了天翻地覆的千古奇变，礼教成为当时新派人物激烈批判的对象。1919年吴虞发表《吃人与礼教》一文，把"吃人"与"礼教"这两个看来对立的概念醒目地提取出来，并列在一起。又举出历史上种种吃人的实例，之后都归结到礼教的残酷本质上来。结尾大声呼吁道："孔二先生的礼教讲到极点，就非杀人吃人不成功，真是残酷极了——到了如今，我们应该觉悟！我们不是为君主而生的！不是为圣贤而生的！也不是为纲常礼教而生的！什么'文节公'呀，'忠烈公'呀，都是那些吃人的人设的圈套，来诓骗我们的！我们如今该明白了！吃人的就是讲礼教的！讲礼教的就是吃人的呀！"② 这就把吃人和礼教两者直接画了等号。在此后至今的近百年当中，"礼教"不断被妖魔化，变成了上自党政干部、知识分子，下至工农商兵，众所周知的贬义词。"文革"时礼教更是被砸得粉碎，连礼教中有价值的"礼仪""礼

---

① 杜荣佳：《明代中后期广东乡村礼教与民间信仰的变化》，《中国社会经济史研究》1992年第3期。
② 吴虞：《吃人与礼教》，《新青年》1919年11月6卷6号。

节""礼貌"也被否定得一干二净，而把"打、砸、抢"作为一个革命战士的革命行为，"文革"之后却要从"您好、对不起、谢谢"这些基本的礼貌语言抓起，今天中国人普遍的缺乏基本的文明礼貌，已经在国内外造成了恶劣的影响。

中国自古以来被称为礼仪之邦，但是现今社会生活中，礼乐几乎荡然无存，这不能不引发我们深刻的反思。现在更需要的是辩证地认识传统的礼教思想，不能再继续从政治的视角看问题，全盘否定，要看到礼教在历史上的积极作用和正面价值，要把儒家礼教思想与历代统治者维护其统治地位的制度化礼教区分开来。封建礼教是从儒家礼学思想中脱胎而来，但又和儒家礼教思想有区别。早期的儒家思想有丰富的礼教思想，更强调礼教内在精神价值——仁。封建礼教是秦汉以后统治者利用儒家思想实行统治的重要手段，是儒家思想在落实到政治实践过程中一种变异形式。而且，退一步讲，即使是封建礼教，也不是一无是处。

关于礼教与社会儒学，通过以上梳理就可以看出，礼教在历史上就是一种社会儒学，是儒学社会实践的基本途径。对此，很多学者都有论述，如李维武先生在《儒学生存形态的历史形成与未来发展》① 一文中提出的，他认为儒学在从先秦至20世纪的发展中，形成了人生儒学、社会儒学、政治儒学、形上儒学、考据儒学、文化儒学等不同的生存形态。而他所说的"社会儒学"是指儒家的礼学，"礼学实际上是一种社会儒学，所考虑的就是通过礼乐文化建立一套完备的人与人的社会关系"。其实，陈独秀早就指出，儒学的核心是礼教。他说："孔教之精华曰礼教，为吾国伦理政治之根本。"② 蔡尚思也曾说过："中国思想文化史不限于儒家，而不能不承认儒家是其中心；儒家思想不限于礼教，而不能不承认礼教是其中心。"③ 李景林也论道："儒学施其教化于社会的生活的方式是很巧妙的。教化之行，必须切合和影响于人的社会和精神生活之样式。儒学于此，并不另起炉灶，独创一套为自身所独有的礼仪、仪轨系统。它所据以建立和安顿其教化理念

---

① 《中国哲学史》2000年第4期。
② 陈独秀：《宪法与孔教》，《独秀文存》，安徽人民出版社1987年版，第73页。
③ 蔡尚思：《中国礼教思想史》，上海古籍出版社2006年版，第7页。

的礼仪、仪式系统，为中国古代社会所固有。一方面，这种社会生活所固有的礼仪和礼乐系统，作为一种普泛的生活样式，与一般民众之人伦日用，水乳交融，因而儒学所行教化，于中国古代社会，最具普遍性的意义。在这一点上，任何宗教形式的教化都无法与之相俦匹。另一方面，那不断经由儒学形上学诠释、点化、提升的礼仪和礼乐系统，亦具有一种因革连续的历史变动性和对其他宗教生活样式的开放和包容性。这与一般宗教仪式、仪轨系统所特有的固定性和排他的性质，亦有根本性的区别。"① 也就是说，礼教为中国社会所独有，是儒学的精华和主体，儒家通过礼教实现社群的沟通，社会的协同运作，形成一种具有开放性和包容性的生活方式，整合了中国古代社会，维护了古代社会的基本秩序，推动了中国文化的传承发展。正是这个意义上，本文认为，礼教是社会儒学实践的基本途径。

今天，在中国快速现代化的过程中，城镇化成为基本国策，数千年来自治的、礼让的、温情的乡村正在消失，并随之产生了一系列社会、政治、道德、环境问题，国家层面开始重视，民间力量也颇为焦虑。现在有学者开始了乡村儒学的实践，值得赞扬。同时，也应该看到，中国社会的基础和结构也发生和正在发生根本的变化，由传统的农耕文明向现代工商文明的转变已经是不可逆转的历史趋势。特别是近十年来，中国城镇化进程明显加快，城镇化率每年大约提高 1 个百分点，并在 2011 年首次超过 50%。专家据此速度预计，到 2020 年，中国城镇化率将超过 60%，未来越来越多的人将要生活在城镇，生活在各种各样的住宅区，形成城镇社区。这些社区目前大多是开发商建楼盘、卖完房子就交给物业公司管理。而物业公司只是纯粹物质生活设施的管理，没有从文化方面考虑，更谈不到有社会教化。因此，以儒家文化对城镇社区进行社会教化，提高居民素质，促进社会和谐稳定是当务之急。今天儒学的复兴应该重视城镇社区儒学。乡村 + 城镇，就是整个中国社会。乡村儒学 + 城镇社区儒学就是社会儒学。这样，乡村儒学 + 城镇社区儒学互补、融合、共生、共荣，推进城乡相辅相成，

---

① 李景林：《哲学的教化与教化的哲学——论儒学精神的根本特质》，《天津社会科学》2005 年第 6 期。

协调发展，把乡村文明和城市文明融为一起，实现城乡一体化，推动中国社会整体文明、进步、和谐发展。

今天，在中华民族走向伟大复兴的历史时刻，要通过重建礼教，实践社会儒学。海外儒学家罗斯文指出："社会调节过于重要，以至于不能交由政府来承担。更好的做法是由传统（'礼'）来承担作为一种民众的约束性力量。"① 当今礼教的重建，要避免历史上礼教的政治化，为政治所利用，成为维护社会政治等级和专制统治的工具，关键是通过礼教的重建，重建伦理秩序，重塑道德精神，提升国人的文明素养，提高国民的生活质量，改变社会风气，培育善风良俗，构建和谐社会，推动中华民族伟大复兴的"中国梦"的实现。

社会儒学论丛（第一辑）

---

① 罗斯文：《〈孔子：即凡俗而神圣〉的评论》，《东西方哲学》1976 年第 4 期。

和为贵：
儒家之"礼"对社会关系的调节作用

梁宗华

（山东师范大学　山东省齐鲁文化研究院）

自孔子创立儒家学派以来，中庸贵和思想长期受到社会各个阶层的尊崇，"以宽厚处世""和为贵"等重和谐、求同存异的思想理念深深影响了中国历史几千年的发展，儒家之"礼"起到了维系、推动社会发展进步的重要作用。学界在对儒家思想体系价值核心的讨论中有尚仁说、崇礼说、仁礼双元结构说的争议，如果落实到中国社会历史发展实践中，无疑是儒家"礼"的学说发挥着更根本的作用，在这个意义上可以说"礼"构成了中国传统文化的核心，是儒家学说成功落实的层面；而"仁"是儒家学者世代努力要贯彻到政治、社会实践之中去的，实践层面的成效相对于"礼"而微，仁学的发展突破更在理论层面。儒家礼学对社会关系的调节作用奠定了其在中国传统文化中的核心地位。

一

维护社会的和谐与稳定，这一直是儒家文化立论与致思的重点。同重"仁"的思想相对应，儒家学说中重"礼"更是一贯的传统，孔子是在对"礼"的义理诠释中发现了"仁"，礼作为社会伦理制度规范处于儒家观念体系的核心。仁是儒家提倡的完满自主的道德人格、道德境界、道德规范，而礼则是作为一种具有悠久历史的外在社会制约机制为儒家所注重，仁爱的原则是立足于礼的。儒家认为礼界定人生各方面的行为规范，大到国家政治，小至生活细节，有维系社会政治秩序的作用，只要统治者倡礼，推广礼仪，人民习得礼仪，人人守礼，恭敬易使，就可以建构整个人文秩序，维护现存社会秩序的和谐发展。所以人的一切行为都应遵循、服从礼义这一社会共同的准则，"君子义以为质，礼以行之，孙以出之，信以成之"（《论语·卫灵公》）。

礼包括了三个层面的意义，首先指古代传承下来的宗教祭礼，这是礼的原始意义；其次指具体的社会政治制度、典章制度，孔子曾云，"天下有道，则礼乐征伐自天子出；天下无道，则礼乐征伐自诸侯出"，这显然是指当时社会政治制度的改变；最后，礼指一种人伦的行为规范。儒家有三部著名的经典著作：《周礼》《仪礼》《礼记》，合称"三礼"，涉及了周王室及春秋战国时代各种礼制，包括了礼的全部内涵。其中，《周礼》偏重于周王室的官制和战国时各国政治制度，《仪礼》是春秋战国时代部分礼制的汇编，偏重于人伦的行为规范，《礼记》是战国至西汉初儒家各种论礼文著的选集，偏重于对礼的理论说明。

儒家讲得最多的是第三层面的礼，即作为人伦行为规范的礼。礼的中心内容和基本原则是承认并维护现存社会各阶层亲疏、尊卑、长幼分殊的合理性，规定各阶层特殊的行为规范，"礼者所以定亲疏，决嫌疑，别同异，明是非"（《礼记·曲礼上》）。礼的外在礼节很繁复，君、臣、父、子、兄、弟、父、妇都有自己特定的行为规范，有相应的礼仪，任何人都在一定的规范制约下生活，凭借礼仪的指导在人际关系中实现各自的职责，而不能逾越礼制，如果贱用贵礼，卑用尊礼，就会导致社会秩序混乱，危机君主侯王的政权统治。

在孔子创建儒家学派之前，礼已作为这种外在的社会制约机制而存在，如孔子屡屡提到的夏礼、殷礼、周礼；而在儒家学说里，礼不再仅仅是外在的行为规范，而是具存了内在的道德价值。孔子揭示出礼的本质是"仁"，他向学生解释"仁"说，"一日克己复礼，天下归仁焉"（《论语·颜渊》），强调人做到克制自己，使一切活动皆循礼而行，完全遵循礼的规范，就可以达到道德的最高境界——仁，成为"仁人"。故孔子好礼，知礼，不但对礼制有深刻细致的研究，而且自己力行践礼，对礼一丝不苟，致力于维护这套规范人生各方面活动的礼制。他还规定了"克己复礼"的条目："非礼勿视，非礼勿听，非礼勿言，非礼勿动。"（同上）"礼"与"仁"互为表里，与道德联系在一起，所谓"人而不仁如礼何"（《八佾》）。礼对不同等级的差别规定，其本质正是体现宗法血缘之爱的仁、义，既反映政治关系之等差，也反映血缘关系之等差，亲亲、尊贤皆由礼所生。在儒家学说中，不能呈现"仁"的礼，只是徒具礼仪的形式，强调礼不只是呈现金鼓玉帛等礼物，而且要做到和、俭、戚、敬、让等；同时，礼又是仁的表现，离开了礼的规范，很难做到"仁"，"恭而无礼则劳，慎而无礼则葸，勇而无礼则乱，直而无礼则绞"（《泰伯》），恭、慎、勇、直都是仁的具体品德，偏离了礼，非但不能达仁，反会走向其反面；即使是作为"仁"之根本的"孝"，也必须以礼为规矩。

正因为礼的本质是"仁"，所以它在处理各层面的关系时，强调以忠恕之道、挈矩之道为指导，无论个人与他人、个人与他人、个人与社会之间的利益关系，都须以谦让、宽容的精神贯穿其中，但是这种忠恕绝不等同于无原则的调和与退让，而是求大同存小异，在一定原则和条件下的和谐。儒家对于如何达到和谐共处的目的，还提出了"君子和而不同"的重要原则与"忠恕之道"相辅助，"子曰：君子和而不同，小人同而不和"（《子路》），和谐的实现是要靠不断地对正确意见的采纳执行、对错误意见和做法的纠正修补才能达成的。

二

综括起来看，礼的目的就是维持社会各阶层、各种关系的协调和谐，礼的规范使得社会、自然整体关系达致和谐有序，孔子称："礼之用，和为贵，先王之道斯为美。小大由之，有所不行，知和而和，不以礼节之，亦不可行也。"（《论语·学而》）礼之"用"具体就表现在对各种社会关系的调节中，形成三纲五常等伦理纲常思想。孔子强调"爱有差等"，他的仁爱原则是立足于"礼"的，要求"贵贱有等，长幼有序"，"恭而无礼则劳，慎而无礼则葸，勇而无礼则乱，直而无礼则绞。君子笃于亲，则民兴于仁；故旧不遗，则民不偷"（《泰伯》）。孔子指出宗法社会中几种基本的人伦关系都贯穿着"仁"的精神，所谓父慈子孝，君义臣忠，交友以信，尤其是孝悌原则更是"仁"之根本，"事父母，能竭其力；事君，能致其身；与朋友交，言而有信"（《学而》）。他认为，处理一切人伦关系，依"礼"而行，才能够真正做到孝顺父母，敬爱兄长，才有可能去仁爱其他人，使得各个层面的社会关系融洽和谐。

孟子对孔子所论的几种人伦关系作了进一步补充完善，明确提出"父子有亲，君臣有义，夫妇有别，长幼有序，朋友有信"（《孟子·滕文公上》）的人伦规范。荀子提出隆礼重法、礼法并用儒学体系，礼制思想成为荀子思想的鲜明标志，礼是国家命运所系，是治国经邦的根本法则，在国家政治社会生活中具有纲领性的作用，"礼者治辨之极也，强国之本也，威道之行也，功名之总也"（《荀子·议兵》），"国之命在礼"（《天论》）。由此他更为重视礼之于君臣、父子、夫妇伦理关系方面的作用，君臣、父子、夫妇之道既是人伦之纲，又是与天地同理相始终的大经大法，"君臣、父子、兄弟、夫妇，始则终，终则始，与天地同理，与万世同久，夫是之谓大本"（《王制》），"君者，国之隆也；父者，家之隆也。隆一而治，二而乱"（《致士》）。荀子对君权与父权、夫权都予以了充分肯定，君臣、父子、夫妇之间的关系以礼相待，处理好上与下、主与从的关系，可达成社会大治。

汉代董仲舒融汇诸子重构儒学，以天人关系为根据全面系统地诠解了三纲五常等封建宗法伦理道德原则及规范。由于他力主天人相类，天人合一，将天道与人事相比附，不仅沟通了神权与皇权，而且把父权、夫权等统归之于天意。首先，他强调一切伦理纲常制度皆来源于"天"，君臣、父子、夫妇等关系作为等级制度中最基本的伦常关系，都出自天意，"是故仁义制度之数，尽取之天，……王道之三纲可求于天"（《汉书·董仲舒传》）。三纲实乃天意所示，"君臣、父子、夫妇之义，皆取诸阴阳之道。君为阳，臣为阴；父为阳，子为阴；夫为阳，妻为阴"（《春秋繁露·基义》），阳尊阴卑，定位不移，而君臣，父子、夫妇之间统治与服从的关系就是绝对不可改变的。如何维系"三纲"，董仲舒再次把孝道提到了首位，视之为"三纲"的根本，藉对家族宗法伦常统治的强化达到封建政治关系、政治制度的巩固，孝道即为忠道，二者在此融为一体。与三纲相配合，董仲舒又特别重视"五常"基本道德范畴，乃据孟子"仁、义、礼、智"合"信"而成，"夫仁、谊、礼、知、信五常之道，王者所当修饬也。"（《汉书·董仲舒传》）"五常"之道主要是以伦理为本位的道德观念和行为规范。"仁"为五常之首，居于主导地位，"仁者，恻怛爱人，谨翕不争，好恶敦伦，无伤害之心，无隐忌之志，无嫉妒之气，……其心舒，其志平，其气和，其欲节，其事易，其行道，故能平易和理而无争也。如此者，谓之仁。"（《春秋繁露·必仁且智》）其余四者皆从属于"仁"。董仲舒强调在"五常"之前人格是平等的，无论君民上下都要以五常之道自觉约束自己，加强道德修养。董仲舒此时对三纲五常伦理纲常的格外强调，正是藉"礼"之别贵贱、序长幼的功用以维护社会上下内外的和谐稳定。

至东汉《白虎通义》，又有"三纲六纪"之伦常规定，"三纲者，何谓也？君臣、父子、夫妇也。六纪者，谓诸父、兄弟、族人、诸舅、师长、朋友也"（《白虎通·三纲六纪》）。这里以"六纪"代替了"五伦"，扩大了社会关系范围，礼的调节作用及影响也更细致入微，反映了东汉时期礼制建设的真实。汉代经学特重"三礼"正是出于社会礼制建设的需要。

此后，礼的传统一直贯穿在中国历史传统文化的发展过程中，其影响虽有负面的作用，但总体是积极推动了中国社会的历史发展。从汉代开始，儒家重礼的思想就成了官方既定的政策，由"礼"居中调节的三纲五常作为中国传统社会伦理道德的核心价值，涵盖了社会生活中的政治伦理、公共伦理、家庭伦理三个层面，有其恒常一贯的普世价值。历代王朝都借助了政治力量的支持推广礼仪规范，使礼仪变得更为普遍、牢固。礼的传统因此深深植根于中国社会，礼的影响深入人心。礼作为一套界定人类行为规范的道德原则与机制，对中华民族精神素质修养起到了极为深远的作用，中华民族成为一个重礼仪、重和谐、崇尚和平的礼教国家。"三纲""五常"中对人伦关系、道德准则的一些规定，在当代社会仍然有其价值意义，值得今人借鉴汲取。结合时代精神，深入理解儒家之"礼"调节社会关系的作用及意义，对传统三纲五常的基本内涵进行时代转换，以融入当代社会行为规范，对于加强当代道德建设具有重要的现实意义，这也是促动儒学与社会实现双向互动的一种路径。

当代衢州孔氏家庙祭典模式初探

齐鲁膳艺餐饮研究院《孔子故里中国年》课题组

当代衢州孔氏家庙举办祭孔大典始于 2004 年。衢州祭孔典礼传承人、孔子第七十五代嫡孙孔祥楷先生，以创新发展理念，奠定了当代祭孔礼规，2011 年被国务院批准列入第三批国家级非物质文化遗产名录。"衢州三祭"和"今礼祭典"社会效应良好，国际赞誉广泛。家庙祭孔社会化、国际化、人本化和现代化，是衢州孔庙祭典的显著特征。

一、从"衢州三祭"看家庙祭孔之公众化和国际化

"衢州三祭"即：衢州孔氏家庙逢五、逢十的五年一次的社会各界公祭，每两年一次的学祭，以及衢州每两年一次的国际孔子文化节。每五年轮换一次。至 2015 年，当代衢州孔庙祭典已经成功进行了十二次实践。

（一）社会各界公祭

2004 年以来，衢州孔氏家庙祭典的主祭、司祭，是浙江省、衢州市政界或文教界的领袖人物；衢州祭孔典礼传承人、孔子第七十五代嫡孙孔祥楷先生，始终担任陪祭。参加社会公祭的，有国内外教育、文化、艺术界嘉宾或代表人物，还有以"凡人善举共筑和谐"为主题，从衢州市的一市二区三县各遴选的城乡民众代表。衢州城乡民众自愿报名，报名时发给《论语》章句选录，录取时进行相应的测试，有的县区报名民众多达二三百人。2012 年衢州市最美教师、民警、企业家群体代表参祭，2015 年衢州市区 30 名环卫工人和 30 名农民工代表参祭。位于新桥街的衢州孔氏家庙，成

了普及孔子"泛爱众而亲仁"理念的公共文化广场。

（二）学祭

学祭旨在体现孔子"有教无类"的理念。不仅有本市教育部门公职人员、各校师生代表，不仅有衢州毗邻地市教育局和重点学校师生代表，还邀请聋哑学校和特殊学校的师生参祭。2005 年 5 月，联合国教科文组织、国际儒联、中华民族文化促进会、华夏文化纽带工程组委会等团体共同主办全球联合祭孔活动，衢州孔庙学祭是其中的重要环节，有七百名教师参祭，祭品增加了中华传统文房四宝，CCTV 以特别节目的形式向全球直播。

邀请外国孔子学院学者参加衢州祭孔，是由 2007 年时任浙江省省长的吕祖善提出，经国务院副秘书长陈进玉与国家汉办孔子学院总部许琳主任协商同意后确定的。自 2008 年开始，每年邀请七八所孔子学院的负责人或教授到衢州参祭。至 2015 年，已有英国、美国、俄罗斯、西班牙、巴西、日本、韩国、印度、津巴布韦、南非等六十多个国家的孔子学院近三百位代表参祭。

（三）国际孔子文化节

由三个部分有机组成：祭祀典礼、国际儒学论坛、纪念晚会，体现孔子"有朋自远方来不亦乐乎"的理念。

2006 年 9 月，时任浙江省委书记习近平致信祝贺第二届衢州国际孔子文化节和儒学盛会，指出："实现社会和谐是儒家思想的重要内容，以和谐为价值追求是儒家文化的基本精神。认真研究探讨儒家文化与和谐社会的关系，深入挖掘儒家文化中的社会和谐思想，可为构建社会主义和谐社会提供可资借鉴的重要思想资源，对于弘扬优秀传统文化、促进社会和谐发展具有重要的现实意义"。省委副书记夏宝龙自始至终参加祭典，在衢州孔氏家庙为孔子像敬献花篮，为衢州孔氏始祖像揭幕，并担任国际儒学论坛组委会主任；衢州国际儒学论坛，邀请中外儒学专家百余人参加学术研讨，浙江卫视现场直播以上活动。

纪念晚会，在祭孔典礼前一天，即 9 月 27 日晚上举行。2004 年举行纪念孔子 2555 年诞辰纪念晚会，首场演出二幕话剧《大宗南渡》与百人大合唱《东南阙里》，著名电影导演谢晋为艺术总监。此后，每隔 2～3 年演一次，由衢州学院、衢州职业技术学院、衢州广电总台等单位承演。

话剧《大宗南渡》与大合唱《东南阙里》，是衢州孔氏家庙独有的史诗作品。前者叙述公元12世纪宋王朝南迁，孔子第48代嫡长孙、衍圣公孔端友扈跸有功落籍衢州的故事。衢州孔子学会徐寿昌先生提供史料，孔祥楷先生编写剧本；后者由8首歌曲组成：大哉孔子、南渡风云、有教无类、孔洙让爵、彦绳复爵、楷木圣像、东南阙里、浩浩中华，既是孔子教育思想的颂歌，也是孔子嫡裔南迁衢州的史诗。崔铭先作词，孔祥楷作曲。借助于社会化、国际化、现代化的祭典平台，衢州孔氏家庙史诗的对外传播，达到了最大化。

二、从"今礼祭典"看家庙祭孔之人本化和现代化

"今礼"，是衢州祭孔典礼传承人提出的新概念，包括：献五谷，代替献三牲；银杏叶和古柏树叶系以黄丝带，代替佩戴的鲜花；穿着现代正装的市民，代替披挂古代服装的演员；现代人朗诵《论语》章句，代替古佾舞；全场合唱《大同颂》……是一套由表及里的完整礼规。

（一）今礼祭典四程式

依次完成礼启、祭礼、颂礼、礼成四项仪式，礼规全程约40分钟。

1. 礼启。含奏乐，撞钟，主祭人、陪祭人就位，全体参祭人员向孔子像行三鞠躬礼。

2. 祭礼。含礼生进香，献五谷和文房四宝，主祭人、陪祭人进香和敬酒，社会团体敬献花篮，主祭人诵读《祭孔子文》。

3. 颂礼。含中学生集体诵读《伟大的孔子》，参祭代表分组诵读《论语》章句，小学生背诵《论语》章句，全体参祭人员合唱《大同颂》。

4. 礼成。全体参祭人员合唱《大同颂》毕，即"礼成"。

大合唱《大同颂》，歌词选自儒典《礼记·礼运》，概括了孔子向往的大同社会的儒家理念："大道之行也，天下为公，选贤与能，讲信修睦。故人不独亲其亲，不独子其子，使老有所终，壮有所用，幼有所长，鳏、寡、孤、独、废疾者皆有所养，男有分，女有归。货恶其弃于地也，不必藏于己；力恶其不出于身也，不必为己。是故谋闭而不兴，盗窃乱贼而不作，

故外户而不闭，是谓大同。"《大同颂》作曲人为孔祥楷。

《祭孔子文》，分《社会公祭祭文》与《学祭》两种不同的祭文，系浙江省作协会员、诗人崔铭先先生撰写。两种祭文基本固定。每年视国情、省情，适当调整个别词句。

（二）衢州"当代人祭孔"理念推陈出新

衢州孔庙古礼祭典，包括四大祭（四季仲月上丁日）、四仲丁（大祭后十天）、八小祭、节气祭以及生日、祭日的特别祭和逢初一、十五的一般祭拜，还包括各地书院祭孔礼仪以及私塾、读经班的开蒙仪式，自12世纪以来持续数百年。2004年孔祥楷先生以"当代人祭孔"的理念，征求各方意见，策划了新中国成立后衢州首次祭孔典礼的全部仪程，并亲自创作了相应的祭祀乐曲。今礼祭典既有民族特色，又有时代气息，得到了前来参加祭典的中国孔子基金会常务副会长刘蔚华教授的赞同和肯定，认为是"推陈出新"的典范。

1. 今礼祭典凸显人与自然和谐相处的文明理念。每个朝代、每个时期的祭祀活动，都带有鲜明的时代特色和特定的时代内容。衢州祭孔典礼亦然。诚然，作为一种非物质文化遗产，祭祀应有所继承，但继承应是对被祭祀者优秀品德的敬羡和对其崇高精神的弘扬，而不是不加选择地复制、复古。奉以"太牢"（即猪、牛、羊三牲），本是春秋战国时期延续下来的一种古礼。《周易·既济·九五爻辞》则另有提示："东邻杀牛，不如西邻之禴祭，实受其福"。其意是："杀牛祭鬼神，可以说恭敬了。禴祭只用饭菜，不杀牲。殷纣（东邻）虽杀牛以祭，不如周文王（西邻）的薄祭，鬼神反而使他受福"。衢州今礼祭典，据此将三牲改成金灿灿的五谷。经过几年的尝试与微调，考虑到今后祭品的规范，2007年衢州祭典"献五谷"，参照汉朝以来对于"五谷"的解释，结合实际情况，采用稻、黍（玉米）、稷（粟）、麦、菽（大豆）。这样更适于不同信仰、不同文化习俗的人群理解和接受，也是对生态文明现代理念的很好诠释。

2. 今礼祭典凸显中华优秀传统文化正能量。2004年参加衢州祭孔大典的美国哥伦比亚大学中国哲学博士、现任教于葛德斯堡大学的终身教授司马黛兰女士，致信衢州孔子学会表示："我们看到你们在祭孔改革方面进行

儒家社会伦理

着严肃的、踏踏实实、成功的尝试……你们废止了华丽的服饰和舞蹈，废止了牛羊祭品，废止了古乐旧器的喧闹，把钢琴搬到大成殿前是个很了不起的创造！你们删去了孔子牌位上'神位'二字，堪称大手笔。孔子是人，不是神，现在是还孔子以人本位的时候了。"10月4日，香港城市大学邓立光博士在《星岛日报》上发表题为《从衢州祭孔看中国的文化发展》的文章认为："衢州祭孔迸发出的文化能量"，"显示了复兴传统文化的气魄与划时代意义"。

衢州孔氏家庙，初建于宋理宗宝祐元年（1253）年，次年（1254）竣工，全部建筑225楹，围以红墙，"仿曲阜之制，追鲁庙之遗，栋宇巍然，丹碧一新"。后几经迁建和修葺，现由家庙、孔府、后花园组成，占地13900平方米，是全国重点文物保护单位。中国的孔氏家庙现有三处，唯衢州孔氏家庙的今礼祭典被列入国家级非物质文化遗产。衢州孔庙祭典，历史上官祭、家祭与民祭相结合的祭孔模式，与21世纪推出的社会化、国际化、人本化的今礼祭孔模式，同样具有重要的学术价值和社会价值。

附1：2008 年衢州祭孔典礼《社会公祭祭文》

日月交辉，沧海桑田；岁次戊子，国泰民安；秋高气爽，先师华诞。我谨代表社会各界，奉香顶礼。五谷贡献，歌舞翩跹，至诚至虔，敬祭于衢州孔氏家庙大成殿至圣先师灵前：

洪荒蛮夷，天下混沌；存赖以天，命制于人；万木竞发，鲁林独尊；道孕尼山，振聩万民；昭昭仁德，穆穆诚信；以仁治世，以德育人；修齐治平，孝义衷亲；中和有序，公正为钧；春风化雨，滋润万根；惟我先师，德昭苍生。三皇五帝，奉祀为尊；素王之称，从古至今；祖龙坑儒，百经被焚；鲁壁堂堂，师训犹存；谆谆教诲，熠熠宏论；泽被帝宫，惠及黎民；暴虐被诛，仁善长春；和衷共济，友爱人伦；巍巍五岳，鼎立崇峻；惟我先师，教政以仁。习习儒风，华夏灵魂；仁义礼信，万代不泯；煌煌论语，世界遵循；我道不孤，四海有邻；融融德法，滔滔河新；万众一心，和如瑟琴；改革开放，跨越飞进；国泰民安，九州欢欣；东方巨龙，驾雾腾云；惟我先师，道贯古今。遥想当年，曲阜罹乱；孔氏大宗，扈跸南迁；赐家寓衢，生息繁衍；兴建家庙，儒林风范；莘莘学子，芸芸少年；叩谒圣像，参商共瞻；筚路蓝缕，施教黾勉；弘道乡里，教化民间；如林密密，似水涓涓；文化名城，赖为中坚。东南阙里，嫡裔故乡；三衢葳蕤，儒风浩荡。元元情怀，拳拳心香；祈灵大吉，伏惟尚飨。

附2：2013 年衢州祭孔典礼《学祭祭文》

日月交辉，沧海桑田；岁次癸巳，国泰民安。我谨代表衢州市职业院校校长、老师、学生，奉香顶礼，至诚至虔，敬祭于衢州孔氏家庙大成殿前：

月轮回兮斗转星移，至圣先师兮万代不替；金秋五彩兮风物相宜，莘莘学子兮虔诚恭祭。遥想华夏之初兮洪荒蛮夷，芸芸朝野上下兮众心不一；发端治世之术兮学说济济，承袭三皇旧礼兮林木丛立；惟先师出东鲁兮懿光天地，掌儒林之大纛兮雄傲四极。倡仁义礼智之心兮儒林飘扬旌旗，行文行忠信之教兮学子远离痴迷；华夏由之始文明兮万方仰崇，大中平和倡国运兮与天同齐。先师弘道兮辗转万里，风尘列国兮颠沛流离；儒风浩荡兮吹拂四隅，杏坛巍峨兮固根奠基。教我有教无类兮勿问聪慧高低，行我诲人不倦兮学子皆通六艺；示我因材施教兮授以学有专技，告我学而不厌兮牢记博学才艺。志于道兮据于德，依于仁兮游于艺；修身以成君子兮无忘劳其心志，齐家以求治国兮诸端行之以礼；开百姓黉序之首兮弟子三千桃李成蹊，树万民同心之本兮德才兼备代代相继。惟我先师兮心系大同，惟我先师兮教我学子；惟我先师兮德育校园，惟我先师兮道贯古今。洋洋洙泗兮坦坦阙里，荡荡瀔水兮润泽三衢；众众师生兮沐浴致祭，虔虔我心兮祈灵大吉！伏惟尚飨！

试论儒家孝道对中国基督教文化的影响

王希成

（山东神学院）

王希成

（山东神学院）

摘　要：儒家孝道与基督教圣经孝训有着诸多的相同之处。在基督教进一步扎根于中国文化的过程中，儒家孝道为其提供了土壤，帮助其在中国传统文化中找到一个对接点、落脚点，为其落地生根，溶入中国文化创造的条件。

关键词：儒家文化　孝道　中国基督教

　　1807 年（清仁宗嘉庆十二年），马礼逊来华传教，自此以后基督教新教正式传入中国。当时的传教士们对中国社会的主流思想"儒学"是认同的，甚至有依附于儒的表达体系之倾向。类似现象曾出现在明天启三年（1623）出土、唐建中二年（781）景净撰，吕秀岩（吕洞宾）书并题额的《大秦景教流行中国碑》上，当时传入的基督教新教分支也里可温教也有借用了佛教的语言表达体系。可见，基督教的传入，都需要当地人们已经接受、理解和应用的语言及文化做一个承接和表达。如此，即可突破或减少阻碍，又是基督教中国本土化的一个方式。中国文化博大精深、源远流长，儒家学说是中国文化的典型代表，为孔子所注重的孝道与圣经所讲的孝敬父母不谋而合。

一、儒家孝道与基督教圣经孝训之比较

　　首先，儒家孝道与基督教圣经孝训有着诸多的相同之处：

1. 同有悠久历史

中国伦理观念中的"孝"产生的非常早，时间可以追溯到夏商周三代。经过先秦儒家的发展，孝道逐渐形成一个完整的体系。秦汉以后，把孝道提到天道、地道、人道的高度。影响了中国二千多年的文明史。基督教孝道同样有悠久的历史，《出埃及记》中"十诫"的颁布，将"当孝敬父母"作为法律条文明确的提了出来，其时大约是公元前15世纪中叶，中国那时为商代。

2. 同为人伦之首

中国儒家把孝看作人类最基本的道德。孔子曰："孝弟也者，其为仁之本与!"（《论语·学而》）基督教也认为孝是众德之首，"十诫"中的前四诫讲人与上帝之间的关系，后六诫讲人与人之间的关系，在讲到人与人之关系时，首先提到孝："当孝敬父母，使你的日子在耶和华你上帝所赐你的地上得以长久。"（出20：12）宗教改革领袖马丁·路德说过："在头三条诫的卓越行为之后，再没有什么行为是比服侍尊长更好的了。因这缘故不顺服就比杀人、不贞、偷窃、欺骗和它们所包括的坏事罪更大了。"

3. 同具丰富内涵

中国伦理中的孝，经过儒家学者的阐述，其含义变得极为深广，内容变得极为丰富，包括了生活的每一个方面。"子女尽孝乃是终身大事，在时间上为一生的事，在空间上是一切的事。"基督教孝道没有与中国孝道相对应的内容，但其内容同样相当丰富，绝不仅限于服侍父母。我们可以从《申命记》中的一段经文来看："人若有顽梗悖逆的儿子，不听从父母的话，他们虽惩治他，他仍不听从，父母就要抓住他，将他带到本地的城门、本地的长老那里，对长老说：'我们这儿子顽梗悖逆，不听从我们的话，是贪食好酒的人。'本城的众人就要用石头将他打死。这样，就把那恶从你们中间除掉，以色列众人都要听见害怕。"（申21：18~21）基督教的孝道包括还个人操守、宗教信仰、社会治安等。

4. 同重实践之法

中国伦理有一个特点就是非常注重实践，是与基督教孝道完全吻合。

（1）守身。孟子曰："事孰为大？事亲为大；守孰为大？守身为大。"

（《孟子·离娄上》）行孝首重守身。基督教认为，人的身体来自上帝，上帝的灵住在其中，身体是上帝的殿。人不可毁坏身体，也不可容罪玷污身体，乃要保养顾惜，在身体上荣耀上帝（参林前3：16～17，6：13～20）。

（2）奉养。《吕氏春秋》说："民之本教曰孝，其行孝曰养。"（《吕氏春秋·孝行》）基督教孝道把奉养看作基督徒最基本的责任。"如果有人不照顾亲戚，尤其是自己家里的人，他就是背弃信仰，比不信的人还要坏"（提前5：8，《现代中文译本》）。

（3）尊敬。古人言："养可能也，敬为难。"（《吕氏春秋·孝行》）"你要听从生你的父亲，你母亲老了，也不可藐视她。……义人的父亲必大得快乐，人生智慧的儿子，必因他欢喜。你要使父母欢喜，使生你的快乐"（箴23：22，24～25），这是讲到尊敬。

（4）谏诤。在正统的思想中，子女对父母的谏诤也被视为孝的表现。当父母有错时，子女必须加以阻拦或劝谏。《孝经》云："父有争子，则身不陷于不义。故当不义，则子不可以不争于父，臣不可以不争于君。故当不义，则争之。从父之令，又焉得为孝乎？"（《孝经·谏诤章》）基督教在此点亦颇为显明。《以弗所书》6章1节说："你们要在主里听从父母。"这就是基督徒行孝的标准。所谓"在主里"不是指父母必须是信徒，而是指基督徒行孝必须照着上帝的旨意，当孝与上帝的旨意发生矛盾时，要"以天父的事为念"。

其次，对于何为"孝"，孔子则有更细致的理解：

1. 孝即依礼而行

孔子要求人们对自己的父母尽孝道，无论他们在世或去世，都应如此。孔子的学生"孟懿子"问什么是孝，孔子说："孝就是不要违背礼。"后来樊迟给孔子驾车，孔子告诉他："孟孙问我什么是孝，我回答他说不要违背礼。"樊迟说："不要违背礼是什么意思呢？"孔子说："父母活着的时候，要按礼侍奉他们；父母去世后，要按礼埋葬他们、祭祀他们。"可见，孝不是空泛的、随意的，尽孝时不应违背礼的规定，否则就不是真正的孝。依礼而行就是孝。

2. 孝即为父母的疾病担忧

孟懿子的儿子向孔子请教孝道。孔子说："对父母，要特别为他们的疾病担忧。（这样做就可以算是尽孝了。）"父母爱自己的子女，无所不至，唯恐其有疾病，子女能够体会到父母的这种心情，在日常生活中格外谨慎小心，这就是孝。做子女的，只需父母在自己有病时担忧，但在其他方面就不必担忧了，表明父母的亲子之情。

3. 无心不成孝

又有叫"子游"的学生，问什么是孝，孔子说："如今人们推崇所谓的孝，只是说能够赡养父母便足够了。然而，就是犬马都能够得到饲养。如果不存心孝敬父母，那么赡养父母与饲养犬马又有什么区别呢？"所以说，孝敬父母不是以行为来衡量，而是义对父母的心、心态、情感来衡量。

4. 和颜悦色即是孝

又有一位学生"子夏"问什么是孝，孔子说："（当子女的要尽到孝），最不容易的就是对父母和颜悦色，仅仅是有了事情，儿女需要替父母去做，有了酒饭，让父母吃，难道能认为这样就可以算是孝了吗？"孝道就是不仅要从形式上按周礼的原则侍奉父母，而且要从内心深处真正地孝敬父母。

在圣经中有类似的教导，但少有针对孝道的直接阐述。如，利 19：3 你们各人都当孝敬父母，也要守我的安息日。我是耶和华你们的神。其中的"当"字，应该就是"依礼而行"这个意思了。但不如孔子讲的明了。还有耶稣所讲"尽诸般的义"（太 3：15）。如耶稣加以解释，想必内涵也是丰富，但孔子解释得清楚明了易于人们遵行。

另外的三条，相对应的应该是歌罗西书 3：23 节所讲的教训："无论做什么，教要从心里做，像是给主做的，不是给人做的。涉及态度的有箴 23：22 你要听从生你的父亲，你母亲老了，也不可藐视她。"

二、儒家孝道对中国基督徒赡养父母的强化

圣经中如前提前 5：8，（《现代中文译本》）所讲，"如果有人不照顾亲戚，尤其是自己家里的人，他就是背弃信仰，比不信的人还要坏"。受儒家孝道影响的中国基督徒，在孝敬父母方面做得会比西方基督徒做得更到位一些。这也是儒家孝道在千百年间对人们思想潜移默化的结果。

《子欲养而亲不待》的孝子故事：汉·韩婴《韩诗外传卷九》皋鱼曰：

吾失之三矣：少而学，游诸侯，以后吾亲，失之一也；高尚吾志，间吾事君，失之二也；与友厚而小绝之，失之三矣。树欲静而风不止，子欲养而亲不待也。往而不可追者，年也，去而不可得见者、亲也。吾请从此辞矣。这段叹息是一个叫皋鱼的人在父母死后有感而发的。这个故事发生的年代是在春秋战国。

孔子出行在外，忽然听到有人哭得很悲痛。孔子说："快点赶车，前面有个贤人。"来到哭声传来的地方，看到一个人身穿粗布衣服，手里拿着镰刀，正在路边哭泣。孔子认识他，他的名字叫皋鱼。

孔子下了车，前去跟他说话："您并没有遇到丧事，为什么哭得这么悲痛呢？"

皋鱼说："我已经有三种过失了。年轻的时候，为了求学而周游于诸侯国之间，我的双亲去世了，我因此而失去了侍奉双亲的机会，这是我的第一个过失。我当初所立的志向非常高远，不想在国君手下从政做事，失去了为国家和百姓尽力尽责的机会，这是我的第二个过失。本来我与朋友的关系很深厚，但是，只因为一点小事就与他们断交了，这是我的第三个过失。树木虽然想安静，大风却不停地吹；做子女的想要侍奉双亲，双亲却不会等待着。过去了就永远无法追回来的，是岁月；一旦失去了就再也无法见到的，是双亲。我要从此离开人间了。"

皋鱼说完，立刻就死去了。

孔子说："弟子们一定真诚地看待他所说的话，牢牢地记在心里。"

于是，孔子的门人辞别孔子而回家赡养双亲的有十三个人。

这段记载主要是说，皋鱼周游列国去寻师访友，故此很少留在家里侍奉父母。岂料父母相继去世，皋鱼惊觉从此不能再尽孝道，深悔父母在世时未能好好侍床，现在已追悔莫及了！皋鱼以"树欲静而风不止"，来比喻他痛失双亲的无奈。树大不喜随风摆动太多，否则便枝歪叶落；无奈劲风始终不肯停息，而树木便不断被吹得摇头摆脑。风不止，是树的无奈；而亲不在则是孝子的无奈！因为这缘故，后人便以"风树之悲"来借喻丧亲之痛。

"树欲静兮风不止，子欲孝兮亲不待"就此成了千古佳话，强烈深刻的表达了儿女对父母的哀思，及子女不能赡养老人的遗憾。

圣经记载耶稣在十字架上对门徒的交待与嘱托，"看，你的母亲"，让门徒像对待他自己的母亲一样代自己尽孝，赡养母亲。圣经中的教训，在被儒家的传统孝道浸润过的土壤极易落地生根，发芽成生，并形成一道道极美丽的风景。

如我们博兴县的一位女医生，退休后一直是自己照顾 90 多岁的公爹，每周至少亲自给老人洗一次澡。她作为优秀的中华儿女，受过高等教育的知识分子，因着行道、尽孝，在教内外都有好名声。受中国传统孝道影响的中国基督徒在赡养老人、善于行孝方面都传出许多动人的故事。

在基督教进一步扎根于中国文化的过程中，儒家的孝道为其提供了土壤，帮助其在中国传统文化中找到一个对接点、落脚点，为其落地生根，溶入中国文化创造的条件。从中国基督教文化视角看，儒家的孝道作了提前预备，故此，基督教对儒家在这个方面影响和帮助是应存感谢之心的。

儒家社会伦理

社会儒学论丛（第一辑）

论《列女图》与《列女传》女德观的差异
——以论顾恺之《列女仁智图》为中心的考察

王红霞

（曲阜师范大学历史文化学院）

摘 要： 顾恺之《列女仁智图》的选题而只截取了《列女传》女德中的"仁智"部分。仁智女子聪慧能辩，善于识鉴，这种女德与其称为"德"，不如说是"才"。与先秦两汉时期的"牝鸡司晨"观念截然不同。女性识见识超卓、筹谋深远在魏晋时期成为妇德。顾恺之《列女仁智图》中的女子均体态轻盈，婀娜多姿，给人以美的感受。而刘向把"好德"与"好色"对立起来，含有美女误国，丑女兴邦之义。魏晋时期的女德观由"德"向"才"和"色"转变。究其原因，一方面，魏晋时期是一个王朝更迭的动荡时代。避祸保身居于首位。仁智的女子见微识远，既明且哲，可以保其身，保其家，这恰恰是那个时代的男子渴慕的女德。另一方面，魏晋时代是一个放达的时代不复为礼教之制所囿，因"德"的没落而被"色"取代。

关键词： 顾恺之　列女仁智图　美资容　世说新语

　　《列女仁智图》是东晋顾恺之依据刘向《列女传》的内容创作的画卷。刘向的《列女传》分为母仪传、贤明传、仁智传、贞顺传、节义传、辩通传和孽嬖传七卷。而顾恺之选择了《列女传》中的"仁智"部分，根据该部分内容勾画出十五位具有仁智美德的女性形象，故而称为《列女仁智图》。

　　现存《列女仁智图》是南宋人的摹本，但依然反映了顾恺之人物画的风貌，也是故宫《石渠宝笈》展中的国宝级展品。以往的研究，多集中于该画的作者、摹本时代、款识、收藏、流传、人物构形、空间塑造等问题，而对此画所反映的女德观念则鲜有人问津。人们往往将《列女仁智图》反映的女德观简单得等同于刘向的女德观，因而，对此关注极少。然而，二者的女德观真的完全一致吗？笔者不揣浅陋，试图以此为切入点，探讨女德观的变迁。

一、《列女仁智图》的选题意蕴

顾名思义，《列女仁智图》反映的是女德中的智慧部分，而这种智慧是以仁爱为目的，所以称为"仁智"。具有仁智的女子可以见微识远，洞烛机微，既明且哲，以保其身。举几个例子。

如密康公在随从周共王游玩时，得到三个女子，密康公之母劝其送给周共王，认为密康公德行不应同时拥有三个同姓女子。然而，密康公不舍美女，最终密国被灭。密康公母亲通过密康公的不当之举而预知密国的盛衰，可以说是一个能识得"天道"之人。

同样具有辨识天道才能的是楚武王的夫人邓曼。邓曼洞悉大臣莫敖因蒲骚之战的胜利冲昏头脑，在与罗国交战中必定会轻率不设防，从而劝谏楚武王派兵督察。邓曼还提出"抚小民以信，训诸司以德，而威莫敖以刑也"，国君以信用来镇抚百姓，以仁德来训诫百官，以刑法来慑服莫敖。果然，督军未到，莫敖已经战败。邓曼可谓"识彼天道，盛而必衰"。

卫懿公的女儿未出阁前满心希望嫁到齐国，因为齐国强大，离卫国较近，可以依托。卫懿公不听从，把女儿嫁到许国，成为许穆夫人。后来翟人攻打卫国，许国因为距离太远，实力又弱，不能派兵救助卫国。最终，卫懿公出逃，卫国被攻破。卫懿公后悔当初没有听从女儿的话。由此可见其许穆夫人"慈惠而识远也"，仁爱慈惠又见识广远。

曹国大夫僖负羁的妻子在重耳逃至曹国时，发现重耳身边的三个随从都有治国之才，预言重耳一定可以返回晋国得到君位，从而劝谏丈夫赠送重耳食物，施以礼敬。多年后重耳果然夺得君位，这就是一代霸主晋文公。晋文公因当年曹恭公的不敬而讨伐曹国。然而，在攻打曹国时，在僖负羁住的里巷门口刻石表彰僖负羁，并不准兵士入内骚扰。曹国百姓纷纷到那里避乱。曹氏因曹僖氏之言躲过祸患，还救了很多曹国百姓。因此，曹僖氏被赞有远见卓识。恰如《诗经》所云"既明且哲，以保其身"。

晋伯宗喜欢用直言和辩才折服人，妻子屡次劝诫他锋芒不要太露，免得招来祸患，伯宗妻劝其厚结朋友毕羊，伯宗不听。伯宗果然被杀害，而伯宗之子州犁在毕羊的护送下，到达楚国，幸免于难。《列女传》由此赞颂宗伯之妻知"天道"。

卫灵公夫人的智则体现在明于知人之道，能辨识贤才。有一天晚上，卫灵公和夫人听到车子移动的声音，到宫阙时，声音停止，过了一会，又响起来了。卫灵公夫人猜测是遽伯玉。因为按照礼的规定，行至国君宫室门前要下车，见到君主使用的马要敬礼。忠臣和孝子不会因为天色昏暗就行动懈怠。卫灵公夫人认为遽伯玉为人仁义而有智慧，侍奉国君十分谨慎，在这样天色昏暗的情况下扔不抛弃礼仪的应该是遽伯玉。卫灵公派人去看，果然是遽伯玉。

仁智还包括明白为人处世的道理。齐灵公打算废嫡立庶，废掉已为太子的光，而立齐灵仲子的儿子牙为太子。齐灵仲子并没有为此感到荣耀和高兴，而是断然拒绝，认为无故而废除嫡子，是专擅而轻视诸侯，将带来不祥之事。齐灵公坚持废嫡，造成了宋国政局的大动荡，自己也被活活气死。

赵括纸上谈兵的故事几乎家喻户晓，而赵括的母亲是一个有敏锐的洞察力、敢于直言劝谏的奇女子。秦国攻打赵国时，赵孝成王派赵括代替廉颇统率军队，临近出发，赵括母亲上书孝成王不可用赵括。并谈到赵括与其父赵奢的不同："赵括的父亲为将军时，尊奉几十人为老师，并亲自进献饭食，将数百人作为朋友，将赏赐的财务分给大家。接到大王的命令，便不再过问家中私事。而赵括统军时，军吏不敢抬头仰视他，大王的赏赐都拿回家收藏，并想办法置田买地。父子二人行事作风截然不同，希望不要派赵括出征。"孝成王不听劝阻，赵括之母请求赵孝成王答应，倘若赵括战败，只罪及本人，家人不受牵连。赵括出行30多天后，全军覆没，赵括战死。因赵括之母有言在先，赵括妻子儿女得生存。

《列女传》仁智篇中的女子或深明天道，或深明人道，或深明处世之道，均能从事物微小的迹象预测事情将来发展的趋势，并进而做出努力，以求保得国家或家人的平安。

据现在史籍可考的画作中，在魏晋时期，不仅有顾恺之的《列女仁智图》，还有王廙的《列女仁智图》、戴逵的《列女仁智图》、谢稚的《列女仁智图》等，只是这些画作未能传世。创作列女图自汉代开始。汉代有文献记载的列女画作始于东汉末年蔡邕的《小列女图》，而在考古发现中，山东嘉祥的汉代武侯祠墓中发现了大量列女图画像石，魏晋时期出现了一股《列女图》创作高潮。

但是，魏晋时期列女图与汉代有很大的不同。汉代列女图的绘画风格是依照刘向《列女传》的全部内容进行创作，涵盖了母德、贤明、仁智、贞顺、节义等所有方面。魏晋时期的列女图一方面延续了汉代列女图整体创作的风格，如顾恺之的《女史箴图》、荀勖的大小列女图和谢稚的列女图系列。另一方面，单独节选《列女传》的部分题材进行绘画也开始出现。有的是单独截取《列女传》中某一个故事，有的是某一类故事。比如戴逵的《阿谷处女图》、谢稚的《列女母仪图》等。这种新的取材方式可以使绘画创作更加精致饱满，更有针对性。在诸多的选材中，《列女仁智图》几乎是魏晋画家必选的题材。仁智女子聪慧能辩，善于识鉴，这种女德与其称为"德"，不如说是"才"。有卓越的才智，才能防微虑远，洞烛机微。这体现了魏晋时代画家对女性才智的肯定和赞赏。

魏晋人士对具有识鉴才能的女子赞誉有加。《晋书·列女传》中其中描写了35位女子，其中8位的评语均是赞赏女子聪明有辨识：杜有道妻严氏："贞淑有识量""知人之鉴"；羊耽妻辛氏"聪明有才鉴""明鉴简约"；王浑妻钟氏"聪慧弘雅，博览记籍……明鉴识远"；王凝妻谢氏"聪识有才辩"；虞潭母孙氏"性聪慧，识鉴过人"；刘臻妻陈氏"聪辩能属文"；刘聪妻刘氏"幼而聪慧……理趣超远"；苻坚妾张氏"明辨有才识"。对有明鉴之才的女子，晋书不但占用了大量篇幅，且不吝溢美之词，这也从一个侧面反映了魏晋男子对女子的要求从女德向女才转变的倾向。

事实上，魏晋时代确实涌现出一大批才女，如谢道韫、钟琰、绿珠、左芬、苏若兰、桃叶、谢芳姿、苏伯玉妻等。王羲之少年时曾拜在卫夫人门下学习书法。宋氏在家里讲堂，生员一百二十多人受业。韩兰英教六宫书学，被尊称为"韩公"。《世说新语》特设《贤媛》篇，称述有贤德的女子。郑玄在《周礼》中言"德谓贞顺"，班昭在《女诫》中释女德是"悠闲贞静，守节整齐，行己有耻，动静有法"。女性的贤德当然主要指道德上的贞顺，而魏晋时人的妇德则不同，是以女性的才智为贵。恰如余嘉锡在《世说新语笺疏》中评论说："唯陶母能教子，为有母仪，余多以才智著，于妇德鲜有可称者。"①

《世说新语》记载许允听从妻子建议，解除了危机。后来又其妻教导儿子避祸，显示出她的才智过人，具有非凡洞察力和政治敏锐力。"《尚书·牧誓》有谓'牝鸡无晨。牝鸡之晨，惟家之索。'这是著名的古训，教女人不要做主，说听信女人的话，家就会败落。然而许允妇的故事却像是要证明一个完全相反的道理：不听妇人言，祸事接连连。异哉！"② 与先秦两汉时期的"牝鸡司晨"观念截然不同。女性识见识超卓、筹谋深远在魏晋时期成为妇德。男子娶到有此才智的女子，是男子之幸；家中有此才智的女子，则是家庭之大幸。听从有才智的女性的建议，不但可以保其身，还可以保其家，甚至保其国。否则就可能面临身灭国亡的命运。可以说，魏晋时期对女性"才智"的颂扬已经超过此前的任何一个时代。

二、《列女仁智图》中女性的美容姿

顾恺之《列女仁智图》中的女子均体态轻盈，婀娜多姿，给人以美的感受。比如《楚武邓曼》故事中有数个人物，多个场景，顾恺之选择了楚王出征前与邓曼相视而语的画面。画中邓曼显示的是侧面，凝视楚王，似在谆谆教诲。在外形上看，身姿妙曼，衣饰得体。在《孙叔敖母》一画中，左侧站着童年的孙叔敖，仰面对着母亲。画面中的女子身体前倾，面容娇美，面色和悦，裙裾飘逸。《鲁漆室女》选取了倚靠断壁残垣与人对话的场

---

① 余嘉锡：《世说新语笺疏》，中华书局 1983 年版，第 63 页。
② 骆玉明：《世说新语精读》，复旦大学出版社 2012 年版，第 144 页。

景。虽然画面并不是十分清晰，但是可以看出，顾恺之并没有把一直未嫁的女子画得又老又丑，而是仪态端庄大方，给人以美的感受。

不止《列女仁智图》，顾恺之《女史箴图》《洛神赋图》中的女子也是如此。《女史箴图》也是女德教化的画卷，华中女子容止婉美、沉毅安静。《洛神赋图》描画了女神的惊世之姿。与此可兹对比的是武梁祠中的列女图，刻画粗糙，毫无美感。有些画面男女性别难以分辨，《楚昭贞姜》的贞姜形象臃肿不堪。

顾恺之非常注重绘画中人物之美，他在《魏晋胜流画赞》评价魏晋人士的《小列女》时说："（画列女）画如恨，刻削为容仪，不尽生气，又插置丈夫肢体，不以自然。然服章与众物既甚奇，作女子尤丽，衣髻俯仰中，一点一画，皆相与成其艳姿，且尊卑贵贱之行，觉然易了，难可远过之也。"① 可见，虽然"列女"系列乃教化之作，起到道德示范之效，但是"一点一画"仍要表现女子的"艳姿"。顾恺之在品评其他画作时也以绘画中人物之美为标准之一，如说《伏羲神农》"有奇骨而兼美好"，《孙武》"有怜美之体"，《北风诗》"美丽之形"等。

刘向《列女传》中并不赞赏女性的美丽，甚至对"美而有色"的女子略有微词。《列女传》中描写的美貌女子多有道德缺陷，并成为祸端的导火线。如夏桀末喜，"美于色，薄于德，乱孽无道，女子行，丈夫心，佩剑带冠"。夏桀不顾男女之别，公然穿男子的衣服，女扮男装，造成了夏王朝的覆亡。齐东郭姜"美而有色"，嫁给崔杼，同时又与齐庄公私通。后来，庄公被杀，崔氏家族也陷入混乱，齐东郭姜也在变乱中身亡。齐东郭姜是"杀一国君而灭三室，又残其身"的不祥之人。赵悼倡后因美色被悼襄王带入宫中，并恃宠谋划废黜王后和太子，自己和儿子分别取而代之。然而，悼襄王过世后，她与春平君私通，并杀害良将武安君，最终导致赵国灭亡，自己也被杀死。与赵悼倡后相近，赵灵吴女也是因为女色得宠，令赵武灵王废后废太子，自己当上王后，儿子做了太子，最终导致赵国内乱和赵武灵王饿死沙丘。《列女传》借叔向之母曾说："夫有美物，足以移人，苟非

① 张彦远：《历代名画记》，人民美术出版社 1983 年版，第 116 页。

儒家社会伦理

德义，则必有惑也。"这是典型的美女祸国的观念。

反之，有些长相丑陋的女子却有着不一般的德行和才智。如齐国女子钟离春，"其为人极丑无双，臼头深目，长指大节，卬鼻结喉，肥项少发，折腰出胸，皮肤若漆。型年四十，无所容入，炫嫁不售，流弃莫执"。钟离春的头像春臼，眼睛凹陷，手指粗长，骨节很大，仰鼻露孔，喉咙处有个大结，脖子肥大，头发稀疏，驼背凸胸，皮肤漆黑。这幅长相真是世间罕见，极丑无双。因而，年过四十还没有找到婆家。这种情况下钟离春还自我夸耀，更加无人问津。然而，钟离春敢于求齐宣王召见，并陈述国家的各种危难。宣王结纳谏言，并立钟离春为王后，从而使得齐国转危为安。"齐国大安者，丑女之力也。"

齐国的孤逐女没有了双亲，又因为丑陋而多次受到鄙弃，"状甚丑，三逐于乡，五逐于里，过时无所容"。然而，她竟敢求见齐襄王，并与襄王聊了整整三天的国家大事，言辞有理，慧眼识人，最终成了齐国国相的妻子。这些丑女天生丑陋，却因为品德和智慧改变了命运，是标准的"貌恶德充"型①。

孔子曾感慨地说："已矣乎，吾未见好德如好色者也。"② 希望人们爱慕德行超过爱慕美色，但是并没有否定外在美色，而是更注重内在德行。孟子也肯定"好色，人之所欲"③。而刘向把"好德"与"好色"对立起来，含有美女误国，丑女兴邦之义。

顾恺之的《列女仁智图》虽然取自于刘向《列女传》，也旨在宣传女德。然而，他对女性的资容之美与刘向截然不同。顾恺之注重"以形写神"，追求形神兼备，女子的美德通过美的姿容体现出来。整个画面沉静柔美，女子神色怡然。

可以说，魏晋以前人们对仪容的欣赏建立在道德品质外化的肯定之上，

---

① 吴广平：《理想化与妖魔化——论宋玉的女性形象描写艺术及其在中国文学史上的影响》，《湖南科技大学学报》2005 年第 2 期。

② 《论语·卫灵公》。

③ 《孟子·万章上》

而魏晋时期直接赞赏人的容貌风采之美，"追求光鲜亮丽的身体之美"①，也是美男子频出的时代。《世说新语》特有"容止"篇，展示的是魏晋名士漂亮的外貌和不俗的举止。如"裴令公有俊容仪，脱冠冕，粗服乱头皆好。时人以为玉人，见者曰：'见裴叔则如玉山上行，光映照人。'"嵇康被赞"风姿特秀"。王衍"容貌整丽"。"何平叔美姿仪，面至白。"潘安仁、夏侯湛并有美容，谓之"连璧"。为了展示容貌风采之美，贵族男子也傅粉施朱，如何晏"动静粉帛不去手"（容止），曹植也曾"自澡讫，傅粉"。谢玄年少时"好著紫罗香囊，垂覆手"。

　　女子也追慕具有姿容之美的男子。《晋书》卷五五《潘岳传》载："（潘）岳美姿仪，辞藻绝丽，……少时常挟弹出洛阳道，妇人遇之者，皆连手萦绕，投之以果，遂满车而归。"潘岳夹着弹弓走在洛阳街道上，女子们看到貌美的潘岳后，手拉着手围着潘岳看，并投掷水果。潘岳载着满车水果而归。卫玠是与潘安齐名的名男子，五岁时已因"风神秀异"被观者倾倒。本身俊爽有风姿的王济也感叹"珠玉在侧，觉我行秽"。卫玠搬到南京，"京师人士闻其姿容，观者如堵"②京城人为了一睹卫玠美貌，争相围着卫玠，像在卫玠身边筑起了人墙。卫玠本来身体羸弱，被这么多人围睹，体力不支，结果病死了。人们称为"看杀卫玠"。潘岳和卫玠因被围观的场景像极了当今粉丝观看小鲜肉的景象。对美的热衷伴随而来的是对丑的厌恶。与潘岳同时代的左思才华出众，所作《三都赋》曾造成"洛阳纸贵"的局面。左思像潘岳一样游走于洛阳街道时，因长相丑陋而被一群女子唾弃，只得垂头丧气地回家。

　　魏晋时期女子追慕美男子，男子也称赞容貌妍丽的女子。如阮籍的《咏怀》："西方有佳人，皎若白日光，被服纤罗衣。"男女相爱也缘于美资容。贾充的小女儿贾午偷窥韩寿，因其"美资貌，善容止"而心生爱慕。贾午迁身边婢女告知韩寿自己的爱慕之情，"婢后往寿家，具说女意，并言

---

　　① 白振奎：《魏晋士人的身体"发现"与身体"反叛"——"魏晋风度"的身体视角解读》，《学术月刊》2009 年第 7 期。
　　② 《晋书》卷三十六。

其女光丽艳逸，端美绝伦"①，韩寿闻之心动，前往私会，从而成就了一桩美好姻缘。由此可见，因为男方"美姿貌"，女方"光丽艳逸，端美绝伦"，才吸引双方，可见外在的美貌的重要性。

《世说新语》记有一则故事颇可玩味。桓温老婆是元帝女南康长公主，蛮横多妒，不准丈夫纳妾。后来桓温偷偷纳李氏为妾。南康公主知道后非常气愤，拿着刀，带着婢女，冲向李氏住所，准备杀了她。然而，李氏并不慌张，而是从容地在窗边梳头。"姿貌端丽，徐徐结发，敛手向主，神色闲正，辞甚凄婉。"公主被这一美色震惊，居然说"我见汝亦怜，何况老奴！"我见了你的美色都喜欢，何况是那个老东西。南康公主被唯美画面的感染，甚至超出了嫉妒和愤懑之情。由此可见，容姿之美不仅吸引男女异性，也得到同性的认可与欣赏。魏晋时人对仪容美的热衷可见一斑。

《世说新语·惑溺》中荀粲说："妇人德不足称，当以色为主。"直接认为评价女性妇德不足道，唯有女色最重要。"礼教崩溃、重情抑礼、任性所为的社会风气使得男性对女性的关注更倾向于发自内心的注重美貌。女子则根据男性的期待被动地接受这一事实或有意调整自己，实际上也反映了魏晋女子对自然人格的追求和对儒家传统的疏离。但这种进步所付出的代价是她们同时也失去了传统道德的庇护，德行的不被看重迫使她们只能在追求容貌和外在形态上争奇斗艳。"② 魏晋时期对女性的期待由重德向重色倾斜。

三、魏晋时期女德观变迁的原因

美貌与智慧并存是魏晋时人对女子的普遍期许，这与汉代偏重女子的内在德行有极大的不同。魏晋时期的女德观由"德"向"才"和"色"转变，男子更欣赏才貌双全的女子，这与顾恺之创作《列女仁智图》有密切关联。为什么同样的《列女传》题材，顾恺之的绘画展现出的意蕴与刘向文本有如此之大的差异呢？这与魏晋这个时代密不可分。

---

① 《晋书》卷四十。
② 刘淑丽：《论魏晋妇女生活及思想中的新因素》，《浙江社会科学》2001 年第 5 期。

1. 魏晋时期是一个王朝更迭的动荡时代

东汉末年，经过多年的军阀混战，终于形成了三国鼎立的局面。曹丕称帝后，魏国政治出现了以曹爽为首和以司马懿为首的两个集团的对立。嘉平元年，司马懿发动了"高平陵之变"，铲除了曹爽一族，掌管了国家的军权。司马懿病死后，长子司马师继续掌握大权，并于三年后，杀掉李丰、夏侯玄等，废掉皇帝曹芳，另立曹髦为帝。地方将领不满司马师的专断，起兵反抗，也被司马师一一剪灭。司马师死后，司马昭继承大权，权势如日中天。将领起兵发对司马昭，也被镇压。魏帝曹髦"见威权日去，不胜其愤"，率童仆数百人进攻司马昭，失败被杀。司马昭又立曹奂为帝。

司马昭病死后，司马炎继立，并于265年废魏帝曹奂，自立为帝，国号晋，史称西晋。司马炎也被称为晋武帝。晋武帝去世后，晋惠帝即位。晋惠帝是历史上著名的白痴皇帝。有一年发生饥荒，百姓没有粮食吃，晋惠帝则问："何不食肉糜？"八王之乱则是在这位愚痴的皇帝在位时发生，直至晋怀帝结束，断断续续达16年之久。八王之乱死亡惨重，社会经济遭到严重破坏，使得西晋国力日衰，内迁的北方民族趁机举兵，西晋被匈奴人吞灭。

在五胡乱华时期，大量士族南渡，在西晋被灭后，南方的司马睿称晋王，史称东晋。东晋王朝也是矛盾重重。先是王敦叛乱，司马睿忧愤而死。平息王敦叛乱后，继位的明帝也很快病死。明帝之子司马衍即位后，又发生了苏峻、祖约之乱。公元403年桓玄篡位，自立为帝。北府兵在刘裕的带领下杀掉桓玄。后刘裕代晋，建立了刘宋王朝，开启了南朝的历史。

综观魏晋时代，真是你方唱罢我登场，何止一个乱字了得？在这种动荡的政局下，不管身份贵贱，均朝不保夕，有今天可能就没有明天。"嗣宗身仕乱朝，常恐罹谤遇祸。"[1] 魏晋时人经常感叹人生的短暂和无常，阮籍"人生若尘露，天道邈悠悠……孔圣临长川，惜逝忽若浮"。实际上展现的正是对生命的强烈欲求和留恋。在恶劣的政治环境下，保住家族和家人的性命已经成为最急迫，也最重要的事情。单单依靠男子的力量避祸保身显

---

[1] 李善:《文选》。

然不够，因此，希望在女子的帮助下，以保其身、以保其家成为士大夫首要关注的问题。仁智的女子见微识远，既明且哲，这恰恰是那个时代的男子渴慕的女德。

2. 魏晋时代是一个放达的时代

魏晋时期"世积乱离，风衰俗怨"，因而，原有对女子礼义忠顺等道德要求已较汉代淡薄。污浊的社会和难以把控的短暂人生使得及时行乐、放纵自我的人生态度成为主流，名士"皆以放任为达"。如《晋书》记载阮籍"本有济世志，属魏晋之际，天下多故，名士少有全者，籍由是不与世事，遂酣饮为常"。晋惠帝时"贵游子弟相与为散发裸身之饮，对弄婢妾"①。此时，礼仪文化渐渐没有了约束力，"礼教渐颓"。王羲之的儿媳谢道韫寡居之时，太守刘柳倾慕谢道韫的才华而去拜访，二人对床而坐，高谈阔论。这在汉代是不可想象的。

山涛的妻子韩氏对嵇康、阮籍两人名士风度非常好奇，便"夜穿墉以观之，达旦忘反"②。这种晚上偷窥男子的行为，山涛也没有觉得妻子有何不妥，而且以僖负羁之妻亲观重耳随从狐偃、赵衰为由。甚至"达旦忘反"。并于事后由妻子品评自己与二人的优劣。骆玉明认为，"她在墙上打个洞观看丈夫与嵇康、阮籍的彻夜长谈，这是女性'侵入'男性世界的一个具有象征意义的举动；而她对山涛与嵇、阮二人的比较与评价，能见出自己丈夫的长处和短处，并得到山涛本人的认可，也证明她的识鉴并不在男性之下"③。

> 王浑与妇锺氏共坐，见武子从庭过，浑欣然谓妇曰："生儿如此，足慰人意。"妇笑曰："若使新妇得配参军，生儿故可不啻如此!"（世说新语·排调）

王浑和妻子看到儿子王济从庭院中走过，看到儿子英姿飒爽的样子，

---

① 《晋书·五行志》。
② 《世说新语·贤媛》。
③ 骆玉明：《世说新语精读》，复旦大学出版社 2007 年版，第 145 页。

做父亲的很是得意，说"此生有这么一个优秀的儿子，真是令人欣慰"。没想到王浑妻子钟氏笑着说："若是我和你弟弟王沦生个儿子，肯定不亚于咱们日子王济。"在男女授受不亲，谨守叔嫂大防的汉代，这种话真是大逆不道。可以说，即使放在当今的时代，也是夫妻之间可以随便开的玩笑。清人李慈铭曾云："此即倡家荡妇，市里淫姊，尚亦惭于出言，赧其颜颊。"①钟氏本是京城世家，父亲是太傅，这种话不仅钟氏不可能说出口，就是倡家荡妇，市井女流也说不出口，所以这段话肯定是瞎掰的。现有史料已经无法证实真实性，然而看出女子生活状态的自由与放松。

在先秦两汉，妒忌是女子失德的表现。"七出"规定中便有忌妒一条。如果女子忌妒，就可以休掉。然而魏晋时期女权高涨，妒风盛行。女性出嫁前被告诫告诫"以制夫为妇德，以能妒为女工"，造成了"举朝略是无妾，天下殆皆一妻"。

贵为东晋宰辅的王导妻曹氏颇妒，不准王导纳妾。王导背着妻子"密营别馆，以处众妾"。早已纳妾，却藏了起来。当秘密被发现后，曹氏"惊恚，不能自忍，乃命驾车，将黄门及婢二十人，持食刀，欲自出寻讨"②。王导惊恐不，忙去救援，竟然着急的用清谈用的麈尾朝牛尾猛拍，狼狈不堪。

女子更是"不复为礼教之制所囿"。葛洪在《抱朴子·外篇·疾谬》中谈道："而今俗妇女，休其蚕织之业，废其玄纮之务，不绩其麻，市也婆娑。舍中馈之事，修周施之好。更相从诣之适亲戚，承星举火，不已于行，多将侍从，玮晔盈路，婢使吏卒，错杂如市，寻道褒谑。"世俗女子经常抛开家务到处游逛，抛头露面，戏嬉亵戏谑，一边走路一边奏唱，累了就坐在路边举杯畅饮。

总的来说，魏晋时期女性"先时而婚，任情而动，皆故不耻淫佚之过，不拘妒忌之恶"。不终明杰，行为放荡，忌妒成风，然而"父兄不之罪也，天下莫执非也"③。可见，在魏晋时期与汉代世风的极大差别。

儒家社会伦理

---

① ［清］李慈铭著，王利器纂辑：《越缦堂读书简端记》，天津人民出版社1980年版，第268页。

② 《艺文类聚》卷35。

③ 《晋书》卷五《孝愍帝纪》。

总之，魏晋时期，由于政局动荡，社会风气放达，原有的道德与礼仪的重要性削弱了，女德观也随之发生极大的改变。当传统的女德不足以保障女子的生活和尊严时，女才、女色的地位上升。从某种意义上说，女子只有凭借卓越的才能和姿色才能立有一席之地。

四、余论

中国历来有"左图右史"的传统，然而，由于各种原因，在女德思想的研究中，对图像叙事和表达研究较少。葛兆光先生提出："既然图像也是历史中的人们创造的，那么它必然蕴涵着某种有意识的选择、设计和构想，而有意识的选择、设计与构想之中就积累了历史和传统，无论是它对主题的偏爱、对色彩的选择、对形象的想象、对图案的设计还是对比例的安排，特别是在描摹图像时的有意变形，更掺入了想象，而在那些看似无意或随意的想象背后，恰恰隐藏了历史、价值和观念，于是在这里就有思想史所需要研究的内容。"[①] 通过对顾恺之《列女仁智图》的研究，可以辨析《列女图》与《列女传》意蕴的不同，加深对魏晋女德观的认知。

---

① 葛兆光:《思想史视野研究中的图像》,《中国社会科学》2002 年第 4 期。

社会儒学论丛（第一辑）

《国语》中的家族伦理思想与家庭教育[*]

刘　伟

（曲阜师范大学历史文化学院）

摘　要： 两周时代，在礼乐文化的熏陶下，以家族伦理为核心的文化价值观渗透到社会生活的各种领域，对中国社会产生了深远的影响。《国语》中的家族伦理思想，实际上可以用"尊尊、亲亲"来概括。"尊尊"强调不同辈分之间的关系，"亲亲"则重在体现兄弟之间的孝悌与亲情。《国语》是为上层统治者提供政治借鉴而作，故而对于贵族教育非常重视，其中的不少相关思想因素至今仍然可以为家庭教育与成人教育提供借鉴。

关键词： 《国语》　家族伦理　家教

两周时期的中国社会在结构上具有家国一体、宗统与君统结合的特点，国家权力由周天子及其家族世代相承。家族一词，既可包括所有亲属，即所谓"九族"；也可仅指包括父母与子女的小家庭。在《国语》中，家族的含义相对比较宽，往往超出小家庭的范围，故又称宗族。作为组成社会的基本单位，家族具有传递文化与传统价值观念的功能，其成员之间确立了牢固的依赖、教育与扶助关系，并在漫长的发展过程中形成了具有中国特色的家族伦理观念。特别是在周代礼乐文化的熏陶下，以家族伦理为核心的文化价值观渗透到社会生活的各种领域，对中国社会产生了深远的

---

[*] 本文为国家社科基金项目"《国语》研究史"（15BZS065）的阶段性成果。

影响。①

一、《国语》中的"孝"观念

在《国语》时代的家族伦理中，"孝"是具有核心地位的观念之一。《说文》："孝，善事父母者。从老省，从子，子承老也。"这一解释符合周代以来文献记载中世人对"孝"的理解，但并不能准确反映其最初的意思。"孝"观念起源于对祖先的祭祀活动，据说夏禹就曾"菲饮食而致孝乎鬼神"（《论语·泰伯》），甲骨卜辞中的"孝"字作，表现的可能也是祭祀时躬身奉侍的样子，可见在商人看来，在祭祀祖先和神灵的活动中体现出的虔诚与敬意便是"孝"，这个时期的"孝"更多地具有精神信仰的特点，但已经与家族伦理建立了初步关联。商王武丁之子被称为"孝己"者，若不是后人之追称，则可能已经具有家族伦理上的涵义。

西周确立宗法制度后，"孝"也在礼乐政治化的过程中逐渐成为家族伦理规范中的核心要求，因此周人的"孝"观念实际上具有政治伦理与家族伦理双重属性。《国语》中对此有非常明确的阐释："宣王欲得国子之能导训诸侯者，樊穆仲曰：'鲁侯孝。'王曰：'何以知之？'对曰：'肃恭明神而敬事耆老，赋事行刑，必问于遗训而咨于故实，不干所问，不犯所咨。'"②樊穆仲是周宣王时期的卿士，他对"孝"的看法无疑具有代表性，我们由此可以作出论断：即便是在礼乐制度开始发生变革的《国语》时代，"孝"观念也依然具有强大的生命力，并在变革的大潮中成为维系社会正常运转的润滑剂。

《国语》中的"孝"特别强调对于祖先的祭祀。《周语下》载："晋孙谈之子周适周，事单襄公，立无跛，视无还，听无耸，言无远；言敬必及天……言孝必及神……。"单襄公对晋周的行为很是赞赏，认为"其行也文，能文则得天地……孝，文之本也。"韦昭云："文者，德之总名也。"人要做到"孝"就要注意祭祀祖先，反过来也可以说奉侍祖先便是"孝"的

① 张永儁：《中国古代家族伦理观的历史变迁与文化价值》，台湾华梵大学哲学系《第七届儒佛会通暨文化哲学研讨会论文集》，2004 年版，第 102 页。
② 《国语》，上海古籍出版社 1988 年版，第 23 页。

表现，总而言之，"孝"是为人者最基本的素质和要求。

"孝"的对象还包括在世的父母。《国语》载晋献公太子申生之语："吾闻之羊舌大夫曰：'事君以敬，事父以孝。'受命不迁为敬，敬顺所安为孝。弃命不敬，作令不孝，又何图焉？且夫间父之爱而嘉其贶，有不忠焉，废人以自成，有不贞焉。孝、敬、忠、贞，君父之所安也。弃安而图，远于孝矣，吾其止也。"[①] 申生之于晋献公，具有君臣与父子双重关系。在家族伦理方面来说，申生所谓的"事父以孝"无疑是有代表性的。申生还认为："夫为人子者，惧不孝，不惧不得。"[②] 又说"守情说父，孝也"[③]。考虑到献公当时受骊姬蛊惑正有废太子的想法，申生仍然表示要以孝事父母，虽然显示了其处事不够灵活的弱点，但也体现了当时"事父以孝"观念影响之深。在申生看来，"孝"就是"敬顺所安"，恭敬地顺从父亲的意愿；与此相对立的态度就是"作令不孝"，韦昭注："作令，谓擅发举以有为也。"对于父亲的做法，当儿子的不能擅自更改、自作主张。在诸侯、大臣中享有一定威望的太子申生为了尽人子之孝，维护"君父"的意愿，最终选择自杀而死。《国语》记录此事，既有对献公、骊姬等人的批评，又表明了对申生因尽孝而遭遇迫害的同情。

作为国家的统治者，列国君臣都应该重视宣扬孝道。管仲与齐桓公谈到对"四民"的政策时说："令夫士，群萃而州处，闲燕则父与父言义，子与子言孝。"[④] 士人在清闲时都要聚集在一起讨论如何尽孝道的问题。桓公采纳了他的意见，规定地方官吏都要把"慈孝于父母"的人推荐上来，"有而不以告，谓之蔽明，其罪五"。同样，对于那些"不慈孝于父母"者，也要汇报上来，"有而不以告，谓之下比，其罪五。"桓公褒奖孝行的举措收到了很好的效果，"是故乡长退而修德进贤，桓公亲见之，遂使役官"[⑤]。桓公推行的尽孝道者可入朝为官的做法，在中国古代政治史上具有一定的地

---

① 《国语》，上海古籍出版社 1988 年版，第 265 页。
② 《国语》，上海古籍出版社 1988 年版，第 277 页。
③ 《国语》，上海古籍出版社 1988 年版，第 290 页。
④ 《国语》，上海古籍出版社 1988 年版，第 226 页。
⑤ 《国语》，上海古籍出版社 1988 年版，第 233 页。

位。后世把桓公的做法推行到全国，就有了延续千百年之久的举孝廉制度。

二、以"礼"为核心的伦理秩序

在家族中，除了父子关系以外，还有其他几种关系存在，也都有相应的伦理规范。这些规范可以用一个"礼"字来概括。《国语》中记载了一些反映这些伦理观念的事例，以下试略述之。

《国语》以为，夫妻之间应该做到"敬"。晋国人冀缺与其妻子相敬如宾，便被大夫臼季看作贤才推荐给晋文公当了下军大夫。臼季的理由是："夫敬，德之恪也。恪于德以临事，其何不济！"① 敬是个人品德的外在表现，如果用于政事也将取得成功。与此相反，如果夫妻之间不敬，就说明当事人在品行方面是有问题的。晋国大夫董叔就是一个例子。董叔为了谋取政治资本，不听从叔向的劝告，娶了晋卿范宣子之女、献子的妹妹为妻，"欲为系援"。自以为得计的董叔没有处理好夫妻关系，妻子便以"不吾敬"之名到哥哥那里告状，结果董叔被范献子抓来绑在庭院里的槐树上当众出丑。他请求叔向去为自己说情时，叔向答曰："求系，既系矣；求援，既援矣。欲而得之，又何请焉？"② 他巧妙地利用"系援"的不同含义对其攀龙附凤却适得其反的结局进行了善意的讽刺。《国语》通过这篇揭露社会现象的小品文令人在捧腹之余也受到了家族伦理教育：夫妻之间的敬往往会因为社会地位的差别而难以做到。

《国语》认为，为母者应该尽力维护子女的名誉。《国语》对公父文伯之母昭其子之德的做法大加赞扬。鲁国大夫公父文伯早死，其母敬姜便在丧礼前告诫他的妾在祭奠亡灵时不能表现得过于悲伤，丧服也要比礼制低一等。这样前来吊丧的人们看到她们临丧不哀，与文伯感情冷淡，从而证明文伯不是"好内"之人，也就为其赢得了美名。敬姜的做法今天看来固然值得商榷，但却体现了为母亲者对儿子名誉的重视，就连孔子都赞叹说"公父氏之妇智也夫！欲明其子之令德"③。但在丧礼中，敬姜还是遵守礼法

① 《国语》，上海古籍出版社 1988 年版，第 393 页。
② 《国语》，上海古籍出版社 1988 年版，第 487 页。
③ 《国语》，上海古籍出版社 1988 年版，第 211 页。

的:"公父文伯之母朝哭穆伯,而暮哭文伯。仲尼闻之曰:'季氏之妇可谓知礼矣。爱而无私,上下有章。'"① 韦昭注:"哭,谓既练之后,哀至之哭也。此父子之丧哭不相及,终言之耳。礼:寡妇不夜哭,远情欲也。上下有章,夫朝、子暮也。"于此可见,敬姜既做到了遵守礼制,又做到了"明子之令德",她所得到的孔子的肯定,事实上也是世人和《国语》编者的肯定。

《国语》还指出,家族之内男女有别。"男女授受不亲,礼也。"(《孟子·离娄上》)宗法体制下的中国社会中,男女之别是一项重要的礼制。敬姜便是遵守这一礼制的典范:"公父文伯之母,季康子之从祖叔母也。康子往焉,闱门与之言,皆不逾阈。祭悼子,康子与焉,酢不受,彻俎不宴,宗不具不绎,绎不尽饫则退。仲尼闻之,以为别于男女之礼矣。"② 虽然季康子也是自己的亲属,但敬姜与其见面也坚持遵循男女有别原则,彼此只能在内室门口隔着门槛交谈;祭祀其公公悼子时,季康子作为曾孙、季氏大宗也来参加,在献胙肉时,敬姜不亲手接过,祭祀完毕撤下礼器后也不与季康子一起宴饮;当天举行再祭之前,主持祭祀者不到场,她就不参加,祭祀完毕后不等饫礼结束就先退席。敬姜的行动从始到终都是恪守男女之别的,也得到了孔子的赞赏。于此可见男女有别、各有礼制的观念在《国语》时代已经深入人心了。

《国语》提倡待客以礼。公父文伯宴请南公敬叔时,以年高德劭的露睹父为上宾。席间上了清蒸甲鱼,但给露睹父的那条小了一些。睹父大为不满,拂袖而去。露睹父在意的并不是一条甲鱼的大小,而是礼仪与尊卑。在那讲究礼法的时代,把最大的甲鱼给上宾以示尊崇是基本的礼仪,否则就是轻慢无礼。一向讲究礼法的敬姜对儿子的做法非常生气,把他赶出家门以示惩戒。③《国语》通过这则小故事既表达了对礼仪的重视,又生动地刻画出了一位严守礼仪的人物形象。

除了上面列举的家族伦理观念以外,《国语》中还零星提到了不少。如

儒家社会伦理

---

① 《国语》,上海古籍出版社 1988 年版,第 212 页。
② 《国语》,上海古籍出版社 1988 年版,第 209 页。
③ 《国语》,上海古籍出版社 1988 年版,第 202 页。

与"孝"并称的"悌"（弟），《说文》："悌，善兄弟也。……经典通用弟。""悌"（弟）是处理兄弟之间关系的基本原则。周王室大夫富辰支持古人"兄弟谗阋、侮人百里"的说法，主张"虽阋不败亲""兄弟之怨，不征于他"①，管仲说"事君者言敬，其幼者言弟"②，狐偃亦云"谗在兄弟为大乱"③，他们所强调的都是"悌"。晋国大夫魏绛杀了扰乱军规的悼公之弟公子扬，悼公甚至动过按照"兄弟之礼"找其问罪的念头，可见时人对兄弟之情的重视。

总而言之，《国语》时代的家族伦理观念，实际上可以用"尊尊、亲亲"来概括。"尊尊"强调不同辈分之间的关系，"亲亲"则重在体现兄弟之间的孝悌与亲情。即便此时的礼乐制度正在经历剧烈的变革，但"尊尊、亲亲"的宗法伦理原则却深深渗透在中国文化的历史进程中，历久而弥新。

三、以家庭教育为主的观念传承

《国语》时代的人们不仅已经强调家族伦理观念的重要性，还有意识地为子孙后代灌输这种伦理观念，形成了世代相承的传统。我们在《国语》中也可以找到这种观念传承的记录，家教便是传承的主要方式。

《国语》是为上层统治者提供政治借鉴而作，故而对于贵族教育非常重视。对于天子、诸侯、卿大夫等贵族阶层来说，往往有专门人员负责对子女进行伦理观念方面的教育。由于家教事关家族延续，贵族们对相关人选是非常慎重的，被选中者也因而享有很高的地位。晋悼公在这方面做出了表率：

> 君知士贞子之帅志博闻而宣惠于教也，使为太傅。……栾伯请公族大夫，公曰："荀家惇惠，荀会文敏，黡也果敢，无忌镇静，使兹四人者为之。夫膏粱之性难正也，故使惇惠者教之，使文敏者导之，使果敢者谂之，使镇静者修之。惇惠者教之，则遍而不倦；文敏者导之，

---

① 《国语》，上海古籍出版社 1988 年版，第 45 页。
② 《国语》，上海古籍出版社 1988 年版，第 226 页。
③ 《国语》，上海古籍出版社 1988 年版，第 305 页。

则婉而入；果敢者谂之，则过不隐；镇静者修之，则壹。使兹四人者为公族大夫。"①

公曰："孰能？"对曰："羊舌肸习于春秋。"乃召叔向使傅太子彪。②

悼公先后任命博学多才的士贞子和叔向为太傅，负责对太子的教育。他看到了贵族子弟养尊处优、难于教养的事实，便有针对性地任命德才兼备、沉着果断的四人为公族大夫，负责培养和教育公族子弟。这些举措显示了他对贵族教育的重视。那么，对太子、公族子弟究竟应该如何实施教育呢？楚国大夫申叔时有详细论述：

教之《春秋》，而为之耸善而抑恶焉，以戒劝其心；教之《世》，而为之昭明德而废幽昏焉，以休惧其动；教之《诗》，而为之导广显德，以耀明其志；教之礼，使知上下之则；教之乐，以疏其秽而镇其浮；教之《令》，使访物官；教之《语》，使明其德，而知先王之务用明德于民也；教之《故志》，使知废兴者而戒惧焉；教之《训典》，使知族类，行比义焉。

若是而不从，动而不悛，则文咏物以行之，求贤良以翼之。悛而不摄，则身勤之，多训典以纳之，务慎悖笃以固之。摄而不彻，则明施舍以导之忠，明久长以导之信，明度量以导义，明等级以导之礼，明恭俭以导之孝，明敬戒以导之事，明慈爱以导之仁，明昭利以导之文，明除害以导之武，明精意以导之罚，明正德以导之赏，明齐肃以耀之临。若是而不济，不可为也。

且诵诗以辅相之，威仪以先后之，体貌以左右之，明行以宣翼之，制节义以动行之，恭敬以临监之，勤勉以劝之，孝顺以纳之，忠信以发之，德音以扬之，教备而不从者，非人也。其可兴乎！夫子践位则

① 《国语》，上海古籍出版社1988年版，第434页。
② 《国语》，上海古籍出版社1988年版，第445页。

儒家社会伦理

退，自退则敬，否则赧。①

申叔时的这番话，可以称得上是我国最早的教育学论文之一，涉及了教育问题的各个方面。首先，教育目的是培养素质全面的人才，既要有渊博的知识，又要有处理各项事务的能力。其次，教育内容包括历史、礼仪、音乐、法令、训典等，后来孔子用于教育学生的六艺，有可能从这里受到了启发。再次，在教育原则上要注意循序渐进，先通过教育改正错误，然后巩固学习成果，最后要求熟练掌握处事之道。第四，教育方法上，强调教师"身勤之"，以身作则；主张以正面教育为主，"勤勉以劝之，孝顺以纳之，忠信以发之，德音以扬之"；强调对比的教育方法，"耸善而抑恶""昭明德而废幽昏"。② 总而言之，申叔时的论述是《国语》时代中国教育思想的一次总结。《国语》把它原原本本保存下来，可以为世人治国修身、教育后代提供借鉴。

除了有专门人员专职教育外，《国语》时代的贵族还有很多教育子女的方式。一是学于亲属。身为季氏大宗、鲁国执政的季康子就曾以不耻下问的态度向在本族内德高望重的敬姜虚心求教，敬姜送给他八个字："君子能劳，后世有继。"③ 这就是要季康子勤于政事，不能居高自傲，这样才能世代兴旺。敬姜的话虽然简短，但却意味深长，富有启迪价值。值得注意的是，敬姜这话还是从其去世的婆婆那里听来的，春秋末年的子夏也提到儿媳妇向公婆学习是自古以来的规矩，可见这种长辈对晚辈的教育是有传统的。

二是以身垂范、现场教训。范文子是晋国名臣，其家教也非常严格。在鄢陵之战中，他的儿子范匄也随军出战。当将领们商讨策略的时候，年少气盛的范匄上前提出自己的主张，从表面上看来，这应该是一件好事，但范文子却气得"执戈逐之"，还说"国之存亡，天命也，童子何知焉？且

① 《国语》，上海古籍出版社1988年版，第528~531页。
② 来可泓：《国语直解》，复旦大学出版社2000年版，第762~763页。
③ 《国语》，上海古籍出版社1988年版，第202页。

不及而言，奸也，必为戮"①。范文子在这里考虑的，不是打击儿子的作战热情，而是体现了其对礼节的重视。范匄越级献策，目无长辈元老，是不谦虚谨慎的表现。如果任其发展下去，后果不堪设想。范文子的做法实际上是教育其子为人处事要懂得谦虚谨慎，显示出了深谋远虑。就连当时的晋国大夫苗贲皇都评价他是个"善逃难"的人。范文子的家教方式事实上也是其家族的传统，他的父亲范武子也曾对他言传身教，使其从中获益。

虽然对贵族子弟的家教很重要，但效果如何，关键还在于受教育者本人。《国语》中对此有清醒的认识：

> 庄王使士亹傅太子箴，辞曰："臣不才，无能益焉。"曰："赖子之善善之也。"对曰："夫善在太子，太子欲善，善人将至；若不欲善，善则不用。故尧有丹朱，舜有商均，启有五观，汤有太甲，文王有管、蔡。是五王者，皆有元德也，而有奸子。夫岂不欲其善，不能故也。若民烦，可教训。蛮、夷、戎、狄，其不宾也久矣，中国所不能用也。"王卒使傅之。②

在士亹看来，教育只是一种外在手段，教育的目的必须通过发挥受教育者的主观能动性才能实现。这一观点是非常深刻的。士亹为论证其观点所举的例子也具有很强的说服力。尧、舜等圣人明王尚且有不成器的"奸子"，可见如果儿子不愿意主动接受教育的话，那么教育也不能达到"善"的目的。而同样的教育手段用在不同的人群身上，效果也是不同的。对本国人民的教育有效果，对蛮夷戎狄就没什么用处。士亹对于教育功能与教育主体的论述，在中国教育史上具有重要的理论意义。

---

① 《国语》，上海古籍出版社 1988 年版，第 421 页。
② 《国语》，上海古籍出版社 1988 年版，第 527 页。

社会儒学论丛（第一辑）

人际信任与社会信任的建构

——孔子"信"论及其现代价值

王玲莉

（厦门大学国学院）

"信"是孔子道德规范体系中的基本范畴，是中国伦理思想的一个重要范畴。儒家学派的创始人孔子对"信"作了精辟阐述，认为信是立人之本、交友之道、为政之要，主张"言必信，行必果"（《论语·子路》，下引该书，仅注篇名）。一个社会的健全发展离不开人格信任、人际信任和社会信任，人与人之间、人与组织之间、组织与组织之间的彼此信任构成了社会生活的基本事实。孔子有关信的论述对塑造健全人格、促进人际信任、推动社会和谐有重要借鉴意义。本文以《论语》为依据，对孔子的"信"思想进行一番探讨，求救于方家学者。

一、"信"的基本内涵及价值

《说文解字》云："信，诚也。从人从言。"① 何谓"信"？从信的字面意义来看，信从人从言，由"言"和"人"组成，即"人言为信"。其基本内涵是言语不欺，守言行诺。而又以"诚"和"信"互释，进一步说明"信"即诚实不欺。根据杨伯峻《论语译注》的统计，《论语》中"信"共出现 38 次，"诚"则出现 2 次，且是以助词的形式出现。② 因此，就诚信问

---

① 许慎：《说文解字》，中华书局 1963 年版，第 52 页。

② 杨伯峻：《论语译注》，中华书局 1980 年版，第 257、298 页。

题而言，孔子集中探讨的就是"信"的问题。当然，"信"这个伦理范畴，在孔子那里不是独立展开的，它是"仁"这个孔子思想体系的核心范畴的一个展示和体现。"子张问仁于孔子。孔子曰：'能行五者于天下为仁矣。''请问之。'曰：'恭，宽，信，敏，惠。恭则不侮，宽则得众，信则人任焉，敏则有功，惠则足以使人。'"（《阳货》）由此可见，"信"和恭、宽、敏、惠一样，皆为"仁"的表现，是达于"仁"的必备品性。"信"还是孔子"四教"之一——"子以四教：文，行，忠，信"（《述而》）。孔子把"信"作为其教学的重要内容之一，看到了"信"在社会生活各个方面的重要价值，给予"信"非常高的道德评价，认为"信"具有促进道德完善、人际协调、家庭和睦、国家兴旺、天下安宁等价值。

第一，"信"是立人之本。

孔子把"信"看作是做人的道德支柱，如果没有信德的支撑，我们将寸步难行。"人而无信，不知其可也。大车无輗，小车无軏，其何以行之哉？"（《为政》）一个人如果在社会生活中言而无信，靠欺骗生活，就好像大车子没有安装横木"輗"，小车子没有安装横木"軏"（yuè），如何在社会上立足？"言忠信，行笃敬，虽蛮貊之邦，行矣。言不忠信，行不笃敬，虽州里，行乎哉？"（《卫灵公》）如若言语忠诚信实，行事笃厚谨敬，即使身处蛮貊之邦也能行得通；反之，即使在本乡本州也难以行得通。孔子进一步强调，诚信是做人的基本品质，是人之所以为人的一个根本，也是一个人在社会中安身立命的道德起点，人若无信，就难以立身处世。

第二，"信"是交友之道。

人生自有交游，少不了各式各样的朋友。朋友对一个人的成长特别是道德品质的形成有着重要影响。孔子告诫我们，与人交往时，须审慎选择，不可误交、滥交。应选择"益友"，远离"损友"。"益者三友，损者三友。友直，友谅，友多闻，益矣。友便辟，友善柔，友佞，损矣。"（《季氏》）与正直诚实、宽容谦逊、博学多识的人的"益友"交往，受良好品德的熏陶，自己则德进业修，与花言巧语、口是心非、表里不一的损友交往，则会走上歧途，丧德丧志。孔子甚至主张要选择仁德之乡居住，以免受不良影响。他说："里仁为美。择不处仁，焉得知？"（《里仁》）

选择朋友要选择诚实的人、有信行的人。"主忠信，无友不如己者。"（《学而》）"不仁者不可以久处约，不可以长处乐。"（《里仁》）交往过程中，对朋友更要讲诚信。"事父母，能竭其力；事君，能致其身；与朋友交，言而有信。"（《学而》）并把"老者安之，朋友信之，少者怀之"（《公冶长》）作为自己的三大心愿。事实上，在人与人之间的关系中，能否做到忠诚信实，也是评价一个人道德品质高下的重要标准。孔子的弟子深谙此道，常常以此严格要求和反省自己，如孔子的弟子曾参："吾日三省吾身——为人谋而不忠乎？与朋友交而不信乎？传不习乎？"（《学而》）只有在信实的基础上，人与人之间才能真诚相处，也才能建立起和谐的人际关系。

第三，"信"是为政之要。

孔子主张"为政以德"（《为政》），以道德来治理国家，尤其强调"民无信不立"，信成为执政的重要内容和手段之一。这里的"信"是社会信任，是重要的社会资本。只有获得民众支持、信任，国家政权才能持久、稳定。"子贡问政。子曰：'足食，足兵，民信之矣。'子贡曰：'必不得已而去，于斯三者何先？'曰：'去兵。'子贡曰：'必不得已而去，于斯二者何先？'曰：'去食。自古皆有死，民无信不立。'"（《颜渊》）可见，在治国之道上，孔子把诚信放在兵强马壮甚至丰衣足食之上，认为虽然军备、粮食和民众的信任都是治理好国家的重要条件，但三者中民众的信任更为关键。信是维护社会安定，巩固国家政权的根本前提保证，是立国之本。

如何取信于民？孔子认为为政者要"敬事而信，节用而爱人，使民以时"（《学而》）。处理政事时，要严肃认真地对待工作，诚实无欺，讲究信用，以慈爱之心对待百姓。作为执政者、管理者要以身作则，不轻诺寡信，不背信弃义。孔子强调为政者对诚信原则的遵从和践行，因为一个人所处的位置越高，对社会诚信产生的影响越大，其所承担的道德责任也越重。孔子"万方有罪，罪在朕躬""百姓有过，在予一人"（《尧曰》）的说法，一方面是揭示为政者的责任，另一方面也是对为政者失信行为的谴责。为此，孔子深刻分析了为政者的思想言行对广大民众的影响和感召作用。"上好礼，则民莫敢不敬；上好义，则民莫敢不服；上好信，则民莫敢不用情。""其身正，不令而行；其身不正，虽令不从。""苟正其身矣，于从政乎何有？不能正其身，如正人何？"(《子路》)"政者，正也。子帅以正，孰敢不正？"(《颜渊》)这些话，都是针对为政者而言的。从信角度来说，为政者能否在工作中做到以身作则，忠诚信实，即是否做到"身正"，不但是一个个人的道德修养和道德品质问题，也是一个关系到广大百姓和具体的行政效果的问题。

二、"信"的实现途径

言而有信，行而有托，才算是真正站得住脚跟的人。信既然是一个人安身立命的道德起点，那么，如何做到"信"？"信"在《辞源》中有两种主要的解释，其一为"诚实，不欺"，其二为"信从，信任"。"信"有两个维度，一是从行为发出者的维度，"信"是指人的言行要诚实无欺，值得信任，如"人而无信，不知其可也"(《为政》)。二是从行为接受者的维度，"信"与怀疑、猜忌相反，是指对他人的相信、信任，如"足食，足兵，民信之矣"(《颜渊》)等。也就是说，"信"既包含着就个人而言的"守信"，也包含着对他人而言的"信任"。当然，只有首先做到"守信"，才能得到他人的信任。孔子强调"言必信，行必果"(《子路》)，这是他对"信"的第一个维度以及如何实现这一维度的基本概括。

第一，言必信。

"言必信"是从语言这个层面入手，要求人们说实话，讲信用。人与人之间的沟通首先是通过语言来实现，这就赋予了语言一定的价值。"言"可以表现出一个人内在的德性，反映主体自我的本质。而"信""从人言"，突出了"信"是人言的本质。这里的"言"不是伪言，不是妖言，不是谣言，而是真实无妄的"信"言，所以信最基本的要求是不说大话，不说空话，不说谎话。信是建立在彼此间言语的信任基础上，人与人之间的交往也要从言语上的诚实、不欺开始。孔子看到了这一点，他对"巧言令色"深恶痛绝。在《论语》中有三处讲到了"巧言"："巧言乱德"(《卫灵公》)、"巧言、令色、足恭，左丘明耻之，丘亦耻之。匿怨而友其人，左丘明耻之，丘亦耻之"(《公冶长》)、"巧言令色，鲜矣仁！"(《学而》)、"巧言令色"等行为，只追求悦人的外在的虚饰之美，失去符合仁的善德，也失去了信的善德。孔子甚至把利口巧舌之人视为颠覆国家、危害社会的祸根："恶紫之夺朱也，恶郑声之乱雅乐也，恶利口之覆邦家者。"（《阳货》）孔子如此反感巧言之人，就是害怕行动兑现不了言语所要实现的内容。一旦说出口，又做不到，这岂不就是虚妄之言，就是失信吗？

正因为如此，孔子告诫弟子们，要"慎于言"（《学而》）、"讷于言"（《里仁》）、"切言"（《颜渊》），要"言必有中"（《先进》）。言说要谨而慎之，有则说，无则不能瞎说，一言既出，驷马难追。"夫子之说君子也，驷不及舌。"（《颜渊》）孔子把人的不善言谈也看作是一种高尚品质："刚毅木讷近乎仁"（《子路》），甚至把自然运行的规律作为推崇模仿的榜样。如孔子云："天何言哉！四时行焉，百物生焉，天何言哉！"（《阳货》）"言必有中"则反映了"恰当"的要求。所谓"言必有中"，首先，说话要针对对象，见什么人说什么话，"中人以上，可以语上也；中人以下，不可以语上也。"（《雍也》）其次，说话时要考虑到对象的知识水平和接受能力，不然，"可与言而不与之言，失人；不可与言而与之言，失言。"（《卫灵公》）

第二，行必果。

"行必果"是从行为这个层面入手，要求人们"言"出"躬"必"逮"，即说过的话必须履行，办事要有实效。孔子十分强调信的力行意识与实践品格。在谈到对人的评价时，他曾说："始吾于人也，听其言而信其行；今吾于人也，听其言而观其行。"（《公冶长》）从"听其言而信其行"，到"听其言而观其行"，反映了孔子对言行一致、表里如一、躬行实践的高度重视。身体力行确实要比言语的承诺更具有真实感人的力量。在"行"的过程中，孔子认为也不能敷衍塞责，弄虚作假。他用了不少词来说明"行"要真心诚意，严肃认真，尽职尽责。比如，"敏于事""敬事而信""谨而信"（《学而》），"敏于行"（《里仁》），"居之无倦，行之以忠""君子敬而无失"（《颜渊》），"执事敬"（《孔路》），"事思敬"（《季氏》）等等，强调行动上的忠诚勤敬，表里如一，善始善终。

在这里，孔子还提到了两点。一是人要有羞耻之心。"古者言之不出，耻躬之不逮。"(《里仁》)"耻其言而过其行"(《宪问》),以自己的行为与言语不符为耻,定不会做亏心事,既知应有所为,又知应有所不为。"知己有耻,使于四方不辱君命,可谓士矣。"(《子路》)相反,不知耻就会大言不惭,自我标榜,自我吹嘘,其结果必然是失信于人。二是要时刻反己省察。居心行事,是否诚伪虚实,只有反己省察才知道。孔子对曾子的"三省吾身"(《学而》)大加赞赏。更提出要知错能改。"过则勿惮改。"(《子罕》)子夏把这种知错不改,甚至还隐瞒真情人的称为小人:"小人之过也必文"(《子张》),因为小人惮于改过而不惮于自欺,所以肯定会文饰罪责,或嫁祸于人,当然也就失信于人了。

信守诺言,才能取信于人,才有人与人之间的相互尊重和相互信任。对他人守信实际上也是对自己的忠诚。当然,孔子对"信"是有所限定的。他说:"言必信,行必果,硁硁然小人哉!"(《子路》)有言必信,有行必果,那是浅薄固执的小人。孔子的弟子有子讲"信近于义,言可复也。"(《学而》)就是说,讲信用要合乎义,只有合乎正义、公理的承诺才能兑现。所以孟子说:"大人者,言不必信,行不必果,惟义所在。"(《孟子·离娄下》)不符合义,就不要随便许诺,对人承诺的话是否需要践行,同样以"义"为标准去衡量。脱离"义"而讲"信",片面强调"信",机械地遵守言行一致的行为规范,并不符合信的本质。符合"义"的"信"才是我们所要追求的"信",才会真正做到言行一致而无愧于他人。

总的来讲,"信"体现了一种实事求是的精神,要求注重实际,求真务实,表里如一。"信"得以建立的基础也正是"求实",是对"伪""欺"的颠破,体现出"信"的三大原则。第一,以客观事实为依据,言而有实;第二,按约承担责任,言而有责;第三,兑现诺言,言而有行。只有贯彻了信的"言而有实、言而有责、言而有行"三大原则,才有真正言与行的合一,做到言则有物,行则有常,达于真"信"。

三、信的现代价值

"和谐"是人类永恒的追求,社会和谐是我们永恒的理想追求。孔子有关"信"的理念有助于我们建立人格信任、人际信任和社会信任,积极推动社会和谐发展进程。与此同时，"信"作为一种在社会生活中具有普遍指导意义的道德准则，也是社会可持续发展的内在动力之一。

第一，"信"有助于人与自身的和谐，有助于建立人格信任和塑造健全人格。

人与自身的和谐主要是指人的身心各特质之间的协调，其保证我们与外界的和谐相处，保证个体自身的健康完善，同时也是自身发展的前提，呈现出一个完整健全的人格。而信所追求的知行统一、内在认知和外在行为的统一、道德主体意识与道德主体实践的统一，所彰显的就是一个完整健全的人格。信是健康人格的必备品质。一个人不讲诚信、虚伪欺诈的人，在人格上是不健全的。行信，首先是对自己的要求，不自欺，也就是使自己的一言一行出自本心，真诚坦荡，无纤毫虚饰，无一丝勉强，心想、口言、身行一致。唯有信在心，才能言行一致，表里如一。事实上，一个不忠实于自己，言行不一的人，根本不可能忠实于他人，也不可能得到他人的信任，当然也无法获得身心的和谐，更成就不了君子人格。

何谓"君子"？"君子义以为质，礼以行之，孙以出之，信以成之。君子哉！"（《卫灵公》）信成为成就君子人格的内在源泉。只有出自个体真诚的信用才是真实可信的。倘若一个人能真诚地进行信的内在修养，他必定会成为一个有德性的人，也必定会在他的人生旅途中践履着真实无妄、诚实不欺的人格信念，才会坦荡磊落，光明正大，"君子坦荡荡，小人长戚戚。"（《述而》），才会有"文质彬彬"（《雍也》）的内在品质与外在形式和谐统一的人。人的生活只有符合自己真实的本质，信于自己的本性，才是真正有道德的生活，一种正直诚信的独立人格也得以彰显。

第二，"信"有助于人与人的和谐，促进人际信任。

人与人的和谐是每个人健康生活的基础，和谐的人际关系成为现代心理健康的评价标准之一。而人与人之间能坦然相处，能形成和谐的朋友关系，只能建立在信任的基础上。信任是交往良性循环的润滑油，是促进人与人之间相互尊重、相互理解、相互信任的重要精神纽带。德国思想家卢曼指出："信任首先并主要地延伸到另一个人，因为他被假定具有人格，构成一个有序的、而不是任意的行动系统中心，你可以与其他人达成协议。

于是，信任就是泛化的期待。"① 人格信任是人际信任的基础和前提，是应对复杂社会的简化机制。孔子曾对人际关系中狂妄自傲、不守信用的人及其行为进行了批评，"狂而不直，侗而不愿，悾悾而不信，吾不知之矣。"（《泰伯》）狂妄而不正直，幼稚而不谨慎，无能而不讲信用，这种人真不知其所以然，也不知如何生存于世。珍视每个人价值，彼此信任，相互尊重，相互关心，才会焕发出强大的生命力和凝聚力；相反，如果人与人之间互相猜疑，尔虞我诈，就会导致混乱，萎缩，社会的沦亡，乃至人的沦亡。

人与人的和谐也是建设和谐社会的最起码的要求。社会转型的急剧变化，一方面使得人际交往的范围日益扩大，社会关系日趋复杂；另一方面，人们的思想意识也随之发生了深刻的变化。特别是我国近年来的迅猛发展，贫富差距日益扩大，也使一些人心理不平衡，并由之产生道德失范、背离诚信、对物质利益贪婪追求等现象。在这种情况下，我们更应该以信任立足，把信任作为我们的基本行事原则。只有人人诚信，社会才能养成诚信的良好风气，为建设和谐社会创造良好的条件。

第三，"信"有助于人与社会的和谐，实现社会繁荣。

信任包含着对未来的期待。孔子着重从政治领域来论述"信"所带来的人与社会的和谐，信不仅是个人修养的标尺，更是国家治理必须尊崇的理念，这里的"信"更多指政治信任（也是一种社会信任）。在政治领域，一个执政党的地位能否巩固和发展，一个社会是否稳定有序，从根本上取决于是否得到人民群众的信任和拥护。讲求诚信，取信于民，得到人民群众的信任和拥护，执政党及其国家政权就会稳固、发展，社会生活就会稳定有序；否则，执政党及其国家政权就会衰败以至灭亡，社会生活秩序也会受到破坏。同时，一个社会的政治道德状况或者官德的好坏，对于民风和整个社会的道德风尚有着极大的带动和影响作用。孔子说："君子之德风，小人之德草。草上之风，必偃。"（《颜渊》）一般来说，如果为政者讲诚信，重信誉，关注社会道德，就能为人民群众树立一个良好的榜样，带

---

① ［德］尼克拉斯·卢曼：《信任》，瞿铁鹏、李强译，世纪出版集团上海人民出版社 2005 年版，第 50 页。

动整个社会的道德建设以及民风的改善。为此，政府"信用"对全社会有重大的正反示范效应，是社会"信用"的晴雨表。政府诚信是社会诚信的基础，政府应成为社会诚信的楷模。必须信守对人民的诺言，在制定政策、管理社会、服务社会的过程中，必须要取信于民，切不可朝令夕改、为所欲为，必须以真诚之心对待人民，以高度透明、高度负责的态度管理施政，自觉、坦荡地接受人民的监督，如此才能真正持久地取信于民。当前，就是要坚持把最广大人民群众的根本利益作为我们工作的出发点和落脚点，关心群众的生活，倾听群众的呼声，了解群众的要求，为群众办实事。

信则灵，信则通，信则达。没有信，撑不起人的生命；没有信，人的生活也将空而不实。在这里，我极其愉快地引用路德在评论《圣经》中的"诗篇"时所说的一段极好的话："我觉得在尘世中没有什么比分裂整个人类社会的谎言和背信弃义更为有害的恶行了。因为谎言和背信弃义先是分裂人们的心灵，当人心被分裂之后，它又会分隔人们的手，而当人们的合作之手也被分隔了的时候，我们还能做些什么呢？"① "信任使复杂性简化，因为它用内部保证的安全代替缺失的信息。……信任不是世界的唯一基础，但是……没有信任不可能构成相当复杂的社会。"② 在当代纷繁复杂的世界中，作为人与人、社会、他人和谐共生的道德纽带，不同利益主体之间只有恪守信这一道德原则，才能维持相互间的稳定，真正实现和谐。

---

① ［德］弗里德里希·包尔生：《伦理学体系》，何怀宏、廖申白译，中国社会科学出版社 1988 年版，第 579 页。

② ［德］尼克拉斯·卢曼：《信任》，瞿铁鹏、李强译，世纪出版集团上海人民出版社 2005 年版，第 125 页。

《左传》"让之谓懿德"与社会和谐之"初心"发微

齐金江

（孔子研究院研究员）

"让之谓懿德。"见于《左传·昭公十年》："让，德之主也。让之谓懿德。""让"，不仅是"德之主"，而且还是"礼之主"，甚至是"德之基"。《左传·襄公十三年》："让，礼之主也。范宣子让，其下皆让。……君子尚能而让其下，小人农力以事其上。是以上下有礼，而谗慝黜远，由不争也。谓之懿德。"《左传·文公元年》："忠，德之正也；信，德之固也；卑让，德之基也。"韩席筹在《左传分国集注》卷二《桓之篡逆》中指出"隐之让桓"是出于诚心的。在《隐公居摄》中，他说："三《传》斤斤于二公所出，非贬隐也，乃贤之也。泰伯、伯夷之让，孔子美之曰至德，曰求仁。况隐之非不当立，而欲成父志，亦泰伯、伯夷之心乎！且隐之摄位，亦可谓诚矣。"《左传》开篇于"隐之让桓"。通过研究《左传》作者对"让"的理解和阐释，可以发现在《左传》中作为"懿德"的重要范畴"让"，与儒家其他经典中如何妥善处理社会关系的观念息息相关、一以贯之，并逐步衍化为社会关系和合协调、生生不息的"初心"。

一、《左传》"让之谓懿德"的述事与阐释

在《左传》中，作为懿德的"让"被看作是一种良好的个人修养和政治修养，也是一个可以广泛运用到各种社会关系调和的行为准则，是当时社会公认而且重视的做人品格。"让"的社会意义在《左传》中得到进一步

儒家社会伦理

347

拓展，成为《左传》社会伦理观的一个重要支点。它是个人修养当中不可或缺的一个要素，也是社会秩序和社会规则的突出体现。《左传》借用别人之口，或者是个人议论，从礼之根基、个人修养、行政手段、外交策略等不同的侧面，对"让之谓懿德"进行了系统的说明。

《左传》认为谦让之德是礼之根基。"让，礼之主也。"在《周易·系辞》中，让被看作是实行礼治的前提，而《左传》进一步说谦让是礼治的根基，反映了《左传》对让德的重视。礼仪制度成立的前提是"让"。如果人们不具备礼让之德，那么所有的礼仪制度都会失去源于个体的心理基础；如果人们不具备礼让之德，那么礼仪制度就形同虚设。因为谁也不会主动地去礼让别人，也就无从谈礼教了。一个人如果能真正做到礼让，那么他的推辞、避让都要有原则。如果失去原则，礼让就会成为一种卑下的雕虫小技，而不是真正的礼让之德。《左传·昭公二年》中，叔向对叔弓说："吾闻之：'忠信，礼之器也；卑让，礼之宗也。'辞不忘国，忠信也；先国后己，卑让也。"《左传·文公元年》："卑让，德之基也。"晏婴也说过"让，德之主也。"（《左传·昭公十年》）忠、信只是礼教的"器"，而让之德却是礼治的根本。

《左传》认为"让"是个人道德修养的具体表现。《左传·襄公二十六年》记载，郑伯为了奖赏子产等人攻打陈国的功劳，赐给子产采邑。子产推辞道："自上以下，降杀以两，礼也。臣之位在四，且子展之功也，臣不敢及赏礼，请辞邑。"公孙挥评价说："子产其将知政矣。让不失礼。"《左传》的作者把子产描绘成一个依据礼法行事的杰出政治家，他不仅是典型的"社稷之臣"，也是一个具有谦让美德的人。当子皮要把治理卫国的重任交给他时，他却找借口推辞。他执政卫国，谦虚谨慎，从不表彰自己的功劳。《昭公十二年》记载了子产临终前的遗言，可以看出子产是一个"鞠躬尽瘁，死而后已"的典型。孔子说他是"古之遗爱"，实不为过。

《左传》认为"让"是一种行政手段。《左传·哀公六年》记载：楚昭王欲让出自己的王位，以公子启为王位继承人，自己奔赴战场。子闾说："君王舍其子而让，群臣敢忘君乎?"《左传·襄公十二年》："君子尚能而让其下，小人农力以其上，是以上下有礼。"礼让是调节君臣关系的一个重要方法。"让其下"指的是在自己的下属面前表现出谦逊礼让的风范。如果统治者做到谦让有礼,那么作为臣下的人就会竭尽全力辅佐他。这个原则扩展开来,它的作用就更大了。"范宣子让,其下皆让。"范宣子十分谦让,其臣下也十分谦让,国力因此强大,政治也变得清明。

外交活动和战争中也要谦让。《左传·定公五年》记载:吴国占领了楚国都城,楚王逃跑,他的臣下就劝他说吴国国内有宫廷之争,如果那样,吴国肯定有内乱,吴国也必定会从楚国撤兵。"不让,则不和;不和,不可以远征。"吴国统治者上层为了自己的利益彼此勾斗,没有一点谦让之德。楚国的大臣看到这一点就肯定做出吴国会撤军的判断。

《左传》对"让"德目的述事与阐释集中于对谦让之德产生的心理依据、谦让之德在礼中的地位和作用。《左传·隐公十一年》:"恕而行之,德之则也,礼之经也。"《左传》把"让"推到了一个理论高度,认为谦让是仁义道德、仪礼规范的根基和源头。所有的仪礼规范当中,无不渗透着谦让之德,所有的仪礼规范,也无一不受到谦让之德的影响。也就是说,只有具备了谦让之德的规范和准则才是符合礼法的,而先秦礼学的实质是建立在人们谦虚礼让的心理基础之上的。《左传》认为谦让之德是一个社会必须遵守的社会规则,它体现着社会的秩序。如果一个人具备谦让之德,意味着他善于遵守先秦礼法;如果统治集团内部把谦让当作美德,就意味着上下有礼,秩序井然,政治清明,贤人当政;如果君主是谦让的典范,那么国家的前途就有了保证;如果下民效仿君主,那么社会的秩序自然会得到维护。礼让之德不仅能使一个人的人格得到完善,还能帮助人们处理好人与人之间的社会关系。

二、"隐之让桓"所见司马迁之历史观

司马迁在《史记·鲁周公世家》对"隐之让桓"事件的表述,代表性地展示了其《左氏春秋》历史观。《史记·十二诸侯年表序》中说:孔子作《春秋》之后,"七十子之徒口受其传指,为有所刺讥褒讳挹损之文辞不可以书见也。鲁君子左丘明惧弟子人人异端,各安其意,失其真,故因孔子史记具论其语,成《左氏春秋》"。在《儒林列传》中说:"仲尼干七十余

君无所遇，曰'苟有用我者，期月而已矣'。西狩获麟，曰'吾道穷矣'。故因史记作《春秋》，以当王法，以辞微而指博，后世学者多录焉。"司马迁在《史记·鲁周公世家》中讲道：惠公三十年，晋人弑其君昭侯。四十五年，晋人又弑其君孝侯。四十六年，惠公卒，长庶子息摄当国，行君事，是为隐公。初，惠公適夫人无子，公贱妾声子生子息。息长，为娶於宋。宋女至而好，惠公夺而自妻之。生子允。登宋女为夫人，以允为太子。及惠公卒，为允少故，鲁人共令息摄政，不言即位。隐公五年，观渔於棠。八年，与郑易天子之太山之邑祊及许田，君子讥之。十一年冬，公子挥谄谓隐公曰："百姓便君，君其遂立。吾请为君杀子允，君以我为相。"隐公曰："有先君命。吾为允少，故摄代。今允长矣，吾方营菟裘之地而老焉，以授子允政。"挥惧子允闻而反诛之，乃反谮隐公於子允曰："隐公欲遂立，去子，子其图之。请为子杀隐公。"子允许诺。十一月，隐公祭钟巫，齐于社圃，馆于蒍氏。挥使人杀隐公于蒍氏，而立子允为君，是为桓公。

我们再来对照《左传·隐公元年》的说法：【传】惠公元妃孟子。孟子卒，继室以声子，生隐公。宋武公生仲子。仲子生而有文在其手，曰为鲁夫人，故仲子归于我。生桓公而惠公薨，是以隐公立而奉之。【经】元年春王正月。三月，公及邾仪父盟于蔑。夏五月，郑伯克段于鄢。秋七月，天王使宰咺来归惠公、仲子之赗。九月，及宋人盟于宿。冬十有二月，祭伯来。公子益师卒。【传】元年春，王周正月。不书即位，摄也。……羽父请杀桓公，将以求大宰。公曰："为其少故也，吾将授之矣。使营菟裘，吾将老焉。"羽父惧，反谮公于桓公而请弑之。……十一月，公祭钟巫，齐于社圃，馆于寪氏。壬辰，羽父使贼弑公于寪氏，立桓公而讨寪氏，有死者。不书葬，不成丧也。

在司马迁《史记·鲁周公世家》的表述中，鲁隐公不仅让位，而且让妻、让贤，甚至于让命。何以如此？《太史公自序》中说"桀、纣失其道而汤、武作，周失其道而《春秋》作。"他突出强调了《春秋》的超越时代的意义："夫《春秋》，上明三王之道，下辨人事之纪，别嫌疑，明是非，定犹豫，善善恶恶，贤贤贱不肖，存亡国，继绝世，补敝起废，王道之大者也。……为人君父而不通于《春秋》之义者，必蒙首恶之名。为人臣子而不通于《春秋》之义者，必陷篡弑之诛，死罪之名。"司马迁写《史记》自言"考信于六艺。"他继承孟子与董仲舒的观点，对孔子作《春秋》评价很高。"春秋笔法"对于以后的"正史"编纂树立了榜样。

三、"让之谓懿德"在儒家经典语境中的道义依据

就"让"德目而言，它和其他社会伦理范畴一样，是历史的产物。社会伦理范畴不会凭空地产生，也不仅仅是由人的心理活动构成的。它的演变过程可以看成是历史因素的集合体，在其生成与起源过程中，"让"之德与自然观、宗教、巫术、社交礼仪等，有着千丝万缕的联系。它不可能单独地产生于一个人的个体社会经验中，也不可能单独地对个体之人的行为产生制约与规范的作用，它在人们心理形成的过程也是历史化的过程。

《尚书·尧典》："曰若稽古帝尧，曰放勋，钦、明、文、思、安安，允恭克让，光被四表，格于上下。克明俊德，以亲九族。九族既睦，平章百姓。百姓昭明，协和万邦。黎民于变时雍。"对此，钱穆在《国史大纲》中指出："大抵尧、舜、禹之禅让，只是观点一种君位推选制，经后人之传述而理想化。"而禹传子启，开君位世袭制之先河。

《周易·谦卦》说："象曰：谦，亨，天道下济而光明，地道卑而上行。天道亏盈而益谦，地道变盈而流谦，鬼神害盈而福谦，人道恶盈而好谦。谦尊而光，卑而不可踰，君子之终也。"如果君子能做到谦逊自处，他的身上会散发出令人尊敬的人格魅力，即便他处在卑下的地位，别人也是无法超越他的，这样的人就能善始善终。《周易》明确地提出，谦让是道德修养的根本，"谦，德之柄也。"《谦卦》在《周易·上经》中排第十五位，在《大有卦》的后面。《系辞传》（上）解释"亢龙有悔"说："贵而无位，高而无民，贤人在下位而无辅，是以动而有悔也。"

《周礼·地官司徒》："……施十有二教焉，一曰以祀礼教敬，则民不苟。二曰以阳礼教让，则民不争……"如果以祭祀之礼教育百姓，他们就不会苟且不敬。如果以礼法教育百姓礼让，他们就不会争执。

《礼记·曲礼上》："长者问，不辞让而对，非礼也。"如果长者提问你，不先表达出礼让的意思就直接回答长者，是不符合礼教的。和老师一起学

习，也应当表现出礼让的态度，如果提问就一定要站起来回答。《礼记·大学》："一家仁，一国兴仁；一家让，一国兴让。"如果家庭仁爱厚道，那么国家也会仁爱厚道，如果家庭都懂得礼让，那么国民也会懂得礼让。

《论语·泰伯》中说："泰伯，其可谓至德也已矣！三以天下让，民无德而称焉。""能以礼让为国乎，何有？不能以礼让为国，如礼何？"（《论语·里仁》）"夫子温、良、恭、俭、让以得之。夫子之求之也，其诸异乎人之求之与？"（《论语·学而》）只要谦虚地对待别人，不管是在朋友之中，在同事、同乡之间，陌生人之间，还是在异国之间，都可以得到信任并且尊重你的人。一个人只要谦虚地对待他人，他人也会以礼貌的态度对待你，这样的话，就可以获得别人的信任。孔子的这一主张是针对当时诸侯势力互相攻伐，丝毫不顾及百姓生命安全而提出的。他认为暴力解决不了实质性的问题，反而使问题更加严重。儒家的利他主张并不是没有原则的，为了缓解彼此之间的利益冲突，儒家主张谦逊退让，但是这种退让也不是没有原则的退让。"当仁不让于师。"（《论语·卫灵公》）在具体利益上可以礼让于人，但在道德原则上是不能退让的。

四、"让之谓懿德"的现代价值与现实意义

"让之谓懿德"，通过文化传承"基因工程"的不断加工、筛选、过滤，逐步衍变为"仁爱之心"与"大道之行"的和合、和谐"初心"。孟子曰："人皆有不忍人之心。先王有不忍人之心，斯有不忍之政矣。以不忍人之心，行不忍人之政，治天下可运之掌上。……恻隐之心，仁之端也；羞恶之心，义之端也；辞让之心，礼之端也；是非之心，智之端也。人之有是四端也，犹其有四体也。有是四端而自谓不能者，自贼者也；谓其君不能者，贼其君者也。凡刚端于我者，知皆扩而充之矣，若人之始然，泉之始达。苟能充之，足以保四海；苟不充之，不足以事父母。"不忘初心，亦即"让"他人之心，亦即以"百姓心"为心。"让"与"争"，与"忠"，与"恕"，诸范畴间不断碰撞磨合，相互激荡。礼让他人，是传统之"礼"繁衍至今的生命原动力之所在。不忘初心，就是坚持以"大道之行"为心。作为一个社会人，能够全面发展，并为他人接受和拥戴，必定可以行于

"大道"。《礼记·礼运》云："大道之行也，天下为公，选贤与能，讲信修睦。故人不独亲其亲，不独子其子，使老有所终，壮有所用，幼有所长，矜寡孤独废疾者，皆有所养，……是故，谋闭而不兴，盗窃乱贼而不作，故外户而不闭，是谓大同。"贾谊说："厚人自薄谓之让。"（《新书·道术》）在遇到利益冲突时，多替别人着想，少为自己打算，把好处让给别人，将困难留给自己。魏源说，"自古有不王道之富强，无不富强之王道"。"王道"即是人间正道。坚持正"道"，乃不忘初心的根本要义之所在。个人立场与他人立场的统一，方才构成人民立场，人民立场是做人和成人的根本立场。只有当"让利于民，与民共享、为民服务"的理念压倒一切，坚持舍弃个人利益和本位利益，与民同患难、同呼吸、共命运，坚持一切为了人民、一切依靠人民，才能不断把为人民造福的事业推向前进。马克思主义以实现"每个人的全面而自由的发展"和全人类解放为己任，体现了科学真理性与价值超越性的有机统一，从而具有了穿越时空的伟力，无论时代如何变迁，依然占据着真理和道义的制高点。这种着眼点和立足点，是马克思主义中国化的重要道义基石和逻辑基础。

礼让是一种良好的处事心理状态，也是一种良性的行为互动方式。发自内心的让德萌发，说明这个人具有内在的善。如果一个人具有良好的礼让美德，那么它作为这个人内在心性的组成部分，会对他的外在行为与内在心性都产生良性的影响。内在的礼让美德会让人们在日常行为中，处处表现出礼让他人的优良作风，也会使得人们产生内在的善，并在此基础上产生普遍的同情心。礼让的美德，不仅可以增加内在的善，还可以培养人们的同情心。如果一个社会普遍地具有同情心的话，那么社会整体的内在善肯定会大于恶的倾向，这自然会对每个人带来良好的影响。对于个人来讲，礼让的美德有利于保持人的心态平衡，而平衡的心态有利于我们理性地面对各种问题，也有利于培养我们以同情的心态对待各种人际关系。

在《左传》中，"让"作为先人们的美德懿行的良好"初心"，既反映在政治生活中，也反映在伦理生活和社会生活中。《左传》把"乱臣贼子"作为主要批判对象，认为他们扰乱社会秩序和政治秩序。谦虚礼让有利于达到亲诚惠容和相互理解，这种亲诚惠容和相互理解不仅能够冲淡客观存在的各种现实利益冲突，还可以形成以礼让、谦让、退让、忍让为不同表现形式、以人际关系和谐为目标的理想愿景。"和而不同"的人际交往观念有利于人们之间的思想交流和行动一致。即便是主张不同的人，都可以在这样的氛围里彼此交流。"和而不同"的前提，就是以谦虚礼让的心态对待别人的主张，尽可能地与别人达成共识，如果有不同的地方，也可以在谦虚礼让的大前提下得以保留。习近平总书记在 2016 年"七一讲话"中十提"不忘初心，继续前行"。"明镜所以照形，古事所以知今。"要永远保持对人民的赤子之心。不忘初心才能巩固文化自信。当谦虚谨慎、礼让人先的理念成为一种社会风气时，社会成员就会自动地遵从这一社会规范，并将其内化成自己追求的目标，从而能在利益关系中达成和谐，增强社会群体之间的向心力和凝聚力。

灵岩寺古建筑群和谐理念探析

李　玲

（山东社会科学院文化研究所）

摘　要：灵岩寺以其独特的建筑语言——选址、空间布局以及形制，映射了中国古代文化特定的含义：天人合一思想、社会等级观念及受到中国传统文化影响的佛教意蕴。这三种思想分别代表了人和自然的和谐、社会各阶层之间的和谐、理想和现实的和谐。此论题对于加深人们理解建筑和人文意识之间的关系，促进古建筑文化和人文社会的发展、人与人、人与自然及人与文化之间的和谐发展，具有重要的现实意义。

关键词：灵岩寺　选址　布局　形制　和谐

前　言

历史建筑的设计理念经过时间的洗礼，总能给人以现实的启迪，同时也留下了其辉煌印记——尽管历经沧桑依然显得璀璨绚丽。从佛教传入中国到佛教建筑的兴起 600 多年的时间里，佛教与中国传统文化融合、互动，无一不体现在具有中国传统文化特色的佛教建筑上。隋文帝统一中国之后，又开始了全国性的佛教复兴活动。修立佛寺成为通过行政命令方式，由国家各级政府机构督办的一项公务。灵岩寺就是在这样的环境中产生和发展起来。

灵岩寺在中国佛教史上具有十分重要的地位。灵岩寺与南京栖霞寺、湖北当阳玉泉寺、浙江天台国清寺一起被称为"天下寺院四绝"，为全国四大佛寺之一，且"四绝之中处最先"——负四绝之首盛名，在我国佛教寺

儒家社会伦理

355

庙建筑中具有极高的文物价值与文化艺术价值。灵岩寺地处泰山北麓，深藏于灵岩山的崇山峻岭之中。明代著名文学家王世贞曾说："灵岩寺为泰山背最幽绝处，游泰山而不至灵岩，不成游也"。它初建于东晋（公元354），兴于北魏，盛于唐、宋、金至明。清乾隆帝在灵岩寺建有行宫，巡视江南时曾八次驻跸灵岩，饱览灵岩风光。灵岩寺标志性的建筑——辟支塔造型匀称，比例适度，从建筑的位置和结构上看，是典型的宋代风格。

研究灵岩寺建筑群所凝聚的中华传统文化之核心的和谐理念，对于探讨古建筑所体现的中华文化具有非常重要的意义。法国解构主义理论家与批评家德里达说过："建筑总体上凝聚了对于一个社会的所有的政治的、宗教的、文化的诠释"。灵岩寺充满了人本主义和自然主义精神，它本身具有的灵魂与精神以及深含的文化内蕴常常让人掩卷沉思。

清代马大相和当代的王荣玉等曾分别著述《灵岩志》和《灵岩寺》等，对其历史建筑进行了系统阐述，但建筑群所体现的和谐理念并没有触及，在当前建设和谐社会的大背景下，如此古老的和谐建筑典型应该引起我们的关注乃至深入研究；当代著名建筑师张锦秋教授认为："建筑是人与人、人与城市、人与自然的中介，作为城市的主要组成，其文化取向当然应该与它所处的城市、环境相协调。优秀的建筑应该促进人与人的和谐、人与城市的和谐、人与自然的和谐。"这一观点，精辟地阐述了和谐建筑的灵魂，进一步研究这一观点有其深刻的现实意义和切实的必要性。

最近，关于灵岩寺的研究有廖苾雅的《长清灵岩寺塔北宋阿育王浮雕图像考释》和李仲如的《山东灵岩寺宋代罗汉像艺术形式研究》等，廖文和李文的研究都是从灵岩寺建筑艺术尤其是雕刻艺术的表象切入并进行的，关于灵岩寺的建筑文化思想特别是其和谐的建筑理念被忽略。本文拟从灵岩寺的选址、空间布局以及形制探讨所反映的三个和谐理念：天人合一思想（人与自然的和谐）、社会等级观念（社会各阶层之间的和谐）和受到中国传统文化影响的佛教意蕴（理想和现实的和谐）。深入探讨建筑和人文意识之间的关系，对于促进古建筑文化研究的发展进而古为今用，适应现代和谐社会的时代大背景，具有重要的现实意义。

一、天人合一和谐建筑理念的体现

通过灵岩寺的选址可以洞察其天人合一的思想的和谐的建筑理念。灵岩寺，地处灵岩山之阳，寺因山而得名。灵岩山主峰四壁峭立且呈方形，故名"方山"。又形似"印符"，亦称"玉符山"。群山环抱，重峦叠嶂：北有宝山、黄尖山，东为灵辟峰、朗公山、棋子岭，南是黄岘山、明孔山、如来顶，西乃鸡鸣山等。北魏孝明帝正光元年（520），法定禅师先建寺于方山之阴，曰"神宝寺"，后建寺于方山之阳，曰"灵岩寺"。坐落在寺院中轴线北端的千佛殿是灵岩寺主要建筑之一，千佛殿东侧崖壁下的卓锡泉、白鹤泉、双鹤泉，三泉相临，俗称"五步三泉"；寺院东北不远处，有"灵岩第一泉"之称的甘露泉；转轮藏遗址东侧崖壁下，有名列金《名泉碑》的袈裟泉。

寺院西南数里处，檀抱泉因泉旁长有千年青檀树而得名，它南依大山，北临村落，檀因泉润，泉因檀名，泉水旺涌，终年不息，为灵岩村民生产、生活主要水源地。

"仁者乐山，智者乐水"，灵岩寺的审美意象，不可避免地渗透着被古人看得既神圣又神秘的所谓风水之术。目前学界普遍认为风水是集天文学、地理学、环境学、建筑学、规划学、园林学、伦理学、预测学、人体学、美学于一体，体现了古代人们对居住环境进行选择和处理的一种趋利避害的理想。中国古代建筑受风水影响最大的就是追求一个适宜的大地气场，即对人的生长发育最为有利的外环境。这个环境要山清水秀，朝阳避风。因为有山便有"骨"，有水便能"活"，山水相匹，相得益彰。所以，几乎所有风水环境均讲究山水相配，并按照一定的风水空间结构进行组合。

灵岩寺巧用山岭地形而兼借名泉布局，依山就势、选址山腰，颇具匠心，整体建筑群落与外围环境浑然天成，自然和谐。虽为小筑，却成大观。选址理念囊括周围多层次天成环境，暗合传统万物一体风水文化。

其一，山体俊美，重峦叠嶂，寺院静落其中，远离喧嚣，佛事禅务不被俗世所扰；其二，从风水角度，左、右、后三侧均有自然山头，成就寺院坐落的理想状态。灵岩寺居群山环抱中，与自然浑然天成。从某种意义上说最能反映中国人的理想环境模式，这类建筑的选址受现实生活功利性的制约较小，且多发生在自然环境中，具有很大的自由度和选择性。无论是寺庙或陵墓的环境，"风水说"都始终强调这样一个整体环境模式："左青龙，右白虎，前朱雀，后玄武"。其理想状态是"玄武垂头，朱雀翔舞，青龙蜿蜒，白虎驯俯①"，建筑选址既充分体现"依山傍水、左护右卫，朝阳避风，后有高山屏障，前有秀峰相应，凝四野精华，聚八方之气"的风水学理念，又对应天文学中的星宿方位。灵岩寺前有黄岘山、明孔山、如来顶，即风水中的案山和朝山，是朱雀；后有宝山、黄尖山，即风水中的祖山，少祖山和主山，是玄武；东为灵辟峰、朗公山、棋子岭——是风水中的青龙，西乃鸡鸣山——是风水中的白虎。泉水相绕，与寺院形成合抱之势。《水龙经》云："穴虽在山，祸福在水"。水为生气之源，山之灵气之本。环水，枕山，植被茂盛，左右围护的封闭地理空间——这种地理格局既能挡寒风，又能接纳阳光和凉风，四周山丘可以提供木材燃料，流水又能保持交通和生活农业用水，形成适宜的小气候，给人一种幽雅舒适心旷神怡的感觉。

灵岩寺依山傍水是其天然的滋养物念，存乎其心，依乎自然，在建筑与人类生活之间建立起自然、内在的联系：既弥补了有限的内部空间在功能上的局限，使自然空间成为内部空间的自然延伸；又把建筑与自然联系起来，使得建筑不只是单纯的人工的封闭空间，而且是一种优雅舒适的人类理想的居住模式。无论是从内涵还是外延，都充分体现了人和自然的相辅相成和谐共处的关系。

二、封建等级礼乐和谐建筑理念的体现

作为古建筑的精华和标本，灵岩寺经过 1600 多年的风雨坎坷，几度沉浮，饱经风霜，早期的建筑多已不存，但其壮观的建筑格局和深蕴的建筑理念仍在其遗址中依稀可见：沿中轴线布局，中为至尊，左右对称。

据张公亮《齐州景德灵岩寺记》记载："寺之殿堂廊庑厨僧房，间总五

---

① ［晋］郭璞：《葬书·地理正宗》，上海文明书局民国 15 年版。

百四十，僧百，行童百有五十，举全数也"。并形成以天王殿、大雄宝殿、千佛殿为中轴线的寺庙建筑群。坐北面南，依山而建。寺内主要建筑有千佛殿、天王殿、辟支塔、墓塔林、钟鼓楼、五花殿、大雄宝殿、天王殿、东厢房、西厢房、韦陀院、观音堂、御书阁、方丈院、塔西院等。千佛殿为该寺主体建筑，因其塑工精细传神，被誉为"海内第一名塑"。

一般来说，优秀的建筑引起的共鸣接近音乐的效果，"建筑是一种冻结的音乐，音乐是流动的建筑"。歌德是深谙建筑所给予人的美妙感受的。灵岩寺所带给人们的不仅仅是音乐，而且是浸润着儒家礼乐文化的一首流动的舞曲。礼乐文化是一种规定人们秩序的文化，要求人们在既定的秩序中按部就班的生活。中国的佛寺在借鉴印度佛教建筑的基础上，结合本土特征，以院落式的平面布局为基本构图方式，采用中国独特的中轴对称式布局，体现出既等级森严又井然有序的社会关系。这是中国佛寺的一个重大特征。

灵岩寺亦如此，它体现出儒家崇尚礼制，上下有序的封建等级观念。按照儒家礼仪，殿为最高等级的建筑类型，主殿面南，之前只允许有门而不能有其他的殿堂出现。在灵岩寺中，大雄宝殿为主殿，它的建筑等级最高；天王殿、大雄宝殿、为中轴线，坐北面南，依山而建，沿山门内中轴线，其他建筑从南向北依次排列在天王殿、大雄宝殿、千佛殿这些主体建筑为中轴线的左右两侧，形成错落有致，相形取胜的聚落格局和藏风聚气的空间布局。

"中为至尊"是封建统治者用来加强其统治的意识理念。自周朝（建有周王城）起，历代帝王总是以天帝自居，认为是上天的代表，把自己称为天子，说自己是禀受天命而统治天下，把自己的国家也就视为居天地之正中位置，把国都视为天下中心，把朝代称为天朝。这种唯我独尊的思想几乎达到了登峰造极的地步，以至于成为一种牢固的民族意识。中国传统文化把"中央"视为最尊贵、最显赫的方位，所谓"王者必居天下之中，礼也。"这从秦朝和秦以前穷人居闾左和富人居闾右就可以看得出来。如果不按这种方位居住，就是大逆不道僭越犯上。这种方位上的等级意识经过封建统治者的重重强调和不断地加强固化，已经在人们的意识中成为天经地义，根深蒂固的思想形态。进而成为礼乐的重要规范和尊卑等级的重要表征。"这种关于中轴对称均齐的历史嗜好与建筑形象，不仅具有礼之特性，而且兼备乐的意蕴。可以说，这是中国式的以礼为基调的礼乐和谐之美。"①灵岩寺正是封建统治者利用建筑这种有形的载体强调人们在社会中的地位，促进各阶级等级关系的和谐发展。

三、佛教意蕴和谐理念的具体体现

佛教起源于印度，其基本教义是：苦谛、集谛、灭谛、道谛这四大真理，即人生来就是受苦的，最高境界就是涅槃。通俗的说，人来到这个世界的，就是忍受苦难，潜心修行，求得涅槃，求得转世脱离苦海。一生追求的目标就是出世。传入中国后，受中国传统文化影响，尤其是在和儒、道两教斗争共存中，互相排斥，又互相融合，进而逐步形成了适用于中国"水土"的宗教内涵，其基本精神是：以出世的精神过入世的生活。反映在灵岩寺上，其在形制上体现了佛教追求来世幸福的理想的原教义理念和因地制宜地体现出中国传统文化中的"入世"精神，其建筑风格成了理想和现实和谐统一的典范。

灵岩寺"四周绕以封闭的围墙，形成若干个相对独立的院落，大规模的寺院。只有这样，才能在半山中建造出如此大规模的寺院，构成一幅高低错落，布局灵活的画面"②。寺院入口处的两道山门金刚殿和天王殿，标志着寺庙与世俗世界的分界；山门后的钟楼和鼓楼，空间位置的变化既烘托了佛教的宗教气氛，也使大雄宝殿的主体建筑地位更加突出！其标志性建筑——辟支塔，气势雄伟、造型美观、结构复杂、比例适当，十分醒目地耸立在满目葱茏的灵岩山谷中，与依山就势而建的寺院构成为蔚为壮观的画面。宋代文学家曾巩有诗赞曰"法定禅房临峭谷，辟支灵塔冠层峦"。此塔为一座八角九层楼阁式砖塔，塔高55.7米，塔基为石筑八角，上有浮雕，镌刻有古印度孔雀王朝阿育王皈依佛门等故事。这种形制，有着复杂

---

① 王振复：《宫室之魂——儒道释与中国建筑文化》，复旦大学出版社2001年版，第63页。
② 王荣玉等：《灵岩寺》，文物出版社1999年版。

社会儒学论丛（第一辑）

而深刻的底蕴。高高矗立的标志性建筑物"辟支塔"，不是孤立的存在，周围的大雄宝殿、钟楼、鼓楼等错落有致，层层迭起，给人一种阶梯式的感觉。特别是在视觉上，周围建筑群的衬托使主塔不是高不可攀的，而是通过努力和奋斗可以达到极顶的。这种设计理念充分地体现了佛教传入中国后基本精神的变化，即现实和理想之间的某种亲近、某种交汇和融合。一般来说，理想和现实有时距离遥远，有时甚至背道而驰，是一对矛盾着的统一。而灵岩寺建筑形制所体现的正是苦难到幸福，现实成理想的可能性。也就是他们之间的和谐关系。

灵岩寺体现着"涅"的理念。"塔"代表了修行的最高目标——"涅"，到高耸的"塔"下来祭拜，自然勾起了人们对这个目标的崇敬和向往，从而更虔诚地修行和做人。因此，对"塔"建在何处，周边的环境如何并没有太多要求，只要使它清晰地展现在人们面前即可。按照佛教的教义，如果心中有"佛"，身在何处又有何重要？信徒的"心"，便是"佛的选址"。"塔"通常都有高耸的体态，加上其神圣宗教的象征，使信徒在它面前不得不由衷敬畏，诚心拜祭，更愿意遵从佛教的教义，忍受现实的苦难，以求来世的解脱。所以在印度以及西方，佛塔一般是高耸孤立的，是信徒们在它面前膜拜时，觉得现实中的幸福的理想可望而不可及的，佛教中原始的理念就是让人们忍受现世的苦难，只有这样，才能达到来世的幸福的境界。

在灵岩寺，辟支塔以周围的建筑群为背景，使其整体意象及周围环境弥漫着带有中国传统文化色彩的佛教意蕴，正如李泽厚先生所讲的那样："不是高耸入云，指向神秘的上苍观念，而是平面的铺开，引向现实的人间联想；不是可以使人产生某种恐惧感的异常空阔的内部空间，而是平易的非常接近日常生活的空间组合；在中国建筑的空间意识中，不是去获得某种神秘的、紧张的灵感、悔悟或激情，而是提供某种明确、实用的观念情调。"①

总之，佛教在中国，其最高境界已不像西方那样单纯追求"出世"，而

---

① 李泽厚:《美的历程》,中国社会科学出版社 1981 年版。

是追求一种现实的、理性的"入世"。"以出世的精神做入世的事情"，成了佛教文化与中国传统文化结合的典范，也是理想与现实和谐统一的典范。

结　论

建筑和谐理念近年来得到世界范围内的建筑文化界及环境设计界的广泛认可与推崇，研究灵岩寺的建筑艺术和谐理念，可以在理论上和现实中得以融合与解构，通过历史文化的视角展现这一悠久而科学的建筑设计风格，形成对现代建筑设计理念的启示，促进现代建筑设计理念的和谐与发展。灵岩寺丰富的建筑遗存，蕴含着古老而朴素的哲理①，它用独特的建筑语言给人以启迪：现代化建筑旨在一种生态建筑，即强调与周边环境相融合、和谐一致、动静互补，做到保护自然生态环境；同时强调一种情感建筑，即现代生活与文化回归的融合。在越来越多的中国传统文化正在渐渐被重视和保护时，中国古典建筑思想和方法更应展示在世人面前，体现民族特色和其深厚的内涵。

总之，灵岩寺以其独特的文化底蕴激励世人创建礼乐和谐的文明之国。"建筑是石头的史书，是视觉的意志表象"，灵岩寺所带给人们的，不仅仅是视觉的美观、精神的升华、思维的拓展，更代表了中国古建筑所体现的民族特色！只有民族的，才是世界的！中国现代建筑发展的方向，更应体现民族特色；吸取古建筑的优秀成果，发掘古建筑深厚的思想内涵，探讨在情感建筑的研究及可持续发展的绿色建筑设计方面发展的现代建筑的新模式，促进人与人，人与自然，人与文化之间的和谐发展。

社会儒学论丛（第一辑）

---

① 　王荣玉等:《灵岩寺》,文物出版社1999年版。

人类儒学

REN LEI RU XUE

儒家心学与中国人的精神家园

彭彦华

（中国孔子基金会）

摘　要： 中国文化是一种追求人生"内在超越"的生命文化。无论是从目的、内容还是方法上看，中国文化都可以说是一种内学或"心文化"。"心"蕴涵了所有的生命潜能和宇宙奥秘，"内求于心""反求诸己"式的修行，乃是实现人生价值的根本途径。心文化不是一种典型的宗教，却处处闪耀着神圣的光辉和终极关怀的宗教精神，流露出一种极高明而道中庸，即入世而出世的超越气质。儒家之心学是全部儒学思想最基本的"硬核"，其他方面都是心学的延伸和展开。儒家心学在中国古代自成体系，学术气息浓厚，传承脉络清晰，影响既深且远，"心学"传递着儒家的精神，维系着儒学的根基。儒学将"心"界定为："天人合一"之心；"内圣外王"之心；责任之心。中国文化、儒家心学在应对现代社会的各种挑战尤其是在重建人类精神家园的过程中理应发挥更大的作用。

关键词： 中国文化　儒家心学　重建　精神家园

一、缘起

习近平在 2013 年 11 月份考察山东曲阜文化时，强调指出，中华优秀传统文化是中华民族的突出优势，中华民族伟大复兴需要以中华文化发展繁荣为条件，必须大力弘扬中华优秀传统文化。党的十八大报告提出："文化是民族的血脉，是人民的精神家园"。

作为文化工作者，需要首先进行文化反省与文化自觉，即要对本民族

人类儒学

文化的内在特征及其现代意义等问题有一个深刻全面的认识。笔者认为，从根本上讲，中国文化是一种追求人生"内在超越"的生命文化。在中国文化看来，"心"蕴涵了所有的生命潜能和宇宙奥秘，"内求于心""反求诸己"式的修行，乃是实现人生价值的根本途径，即通过个体的内在修行，实现精神与人格的彻底转换，在古人那里称为变化气质、超凡入圣或明心见性。无论是从目的、内容还是方法上看，中国文化都可以说是一种内学或"心文化"。心文化不是一种典型的宗教，却处处闪耀着神圣的光辉和终极关怀的宗教精神，流露出一种极高明而道中庸，即入世而出世的超越气质。这种寓神性于人性的内向品格和还彼岸于此岸的自觉意识，正是中国文化绵延千古而不绝的重要原因。中国文化的这一精神在历史上曾铸就了无数超拔伟岸的人格和铁骨铮铮的民族脊梁。

历史发展证明：一个民族的振兴或崛起，首先是民族心的振兴或崛起，其次才是器物和经济的崛起。民族心的振兴，是民族全面振兴的内在动力。靠什么振兴民族心？靠的是内化于民族心的共同理想和价值追求，靠的是民族主权意识下的文化自觉，靠的是民族开放意识下的汲取人类创造的一切文明成果的正确心态。

我们知道，宗教的意义在于终极关怀，给人提供精神家园与心灵慰藉，以满足人的归属与超越需要，进而解决人生当中的有限与无限、当下与永恒以及此岸与彼岸的矛盾问题。人是一种矛盾性的存在，在其有限的此生当中总会去追问和追求永生与不朽。与哲学、艺术、道德、科学相比，宗教在实现生命安顿方面可以说是别具一格。宗教一般是以信仰的方式，也就是通过对至高无上的神或救世主的崇拜皈依，祈求其护佑与恩典，以获得现世幸福或死后的拯救。人是无助或注定有罪的，只能向神顶礼膜拜，等待他的救赎。在人与神之间永远有着一道不可跨越的鸿沟，神处于彼岸，无所不知、无所不能、宰制一切，也主导着我们的命运。

然而在中国文化中，无论是儒家、道家还是佛教，都不存在一个全知全能的救世主，人与神、此岸与彼岸之间也没有一条不可逾越的界线。所以，中国文化之中并不存在一种典型或传统意义上宗教。但这并不意味着中国文化没有对于神圣与终极关怀的追求，恰恰相反，中国文化蕴含着深厚的宗教精神和圆融的超越智慧。因为在中国文化的视野中，神性就寓于人性之中，彼岸就存在于此岸世界。人若迷失了自己的真心本性，就是一个凡夫俗子，而一旦返归此真心本性，他就是神圣。在中国文化的语境中，无论是圣人、真人、神人，还是佛菩萨，就其本义而言，乃是人性所能达到的一种至高圆满境界，而不是什么神秘莫测、高不可攀的救世主。正如孟子所描述的："可欲之谓善，有诸己之谓信，充实之谓美，充实而有光辉之谓大，大而化之之谓圣，圣而不可知之之谓神。"（《孟子·尽心下》）所谓的善、信（真）、美、大、圣、神，不过是修行的不同阶段或境界而已，而且每个人都可以经由自己的修行而达到。每一个凡人，都怀有圣胎道种，都怀揣无尽宝藏。这正是人之可贵的根源。人在本性上不必崇拜任何偶像，那些古圣先贤只是给我们树立了一个榜样，指明了一个方向，而最终的成就还是要靠自己的努力。

这样，中国文化就打破了凡圣之间、人神之间的绝对界限，也抹平了世俗与宗教、此岸与彼岸、出世与入世之间的裂隙。人可以也应该去追求神圣和不朽，却不一定要去出家或隐居，因为对于真正的修行人来讲，处处是道场，时时在修行，饮食起居、接人待物，都可以成为修道成道的契机。这就是《中庸》所说的"道不可须臾离"，老子讲的"和光同尘"（《老子·道德经·五十六章》）、"被褐怀玉"（《老子·道德经·七十章》），也是禅宗所谓的"不离世间觉""平常心是禅"。这就赋予了日常生活以神圣的意义与诗意的光辉。每一个人，无论他多么卑微和贫贱，都可以过一种有尊严有意义的生活，都可以生活在庄严、安详与平和之中。处于什么样的位置做什么样的事并不重要，重要的是以什么样的"心"去做人做事。这就是中国哲学所讲的本体、工夫与境界的圆融或"惟精惟一"。王阳明回答其学生关于"惟精惟一"的提问时，曾回答"博学、审问、慎思、明辨、笃行者，皆所以为惟精而求惟一也。"① 这就是阳明说的领悟道心要精益求精、专一其心。中国文化非常看重"一"的境界，"一"就是一体、完整性，就是《周易》所说的"一致而百虑，殊途而同归"。无论是天人合一、体用不二，还是此岸与彼岸的圆融，其实都折射出中国文化的一个基本理

① 王守仁:《王阳明全集》,上海古籍出版社 1992 年版,第 13 页。

念：这个世界在其最深刻的根源处是完整一体的。这既是可以亲证的宇宙人生真相，也是所有价值、道德和人生幸福的源头，真善美圣在这里相遇。这是智慧的领域，是一条内在超越的道路，而且注定要自己走完，没有任何神明、权威可以依赖。这样，中国文化因其对偶像崇拜和"一神教"意识的淡化，就避免了封闭与僵化，也完全可以超越宗教与文化之间的对立。体现在现实中，就是要人过一种完整、自在、逍遥的生活，做到无入而不自得，而不应把修行与日常生活割裂看来。

所以，中国文化推崇神圣却不盲目崇拜鬼神，包含宗教精神却不执着于信仰的形式。所谓的鬼神，即使有也是不究竟的，人可以通过修行而达到与其相通甚至超越其上的境界。《易》云："夫大人者，与天地合其德，与日月合其明，与四时合其序，与鬼神合其吉凶。先天而天弗违，后天而奉天时。天且弗违，而况于人乎？况于鬼神乎？"（《易·文言》）《中庸》也期许人可以达到"赞天地之化育，与天地参"的境界。这既超越了各种宗教与意识形态之间的冲突，也超越了人与神之间的隔膜，化解了宗教教条可能给信众带来的恐惧与压抑。

《尚书·大禹谟》中有这样的一段论述："人心惟危，道心惟微，惟精惟一，允执厥中"。这就是后来儒家所说的"十六字心传"，认为其中包含着儒学的真谛。《易经·复卦》，亦有惟精惟一之意象，李光地对此有案语："'天地之心'，在人则为道心也，道心甚微，故曰'《复》，小而辩于物。'惟精以察之，惟一以守之，则道心流行，而微者著矣。"他断言："尧舜相传之心学，皆于《复》卦见之".（《周易折中·卷九·象上传》）我国心学形成于先秦时期，发展于两宋时期、明代阳明心学代表着高峰时期，近代以来心学处于复兴时期。人心是世界上最大的谜。只有破解人心之谜，面对世界万象及社会诸多问题才不至于"头痛治头脚痛治脚"。儒家"心学"在中国古代自成体系，学术气息浓厚，传承脉络清晰，影响既深且远，今天仍有新儒家在致力于复兴儒家心学。

二、儒学对"心"的界定

"心"，传递着儒家的精神，维系着儒学的根基。儒学将"心"界定为：

"天人合一"之心，即天地之心；"内圣外王"之心，即人之为人之心；责任之心，即担当之心。

1. "天人合一"之心，即天地之心。这是儒学认识与处理天人关系的思想基础。儒家认为"心"源于天，是天所给予人的，天地万物皆统一于心。儒学形上之心叫作道心，道心所秉为人的"天地之性"（超越本性），其原初的经验显现就是仁，而由仁演化出德行的依据即为"理"。所以孟子说："仁义礼智根于心"（《孟子·尽心上》）。陆九渊说："盖心，一心也；理，一理也。至当归一，精一无二。"① "天人合一"思想就是心的内在超越性与超越的内在性统一。"内在性"指人的内在精神，如仁、神明等。体现在保持"赤子之心"，以"仁存心"、以"礼存心"，以百姓之心为心；"超越性"指宇宙存在的根据或宇宙本体，如天道、天理、太极等。体现在仁心便是道心，行仁心就是遵天道，心即理，理即心。《尚书·大禹谟》中的"道心"，是指得道、体道、合道之心，即与天地万物相通相合之心，也就是"道"在人"心"中的落实与贯通。"人心"是指人受后天环境熏习而形成的浅层意识之心，它在现实中表现为人的感知、思虑、情欲、拣择等心理活动。儒家讲"性相近，习相远"，"性"相当于人与生俱来的本性或"道心"，人人相同且本善；而"习"却是后天形成的习性或"人心"，其善恶智愚交杂且人各有别。

"天地之心"一语，出于《易经·象传·复》："复，其见天地之心乎？"但尚未与"人"直接联系起来。《礼记·礼运》明确了人在宇宙中的哲学定位，第一次提出人是天地之心的观念。儒家认为天地之心为"生"为"动"。"故人者，天地之心也，五行之端也，食味别声被色而生者也"。意思是说，天地本无心，然人则有心。天地之性，曰"诚"，天地之德曰"生"，人取天地之性之德而为自己立心。天地之心即哲学上的本心，主体之心，心学的"良心"。古代"天地"一词并不专指自然界，《易传》中提出了一个天地人的"三才"宇宙模式，表明古人倾向于把天、地、人看作一个整体。天高地厚，人居其中。"天地"就是"天地之间"的意思，既包

---

① 《与曾宅之》,《陆九渊集》卷一,中华书局 1980 年版,第 4～5 页。

括自然界，也包括个体之人和人类社会。如东汉著名的古文经学大儒荀爽（公元128～190）认为，"阳气初九，为天地心"，虽未明说天地之心为"生"，但所言"万物所始"，已含有生意。阳起当然为阳动，总体是动而生之意。这一解释，虽不那么具体，但在儒家易学史上是由开创性的，对后代易学有很大影响。把天地之心释为"生""动"的代表人物是程颐。他诠释说："一阳复于下，乃天地生物之心也。先儒皆以静为见天地之心，盖不知动之端乃天地之心也，非知道者孰能识之"（《周易程氏传》卷三）。张载认为"天地之心惟是生物"（《正蒙·诚明》）。他所提出的"为天地立心"，就是为社会建立一套以"仁""孝"等道德伦理为核心的精神价值系统，即"能使天下悦且通"的"立天理"之心，从而使"天下"（社会）普遍接受仁孝之理等道德价值。明末清初大思想家王夫之提出了"人者天地之心"的命题，认为人是天地万物中的根本。"自然者天地，主持者人。人为天地之主，主必以心，故曰人者天地之心"。意思是说天地之性之德，就是人之心。人心即是天地之性之德的彰显和体现。

2. 内圣外王之心，即人之为人之心。这是在区别人与神、与动物的基础上，从学理上探讨道德伦理在人性善方面的形而上根据，标志着儒学对人之为人的高度自觉，对人之为人特质的清醒认识。因为"人是五行之秀气"，万物皆禀五行之气而生，惟人独得其秀气，为天下"万物之灵"，是"万物中最贵者"，故能为"天地之心"。孔子曰："天地之性人为贵"（《孝经·圣治章第九》）。荀子说："人有生有气有知亦且有义，故最为天下贵"（《荀子·王制》）。董仲舒说"惟人独能为仁义"（《春秋繁露·人副天数》）。欧阳修说："人者，天地之心，万物之灵也"（《欧阳修集·附录四·记神清洞》）。王阳明说："故曰：人者，天地之心，万物之灵也"（《王阳明集补编·卷五·年谱附录一》）。陆九渊说："天地之性人为贵，人为万物之灵。人所以贵与灵者，只是这心"（《朱子语类·卷一百二十四·陆氏》引）。可见，儒学之人心根本不同于动物之心，动物之心只是一团血肉，是其躯体的有机组成部分，只有生理功能，而没有思维、辨别、判断是非功能。人心则是人之本心，在孟子处是"仁，人心也"。在阳明处则是视听言动之心，即"内心合外物以启觉，心乃生焉"之心。是身之主宰之心，如陆象山所说"宇宙便是吾心，吾心即是宇宙"的本体之心。孟子认为，人的本质就存在于德性之中。德性即人的本质或本性。"无恻隐之心，非人也；无羞恶之心，非人也；无辞让之心，非人也；无是非之心，非人也"（《孟子·公孙丑上》）。

再进一步讲，在儒家看来君子是一个积极的弘道者，一方面他们需要不断地"修己"，另一方面他们在学有余力之际又出来做官以使百姓安乐，实现有道之治，也就是"修己以安人"（《论语·宪问》）。这也正是君子对"道"追求的内外两个方向。内，就是内在的修身养性，成就君子人格和圣人人格，也就是内圣。外，就是对外部世界生命和社会民生的关怀，也就是外王。"修己"体现了孔子"君子"的道德自觉性，而"安人"则体现了孔子"君子"的社会责任感和历史使命感。修己之极致即内圣，安人之极致即外王，君子人格不仅是道德完美的人，而且追求事功、外王，实现治国、平天下的理想。

《大学》经文中提出的"三纲八目"，被看成是儒家思想体系和个人进德修业的指导纲领。其中的三纲"明明德""亲（新）民""止于至善"将本体、功夫和境界融为一体。"明德"是指人人本具有的光明德性即"道心"，但其受到后天习气的蒙蔽，所以要经过修养功夫恢复其本有的光明，这就是"明"明德。在此基础上，还要推己及人，引导更多的人日新其德，革新其心，彰显其固有的明德，是为"新民"。这其实也就是儒家推崇的修己安人、内圣外王，"明明德"是由"修己"的功夫而达到"内圣"的境界，"新民"则是由"安人"的德行而达到"外王"的功业，如果这两者都做到了圆满并实现统一，就是最高的"止于至善"境界。

诚然，人内在的生命价值必须通过个体的修行才能得以实现，这就是中国文化的另一个重要特点，即强调实践，强调知行合一或本体、工夫与境界的融合。它是一种带有东方"神秘"色彩的修证实践，试图通过某种身心体验活动实现生命的转化和对宇宙真理的领悟。中国文化注重的不是逻辑推演或理论体系的建构，而是对天地大道的直觉与亲证。作为东方独特的实践方式，修行的本质是通过一系列内心证验的方式达到以心契道、天人合一和超凡入圣的境界。大道玄微，隐于形上，无相无迹、无声无臭，超越感官经验和言语名相，非"人心"所能及，唯有冥心内求、回光返照，才能对其进行直接地心证。儒、道、佛等各家的修证方法尽管多样，但有一个共同的要领，那就是由"人心"返归"道心"，用古人的话讲就是"人心死道心活"或"心死神活"。

在"三纲"之后，《大学》接着说："知止而后有定，定而后能静，静而后能安，安而后能虑，虑而后能得。物有本末，事有终始，知所先后，则近道矣。"这个知止、定、静、安、虑的修养过程，其实就是一个返观内照、由"人心"返"道心"的过程。然后《大学》又阐述了"格物、致知、诚意、正心、修身、齐家、治国、平天下"的"八条目"，明确提出了儒家的修行次第与目的。最后总结说："自天子以至于庶人，壹是皆以修身为本。"这里的"修身"，从上下文的阐述来看，其实质是"修心"，是一种精神涵泳与人格养成的过程。"修身为本"理念的提出，既强调了儒家修学的重点和基础，也显示出其对于实践精神的重视。所有的理论知识、学问，最后都必须落实在行动中加以运用和体验，都要沉淀为学者的人格。与此相应，《中庸》也将为学的阶段与层次概括为："博学之，审问之，慎思之，明辨之，笃行之"，同样把"笃行"作为修学的最后阶段，就是在学有所得之后还要努力践履之。其实，后来孟子的养"浩然正气"和王阳明的"知行合一"，都可以看作是这一理念的继承与发展。

3. 责任之心，即担当之心。这在于探索并确立道德责任心建立的根据。首先，在于明确人之为人的伦理道德责任。任何理智健全的人，必须对自己的行为负责。秉承天地之道、天地之心的人，要养吾之浩然之气，做顶天立地的大丈夫。孔子曰："为仁由己，而由人乎哉？（《论语·颜渊》）""我欲仁，斯仁至矣（《论语·述而》）""仁以为己任，不亦重乎（《论语·泰伯》）"。孟子曰："君子所性，仁义礼智根与心"（《孟子·告子上》）。"恻隐之心，人皆有之；羞恶之心，人皆有之；恭敬之心，人皆有之；是非之心，人皆有之。恻隐之心，仁也；羞恶之心，义也；恭敬之心，礼也；是非之心，智也。仁义礼智，非由外铄我也，我固有之也，弗思耳矣"（《孟子·告子上》）。不断扩展人的"四端"，以养成君子圣人性格。其次，明确社会责任。在孔子看来，君子是可以"大受"之人，"君子不可小知，而可大受也；小人不可大受，而可小知也。"（《论语·卫灵公》）"可以托六尺之孤，可以寄百里之命，临大节而不可夺也。君子人与？君子人也"（《论语·泰伯》）。二程曰："人与天地一物也，而人特自小之，何耶？（《河南程氏遗书》卷第十一）"在理学家看来，人于天地之间，虽藐然七尺之躯，却担当着全部的道义。孔子强调君子要有承担责任的精神和勇气，能客观地认识到自己的不足和别人的优点，在与人发生误解或矛盾时，君子自然是反省自己言行中的不足。"君子求诸己，小人求诸人"（《论语·卫灵公》），《礼记》里有段话，很能说明这个道理，《礼记·射义》篇中说："射者，仁之道也。射求正诸己，己正而后发，发而不中，则不怨胜己者，反求诸己而已矣！"认为射箭的道理就是仁德的道理，射箭时先要求端正自己的姿态，站得端正、要领正确才发箭，发箭后射不中，不会埋怨比自己优胜的人，反过来探求自己射不中的原因！为此，君子总是奋发努力，要求各方面做到最好，事情做得不好，要从自身探求原因，予以检讨和改善。而且，知错能改："君子之过也，如日月之食焉：过也，人皆见之；更也，人皆仰之"（《论语·子张》）。人心原本如同一面镜子，是一尘不染的虚透灵明。只因在私心的作用下或被物欲的驱使下，使原来虚透灵明的心蒙上了一层灰尘，出现了斑斑锈迹，使之失去了光泽。未被后天所染之心是天心，被后天所染之心则是人心。人心不古，说的就是这种情况。"学问之道无他，求其放心而已矣"（《孟子·告子上》）。"学问之道"，就是求仁为善之道。"求放心"就是把放失的善心重新找回来。己欲立而立人，己欲达而达人。做到对自己负责，对他人负责，对家庭负责，对社会负责。

三、心学：儒家思想最基本的"硬核"

性如朗月，心若澄水。儒家之心学是全部儒学思想最基本的"硬核"，其他方面都是心学的延伸和展开。阳明说："君子之学，惟求得其心"[①]，心学就是强调主体自我的儒学。突出自信、自强、自律、自为，追求自我实现。"心学"的本质就是追求"内圣外王"价值取向，寻求理论根据和修养

① 王阳明：《紫阳书院集序》，《王阳明全集》，上海古籍出版社 1992 年版，第 239 页。

方法的哲学。

心学发端于春秋战国时期的孔子和孟子，孔子率先发现了人的自我，创立了以"仁学""礼学"为核心的原始儒学，提出了"心安"与不安的心性问题。孟子继承发展了孔子学说，比孔子更为突出地把心性之体表露出来，最先注意到心的作用。认为孔子所谓"仁"，归根结底是人之心："仁，人心也"。（《孟子·告子上》）"性"根源于"心"："君子所性，仁义礼智根于心"。（《孟子·尽心上》）根源于人心的性，只要尽心便能知性："尽其心者，知其性也；知其性，则知天矣"。（《孟子·告子上》）由此确立了儒家心性之学的基本理念。《孟子》一书使用"人心""民心""不动心""尽心""心思""恻隐之心"等高达 121 次。儒家心性论的最初建构者是思孟学派，传承谱系是：由孔子到曾参，由曾子到子思，由子思到孟子。其学术传承孔子有《论语》，曾参有《大学》，子思有《中庸》，孟子有《孟子》。

心性之学到了宋代，由北宋程颐开其端，南宋陆九渊大启其门径。二程把陆九渊比作接续孟氏之后的第一人。"先生在宋儒中，横发直指，一洗诸儒之陋；议论剀爽，令人当下心豁目明；简易直捷，孟氏之后仅见"[1]。陆九渊不仅"发明"出"本心"，更重要的是他对此体作了大致轮廓的描述："心之体甚大。若能尽我之心，便与天同。"[2] "此理塞宇宙"[3]，"此道之明，如太阳当空，群阴毕伏"[4]。宋代理学各学派，都细致入微地谈论心性问题，有"无事袖手谈心性"[5] 之说。心性之学成为理学的代名词。

心学集大成者王阳明首度提出"心学"二字，王阳明序《象山全集》曰："圣人之学，心学也"。"至先生始拈'致良知'三字，以泄千载不传之秘。一言之下，令人洞彻本面，愚夫愚妇，咸可循之以入道，此万世功也"[6]。阳明心学的经典表述，即是著名的四句教："无善无恶心之体，有善

---

① 李颙：《二曲集》，中华书局 1996 年版，第 49 页。
② 陆九渊：《象山语录》，上海古籍出版社 1992 年版，第 33 页。
③ 陆九渊：《象山语录》，上海古籍出版社 1992 年版，第 16 页。
④ 陆九渊：《象山语录》，上海古籍出版社 1992 年版，第 4 页。
⑤ 颜元：《存学编·学辨一》，《颜元集》，中华书局 2009 年版，第 51 页。
⑥ 李颙：《二曲集》，中华书局 1996 年版，第 49 页。

有恶意之动，知善知恶是良知，为善去恶是格物。"① 良知是心之本体，无善无恶就是没有私心物欲的心，是天理，是无善无恶的，也是我们追求的。当人们产生意念活动的时候，把这种意念加在事物上，这种意念就有了好恶，符合天理者善，不符合天理者恶；良知虽然无善无恶，但却自在地知善知恶，这是知的本体；一切学问，修养归结到一点，就是要为善去恶，即以良知为标准，按照自己的良知去行动。发动良知是为了发现良心，确立本体；发现良心，是为了发挥良能；发挥良能，是为了重建世界。至此心学开始有了清晰而独立的学术脉络。心学最不同于其他儒学的地方，在于其强调生命活泼的灵明体验。因此，民国时期陈复提出"心灵儒学"，并为之注解。由此可见，严格意义上的"心学"产生于明代中叶，是儒学在新的社会条件下的新发展，一直延续到清代，对中华文化有着深远的影响。

儒家心学是入世治学，是修身功夫之学，是内圣外王之学，是政治观的人性论基础。王阳明是中国古代历史上少有的名副其实的"真三不朽"人物。阳明心学是炼心的学问，是"乾坤万有基"的学问。阳明送蔡希颜诗云："悟后六经无一字，静余孤月湛虚明。"② 在江西《书汪进之太极岩》云："人人有个圆圈在，莫向蒲团坐死灰。"③ 咏良知示诸生诗云："个个人心有仲尼，自将闻见苦遮迷。而今指与真头面，只是良知更莫疑"。"人人自有定盘针，万化根源总在心。却笑从前颠倒见，枝枝叶叶外头寻"。"问君何事日憧憧，烦恼场中错用功；莫道圣门无口诀，良知两字是参同"。"无声无臭独知时，此是乾坤万有基。抛却自家无尽藏，沿门持钵效贫儿"④。王阳明之所以将国人宏大而细腻的心里图谱精确地描绘出来，就是要传达一条真理：即一切战斗都是心战，内心的强大才是真正的强大。"心即理"告诉我们要相信自己，倾听内心，树立起强大的主体意识。其次，炼心的目的也不是成为圣贤一了百了。内圣是体，外王是用，阳明心学是一种信仰哲学，而信仰只有被实践时才有意义。王阳明融三家之长，却归

① 王守仁：《传习录·下》，《王阳明全集》，上海古籍出版社1992年版，第117页。
② 王阳明：《送蔡希颜诗》。
③ 王阳明：《书汪进太极岩诗》。
④ 王守仁：《咏良知诗》，《王阳明全集》，上海古籍出版社1992年版，第790页。

宗于儒家，提出振聋发聩的"知行合一"，就是要强调内圣外王，将心性之学转化为卓越的事功。

《传习录》中说："圣人好比黄金，其贵处只在纯度，不在斤两。""内圣"足以为人的存在世界和意义世界提供精神动力。心力无法估量，它可以排山倒海。得民心者得天下，失民心者失天下。心力源于道德信仰的自信心。

首先表现为生命的意志力，一个有信仰的人，必定是对生命、生活的目的意义有着自觉认识和对未来充满希望的人，不管在生命过程中遇到什么样的艰难困苦，都能够勇敢面对，凭借百折不挠的顽强精神和坚忍不拔的意志力，战胜困难。为坚守信仰的价值取向，平时可以保持洁身自好，出淤泥而不染。关键时刻可以挺身而出，宁死不屈，直至献出自己的宝贵生命。

其次表现为人心的凝聚力，就是使人或事物聚合到一起的力量。俗话说，浇花浇根，交人交心。凝心聚力道理亦在于此。古人曰："敬神以虔敬为本，爱民以实惠为先。"关切现实民生的安身之命，关注改变现状，足以将社会人群千差万别，厘厘种种所思所想，凝聚到一个绝大多数人都认同的大方向上，必将产生巨大的凝聚力。

再次表现为向心力，即指心服口服，内心归服。这是暴力所无法达到的。暴力压服的结果只能是口服心不服，明服暗不服，伺机寻求报复。用禁锢思想的办法，也无法让人心服口服，其结果只剩下没有思想的躯壳。利用中国传统道德的"善"经过现代改造，足以成为促进人际关系的强力粘合剂，形成"相亲力"。人人对社会怀有善感，社会就充满了亲情、友情、爱情和同情。和谐社会就有了源自人心的保证，社会长治久安也就有了牢固的心理基础。

而现代社会的一个基本特征是见物不见人、重外不重内、工具理性消解价值理性。这必然导致对"心"或精神的漠视，对本源或存在完整性的遗忘，以及心灵的压抑与人性的扭曲。加之传统宗教与人文精神的失落，最终导致人类精神家园的残破，精神流浪、心灵漂泊、无家可归，神圣感、意义感、敬畏感和归属感沦丧。这是导致现代社会各种冲突与危机的主要原因，也是现代主流文化与中国传统文化的根本差异。从这个意义上讲，中国文化在应对现代社会的各种挑战尤其是在重建人类精神家园的过程中理应发挥更大的作用。

党的十八大报告再次强调"注重人文关怀和心理疏导，培育自尊自信、理性平和、积极向上的社会心态"，唯有改变现代人的生活方式和文化理念，解决人们的精神家园、安身立命以及终极关怀等根本问题，才是治本之策。而这也正是中国文化、儒家心学大有可为的地方。笔者愿赋一副联语作结：

道在通变，重研孔孟明心性；

学以致用，再振炎黄塑家园。

生命儒学的多重维度及其现实意义

刘云超

（山东社会科学院文化研究所）

要弘扬中国优秀传统文化，就要追溯中国传统文化的源头活水，把握中国传统文化的核心精神。那么这个核心精神是什么呢？学术界见仁见智，有人认为是"仁爱"，有人认为是"礼教"，也有人认为是"孝悌"，还有不少人认为是"天人合一"。这些都有一定的道理。但在笔者看来，儒学在本质上不只是强调修养工夫的心性儒学、道德儒学，更不是强调治国理政的政治儒学、制度儒学、文化儒学，而是从根基处来自儒家的生命关怀，来自《周易》经典命题"天地之大德曰生，生生之谓易"，从而展现为多重生命情调的生命儒学。

由生命儒学所阐发的"生生"理念凸显了三层意蕴：一是生命的本体和本质，二是生命的进程，三是作为社会生命的人应备的精神。按照牟宗三先生的说法，"生生"既存有又活动，既超验又经验，既形而上又形而下。换句话说，它既是万物之所以存在的最终根据，又是万物运行变化的规律和基本原理，还是万物运转的基本样态。以"生生"理念为核心的生命儒学具有多重向度，既体现了生命之乐、生命之美、生命之德，又凸显了生命之度、生命之和，它对于当今人类生命的安顿、护持、康健不无意义。

一、何谓生命儒学？

这里所说的生命儒学可首先被理解为作为一种生命哲学形态的儒学，研究对象是儒家的生命哲学思想。生命哲学这一概念来自西方哲学，在此是指对整个世界一切有机生命的实质、本体、基础、特性、进化（发展）、地位、价值和意义等问题进行普遍理性反思的特殊哲学形态。从生命哲学历史发展中看，可与生命儒学形成相互借鉴相互诠释的西方生命哲学形态大体有如下几种：包括叔本华、尼采的意志主义生命哲学、狄尔泰解释学的生命哲学、柏格森进化论的生命哲学、齐美尔文化哲学和货币哲学中的生命哲学、海德格尔的存在主义生命哲学，以及以舍勒、胡塞尔为代表的现象学生命哲学、福柯的生存美学、怀特海与约纳斯的有机体生命哲学。

在以上理解前提或知识背景下，在中西哲学具有可通约性的信念和预设之下，笔者认为生命哲学具有三大本质特征——"创生""多元"和"审美"，此三个特征为中西生命哲学所共有。三者并无绝对界限，而是相融相生之关系，其中"创生"性更为核心和根本。所谓创生，可以理解为在生命哲学视野中，世界的动变性、开放性和非本质性。也就是叔本华所谓"作为意志和表象的世界"，或者柏格森、詹姆士所言的"时间意识之流"，或者海德格尔所言"存在先于本质"，而在儒学则被表述为"天地之大德曰生""生生之谓易""唯变所适"或"随时变易以从道"。所谓多元，就是生命哲学力图摆脱逻格斯中心主义所构造之呆板、单调和整齐划一的世界描述，致力于凸显经验世界表象之差异，角色之分工，不同生命形态个体自由与整体和谐之追求。我们可以从尼采"风格使生命得到辩护"、詹姆士"多元的宇宙"、齐美尔"更多生命和比生命更多"等表述中发现生命哲学的这一重要特征。而儒家哲学也有"和而不同""明分使群""爱有差等"等等相似表达。所谓审美特质，就是生命哲学致力于在诗和艺术中追寻被遗忘的存在，并进而视整个生活、整个世界为审美和艺术的世界。基于此种追求，生命哲学重情感而轻理性，重体验而轻逻辑，重自然而轻人为，试图借助这样的致思方式来突破言语和理性迷障，走向某种异于形上学的超越性进路。西方生命哲学家的相关表述有叔本华"生活即表演"，尼采"美学的东西是生活最大刺激力"，柏格森"美感作为心理暗示的情感"，还有海德格尔"诗意的栖居"，以及福柯所说"生活即艺术"等。而儒家学者的相关表述则更多，如《论语》所载"志道据德依仁游艺"，令孔子甚为赞赏的"曾皙之志"，《礼记》所载"君子比德于玉"，"乐教"。还有宋明理学家提出"寻孔颜乐处",以及周敦颐窗前草不除,大程观鸡雏,张子厚听驴鸣等轶事。从中可看到儒家学者由审美而追寻本体的工夫路径和最终走向万物一体之境界的审美追求。

但是深深扎根于中国传统文化土壤中的生命儒学与西方哲学话语系统中的生命哲学毕竟还有很大不同。进一步探究,生命儒学可以理解为一种中国儒家哲学所特有的生命哲学形态。这一生命哲学形态并不能完全被纳入西方生命哲学话语系统中,还呈现出对于西方生命哲学的某种补充与借鉴,因此并不能被简单概括为儒家生命哲学。

第一,就思想形成而言,其不同之处在于儒家思想在一开始就是关于个体生命与整体生命的思想,一开始就是生命哲学,而西方生命哲学作为一个独特思潮大约出现在 19 世纪末,是在对逻格斯中心主义或理性主义做反思的过程中形成。

第二,就思维方式而言,其不同之处在于儒家思想的思维是主客不分、物我合一的,并且先天具有原始自然宗教的类比取象、天人交感等神秘特质。西方生命哲学虽然由非理性思潮顺势而生,但是其根本的思维方式仍然是理性分析。基于理性而反思理性,在此基础上以揭示和宣扬非理性之价值作为反思理性的重要途径,这是西方生命哲学一个重要特点。

第三,就思维内容而言,其不同之处更多,最大的一个不同处在于儒家哲学非常重视以德为美,善与美虽各有其意义,却常常不分开使用,很多时候两者指一个意思。例如孔子说韶乐尽善尽美,而武乐尽美而未尽善,意有遗憾。意思就是武乐虽然有形式美,但是表征杀伐,所以不如表征和平的韶乐。这里的审美判断具有明显的人伦道德价值评判。所以儒家思想视野中几乎没有纯粹而绝对的审美,而往往与人伦和德性密切相关。西方生命哲学的审美大致仍然是康德意义上的审美,具有两面性,一方面美是美,善是善,美学范畴与科学、道德、功利等范畴不同。美是无目的之合目的性,审美具有纯粹性,可以有自己独特之立法。另一方面,审美通过想象力,成为道德的象征。只有通过这种象征关系,自由美和依存美,美的理想和美的智性趣味才能得到合理解释。审美的重要性只有在同道德的关系上才能表现出来。

主要基于以上三点不同，笔者以为生命儒学不能被简单称为儒家生命哲学，而应该首先立足中国哲学传统话语，适当借鉴西方生命哲学思想，对生命儒学做出合适的解读。

二、孔颜乐处与生命之乐

儒家思想真正的价值在哪里？人生似梦，如露如电，怎样在变化万千的诸多境遇中保持心灵的安定，怎样在俗世纷扰中持守生命的尊严、把握生命的底线？这才是儒家思想最终要解决的问题，也是儒家思想最为重要的价值所在。

那么儒家思想是如何解决这一难题的？简单说只有一句话："寻孔颜乐处。"这句话来自周敦颐，是宋明理学的一个重要命题，也是儒家文化中一个重要命题。孔子称赞颜回说："贤哉，回也！一箪食，一瓢饮，居陋巷，人不堪其忧，回也不改其乐。"（《论语·雍也》）孔子自我评价是："发愤忘食，乐以忘忧，不知老之将至。"孔子还说过："饭疏食饮水，曲肱而枕之，乐亦在其中矣。不义而富与贵，于我如浮云。"（《论语·述而》）人生境遇虽然千回百转，但不外乎顺境和逆境两种。而儒家思想一再提醒我们，顺也好逆也罢，都应喜乐陶陶，不为外物所役，方可保持生命独立和尊严。通观儒家经典著述和儒者人生经历，无不贯彻这种乐天知命的快乐主义。《周易》说："乐则行之，忧则违之。"孔子说："用之则行，舍之则藏。"（《论语·述而》）孟子说："穷则独善其身，达则兼善天下。"这种既入世又出世、既怀抱家国天下之志又心存山水林园之思的张力，在儒家思想中被调适得张弛有法、浓纤合度。寻孔颜乐处可以保证一个人无论处在何种时遇中都可从容优雅、恰如其分、自得其乐——于是宠辱不惊，闲看庭前花开花落，去留无意，漫随天外云卷云舒；于是白发渔樵江渚上，惯看秋月春风。

乐，是始于个人情感终于审美境界的概念，不是基于理性和认知的概念。乐天知命，是因为对上天赐予生命怀有感恩之心，对天地自然的变化无常怀有敬畏之心，对自然万物的生长怀有关怀与欣赏之心。这里的"知"不是知识与理性，不是如西方文化那样探究真理、追溯本体，而是对天地

人类儒学

万物生化无穷的诸般情态做效法、模仿与顺应。"乐"源于对生命本身的情感与领悟，源于对生命的敬畏、尊重、关怀和欣赏。因为生命本身就是美的，生命的历程在在显现美，所以不要因路途崎岖而忘记欣赏一路行来的风景。李泽厚认为中国文化是一种"乐感文化"，"乐感文化"由于没有人格神，对人的终极关怀没有各种神灵导引，因此使人们在似乎是合目的、合规律的宇宙自然的总体中储备、汲取力量，所以中国是世界上发现自然美最早的国度。更为重要的是，因为对于自然之美的发现和领悟，中国先民最早把价值维度、伦理维度和审美维度融合为一，中国文化因此呈现出物我浑然的审美意境。从《诗经》的托物起兴到《论语》的曾皙之志，从"问君能有几多愁，恰似一江春水向东流"，到"人生若只如初见，何事秋风悲画扇"，中国人常常将内心之忧喜、伦常之善恶、人生之起伏寄托于自然风物，借景生情，借景抒情。这种思维方式造就了中国文化主客不分、天人合一之独特风景。

三、万物一体与生命之美

在儒家思想中，生命之美主要体现在三点，一是生生之美，一是时中之美，三是德性之美。

生命之美首先体现在生生之美。《周易》讲："生生之谓易"。宇宙人生的奥秘就藏在里面，它就是"生"的希望、"生命"的力量，它就是"生生不息"的道理。春去秋来、花开花落，时间不停向前，生命永不休止。儒家以血缘关系为基础，衍生出一整套合理的礼教系统，其最为根本的源头就在一个"生"字。孟子讲"亲亲而仁民，仁民而爱物"，非常贴切地描述了儒家伦理起源于生命个体与生俱来的血缘亲爱之情感，最终走向的是万物一体的美学境界。这种源于自然终于审美的伦理美学，到了宋代理学那里被揭示的尤为深刻，其重要表现就是以"生"释"仁"。理学家认为天理最根本的特质就是"仁"，而"仁"最根本的内涵就是"生生不息"。例如程颢说："万物之生意最可观，此元者善之长也，斯所谓仁也。"[1] 朱熹也

说："生底意思是仁""仁是天地之生气"①。理学家主张人们的行为要顺应上天的好生之德，对世间万物的生命怀有尊重乃至欣赏的态度，并由这种尊重和欣赏来契会和体悟那唯一至善的生生不息的天理，最后达到自身生命与天理一体无隔。所以我们看到，宋代理学家们对"生生"之道体会尤为深切。周敦颐"窗前草不除"，他说："吾好观万物生意。"程颢喜欢"观鸡雏"，认为"此可观仁"。张载好观驴鸣，说："与自家意思一般。"表面看来，这似乎有些愚蠢，但是实际上较之于功利的生活方式，这是一种美学的生活方式，它贴近自然、无拘无束、天人合一，它充满了对生命的尊重、热爱和希望。

生命之美还体现于时中之美。《周易》里面讲："易者，变易也，随时变易以从道。""生生"之道奥妙无穷，但理论上有一个揭开其奥妙的金钥匙，那就是"时"（时间、机遇、形势）。"时"必然"变"，所以"时"即是"变"。《周易·象传》说："观乎天文，以察时变。"这句话告诉我们，宇宙的运行无时无刻不在遵循着"时"和"变"的原则。例如一年四季都有各自的品性：春生、夏长、秋收、冬藏。如果违背了各自的品性，就会造成四时失序，容易引发天灾人祸。如果人的饮食起居违背了四时的品性，就会背离养生之道从而更容易导致疾病甚至死亡。《易传》提出了与时偕行观念，就是面对不断变化的境遇变化自己的思想和行为，从而做出最为适宜的回应，这样就会永保和谐安乐。一般而言，需"见几而作""亨行时中"，方能逢凶化吉、得"利"得"亨"。《礼记》提出"君子而时中"也是一样的意思。其他的儒家经典《尚书》《诗经》等等都表达过一些处世之道，比如饰君、柔克，几变、明哲保身等等，都不离《易传》权变和时中的范畴之外。而孔子被称为圣之时者，就是因为可以做到时中。

生命之美还体现于德性之美。这里德性之德有两个层次的理解：一是指事物之品性与特质。例如天地之大德曰生；《乾》之四德为"元亨利贞"，"龙德中正"。例如土德、木德、火德等等。二是指伦常道德之德，也就是善恶价值评判之德。这一解释乃由第一种理解引申而来，有时在使用中兼

---

① 《朱子近思录》附录"朱子论性理"，上海古籍出版社 2000 年版，第 247～248 页。

具品性特质与善恶评价两种意义。例如《尚书》"皇天无亲，惟德是辅"，《易传》"君子进德修业"，帛书《要》"我观其德义耳"，《论语》载"为政以德""德不孤必有邻"，《大学》"明明德"，孝悌忠信礼义廉耻称为八德，等等。无论如何理解，在儒家思想中，美和善往往不分家，有时美就是善，例如《论语》讲"里仁为美。择不处人，焉得知？"非常明确把美定义为向善德善性的追寻。不仅如此，这句话还隐藏一个非常重要的信息，就是儒家之审美不是孤立而纯粹的，而是在日常交往和人伦关系中产生的，如果离开交往和关系，则美就不成其为美。因此有人把儒家美学称为伦理美学，正是道破这一特点。

如果回溯上文所言生生之美和时中之美，可对儒家伦理美学有更深之理解。生生之美表现为世间万物先天具有一团生机，蓬勃向上，因此大化流行生生不息。这一团生机本来无所谓善恶，但是儒家通过自己的解读赋予其至善的意义，宋代理学家以"生"释"仁"非常典型地说明了这一点。梁漱溟先生把儒家之核心精神归于一"刚"字——"知命而仍旧奋发，其奋发为自然的不容已，完全不管得失成败，永远活泼，不厌不倦，盖悉得力于刚。"此刚健向上之态度正是《乾》卦"天行健，君子以自强不息"所表征的气象。而《乾》卦自强不息之品格来源无他，正是这寂然不动、感而遂通的一团生机。所以儒家反对消极无为，号召以入世之精神行家国天下之志向，正是对生生本体所做效法与顺应。然而刚健不是鲁莽，儒学又反对匹夫之勇，主张随时变易以从道，或者与时偕行，其理论根据仍在生生二字。因为世间万物动变不拘，所以纵然要固守刚健笃实之品格，也需因时制宜，偶尔从权，才能保存有生力量，实现辉光日新之理想。

儒家生生之道，首先指向生存目的，最后指向审美境界。指向生存的生命视野是狭窄的，个体性的，却是必需的。例如之所以要亲亲，正是因为在自然的进化中，只有亲亲可以保证个体生存和种族延续。指向审美的生命视野是宽广的，整体性的，也是作为社会动物的人所特有的。例如，只有社会各成员都各安其位，使老有所终，壮有所用，幼有所长，鳏、寡、孤、独、废疾者，皆有所养，社会才会和谐。只有人类关爱万物，世界才会和谐。社会和谐了，世界和谐了，个人内心才会舒适安乐。这是一种全人类视野中的审美境界。

四、生命关怀与生命之度

而领悟了生命的生生之美和时中之美以及德性之美后，寻孔颜乐处才具体有了措手处，简言之这一措手之处在于情感之合度，或者说在于对个体欲望和情感的节制与引导。

体悟生生之美，对生命存有敬畏、关怀和欣赏，使得人的生命形态有底线、有温情、有格调；体悟时中之美，随时而处中，使得人的生存方式有技巧、有应变、有谋略。两者的结合会带我们走向既生机勃勃又平安喜乐的美好世界，也就是"和"的世界，"乐"的世界。"乐"不是狂喜狂欢，而是心境之从容，为人之合度，处事之优雅，乃至物我之浑然一体。中国人讲一个君子"温润如玉"，待人接物令人"如沐春风"，就是因为君子人格由内而外散发出的"乐感"。

从理论上来讲，"合度""分寸"的把握对于基于理性分析的西方文化而言是件挠头的事情，但是对于儒家文化而言则只需要自然而然、真情流露而已。这种区别对于当前生态哲学的发展走向显得尤为重要。例如当前西方生态主义者存在众多分歧，其中一个重要的分歧在于，如何划定生态保护的范围？也就是说，哪些物种或领域是当前需要保护的？极端者主张放弃一切干涉、破坏生态系统的技术、社会体制和价值观念，温和者主张区分不同物种和领域对于人类的利益相关性，以此确定保护的"力度"或"分寸"。实际上这正是一个怎样"合度"的问题，"合度"的问题固然与技术或理性相关，但最终属于情感和审美范围，所以单纯用知识理性无法根本解决这一难题。因为理性的偏执和科学的盲区，我们无法确切判定某个物种或领域现在、将来会在何种程度上影响人类生存。而对儒家思想而言，如果真正领悟到生命之美和时中之美，自然对万物心存敬畏与关怀。儒家生命哲学作为一种生态智慧主要体现在两点：一方面要维持自身生存，人类生存的价值高于一切；另一方面要培养一种正确的情感态度和人生态度，对禽兽及一切生命要有真实的生命关怀。只要具有这种真实的生命关怀，在具体实践层面自然会有决断有办法，"度"的问题只属于生命情怀的发用层面，"仁爱"才是根本。

在人与自然的关系上，西方的生态哲学大致分为人类中心论的和非人类中心论的。人类中心论的生态哲学认为人永远无法跳出自己看世界，因此以人类自身利益作为衡量非我之物存在价值之标准是不可避免的。人类为了自己的长远利益会主动调整行为方式，人类应该坚信自己可以解决所有问题。非人类中心论则认为人类并不天然尊贵于其他物种，非我之物具有独立于人的内在价值，这种内在价值乃是天赋权利。儒家思想与二者都不相同。儒家思想首先承认人的尊贵，认为人是最为天下贵的，人是天地之间"得其秀而最灵"者。这一点与非人类中心论不同，但是还有两点值得注意。

一方面，儒家在高扬主体性的同时，强调人与万物、人与天地的整体性；在承认人的优越性的同时，更强调人与万物的平等。《周易》提出天地人三才之道，人居天地之间，顶天立地的同时还是天地的一部分，最多是一个守护人，绝对不是天地的主宰者。张载就说："乾称父，坤称母；予兹藐焉，乃混然中处。"① 不是说人有多强大，而是说人在天地之间的渺小。这与人类中心主义认为人是世界的中心和重心，一切为我而存在的观点有本质不同。儒家虽然说人是万物中最为灵秀的存在，但同时也并不藐视和漠视其他的存在，而是主张"民胞物与"，主张像对待自己的同胞一样对待万物。这其实就是在强调人与万物的平等。

另一方面，儒家对人的主体性的凸显有其特定的目的，一是反对神权，反对专制，挺立起人自身的能动性；二是提倡刚健奋勉，健行不息的精神。而且儒家对人的能动性的肯定、对刚健自强精神的宣扬，不是要人去战天斗地、宰割自然，而是效法自然生生不息的仁德，为社会的秩序、为自然的秩序、为宇宙的秩序尽一份绵薄之力。蒙培元先生说："孟子一方面提倡'人禽之辨'，另方面却又提出'仁民爱物'之说，这是不是自相矛盾呢？不是的。原来'人禽之辨'只是为了树立人的道德主体性，使人自觉其'仁性'，而'仁性'的实现则不但要'仁民'，而且要'爱物'。只有这

---

① 张载：《张子正蒙》，上海古籍出版社 2000 年版，第 231 页。

样，'仁'的意义才是完整的。"① 所以，儒家承认人的优越性其目的之一在于教人有一份自豪感、担当感和感恩之心，而不是如人类中心主义一样产生优越感甚至自大狂。如张载所言，作为一个儒者要"为天地立心，为生民立命，往圣继绝学，为万世开太平"，也就是说一个人作为"最为天下贵者"，要无愧于天父地母的"万千宠爱于一身"的钟爱，挺身而出做一个天地自然的管理者或者天地之道的执行者，让这个世界成为万物各得其所的美丽和谐的美好家园。孔子之志，在于老者安之，朋友信之，少者怀之，使万物莫不遂其性。这种万物各遂其性的理想世界也就是孔子所说的"天下归仁"的大同世界。

因为具有真实的生命关怀，儒家之君子才可以由亲亲走向仁民，从仁民走向爱物，从而实现万物一体、天下归仁的审美境界。

五、生命冲动与诗意生存

如果从西方哲学的视野来看，儒家"生生"观念近于柏格森所谓"生命冲动"。柏格森认为，生命运转本于一种盲目、非理性、永不停息又不知疲倦的先验动力："所有的生命，动物和植物的生命在其本质中像是一种积蓄能量和以可以变通的方式释放能量的努力。"生命冲动如一团炮火向上发射，如一股喷泉向上喷出，是从统一的源头出发，分化为众多的路径向上散开。② 生命之永恒冲动也类似黑格尔所说的"恶动力"，黑格尔认为自由的精神是历史的实体性动力，而由人的自私心理产生的欲望和热情则是历史的现象的动力。他在《历史哲学》中说："假如没有热情，世界上一切伟大的事业都不会成功。"并且说："我现在所表示的热情这个名词，意思是指从私人利益、特殊的目的，或者简直可以说是利己的企图产生的人类活动。"③ 黑格尔所说推动历史前进的"热情"，正可与柏格森所谓生命之冲动或者中国哲学中的生命意识有类比之可能。恩格斯把黑格尔的"恶"理解为一种具体的、历史性的、否定性的力量，与柏格森所说生命之冲动亦大

① 蒙培元：《从孔孟的德性说看儒家的生态观》，《新视野》2000 年第 1 期。
② 柏格森：《创造进化论》，姜志辉译，商务印书馆 2012 年版，第 204～213 页。
③ 黑格尔：《历史哲学》，三联出版社 1956 年版，第 62 页。

有相通之处。

梁漱溟提出"尽宇宙为一大生活"。生活即生命，梁在《朝话》一书中具体解释"生活"说："生命与生活只是字样不同，一为表体，一为表用而已。"① 可以看出，梁漱溟依据传统的"体用"关系来理解"生命"和"生活"，"生命"是"体"，"生活"是"用"。他又把"生活"再分为"生"和"活"。从他看，"生"和"活"是一个意思，"生即活"，"活亦即生"。他说："生命是什么？就是活的相续。'活'就是'向上创造'。向上就是有类于自己自动地振作，就是'活'；'活'之来源，则不可知。"② 在这里，梁漱溟把"生命"理解为"活的相续"，把"活"理解为"向上创造"。"生"即是生命，"活"即是向上振作的"创造活动"，"生活"即是"生命不尽的创造活动"。梁漱溟所提出的"向上创造"很明显受到了柏格森提出的"生命冲动"的影响。柏格森认为生命具有"跃进力"和"创造力"，是生命自己运动、创造活动的根源，能够推动万物的进化，导致整个世界的发展。也就是说，生命的本性是同化、利用物质而克服物质抵抗的自由活动。

为什么梁漱溟以西方生命哲学来解读中国儒家思想如此若合符节？因为"生生"的观念本无种族国界之分，她源自人类生存和繁衍之原始本能，源自历史长河之积淀赋予人类族群之生命密码。世间万事盛开如花，各有其芬芳与黯淡，然而同途殊归的是，所有的生命形态都无法摆脱一个根本问题，就是生与死。而几乎所有的物种的活动都只有一个目的，活下去。而选择怎样活，也就是活的方式不同造就了不同物种的差别，在人类社会中也导致了不同文化的差异。无论东方还是西方，对于生命起源、生命价值、生命意义的追问都是其哲学思想核心命题和永恒命题。然而如同两颗相似的种子开枝散叶，却结出迥然相异的果实，东西方哲学中的一致主题却导向了不同的文化风景。

较之西方哲学，儒家思想留在历史河床中的足印显得既稚嫩又早熟。

---

① 梁漱溟：《朝话》，《梁漱溟全集》第 2 卷，山东人民出版社 1989 年版，第 92 页。
② 梁漱溟：《朝话》，《梁漱溟全集》第 2 卷，山东人民出版社 1989 年版，第 93 页。

说她稚嫩，是因为"儒"本来是古代主持冠婚丧葬的祭官，属于术士之流。作为儒家五经之首的《周易》本来是用于预测吉凶祸福的卜筮之书。据考证，"易"也本来是一种官职，在朝堂上"抱龟南面"与天子相对而坐，用龟卜方法来预测国家大事。儒家思想最初的学术资源来自原始巫术和祭祀之礼，所以儒家思想在根本上重个人体验、体悟和非理性的情感，其天人感应的思想无法脱离原始交感巫术的印记。说她早熟，是因为儒家思想在两千年前就直接跨越了对于实体和知识的追求，而致力于求善和求美。似乎早已知道，实体是不可说的，真理是有条件的，只有内心之善意与诗意才是这个世界永恒长存之事；只要有内心的善意与诗意，这个世界就可以永远生生不已下去。与此相对，西方在古代和中世纪，人们还保持着对天地诸神质朴的崇敬，诗意的栖居还是人类的主要生存方式。随着技术理性的膨胀，那个自然的、神圣的、艺术的世界开始逐渐退场，存在被遮蔽。所以基于主客二分的思维模式，探索与征服成为西方文明的两大主题。在理性之光的照耀下，一切的一切都要为上帝之子民让路。基于对科学理性的自信，人类一直以征服者和管理者的姿态凌驾于自然之上，并且人类的这一身份是得到上帝授权的。康德为知识划界为信仰留下地盘是在西方哲学中是一个标志性事件，到了19世纪末，非理性思潮逐渐在西方哲学当中占据一席之地，并且声势日渐壮大。其后柏格森的生命哲学、海德格尔的存在主义、胡塞尔的现象学等等成为西方哲学研究的主流。这个时候西方哲学对个人体验、经验和情感等非理性因素给予了足够重视，对于基于主客二元对立的人类中心论做深刻反思。海德格尔认为，只有在天地人神和谐的四重奏中，作为世界看护者的人才能与存在相遇。所以我们看到，自然之神性、存在之诗意、天地人之和谐，这些存在于儒家经典几千年的思想，在19世纪末的西方文明中遇到了共鸣。

　　同样始于生存与延续之天然本能，儒家思想走向对于天地自然生生之道的敬畏、顺应与效法，走向对于非我存在的关怀与欣赏；而西方文化走向对于自然规律的探寻、掌控与改造，走向对非我存在的利用与征服。在漫长的宇宙时空中，二者难分孰是孰非，然而生命不会停止脚步，只会永远向前。

结　语

　　如果可以抛却现实的毁誉沉浮，儒家思想就其本质而言是关于如何诗性生存的学问，而不仅仅是关于仁义道德的学问，更不是关于社会制度与治理国家的学问。所以客观地讲，自汉代儒学独尊以来，儒家思想背负了太多生命不能承受之重。无论是宏图霸业还是渔樵闲话，在国家管理和社会治理层面对于儒家思想的评判大多无关其本身。原因也早已毋庸讳言，西汉以来两千多年，历代王朝都以外儒内法、阳儒阴法作为基本治国方略。而且在王权与人治霸凌之下，法家也非法家，儒家亦非儒家，在时空的虫洞中搅作一团，是非莫辨，这一点也自不必多言。说儒家思想本质上是关于诗性生存的学问，并不是掩耳盗铃的说儒家思想既不讲仁义道德也不讲社会治理，而是说儒家思想中关于道德和治理的学说都围绕一个最终目的——"和"。"和"虽然可以理解为社会人生和宇宙生命的整体和谐，但在根本上只是个体生命心灵的安顿与快乐。仁义道德和治国之术都是达成"和"与"乐"的手段与途径而已，如果无需外在的礼教与规范即可达成这一目的，那么礼教与规范对于个体生命则是无用的。《中庸》里面明确说："天命之谓性，率性之谓道，修道之谓教。"又说："自诚明，谓之性，自明诚，谓之教。"儒家思想承认个体存在的差异，有上根器者，有下根器者，还有禀赋普通的一般人。上根器人先知先觉，从心所欲即可与天道合一；一般人则需要从克己慎独开始，遵循礼教与规范做修身的工夫，也可渐渐达到与道合一的境界。所以对于上根器者而言，外在约束无意义。由此可见，如果以礼教等外在规定作为估量儒家思想价值之准绳，也就容易混淆手段和目的，容易本末倒置，反而使得儒家思想真正价值隐而不显。当前学界儒学派别不可谓不多，制度儒学、政治儒学、民间儒学、社会儒学、生活儒学，不一而足，大多强调儒家思想之道德教化功能或者社会治理功能。儒学的多元发展与繁荣局面固然可喜，学者的理论探讨与现实担当也非常值得尊重。需要警惕的是，如果一味强调儒家思想的社会功能，将不可避免导致两个结局，一是重蹈覆辙，使儒家继续背负其生命不应也不能承受之重；二是舍本逐末，使当前中国最亟待解决的问题——制度建设和法制建设——淹没在空洞的道德说教之中。

　　所以需要再次强调，儒家思想的现代价值并不在于如何维系伦常和如何治理国家，当前社会道德缺失与社会乱象不是儒家思想退场惹的祸，要解决这些问题也不应指望儒家思想的重新进场，而应该依靠日益完善的现代制度和现代法律。让上帝的归上帝，凯撒的归凯撒，相比于盲目令儒家思想冲出去管理世界，不如理智地请它退回来安顿心灵。

儒家思想与人权观念的交汇

林桂榛

（曲阜师范大学政法学院）

摘　要：儒家思想与人权观念、人权标准不是相互对立或否定的关系，反而两者有着相通或相同的伦理内涵、伦理指向。人权本质上是种权利诉求，包括不被非正当地干预、干扰、侵害与获得正当的救济、援助或福利两方面。儒家有丰富的生命权、生存权、社会公平、民主政府、自由意志等主张，重视人的生命权、生存权，重视社会生活的公平性、政府运行的民意性、法及社会法治的正义性，强调为治者必须尊重人民生命尊严、生存权益及自由意愿，并为缔造公正、正义的人间生活服务。

关键词：人权　儒家　权利　人道　生存权　民主政府　自由意志

一

英人布宁、华人余纪元合编的《西方哲学英汉对照辞典》释"人权"（human rights）词条为："构成一个人的完整尊严并且社会有义务满足的必要条件。人们拥有这些权利仅仅因为他们是人，而无关乎他们的种族、性别、社会地位、文化、习俗等特征。任何地方的人都有这种权利。因此，人权一般被认为是普遍的。"① 中国学界一般把人权分为应有权利、法定权利、实有权利三种，又分人身人格权、政治行动权、经济与社会文化权三项。②

---

① 尼古拉斯·布宁、余纪元：《西方哲学英汉对照辞典》，人民出版社 2001 年版，第 887 页。
② 王家福、刘海年：《中国人权百科全书》，中国大百科全书出版社 1998 年版，第 481 页。

人权分三种、三项很有道理，但以人权哲学及权利概念剖析之，人权本质上是种权利诉求，而此权利实可分为两种：其一是不受侵犯、干扰、妨碍的权利，即不受非正当之"干预"的权利，此一般又表述为"自由权"；其二是获得救济、援助、福利的权利，此一般可表述为"生存权"，即一般或基本福利的保障权。从人权所有者的角度，前者是"无伤害权"，后者是"获救助权"，"无害"指向的是消极的不行动，"获助"指向的是积极的有行动。

人权享有是人际平等的，于"我"是权利则于"他"是义务，于"他"是权利则于"我"是义务，彼此是相互的要求，此即 1789 年法国《人权宣言》第四条所说的"各人的自然权利的行使，只以保证社会上其他成员能享有同样权利为限制"①。另外，可归入"生存权"当中的"生命权"是最根本权，任何人不能任意剥夺他人生命，也任何人不能对某方任意剥夺他人生命的行为无动于衷（不作为、消极行为）甚至助纣为虐（有害的作为，积极行为）。

许多学者谈人权往往重视"无害权"而忽视"获助权"，以为后者只属于"人道"的范畴。其实"人权"与"人道"的实际所指并无两样，无非"人权"多属伦理权利词语，而"人道"多属伦理义务词语，两者的指向与宗旨实是一致的。以权利言之，人权是要求别人不为与为，"不为"是要求他人不施害于自己，"为"是自己生存危机时要求生活更优越者力所能及地予以救助，尤其特别灾难与困难时更当如此；以义务言之，人道是要求自己为与不为，为是要求自己力所能及地救助苦难者尤其是特别灾难或苦难者，不为是要求自己不侵犯、干扰、妨碍他人。总之，人权是一种权利诉求，要求他人对自己不做什么和特别情境下做什么；而人道是一种担当，要求自己对他人乃至他物做什么或不做什么。

按儒家学说，西方思想中的"人权"（human rights）、"人道"（humanity）都属于汉语中的"人道"范畴（儒学中人道、天道、地道并称），"人道"的基本伦理包括自己不伤害他人、救助他人，也包括自己不被他人伤害与

---

① 张宏良、金瑞德：《改变人类命运的八大宣言》，中国社会出版社 1996 年版，第 16 页。

特定情境下获他人救助。西方理论中的"人道（主义）"更似儒家概念体系中的"仁道（主义）"，是以自己该做与不做而言的，但是这个"仁道"实际已包含了"人权"，包含尊重他人意愿、权益而不侵犯他人这一义，这正是仁道的"不作为"方面之底线。所以，先秦儒家经常以"人"来定义"仁"，又以"仁"来代替"人"，"人而不仁"则非人，则无"道"。故仁道即人道，人道无非尊重人的权益而不冒犯伤害之，又尊重人的生存而于其苦难时救助之。儒家不仅将正面的人道名为"仁"，也将正面的人道名为"义"。

一般人头脑中的"儒家"印象多是伦理等级与伦理礼法，多是"夫妇、父子、兄弟、君臣、朋友"五伦，多是"天、地、亲、君、师"五尊，其实这有误解儒家及后期儒家实有对真儒家作篡改涂抹的情况。一则等级制并非春秋儒家所创而是社会史本身的演进面貌，勿颠倒历史事实的前后与因果；二则原始儒家讲五伦、五尊的实意是讲人的"身份性"（言行举止及做人当符合自己伦理身份），并非刻意维护等级之"独尊"，就如孔子对弟子反对为父母居丧三年也只得说"汝安则为之"一样，表示得依据每个人的意愿。先秦儒家或原始儒家重视天地间的人世与人道，在伦理方面具有非常丰富的仁道、人权思想：其一是生命权主张，其二是生存权主张，其三是社会公平主张，其四是民主政府主张，其五是自由意志主张。下面，谨作相关的分述。

二

儒家重视生命的生存权益尤其是人的生存权益。孔子家的马厩着火了，孔子关心的不是宝马，而首先是伺马的下人或佣人，所以注疏家说孔子"重人"，《盐铁论·刑德》则曰"问人不问马，贱畜而重人也"。因为孔子视人命比马命重要，绝不"宠物"比人命还重要、还高贵。孔子那时不仅反对活殉，甚至用假人殉葬也反对，大骂"始作俑者其无后乎"（《孟子·梁惠王上》），孟子引之时说："为其象人而用之也，如之何其使斯民饥而死也?"（《孟子·梁惠王上》）意思是象人的殉俑都不认可，怎会认可伤人死人之暴政、虐政或弊政、怠政呢? 故《尚书·泰誓》直称商纣王这样的君上为"独夫纣"①，《荀子》也称之为"独夫"（《荀子·议兵》），并说："桀纣者，民之怨贼也!"（《荀子·正论》）。

孟子说："争地以战杀人盈野，争城以战杀人盈城，此所谓率土地而食人肉，罪不容于死!"（《孟子·离娄上》）"庖有肥肉，厩有肥马，民有饥色，野有饿莩，此率兽而食人也!"（《孟子·滕文公下》《孟子·梁惠王上》）② 他大骂视民命、民生若无若亡的"行政不免于率兽而食人"的惨恶现象，甚至不惜鼓吹犯上弑君之"过激主义"（鲁迅，1919）③："贼仁者谓之贼，贼义者谓之残，残贼之人谓之一夫，闻诛一夫纣矣，未闻弑君也!"（《孟子·梁惠王下》）俨然一副诛灭残贼之君乃天然正义的伦理立场。荀子也坚持"必不伤害无罪之民"的伦理原则，严正支持"诛桀纣若诛独夫"（《荀子·议兵》）、"诛暴国之君若诛独夫"（《荀子·正论》）的汤武式革命论。孟子说"民为贵，社稷次之，君为轻"（《孟子·尽心下》），又说"君之视臣如土芥，则臣视君如寇仇"（《孟子·离娄下》）。儒家思想中防范、管制、反抗君主或官吏为所欲为的人民性可谓淋漓尽致，其在民不聊生时极具革命号召力，此孟子所谓"天时地利人和"与"得道者多助、失道者寡助"。

儒家不仅主张人民有反抗暴政、覆灭暴政的权利，而且主张平等国家之间也可以以"仁义之师"出兵至行暴政之国以"救民水火、解民倒悬"（《孟子·滕文公下》《孟子·公孙丑上》）。孟子曰："取之而燕民悦，则取之……取之而燕民不悦，则勿取……以万乘之国伐万乘之国，箪食壶浆以

① 此《尚书·泰誓》逸文，《荀子·议兵》曰："故《泰誓》曰'独夫纣'，此之谓也。"
② 《盐铁论·刑德》："仁者，爱之效也；义者，事之宜也。故君子爱仁以及物，治近以及远。传曰：'凡生之物，莫贵于人；人主之所贵，莫重于人。'故天之生万物以奉人也，主爱人以顺天也。闻以六畜禽兽养人，未闻以所养害人者也。鲁厩焚，孔子罢朝，问人不问马，贱畜而重人也。"
③ 鲁迅：《热风·随感录五十六》，《鲁迅全集》第 1 卷，人民出版社 1996 年版，第 347 页。

迎王师，岂有它哉？避水火也。如水益深，如火益热，亦运而已矣。"（《孟子·梁惠王下》）又曰："诛其君而吊其民，若时雨降，民大悦。《书》曰'徯我后，后来其苏'。今燕虐其民，王往而征之，民以为将拯己于水火之中也，箪食壶浆以迎王师。"（《孟子·梁惠王下》）《淮南子·兵略训》曰："夫兵者，所以禁暴讨乱也……故闻敌国之君有加虐于民者，则举兵而临其境，责之以不义，刺之以过行"。儒家甚至墨家，都认为某国不仁不义而陷民于水火、倒悬时，"天吏"或"义兵"可替天行道地予以正义地干涉或出师进行诛杀行暴政虐政者，吴起所谓"禁暴救乱曰义"（《吴子·图国》），墨子所谓"彼非所谓攻，所谓诛也"（《墨子·非攻下》），此正是孟子、荀子说的"诛"或"诛独夫""诛一夫"。

《吕氏春秋·荡兵》曰"古之圣王有义兵而无有偃兵""义兵之为天下良药也亦大矣"，《左传·宣公十二年》曰"止戈为武"，《荀子·议兵》曰"禁暴除害，非为争夺"，《司马法·仁本》曰"杀人安人，杀之可也；攻其国，爱其民，攻之可也；以战止战，虽战可也"，甚至《商君书·画策》也主张"故以战去战，虽战可也；以杀去杀，虽杀可也；以刑去刑，虽重刑可也"。可见，现代国际社会中与"主权不侵犯"国家权利观念同时存在的"人权高于主权"的人民权利观念并非空穴来风；只是先秦儒家以为"禁暴除害"的入境他国之义兵行动并不能实施对独立国家的领土占领与治权控制，当仁义之师完成它"禁暴除害"的使命后理应归政于国、罢兵而还，此正孟子对齐宣王所敬告的"王速出令，反其旄倪，止其重器，谋于燕众，置君而后去之"（《孟子·梁惠王下》）[1]。

人世生活、人间生活之中民命民生最重要，孟子有一句话最能概括古来儒家重视民命与民生、重视人民自由意愿的总体立场，孟子说："……（足食足用）是使民养生丧死无憾也。养生丧死无憾，王道之始也。"（《孟子·梁惠王上》）这句话的意思是致力于黎民百姓养生丧死而无憾乃"王道"的开始（儒家以"王道"指称正义合理之道）。儒家认为王道之政、王道之治的起点是百姓"养生丧死无憾"，其实何止是"王道之始"如此？"王道之终"也实

---

① 林桂榛：《论先秦儒家的战争伦理观》，《中国军事科学》2006年第5期。

是如此！苟能百姓都真的人人"养生丧死无憾"，则这社会不仅是儒家说的"小康"，也是儒家说的"大同"啊（《礼记·礼运》），甚至比基督教说的"天堂"或马克思期待的"共产社会"都说得感性与实诚。再美好的社会，再美好的个体生活，实也不过是儒家说的"养生丧死无憾"六字而已。

如何实现"使民养生丧死无憾"的王道之治或王道社会？《左传·文公七年》说"正德、利用、厚生"，今《尚书·大禹谟》说"正德、利用、厚生、惟和"，儒家经典《周礼·大司徒》则记述了荒凶之年"聚万民"的十二条政治措施，颇得民生要害，于政极富启示，十二政曰："一曰散利，二曰薄征（减轻赋税），三曰缓刑，四曰弛力（减缓劳役），五曰舍禁（开禁陆水资源），六曰去几（除去关市之敛），七曰省礼（减吉礼铺张），八曰杀哀（减凶礼铺张），九曰蕃乐（休闲娱乐），十曰多婚（促进婚育），十有一曰索鬼神，十有二曰除盗贼。"除"索鬼神"是善良祈祷或宗教法式外，其余十一条都是开源节流与救民宽民缓民富民的措施。

民生的基础是财富或资源，民生的主题也是财富或资源。儒家对分享财富或资源的问题非常重视公道或正义的尺度，孔子有句名言："有国有家者，不患寡而患不均，不患贫而患不安，盖均无贫，和无寡，安无倾。"（《论语·季氏》）汉注说这里的"寡"指"土地人民之寡少"，这里的"不均"指"政理之不均平"。"均"此不指算术"平均"，而是朱熹《论语集注》说的系是否各得其所、各得其分，"均"为"平徧""平舒"之意。《大戴礼·子张问入官》和《孔子家语·入官》也记载孔子说"世举则民亲之，政均则民无怨"，该"均"字与"不患寡而患不均"之"均"用法相同。孔子认为财富、人口、人心能均、和、安则国家不谓贫、寡、倾，百姓可安居乐业，今类"幸福指数高"之谓也。

孔子还有一句关于财富的重要名言，他说"君子周急不继富"（《论语·雍也》）。他曾对他的学生冉求为"富于周公"的鲁国权臣季氏"聚敛而附益之"（《论语·先进》）表示强烈不满甚至愤慨，他说："（冉求）非吾徒也，小子鸣鼓而攻之可也！"（《论语·先进》）孔子所主张的"周急不继富"（《论语·雍也》）之原则，亦是《老子》所称"损有馀而补不足"之道的一个翻版。孔颖达疏《礼记·祭义》"致和用"句说："致和用也者，和谓百姓和谐，用谓财用富足。"孟子曰："智者无不知也，当务之为急。"（《孟子·尽心上》）控制社会财富的占据差异既必要，也为亟务。

《说苑·建本》云："孔子曰：富之，既富乃教之也，此治国之本也。"《荀子·大略》云："不富无以养民情，不教无以理民性。"《春秋繁露·仁义法》述孔子曰："治民者，先富之而后加教。"具"九合诸侯、一匡天下"（《论语·宪问》）之才与功的齐相管仲善治国，他说："仓廪实则知礼节，衣食足则知荣辱。"（《管子·牧民》《管子·轻重甲》）又说："夫民富则不可以禄使也，贫则不可以罚威也，法令之不行、万民之不治，贫富之不齐也。"（《管子·国蓄》）管仲不仅揭示了《诗经》"饮之食之、教之诲之"（《小雅·绵蛮》）及后来孔子所称"富之教之"（《论语·子路》）的为政智慧，也揭穿了社会动荡、政局混乱的真正之社会根源——社会贫富差距巨大，多数百姓生活惟艰甚至民不聊生，所以"不可以罚威"，即不可威服，不可罚治，无论何种严法与酷刑都将无效。《老子》曰："民不畏死，奈何以死惧之？"《共产党宣言》曰："无产者在这个革命中失去的只是锁链。"民生若此，动荡如何可挡？故贾谊《新书·大政上》曰："故夫民者，至贱而不可简也，至愚而不可欺也。故自古至于今，与民为仇者，有迟有速，而民必胜之。"

三

在政治层面，儒家思想一般被理解为是数千年中国专制制度的辩护者或支持者①，而且事实上孔子也的确在汉以后不断被"尊化"为一种意识形

---

① "或谓儒家在政治上主张尊君抑臣，故为专制皇帝所喜；然于专制皇帝最方便之说，为法家非儒家。后来君主多'阳儒阴法'；'阴法'即'阴法'矣，而又'阳儒'何哉？"（冯友兰《中国哲学史》上册，华东师范大学出版社 2000 年版，第 297 页）俗言"三纲五常"，"五常"来自儒家，"三纲"则来自法家；"三纲"伦理是单向的，是绝对的尊卑秩序；"五常"伦理或德行则是双向的，具有一定对称性。法家讲"法"是以认可尊卑等级为根本前提的，法是帝王御民之术，《韩非子·忠孝》曰："父而让子，君而让臣，此非所以定位一教之道也，臣之所闻曰臣事君、子事父、妻事夫三者顺则天下治，三者逆则天下乱，此天下之常道也，明王贤臣而弗易也。"《韩非子·解老》曰："臣事君宜，下怀上宜，子事父宜，贱敬贵宜，知交友朋之相助也宜，亲者内而疏者外宜。义者，谓其宜也，宜而为之，故曰上义为之而有以为也。"汉代儒学吸取了法家思想，《春秋繁露》《白虎通义》都讲"三纲"，宣扬伦理尊卑的绝对性；汉后儒学谈礼法多失荀子等强调的"仁义法正"之正义维度，落于近法家。《汉书》卷九载汉宣帝曰："汉家自有制度，本以霸王道杂之，奈何纯任德教用周政乎？且俗儒不达时宜，好是古非今，使人眩于名实，不知所守，何足委任！"

态之工具，元、清两朝自边入中的少数族大政权尊孔尤甚，其意亦甚。原始儒家的思想果真是如此吗？非《荀子》所谓"俗儒""陋儒""贱儒""腐儒"之儒的儒家思想果真是如此吗？蔡元培1912年说："孔子之学术，与后世所谓儒教、孔教当分别论之。"（《对于教育方针之意见》）1916年3月又说："……其在中国，虽共和成立，不过四年有奇，然追溯共和成立以前两千余年间，教育界所讲授之学说，自孔子、孟子以至黄梨洲民，无不有民政之精神。故君政之障碍，拔之甚易，而决不虑其复活。"①（《华法教育会之意趣》）蔡此二言不无道理。

前已述孟子"民为贵，社稷次之，君为轻"（《孟子·尽心下》）、"君之视臣如土芥，则臣视君如寇仇"（《孟子·离娄下》）的思想，也已述孟子"残贼之人谓之一夫，闻诛一夫纣矣，未闻弑君也"（《孟子·梁惠王下》）及荀子"诛桀纣若诛独夫"（《荀子·议兵》）、"诛暴国之君若诛独夫"（《荀子·正论》）的暴力革命论，或许有人会认为这不过是激情的愤话而已，并非理智的公共政治之思想与理论。说孟子"激愤"或是，说荀子"激愤"则非，荀子有另外一句万古不易的至理名言，他说："天之生民非为君也，天之立君以为民也，故古者裂地建国非以贵诸侯而已，列官职、差爵禄非以尊大夫而已。"（《荀子·大略》）这其实是民主政府论（人民主宰政府）的遥远先声，也是阐释政府、官吏权力来源与权力服务方向的精辟法论。

"生民非为君、立君以为民"（《荀子·大略》），原来天生烝民的肉体及劳作并非为了君上、官吏、政府所能食享或役使，而是为了烝民自己或烝民自己的生活！原来立君上、官吏、政府并非为了君上、官吏、政府，而是为了烝民自己！《诗经》数曰"天生烝民"，《尚书》《左传》等也累云"烝民"，"烝民"（烝 zhēng）即庶民、众民。《孟子》《礼记》《墨子》甚至《庄子》《列子》《春秋繁露》等，则屡称"天民"云云；《荀子》认为动物尤高级动物的生命无非是"血气心知"而已，而形具而神生的"好恶喜怒哀乐"则谓"天情"；今《尚书·泰誓》则曰："惟天地万物父母，惟

① 蔡元培：《蔡元培美学文选》，北京大学出版社1983年版，第7、8页。

人万物之灵";"天矜於民，民之所欲，天必纵之"（矜：怜；纵：随）。在"天民—天情—天矜—天纵"之间，先秦儒家构建起了实与后世理学所完全不同的伦理思想体系。

当三百年多前的英国洛克提出"天赋人权"与"民主政府"论时，东方中国尚匍匐于清庭所崇举的"存天理、灭人欲"之理学桎梏并文字狱迭起反复。然而，事实上前洛克出生近整整2000年的荀子早已提出了政府应该由民来主宰、政府应该服务于民的"民主政府"论。尽管他没有提出数权分立与平衡之论，但他毕竟在那么遥远的时代表述了"生民非为君、立君以为民"的民主政府原则。荀子的此思想，为《吕氏春秋》、董仲舒《春秋繁露》、刘向《说苑》等所引述，甚至《吕氏春秋·贵公》等的"天下非一人之天下也，天下之天下也"亦与荀子"生民非为君、立君以为民"思想不无瓜葛①。惜2000多年前的荀子民主政府论及《荀子》全书一直被忽视或淹没，正如文艺复兴兴起之前的中世纪拉丁学者几乎未接触过伟大的亚里士多德著作一样②。

与洛克同时代的清代大儒王夫之在《读通鉴论》说："若夫国祚之不长，为一姓言也，非公义也。"（卷一）曰："一姓之兴亡，私也；而生民之生死，公也。"（卷十七）又曰："以天下论者，必循天下之公，天下非一姓之私也。"（卷末）他说"秦之所以获罪于万世者，私而已矣"（卷一），并批判说："斥秦之私，而欲私其子孙长存，又岂天下之大公哉！"（卷一）晚王夫之数年逝世的黄宗羲在《明夷待访录》中对政治的公共性问题展开了"私利—公利"的剖析，批判"以为天下利害之权皆出于我，我以天下之利尽归于己，以天下之害尽归于人"及"使天下之人不敢自私，不敢自利，以我之大私为天下之大公"的意识与政治生态（《原君》）。王、黄对斥秦之私者重陷秦私漩涡的批判，不禁让人想起了顾准这位苦难的思想家对与他

① ［清］包世臣《艺舟双楫·摘钞韩吕二子题词》曰："文之奇宕至《韩非》，平实至《吕览》，斯极天下能事矣，其源皆出于《荀子》。盖韩子亲受业，而吕子集论诸儒多荀子之徒也……小子壮岁，始得二书而摘录之，嗜之数十年。虽姿性弱劣，无能为役，而温故知新，所见固有较诸公为深者。"
② 亚里士多德：《亚里士多德全集》第1卷，中国人民大学出版社1990年版，第11～12页。

社会儒学论丛（第一辑）

相随之中国政治史的沉痛反省①。王、黄固然分析了"公—私"问题，但道德批判的旨意多于其他，其自然无法与洛克、卢梭的开放式思想相提并论，甚至连荀子的睿智与深刻都未达到。

孔子答鲁哀公问人世何为大时曾说："人道，政为大。"又说："政者，正也。"（《礼记·哀公问》）凭借国家机器的政府是社会中的最强势者，而最大的社会正义应该是政府服从人民的利益，政府工作人员尤其各级官吏仅仅受雇于人民的聘用之需并随时可被解聘或遣去。"生民非为君、立君以为民"（《荀子·大略》），惟有让"利维坦"完全置于人民的有效看管中，人民的利益或权利才能得到真正的尊重与捍卫；惟有一个真正操控于民的"民主"之理性、公道、良知政府（非民粹政府），才能真正维护人民利益以及人民之间的利益正义。"天生烝民"是绝对的，它不是手段也无其他目的。故按荀子"立君为民"的法权思想或政治伦理之主张，其一政府必须尊重人民意愿，其二法律必须是人民意志的呈现，凡不符合这两个条件者，人民有天然的、绝对的正义予以废除之甚至不得已情况下予以"革命"之，此所谓"是可忍，孰不可忍"（《论语·八佾》）。观之荷兰独立运动（1581年《誓绝法案》）至美国独立运动（1776年《独立宣言》）的那些思想②，亦不过如此而已。

在柏拉图《欧绪弗洛篇》《大希庇亚篇》《理想国》等对话录中，苏格拉底反复表达了"事物之所以被称为'正义'是因为事物自身拥有完全正义性"这一哲学立场，而且认为"正义"或"正义"属性的根本内容或根本条件是首先不得"伤害"他人，不得非正当地"干预"他人。在柏拉图《国家篇》中，苏格拉底反复说："一个正义的人能伤害别人吗？""伤害任何人无论如何总是不正义的。"③ 战国大儒孟子和荀子也同样表达了这类"以善致善谓善""以恶致恶谓恶""以恶致善亦谓恶"的伦理立场，孟子

人类儒学

---

① 顾准：《从理想主义到经验主义》，书林出版有限公司（台北）1994 年版，第 ix 页；《顾准文集》，贵州人民出版社 1994 年版，第 229 页。

② 爱德华·劳森：《人权百科全书》，四川人民出版社 1997 年版，第 1616～1618 页；刘晓琴、洪念德：《荷兰 1581 年誓绝法案与美国 1776 年独立宣言之比较研究》，《福建论坛》2008 年第 12 期。

③ 柏拉图：《理想国》，郭斌和、张竹明译，商务印书馆 1986 年版，第 13、15 页。

说："杀一无罪非仁也，非其有而取之非义也"（《孟子·尽心上》）、"行一不义，杀一不辜，而得天下，皆不为也"（《孟子·公孙丑上》）。荀子说："行一不义、杀一无罪而得天下，仁者不为也。"（《荀子·王霸》）孔子说："君子讳伤其类也，夫鸟兽之于不义也尚知辟之，而况乎丘哉?"（《孔子世家》）此即"闻义不能从、不善不能改"的孔子之"吾忧"（《论语·述而》），此即孔子所云"谓《武》，尽美矣，未尽善也"的论善之内涵（孟子认为《尚书》记武王伐纣"血流漂杵"有伪，谓"吾于《武成》取二三策而已矣"）。荀子曰："古今天下之所谓善者，正理平治也；所谓恶者，偏险悖乱也：是善恶之分也矣。"（《荀子·性恶》）

《论语》中孔子说："己所不欲，勿施于人。"（《论语·颜渊》《论语·卫灵公》）子贡曰："我不欲人之加诸我也，吾亦欲无加诸人也。"（《论语·公冶长》）。1916 年蔡元培引孔子、子贡前两句话，然后说："西方哲学家之言曰：'人各自由，而以他人之自由为界。'其义正同。例如我有思想及言论之自由，不欲受人之干涉也，则我亦勿干涉人之思想及言论；我有保卫身体之自由，不欲受人之毁伤也，则我亦勿毁伤人之身体；我有书信秘密之自由，不欲受人之窥探也，则我亦慎勿窥探人之秘密……事无大小，一以贯之。"（《华工学校讲义》）① 故古罗马的西塞罗说："大自然之所以规定每个人都应该帮助其他任何一个人，正是因为他们是人，所有人都有着统一的利益。具有统一的利益，意味着我们都应服从同一种自然法则，而这种自然法则至少命令我们不应彼此损害。"②

当代家思想家罗尔斯的《正义论》说："每个人都拥有一种基于正义的不可侵犯性，这种不可侵犯性即使以社会整体利益之名也不能逾越。因此，正义否认为了一些人分享更大利益而剥夺另一些人的自由是正当的，不承认许多人享受的较大利益能绰绰有余地补偿强加于少数人的牺牲。"③ ——明白古今中外哲人关于"正义"尤其是无侵害性、非侵犯性的底线正义观后，我们才能真正明白什么是真正的"社会正义"或"政治正义"，而不至

---

① 蔡元培：《蔡元培美学文选》，北京大学出版社 1983 年版，第 26 页。
② 西塞罗：《老年·友谊·义务——西塞罗文集》，高地等译，上海三联书店 1989 年版，第 185 页。
③ 罗尔斯：《正义论》，何怀宏、何包钢、廖申白译，中国社会科学出版社 1988 年版，第 1～2 页。

于落入虚妄的"正义"招牌里而自觉或不自觉地为"恶"。

四

许多人头脑中以为孔子没有独立人格，甚至认为儒学没有或根本没有"人"的影子，惟有"天理""礼法"等等伦理集约并将人的个体尊严与价值予以淹没。这完全是道听途说的误解，也完全是对孔子之后的腐儒、贱儒与政治篡改孔子思想、涂抹孔子形象之"指鹿为马"的信以为真。后世屡屡以"理"杀人、以某个"名教"杀人，但孔子早已说过一句震撼人心的话："三军可夺帅也，匹夫不可夺志也！"（《论语·子罕》）又说："志士仁人，无求生以害仁，有杀身以成仁！"（《论语·卫灵公》）士可杀不可辱，凛然后世陈寅恪所表达的"独立之精神、自由之思想"的铭言与信条①！当年梁漱溟不正是用孔子这句话来表达一种不屈服么？孟子曰："富贵不能淫，贫贱不能移，威武不能曲，此之谓大丈夫。"（《孟子·滕文公下》）可谓一身浩然正气，何来无独立人格？孔子曰"隐居以求其志，行义以达其道"（《论语·季氏》），孟子曰"得志与民由之，不得志独行其道"（《孟子·滕文公下》），荀子则曰"从道不从君，从义不从父，人之大行也"（《荀子·子道》）。无道义持守与独立人格的势利之徒何许人也？荀子称之为"俗人""俗儒"，甚至是"陋儒""贱儒""腐儒"等（《非十二子》《儒效》《非相》）。

所以，肤浅而不读书的人鹦鹉学舌、人云亦云，脑子里早已是被历史篡改或涂抹的孔子或儒学，脑子里早已是被肆意丑化、抹黑的孔子与儒学，并且这种篡改与丑化的儒学印象与孔子形象早已成为他内心中的一种"常识"，一种"刻板"心理，此即18世纪日本太宰春台所谓的"所读不过数部书"及"醉生梦死、终身不悟"（《春台先生读损轩先生〈大疑录〉》）②的滑稽之象，亦陈康先生所谓"混逻辑与历史为一谈"③及秦晖先生所谓

人类儒学

---

① 陈寅恪：《清华大学王观堂先生纪念碑铭》，《金明馆丛稿二编》，三联书店1980年版，第218页。
② 《日本思想大系》第34册，岩波书店（东京）1970年版，第405~406页。
③ 陈康：《陈康哲学论文集》，联经出版事业公司1985年版，作者自序。

"荆柯不刺秦王刺孔子"① 的滑稽之象。康德《逻辑学讲义》云："不学无术的人一般对于学识渊博持有成见；相反地，学者通常对于普通知性持有成见……关于伦理事物和义务，普通知性常常比思辨的知性判断得更正确。"② 哈克《逻辑哲学》更说："根据康德，逻辑错误是感性对判断的那种未被注意的影响的结果。"③

五四时代的人并非都糊涂，作《帝王春秋》并后来蹈海自杀的易白沙1916 年说："国人为善为恶，当反求之自身，孔子未尝设保险公司，岂能替我负此重大之责？国人不自树立，一一推委孔子，祈祷大成至圣之默佑，是谓惰性！不知孔子无此权力，争相劝进，奉为素王，是谓大愚！"他坚称"独夫民贼利用孔子实大悖孔子之精神"，称孔子"不料为独夫民贼作百世之傀儡"④。李大钊 1917 年说"余谓孔子为历代帝王专制之护符"，说："故余之掊击孔子，非掊击孔子之本身，乃掊击孔子为历代君主所雕塑之偶象的权威也；非掊击孔子，乃掊击专制政治之灵魂也。"⑤ 可见，对"真假孔子"尤其是傀儡孔子，有人是有清晰认识或分辨的。易白沙等呼吁"打倒孔家店"，而张岱年先生之胞兄张申府则呼吁"打倒孔家店，救出孔夫子"⑥，其中意味自然可想见。

孔子曰说："三军可夺帅也，匹夫不可夺志也！"后孔子 2400 年的胡适在 1930 年版《胡适文选》的自序（《介绍我自己的思想》）中说："现在有人对你们说：'牺牲你们个人的自由，去求国家的自由！'我对你们说：'争你们个人的自由，便是为国家争自由！争你们自己的人格，便是为国家争人格！自由平等的国家不是一群奴才建造得起来的！'"⑦ 今上溯至一百多年前，严复翻译《原富》时亦云："乃今之世既大通矣，处大通并立之世，吾

---

① 见秦晖《社会公正与学术良心》（《天涯》1997 年第 4 期）、《可贵的锋芒——序余杰〈闪光石〉》（《书屋》2003 年第 5 期）、《从"荆轲刺孔"到"荆轲颂秦"》（《中国改革》2003 年第 3 期）等文。
② 康德：《逻辑学讲义》，许景行译，商务印书馆 1991 年版，第 70 页。
③ 哈克：《逻辑哲学》，罗毅译，商务印书馆 2003 年版，第 297 页。
④ 易白沙：《孔子平议》，《新青年》第 1 卷第 6 号、第 2 卷第 1 号，1916 年 2 月 15 日、9 月 1 日。
⑤ 李大钊：《自然的伦理观与孔子》，《甲寅》日刊，1917 年 2 月 4 日。
⑥ 张申府：《论纪念孔诞》，《张申府文集》第 2 册，河北人民出版社 2005 年版，第 632 页。
⑦ 胡适：《介绍我自己的思想》，《胡适文存》第四集，黄山书社 1996 年版，第 456 页。

未见其民之不自由者，其国可以自由也；其民之无权者，其国之可以有权也。且世之黜民权者，亦既主变法矣，吾不知以无权而不自由之民，何以能孤行其道以变其夫有所受之法也？……故民权者，不可毁者也，必欲毁之，其权将横用而为祸愈烈者也。毁民权者，天下之至愚也，不知量而最足闷叹者也。"①

1789 年的法国《人权宣言》第四条曰："自由就是指有权从事一切无害于他人的行为。因此，各人的自然权利的行使，只以保证社会上其他成员能享有同样权利为限制。此等限制仅得由法律规定之。"第六条又曰："法律是公共意识的表现。全国公民都有权亲身或经由其代表去参与法律的制定。法律对于所有的人，无论是施行保护或处罚都是一样的。在法律面前，所有的公民都是平等的……"② 荀子曰："法不能独立，类不能自行……法者，治之端也；君子者，法之原也……无君子，则法虽具，失先后之施，不能应事之变，足以乱矣；不知法之义而正法之数者，虽博临事必乱。"（《荀子·君道》）又曰："之所与为之者之人则举义士也，之所以为布陈于国家刑法者则举义法也，主之所极然帅群臣而首向之者则举义志也。"（《荀子·王霸》）曰："有法者以法行，无法者以类举……庆赏刑罚，通类而后应；政教习俗，相顺而后行。"（《荀子·大略》）

史上腐儒、陋儒浅学以为荀子是法家代表，以为其法是商韩之法，是申韩之道，是秦以后中国两千年政治专权的思想渊源，其实这完全是不着边际的乱弹或危言耸听的污蔑或息事宁人的栽赃③。荀子是经验主义者和务实者，从社会治理效率而言他固然与时俱进由"礼"转进至"法"而张"法"与"法治"，但荀子的所谓"法"与"法治"完全不同于申韩的"法"与"法治"，因为荀子明确说"法义"与"义法"，反复强调"礼义

---

① 亚当·斯密：《原富》下册按语（严译名著丛刊），商务印书馆 1981 年版，第 753 页。

② 张宏良、金瑞德编：《改变人类命运的八大宣言》，中国社会出版社 1996 年版，第 16 页。

③ "《朱子语类》载：'黄仁卿问：自秦始皇变法之后，后世人君皆不能易之，何也？曰：秦之法尽是尊君卑臣之事，所以后世不肯变。且如三皇称皇，五帝称帝，三王称王，秦则兼皇帝之号。只此一事，后世如何肯变？'朱子能议论及此，才真不愧是旷代巨儒。现代人都说中国君主专制的传统在精神上是靠儒家支持的。这话不知道算是恭维儒家还是侮辱儒家，至少韩非的'孤愤'之魂一定会委屈得痛苦的。"（《余英时文集》第 2 卷，广西师范大学出版社 2004 年版，第 310～311 页）

法度"及"仁义法正"，即荀子崇法时强调了法律的正义性，它并非是《管子》一书所谓"夫生法者君也，守法者臣也，法于法者民也"（《管子·任法》）的纯牧民性之法，而是"生民非为君、立君以为民"的民主性之"义法"，此正同《淮南子·主术训》"法生于义，义生于众适，众适合于人心，此治之要也。故通于本者不乱于末，睹于要者不惑于详。法者非天堕非地生，发于人间而反以自正"（又见《文子·上义》）及《鹖冠子·环流》"是者法之所与亲也，非者法之所与离也，是与法亲故强，非与法离故亡"之谓。倘若"法"不蕴涵民众利益与公共意志，或不合善良礼俗与伦理正义，则此"法"只是牧民之术的法，只是君上御民之具的法。苟如此，则荀子认为无论其"法数"如何周密圆融或暂时有效，然其事迟早必乱，其国终究必坏，此亦扬雄《法言·问道》所谓："如申韩！如申韩！"

儒家思想重视人的生命权、生存权，重视社会生活的公平性，重视政府运行的民意性，重视法及法治的正义性，并强调为治者必须尊重人民生命尊严，尊重人民的生存权益，尊重人民的自由意愿，并为缔造公正、正义的人间生活服务，为人民生活服务，否则"诛桀纣若诛独夫""诛暴国之君若诛独夫"……通过上述叙述或语句摘录，我们看不到儒家思想的原貌是与"人权标准"对立，反而我们看到儒家思想与人权标准的确是何亚非先生所说的"这两者之间并不冲突，而是一种相互补充和相互促进的关系"，或者说看到"东圣西圣、其揆一也"[①]的惊人相似或相通，此并非是什么"五十步笑百步"（《孟子·梁惠王上》），而实是彼此"于我心有戚戚焉"（《孟子·梁惠王上》）。

五

《管子》曰："政之所兴，在顺民心；政之所废，在逆民心。"中国大陆现任总理温家宝近几年不断提"要让老百姓活得更有尊严"，2010 年 2 月 17 日答网民时说"要让老百姓活得更有尊严"有三义：一是宪法与法律的地位问题，二是国家发展的民生目的问题，三是个体自由问题，他说"整

---

① 《孟子·离娄下》曰："先圣后圣、其揆一也。"《三国志·魏书》曰："兴治美俗、其揆一也。"

个社会的全面发展必须以每个人的发展为前提"。"整个社会的全面发展必须以每个人的发展为前提"完全是马克思、恩格斯当年《德意志意识形态》"全部人类历史的第一个前提无疑是有生命的个人的存在"①这一见解的正确引申与发展，此表明温家宝总理十分清楚个人是社会、国家的起点与归宿点，十分清楚活生生的国民个体是目的而不是手段，十分清楚"个体—社会""个体—国家"的一般生存逻辑与伦理次第②。

温家宝总理 2010 年 2 月 17 日说："一个社会当财富集中在少数人手里，那么注定它是不公平的，这个社会也是不稳定的。"又说："解决'其兴也勃，其亡也忽'的周期律问题，最重要的是民主，只有民主才不会出现人亡政息。"2010 年 3 月 14 日"两会"时温家宝答中外记者又说：中国经济若动荡或萧条，"再加上收入分配不公，以及贪污腐败，足以影响社会的稳定，甚至政权的巩固"。《荀子·王制》曰："君者，舟也。庶人者，水也。水则载舟，水则覆舟。"毛泽东 1962 年说："如果我们的儿子一代搞修正主义，走向反面，虽然名为社会主义，实际是资本主义，我们的孙子肯定会起来暴动的，推翻他们的老子，因为群众不满意。"③邓小平则 1987、1990年曾分别说："如果搞资本主义，可能有少数人富裕起来，但大量的人会长期处于贫困状态，中国就会发生闹革命的问题。""如果搞两极分化，情况就不同了，民族矛盾、区域间矛盾、阶级矛盾都会发展，相应地中央和地方的矛盾也会发展，就可能出乱子。"④毛泽东、邓小平及贾谊《新书》"夫民者至贱而不可简也，至愚而不可欺也，故自古至于今与民为仇者有迟有速而民必胜之"之语，时时犹在人耳！

所以，温家宝总理一再强调社会的公平正义比什么都重要，甚至修辞

① 马克思、恩格斯：《马克思恩格斯全集》第 37 卷，人民出版社 1997 年版，第 217 页。——《共产党宣言》又曰"每个人的自由发展是一切人的自由发展的条件"。

② 关于这一点，可参汪子嵩 1988 年版《希腊的民主和科学精神》第 23～47 页、汪子嵩 2003 年版《亚里士多德·理性·自由》第 165～177 页、顾准 1994 年《顾准文集》第 229 页、顾准 1994 年版《从理想主义到经验主义》第 9 页、余英 2000 年 12 月 25 日《打开民族主义与民主的百年历史纠葛》(台北《联合报》)、谢韬《我们从哪里来，到哪里去？》(《炎黄春秋》2010 年第 10 期)等著述。

③ 毛泽东：《在党的八届十中全会上的讲话》，《红旗》1967 年第 9 期。

④ 邓小平：《邓小平文选》第 3 卷，人民出版社 1993 年版，第 229、364 页。

为"比太阳还要有光辉",他说:"集中精力发展生产,其根本目的是满足人们日益增长的物质文化需求。而社会公平正义,是社会稳定的基础。我认为,公平正义比太阳还要有光辉。"2010年3月14日温总理还这样说道:"中国的现代化绝不仅仅指经济的发达,它还应该包括社会的公平、正义和道德的力量。"熟悉中国典籍的人,完全可以由温总理联想到春秋名相管仲,想起管仲"法令之不行、万民之不治,贫富之不齐也"(《管子·国蓄》)以及"仓廪实则知礼节,衣食足则知荣辱"(《管子·牧民》《管子·轻重甲》)、"礼义廉耻是谓四维,四维不张国乃灭亡"(《汉书·贾谊传》引)的名言①,想起战国大儒荀子其《富国》《强国》《劝学》《修身》诸篇,甚至想起英国斯密的《国富论》与《情操论》。

"君子坦荡荡,小人长戚戚。"(《论语·述而》)温家宝总理内心关注的不仅是中国的经济速度与总量,更有中国社会的公平、正义以及道德人心,于儒家话语而言这可谓标准的仁者与智者,可谓"贤相"。温家宝总理2010年3月14日答记者问时最后说:"在我在任的最后几年,我将为这件事情尽最大的努力。我相信,我们以后的领导人会更加关注这个问题。"他在任的最后几年以及他之后的后任者是否会与他们的中南海同仁拿出"壮士断腕"的胆识与勇气,拿出"九合诸侯、一匡中国"(《论语·宪问》)以及"善将者将将、不善将者将兵"(《史记·淮阴侯列传》)的智慧,这的确令人期待。

---

① 《管子·牧民》:"仓廪实则知礼节,衣食足则知荣辱,上服度则六亲固,四维张则君令行……四维不张,国乃灭亡。"《史记·管晏列传》:"仓廪实而知礼节,衣食足而知荣辱,上服度则六亲固,四维不张,国乃灭亡。"《贾谊新书·俗激》曰:"管子曰四维,一曰礼,二曰义,三曰廉,四曰丑,四维不张,国乃灭亡。"

戴震的自然必然本然人性论说探微

陶 武

（安徽省社会科学院 哲学与文化研究所）

摘 要： 在中国传统人性理论中，戴震创造性地提出自然必然本然概念阐述自己人性主张。梳理三个概念的人性论史流变可以发现，惟有戴震真正自觉而又全面地运用它们，不管是三词连缀，还是两词对举，都突显戴震人性论说贯穿古今、融汇百家的丰富内涵，展现出传承性、批判性和平民性的理论品质，由此戴震不仅终结了程朱理学人性论，而且也成为中国传统人性论说的集大成者。

关键词： 戴震 自然 必然 本然 人性论 综合

人性论一直是中国古代哲学关注的重要问题。根据理论主旨不同大体可以分为两类，即自然人性论和德性人性论，一般说来，前者主要指自然无为的老庄道家，后者则以提倡仁爱德性的孔孟儒家为代表。两种人性论既有内在合理性，也有自身的局限性，戴震因为提出人性的自然、必然和本然说实现了对两者的综合创新，为自己提出更为综合的人性论提供了可能。

一、自然、必然和本然概念历史溯源

"自然""必然"和"本然"作为组合概念用以阐明人性理论，戴震可谓中国人性论史上第一人，理论思辨达到了前所未有的高度。回溯三个概念的历史流变对于我们反观戴震人性论说的内容与宗旨必有裨益。

检视先秦诸子尤其是儒家典籍发现，三个概念比较晚出甚或不见。儒家原典如《论语》《孟子》《五经》和大小戴《礼记》均未出现；荀子是最早使用"自然"概念的先秦儒家，如"感而自然，不待事而后生之者也"，共有两次，"必然"一词未见。其他诸子中三个范畴也不多见，如《墨子》中未出现，《管子》"自然"与"必然"各出现一次，如"得天之道，其事若自然"（《管子·形势》）以及"明王知其然，故见必然之政，立必胜之罚。"（《管子·七主七臣》）《韩非子》有六处论及"自然"，也都是在《老子》意义上使用，"必然"和"本然"尚未提及。

在先秦道家典籍中，《老子》最早提出"自然"概念，如"希言自然""道法自然"等，而"必然"一词未见。《庄子》继承《老子》数次使用"自然"，而"必然"（"未知此其必然邪？"《庄子·天地》）仅出现一次。"本然"概念在先秦典籍中据查还尚未出现。

总之，先秦只有"自然"和"必然"两个概念被使用，表示自己如此和必定如此之意，首次用"自然"描述人性的是荀子，如他说："生之所以然者谓之性，性之和所生，精合感应，不事而自然谓之性。"（《荀子·正名》）可见，荀子既受到告子"生之谓性"的启发，又受到老庄"自然"之论的影响，由此开启了以自然论人性的先河，成为后世自然人性论的滥觞。

董仲舒立足天人感应理论，从"自然"角度论性："如其生之自然之资谓之性。性者质也。诘性之质于善之名，能中之与？既不能中矣，而尚谓之质善，何哉？"① 他认为，人性是人得之于天的自然资质，因为生而有之，所以不是全善，亦不是全恶，而是有善有恶。董仲舒继而用天之阴阳说明人性的善恶，认为性情皆属人性，而性为阳为善，情为阴为恶。他又以禾米之喻区别"性"与"善"，"故性比于禾，善比于米。米出禾中，而禾未可全为米也。善出性中，而性未可全为善也"②。董仲舒以自然论性，承认性有善恶，进而提出人性三品说，体现出对先秦人性论说的取舍与综合，

① 《春秋繁露·深察名号》。
② 《春秋繁露·深察名号》。

为自己"王教之化"主张提供理论支持。

王充秉承"自然无为，天之道"立场，以"自然"论性："人生性命当富贵者，初禀自然之气，养育长大，富贵之命效矣。"① 又说："禀性受命，同一实也。"② 在王充看来，"命有富贵，性有善恶"，他因此称赞"唯世硕、公孙尼子之徒颇得其正"，"自孟子以下至刘子政，鸿儒博生，闻见多矣。然而论情性，竟无定是"③。王充尚未用"必然"论人性，但他的"自然"含有"必然"的含义，他一方面否定西汉以来的天人感应论，但另一方面又以自然的必然性代替天意，仍是一种自然命定的宿命观点。

王弼提出"名教出于自然"和"崇本息（举）末"的玄学论说。在人性问题上，他认为人与万物一样均以自然为性："万物以自然为性，故可因而不可为也，可通而不可执也。""圣人达自然之性，畅万物之情，故因而不为，顺而不施。除其所以迷，去其所以惑，故心不乱而物性自得之也。"④他主张"因性"无欲，任顺自然，但也承认圣人也有喜怒哀乐之情，这是任何人都"不能去"的"自然之性"。不过，王弼所论"自然"与《老子》"自然"已经发生意义的转换，王弼既说过"天地任自然"⑤，又说"物无妄然，必由其理。"⑥ 此时"自然"已经不仅是老子的天然、本然、自然而然之意，而且还有"合理"和"必然"的意思，即一种事物的内在规律，这与他的"名教本于自然"主张是一致的。由此，王弼从人的自然本性出发，充分肯定人的理智与情感，标志着自然人性的觉醒。

唐朝杨倞借《荀子注》提出自然与必然概念，他说：

　　人生善恶，故有必然之理，是所受于天之性也。和，阴阳冲和气也。事，任使也。言人之性，和气所生，精合感应，不使而自然。言

① 《论衡·初禀篇》。
② 《论衡·本性篇》。
③ 《论衡·本性篇》。
④ 楼宇烈：《王弼集校释》（上下），中华书局1980年版，第77页。
⑤ 楼宇烈：《王弼集校释》（上下），中华书局1980年版，第13页。
⑥ 楼宇烈：《王弼集校释》（上下），中华书局1980年版，第591页。

其天性如此也。①

杨倞将"必然"与"自然"对举，用以表明"天之性"和"人之性"虽有"必然"与"自然"之别，实都来源于阴阳二气化生而来，离不开人们对于外界事物的认知与感应。杨氏的人性善恶论是对荀子人性恶论的修正，又有统一自然与必然之意。

宋明理学是在经历"儒门淡薄，收拾不住，皆归释氏"②的佛道激烈挑战之后，逐渐走上以儒为主、兼摄佛道的哲理化进程，他们曾在不同场合使用过"自然""必然"或"本然"来讨论人性问题。

张载认为"情"既"尽在气之外"，又"莫非性中发出实事也"③，他用"人性之自然"来肯定人所具有的喜怒哀乐之情，又以"心统性情"强调"心"对于"性情"的主导，突显主体之"心"对于道德修养的自觉追求。程颐也承认"性之自然"，他说："耳闻目见，饮食男女之欲，喜怒哀乐之变，皆其性之自然。"④可见，程颐与张载在承认人性"自然"方面有相似之处，都没有论及人性"必然"之说，但由于气本与理本的迥异决定了他们人性论的不同立场。

朱熹在《中庸章句集注》中曾引入"自然"和"本然"概念："人物各循其性之自然，则其日用事物之间，莫不各有当行之路，是则所谓道也……盖欲学者于此反求诸身而自得之，以去夫外诱之私，而充其本然之善。"⑤

朱熹从"性即理也"出发，认为"性之自然"也就是人物"各得其所赋之理"，由于"理无不善"，所以"自然之性"亦即"本然之善"。朱熹并未将两者有意分开，且他的"本然之性"也非戴震之"本然"（"性之德"），它们只是形式相同而已。

再看朱熹与弟子林夔孙的对话：

① 王先谦：《荀子集解》，沈啸寰等整理，中华书局2012年版，第399页。
② 释志磐：《佛祖统纪》，江苏广陵古籍刻印社1992年版，第1949页。
③ 张载：《张载集》，章锡琛点校，中华书局1978年版（2010年重印），第78页。
④ 程颢、程颐：《二程集》，王孝鱼点校，中华书局1981年版（2011年重印），第1180页。
⑤ 朱熹：《四书章句集注》，中华书局2011年版，第19页。

又问:"'性命于气',是性命都由气,则性不能全其本然,命不能顺其自然。'性命于德',是性命都由德,则性能全天性,命能顺天理否?"曰:"固是。"(《朱子语类》卷四)

朱熹的"自然"和"本然"分别与"天理"和"天性"相对应,且也基本同义使用。朱熹于《孟子集注》中也曾说过"方乍见孺子入井之时,其心怵惕,乃真心也。非思而得,非勉而中,天理之自然也",可见"自然"和"本然"都是朱熹"理"中应有之义。朱熹所以将"自然"等同于"理",是为了强调"理"之与天共存和万古不灭。

被称为异端思想家的李贽从坚持"童心者,真心也"观点出发,提出"穿衣吃饭,即是人伦物理"的自然人性论,他充分肯定人们对于物质利益追求的合理性与正当性。"夫私者,人之心也。人必有私,而后其心乃见;若无私,则无心矣"[1]。这种"人必有私"说是对程朱理学"存理灭欲"的大胆批判,他勇于承认人性物质一面,具有自然与现实合理性,但他"无私之说者,皆画饼之谈"的观点难免又有矫枉过正之嫌。

刘宗周试图恢复与重建儒家性学,他说:"天命流行,物与无妄,天之道也。人得之以为性。……性者道之本然,而天道即其自然者也。夫子设教洙、泗,无非阐明性天之蕴,盖无言非性,无言非天道。"[2] 在刘宗周看来,性源于天道,性为道之本然,而天道又为道之自然,夫子设道以教,实为不言之教,故圣人"无言非性,无言非天道"。刘宗周使用"自然"("天道")和"本然"("性")概念来讨论性与天道,不过与戴震的集中讨论尚有较大不同。

王夫之从"气本"出发提出"性日生日成"人性论,他认为"气"乃天、性、心、理的根源,人则秉受阴阳二气以生,人性就是人的生理活动和生命现象,并随着人生命成长而不断发展变化。他又以阴阳论自然,以自然论人性,他说:"自然者,有自而然也。阴阳合而各有良能……故曰

---

① 李贽:《李贽文集》(第二卷),张建业主编,社会科学文献出版社 2000 年版,第 626 页。
② 刘宗周:《刘宗周全集》(第一册),吴光主编,上海古籍出版社 2007 年版,第 328 页。

'得天'。"① 又说："诚明皆性，亦皆教也。得之自然者性，复其自然者亦性，而教亦无非自然之理。"② "理欲皆自然而非由人为。"③ 王夫之以"自然"统一理欲，反对程朱理学的割裂理欲的绝欲、无欲之说，尤其"教亦无非自然之理"，已经包含了被戴震称之为"必然"的东西（如"理""教"）。王夫之也曾讨论过性与必然，他说："性成乎必然，故无意而必为。"④ 王夫之所说的"性"是"无意而必为"的不经意的"必然"，可见，他也同时使用"必然"与"自然"来论述人性，并常将"天理"（必然）与"自然"并称。至于"本然"，被宋儒用以描述有别于"气质之性"的"本然之性"，这种人性二本论遭到王夫之批评。他否定理学家们头脑所玄想的所谓"本然之性"，这与他有关人性的自然与必然论说相互一致。

与王夫之相似，颜元同样反对程朱和张载的人性二元论，提出"非气质无以为性，非气质无以见性"⑤ 的气质即性一元论。颜元批评宋儒的人性二元论违背孔孟之旨，并为世人"多以气质自诿"提供借口而误世害人。颜元曾用"自然"讨论人性，但还未引入"必然"概念。"我天朝圣人，只因人自然之性，教人必有之道"⑥。他将儒家人伦称之为人的"自然之性"，与戴震"心知之自然，未有不悦理义者"的说法确有相通之处。

综上所述，戴震之前的先贤们对于用自然、必然或本然概念讨论人性既不够显明也不完整，惟有戴震真正自觉而系统地运用它们创造性地阐发自己人性理论。

二、戴震的自然必然本然人性论

戴震以自然、必然与本然诠释人性共有两种方式：一种是在《原善》三卷中仅有的自然、必然与本然三词连用，另一种是多个著作时常出现的自然与必然两词对举，下面依次进行讨论。

---

① 王夫之：《船山遗书》（第六卷），北京出版社 1999 年版，第 3655 页。
② 王夫之：《船山遗书》（第四卷），北京出版社 1999 年版，第 2394 页。
③ 王夫之：《船山遗书》（第六卷），北京出版社 1999 年版，第 3681 页。
④ 王夫之：《船山遗书》（第六卷），北京出版社 1999 年版，第 3695 页。
⑤ 颜元：《颜元集》（全二册），王星贤等点校，中华书局 1987 年版，第 15 页。
⑥ 颜元：《颜元集》（全二册），王星贤等点校，中华书局 1987 年版，第 131 页。

（一）以自然必然本然论人性

《原善》三卷是戴震中年著作，是他在早年所作《原善》三篇基础上"援据经言疏通证明"而成，以论天人之道、以图"振兹坠绪"之功。《原善》意在推究"善"的意蕴，其中收录的《读易系辞论性》和《读孟子论性》都表明他要通过对传统人性理论"比类合义"来提出自己的人性主张，自然、必然和本然是唯独一次出现在《读易系辞论性》之中。戴震说：

> 人与物同有欲，欲也者，性之事也；人与物同有觉，觉也者，性之能也。欲不失之私，则仁；觉不失之蔽，则智；仁且智，非有所加于事能也，性之德也。言乎自然之谓顺，言乎必然之谓常，言乎本然之谓德。天下之道尽于顺，天下之教一于常，天下之性同之于德。性之事，配五行、阴阳；性之能，配鬼神；性之德，配天地之德。①

戴震以极凝练的语言首先引出性的事、能、德三个概念，前两者分别表示人物共有之性的物质欲望和感知能力；后者用以表示前两者没有失误的完好状态，反映人类独有既仁且智的道德品质；性之事、能、德又分别与阴阳五行、知觉精爽和天地德行相互配合。戴震继而首次提出自然、必然和本然组合概念，用以解释顺、常和德，而后三者又分别成为《中庸》所首倡之道、教、性的目标与归宿。何谓"顺""常""德"？戴震于《原善》三卷开篇就已给出定义，他说：

> "上之见乎天道，是谓顺；实之昭为明德，是谓信；循之而得其分理，是谓常。道，言乎化之不已也；德，言乎不可渝也；理，言乎其详致也；善，言乎知常、体信、达顺也；性，言乎本天地之化，分而为品物者也。"②

① 戴震：《戴震全书》(修订本)(第六册)，杨应芹、诸伟奇主编，黄山书社 2010 年版，第 13 页。
② 戴震：《戴震全书》(修订本)(第六册)，杨应芹、诸伟奇主编，黄山书社 2010 年版，第 7 页。

人类儒学

根据戴震的性、善定义，"性"为人与物共有的特征，"善"为人类所独拥的美好品德，所以讨论人性离不开对于事、能、德，道、教、性，顺、常、德等概念的对比与辨析，戴震用以表示人性的自然、必然与本然正是对上述概念的提炼与升华："自然"对应"事""道""顺"，指人性中分于阴阳气化、体现天道的生存欲望；"必然"对应"能""教""常"，指人性中修养德性、遵循常道的感知能力；"本然"对应"德"与"性"，指人类独有的、符合自然与必然状态下的美好德性（"懿德"）。

自然必然本然三词连用体现了戴震与众不同的人性见解，对于那些远离《易》《论语》和《孟子》的人性学说，他批评道：

> 凡远乎《易》《论语》《孟子》之书者，性之说大致有三：以耳目百体之欲为说，谓理义从而治之者也；以心之有觉为说，谓其神独先，冲虚自然，理欲皆后也；以理为说，谓有欲有觉，人之私也。三者之于性也，非其所去，贵其所取。彼自贵其神，以为先形而立者，是不见于精气为物，秀发乎神也；以有形体则有欲，而外形体，一死生，去情欲，以宁其神，冥是非，绝思虑，以苟语自然。不知归于必然，是为自然之极致，动静昏得，神自宁也。①

戴震所指"欲""觉"和"理义"亦是他自然必然和本然说的"变体"，上述三种人性论分别指向是：第一类是荀子，他主张"以生之所以然者谓之性"，认为耳目百体之欲即为性，理义只是外在于性用来节制欲望；第二类是告子及老释（佛道），他们以神识为性，提倡虚静自然，贬低理义与欲望；第三类是程朱理学，他们以理为性，轻视感觉欲望。他们因为只强调人性中的"欲""觉"和"理义"等某个方面因素，"非其所去，贵其所取"，最终难免陷于偏颇，远不及戴震自然、必然和本然的三元论述更为辩证与完整。值得注意的是，戴震在此还提出更为简洁的"归于必然，是为自然之极致"的"自然"与"必然"对举方式，人们不免要问，原来表

---

① 戴震:《戴震全书》(修订本)(第六册),杨应芹、诸伟奇主编,黄山书社2010年版,第18～19页。

示性之德的"本然"为何消失？据李畅然分析："之所以会出现这样的状况乃至趋势，根本原因在于本然只代表了另两个元素正常或者趋向达到的状态，因此只要说到欲得顺，觉达常，也就是二者达到了德的境地，或者说表现出本然的状态，于是'本然'就可以省掉不提了。"①

实际上，"本然"概念也是朱熹人性论中常用的概念，戴震或许也是考虑到自己"本然"概念可能会被误会，再加之"性之德"的"本然"确实指代一种自然与必然融会贯通的德性圆满状态，所以戴震以自然与必然取代自然、必然与本然也就变得顺理成章。

（二）以自然必然论人性

诚然，戴震以自然必然本然三词论人性是例外，然而以自然与必然对举方式则是屡屡出现，这也引起胡适的关注，他说："戴氏书中最喜欢分别'自然'和'必然'：自然是自己如此，必然是必须如此，应该如此；自然是天，必然是人力。……血气心知之性是自然的；但人的心知（巧与智）却又能指导那自然的性，使他走到'无失'的路上去，那就是必然。必然不是违反自然，只是人的智慧指示出来的'自然之极致'。"②

在胡适看来，与程朱割裂理欲不同，戴震分别"自然"与"必然"是要实现一种天然与人力相互统一的天人合一状态。从《原善》三卷到《孟子字义疏证》，戴震多次使用自然与必然用以阐述自己的人性理论。限于篇幅，兹列部分如下：

> 由天道而语于无憾，是谓天德；由性之欲而语于无失，是谓性之德。性之欲，其自然之符也；性之德，其归于必然也。归于必然适全其自然，此之谓自然之极致。③
>
> 孔子言："从心所欲不逾矩"，"从心所欲"者，自然也；"不逾矩"者，归于必然也。必然之与自然，非二事也，就其自然明之尽，而无几微之失焉，是其必然也；如是而后无憾，如是而后安，是乃古

① 李畅然：《戴震〈原善〉表微》，北京大学出版社 2014 年版，第 72 页。
② 胡适：《戴东原的哲学》，岳麓书社 2010 年版，第 23 页。
③ 戴震：《戴震全书》（修订本）（第六册），杨应芹、诸伟奇主编，黄山书社 2010 年版，第 11 页。

人类儒学

贤圣之所谓自然也。①

耳目百体之所欲，由于性之自然，明于其必然，斯协乎天地之中，以奉为限制而不敢逾，是故谓之命。命者非他，就性之自然，察之精明之尽，归于必然，为一定之限制，是乃自然之极则。若任其自然而流于失，转丧其自然而非自然也。故归于必然，适完其自然。②

由上可见，戴震在《原善》中以"性之欲""性之德"比作"自然"与"必然"，原先被戴震视为"性之德"的"本然"已被纳入"必然"范畴，这种结构的简化不是为了强调"自然"与"必然"的对立，而是为了更好地突出两者的对立统一：性之德不是抽象概念，而是性之欲得到合理满足之后的状态；同样"必然"也不是抽象名词，而恰恰是"自然"未受破坏的更好保全，是自然的极致状态。例如，戴震用"自然"与"必然"对于孔子"从心所欲不逾矩"的诠释，可谓最为精妙。就"从心所欲"与"不逾矩""自然"与"必然"而论，两者彼此相互诠释、互为印证，似乎印证了戴震和孔子之间的心有灵犀一点通。他们都肯认合理欲望（欲或自然）对于人生存的重要意义，如《礼记·礼运》所说的"饮食男女，人之大欲存焉"，然而人类"最为天下贵"在于对"必然"和"规矩"等精神和价值层面的渴望与追求。孔子说过"不义而富且贵，于我如浮云"，再加之"富而可求也，虽执鞭之士，吾亦为之"的求实态度，孔子的人生哲学高尚而又鲜活，绝不像宋明儒学"存理灭欲"的对峙与紧张；戴震强调"天下自然而无失者，其惟圣人乎"，圣人也不离"自然"，"必然"是对"自然"没有疏漏的透彻把握，"欲不可穷，非不可有"，人们正是在"节其欲而不穷人欲"中获得"天理"，而所谓"天理"的"必然"正是圣贤们所渴望的安而无憾的"自然"极致。

戴震对于"必然之与自然，非二事也"的主张是中国人性论史上绝无仅有的经典表述，足见戴氏人性论超越先贤之处，当然他对于前人思想成

① 戴震：《戴震全书》（修订本）（第六册），杨应芹、诸伟奇主编，黄山书社 2010 年版，第 60 页。
② 戴震：《戴震全书》（修订本）（第六册），杨应芹、诸伟奇主编，黄山书社 2010 年版，第 102 页。

果的吸收、批判与借鉴也应以予充分关注。

三、戴震的自然必然本然人性论评析

人性问题是伦理道德学说的重要基石，素来尊道贵德的中国社会尤其关注人性探索，传统人性理论由此也达到了历史较高水平。戴震以"士不可以不弘毅"的精神与自觉创造出颇富传承性、批判性和平民性的人性理论。

（一）回归原典，传承思想精华

戴震以自然必然本然概念阐释人性命题，这里既有对历史上如老庄道家等人性理论的批判吸收，也有对孔子、孟子、荀子与告子先秦诸子人性论的继承与创造。

> 告子曰："食色，性也；仁，内也，非外也。"即其"生之谓性"之说，同人与犬牛而不察其殊也。彼以自然者为性使之然，以义为非自然，转制其自然，使之强而相从。老聃、庄周、告子及释氏，皆不出乎以自然为宗，惑于其说者，以自然直与天地相似，更无容他求，遂谓为道之至高。宋之陆子静、明之王文成及才质过人者，多蔽于此。孟子何尝以自然者非性使之然哉？以义亦出于自然也，故曰："恻隐之心，人皆有之；羞恶之心，人皆有之；辞让之心，人皆有之；是非之心，人皆有之。"孟子之言乎自然，异于告子之言乎自然，盖自然而归于必然。必然者，不易之则也，非制其自然使之强而相从也。天下自然而无失者，其惟圣人乎！①

孟告人性之辨乃是中国人性论史的精彩篇章，由于他们对人性自然与社会属性的各有所重，所以都带有自身难以克服的片面性，但他们所引发人性问题的思考很有启发意义。戴震引入"自然"与"必然"概念，为认识孟子与告子人性理论的差异提供了新的视角。他指出，告子割裂了"自

① 戴震：《戴震全书》（修订本）（第六册），杨应芹、诸伟奇主编，黄山书社 2010 年版，第 59～60 页。

人类儒学

然"（食色）与"必然"（"义"），而孟子较好地将"自然"与"必然"结合，他既承认人有享受耳目鼻口四肢安佚（"自然"）之需求，又肯定人有追求仁义礼智天道（"必然"）之愿望，而那些"不易之则"的"必然"同样亦"出于自然"，并且是"自然"完满的状态。

戴震同样多次运用"自然"与"必然"去阐释《礼记·乐记》中"夫民有血气心知之性"的论断，他说：

> 欲者，血气之自然，其好是懿德也，心知之自然，此孟子所以言性善。心知之自然，未有不悦理义者，未能尽得理合义耳。由血气之自然，而审察之以知其必然，是之谓理义；自然之与必然，非二事也。就其自然，明之尽而无几微之失焉，是其必然也。如是而后无憾，如是而后安，是乃自然之极则。若任其自然而流于失，转丧其自然，而非自然也；故归于必然，适完其自然。①

戴震此处有关自然与必然论述最为严密精深，他力求回归并把握《礼记》真谛，充分肯定"血气心知"作为人们本身即具的自然而然现象。毋庸置疑，人既具有血气物质层面之欲望，又有心知义理方面的追求，义理并非独立于自然欲望之外，而是蕴含其中的必然规则。人有自然欲望但却不能放纵，失去节制，以必然为归宿乃是自然的完满体现。

（二）坚持真理，挑战理论权威

在人性论方面，戴震不仅善于借鉴诸贤、融汇百家，而且敢于坚持真理、挑战权威。清朝初年，程朱理学由于最高统治者推崇而重新回到思想正统，戴震对于程朱人性论说的严厉批判无疑成为它自宋代以来所遭受到的最大挑战，人们不难想象这种批判在文字狱暴虐的有清一代需要多大的胆识与勇气。

王元明说："清代中期的戴震反对程朱理学离开人的欲望要求讲天理之性，也反对陆王心学离开人的欲望要求讲良知本性，把人的需要与欲望要

① 戴震：《戴震全书》（修订本）（第六册），杨应芹、诸伟奇主编，黄山书社2010年版，第169页。

求纳入人性之中，把欲望说成是最基本的人性。他对宋明理学的核心思想'存天理，灭人欲'进行了批判，指出这是'以理杀人'。戴震的批判宣告了宋明理学的终结，戴震的学说在中国人性学说史上具有划时代的意义。"①

戴震向宋儒"理欲之辨"发出的挑战使理学家们经历六七百年构筑起来的道德大厦大有摇摇欲坠之势。如在同为朱熹与戴震故里的徽州地区，甚至出现了章学诚所惊惧的"不知诵戴遗书而兴起者尚未有人，听戴口说而加厉者，滔滔不已。至今徽歙之间，自命通经服古之流，不薄朱子，则不得为通人"②的局面，说明戴氏对程朱理学批判在当时已经产生明显社会效应，人们对理学的批判与反思甚至成为一种学术风尚。正如有学者所云："戴震因揭出'以理杀人'，而震撼天下后世。对理学的批判，至此已达到顶巅。就这个意义说，可以说戴震终结了理学。"③ 此论可谓一语中的。

就理欲之辨而论，戴震和程朱都重视并抓住《礼记·乐记》中"灭天理而穷人欲"的论断，程朱将"存天理，灭人欲"奉为圭臬，戴震则针锋相对指出，"天理者，节其欲而不穷人欲也"④，他说："欲，其物；理，其则也。不出于邪而出于正，犹往往有意见之偏，未能得理。"⑤ 可见，"理"与"欲"并非正邪对立，而是"理者存乎欲者也"⑥。在批判程朱理欲之辨的过程中，戴震所提出的自然与必然之论最为鞭辟入里。在他看来，程朱人性论的弊端在于尊理贬欲，将"自然"（"欲"）与"必然"（"理"）人为地打成两截，以至于将"如有物焉，得于天而具于心"的"理"视为悬诸人们头上的"达摩克利斯之剑"，显然有悖于孔孟之说。戴震对于程朱理学人性论的批判可谓切中要害，力透纸背。张岱年盛赞戴震人性论之"缜密"，他说："戴东原的性论，分析较细，论证较详，在中国过去人性论中，实是最缜密的。"⑦

人类儒学

---

① 王元明：《人性的探索》，南开大学出版社 1993 年版，第 23~24 页。
② 章学诚：《书朱陆篇后》，《戴震全书》（修订本）（第七册），黄山书社 2010 年版，第 381~382 页。
③ 王茂、蒋国保、余秉颐、陶清：《清代哲学》，安徽人民出版社 1992 年版，第 655 页。
④ 戴震：《戴震全书》（修订本）（第六册），杨应芹、诸伟奇主编，黄山书社 2010 年版，第 160 页。
⑤ 戴震：《戴震全书》（修订本）（第六册），杨应芹、诸伟奇主编，黄山书社 2010 年版，第 158 页。
⑥ 戴震：《戴震全书》（修订本）（第六册），杨应芹、诸伟奇主编，黄山书社 2010 年版，第 157 页。
⑦ 张岱年：《中国哲学大纲》，中国社会科学出版社 1982 年版，第 228 页。

（三）关注社会，彰显平民品质

戴震所以反对程朱理学，还源于他有着强烈的平民情怀。戴震出身小商贾之家，少年随父亲外出谋生，遍尝生活艰辛；遭族豪欺凌避讼入都，游学经年，寻找古今治乱之源；生养于新安理学故乡，戴震对于理学给予徽州社会的重大影响感同身受。当他看到程朱理学背离原始儒学，越来越成为普通百姓"忍而残杀之具"的时候，戴震以一位平民代言人身份向正统儒学发出挑战。戴震从原典出发，审视宋儒，立足现实，乐为百姓鼓与呼，他说：

> 《诗》曰："民之质，日用饮食。"《记》曰："饮食男女，人之大欲存焉。"圣人治天下，体民之情，遂民之欲，而王道备。人知老、庄、释氏异于圣人，闻其无欲之说，犹未之信也；于宋儒，则信以为同于圣人；理欲之分，人人能言之。故今之治人者，视古贤圣体民之情，遂民之欲，多出于鄙细隐曲，不措诸意，不足为怪；而及其责以理也，不难举旷世之高节，著于义而罪之，尊者以理责卑，长者以理责幼，贵者以理责贱，虽失，谓之顺；卑者、幼者、贱者以理争之，虽得，谓之逆。于是下之人不能以天下之同情、天下所同欲达之于上；上以理责其下，而在下之罪，人人不胜指数。人死于法，犹有怜之者；死于理，其谁怜之！①

在戴震看来，原始儒家本是亲民的，并不排斥人伦日用、饮食男女等自然欲望，相反把"体民之情，遂民之欲"作为王道的象征。戴震立足自然（欲）与必然（理）相统一立场，直陈崇理贬欲的宋儒导致"治人者"颠覆古代圣贤"体民之情，遂民之欲"王道之法，原本"情之不爽失"的"理"已经变成尊者、长者和贵者责备卑者、幼者和贱者的"忍而残杀之具"。戴震站在"下之人"立场发出"人死于法，犹有怜之者；死于理，其谁怜之"的旷世呐喊，当他以冷峻反思与如刀之笔揭露"酷

---

① 戴震：《戴震全书》（修订本）（第六册），杨应芹、诸伟奇主编，黄山书社 2010 年版，第 159 页。

吏以法杀人，后儒以理杀人"之时，被奉为官方统治思想的程朱理学终于跌下了神坛。

（四）理论反思，探寻人性真谛

由于戴震用自然、必然或本然来讨论人性，出于表达需要，不妨将戴震人性论概括为自然人性论或自然必然人性论，但需要说明的是，这种概括不能等同于学界对于戴震所谓"自然人性论"的认定。如王杰认为："戴震义理之学之主旨核心即在于'理欲之辨'，而自然人性论正是其'理欲之辨'的理论基础。……戴震的自然人性思想所探讨的是人的自由与外在客观必然性的关系问题。"① 我们知道，自然人性论是和道德人性论相对应的概念，中国自然人性论最早发端于战国时期的告子。告子说："生之谓性"，即人性就是人与生俱来的生理本能，是无善无不善的。宋代事功学派继承和发展了先秦自然人性论，明清的王夫之、顾炎武等启蒙思想家也都在不同程度上传承了自然主义人性论，肯定人的自然情欲和个体利益的合理性，为中国近代自然人性论的兴起和发展奠定了基础。戴震虽然充分肯定人的合理欲望，强调"理存乎欲"，而与程朱理学所鼓吹的"存天理，灭人欲"截然对立，但还不能由此就认定戴震就是自然人性论者，因为既然要肯定告子是自然人性论者先驱，那么作为反对告子人性论面貌出现的戴震逻辑上就不应该再称为自然人性论者。

那么我们是否就可认为戴震是理性或道德人性论者呢？诚然，学术界对戴震人性论所作的自然人性论、自然理性人性论等说法大都是以西方人性论为标准，"以西论中"脱离了中国传统人性论表达的话语体系，没有顾及戴震人性论中非常显明的自然与必然关系的论述；也有学者提出"性可善论"和"择善论"等说法，不过这种"以中解中"是否就揭示了戴震人性理论的内在奥秘，仍然有待探讨。

就戴震人性论特质而言，单纯以自然或理性人性论去定位都有失偏之嫌，由此称之为综合人性论者或许更为合理，而自然必然理论所以深受戴震青睐也正是他人性理论综合特质的有力佐证。美国哲学家莱斯列·斯蒂

人类儒学

---

① 王杰：《戴震义理之学中的人性结构模式》，《伦理学研究》2005 年第 3 期。

芬森在其名为《世界十大人性哲学》一书中提出"走向综合人性理论"①的追问和期盼。综观戴震的人性理论，同样也突显出归宗先儒、综论百家的综合性质，所以称其为"人性综合论"也是可以成立的。在传统中国人性理论中，唯有戴震如此清晰而系统地围绕自然、必然和本然概念提出自己的人性论说，极大地丰富了中国人性论说的深度与广度，由此也成为中国传统人性论的集大成者。

① ［美］莱斯列·斯蒂芬森,大卫·哈贝曼:《世界十大人性哲学》,施忠连译,复旦大学出版社2007 年版,第 265 页。

人情文化及其与儒家思想的关系初探

郑志伟

（哈尔滨工程大学马克思主义学院）

摘　要：我国传统的人情文化是基于人际关系的一种资源互动，也是民族精神一种表述途径，其与根植于此的儒家思想有着极为密切的关系。现实社会，人情文化的内涵与实践价值具有利弊两面，在社会发展的过程中具有不可忽视的引导作用。

关键词：人情　儒家　传统　现实

民族思想文化是在一定的社会内部成长起来的，它所表明的是在特定地域、特定民族内部的、经过历史积淀而形成的一种反映本地域、本民族的人文风情与社会风俗。19世纪末、20世纪初以来，世界各国的经济正朝着一个全球化的趋势发展，各民族的文化也呈现着一种互相借鉴、互相包容的态势，但是民族文化之间的本质差别并没有改变，各民族之间的生活方式、思维方式、心理情感等还继承和保留着本民族文化的烙印。在东方世界，自古以来法律意识就形成缓慢，取而代之的是以一种忍让、谦卑的态度。作为儒家思想的发源地，传统中国更是将此状态表现地富有内涵。中国有着上千年的历史文明，形成了中华民族所特有的人情文化，人与人之间的交往方式已经成为中国人的一种生活哲学。在中国的诸子百家中，儒家学者历来重视对人际关系的研究，儒家思想也就对中国的人情文化产生了深刻的影响。

一、何为人情

《现代汉语词典》中，"人情"有这样几种含义：①人的感情，人之常情；②情面；③恩惠，情谊；④指礼节应酬等习俗；⑤礼物。可以看出在不同的环境和语境下"人情"一词的含义也有所区别。当然，谈及"人情"，还会涉及"面子"和"关系"这两个词语。中国人常说"拉关系""送人情""给面子"，从这里可以看出，"人情""关系""面子"作为中国人的日常生活用语，彼此之间的意义有着很大的重叠。也就是说，在现实社会中人们所说的"人情"通常是指一种资源或是准则："与人们的实际生活相联系的、贯穿于人际互动过程中的能用与情感交换的有形或无形资源，亦是一种人际交往的'纽带'或准则。"① 无论是一种准则还是一种资源，它都表现为中国人的一种处世之道，构成人们交往过程中的内容和形式。

事实上，"人情"一词在我国传统的文化典籍中很难搜寻到，儒、墨、道、法等思想流派也没有直接谈到过"人情"这一概念。《礼运》中说："何谓人情？喜、怒、哀、惧、恶、欲，七者非学即能"，这里所解释的"人情"还不具有上文所表述的现代性意义，仍是人们的一种情绪和心理表现。但是，"人情"作为一个文化概念是在华夏大地传承了上百年的，必定有其思想渊源。"人情"是"关系"的一种手段，是在人际交往与互动的过程中逐渐形成的。在中国的传统文化中，注重人与人之间的关系的是儒家，儒家的思想学说也是基于人与人之间的关系（这个关系是指具有血缘性的家族关系）而发展的。基于这种认识，便可得知儒家思想的伦理学说对中国社会的人情文化有着重要的影响。

"从家族社会中孕育而成的儒家思想，一开始就跳出了个人与国家的对立思考，他把这种关系转化为个体与个体之间的关系，这就是现代社会科学家常说的，中国传统社会结构中是以父子关系为主轴"② 。这种从家庭伦理关系中提取出来的并经过制度化而形成的伦理思想逐渐成为社会的精神

社会儒学论丛（第一辑）

---

① 贺培育、姚选民：《论人情传统的历史成因及其影响》，《南华大学学报》（社会科学版）2015年第3期。

② 韦政通：《中国的智慧》，吉林文史出版社2009年版，第24页。

支柱。在处理人与人之间的关系过程中，儒家讲求五种基本的道理和行为准则，即"五伦"——君臣、父子、兄弟、夫妇、朋友，并以忠、孝、悌、忍、让为准则。同时，儒家学者又有一种"修身，齐家，治国，平天下"的理想，他们以五伦为基础描绘了一幅"己—家—国—天下"的社会结构框架，费孝通称之为"差序格局"①。在"差序格局"中每个人都是以自己为中心结成网络，从而把家族内部的伦理关系以己为中心向外扩散，使得这种在家庭范围内的伦理人情向整个社会泛化，就给我们在处理同家人以外的陌生人的关系时提供了切实有效的方法，因此就能形成一个超出熟人社会的广泛的"朋友圈"，进而使每个人的人情关系网在整个社会建立起来，"亲情"也就成了"人情"。

儒家学说以伦理为本位，其核心思想也立足于人与人之间的血亲关系。"在儒家学说中，人伦是最基本的理论分析尺度和单位，据此而产生出关于人与国家社会、人与君亲师友以及人与法理情利的基本的思想主张和理论框架。而人情正与这种人伦的观念有着一脉相承的联系，是这种人伦观念世俗化的产物"②。虽说早期儒家提倡"恢复周礼"，儒家伦理思想的理论来源也是周礼，但是儒家的知识分子更加重视现实的来源，即以家庭为单位的伦理关系："此孝子之志也，人情之实也，礼义之经也，非从天降也，非从地出也，人情而已矣！"（《礼记·问丧第三五》）儒家把这种"人之情"看作培养出孝悌忠信礼义廉耻的前提，这样也就使得"人情"不但指人之常情了，具有了处理人际关系中的"人情"的意味，具有了社会规范的意蕴。正是儒家思想长期对中华民族的人格和心理的塑造，才有了我们的人情传统，才有了我们现代意义上的人情文化。

二、人情之用

儒家的思想不仅在人情文化的产生和发展中发挥了巨大的作用，同样在对如何处理人情关系方面提供值得借鉴的规范和准则。"从某种角度说，

① 费孝通：《乡土中国》，北京大学出版社2012年版，第37~48页。
② 李伟民：《论人情——关于中国人社会交往的分析和探讨》，《中山大学学报》（社会科学版）1996年第2期。

人类儒学

儒家通常把人看成生活于各种社会关系之中，而各种关系不过是某种伦理关系；儒家相信人与人之间的关系是种情分，故伦理关系即是情谊关系。这样，儒家核心伦理为中国社会人情维系和运转提供了重要的行为方针"①。儒家思想所提倡的仁、义、礼、智、信等都可以为当代人们在处理人际关系时提供可行的方法。

一是"重礼"。礼在中国的传统伦理道德中非常重要，《礼经》被后世的儒家学者奉为"五经"之一，占有举足轻重的地位，中国在世界文明史也有"礼仪之邦"的称谓。《说文解字》曰："礼，履也。所以事神致福也"，可见"礼"最初是被用来作为祭祀的一种典章制度。经过董仲舒对儒学的改造后，儒家思想开始成为正统思想，"礼"作为儒家的经典也就成为维护封建统治的一个工具，承担着规范等级秩序的重任。当然，儒家思想作为封建社会的统治思想，"礼"就不自觉地被历朝历代的统治者用来调整人与人之间的各种社会关系，因而这种体现了等级要求的"礼"也就遍及社会生活的各个方面。

儒家对"礼"特别看重，尤其是对人们的言行举止，讲究"礼"的运用。《论语》曰："不学礼，无以立"，《礼记·曲礼》也说："道德仁义，非礼不成；教训正俗，非礼不备；纷争辩讼，非礼不决；君臣上下父子兄弟，非礼不定；宦学事师，非礼不亲；班朝治军，莅官行法，非礼威严不行；祷词祭祀，供给鬼神，非礼不诚不庄。是以君子恭敬撙节，退让以明礼，曰：鹦鹉能言，不离飞鸟；猩猩能言，不离禽兽；今人无礼，虽能言，不亦禽兽之心乎？"对于如何行"礼"，儒家有一些具体的规范，如吃饭落座时要按一定的次序；长者说话时，子女、年幼者不可插嘴等。对此，《弟子规》中也做了具体的描述"或饮食，或坐走，长者先，幼者后；……称尊长，勿呼名，对尊长，勿见能；路遇长，疾趋揖，长无言，退恭立；骑下马，乘下车，过犹待，百余步。长者立，幼勿坐，长者坐，命乃坐……"从小就要教育孩子有这种"长幼有序"的观念意识。众所周知，儒家主要是通过家族来对人情文化进行影响的，"尊卑有等、长幼有序、男女有别、

<hr>

① 涂可国：《儒学、人情文化与人际关系的优化》，《东岳论丛》2011 年第 8 期。

父子有亲、夫妇有义"等这些体现家庭之"礼"的基本精神经过"差序格局"就被广延到人们的日常生活，用以协调人际关系。诚然，经过时代的变迁，等级社会的一些礼仪规范在当今社会已不适用，但是其所具有的道德价值和伦理规范，仍是当代中国人日常社会生活中所必须遵循的行为准则。

二是诚信。"诚"和"信"起初是被分开使用的，两字被合用肇始于《逸周书》。讲求诚信是儒家为人之道的中心思想，"内诚于心""外信于人"，其所提倡的"修身，齐家，治国，平天下"思想也要靠"诚信"二字。时至今日，诚信在人们交往过程中仍显得十分重要，"人无信，则不立"。无论是经商还是为政，是治家还是交友，是同亲友相处还是同邻里相处，都要以诚为本，以信为准。第一，戒欺，"所谓诚其意者，勿自欺也"（《礼记·大学》）。由此可见，"戒欺"（无论是欺骗他人，还是欺骗自己）是践行"诚信"的一条重要原则。第二，"过而能改"。孔子曰："过而不改，是谓过矣"，然而"过而能改，善莫大焉"（《左传·宣公二年》）。中国古代儒家学者认为"过而能改"是诚信的一种表现。所以，我们要想做到诚信就要能够正视自己的错误，知错就改。第三，信守承诺。"凡出言，信为先，诈与妄，奚可焉"（《弟子规》），一个人在开口允诺之前，必须考虑好是否有把握兑现，一旦允诺，就必须做到，不可欺骗蒙混，失信他人。第四，言行一致。"言顾行，行顾言"（《中庸》），诚信不是停留在纸面上的东西，更要表里如一，注重道德实践，因此孔子曰："始吾于人也，听其言而信其行；今吾于人也，听其言而观其行"（《论语·公冶长》），这里就要求言行一致，用实际行动去信守承诺，履其言行。

三是"贵和"。"和为贵"是儒家伦理道德思想的最终归宿。"西洋民族以战争为本位，东洋民族以安息为本位"，"西洋民族以法治为本位，以实利为本位；东洋民族以感情为本位，以虚文为本位"①。从这种东西方民族文化传统的差异可以看出，东方文化更看重的是人的感情，讲求安宁，这

① 陈独秀：《东西民族根本思想之差异》，见《近世文选》（第二集），吴兴、沈熔编，大东书局1933年版，第31~36页。

正是儒家倡导的"和"的外在表现。前文所述的"重礼"、讲求诚信等仁义礼智信的思想都是为了达到和谐，"和也者，天下之达道也"（《中庸》）。可以说，"和"既是儒家为了协调人际关系所提倡的所有思想的最终目的，即"人和"，也是一种协调这些人际关系的重要方法。中国人讲求"与人为善"，追求家庭和睦、社会和谐、国家和顺，人与人之间应互帮互助、相互扶持、和衷共济，这些都是"和"的方法运用。在同他人交往时秉承"忠恕"之道，"己所不欲，勿施于人"，做到"泛爱众"——"老吾老以及人之老；幼吾幼以及人之幼"（《孟子·梁惠王下》），这都能使人们交往时趋向一个稳定的状态，以"和"之用，达"和"之道。

儒家文化中还有许多思想为我们的人情文化提供行为规范，如仁爱之心、"尚情"等等，它们都把这种内心情感转化为外在的行事方法，用来处理人际关系，协调社会情感，以求"和"之状态。

三、人情利弊

中国的人情文化有一定的历史渊源，在人际交往过程中也产生了一些积极的价值导向作用。这种以家族血缘关系为起点形成的社会人情关系，首先对于家庭乃至家族内部的稳定和和谐有着一定的积极影响，家庭的亲情伦理既要以血缘为纽带，又要靠人情来维系。同时，在处理人与人之间的关系时，尤其是对待陌生人，人情文化能给我们提供一种现成的模式，缓解了人们之间的尴尬，缓和了人们之间的冷漠。人情文化及其交往方式已经渗透到中国人的思维当中，成为中国人待人接物的惯有行为，从而能够稳定中国的社会结构。

儒家思想对人情文化的发展在很大程度上起着积极的作用，但是儒家思想中带有明显等级色彩的封建伦理纲常在现代社会是行不通的，对一定人群之间的关系处理有一定的消极作用。此外，这种人情传统有可能加重了"人治"的色彩，"托关系""走后门""卖人情"等现象会阻碍我国建设法治社会的进程，"礼尚往来"很容易变成"权钱交易"。尤其是在我国进一步完善市场经济的今天，过度的提倡人情也会致使市场竞争失去平等的社会环境，破化市场经济的规则，使市场资源的配置受到扭曲。

社会儒学论丛（第一辑）

人情作为有着深刻历史渊源的一种文化，它的存在有其合理性和正当性，同时亦带有一些陋习和过度使用的情况，使人情文化对社会文明的发展产生了消极的影响。对此，我们应合理利用传统文化，取其精华、去其糟粕，在提取人情文化合理内涵为当代人所用之时，也要剔除其消极腐化的内容，趋利避害。同时加强我国的制度建设，加快我国的法治进程，让"法治"和"德治"这两驾马车并驾齐驱，共同为建设中华民族共有的精神家园做出有力的贡献。

人类儒学

儒家自由观念在当代的新开展

郭　萍

（山东社会科学院国际儒学研究与交流中心）

摘　要：中国人对现代自由的诉求并无法直接通过传统儒学或西方自由主义得到恰当表达，由此，笔者认为有必要立足现代生活方式，继承转化传统儒学，对现代自由问题提供一种儒学的言说。其基本内容是根据现代性生活造就的现代社会主体：个体，而推知现代自由根本在于个体自由，也即在形下层面集中体现为个体政治自由，在形上层面体现为个体的良知自由。这既不同于传统儒学前现代的自由观念，也将克服西方以理性为根本依据的个体自由所带来的弊端。

关键词：现代生活方式　个体　政治自由　良知自由

自由作为现代社会价值的一个标签，乃是"现代性社会的最高原则"，甚至是"一切价值的价值"。① 近代以来，中国社会出现的各种思潮和社会革命，无不与中国人对自由的诉求密切相关，可以说，"自由是整个20世纪都不曾做完的思想课题"②。

期间不乏西方自由主义诸理论的广泛传播，这虽然表达着一种现代性的自由但其脱离中国思想传统和现实的缺陷，已经表明其无法恰当的表达中国人对现代自由的诉求。

---

① 参见黄裕生：《自由：现代性社会的最高原则》，载《社会学家茶座》2008年第4辑。
② 刘梦溪主编：《中国现代学术经典——张君劢卷》，河北教育出版社1996年版，第22页。

社会儒学论丛（第一辑）

就此而言，儒学作为中国最重要的思想派别，不可回避地要对现代中国的自由问题做出回应。对此，儒学传统的自由观念为我们提供了诸多宝贵的思想资源，但绝不意味着我们可以简单的移古作今。毕竟，中国社会已经由前现代的宗族、家族生活方式转为现代性的个体家庭生活方式，这意味着现代中国人的自由观念势必体现着现代生活特质，而传统儒学中的自由观念无法表达中国人对现代自由的诉求。

为此，笔者认为有必要立足现代性的生活，继承转化传统儒学，并在此尝试对现代自由问题提供一种儒学的言说。

一、儒家现代自由观的本源：现代性的生活方式

孟子讲"知人论世"①，就彰明了这样一个道理：有什么样的生活，就有什么样的主体。由此进一步说，有什么样的主体，就有什么样的主体自由。在本源意义上，现代自由观念的确立并非人为刻意的"约定"，而是生活本身的"俗成"。

（一）社会生活方式的现代转型

中国社会自明清以来，市民生活方式兴起，悄然地瓦解着传统的家族社会，代之而起的是个体逐渐成为社会主体，在独立个体的基础上组建现代性的核心家庭（nuclear family），家族宗法伦理失去了发挥效用的土壤。近代以来，经济活动中，逐步以个人而非家庭作为经济利益的分配单元和经济责任的承担者；政治生活中，参与选举与被选举等政治活动的单位不是家庭，而是公民个体。现代性的生活方式以不可抗拒的力量推动着中国由传统的皇权社会转向现代民权社会。

对此，我们首先要清醒地认识到：现代性的生活方式是全球性的，而非西方的。当然，不可否认，现代性的生活方式首发于西方；但从共同生活的视域来看，现代性的生活作为一种普遍性、全球性的存在，既塑造了

---

① 原文出自《孟子·万章下》："以友天下之善士为未足，又尚论古之人。颂其诗，读其书，不知其人，可乎？是以论其世也。是尚友也。"

西方，也塑造着中国。事实上，现代化进程从一开始就是全球性的事情。①而将中国发展现代性等同于西方化，无疑是混淆了"现代性"（modernity）与"现代化"（modernization）两个不同的概念。现代性作为现代社会的一般根本特质是一致无二的，不分中西的；但现代化是现代性在具体实现过程中与各国不同文化传统、生活的特殊性融合而呈现出的不同展开方式，西方有西方的现代化，中国有中国的现代化，不能一概而论。也就是说，"中国不是一张白纸，再激烈的社会变革也是在中国的传统'底色'之上描绘出来的"②。中国在走向现代性的过程中自然需要与自身的文化传统和生活境遇融合，形成中国的现代化模式。其实，我们已然身处中国现代化的进程之中了。

（二）现代生活方式确立的新主体性

现代性的生活方式确立了新的社会主体，即个体。对于个体性观念，人们往往认为是西方的传统观念，似乎在西方是古已有之的，有的学者以为希腊的民主城邦制就体现出现代性的个体观念（individual idea），有的则以为西方中世纪也具有个体主义。但事实上，在近代以前，西方同中国传统的社会主体一样，都是群体性的，即以家族为单位的群体性主体，他们同样以家族利益和家族荣誉为最高价值，个体没有独立价值；而个体主义是在西方的现代化的生活方式中才突显出来的价值观念，并通过宗教改革和启蒙运动在理论上得到支撑。

现代生活所确立的个体主体，不再是家族的附庸，而是独立的个体，这成为现代性的一个根本特质。不过，基于不同的思想传统，中西思想家所确证的个体主体性不尽相同，而体现出各自民族的特殊性；但无论怎样，认同个体作为现代社会的主体，中西之间却是根本一致的。

---

① 黄玉顺：《反应·对应·回应——现代儒家对"西学东渐"之态度》，《上海师范大学学报》2009年第5期。

② 张志伟：《世界性视野中的"中国模式"——现代中国学之政治研究的方法论问题》，《中国人民大学学报》2006年第3期。

二、儒家形下自由的新开展：政治自由与现代社会的主体建构

（一）现代社会主体建构的儒学叙述

在儒家看来，现代性的生活方式乃是仁爱生活情感在当下的显现样态，这本源地造就了现代社会的主体：个体。

1. 个体是仁爱的自觉能动者

渊源于仁爱情感的个体，首先是一个具有自主自觉的仁爱情感的存在者。如孔子曰："为仁由己，而由人乎哉？"（《论语·颜渊》）"我欲仁，斯仁至矣。"（《论语·述而》）孟子曰："反求诸己"（《孟子·离娄上》）；"求在我者"（《孟子·尽心上》）；"反身而诚"（《孟子·尽心上》）。凡此皆体现出个体是自觉能动的存在者，具有自作主宰的独立性。其实，在宗族和家族的生活方式下，儒家也同样体现出个体的自主自觉性，只不过其自觉行为的目的在于实现宗族/家族的价值，这诚然是符合当时的生活方式，但同时遮蔽了仁爱对个体价值的认可；事实上，自爱才是儒家仁爱的逻辑起点。

2. 自爱是仁爱的起点

儒家认为，仁爱之始本然地就"爱己"是。儒家讲"仁爱"，是通过"差等之爱"的推扩，实现"一体之仁"的圆融。而"差等之爱"是依据亲疏远近关系的不同而流露出不同程度的仁爱情感，孟子的说法最为典型："亲亲—仁民—爱物"（《孟子·尽心上》），这既是博施济众的仁爱"外推"，也是仁爱情感的递减。但这一概括并不完备，因为"推己及人"之推扩，显然是由"己"开始的，如孔子所说"己欲立而立人"（《论语·雍也》），"立人"之前提是"己欲立"。孟子也说："人之于身也，兼所爱"（《孟子·告子上》），"无尺寸之肤不爱焉"（《孟子·告子上》）。人是由"爱自身"而"兼所爱"。所以，"亲亲"仁爱尚有一个隐含的逻辑起点："爱己"。"爱己"并非自私，而是自爱。自爱乃出于生活实情，是仁爱情感所显现出来的原初意向性。唯自爱者方能爱人，这是仁爱推扩的第一步。因此，仁爱的起点在于爱己，而非爱亲，这既是生活实情，也是人之常情。相反，对于不自爱、不爱己的人，孟子斥为"自暴自弃"。

> 自暴者，不可与有言也；自弃者，不可与有为也。言非礼义，谓之自暴也；吾身不能居仁由义，谓之自弃也。(《孟子·离娄上》)

这表明，个体不仅仅是行为上的自作主宰者，而且自身就具有独立价值。试想，一个否定自身价值的个体，亦即否定了自身作为主体的存在，又如何作为自动自觉者去爱亲、爱民、爱物呢？

当然，传统儒学是将个体的独立价值归为家族整体价值的一部分，这是基于家族生活方式的理解；而今随着传统家族生活的解体，个体的独立价值自然凸显出来，"爱己"作为儒家仁爱思想的逻辑起点，为此提供了最好的理论说明。正是由于个体既是自觉自主的仁爱施予者，同时也是仁爱之所爱者，才确证了现代社会中个体的主体地位。

3. 个体是家国的根本

> 孟子曰："人有恒言，皆曰'天下国家'。天下之本在国，国之本在家，家之本在身。"(《离娄上》)①
> 朱熹注曰："('天下国家')虽常言之，而未必知其言之有序也，故推言之，而又以家本乎身也。"②

可见，以身为本，正是儒家推己及人的基点。在现代社会，这个"身"不再是宗族或家族的代表，而是公民个体。个体是家庭、国家存在的根基和最终目的。所谓"本"则需从确证个体为社会主体的两个方面上讲：(1) 个体作为仁爱的自觉施予者，即意味着由个体为始基，可以实现亲民爱众、由身及家及国的推扩，这是表明个体为家、国的存在和发展的基础。(2) 爱己意味着个体具有独立价值，仁爱流行是为每个个体的价值得到实现，这表明个体是现代社会的家、国的存在和发展的根本目的。

---

① 《十三经注疏·孟子注疏》赵岐注云："天下谓天子之所主，国谓诸侯之国，家谓卿大夫家。治天下者不得良诸侯，无以为本；治其国者不得良卿大夫，无以为本；治其家者不得良身，无以为本也。"这种解释在先秦封建时代是讲得通的，但对于后世，特别是现代社会而言，是不适用的观点。
② [宋]朱熹：《四书章句集注》，中华书局 1983 年版，第 278 页。

（二）现代政治自由观念的儒学解释

个体成为现代社会主体，最直接地体现为个体权利意识的觉醒，这现实地体现为人权观念。

1. 权利源于爱

关于人的权利、利益方面的思想，在《荀子》中多有阐发。例如所谓"爱利"（爱而利之），爱最直观地体现为利欲：爱谁，就希望谁得到利益；这里，利本身就是爱的体现。黄玉顺曾指出："利欲出自仁爱；仁爱始于自爱；利益冲突源于某种仁爱情感。……一切皆源于爱。"[①] 爱己也就意味着希望自身得到利益，这是仁爱的逻辑起点，因此，爱利施予的对象是个体，这具有自然的正当合理性。

2. 权利是人性之本

在儒家看来，人权是仁爱、爱由己始在现代生活方式下自然生发、顺理成章的观念，是因其自然之势而导之，所谓"天下之理，本皆顺利"[②]。孟子也曾说"利之而不庸"（《孟子·尽心上》），表明个体有利益需求就应当得到满足，这并不能视为政府官员的功劳，因为这只是生活的自然需要。所以，如果个体权利得不到保障，就是根本违反人之本性的。而现实中最直接的利益就是私产，也就是孟子所说的"制民以恒产"（《孟子·梁惠王上》[③]）；有"恒产"并非目的，而是为"有恒心"，孟子以"心"为主体，"有恒心"就是保障人的主体性，在现代生活中则直观地体现为个体自由权利的享有，这也是人权观念的实质。个体自由既是人人所共欲，自然应当人人平等地享有，孔子早有言："己欲立而立人，己欲达而达人"（《论语·雍也》）；"己所不欲，勿施于人"（《论语·颜渊》）。这也成为现代社会公认的"金律"。唯有保障人权，才能根本地保障个体的主体地位，这也是现

---

① 黄玉顺：《中国正义论的形成》，东方出版社 2015 年版，第 206 页。

② ［宋］朱熹：《四书章句集注·孟子集注·离娄下》，中华书局 1983 年版。

③ 原文为："无恒产而有恒心者，惟士为能。若民，则无恒产，因无恒心。苟无恒心，放辟邪侈，无不为已。及陷于罪，然后从而刑之，是罔民也。焉有仁人在位，罔民而可为也！是故，明君制民之产，必使仰足以事父母，俯足以畜妻子；乐岁终身饱，凶年免于死亡。然后驱而之善，故民之从之也轻。今也制民之产，仰不足以事父母，俯不足以畜妻子；乐岁终身苦，凶年不免于死亡。"（参见《十三经注疏·孟子注疏》本，中华书局 1980 年版。）

代社会基本的价值共识，诚如泰州学派的王艮所说："明哲保身"就是"良知良能"。①

3. "主权在民"是儒学自有的涵项

个体自由权利不仅仅指私领域不容干涉，而且意味着个体拥有参与公共事务的权力。这在儒家看来也是理所当然之事。孟子即指出"人皆可以为尧舜"（《孟子·告子下》），阳明则以"致良知"说开启了将这一观念落实为现实的可能。所以，嵇文甫认为，阳明将圣人的资格放宽了，"聋圣人，哑圣人，工圣人，农圣人，大大小小，形形色色的圣人，都该为阳明所容许"，于是许多下层社会的分子，都有机会闯入圣人的门墙了。② 这就表明，人人可为圣人不只是理论言说，而且是实际践行。我们知道，传统社会中，只有尧舜周孔等极少数精英才可称为圣人，而只有圣人才能"制礼作乐"，即意味着只有极少数精英才有权力制定社会规范、政治制度，决定国家大事，在这个意义上，圣人才是公共权力的拥有者，故朱子有言："权者，圣人之大用。未能立而言权，犹人未能立而欲行，鲜不仆矣。"③ 而孟子的观点已然表露出对传统伦理的革命，阳明心学将此推向现实，无疑是表明人人具有参与公共事务、制定规范制度的权力，每个个体都是权力的拥有者。据此而言，当今的"主权在民"观念本就是儒家思想的涵项。

事实上，按照儒家"身—家—国"的推扩序列来看，在现代社会中，唯有确保个体的自由权利，积极参政议政，行使民主权利，个人才能真正作为社会主体对自己负责，对家庭，对国家负责，即如孟子所言，唯有在"独善其身"的基础上才能"兼济天下"。

三、儒家形上自由的新开展：良知自由与现代主体性的确立

当然，"差等之爱"所体现的对个体权利的肯认，仅仅是"仁"的一面；我们知道，儒家同时也强调"一体之仁"，唯有兼顾这两个方面，才能理解儒家所讲的"仁爱"。儒家以"一体之仁"表明人人皆具有良知，并且

---

① ［明］黄宗羲：《明儒学案》（卷32），《泰州学案一》，中华书局1985年版。
② 嵇文甫：《晚明思想史论》，东方出版社1996年版，第13、117页。
③ ［宋］朱熹：《四书章句集注》，中华书局1983年版，第116页。

以良知为个体的主体性根据。虽然西方思想家如康德、黑格尔、海德格尔等人都论及"良知"，但他们并没有将此确立为主体性的根据，而且所论的内容也与儒家截然不同。① 可以说，以良知为人的主体性的根据，乃是儒家区别于西方自由主义的根本所在。

在儒家的言说中，良知同样源于仁爱生活情感的显现，它不仅仅确证着形上的绝对主体性，而且也确证着形下的相对主体性。因此，需要从两个层面上理解。

（一）"良知"的相对主体性意义

儒家以"良知"为人的相对主体性，乃是一种经验层面的言说。孟子由本源的生活情境，提出"良知"是人人所具有的"不学而能""不虑而知"的能力。这就表明"良知"并不是知识性的"认知"，无法通过经验的认知能力或先验的理性反思而获得，而是对当下生活的感悟性的"体知"，是在"见孺子将入于井"的情境中，真实呈现出的"怵惕恻隐"的仁爱情感，在这个意义上，"良知"根本是一种原初的情感能力。

在现实的人伦生活中，"良知"首先体现为一种"共通的道德感"或者说"道德共识"，比如人们会对某些现实既有的观念和行为产生正义或不正义的"直觉"，这就是人们所说的"正义感"。② 这种正义感乃是情境中的"不虑而知"，它最终落实为见义勇为的言行，由是让良知得到当下的直观呈现，正如熊十力所说："良知是真真实实的，而且是个呈现，这须要直下

———————

① 现代西方思想家虽然也认识到人不仅仅是利害计算的存在,如功利主义伦理认为人与人具有同情的道德,康德也强调人具有道德意志力,但这一切根本上皆是普遍理性的运用,而任何情感因素都被排斥在普遍的理性主体性之外。不仅如此,开启"基础存在论"的海德格尔通过对所谓"良知"的存在论分析,从更为本源的观念上否定了生活情感的因素,他认为"良知公开自身为操心的呼声；……良知的呼声,即良知本身,在存在论上之所以可能,就在于在其存在的根基处是操心"；"呼唤者是……在被抛境况为其能在而畏的此在","呼声的情绪来自畏。"在他看来,最真实的生存境况是"烦"（操心,Sorge）,"畏"（害怕,Angst）,因此,"良知"只是"烦"与"畏"的情绪,其中毫无仁爱情感的因素。据此可以说,现代西方所确立的普遍主体性根本上是排斥任何情感因素的。如海德格尔是将个体的本己生存状态领会为良知,亦即良知为此在的生存本身,良知非实体性的呼唤,是罪责的呼唤,是出于此在亏欠的偿还的呼声,是消极意义的。

② 黄玉顺：《中国正义论纲要》,《四川大学学报》2009 年第 5 期。

自觉、直下肯定。"① 所以也可以说，良知就是一种现实的良能。

良知所体现出的道德价值性，并不是由现实既定的伦理规范设定而成的。相反，良知是一种本真的伦理精神，是制定具体的伦理规范和政治法规的基础。在儒家看来，现代社会中，唯有个体具备了这样的伦理精神，才能保障人人有资格参与公共生活的决策和管理，也才有能力做出公正的选择。可以说，现实中具体的伦理规范和制度法规都是这种伦理精神的实体形态。由此也可以看出，儒家与西方自由主义伦理的区别就在于：儒家认为，公共生活中的个体在保障自身权利的同时，也能够尊重他人的权利，自觉维系社会的正义，而且这既不是出于功利主义的利害算计，也不是先验普遍的理性法则使然，而是出于本源的仁爱情感，是出于爱人爱己的伦理良知。儒家的良知伦理，指向的是一个通过个体良知的发动而形成的自由有序的和谐社会，而无需依靠统一的权力中心来强制性地维护，由此也开显着一种超越民族国家的可能途径。

当然，需要指出的是，伦理意义的良知只是一种相对价值的体现，本身是一个随时因革的观念，因此只具有相对主体性的意义，而不能绝对化。

（二）"良知"的绝对主体性意义：良知自由

在形上的层面上，儒家是以"良知"为人之为人的根本依据，在这个意义上，"良知"具有绝对主体性的意义。但儒家的人性论并非经验道德观念的抽象，而是同样渊源于当下的仁爱生活情感，实为对本源生活的整体对象化的解释。这是因为，在儒家看来，良知之为本性，乃是德性，而"德"不是名词，而是动词，《说文》曰："德者，得也。"这表明，人的本性不是先验设定的概念，而是得之于天，即是"得"来的，即孔子所谓"天生德于予"（《论语·述而》）。"天"不是作为 nature 的经验自然，也不是形上意义的至上神，而是"诚"；所谓"诚者，天之道"（《中庸》），"诚"即指生活实情、生活情感本身。儒家如此的"（天）道—（人）德"（所谓"道德"）观念，就是将生活的实情领会为仁爱情感，从而获得人的

---

① 牟宗三：《自律道德与道德的形而上学》，《道德理想主义的重建—牟宗三新儒学论著辑要》，中国广播电视出版社 1992 年版，第 291 页。

普遍主体性。

在这个意义上，"性"源始地不是本体之性，而是本源的"生生"，是前主体性的"生性""天性"；而作为本体的人性，乃是基于"生性"，不断地"习""得"而成。这在孟荀的人性论思想中都有集中体现。孟子的性善论就是将"生性"理解为"四端"之心，即在"见孺子将入于井"的生活情境中涌现的"怵惕恻隐"之情，这并不同于经验对象化的"已发之情"，而是前主体性的生活情感；而人之为人的善性是指"四德"，它是"四端"不断地"存养""扩充""操存"的结果，此谓"立乎其大者"。荀子虽言"性恶"，但"恶"也是生性，所谓"生之所以然者，谓之性"（《荀子·正名》）①，而并不是人的绝对主体性所在。荀子认为，由于生"性"会导致利欲争乱，因此要发挥"心有征知"的能力，通过对生"性"的矫正，即"化性"，才能确立人的本体之"性"，即"起伪"（《荀子·性恶》②）。由此表明两点：

第一，主体性之得与不得，全在于"自""己"。孔子曰："为仁由己，岂由人乎哉?"（《论语·颜渊》）孟子曰："求则得之，舍则失之。"（《尽心上》）荀子曰："心者，形之君也，而神明之主也，出令而无所受令；自禁也，自使也；自夺也，自取也，自行也，自止也。"（《荀子·解蔽》③）儒家强调一切自作主宰，即表明德性是由己而得，是自得之性，而自得也就是自由。如孟子所说："故由由然与之偕。"（《孟子·公孙丑上》）朱熹注："由由，自得之貌。"④ 这就表明，绝对主体性的确立意味着主体享有绝对的自由。

第二，在这个意义上，德性良知可以说就是"习性"，所谓"习与性成"（《尚书·太甲》⑤）。王夫之对此进一步解释说："性日生而日成之。"

---

① "生之所以然者,谓之性"(《荀子·正名》)。"凡性者,天之就也,不可学,不可事。"(《荀子·性恶》)可见,"性恶"之"性"乃是生性,"生之谓性"(诸多先秦典籍如郭店楚简,都将性写为生)这意味着"性"首先理解为本源的"生",即生活的实情。

② ［清］王先谦:《荀子集解》,中华书局1988年版。

③ ［清］王先谦:《荀子集解》,中华书局1988年版。

④ ［宋］朱熹:《四书章句集注》,中华书局1983年版,第240页。

⑤ 《尚书》:《十三经注疏·尚书正义》本,中华书局1980年版。

人类儒学

（《尚书引义·太甲二》①）顺由着本源生活的衍流，将自身从其"所是""实是"转向"能是""能在"；而"得""由"正是这种转变的枢纽，"得"即具有"能"的主动性，"得，能也"（《助字辨略》卷五）②，成就其作为主体的在世方式。这意味着人性良知是随生活的衍流而不断生成、变化的，因此应当"与时立极"地确立绝对主体性。

然而，本源性的生活对于确立绝对主体性的源始意义，在儒学形上学化的发展中被逐渐遮蔽，于是，在宋明儒学以及现代新儒学中，主体性的根据只是先验预设的概念，而不再是由本源生活情感而生成、习得的人性。这不仅意味着绝对主体性无法从当下的生活实情中得到支撑，而且由于理论预设的内容成为某种绝对必然性，根本上意味着此主体性并非"自得之性"，相应地否定了良知自由的绝对性。因此，我们需要回到原始儒家那里，通过澄明绝对主体性的生活本源，来重新确立相应的绝对主体性。

由此表明，在现代性的生活方式下，性"日生日成"意味着："德性""良知"作为儒家传统的绝对主体性的根据，不再确证传统的宗族或家族的绝对主体地位，而是作为现代社会的主体性的依据，确证着个体的绝对主体性。相应地，由本体良知而体现出的"良知自由"，乃是从形上层面体现着现代性的自由观念，即不再是传统的家族自由或宗族自由，而是现代性的个体自由。这是中国人的现代性诉求在本体论上的表达，唯此才能为现代性的政治自由奠基。同时，由于良知乃是基于仁爱情感而确立起的绝对主体性，而根本不同于西方自由主义所确立的理性冷漠的个体，由此所体现的儒家的自由观念也将根本不同于西方自由主义的自由观，这既体现中国人表达现代自由诉求的民族特殊性，也为超越西方自由主义的局限性提供了形上学的依据。

---

① ［清］王夫之:《尚书引义》(卷三)，中华书局1976年版。
② ［清］刘淇:《助字辨略》，中华书局2004年版。

儒家大同社会理想的宗教意蕴与现代价值

张　进

（山东社会科学院文化研究所）

"大同"是中国古代对理想社会的一种称谓，代表着人类对未来社会的美好憧憬。先秦的农家、道家、儒家、墨家都提出了自己的设想。而儒家经典《礼记·礼运》所描绘的"大同"蓝图，对其后的中国社会影响巨大，成为一代又一代中国人孜孜追求的社会理想。大同思想表达了人类追求幸福、和平美好的愿望，强调"天下为公"是"天道"，也是人类"大道"。在儒家看来，个人的修行固然重要，但与在救世济民和实现大同理想的伟大功业中所体现的神圣性相比，显然是微不足道的。为实现大同理想而努力是每一个儒者义不容辞的责任，这体现着神圣性的"天道"，是天经地义，因而具有明显的宗教意蕴。在全球化的今天，仍具有重要的现实意义。

一、"大同"的汉语释义及儒家大同思想

"大同"的"同"为相同参与聚集之意，许慎《说文解字》定义为："同，合会也。从凡口。"① 而"凡，重覆也。"清段玉裁注云："畴帐所以覆也。"而"口""人所以言、食也。"（《说文解字注》）由此看来，"同"的意思大致是：一是共同的生活圈子。所谓畴帐所覆为同，其本意无疑是指同顶一个帐篷的人为同，其实质即是喻指居住在一起的人为"同"。二是有饭同吃，有事共议。置"口"于"重覆"之下，而"口"又有饮食与言

---

① 《说文解字》（卷七）。

语这两种功能，显然，"同"不仅在客观上是指聚居在一起的群体，也示意这是一群共患难，同欢乐的同舟共济的群体。顾名思义，"大同"则是将此"同"的精神推向所有人群。

在儒家经典《礼记·礼运》记载了孔子的一段话，将"大同"理想世界做了具体的描绘：

> 大道之行也，天下为公，选贤与能，讲信修睦。故人不独亲其亲，不独子其子，使老有所终，壮有所用，幼有所长，矜寡孤独废疾者，皆有所养。男有分，女有归。货，恶其弃于地也，不必藏于己；力，恶其不出于身也，不必为己。是故，谋闭而不兴，盗窃乱贼而不作，故外户而不闭，是谓大同。

"道"和天一样，是儒家的一个重要概念。在春秋战国时代，"天道"一词此时很是流行，人们普遍认为人受天道支配，天道是本源，人道要合于天道。孔子、孟子所处的时代，"礼崩乐坏"，社会动荡。各诸侯国在利益驱动下，不断发动争霸战争，使人民处于水火之中，这在儒家看来是不符合天道的，是"无道之世"。大同思想表达了人类追求幸福、和平美好的愿望，建立一个天下太平的大同社会是符合"天道"的，"天下为公"是人类"大道"。《论语》的许多篇章都能体现出孔子的社会理想和政治理想，其中以季氏篇第二章最为突出："孔子曰：'天下有道，则礼乐征伐自天子出；天下无道，则礼乐征伐自诸侯出。自诸侯出，盖十世希不失矣；自大夫出，五世希不失矣；陪臣执国命，三世希不失矣。天下有道，则政不在大夫。天下有道，则庶人不议。'"① 在孔子看来，尧、舜之世是天下太平的时代，那时候国家统一，有一个代天行命的天子治理天下，社会有序，政治清明。而春秋以降，天下大乱，周王室大权旁落，诸侯各自为政，乃至大夫、陪臣掌权。这正是天下大乱，战争纷起的原因所在。当然也就"天下无道"了。

---

① 《论语·季氏》。

"天下为公"之"公"有公正无私之意。在儒家看来，公是是天、地之至德。人们所信仰天是没有私心的，对万物平等相待。代理上天治理万民的天子（圣王或"大人"）也应该具有天的公正无私的品格。《周易》说："夫'大人'者，与天地合其德，与日月合其明，与四时合其序，与鬼神合其凶，先天而天弗违，后天而奉天时。"[①] 所谓"大人"，是指那些道德高尚且身居高位之人，如尧舜这样的道德和政治上的圣人。他们能够通天达地，天生就与众不同。"天下为公"的出发点还在于天下不是一人、一家、一姓的天下，而是天下所有人的天下。儒家还把尧舜禅让之行为大加颂扬，认为这是天意。孟子认为舜之所以有天下不是尧给的，是"天与之"，是天意所为，而天意又是通过百姓的评价，这就为君权神授提供了合法性来源。

儒家所说的"大同"是对天下大治的理想社会秩序的概括。《礼运》对"大同"理想的描绘虽只有一百多字，但包含的内容非常丰富。"天下为公"是"大同"社会的总原则，"选贤与能"是政治措施，"讲信修睦"是就人际关系而言。除此，"大同"社会中各尽其力为社会劳动，按性别年龄和社会需要进行合理分工、充满仁爱精神、没有盗贼、没有战争的愿望也是显而易见的。从孔子的"四海之内皆兄弟"（《论语》）到宋儒张载的"民吾同胞，物吾与也"（《西铭》）都充分表达了"人类一家、世界大同"的观念。这一思想也吸引着无数的仁人志士，成为争取社会进步的伟大旗帜。如康有为的《大同书》，孙中山则把民有、民治、民享的内容与大同学说联系起来，认为孔子"天下为公"的话，就是普天之下都能实现"大同"。

非常有意思的是，孔子还提出了一个非常有名的命题：和而不同。显然这里的"同"是相同之意。"和"本意以音乐有关，不同的乐器、不同的音律却能合奏出美妙的音乐，这是一种和谐之美，相反要是同一种乐器、同一种音律就显得单调了，这里的"和"（和谐）要比同（相同）的效果好得多。孔子把这个道理推及人际关系处理上，指出"君子和而不同，小人同而不和。"（《论语·子路》）和而不同，和睦地相处，但不随便附和。"和而不同"是孔子理想人格的一个重要标准。和与同的区别，在于是否承

① 《周易·乾卦·文言》。

认原则性和差异性。承认差异，有差异性的统一才是"和"。后来"和而不同"也成为处理不同学术思想派别、不同文化之间关系的重要原则。孔子所讲的"同"实际上是有众多不同聚集在一起的和谐相处，是一种"和"。郑玄注《礼记·礼运》曰："同，犹和也，平也。"① 郑玄以"和""平"释"同"非常正确，"大同"社会正是人类之间"和"的理想状态。从这种意义上理解儒家的"大同"，就是"大和谐""大和平"之意。

二、如何实现人类大同、世界和平？

第一，实现天下太平的大同之境，必须依靠人的内在信仰，而不仅仅依靠外部力量。

和平通常指没有战争或没有其他敌视暴力行为的状态，也用来形容人的不激动或安静。和平可以是自发性的，政治鼓动者可以避免过于激动；和平也可以是强制性的，例如用强制手段抑止那些引起骚乱之人的行为。为了结束或避免战争，人们往往会签订一些停战条约、和平协议或成立一些和平组织，但这不可能从根本上消除战争。儒家认为，要实现大同理想、实现真正的人类和平必须出自人们内心的一种和平愿望，一种信念，而不仅仅依靠外部力量。在"礼崩乐坏"的"无道之世"，如何匡正救世？孔子振臂高呼"克己复礼"，认为人们只有克服自己的贪欲、邪念、偏差的观念，而使行为完全符合正道，达到礼的要求，然后才能一步步达到仁的境界。并认为"一日克己复礼，天下归仁焉。"有一天大家都做到了"克己复礼"，就可以实现天下太平的大同之境。

礼和仁是孔子思想中的两个重要范畴。其中"礼"这个概念很早就有了，据说来源于祭祀。《说文》中说："礼，履也。所以事神致福也。"从《礼记》《礼仪》记载的各种礼仪来看，祭礼也是追重要的。孔子曰："夫礼，先王以承天之道，以治人之情，故失之者死，得之者生。诗曰：'相鼠有体，人而无礼。人而无礼，胡不遄死？'是故夫礼，必本于天，殽于地，

---

① ［汉］郑玄注，［唐］孔颖达等正义，皇侃经文句读：《礼记正义·卷二十一·礼运》，上海古籍出版社 1990 年版，第 412 页。

列于鬼神，达于丧祭射御、冠昏朝聘。故圣人以礼示之，故天下国家可得而正也。"① 礼是本于天的。"礼"，是圣人依据天地法则而制定，敬畏、祭祀鬼神是统治阶级凝聚人心的重要手段，倘若抛弃了天命、鬼神，严格的等级制度就失去了其存在的合理性，社会的稳定与和谐也就失去了保障，这是孔子所不希望的。所以在孔子这里，人事和天命是合在一起的。孟子关于天命与人事的认知，基本上也没有超越这一模式，"天人合一"自此得以充分表达。孔子以礼来规定仁，依礼而行就是仁的根本要求。克己复礼就是通过人们的道德修养自觉地遵守礼的规定。"礼之用，和为贵"，从内心深处保持一种和谐、和平的精神是很重要的，做到内心和谐，推动家庭和谐、社会和谐、国家和谐，最后通向世界和谐的大道。

消除战争不单是一个签署条约和协议的问题，它还是一项复杂的任务，需要做出新的程度的努力来解决那些习惯上被认为与追求和平无直接关联的问题。仅仅立足于政治协议的共同安全意念只不过是一种妄想。处理和平问题所面对的首要挑战是，将这一问题提高到原则的高度，而不能只采取实用主义的态度。这是因为，从本质上来说，和平的信念发自一种基于精神或道德立场的心态，要找到长治久安的解决办法，首先就必须培养出这种心态。儒家也充分认识到内在信念在恢复礼治、重建社会秩序中的作用。所以孔子提倡礼，更重视仁，他把"仁"界定为礼之本，"礼"是外化的"仁"。如果外在的"礼"失去了内在之"仁"作支撑，那么礼就流于形式、虚文，此其所谓"人而不仁，如礼何？人而不仁，如乐何？"（《论语·八佾》）

儒家大同的实现条件是"大道之行"。儒家的"道"，有天道、人道之分，"天道"是和"天命""天理"属于同一范畴的概念，具有终极意义。儒者的道德修养就是体悟"天道"，并不断的使"人道"合于"天道"，达到仁的最高境界。孔子曾说："为仁由己，而由人乎哉？"在他看来，"仁"是依靠自己主观努力所追求的崇高境界，"欲仁""为仁"是一种自觉的、自主的道德行为，不可强调客观条件。"学"不仅是单纯的学习知识，也是

---

① 《礼记·礼运第九》。

一种实践的活动，是学习如何做一个好人的自主的实践活动。在儒家的主要经典《论语》中，全面阐述了为己之学与为人之道，强调一个人要注意修己、克己，注重学习与训练，培养自己多方面的品质，尤其要注重个人的道德修养。《大学》中也说："自天子以至于庶人，壹是皆以修身为本。"可见，修身是做人的基本要求，其要旨就是如何按善的原则来设计和塑造人，使人真正成为人，是日后治国平天下的基础。巴哈伊教要求人们独立探求真理。其创始人巴哈欧拉指出，人类世界从未间断的各种冲突、纷争和流血的主要起因，就是人们盲目地、不加鉴别地跟随各种观念和传统，参加各种运动和附和各种意见，其中尤以宗教和种族的偏见和歧视为甚。真理的面目和光辉被器尘所遮掩，通向真理的道路变得障碍重重，这是十分可怕的。上帝已经给了每一个人一个头脑和辨别真假是非的能力。凡是有正常思维的人，如果不经自己的分析判断，而毫无疑问地崇拜、迷信和追求某一事物，或接受、附和某个观点或意见，那么，他就忽视了作为一个人对自身的基本责任。只有不断坚强自身修养，才能从内心深处接受和平理念，增强人类一体的信仰和世界公民的意识，从而自觉推动人类的和平事业。

其二，重视教育、教化的力量。

儒家非常重视教育，所以儒家被称为"儒教"，这里的"教"通常被认为是"教化"之意。而孔子开创了中国历史上私人讲学的先河，不拘一格，广收天下门徒，有弟子三千，贤者七十二人，被称为"至圣先师"，成为教化万民的"圣人"。在古汉语中，圣人不仅具有道德意义上的完美，还具有一定的"神性"。《易·咸》："圣人感人心而天下和平。""圣"的古体为"聖"，甲骨文 ⿰ 像长着大耳 ⿰ 的人 ⿰，表示耳聪大智慧者。中国远古时代的人认为，善听是内心宁静敏感者的超凡能力，是大觉悟的成道者。有的甲骨文 ⿰ 加"口" ⿰（说，预言），表示预言。造字本义：先知先觉、洞察真相并能预言者。金文 ⿰ 将甲骨文字形中的"人" ⿰ 写成"壬" ⿰（能力超群者），突出"聖"者的超凡"能力"。孔子时期的"圣人"仍具有"交通天人"的意义,所以孔子并没有认为自己是圣人。但其后随着不少先贤大儒被称为"圣人",也逐渐失去了"神性"。但值得注意的是,这些后世儒家也与孔子一样非常重视教育工作,很多人一生一世致力于此,以讲学和著述为乐。孟子把"得天下英才而教育之"视为人生三大乐事之一,收了不少弟子,师生仿效孔子周游列国,与孔子一样不为当时各国君主所用,遂退隐与弟子一起著书。汉代"立五经博士",儒学一度称为"王官学"。唐宋时期建立的很多书院,很多都是儒生们讲学之地。南宋以后,《四书五经》成为儒学的基本书目和儒生的必读书。儒家的教育思想中也注入了大同理念,如"有教无类",打破少数人对知识的占有和垄断,不分民族、地域、国家的限制,提倡不分贵贱的教育平等观与"天下一家"的思想是一致的。

其三,从小康到大同:由近及远、渐进有序地推进人类和平。

大同是儒家的最高理想,儒家也深知,实现大同是一个漫长的过程。于是儒家在提出大同目标的同时也提出了"小康":

> 今大道既隐,天下为家,各亲其亲,各子其子,货力为已,大人世及为礼,城廓沟池以为固,礼义以为纪,以正君臣,以笃父子,以睦兄弟,以和夫妇,以设制度,以立田里,以贤勇智,以功为已,故谋用是作,而兵由此起,禹、汤、文、武、成王、周公,由此其选也,此六君子,未有不谨于礼者也,以著其义,以考其信,著有过,刑仁讲让,示民有常,如有不由此者,在执者去,众以为殃,是谓小康。

可以看出,"小康"社会不是儒家理想的社会目的,只是一种"大道"已失后,拨乱反正和过渡时期。可以预见的是,中国在未来一段时间里仍处于建设"全面小康"社会的时代,还达不到"大同"即"太和"的理想阶段。

人类社会是不断发展的,世界的大同也是一个渐进性过程。正如一个人从幼儿到少年,才从青年到壮年期,人类社会也在不断成长,目前已进入稳定的中年期。面对"这个星球演进的下一个阶段,用一位伟大思想家的话来说，就是'人类的世界大同'"。①

宋儒曾对"大同"说有过一番议论。胡安国著《春秋传》，屡引《礼记·礼运》"天下为公"之言，认为孔子作《春秋》意在"天下为公"的"大同"之世。吕祖谦不赞同这说法，致信朱熹，谓《礼运篇》所讲"人不独亲其亲、子其子，而以尧、舜、禹、汤为小康，真是老聃、墨氏之论"，"自昔前辈共疑之，以为非孔子语。"朱熹复信指出，《礼运篇》以五帝之世为"大道之行"，以三代以下为"小康"之世，符合史实，毋庸置疑，并认"小康"之世像禹、汤、文、武、成王、周公这样的"大贤"出世，稍事努力便不难达到，至于"大同"之世则需要有更大政治智慧的"圣人"如尧、舜者流才能达到；孔子所述，表达了一种社会理想。比较言之，胡、朱之说颇有见识，而吕氏之说则难以令人信服。②

三、大同思想对建设当代世界和平的借鉴价值

儒家提出的"天下为公"的"大同"社会理想，集中反映了中华民族的先民们对美好社会制度的向往和追求。它不仅具有超越性，而且具有高尚性，给人以真、善、美的感受，成为中华民族不断走向文明进步的精神信仰，即使到了"全球化"的今天，也仍然具有它不可磨灭的现实价值。

随着中国的快速崛起，"中国威胁论"近年来甚嚣尘上。一些西方政治家抱着"国强必霸"的思维逻，对中国是否真正坚持走和平发展道路心存疑虑。这反映出他们不了解中国的历史传统，不了解中国人内心深处的精神信仰和价值追求。习近平总书记在 2014 年 3 月访问德国的一次演讲中指出："历史是最好的老师，它忠实记录下每一个国家走过的足迹，也给每一个国家未来的发展提供启示。"爱好和平是中华民族的伟大品格，世世代代流淌在炎黄子孙的血液中。荀子曰："血气和平，志意广大。""和合"是中华民族对世界文明的巨大贡献。③

---

① 世界正义院：《世界和平的承诺》，李少白译，新纪元国际出版社 2004 年版，第 12 页。
② 陈寒鸣：《儒家大同理想及其对近代中国人的影响》，《盐城工学院学报》(社会科学版)2004 年第 1 期。
③ 习近平：《在德国科尔伯基金会的演讲》，《人民日报》，2014 年 3 月 30 日。

17 世纪初，来中国传教的意大利传教士利玛窦曾深有感触地说：中国人"从未想过要发动战争。他们很满足自己已有的东西，没有征服的野心。"在这方面，他们与欧洲人很不相同……①英国哲学家罗素也说："（中国人）统治别人的欲望明显要比白人弱得多，如果世界上有'骄傲到不肯打仗'的民族，那么这个民族就是中国。中国人天生的态度就是宽容和友好，以礼待人并希望得到回报。假如中国人愿意的话，他们的国家是最强大的国家。但他们希望的只是自由而不是支配。""如果世界上有'骄傲到不肯打仗'的民族，那么这个民族就是中国。他们希望的只是自由而不是支配。"② 马克思·韦伯也指出，以儒教为主导的中华文化具有明显的"和平主义性格"，与西方新教的扩张性性格截然不同。

英国历史学家汤汤因比对中国历史文化有着很深的研究和了解，他认为中国文化非常优秀，中国的儒家思想和大乘佛教可以拯救西方文明。他坚信中国对世界和平能够发挥积极的作用，他以历史学家的语言，指出"中国从纪元前 221 年以来，几乎在所有旧时代，都成为影响半个世界的中心"。中国人用文化统一，靠的不是用武力。他举出汉朝周边许多国家都到中国来朝贡，自动归服中国，不是以武力威胁，也不是商业关系，而是以文化人、以德感人，周边这些小国自愿跟中国结成一体。这是世界上别的地方所没有的。欧洲，虽然罗马统治了一千年，罗马亡国之后再不能统一。而中国 2000 多年来，一直是个统一的国家。"漫长的历史长河中，中华民族逐步培育起来了世界精神"，中国具有从政治上团结几亿不同民族民众的"无与伦比的成功经验"。所以，他晚年还希望中国能够带领全世界走向永续的和平，让这个世界上不再有战争。③ 汤因比博士在 1974 年就预见到"中国的经济力量还没有得到充分发展"。

30 多年改革开放的实践，中国沿着和平发展的道路页一步步走向辉煌。2014 年 3 月 25 日，英国《金融时报》网站发表了题为《西方应该向中国取

---

① 何兆武、柳卸林：《中国印象：外国名人论中国文化》，中国人民大学出版社 2011 年版，第 58 页。

② http://news. xinhuanet. com/theory/2009 - 05/25/content_11430494_1. htm

③ ［英］A. J. I 汤因比（日）池田大作：《展望 21 世纪》，荀春生、朱继征、陈国梁译，国际文化出版公司 1985 年版。

经》的文章，认为西方在过去的近十年了发动了大规模军事与经济干预，但均以失败而告终；而中国则在"克制"中成为世界强国。"西方应当研究和学习中国。中国没有动摇世界秩序便成为世界第二号大国，这几乎是一个地缘政治奇迹。中国是怎么办到的？中国采取了战略克制。尽管在南中国海（South China Sea）、东中国海（East China Sea）和中印边境上出现了一些小摩擦，中国仍维持了和平。更神奇的是，中国悄然平息了世界几大引爆点之一台湾海峡的局势"①。

　　大同思想对中国文化影响深远。在两千多年的历史长河中，中华各民族文化在保持各自特色的前提下，相互认同、和谐共处，汇合成统一的中华民族文化。多样性与同一性并行不悖的历史经验，为当今人类社会多元文化的和平发展提供了借鉴。以"多样性之统一"与"和而不同"看待当今世界及不同文明。和谐而又不千篇一律，不同而又不彼此冲突；和谐以共生共长，不同以相辅相成。用"和而不同"的观点观察和处理问题，不仅有利于各国善待友邦，也有利于国际社会化解矛盾，促进地区安定和世界和平。

① ［新加坡］马凯硕：《西方应向中国取经》，英国《金融时报》2014 年 3 月 25 日。

基于社会儒学视角的中西社会秩序观对比

王　征　陆玉瑶

（济南社会科学院　吉首大学）

摘　要：自然法与两种契约论，形成了近代以来西方宪政的理论基础。在西方主流社会中，二元绝缘性构成的秩序，是个人主义精神支持的国家意识形态与私有制本质的契约论形成的政府之间的宪政关系，"秩序"这个概念就具有了现代法哲学的特殊意义。只有在中国学术思想的视域中，才能理解从丛林动物到社会化的人类——这一人类化过程的连续性和一致性。在中国文化中，个人与社会的同一性是历史自然性与人自为的伦理道德精神的整合实现，内圣外王作为儒家的文化的理念，是中国封建社会中文化与政治整合的渴望和现实中的努力。中国社会政治中"儒表法里"的内外两重性与西方社会中的二元绝缘性具有重要的比较意义。

关键词：社会儒学　契约论　宪政关系　内圣外王　君臣父子

一、自然法与两种契约论

西方近代的启蒙以理性的光辉照亮了中世纪的黑暗，但这只是"复兴"了理性应占有的王国，那个时代杰出的思想家们仍然保留了对上帝的敬仰，在他们的著作中，以各种方式把理论前提贡献给了一个理性上帝，这个伟大的前提，就是以"自然法"名义出现的西方文化的本质——知识理性。自然法不是自然的法律，而是由大量的理论所论述的思想体系，用以解决人类从动物的自然状态过渡到人的社会状态，在这两种决然不同的分割后面存在的一致性问题。所以，在自然法这个术语后面，是无数深刻的思想和缤纷的理论。

霍布斯认为，每个人从常识出发就可以理解和同意自然法，洛克直接说理性就是自然法。合乎人性和理性的制度就是合乎自然法的制度，这就是将自然法当作了不证自明的公理，但无论从学术思想还是从历史过程看，自然法是一个观念体系，这种情况表明，自然法本身具有理论前提起源上的困惑。从理论直觉上说，自然法可以较容易地引申为自然权利、天然权利、被创造的权利等，但是"权利"同样是个难以解释的概念，实质上，贯穿自然法和权利这两个概念的是自然、神和人所共有的"西方理性"：自然状态是先验理性下的自然和谐，超验理性是绝对的神性，知识理性则是人的本质，这样，经过不同的诠释产生了种种不同的理论。古典和近代的学者，实际上都把自然法认定为自然与理性同质，也就是认定人的本质是理性——这一"自然"前提，而这个本质在西方文化中最终超验地归于上帝而成为信仰，所以，自然法是理性上帝，因此，它又被称为理性法、永恒法、上帝法。

在现代人看来，大自然是人和所有生命共有的，而人区别于动物是人具有心灵这样一种精神世界，人类以社会生活方式脱离于动物世界，但人类的精神世界与自然世界的本质性关系，却是一个非常复杂的问题。从科学的立场出发，人源于动物，这已成为常识，但科学只能观察、思考和解释客观性存在，有关人类与动物之间体质和生理上的同异，已有了很多的研究成果，但人类的精神世界却不在任何解剖刀和显微镜之下，因此，科学对神学的谦虚只是一种无奈；另一方面，自然法这样一个逻辑性的体系，与社会现实中最重要的事实——权利和权力结构之间难以吻合，自然法的抽象性与社会现实中法的实践性之间，仍缺少过渡环节，实际上，这个任务是由契约论承担的。

自然法既不是神学，也不是科学理论，而是一种法哲学，即超验的和先验的理性与人类人性化一致性原理，从而解释从动物的自然状态到人的社会状态的转变过程，在此基础上形成了近代社会的政治结构和机制的理论——契约论。基于西方文化传统，自然法实质上就是克服人性与神性的必然分裂、维持社会意识形态统一的理论，把激烈的变革精神实现在理性的政治行为之中，为剧烈的社会变革提供了平稳的意识形态过渡，即以意识形态革命代替了社会暴力革命。神学和科学对此都无能为力，自然法和契约论实际上以法哲学的性质，承担了这个伟大的任务。自然法并不是直接以法哲学的形式出现的，从社会儒学的角度看，这种隐含的法哲学性质，成为近代以来西方主流社会政治制度中基本法——宪法的前提。

自然法的理论根基是西方文化的本质——知识理性，而这是科学和神学能够共享的。我们可以从大量的对自然法阐述的理论中看到，动物状态（包括混乱和冲突）在自然理性的意义上是秩序，而社会状态在人的自觉理性上也是秩序，自然界的法与社会中的法是自然一致的，这种统一性就是关系和关系过渡中法哲学意义上的理性。

真正具有理论意义的论述，是从社会结构如何区别于丛林状态开始的。近代大多数大思想家在他们的著作中，对人的社会性起源都进行了认真的探索，主要集中在"个人"权利与社会权力这两个方面。对于理论家们，真正困难并不在于个人权利的起源——这是自然法理论的任务，而在于个人权利与社会权力的关系和这种关系在现实社会性中的构造：从现代法哲学的观点看，个人是社会的本质，而权利和权力就是现实的社会关系，但从理论上弄清楚并不容易，其中关键在于个人的社会性如何从自然性中合理地导出，并将这种理论上的逻辑性吻合于社会现实中的体制结构，这就是契约论。

实际上，契约论是一个半科学的理论体系，它是从文化传统、社会现象、政治现实等多方面，进行提取、抽象和理论演绎完成的。自然法与契约论之间并没有严格的演绎关系，大体上是在概念内涵方面对"共识"的直接征用，再进行理论上的发挥。比如，霍布斯就是这样展开的："著作家们一般称之为自然权利的，就是每一个人按照自己所愿意的方式，运用自己的力量，保全自己的天性——也就是保全自己的生命——的自由。因此，这种自由就是用他自己的判断和理性认为最适合的手段，去做任何事情的自由。"（霍布斯《利维坦》第十四章"论第一与第二自然律以及契约法"）这样，就直接把自然天性的"自由"，经由"理性"这只上帝之手，点化为社会中的"权利"。他定义"权利的互相转让，就是人们所谓的契约"，但这种集合式的转让并不是合同（Contract or Bargain）意义的契约，合同契约基于个人所有权的转让。在霍布斯的契约论中，上帝的理性由人的意志直接表现，人们由自己的意志自主而集合缔约，这实质上是盟约（协约或公约 Covenant），盟约基于精神意志。卢梭的论述与霍布斯大体相似，不同处在于，卢梭强调个人意志集合形成公意，即"主权在民"的权力，而霍布斯完全依靠自然权利转化为国家权力。实际上，这两种性质的国家是全社会的制度性组织，这种盟约性质的契约论导致了凌驾于整个社会之上的绝对权力，所以，霍布斯比喻为"利维坦"这样的国家机器。

洛克的契约概念与此不同，基于财产权利转让的契约是合同，这种契约论产生了功能政府的概念。权利首先直接表现为财产私有的权利，而权力是人与人之间直接的社会关系，契约基于对权利的让渡，权力关系在人与人的契约关系中形成，这种权力的产生是人的理性所赋予的功能，即从个人私有权利的让渡而组织成功能政府，这种功能政府产生的本质就是合同意义的契约论。

从现代法哲学的观点看，两种契约论在理论上隐含着意志权力的国家与功能政府在起源上的不同，在以往的各种自然法理论或学派中，由于借重于西方理性的"自然"一致性，两种契约论没有得到明确的划分，无法理解它们之间的分别，更没有去分析它们后面的一致性，以至于在后继的思想和理论中，形成了难以理清的概念和论争，这甚至表现在现代国家产生的过程中，如美国宪政形成过程中艰难的谈判、争执，已经成为今天理论与实践中不断援引的丰富文库。尽管契约论得到了普遍的接受，成为西方社会的主流意识形态，但仍然难逃虚构性的责难。

对两种契约论的分析所揭示的国家与政府两者之间所隐含的起源上的本质不同，已经充分地体现在近代以来世界上各种不同的国家体制形形色色的差别上，实际上，功能政府所具有的合同契约性本质与权力国家之间的整合是由现代国家机制——宪政实现的。但迄今为止，还没有一种理论能够全面而清晰地反映这种整合机制。揭示现代国家和世界政治模式构成的法哲学背景，需要一种大文化的视域，有不少学者从文化、特别是从东西方文化的差异和冲突的观点，讨论现代世界的格局，但是这种文化视域，仍是从西方学术的传统框架出发的，在西方法学理论中，自然法学派对自然法的实质性分析都会归结到人性的分析，这种抽象性与科学的纯粹性并不相同，这样造成后来功利主义法学、实证法学、社会学法学、新自然法学等等分山头而立的情况。西方文化本质上的分裂性，无法提供文化本质整合性的理论根基，而社会儒学能够以自身文化的境域，为现代法哲学提供这种全景式的视域。

二、两种文化中的秩序

从文化意义上，自然法和契约论的主要困难，就是从上帝创造的人合理地过渡到世俗的社会人。在西方文化中，由于没有"人是文化的存在"这个思想，因此，无法理解人与社会同一性这个本质。从社会儒学的观点看，"人性并不是人的属性"，从动物到人的人类化过程是人的文化，人性是人的个性："人的内涵只有在人与人的差异性上才是个性的，因此人的个性才是人性的本质"，"人性的丰富性来自全部人类文化，……没有个性中融入无限丰富的文化因素，就没有人的个性，也就不会存在人性。"只有在这种文化视域中，才能理解从丛林动物到社会化人类这一人类化过程。因此，相对于自然法和契约论的理性，"秩序"这个概念就具有现代法哲学的特殊意义。

与西方知识理性相对应的是直觉理性，直觉理性是中国文化形态的一个本质特征，这个文化存在意义上的"理性"，在学术上被表达为"中国理性"。在中国文化思想中，自然、人性、理性是变易的一致性存在，最著名的表达就是中庸："天命之谓性，率性之谓道，修道之谓教"。"天""性""道""教"，在西方学术理论中没有相等的概念，但作为文化范畴的直觉理性，与西方文化的知识理性（特定意义上的"工具理性"）是互补对等的。在中国传统文化中，作为文化范畴的"理性"具有文化化整合的自身一致性，既无需超验的神性，也无需先验的理性，这才是中国传统文化中既没有出现占主导地位的宗教，也没有出现实证性的科学思想的根本原因（只有基于了这一点，我们才可以回答"中国传统文化的两个难题"）。

在这种理解上，我们可以比较性地分析自然法和契约论在法哲学意义上的一致性：社会生活中普遍的个人财产契约关系，一方面形成政府管理功能（行政权力），另一方面成为社会意识形态——共同的意志，国家就是这种意识形态的机器化（可参阅阿尔都塞 Louis Althusser 1918～1990 "意识形态国家机器" 理论），这才是国家权力的最终来源。国家的产生，表面上由暴力或个人、集团的意志形成，但实际上，暴力、战争、革命却往往与占有的权力直接相关，现代国家只不过是对这个真正起源过程不同程度上的理性自觉，即把一个历史过程自觉化为一个宪政机制。因此，在西方文化的本质性上，历史过程可以阐释为理性的一致性：从生命存在的自然性到理性的 "逻各斯"，从上帝意志、上帝理性，再到人的理性，从理性到权利，从权利到权力所实现的社会制度、公平、正义等等观念体系，就是自然理性、神启理性和人的世俗理性的统一。由前所述，自然法在法哲学的意义上，承担了这个任务。

契约论就是从不同的文化和社会形态中综合提出的理论模型，所以，契约论既是理论上的虚构，也是真实的存在。在思想理论上，自然法和契约论具有西方文化本质的特征，通过逻辑理性得到必然性，化解神性得到普遍性，以世俗性得到个人主义，以工具理性实现契约精神，成为近代以来表现人权、自由、平等、民主、法制等等，一系列具有实在和精神品质的西方文化形态。所以，自然法和契约论以理性结构表达了主流的西方社会形态，既是历史的，也是现实的，在意识形态、法律体系、政治制度中，都是一种真实的存在。

本质于自然法和契约论中的 "理性" 和从中国学术视域中看到的它们的一致性，就是指 "秩序"。但秩序这个概念，在西方学术理论中并没有成为一个重要的范畴，在西方文化中也未获得自身的特定意义，通常只是对秩序状态的描写，比如，现在广泛使用 "经济秩序" 一词，人们并没有一个经济秩序的直接定义，最著名的表达就是斯密（Adam Smith 1723～1790）的 "看不见的手"，即使在经济学、社会学的交叉领域，如哈耶克（F. A. Hayek 1899～1992），他虽有基于自由秩序的经济政治理论，但也未深入专门研究秩序的本身意义，人们并不怀疑秩序的存在，自然法、上帝、契约、法律、制度、甚至资本都是自然秩序，但不追问秩序究竟是什么，这是一种文化自身的盲点。在中文语境中，秩序这个概念具有超越性、非表达的内在性和直觉性："天何言哉！四时行焉，百物生焉；天何言哉?"（论语·阳货），这种秩序不是工具或方法意义上的事理或法理，而是在自然世界与人类世界的变易中内在地、继承性地存在，就如："道之为物，惟恍惟惚。惚兮恍兮，其中有象；恍兮惚兮，其中有物。窈兮冥兮，其中有精；其精甚真，其中有信。"（《老子·二十一章》）"有物混成，先天地生。寂兮寥兮，独立而不改，周行而不殆，可以为天地母。……人法地，地法天，天法道，道法自然。"（《老子·二十五章》）当然，不能简单地在"道"与"秩序"之间直接画等号。相对于中国文化所具有的对秩序的直觉性，西方哲学中的"自然""纯粹性""法"等用法，就隐含地具有相当于中国文化中"秩序"这样的意义，比如，中文的"法"字有效法的意义，"法天""法地"的人法："法其所以为法"（《吕氏春秋·察今》），这是现实中理性的自觉，是对秩序的自觉与要求，这种基于人性的内在继承性的品质，正是今天自然法学派等具有文化、人文特色的理论所信奉的秩序或结构的自然生成性的原理。

"秩序的真正意义，不是指一个秩序现象本身，而是指这个秩序状态的生成和自我维持的动力学。比如，人群拥挤与排队等候，只是物理状态的区别，而真正的社会秩序的意义，是指当一个人发现还有其他人在场时，就会无意识地自动排队。人类的秩序就是永远处在这种无意识（自动）与意识（强迫或被迫）的变易之中。当然，这里面有无数的问题和课题，其中最重要的就是公共秩序与内心的道德秩序。前者就是西方文化中的倾向——社会契约，后者是中国文化的倾向——道德秩序，社会契约（成文或不成文）只有内化在心中，才具有历史的动力性，同样内心的道德秩序表达为社会契约形式，才能强有力地驾驭复杂多元化的现实社会。"只有在这种社会儒学的视域中，我们才可以探索基于自然法和契机论的西方主流社会形态的真正结构性起源。秩序是社会的内在本质，在特定的意义上，秩序可以看作是社会的内涵，如果说人与社会一致性的观点难以在西方文化中解析，那么对"秩序"这个概念内涵的研究，倒可以在中西学术界建立起沟通的平台。

三、个人主义、私有制与宪政

从历史上看，古希腊哲学思想禀赋的自然法（理性法）、中世纪神学阐释中的上帝法（永恒法、意志法）和近代人为法（实证法、实体法），并没有历史过程断然的划分。自然法的理想——自由（freedom）、神学与道德的绝对性——正义（just）和实证法的必然——正当（right），在法哲学思想中交织变化，在琐碎的历史事实中常常有理论上难以解释的情况，甚至在学术领域中也远非脉络清晰。直到今天，对公平、正义、自由等基本概念真正内涵的阐释，仍然层出不穷，这正是人文领域与科学领域的不同。在自身的发展中，理论上的艰难探索和沉重的历史是逐渐清晰的，因此，我们总能看到，自然法与契约论的法哲学思想，通过艰难的历史过程，最终实现为现代西方主流社会的秩序。如果说，法哲学是在哲学的论域中讨论法，如黑格尔的"法哲学"，或者在法的论域中讨论哲学，如孟德斯鸠的"论法的精神"，那么，现代法哲学就是在文化的视域中，讨论人类社会中的法的本质和实现的机制。因此，一方面，我们需要自然法和契约论理论一致性的理解，另一方面，我们需要阐释这种理论上的一致性如何实现为社会现实中的秩序。

从社会儒学的观点看，自然法的理性所贯穿的一致性，就是文化意义上的人类化历史过程，这种历史的一致性以理性的自觉"复兴"于近代西方，以个人主义精神成为历史的动力，在社会学的意义上，这种理性的自觉成为共同的意志——即盟约意义上的契约国家。霍布斯的"利维坦"，卢梭的"主权在民"的权力国家，都具有这种性质，这种盟约性质是西方传统的理性与个人主义精神，突破中世纪宗教的桎梏，在近代的复兴，并且成为现代的"国家"意识。比如，美国宪法的序言就简洁地表达了人民立国的共同意志："我们合众国人民，为了建立一个更完善的联邦，树立正义，确保内部安宁，提供共同防御，增进公共福利，并保证我们自身和子孙后代永享自由的幸福，特制定美利坚合众国宪法。"这是一种对"不可让渡的权利"自觉的意志，"所有人都是生来同样自由与独立的，并享有某些天赋权利，当他们组成一个社会时，他们不能凭任何契约剥夺其后裔的这些权利"(《弗吉尼亚权利法案》),"造物者创造了平等的个人,并赋予他们若干不可剥夺的权利,其中包括生命权、自由权和追求幸福的权利。为了保障这些权利,人们才在他们之间建立政府,而政府之正当权力,则来自被统治者的同意"(《独立宣言》)。很明显,"天赋权利"的"平等的个人"缔结的,是人与人之间的意志关系,这在五月花号公约中表达更直白:"现约定将我们全体组成政治社会,以管理我们自己和致力于实现我们的目的",这意味着"国家"本身就具有权力的起源本质。

另一方面,正如在美国宪法条文和以后的修正案中所展示的那样,国家的组织和过程却具有权利让渡的合同契约性质,这包括契约立宪——立法、对立法的限制——宪法的首要条款和实质的司法审查、以及契约功能行为——行政,三权分立就是实现严格限权的合同条款,通常人们理解的三权分立,强调的是已经形成的国家体系中权力的制衡,这与国家、特别指国家权力产生时的机制的视角略有不同,正是因为强调国家的组织过程的机理,把自然法的理性、人民的意志和个人的权利让渡的契约行为组织成有机的一体,才是真正的宪政。

当然,无论在理论上,还是在历史事实中,并不是这样清晰和两者吻合,相反,充满了纷乱和艰难。权利与权力的根本性质和它们之间的机制关系没有理清,就会导致基本性的误解,比如,卢梭就直接把贫困和奴役这种人与人之间的不平等归结于私有制的产生,"人生而自由,但却无时不在缧绁之中",卢梭认定人的不可剥夺的自由被私有制的缧绁剥夺了,这样,以意志的盟约直接取代私有制就具有简单直接的合理性,使历史决定论实现为国家决定论。我们可以从近现代历史中看到两种契约论的不同政治色彩——民主:民主即可以是意志的"结盟"行动,民主也可以是"合同"的实体,前者具有社会爆发性,从而导致社会分裂为对立的阶级而失序,后者却是国家的整合机制。但是应当认识到,这种区别不是决定论的,也不是截然可分的,这是一种文化的差异,即使是同为西方文化的法国和英美,这种文化的差异性也是明显的,在文化相对性差别性更大的中西文化之间,这种情况当然会更加显著,对这两种契约论在现代国家形成的过程中具有不同的文化整合性,我们需要大文化的视域和现代法哲学的论域。

历史事实证明，由意志盟约产生的绝对权力的国家，只能导致贫穷的平等，法国大革命证明天国模式无法移植到世俗社会，而共产主义运动的失败相反地证明了"资本"是现代社会中的一种秩序。

把私有制看成是一种罪恶，并不是中国传统文化中的观念，因为中国自古就没有西方那种个人主义的私有制，甚至直到今天我们仍然没有真正地理解西方文化中的"私有制"概念，"普天之下，莫非王土"，这是中国古代文化意义上的国家观念的根源，现代产生的公有制或国家所有制，恰恰是对西方个人主义和私有制的误解而不幸地引进的蛇果，今天，传统文化意义上的国家仍由农民承担着，这种时空错异造成的封建主义、反资本主义与资本主义相结合的政治特色，已经成为一种困境。文化的存在和文化的本质总是难以自觉的，对于因自己的传统文化而自豪或诋毁的中国人来说，至少过去的情况如此，最坏的情况是"邯郸学步"，最不幸的是，这已经成为历史事实，我们实质上已经造成了文化与社会的分裂，这种二元性分裂与西方社会的二元性完全不同，我们已付出了对自己的文化本质背叛的代价。

另一方面，我们可以从社会现实中看到，现代西方主流社会的秩序是由二元绝缘性实现的，一是心灵中的宗教—道德意识，二是世俗化的经济—政治制度形式，这两者之间关系却难于理解，一直是社会学、政治学和法哲学理论中最主要的困难。这里有一个最重要的事实，现代西方的法律体系排除了立法中的宗教地位和限制了立法的禁区："国会不得制定关于下列事项的法律：确立国教或禁止信教自由，剥夺言论自由或出版自由；剥夺人民和平集会和向政府诉冤请愿的权利"（《美国宪法修正案一》），这样，实际上，宗教和个人的基本权利就具有"绝对"的自由，比如，如果把一种宗教立为国教，这个宗教就政治化了，这实际上就会产生所有的宗教在政治上的不自由。只有在这样的理解中，才能揭示"自由"这个西方意识形态的核心的真正本质：自由不是由法律保护的，或者说法律无法保护真正的自由，真正的自由是由立法中立法对立法自己的禁止实现的。人的基本权利，如生命权、自由权、立约权等不可让渡的权利，被排除在立法之外，这种自由才是本质上的自由，如果把中国先智所在时代的国家作西方现代的国家来理解，我们就能真正读懂："故圣人云：我无为，而民自化；我好静，而民自正；我无事，而民自富；我无欲，而民自朴。"（《老子·五十七章》）

由此，我们也就可以理解专制的本质，就是个人或团体权力对不可让渡的个人权利的侵犯，所谓圣诣、"朕即国家"、"最高指示"等，这些具有相当于法的权力而没有立法限制或立法审查的个人或团体的意志、政策都具有专制性质。立法的法的契约性质就是立法对立法的限制，这才是宪政的实质内核，实际上，通义的"法"与立法的法与具体的法在理论上的自身缠绕性的解决是由一个漫长的历史（不成文的英国普通法）或艰难的冲突与协调过程（成文的美国宪法）实现的，没有这样一个历史或艰难的谈判、协调过程，就很难直接复制一个现成的国家体制。但承认现代国家的宪政本质，揭示现代国家和宪法具有契约性质，是西方学术理论的伟大贡献，对寻求人民意志真正实现的立法者而言，如果承认宪法是大法，表达这个机制的宪法就必须具有这个本质。

在现代法哲学的论域中，如果我们继续探讨自然法和契约论，就可以揭示，两种契约论所表达的社会结构最终由私有制和个人主义承担，即盟约契约论的个人主义精神与合同契约论的私有制基础，自然法的理性贯穿其中，这三个迭进的层次共同成为现代社会的秩序。现在，我们可以看到，西方社会秩序的二元绝缘性其实是层次的分隔，但西方学术理论体系不具有这种解析观点，但从中国文化的视域看，这种结构却简单而清晰，因此，我们不难理解个人主义和私有制这两者如何表现为社会现实中的人的动机和行为。实际上，现代西方社会秩序的二元绝缘性存在于整个社会之中，总体上看，这都是由这种宪政性质的体系保证或延伸的，比如，市场经济的法规制度与经济形态的自动调节——"看不见的手"，这两个方面的绝缘性构成了整个经济领域的运行秩序，自由市场的法制体系就是这样"保护"着"看不见的手"的绝对自由。作为结构性的体制与体制中的管理行为（工具理性）是不同层次的，"现代所有的文明成果离不开工具理性，但工具理性是以销蚀人的价值为代价的，……因此，人文价值只能保卫而不能制造，人文价值也不是工具理性能实现的"。所以，你无法用政策的"开放"去保护"看不见的手"，正是因为看不见，你才无法进行直接的保护操作，就是说，你无法用政策法规去制造市场经济的秩序，这对于非市场经济国家，具有特别重要的意义。对于政府行政功能而言，所谓政策的"开放"只是对政府习惯行为的部分限制，以此来保证经济自由的相对空间，比如，开放资本市场就是对防碍资本流动性政策的禁止，历史地看，并不是一种功绩而只是一种后悔，这并不能真正地获得经济自己的生命，这种开放的功绩只是一种行政行为，是以巨大的人与自然的成本为代价而获得的。

四、内圣外王

自然法理论赋予近代西方启蒙以理性之光，对希腊理性传统的复兴成为近代西方世界的骄傲，但西方社会存在的二元绝缘性，却并不是知识理性的骄傲，因为社会与人是同一的，社会结构性的分裂，也是人性的分裂，认识到这一点也是自然的，没有这种二元绝缘性，就没有西方社会中的秩序，如何将西方社会的两重分裂扭转成自身一致性的莫比乌斯带，是西方学术自身无法解决的问题。自然法和契约论作为资本主义的意识形态，无法为人类社会的人文本质提供同等质量的元素，"从文化的源头上看去，西方文化中个人主义，也只能是人或个人这个抽象观念的物质实现形式或方法，或换一种说法，西方文化中的人，就是努力地从自己的物质形式中寻找与失落的灵魂统一的人，正是在这一点上与中国传统文化中的文化存在形式显著不同。基于这种的文化起源，我们完全可以理解，西方文化中个人主义是一种基于物质表现的理性精神。"自然法和契约论的体系，只有在西方文化理性的自身境域内才是理性的，超出这个范围，理性就成为兽性，在资本主义的产生和全球化过程中，物质化的欲望赤裸裸地表现为人性的堕落，比如，资本原始积累过程中的血腥罪恶、市场经济在全球化过程中发生过的奴隶贸易、贸易战争等等，这都是人所共知的事实。

中国文化的特征是人性与社会性的同一。如果说，在西方文化中，个人与社会的统一由个人主义精神和契约论体现，那么，在中国文化中，个人与社会的同一性则是历史自然性与人自为的伦理道德精神实现的，这种同一性的表达就是儒家的理念——"内圣外王"，这既是文化的人性，也是儒家的社会政治理想。从社会儒学的角度看，人性不是人的属性，而是人的文化，中国文化是一种个人文化性的文化，一方面，历史可以由传统和教化内化于人心中，成为理性的人性，文化、人性的统一性成为人的社会性本质，这是文化与历史的一致。上古之世因圣而王，孔子也被尊为素王，在王阳明看来，人皆圣人，从人性本质上说，这是儒家文化的普世性，并可以成为现代"公民性"的一个根基，因此内圣与外王一致——内圣"即"外王。但是另一方面，现实中个人的社会化过程，远没有社会历史那样充裕的时间成本，作为个人心灵的最高状态内圣，只有在极个别圣人身上才成为个人的品质，一个统治者兼具圣人品质的几率微乎几微，即使部分地具有，也是一个伟大的君王了，内圣"而"外王或外王"而"内圣不具有决定性："圣也者，尽伦者也；王也者，尽制者也；两尽者，足以为天下极矣。"（《荀子·解蔽》）因此"王""圣""内""外"具有整合上的复杂性，在法哲学的意义上，这正是相当于前述西方近代学术理论中意志盟约的"国家"与合同契约的"政府"的整合的困难，中国社会政治中的内外两重性与西方社会中的二元绝缘性具有重要的比较意义。

　　"内圣即外王"是文化的理想，"内圣而外王"或"外王而内圣"是社会现实中的诉求，我们现在可以理解，一方面，"王，天下所归往也"，"有天下曰王"，"修文德""来远人"，"以德行仁者王"这是中国文化中"天人合一"的天下王，另一方面，"六王毕，四海一"这样的政绩王，则是指封建制度的中央独裁统治者，一个文化大一统的国家与以地为王的治理模式并非重合，作为皇帝的独裁者与社稷朝廷也不是一回事，内圣与外王在现实中的统一性是历史非决定性的，实际情况往往是"儒表法里"。但最重要的是，以儒家文化为代表的中国理性具有内圣外王整合一致的强烈意识，内圣外王作为儒家的文化的理念，是中国封建社会中文化与政治整合统一的渴望和现实中的努力，这正是内圣外王的动力性所在，也是内圣外王这个理念一直在中国传统文化中长胜不衰的一个根本原因。

　　近代是以人类社会的时间频率加快为特征的，对于中国人来说，等待一个伟大君王出现的时间成本早已不存在了，西方世界入侵中国，强迫中国人融入巨大的时代转变中，中国文化中的自然性与人的自为性的一致进入到一个全新的世界格局，从封建中国进入到现代中国的巨大转变过程中，中国面临的不仅是自身的时代进步，更必须面对文化的吸收和融合，所以，与西方文化扩张性的时间与空间一致性不同，中国面临传统文化与一个世界化社会现实重新整合的要求，这种格局在人类历史上从来没有过，因此，近代以来中国所经历的变革后面所包含的意义，远未为人们所认识，它所包含的复杂性远未暴露，任何一种自以为是的决定论都是可笑的，与此相反的对历史和传统的拒绝与自杀一样可悲。

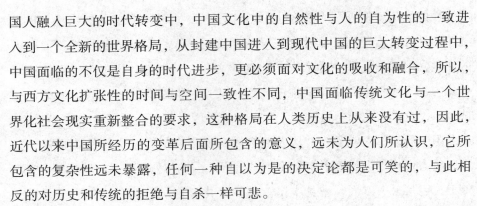

从中国文化本质上说，"内圣外王"无法有"上帝的归于上帝，凯撒的归于凯撒"这样的两元分割，但是外王的政治诉求却有了西方送来的民主体制，在西方文化中，民主是把个人主义的精神实现为契约论的理想可操作的政治制度，对于中国社会政治来说，这可以成为把历史成本摊入社会成本的最有效方法，这是在全新的世界格局中内圣外王的再整合，从而，把一个天下所归而有天下的文化国家与一个权利契约的国家机制，融成天人合一、内圣外王的伟大现实。当然，在中国文化环境中，如何去建设民主的机制而不是把民主作为武器，避免上帝化的凯撒、甚至是撒旦化的凯撒出现，是中国社会现代化中的特殊问题，这个问题已经出现过了，现代中国国家的宪政化就是一个理性化的宪政创制过程，这已经付出了巨大的代价而且仍然需要时间成本，这不是事先就可以肯定的，这里没有决定论，也没有犬儒主义，这种肯定性是中国文化的理性和信心。

孟子的是非观及当代价值研究

梅良勇　金笑笑

（江苏师范大学马克思主义学院）

摘　要： 在中国儒学史上，孔子开创儒学，强调"仁"与"知"的统一。此后，儒家的道德"仁"学单向度地得到了较为充分的发展。思孟学派在作为儒家正统的同时，也将儒家的"仁"学置于了以追求知识为目标的"知"学之上。"是非"观念是知识论的重要课题。孟子推崇孔子的是非观，但又对孔子的是非观进行了改造。孔子仁、智并举，知识论上提出了"生知""学知"的区别。孟子提出了自己关于知的理解。在继承孔子"仁"的观点之基础上，孟子还论及了关乎真理的"是非之心"，并且认为"是非之心"也是先天具有之物。孟子的是非观对当前我国处于社会转型时期所出现的是非不清现象的认知，具有参考价值。

关键词： 孟子　是非观　"良知"　当代价值

先秦儒家因论及致知之道，开始了对于知识问题的论述。儒家学派的创立者孔子在知识论上主张仁智并举，提出了"生知""学知"，区分了道德意义之知与知识意义之知，倡导知行统一。孟子则提出"良知"，尤重道德意义之知。

一、产生的原因

孟子的是非观的产生，必然有其特定的社会和学术文化背景。一方面，孟子的是非观的建构和战国时期社会的变化状况密切相关。另一方面，作为儒家是非观的新的发展，它又有自己相对独立的学术文化背景，亦即是受到孔子、孟母以及周国和齐国文化的影响。

（一）时代背景

从公元前 770 年周平王东迁，历史进入了"春秋时代"。诸侯争霸，礼崩乐坏。统一的西周王朝已日趋没落，分裂为数十个大大小小的诸侯国。周天子虽名义上是"天下共主"，事实上各地诸侯多下服从朝廷的号令。各诸侯国的君主又常常打着"尊王攘夷"的旗号，借维护周天子"共主"地位的名义相互讨伐，攻城略地，以扩大本国的地盘。到后来连"尊王"的旗号也不要了，公开厮杀。这种争霸一直持续了三百多年，到公元前四百年左右。战争打得愈来愈大，愈来愈频繁，以致历史上将此后直至公元前 211 年秦统一中国以前的二百余年，称为"战国时代"。长期的兼并、掠夺战争，一方面使人民生活陷入水深火热之中；另一方面，是各诸侯国交战最为激烈的时代，群雄割据，他们需要诸子的救世药方来在乱世中获得一席之地乃至称霸天下。

在"杀人盈野""天下交争利"的战国中期，社会存在决定社会意识。巨大的社会变动必然引起思想家们的关注与思考，从而创造出在正常秩序下所无法创造的精神财富。中国的学术文化出现空前繁荣的盛况——"百家争鸣"，思想家们回顾历史，展望未来，各自抱着欲以一己之道治天下的强烈愿望。激进的法家学说受到诸侯国君的重视，各国纷纷采取变法，以力强国力。如秦国的商鞅变法，楚国的吴起变法，以及魏国的李悝变法，都受到国君的赏识和重用且不负众望在较短的时间内，使国力大增。随之战国七雄便出现，但是七雄国都想统一天下，主宰中国。对内力图改革，以富国强兵，对外则进行残酷的掠夺、兼并战争以扩大疆土。致使人民颠沛流离、国家陷入水深火热之中。孟子称这种"以力服人"的强权政策为"霸道"。面对这种残酷的你争我夺与弱肉强食的互相兼并，他没有像"纵横家"之流那样热衷个人名利，而是继承孔子的仁提出"仁政"学说和颇具特色的是非观。

（二）思想来源

1. 孔子的是非观染色

孔子的是非观是孔子认识论的内容之一。儒家学派的创立者孔子最早言及知识的来源问题，他在对"生知""学知"的分类中就表达了对知识的不同来源之见解。在"知"与"行"之间关系问题上，孔子是第一个自觉并深入地探讨了的，虽然他没有明显地以"知行"对称的形式或者没有明确地使用"知"与"行"的具体字眼来表达他的知行思想。孔子所说的"行"，主要是指个人的道德践履，即指为了实现"忠""孝"等道德原则的个人修身养性行为与活动。此外孔子主张在"孝、弟、信、仁"等道德修养的"行"有余力的情况下学习文化知识。那孔子关于知行的观点包含哪些方面呢？首先，孔子认为"知"对"行"有指导意义，主张知而力行。其次，孔子还主张知行统一。孔子对"行"的这一独特理念倾向影响了孟子。

2. 孟母"是非观"的影响

《孟子》一书中，孟子未曾提到他的父亲，但对母亲感情及其深厚。在《公孙丑下·第七章》孟子自齐葬于鲁……吾闻之也：君子不以天下俭其亲。这一段话中我们可以从葬母亲的棺木的质地以及和弟子—充虞的对话看出孟子对母亲的恭敬。而孟子的母亲的尊敬也是情有可原，可以这样说如果没有孟母，就没有儒学"亚圣"孟子。西汉韩婴的《韩诗外传》和《列女传》就分别记载了孟母的五个小故事，无论真假，她的家庭教育的典范已经深深影响了中国人的教育传统以及女性在家庭教育的地位。

首先第一个是孟母三迁的故事，我们都耳熟能详，见于西汉刘向的《列女传》，孟母三迁的做法对孟子的影响极为深刻，知道他成为儒学大师，仍然强调环境教育对一个孩子身心发展的影响。孟母不仅注重客观环境对少年孟子的影响，而且注重言传身教，用自己的一言一行，一举一动启发引导孟子。第二个故事就是这样的，即东邻杀豚，通过这个小事教会了孟子说话要言必行行必果，做事为人要诚实守信。第三个故事是孟母断机的故事。孟子幼时有一次在学堂念书累了便回了家，孟母正在织布知道他为什么回家的原因之后，孟母拿起剪刀将自己辛辛苦苦织好的布划裂以警戒孟子不能中断自己的努力、刻苦读书。四是孟子去妻的故事，孟子的妻子独处时伸开腿随意坐着，孟子看到便和母亲说要休了她。当母亲问其原因后便通过礼记里的知识让孟子明白是他对妻子不守礼在先来让孟子不敢再责备，且断了休妻的念头。最后一个故事是孟子仕齐，孟子做官回家后长吁短叹，孟母问其原委并指出："无论是做人、做官，在合乎"礼"的同时要按照你的内心去做事，就像自己也是按照老规矩去做事罢了。"

成人、婚姻和出仕，是古代君子中最重要的三件人生大事，而孟子都与自己伟大的母亲分不开，因此孟子的是非观是深受母亲的影响的，无论是做事要持之以恒还是诚信，亦或要遵循内心方面。

3. 邹、齐文化"是非观"的浸润

孟子的思想除了受孔子，孟母的影响之外，还深受自己的母国——邹国的影响以及以管仲晏婴为代表的齐文化。《孟子·万章下》云："颂其诗，读其书，不知其人，可乎？是以论其世也。"认为在研究一部作品之前，需要先了解作者的人生经历与社会背景。孟子的出生地在孟子行历中是至为关键的一环，司马迁在《史记》中认为孟子是邹国人（今山东邹城市），故在此处我们就司马迁的看法来讨论。

接下来我们来谈谈邹国，历史上的邹国在战国时期是一个小国，"弱国无外交"这句话古今通用，当时的邹国，由于国君荒淫无道，国事日衰，江河日下。国家的衰落加剧了鲁国对它的压迫。到了战国时期，在鲁国的不断蚕食之下，邹国已经奄奄一息偏居一隅，不仅受到其他大国的威胁，随时都有被兼并的风险，而且国内的阶级矛盾也异常尖锐，以至于后来邹国被楚国所灭。

邹与鲁哄。穆公问曰："吾有司死者三十三人，而民莫之死也。诛之，则不可胜诛；不诛，则疾视其长上之死而不救，如之何则可也？"

孟子对曰："凶年饥岁，君之民老弱转乎沟壑，壮者散而之四方者，几千人矣；而君之仓廪实，府库充，有司莫以告，是上慢而残下也。曾子曰：'戒之戒之！出乎尔者，反乎尔者也。'夫民今而后得反之也。君无尤焉。君行仁政，斯民亲其上、死其长矣。"

孟子在《孟子·梁惠王下》中记录了这段对话不仅真实的记录邹国异常尖锐的阶级矛盾，同时也反映了战国时代各国内部矛盾的一般状况。孟子在邹鲁一带的活动是不可能有什么大作为的，因为他们都是国小民寡，即使对孟子言听计从，不打折扣的全部实现孟子的政治主张，也不可能左右天下的形式。孟子要想把仁政思想推行到整个天下必须把精力投放到国力强盛的大国才行，因此不久孟子就离开邹国率领他的学生到了齐国。

至于为什么齐文化中的"是非观"影响了孟子的"是非观"？笔者认为原因有三个①：其一孟子在齐国长期的政治活动，他曾经两度游学，并待了长达 21 年之久。其二孔子对齐文化的代表管仲、晏婴的评价，自然会濡染到儒家的传人孟子。其三他想在齐国推行自己的政道，必须对在齐国政治舞台上声名赫赫的政治家管仲、晏婴予以关注和研究。那究竟以晏婴、管子为代表的齐文化在哪些方面影响了孟子的是非观呢？其一，孟子是对战争的"是非观"态度也受到管子晏婴的影响。管仲晏婴等政治家，坚决反对不义之战，管仲提出要"怀远以德"，不以力征服他人。孟子强烈反对战争，但他不是反对所有战争，认为"救民于水火之中"才是正义的战争。其二，孟子在国家兴商与兴教方面的是非观上也深受管子与晏婴的影响。民如富而有礼，就要在富民的同时教民，"驱而之善"。管仲重视富民，"仓廪实而知礼节，衣食足而知荣辱"，管子将道德教育提高到国家兴亡的高度。晏子强调以礼治国，"礼之可以为国也久矣，与天地并"；礼成为治国的重要手段，重礼也成为齐文化中的重要内容。

二、《孟子》一书出现的"是非"

纵观《孟子》一书，"是非"的直接阐述不是很多，仅有九处。通过对《孟子》中"是非"的论述的梳理，可分为两种类型。一种主要是对四端说的论述，另外是一些回答句的判断词，有三处。

（一）作为答复语的"是非"

作为答复语的"是非"有三处。第一是《公孙丑上》孟子与戴盈的对话，即

> 戴盈之曰："什一，去关市之征，今兹未能。请轻之，以待来年，

---

① 宫泉久、颜素杰：《齐文化对孟子思想形成的影响》，《山东农业管理干部学院学报》2007 年第 3 期。

然后已，何如？"孟子曰："今有人日攘其邻之鸡者，或告之曰'是非君子之道'。"

此处的是非指的是"这不是君子该有的行为"的意思。

第二处是《离娄上》第三十一篇：

曾子居武城，有越寇。或曰："寇至，盍去诸？"曰："无寓人于我室，毁伤其薪木。"寇退，则曰："修我墙屋，我将反。"寇退，曾子反。左右曰："待先生，如此其忠且敬也。寇至则先去以为民望，寇退则反，殆于不可。"沈犹行曰："是非汝所知也。昔沈犹有负刍之祸，从先生者七十人，未有与焉。"

第三处则是《万章上》第一篇：

万章问曰："舜往于田，号泣于旻天，何为其号泣也？"孟子曰："怨慕也。"万章曰："父母爱之，喜而不忘；父母恶之，劳而不怨。然则舜怨乎？"曰："长息问于公明高曰'舜往于田，则吾既得闻命矣；号泣于旻天，于父母，则吾不知也。'公明高曰'是非尔所知也'。"

此两处都是回答的意思，大概说的是："这不是你想的那样"。而这并不是本文要探讨的孟子的是非观的要点，此处本文想要讨论的其"四端说"里的是非之心为核心的是非观思想，因此接下来笔者谈一下孟子在"四端"中所提到的"是非"。

（二）作为"四端"之"是非"

孟子的"是非之心"具体的就是认识"仁义之心"是固有的问题，也是实现仁义之心的问题。在《孟子》中提到"是非之心"主要集中于这两句话：

首先孟子在《公孙丑上》中，首次提出"是非之心"：

由是观之，无恻隐之心，非人也；无羞恶之心，非人也；无辞让之心，非人也；无是非之心，非人也。恻隐之心，仁之端也；羞恶之心，义之端也；辞让之心，礼之端也；是非之心，智之端也。……凡有四端于我者，知皆扩而充之矣，若火之始然，泉之始达。苟能充之，足以保四海；苟不充之，不足以事父母。

接下来，在《孟子·告子上》又有另一种与《公孙丑上》表述类似的话："恻隐之心，人皆有之；羞恶之心，人皆有之；恭敬之心，人皆有之；是非之心，人皆有之。恻隐之心，仁也；羞恶之心，义也；恭敬之心，礼也；是非之心，智也。仁、义、礼、智，非由外铄我也，我固有之也，弗思耳矣！故曰：求则得之，舍则失之。或相倍蓰而无算者，不能尽其才者也。"

这里的"恭敬之心"相当于前所言"辞让之心"。我们很容易发现两种表述最大的区别在于后者没有讲"端"，如果只从字面看，似乎恻隐、羞恶、恭敬、是非之心就是仁、义、礼、智，与第一部分讲的东西是一个意思，但为什么孟子会赘述呢?[1] 很多学者对此给出自己的注释，赵岐《孟子注》谓："仁、义、礼、智，人皆有其端，怀之于内，非从外销铄我也。"显然，赵岐对这段话仍是从"四端"与"四德"的关系来理解。孙奭《疏》谓："盖以恻隐、羞恶、恭敬、是非之心，人皆有是心也，人能顺此而为之，是谓仁、义、礼、智也。"所谓"顺此而为之"，也就是顺此"四端"而扩充之。朱熹的《孟子集注》，因为那个时代已经有了理学的"性体情用"义理架构，故对此辨析云："前篇言是四者为仁、义、礼、智之端，而此不言端者，彼欲其扩而充之，此直因用以著其本体，故言有不同耳。"前者是讲"扩而充之"，有一个时间上的先后问题；后者是"因用以著其本体"，就是以恻隐、羞恶、恭敬、是非之心（情）为"用"，以仁、义、礼、智四德（性）为"本体"，体用关系没有时间的先后问题。依此解释，前后两种表述亦只是说法不同而已，但是"四端"与"四德"的区别仍是存在的。

---

① 李存山:《四端"与"四德及其他——读〈孟子〉辨义四则》,《中原文化研究》2015 年第 5 期。

在孟子的处理方式中，虽然"羞恶之心"本身可以理解为包含了一个一般的非的分别，因为有"是非"的分别，才谈得上羞恶、敬善，羞恶是抵制"非"，敬善是弘扬"是"。因此这里的"是非"是一般的是非，不涉及具体的某个"是非"。人有一般的"羞恶之心"指的就是说人有一般的"是非之心"，就是"是非之心"的表现形式。不过作为孟子"四端"之一的"是非之心"说法，是指实质的"是非之心"，一般性是指每个人都有的良知、良能。而"是"和"非"本身的内容，则是具体的，就是"仁义"。

三、关于是非之论

"是非"之论可谓根植于人类的认识能力之内，不同文化类型皆有此思维形态，但"是非"亦为不同文化的分野所在，"是非"之别孕育出差异的思维方式。[①]"是非"并非《孟子》的主题词，以现代价值解读《孟子》则不能回避此问题，孟子所言之"良知""尽心知性知天"可有探究真理诉求的余地，正是解读孟子"是非"观的价值所在。由于人类的理性觉醒才萌生出"是非"之别，故"是非"必须基于人类理性的内在解析来寻求评判。人类机能的特质在于"求存"，而理性归于"求真"，故在真理观上谈"是非"是需要由理性层面寻求依据，而无法在人的自然本能和社会性中加以解读。

（一）"是论"

"是非"观念是认识论的重要课题，而认识论的结果即是知识论。在上面我们已经知道怎样谈是非才是真理，接下来我们具体谈谈"是论"与"非论"。在笔者看来"是论"即"真理"论，即孟子眼中关于真理的理论，而"非论"则是与真理相对的"谬论"的理论。

1."是"是什么

孟子眼中的"是"是什么？首先我们先解决"是"的起源问题，对于这个问题我们可以把它转化为孟子认识论的起源问题。"愿学孔子"的孟子是深谙孔子思想之真谛的，他在认识的先验来源上进行了"闻而知之"与

---

① 刘克兵：《朱熹知识论研究》，湖南大学 2010 年 10 月硕士论文。

"见而知之"以及良知"我固有之"的区分，他继承和发展了孔子"生而知之者上也"的思想，并且有所丰富和创新，提出知识不仅可以生而知之，而且可以受后天环境的影响。孟子用大麦播种后，长出来都是相似的，来说明人性都是善良的但又会产生丰收与歉收，原因就在于后期环境的影响。这儿我们很容易联想到孟母三迁的故事。可以这么说，如果不是孟母对环境的重视，历史上将会少了一位儒学大师，继孔子的逝世，儒学的瓶颈期不知何时才会被突破。其次，在了解完起源之后，在孟子看来不仅圣贤具备"生而知之"的能力，而且一般人在认知的获取上也是生来具备的。此外，他还提出与"生而知之"相近的"良能""良知"，并承认了这类知识的先验来源。

2. 为何求"是"

《孟子·尽心上》谓："人之所不学而能者，其良能也；所不虑而知者，其良知也。孩提之童，无不知爱其亲也。及其长也，无不知敬其兄也。亲亲，仁也。敬长，义也。"孟子对知识先验来源的规定，体现在"良知"的意义上，那什么是"良知"？孟子认为"良知"其实就是指的人生来就具备的道德知识，是人心中先天存在的有关爱亲敬兄与仁义方面的道德知识。孟子则在对"良知"的提法与解释中，更为清晰地阐释了知识的先验来源，"良知""良能"学说是孟子认识论中的重要内容，也是他的道德观的重要组成部分。仁义礼智等道德情感是人一出生就具备的，不需要学习与思考，只需要内求就行了。除此之外，他还提出了"良心"的观念。"良心"就是"良知""良能"在人心中的表现形式，而良知良能，就是心这一器官先天具有的功能。孟子认为，人的一切道德观念都是从心中生发出来的，心是一切道德的根本，仁义礼智根于心。孟子相信存养、扩充"心"之善端，则可外化为仁、义、礼、智的道德理性。

3. 如何求"是"

关于检验知识的标准，孟子认为，就是道。与道符合的就是真理，反之就是谬误。在直接经验和间接经验的关系上，孟子提出不能盲目相信间接经验的观点认为，对于前人留下的典籍应该进行辩证分析；对于任何知识的检验，必须要有一个客观的标准，即事情进行的客观规律，任何时候检验知识的客观规律，都不能降低和放弃；学会通过心的道德来约束，孟子认为心的职能是思考，除非心死，当然孟子不否认"心"的认知作用，但他主要突出心的道德性；处理好道德与知识的关系，道德需要我们返观内身，求诸一己之心。孟子阐述了"尽心知性以知天"的致思路线，旨在肯定人生行为的合"理"性的追求，应该由道德上讲的心中之性扩展开通上去，而后发现和把握天地万物、内外人我的性理，实现对天命之性的契合；最后孟子曰"是非"，如"是非之心，人皆有之"（《孟子·告子上》），但"是非"的依托并非构建在语言论证之上，而是寻求情感的直观——"思则得之"。

（二）"非论"

1. "非"是什么

"道"即所谓"是"，而"非道"即所谓"非"。在孟子看来"道"是指人生来就具备的道德知识，是人心中先天存在的有关爱亲敬兄与仁义方面的道德知识，是检验真理的唯一标准。在那个时代即儒家强调的"礼法"，而礼法的权威性发端于"先圣"的权威或"后王"的强权，承认人的普遍认知能力，并由人类的认识能力自身探求理论合理性的依据。

孟子在"义利之辩"中所否定的"利"是"私利"，这儿的私利指的是，例如商人只为赚钱，百姓只为种田，国君不顾黎民百姓只为扩大疆土征战，而不是"公利"。具体可见于《梁惠王章句上·第一篇》孟子见梁惠王。王曰："叟不远千里而来，亦将有以利吾国乎？"孟子对曰："王何必曰利？亦有仁义而已矣。王曰'何以利吾国'……王亦曰仁义而已矣，何必曰利？"另外孟子认为好为人师是最大的忌讳，要虚心，要互相尊重，不能有优越感；在与陈相辩论"滕文公非为贤君"这个话题上，孟子认为，国君要和人民一道耕种一起吃饭，替百姓办事，这种认识是荒谬不合理的。《公孙丑章句上·第四篇》"故曰：或劳心，或劳力；劳心者治人，劳力者治于人；治于人者食人，治人者食于人：天下之通义也。"社会职业千差万别，人们通过交换，各取所需。他所言，劳心者也未必和需要完成的任务[1]；孟子反对不符礼的礼，不符合义的义，对于这些圣贤是不遵守的，他同时也反对人们

---

[1] 何春雷：《孟子：儒家第一辩手》，中国发展出版社，第 43～46 页。

违背人性，死守礼法。如男女之间不能直接赠予东西这是礼法，但是嫂子溺水顾及礼法不伸手就等于是豺狼，是不知变通的豺狼。万物皆有度，诸事皆有理。此一时彼一时，大千世界芸芸众生，每种事物都不会一成不变。但另一方面，"万变"之中必有通理，如何把握和处理，决定于"礼制"施用的前提；孟子还反对统治者通过礼法来压迫百姓，在《孟子离娄下篇》齐宣王向孟子询问，离职的臣子是否要给逝去的君王穿孝服，孟子认为能够虚心纳谏、施行仁政的君王值得臣子的"三有礼"，而如今的君王不守礼法，不施仁政，臣子视为仇敌，哪会有穿孝服的呢？孟子在《离娄篇》提出"自暴者，不可与有言也；自弃者，不可与有为也。"孟子反对与自暴自弃的人处事，认为他们都是缺少品德修养的人；最后孟子认为"无耻之耻，无耻矣。"孟子反感那些玩弄阴谋诡计却不知羞耻的人，一个社会最担心的就是没有"羞耻之心"，没有羞耻之心，就更不会无是非判断力了。若蔓延开则人类社会可能会沦为原始森林，只知弱肉强食了。

2. 如何去"非"

孟子认为"是非，智之端也"。孟子将"智"解释为是非之心，此处的"智"并非是一般意义上的聪明或心，而是一种道德判断能力和发挥仁爱的能力。

在《公孙丑下·第9章》提出"周公之过，不亦宜乎？"他认为这并不是因为周公的不智，而是相反周公不想怀疑他的弟弟，由衷的以礼对人。"且古之君子，过则改之；今之君子，过则顺之。古之君子，其过也，如日月之食，民皆见之；及其更也，民皆仰之。"周公犯错之后立即改正而不是像现在有些人一样犯错就将错就错。第二个方法，孟子认为绝对不是外在训练与服从而是内心的察觉与自省，要养浩然之气，无论富贵贫贱威武不能移屈，而且是一种美的力量，不是一般的君子之学而是成圣之道。方法三是多读书，但是在对待古籍上，孟子深知必须锻炼自己穿越文字与语言的理解能力，才能理解古人，知晓大道，在对文字与语言上他保持着高度的警惕与反思，甚至有一些否定经典的色彩。他提出："尽信书，则不如无书。"[①] 第四个

---

① 张国风:《孟子·仁者思辨》,中国社会出版社2004年版,第19页。

方法，针对君王和臣子的，君王若想在死后被臣子披麻戴孝，必须施行仁政，待臣如子；最后，有恒产才能有恒心，没有了固定收入却仍有一贯的道德规范和行为准则的，只有读书人才能够做到。至于一般的老百姓，作为君王必须要使他们有一定的产业收入并施之以教育，两管齐下，才能使百姓和君王一心，才能避免社会之"非"的产生，这也是近现代"福利制度"的前生。但在二千多年前的孟子已经休息到此类问题，已是非常厉害了。第五个方法是①修养心性清心寡欲。做到不求名利，才能过朴实无华的生活，与人为善，与人无争。

（三）"是"与"非"的关系

1. 是非的对立论

孟子的"是论"与"非论"即是孟子认为的真理以及所反对的谬误。孟子的"是"与"非"的区别是在于认识是否符合社会发展的基本规律。真理与谬误的界限就在于主观和客观是否相统一，与客观对象相符合的认识就是真理，不符合客观认识甚至扭曲的就是谬论，马克思主义的基本观点认为，真理具有具体性、全面性、过程性、客观性以及普遍性。

2. 是非的转化论

在孟子看来"是非"的评定亦不过是人为规范而已，并非是基于人的认知能力的合理性探究。儒家与法家皆为社会秩序的积极构建者，"是非"观念在其学说中皆为服务于社会现实的导向原则，而非客观的学术探究，故可言如此之"是非"并不具备真理关怀，也无法构筑各自学说知识论的基础，因此在某种意义上"是"与"非"是相互转化的。根据马克思主义关于真理的几个特点，我们不难看出"是"是适应特定条件和范围的，若"是"运用的条件超出则很容易转化为"非"；另外"是"是发展的，是主客观、认识与实践的历史的统一。如果实践发展了，还照搬过去的理论，或者把将来才有可能做到的硬搬到当前来实行，在这两种情况下真理很容易变成"非"；另外"是"是全面的，如果将某一个方面抽出来，加以夸大，以致使"是"转化为"非"。

---

① 罗文列：《孟子说处世》，大众文艺出版社 2005 年版，第 165 页。

四、"是非观"的历史地位与当代价值

"是非"并非《孟子》的主题词，但以现代价值解读《孟子》则不能回避此问题。作为精神文化遗产，孟子以其是非观的思想性和独特性，在他以后几千年间的中国学术史上乃至文化史上发挥过独特的作用，产生过深刻的影响，占据着十分重要的地位，对于儒学思想的奠定还是发展以及最后的正统地位的巩固都起到了重要的历史地位。之后研究儒学"是非观"的各位学者们，或以孟子的认知论思想为直接来源，或受其间接启迪。孟子的是非观不仅繁荣了儒家学说、为中国传统文化思想价值多元化添上浓墨重彩的一笔。它也穿越两千多年的时空，在当代的现实意义和理论意义上也颇为重要，虽然"仁、义、礼、智"作为封建道德的观点在当今已不合时宜，但是我们可以结合时代的发展，对其加以传承，建立有时代感的道德人文观念。

1. 历史地位

孟子的"是非观"思想博大精深，对于其后的儒学乃至中国传统文化的发展都具有重要意义。孟子"是非观"的历史影响，首先便体现在它深深地影响了之后各朝各代研究儒家思想的各位学者，尤其是汉代和宋朝的学者。

在中国儒学史上，孔子开创儒学，强调"仁"与"知"的统一。此后，儒家的道德"仁"学单向度地得到了较为充分的发展：子思继承儒家"诚"的道德观念，孟子也立"良知"说及"尽心知性知天"的路线。于是，思孟学派在作为儒家正统的同时，也将儒家的"仁"学置于了以追求知识为目标的"知"学之上。到了宋代，作为一直融合于儒家"仁"学之中且发展较弱的"知"学终于得到彰显。宋儒们十分重视研究儒学经典，讨论经典中间的许多知识论问题。与此相对应，理学家张载、二程（尤其是程颐）、朱熹都有论及"知"学，尤其是理学的集大成者朱熹具有显著的"知"学倾向，并且发展了儒家"知"学中的认知论。

那么，孟子的是非观影响了之后各朝各代儒家学者关于认识论的路向，那主要体现在哪些方面呢？就笔者看来，主要有以下几点：首先，孟子的

是非观中的起源——"良知说",深深影响了各朝各代儒者认识论的起源。其次,孟子的是非观中对知识与实践之间关系的解读,也对后世儒学知识论的方向发展产生了重要的影响。比如,由于孟子承认存在着一种先天的道德知识——"良知",因此孟子在知行关系上明确主张知先行后,为其后的很多学者所尊信。中国古代学者对知行关系上的解答,不仅不容否定地证明了中国知行观的存在,而且表明其有着独具一格的特色。此外,孟子是非观思想中对知识的主体与对象之看法,也引领了以后部分儒家学者对此的关注与探讨。知识的主体与对象是知识产生的两级,知识的主体——认知之"心",孟子是一个很重视"心"的思想家,他曾认为心是认知器官,与耳目等感官相对。同时孟子不否认"心"的认知作用,但他主要突出心的道德性。孟子相信存养、扩充"心"之善端自可外化为仁、义、礼、智的道德理性,道德无需他求,只需返观内省,求诸一己之心。知识的对象——"理",《孟子·告子上》中则出现单独的"理"字:"心之所同然者何也? 谓理也,义也。"此处,"理"与"义"并联,其所谓"理"指当然的伦理之则。先秦时代对"理"范畴的使用一直没有被重视,而这一状况也在秦汉至南北朝时期延续,殆至宋代,理学兴起,这才成为儒学思想体系的主要范畴。

2. 当代价值

孟子"四端"为引线,提出了以"是论"和"非论"为核心的孟子是非观。其在当下的应用前景在于:

首先[①],从学术角度而言,可以引导我们在对中国古代思想的研究中,开始注重是非观论思想的个案研究乃至中国传统是非观研究史的研究。不能否认,中国传统文化思想中对是非观的研究,确实存在明显的不足,这是客观存在着的事实。通过对孟子是非观的个案研究,以此为引而在学术上加强对知识论的研究,应引起中国学界高度的重视。

其次,从社会角度而言,孟子对知识与道德、实践之间关系的探讨,对当今社会有启示。我们可以通过批判地继承孟子是非观思想中的精华与

---

① 王耀辉:《孟子慷慨人生》,长江文艺出版社 1996 年版,第 100～113 页。

合理成分，即科学性和进步性的正确思想，把它应用于建设有中国特色社会主义精神文明建设的伟大事业之中。

再者，从人的认识论角度来看，孟子的是非观为人们提供了积极的认识人类本身的标准，并在行为中时时注意自己的行为。是否是善的，是否是合于良心道义的。符合的坚持做下来，不管遇到什么情况都不停滞松懈；不符合是非判断的，不是善良的事，坚决不去做。一旦做了，只要发现了不对之处就马上停下来。同时认真反思，在内心深处认真做一番慎独的功夫。若果能如此，人的道德价值、道德生命自然会得到提升。比如说在反对苛政方面，把仁政寄托在统治者的恻隐之心上，用今天的眼光看，可能有空想不切实际的地方。但是孟子提倡仁政反对暴政，在当时无疑是一种进步思想，有利于社会的和谐发展，对我们今天中国社会的政治管理提供了价值导向和价值依据方面的参考，有利于建设中国社会主义民主法治社会。

王申子《大易缉说》中的"知行合一"观

刘云超

（山东社会科学院文化研究所）

一、引言

王申子，是生活于南宋末年和元朝中后期的一位《易》学学者，著有《大易缉说》一书。王申子在南宋有过短暂的仕途经历，但一生大部分时间隐居山林、著书讲学，是一位隐士，所以他的生平事迹很少见诸史料。然而对《易》学的研究，王氏达到了较高的境界，明清时的很多《易》学著作都对他的《大易缉说》有所引述，说明王氏在《易》学历史舞台上还是一个无法回避的存在，具有其独特的价值和意义。

王申子所生活的时代是个战乱不断、民不聊生的时代，也是中原百姓沦为异族统治备受奴役的时代。这样的历史环境使得王申子的思想中充满了矛盾，一方面要明哲保身柔顺处世，一方面又关心国家人民危难，渴盼救世之明君能臣。所以在王氏的《易》学思想中，他一面不断提揭巽顺之道，主张顺从天命，自然无为；一面又主张君子当求"义"之所在，"分"所当然，要有历史的担当感。可以看出儒家的入世和道家的出世都影响着王申子，形成了他的思想的鲜明的个人色彩。

在修养工夫论上，王申子主张存理去欲而变化气质，通过作戒慎恐惧、清明本心、诚敬专一的工夫，以达致圣人之境。其中王申子对"主静"和"居敬"的体认，还有所谓"觉即是复"的观点，都是由宋到明理学发展不可或缺的一环。尤其是"觉即是复"的观点可以视为开启了王阳明知行合一说的先河，同时也表明王申子思想向心学的趋近。

二、觉即复与知行合一

知行问题，是宋明理学当中修养工夫论的主要组成部分。程朱主张知先行后，就其实质而言，虽有认识论上的意义，但更多却是指道德知识与道德践履，即"致知"与"力行"之间的关系问题。首提"知先行后"的是程颐，他首先认为先有"知"后有"行"，"须是知了方行得"①。其次认为"知"比"行"重要，"行"以"知"为指导。朱子继承并发展了程颐的观点，在承认"知先行后"的前提下，突出强调了"行"的实践作用，他提出："论先后，知为先；论轻重，行为重。"（《朱子语类》卷九）程朱的知先行后说，后来遭到王阳明的批判，认为是析知与行为二，"不是小病痛"。而王阳明开出的"对病的药"则是"知行合一"。

王申子处在宋明之间，虽未明确提出他的知行观，但是其"觉即复"的观点实际上透露了他在知行观上有"知行合一"的倾向。《易传》有言："忧悔吝者存乎介，震无咎者存乎悔。"王氏注曰："介者，善恶已动而未形之几也，于此而忧之则不至悔吝矣。震，动也，知悔则有以动其补过之心故可以无咎。"② 所谓"介"者，即是"几"也，"几者，动之微，吉之先见者也。"就是说如果把握住善恶动而未形之几，及时而忧之，有过而改之，则必不至于悔吝。子曰："颜氏之子，其殆庶几乎！有不善未尝不知，知之未尝复行也。"王申子注曰："颜子之心，至静而清明，故微有不善，触之未尝不知，知之未尝复行，觉即复矣，此'几'学也。在颜子为'不贰过'，在《易》为'不远复'。"③ 王申子认为，颜渊深得"几"学之要，可谓"知几"者也，其表现就是"觉"即是"复"，意谓"颜子之心至静而清明"，故微有不善就会马上警觉，在警觉的当下就已经完成了对于"善"的复归。所谓"不远复"，来自《复·初九》："不远复，无祗悔，元吉。"王氏解释道："复……爻义唯取反善以为训。初九阳刚得正，居动之

人类儒学

① 《二程集》，中华书局1981年版，第187页。
② 《四库易类丛书》18，上海古籍出版社影印本1990年版，第267页。
③ 《大易缉说》《钦定四库全书荟要》影印本，吉林出版集团2005年版，第285页。

初，亦《复》之初。动而后有失，失而后有复。初动而即复，是不远复也。不远而复，故不抵于悔。"所谓"初动而即复"即"觉即复"之意。王氏又曰："不远之复，君子修身之道也。修身之道无他，唯知其不善速改以从善而已。"真正的君子，就像孔子说的："过则勿惮改。"(《学而》)也如同《益·大象》所说的："君子以见善则迁，有过则改。"时刻保持一颗警惧修省之心而不懈怠，时刻反观自察，一旦发现稍有动而不善、动而非理之行动和念头，就迅速的采取举措，迁善而改过，可以避免悔吝之虞。

对"善"的复归也就是向"天理"的复归，而在一"觉"之中复归"天理"也就是王申子所说的"一觉之天。"王申子说："天地之心何心哉？其动而生物也，其长阳善而消阴恶也；其近君子而退小人也。是心也，在人为静极而动，为一觉之天，为天理复回而善端复见也。"① 将"一觉之天"与"觉即复"联系起来，王申子的这一段表述包含如下意义：其一，天地之心即天理，这从天地之心"动而生物""长善消恶"即可看出；其二，王申子以"静极而动"来表述由静而动，也即由阴而阳、由恶而善之"几"，其实也就是表述的由"觉"而"复"之"几"；其三，所谓"天理复回而善端复见"的过程，也即觉善恶之几，当下复归天理的过程。

《易传》有言："积善之家，必有余庆；积不善之家，必有余殃。臣弑其君，子弑其父，非一朝一夕之故，其所由来者渐矣，由辩之不早辩也。《易》曰'履霜，坚冰至。'盖言顺也。"王氏注曰："天下事莫不由积小以成大者，祸福皆然。'必有'者，此理之必然也。积之者善则福及子孙。积之者不善则殃及后世。至于大恶不道亦启一朝一夕之所致哉？莫不由积而成。人能谨其微而辨之早，则祸乱何自作乎？履霜而坚冰之至，盖言理事之顺，不可不谨其微而防其渐也。"所以，为人君父者，为确保自身的平安无虞，为确保自己治下的国家天下的长治久安，抑或为确保自己所属的家族、家庭的祥和安宁，就必须知"善恶之几"，及时辨察出并遏止住尚处于弱势乃至萌芽状态下的其臣其子之恶，及早有效地防范并化解各种可能来自于臣、子的凶险。不唯如此，更为重要的是，对于每个个体的人自身来

---

① 《大易缉说》《钦定四库全书荟要》影印本，吉林出版集团 2005 年版，第 137 ~ 138 页。

说，更需要时刻及时辨察并遏止住尚处于弱势乃至萌芽状态的自身恶的行为乃至恶的念头，及早有效地防范并化解可能由此恶念或恶行导向的恶果。

比较王申子所说的"觉即复""一觉之天"和王阳明的"知行合一"，可以很明显地发现二者的相通之处。王阳明说："今人学问，只因知行分作两件，故有一念发动，虽是不善，然却未曾行，便不去禁止。我今说个知行合一，正要人晓得一念发动处，便即是行了。发动处有不善，就将这不善的念克倒了，须要彻根彻底，不使那一念不善潜伏在胸中，此是我立言宗旨。"① 王申子的所谓"觉"是一种微妙的心理活动，可以归入"知"的范畴，所谓"复"是向天理的复归，可以归入"行"的范畴，所以"觉即复"就是知行合一。王申子说颜子之心"至静而清明"，一觉有不善，立即复归于善。这正是王阳明所谓"一念之发动处……如有不善，就将这不善的念克倒了"所要表达的意思。王阳明认为通过下知行合一的"工夫"，可以真正地实现"防于未萌之先，而克于方萌之际"，不使一丝一毫的不善潜伏在胸中，从而让心体保持全然的清明至善。而这个过程亦可以说是王阳明所谓纯然至善的"良知"由本然状态而走向"明觉"状态的过程。② 这与王申子所谓向至善的"天理"当下复归的"一觉之天"的意思亦非常接近。所以王申子此说或许构成了王阳明著名的"知行合一"理念的重要学术资源，至少是程朱到王阳明之间学术链条的一个不可或缺的环节。

我们可以通过进一步考察王申子的"觉即复"观点与宋明"主静"说的联系来证明这一点。上述王申子"觉即复"表述同时表达了对"静"的认识，"颜子之心至静而清明"是"有不善未尝不知"的心理前提，有这个前提，才可以在"觉"的同时完成向"善"的复归。结合王申子的其他表述，我们可以看出王申子提倡做"主静"的工夫来实行德性的修养。王申子认为宇宙的终极根据"无极"之"理"是虚静不动的，又说"其主静者，极之体，其与合者，极之用"③。充分表明了以"静"为体，以"动"为用

---

① 《传习录》下，《象山语录·阳明传习录》，上海古籍出版社2000年版，第228页。
② 参见杨国荣：《阳明传习录导读》，见《象山语录·阳明传习录》，上海古籍出版社2000年版，第157页。
③ 《大易缉说》《钦定四库全书荟要》影印本，吉林出版集团2005年版，第56页。

的认识。他还在对各卦的解读中继续阐释了这一认识，比如《咸》卦，"咸"为"感通"之意，王申子在感通之意的基础上又加入"无心"二字，认为"咸，感也，无心之感也。……止而感物，物说应之，咸之义也。一有作为，则非感也矣。故六爻皆以静为贵"①。意思是《咸》卦所提揭的应当是一种"不起私意、无所作为"的"静"感，物来而应之，不来则"寂然不动"。认为这是天理生化万物的应然状态，人的立身处世以及德性修养亦当如此。

宋明理学家大多提倡"静坐"之论，静坐原是佛道所注重的修养方法，但自宋儒周敦颐提出"无欲故静""主静立人极"以来，由程门诸公第相传授下去，直至明代阳明之学以及阳明后学大都从此汲取过营养。程门弟子杨时明确提出对"道"的把握必须"雍容自尽于燕闲静一之中，默尔识之"②，杨时弟子罗从彦曾在罗浮山"静坐三年"③，罗从彦弟子李侗提出"默坐澄心，体认天理"，于是影响早年的朱熹也不讳言"静坐"。至于陆九渊心学一脉在静坐方面的实践与程朱并不矛盾，陆门弟子杨简还提出"不起意"之说，以本心的状态为"至静而虚明"④，所以要杜绝"私意"之发动，也是"静"的工夫。明儒陈献章之学，开阳明心学先河，也主张"从静坐中养出端倪"⑤。王阳明认为"良知之体本自宁静"（《与陆原静书》），所以也主张并实践静坐的工夫，据说他的龙场悟道，就是在中夜静坐中"大悟格物致知之旨"。阳明后学聂豹提出"致虚守寂"、罗洪先提出"收摄保聚"，皆大倡"主静"。由这样一个脉络看来，王申子对"静"的重视，一方面可以从周子、二程、杨时、罗从彦、李侗，杨简等处找到思想渊源，另一方面也构成了明儒陈献章、王阳明等的思想资源。王申子所谓"至静而清明"之心，一方面可在朱熹"虚灵明觉"之心⑥和杨简"至静而虚明"

---

① 《大易缉说》《钦定四库全书荟要》影印本，吉林出版集团2005年版，第160页。
② 《杨龟山先生集》卷十七，《寄翁好德》一，上海古籍出版社1995年版，第167页。
③ 冯梦得：《豫章先生遗稿序》，《罗豫章集》卷十六，《附录》下，商务印书馆民国18年版，第107页。
④ 《慈湖遗书》卷二，《申义堂记》，影印文渊阁四库全书本。
⑤ 《陈献章集》卷二，中华书局1987年版，第145页。
⑥ 朱熹：《中庸章句序》，《四书章句集注》，中华书局1983年版，第103页。

的本心那里找到其影子，一方面也构成王阳明所说的"良知之体本自宁静"的学术背景。当然，我们并不能指出王申子对阳明心学有何直接的影响，但是作为宋明之间学者的王申子，其"主静"论是宋明理学学术链条中承上启下的一环应该是毋庸置疑的。

三、静、敬与诚

"主静"与"主敬"二者，在宋明理学那里实难相分。关于"敬"字，历史上《论语》已有"修己以敬""居处恭、执事顺"等说，《坤·文言》有"君子敬以直内，义以方外"之说，但都没有将之作为一种心性修养的主要工夫。到北宋程颐认为"涵养须用敬，进学则在致知"，"居敬"于是成为宋明理学的一大修养方法。程朱理解的"敬"字，有两个涵义，一是"主一无适"，一是"整齐庄肃"。按朱熹的理解，"主一无适"就是专心致志，使心"不走作"，换言之，就是要做到"心有主宰"，不受外界事物之引诱。而"整齐庄肃"是就外表仪容而言，要求做到仪态端庄，与内心的"主一不适"相为表里。朱子认为如果要做到心不昏昧，就必须使居敬工夫不能有一刻间断。

所谓"居敬"，实际上就是要人们随时随处保持一颗戒慎恐惧之心，目的是使人在自己的内心深处建立起一道遏制人欲的堤防，并且时刻反省自己的行为（包括意识、念头）是否合乎"天理"，由此而做到随时而处中。然而主敬作为存心的修养方法，必然涉及如何才能做到内心专一等具体的方法问题，答案之一就是"静坐"。程伊川"每见人静坐便叹其善学"[1]，朱熹虽在中年以后渐对其师李侗只说"静"而不说"敬"意有不满，但是他也不能排斥"静"，朱熹说："敬字工夫，通贯动静，而以静为本。"[2] 这表明了敬与静之间的必然联系。所以当时在二程门下就有"'敬'莫是'静'否"之怀疑，对此程颐的回答是："才说静，便入释氏之说也，不用静字，只用敬字。"[3] 主要意思是因为佛家讲"静"，所以我们应该回避

---

① 《程氏外书》卷一，《二程集》，中华书局1981年版，第351页。
② 《朱子文集》卷三十二，《答张敬夫》。
③ 《遗书》卷十八，《二程集》，中华书局1981年版，第189页。

"静"字。其潜藏意思分明是"静""敬"二字在本质上难分，只因为要示人以"儒释"之别，所以用了不同字眼。清代李塨曾深刻地指出："宋儒讲主敬，皆主静也。'主一无适'乃'静'之训，非'敬'之训也。"①

在这样的理论背景之下，王申子在主静的同时，理所当然地重视"敬"的修养工夫。就王申子所谓"觉即复"而言，本心的"至静而清明"虽然是抓住善恶未形之"几"的心理前提，但是要做到"有不善未尝不知"，还要做时刻做"敬"的工夫。在具体的阐述中，王申子常将"敬"字与"诚"字结合起来，谓之"诚敬"，以"诚"为本，以"敬"做"诚"的工夫。可以说"诚敬"乃是王申子复归天理、朗显本心的最重要的修养工夫论。

《大学》讲："意诚而后心正，心正而后身修。"以诚意为修身必经之路。又言："所谓诚其意者：毋自欺也。"而《中庸》则把"诚"提高到本体论的高度，曰："唯天下至诚，为能经纶天下之大经，立天下之大本，知天地之化育。"周敦颐在其《通书》中继承并发展了先秦"诚"的思想，用"诚"的概念把宇宙论和儒家道德价值论合为一体，并以宇宙论作为道德价值论的依据。而王申子所谓"独宗六易"将周敦颐列于其间，表明了他对周子学说的推崇。王申子所自觉继承的周子的学说，除了《周子太极图》之外，关于"诚"的思想也是一个重要部分。

在王氏的理解中，"诚"首先是宇宙本体"理"的本然品格，贯彻于人即是人的"善性"的根据。王申子认为《乾》《彖传》所说的"大哉乾元，万物资始……首出庶物，万国咸宁"，是孔子对"元亨利贞"四德的诠释，而这一诠释乃是"即天道以明之，诚者之事也"②。所谓"诚者之事"来自《中庸》："诚者天之道。诚之者，人之道。"在王申子的理解中，"诚者天之道"即"天理"，也即"一阴一阳"之道。《乾》卦元亨利贞四德也就是天道之品格，《乾》《彖传》"大哉乾元"一段就是讲天道本体化生万物的过程，所以是"诚者之事也"。《乾·文言传》："元者善之长也，亨者嘉之会

①　李塨：《论语传注问》卷一，《续修四库全书》影印本，上海古籍出版社1995年版，第33页。
②　《大易缉说》《钦定四库全书荟要》影印本，吉林出版集团2005年版，第65页。

也，利者义之和也，贞者事之干也，君子体仁足以长仁，嘉会足以合理，利物足以和义，贞固足以干事，君子行此四德者，故曰：'乾，元亨利贞。'"王申子以为这里对"元亨利贞"的诠释与《彖传》的诠释不同，是"即人道以明之，诚之者之事也"①。意思是，天道之本体为万物继承，成为万物之性，就人而言，天理便化为人之善性，人可借对此善性之涵养护持与天道契一，所以说这是"诚之者之事"。这与周敦颐在《通书》开篇的表达完全一致，不同之处是周敦颐明确以"诚"为宇宙终极根据，认为"诚"体既是乾元本体，也是"圣人之本"，也是"性命之源"。而王申子只是将"诚"换成"理"而已，他明确说："诚者，纯乎天理，一毫无伪，天之道也。"②

在将"诚者"和"诚之者"的关系解释为"理"和"性"的关系基础上，王申子又将二者解读为"圣人之事"和"贤人之事"。王申子认为《无妄·大象》所言的"对时育物"，乃诚者天之道，"圣人之事也。"而《大壮·大象》言"非礼勿履"，乃诚之者人之道，"贤人之事也。"其意思是，圣人与太极合德、与天理契一，能够"与天地参"，而所谓"对时育物"，就是圣人参天地之化育所成就的大功业。而贤者未必如圣人那样"从心所欲不逾矩"，还需要时时对本心之善性做护持的工夫，所以需要"礼"的节治。同时这种护持的工夫也是贤人向圣人无限靠近的必经途径。王申子的这一解读是对周子"圣希天，贤希圣，士希贤"之说的继承和具体阐释，是王氏在"两象易"的象数学视野下对诚者和诚之者所做的自得于心的诠释。

因为"诚者，纯乎天理，一毫无伪，天之道也"，所以"诚"在道德价值论层面是纯粹至善的，是至正公明的精神境界，是没有私欲和真实无伪的。王申子说"从善之心出于诚"（《随·九五·小象》注）是说"诚"是"善"的根据，"诚"的心是"善"性得以开显的前提。王氏于《中孚·彖传》下说，"人之孚诚一出于正，乃合乎天之道"，也就是说，人之"诚"

① 《大易缉说》《钦定四库全书荟要》影印本，吉林出版集团2005年版，第65页。
② 《大易缉说》《钦定四库全书荟要》影印本，吉林出版集团2005年版，第248页。

心如果没有遮蔽，自然发而皆中节，自然合乎天道。王申子于《无妄》卦辞下做了进一步阐发："《无妄》，诚也，诚者天之道也。……虽无邪心，但动不合正亦妄也。"又释《无妄》六二爻辞曰："使自绝其私意期望之心，然后为《无妄》之正，然后利于有所往也。……夫如是则欲心不存，一顺乎天矣。"此处，王申子从周子、伊川之说，将卦名"《无妄》"二字解读为"诚"。告诫人们凡事要杜绝私意期望之心，因顺事理之所当然。有私意，则是人心有所为，乃妄也，非"诚"也；顺理而动则不妄，一顺乎天即是一顺乎"诚"，反之则有凶悔吝之事。这里将"诚"与"私欲"对立起来，与周敦颐的表述也是一致的，周子说"无欲则静虚动直。……明通公溥，庶矣乎！"明通公溥即是清明通达，公正博厚，皆源于无欲，与王申子所说的颜子之心"至静而清明"有相通的意义。

在王申子这里，"诚"既有"本体"意义，也是一种"境界"，还指"存诚"的"工夫"。在本体意义上，"诚"是"天理"的本然之品格；在"境界"的意义上，"诚"是至正公明。在工夫意义上，"诚"意味着"存诚"或"立诚"，也即对"诚"体的持守和发用。王申子说："外闲其邪，内存其诚，其善足以兼一世。"① 意思是远离私欲邪念，存养内心之"诚"，会养成足以普济一世的善性，这是说的对"诚"体的持守及其功用。在发用的角度，王申子多以"诚"为感通之道，上下、神人、人与物、君臣、朋友、家庭等无所不包。王氏认为此心既"诚"，则发之于外必合乎"天道"，合乎天道则必然无所不通。比如在祭祀时，至诚可通神，王申子说："上以享上帝用犊而贵乎诚。"② 又说："上以聚祖考之神灵，下以聚人心之诚敬。"③ 表明孝享之际，贵乎精诚专一，如此则可神人相感通。人与人相交，亦要以"诚"为本，对此王申子说："与善人君子至诚相交可以合睽而行其志。"又说："交之以诚则睽不孤。"④ 王申子认为人与人交往应以诚相待，如此则同德相应，同气相求，相互感通而建立良好互助的人际关系。

---

① 《大易缉说》《钦定四库全书荟要》影印本,吉林出版集团 2005 年版,第 66 页。

① 《大易缉说》《钦定四库全书荟要》影印本,吉林出版集团 2005 年版,第 66 页。
② 《鼎·彖传》注,《大易缉说》《钦定四库全书荟要》影印本,吉林出版集团 2005 年版,第 65 页。
③ 《萃·彖》注,《大易缉说》《钦定四库全书荟要》影印本,吉林出版集团 2005 年版,第 203 页。
④ 《睽·九四》注,《大易缉说》《钦定四库全书荟要》影印本,吉林出版集团 2005 年版,第 181 页。

王申子在《困·九四·小象》下注云："二与四有同德相与之诚。"① 人一旦付出"诚"心，那么不必四处寻求与自己同德相应之人，同德之人自然来与自己感通。对此王申子这样说："己有孚诚，则人来亲比。"② "诚"还是齐家之本，王申子在《家人·上九》下注中揭示了这一点，他说："齐家之道，以诚为本，以严为用。盖不诚则上下相欺众事不立。不严则礼法不存，渎慢易生。"③ 这说明，严厉的制度规范固然可以作为外在约束，但是如不以本心之"诚"为本，则不能上下感通，不能感通就不能呈现自然的和谐，所以要以"诚"为本，以"严"为用。"诚"更是君臣上下感通之道。如《泰》卦，王申子从阴阳二气交感中悟到"君推诚以接其下，臣竭诚以事其上，上下之志通，朝廷之泰也。"④ 王申子认为君臣皆"诚"则上下之志相应相与，天下必然通泰。单就为君之道而言，王申子又在《困·九五》说："宜尽其精诚以致之，……则可以得天下之贤，济天下之困矣。"⑤ 单就臣道而言，王申子在《随·九四》注说："唯中存事君之诚，外尽为臣之道，以明晢处之……故能变凶为吉。"⑥ 所以为君则宜真诚的求访贤良，推恩于下，为臣则宜忠诚事君，报恩于上，上下之志相交相感，可以济困可以救世，可以普惠天下，可以成就此心之"诚"的大功业。王氏在《益·九五》注中对君臣上下之以"诚"相感以及其功用做了详细的总结，《益·九五》"有孚惠心，勿问，元吉，惠我德。"王申子注："五以阳刚中正之德而居尊位，处《益》下之时，有中实之孚，是为君而能推诚心以益天下也。益莫大于诚，惠莫大于心，既有此心，有此城，则实惠及民，不待问而知其为大善之吉矣，上既诚惠其下，则下亦以诚感其上，怀君之惠感君之德，上下交孚，益道之至善也。"⑦ 王申子在关于君臣上下之道的表述中，字里行间透显出对救世之明君、济世之能臣的企盼，联想到他的

① 《大易缉说》《钦定四库全书荟要》影印本，吉林出版集团 2005 年版，第 211 页。
② 《比·初六》注，《大易缉说》《钦定四库全书荟要》影印本，吉林出版集团 2005 年版，第 90 页。
③ 《大易缉说》《钦定四库全书荟要》影印本，吉林出版集团 2005 年版，第 179 页。
④ 《大易缉说》《钦定四库全书荟要》影印本，吉林出版集团 2005 年版，第 100 页。
⑤ 《大易缉说》《钦定四库全书荟要》影印本，吉林出版集团 2005 年版，第 211 页。
⑥ 《大易缉说》《钦定四库全书荟要》影印本，吉林出版集团 2005 年版，第 118 页。
⑦ 《大易缉说》《钦定四库全书荟要》影印本，吉林出版集团 2005 年版，第 197 页。

人类儒学

隐士身份，可以看出王氏浮沉于隐逸与救世之间的矛盾心态，这恐怕也是南宋遗民在元朝的普遍心态。

周子说："诚心，复其不善之动而已矣。不善之动，妄也。妄复，则《无妄》矣。《无妄》则诚矣。"① 诚心即使其心"诚"，要使其心"诚"，就要作"敬"的工夫，也即随时提撕警觉此心，随时"复其不善之动"。可以说"诚"是"敬"的根据，"敬"是"诚"的工夫。所以在王申子这里"诚敬"二字常常并用，以示二者的不可分离。如《萃·象传》注："孝享之际，诚敬所萃。"②《涣·象》注："庙者，敛聚人心，诚敬之地。"③ 言当享祭之时，以"诚"心感通上下为本，而要保持此"诚"心的至正光明，必须随时"戒慎恐惧"，不使私欲来干扰此心之"诚"，这也就是"敬"的工夫。

四、内圣之道——恐惧修省

"诚敬"的工夫，也就是时时刻刻"恐惧修省"。《震》大象曰："洊雷，震；君子以恐惧修省。"王申子注曰："洊雷者，重雷也。雷洊震之时，孰不恐惧而自修省，君子观此象，敢不祗畏。修其身、省其过，畏天之危当如洊雷之震也。"④ 孔子则有三畏，"畏天命，畏大人，畏圣人之言"。（《论语·季氏》）先贤告诫人们必先对从内心深处对于天命、对不可见者、不可闻者端持一颗敬畏之心，才能时刻监督、警示自己修身省过，所谓"慎终追远，民德归厚矣"（《论语·学而》）。而小人则不知"恐惧修省"，所谓"小人而无忌惮也"，即小人无所顾及，肆意妄为，此乃取凶之道。在王申子看来，人不惟应该如曾子一样"一日三省吾身"，甚至应该随时随地自省其内心之德性的存养状况，微有一念不善，即刻使之复归于"诚"。这样就可以做到"诚敬不自失"，无论处于何种恶劣局势下，都能贞定自己的中正之德，从而卓然挺立于天地之间，展现出超越自我的形上境界。《震》

---

① 《通书》第三十二。
② 《萃·象传》注，《大易缉说》《钦定四库全书荟要》影印本，吉林出版集团2005年版，第203页。
③ 《大易缉说》《钦定四库全书荟要》影印本，吉林出版集团2005年版，第243页。
④ 《大易缉说》《钦定四库全书荟要》影印本，吉林出版集团2005年版，第221页。

《象》辞曰："震惊百里，不丧匕鬯。"王申子释曰："雷之震，百里之远莫不恐惧自失，唯执匕鬯以承祭祀者一诚主敬独不为之变，故曰不丧匕鬯。言临大震动而不自失者，唯尽诚敬者能之。"① 因为祭祀者"诚"于心，则必"敬"于事（祭祀之事），"一诚主敬"则即使处在雷鸣电闪、震惊百里的时刻，也不会大惊失色而失掉其"整齐庄肃"的仪表。这种人格气象并非一般人就能具备的，而是经过了长期"诚敬"的工夫修养才可能达致。

　　诚敬和恐惧修省主要是基于一种深沉的忧患意识。自然界、社会人生乃至整个大宇宙处于生生化化无穷无尽的动变之中。这一切动变之根源在于，作为宇宙本体和本源的"理"的特质就是"生生不息"，"理"的运行方式就是阴阳二气的进退消息变化。于是出现了这样的普遍情状："社稷无常奉，君臣无常位，自古已然。故诗曰：'高岸为谷，深谷为陵'，三后之姓，于今为庶。"② 大《易》作为"理"彰显自身的载体，全然透显了"理"的这一特质。所以《系辞》曰："《易》之为书也不可远，为道也屡迁。变动不居，周流六虚，上下无常，刚柔相易，不可为典要，唯变所适。"（《系辞下》）

　　王申子认为："易之变化生于阴阳，事之吉凶生于变化，故圣人取之以为衰世虑也。"③ 也就是说，基于对世界的"动变无常"的体认，作《易》之圣人无时无刻不在竭力提醒人们，应当时时处处保持深度理性忧患的心境，而不宜有丝毫之懈怠。这使得大《易》成为一部浸润着浓郁的忧患意识、忧患精神的著作。《易传》曰："《易》之为书也不可远，……其出入以度，外内使知惧。又明于忧患与故，无有师保，如临父母。"（《系辞下》）大《易》透过阴阳二爻之出入往来所促成的吉凶祸福之情状，诱发人们深度忧惧的心灵，并开示给人忧患之所在以及忧患之所从来，晓谕人"安而不忘危，存而不忘亡，治而不忘乱"的道理，从而掌握自己的命运。所以说，大《易》的存在，如严父，令人常怀惕厉之心，又如慈母，示人趋吉避凶之道。

---

① 《四库易类丛书》18，上海古籍出版社影印本1990年版，第250页。
② 《左传·昭公三十二年》。
③ 《左传·昭公三十二年》。

大《易》之道就是一种令人终始于忧患以趋于没有灾咎之道。关于这一点，王申子曰："羑里之难，文王之于忧患所谓身履之者，于是推吾身之忧患以虑天下后世之忧患。……其虑患之道甚大，故取喻于物者甚详。大而天地，微而虫鱼，苟可以取象以明吉凶失得之报者，一物不废，使人惧之于始，惧之于终，其要归于无咎而已。"① 在王申子看来，透过《周易》卦卦爻爻、卦卦爻爻所涵具的阴阳进退动变之趋势和情状，可以全然的无遮无掩的透显出大宇宙和社会人生无尽事项各种境遇下的吉凶祸福情状。不惟如此，卦爻辞中处处可见的"亨、利、吉、吝、厉、悔、咎、凶"等等字眼乃至所有卦爻辞，在在透出危厉之意。圣人忧世之心若此！圣人以此示天下人，其基本目的就是使人无论处于何种情势之下均能至少保证"无咎"，最终目的是使天下"倾者使易，危者使平"② 构建一个祥和安乐的社会。

王申子在乱世之中隐居研《易》，进一步深入观照、审视和契会了大《易》这一思想内核：首先，宋元之际以及元代中后期，天下长时间的动荡不安，令王申子着力诠显的是关乎社会人生总体的、展现于国家、天下之安危、存亡与治乱方面忧患之道。历史和人生的切身体验告诉我们，在危厉之局面中生发惧危患厉之心，并不为难；难就难在于平安局势下念念不忘危厉，于顺境中念念不忘覆亡。对此，《易传》有言："危者，安其位者也；亡者，保其存者也；乱者，有其治者也。是故君子安而不忘危，存而不忘亡，治而不忘乱。是以身安而国家可保也。"《易》曰："其亡其亡，系于苞桑。"然而对于王申子来说，居于乱世之中而没有仅仅沉浸在对于美好生活的向往中，还能冷静的考虑到即使处于大治之境也要不忘忧患，这尤为显得难能可贵，显示了王氏忧患意识的真切、深沉和理性。王氏非止一次的提揭到治世顺境中的虑患之道。具有典型意义的当数王氏在《泰》卦中对这一理念的深入诠显：

《泰》卦所符示的是天地上下交感，万物和畅，小人道消，君子道长的

---

① 《左传·昭公三十二年》。
② 笔者注：王申子认为"易者使倾"为错简。参见《四库易类丛书》18，上海古籍出版社影印本1990年版，第292页。

大好局面。王氏曰："《泰》者，其天地人物至和极治之时也。"然而《泰》九三爻辞曰："无平不陂，无往不复，艰贞无咎；勿恤其孚，于食有福。"王氏注曰："……平而不陂者，谓无常泰也；无常往、去而不复者，谓阴将返也。此天道之必然。君臣能艰危其思，正固其守，庶可保泰而无咎，倘以泰为可恃，不以此理为可信，恬不知恤，则将自食其所有之福禄而永终矣。'食'，如'食言'之'食'，没而尽之也。"王申子在此深刻地指出，世上没有永保安泰的情况，只有理性地认识到这一点，怀具深度的艰危之心，时刻警惕修省，正定自己应然之份位，或许可以免于凶咎。否则，必将自食其果，丧失掉一切。冷静的审视和反思天下国家的治乱兴衰，我们不难发现，危厉之局面并非突然降临的，平安局势下的懈怠，恰恰埋下了通向危厉局面的祸根。因此，在位的真正君子，对此了然于心，引以为戒，并由此而安不忘危，存不忘亡，治不忘乱，以深度理性的忧患之心处之，所以才会有自己身家性命的永久平安，才会有自己治下的国家、天下的长治久安。

　　而王氏对《既济》之注解则说的更为明白痛切。《既济》，六爻各当位得正，水火相济，程颐注曰："天下万物已济之时也"①。亦属名副其实的"理想境遇"或"黄金时代"。然其上六爻辞曰"濡其首，厉"，何也？王氏曰："上以阴柔暗懦之资，处既济治安之极，居《坎》体之上而怀宴安之志，是溺于目前而忘终乱者也。至濡其首，其凶可知。不言'凶'而言'厉'者，于人知危惧而速改，则济犹可保也。"这里，王氏真切的晓谕人们，陶醉于升平，纵情于声色犬马，而不思乱之将至，不惟会有"凶"，甚至会导致"厉"的悲惨局面。这正是孟子"生于忧患，死于安乐"之谓也。王氏于本卦《象传》下注曰："人之常情，多难则忧，忧则吉；无难则怠，怠则乱。"实在是道出了人的劣根性，而要扭转这一劣根性，实在不是一件容易事。所以王氏曰："丰大之时处之未易。"

　　王氏还进一步在《泰》九二爻辞下指出当"泰"之世，居大臣之位者当如何居安思危、考虑周全？他说："……时既泰也，二居大臣之位，所以

---

　　① 《周易程氏传》，《二程集》第三册，中华书局1981年版，第1017页。

处泰之道有四焉，必恢含弘之量以包容荒秽，不然则浅狭多疑而人不安；必施刚果之用以济深越险，不然则徇习苟安而事不立；必深思远虑而无幽邈之遗，不然则狃于目前而忘后患；必大公至正而无朋比之私，不然则偏于所向而为害多矣。……具此四者所以能合乎中行之君而致泰之盛也。"含弘之量、刚果之用、深思远虑、大公至正四者，乃是一位处"泰"之时，上应柔中之明君，有德而在位，同时怀具深度的忧患意识的大臣，所宜秉持之纲领。只有如此，才能佐助柔中之君保持天下通泰的大好局面。

其次，在开示了有关国家危亡的忧患之道后，王氏进一步揭明对于个人来说，涵养正大人文之德性是真正确保无忧的根本途径，是最为宜然的处忧患之道。对《易传》三陈九卦，王申子这样理解："此夫子摘九卦以发明处忧患之道。……而此九卦于处忧患尤切。……六十四卦备于圣人之身矣，而处忧患则九卦尤为至要，故反复言之以示人，亦待衰世之意也。"夫子三陈此九卦所表述的皆为人文德性之践履、护持、完善、考验和升华，以及不《同人》文德性的不同展现和不同发用。而王氏将此视为处忧患之道，处忧患之道的目的自然只有一点，就是确保无忧。所以，这无疑表明了涵养正大人文之德性与确保无忧之间的必然联系。

五、外王之道——济世惠民

"诚"不仅要成己，还要成物。人如若仅仅追求德性生命的提升，仅仅追求"独善其身"，那么这将是远远不够的，创建一番属于自己的事功，也是人之为人的价值所在。《中庸》言"成己成物"，讲"诚者"不仅要成就一个自身理想的人格，还要使此心之"诚"发之于外，感通万物，使得天地万物都能完足的展现自己的价值。对此种境界，孔子曰："必也圣乎！尧舜其犹病诸！"称赞的是"博施于民而能济众"之圣人甚至超越了尧舜。孔子还说："夫仁者，己欲立而立人，己欲达而达人。"（《雍也》）所以人不应只是独善其身，还宜"兼济天下"，对社会人生负起崇高的责任感和神圣使命感，要以积极入世的人生态度，为社会人生的善化，尽绵薄之力。

王申子生当乱世，他的前半生在南宋昏庸统治和频繁战乱中度过，他的后半生又处于元朝由盛转衰的中后期以及元人的残暴统治之下。其现实社会人生就如同《否》卦所表征和符示的那样"天地不交，否塞不通，毫无光明可言"。此时的君子只宜"贞固自守"，所以王申子选择了隐居世外，护持着自己内在之德性而"独善其身"。毫无疑问王申子的选择是明智的，然而又是无奈的。因此，王申子只有将自己的兼济天下的理想寄托在著作之中，简而言之就是"济世惠民"四字，其中涵摄着王氏对黎民百姓的高度同情和关注。具体表现在如下几点。

首先，历史的担当感。《涣》九二象曰："《涣》奔其机，得愿也。"申子注曰："二，大臣也。当《涣》之时，能急趋以求定，岂徒己得所愿欲而，天下之人亦皆得其所愿欲矣。"这里描绘了一位听闻国家有事，快马加鞭、奔赴现场献策献力的大臣，只有以天下为己任的君子才会具备这样的人格气象。再如《蹇》"六二，王臣蹇蹇，匪躬之故。"王申子注曰："以二奉五，王臣之象。二以柔顺中正之臣上奉阳刚中正之君，当蹇之世，君陷于险而二又居互体重《坎》之下，是蹇之又蹇也。然二之志曾不少变，必欲往济其君之难，岂身谋之故，其忠则然也。不言吉凶者，六二之中正但知鞠躬尽瘁而已，成败利钝，非所计也。"六二在天下"蹇而又蹇"的恶劣形势下，不迟疑不迷茫，鞠躬尽瘁死而后已以下济"蹇难"之世，上报仁义之君。王申子赞叹道："大臣遭天下之多难，君陷于险而捐躯求济，假使不济，志义亦可嘉矣！"对胸怀百姓家国的大臣表示了极大敬意。这不仅让人想起了孔夫子，一生周游列国推广其仁政的政治理念，却屡屡碰壁，有时甚至狼狈到"惶惶如丧家之犬"的地步，然而还是"知其不可而为之"，不能不让人自内心深处油然而生崇敬之情。

其次，对救世之能的规定。《蹇》《彖》辞曰"利见大人"。王申子这样理解之："济蹇难者，必有过人之才，必得贞正之道而后可，故曰利见大人。"[①] 这说明了济世之人能力和品德的重要性。济世之人的能力表现在，他能因人因时因事而宜，采取最适切的举措，从而创造最有利的形势。比如当《遁》之时，二阴浸长于内，四阳将消于外，符示小人之道渐盛，有德有才之君子皆欲退避三舍、隐遁而去的局势。九五，济世之君也。当此

---

① 《大易缉说》《钦定四库全书荟要》影印本，吉林出版集团2005年版，第174页。

之时，首先必须挽留住那些欲归隐之贤人。九五爻辞曰"嘉遁，吉。"王氏注曰："嘉，褒嘉也。五以阳刚中正居尊位，下有柔顺中正之臣为之应，是岂坐视群贤之遁而付世道于不可为者？故弓旌之招、束帛之《贲》、尊尚而褒嘉之，使复其所，且正固以守其志，不为群小之转移，安得而不吉？"[①]意思是一位具备命世之才的君主，必不会坐看贤人隐退，小人当道。所以在众贤皆欲归隐之前就防患于未然。没有这种救世之能，只有救世之心，属于有心无力，才弱而志刚，无济于事。或许王申子认为自己并非济世之人，空有救国之志而无能为力，所以才隐居山林？

当《明夷》之世，王申子析象曰："《离》下《坤》上，为大明伤夷之象，其昏暗在上，明者见伤之时也。"《明夷》六二曰："《明夷》，夷于左股，用拯马壮，吉。"王氏这样解释道：六二备文明中正之德，不幸而遇《明夷》之时，为暗主所深忌，故有左股之伤。而用拯之道"必健而顺，乃可免。马，健而顺乎人者也。盖不顺则取祸；不健则失则。"只有这样才能在昏暗之世首先保住性命，然后可以待机而动，救民于水火。王申子又说，当年文王处纣之时，"内有文明之德，而外尽柔顺以事君。故纣之大难足以及天下而不足以及文王"。文王用《明夷》之道保存自身，其后以小邦周代替了大国殷，岂非济世之人、命世之君？其才若此，才可以无论在何种时遇之下都能确保济世之举措一步一步落到实处，才能真正无遮无掩地将一颗济世之心发用于外。

最后，中正仁义之德发用于外，自然可成就济世惠民之事功。内圣外王二者在终极层面是相通的。这可从两个方面说明之：从卦象上看：其一，符示和表征"能成就事功者"之爻，往往居中得正或二者居其一。否则，其身往往有凶咎之灾，且不说事功了。其二，居中得正之爻，往往有利于事功之爻辞。从义理上看。《易传》曰："利者，义之和也。"；"利物足以和义"。(《乾·文言》)言事功、功利，即"利"，与中正仁义之道并不相悖。这里的事功或功利，不是一己之私，而是与道义相应和的"公利"。所以，中正仁义之德未发，则藏于胸中，谓之内圣；中正仁义之德发用于外，则

---

① 《大易缉说》《钦定四库全书荟要》影印本，吉林出版集团2005年版，第248页。

社会儒学论丛（第一辑）

自然而然合于"公利"，成就外王之事功。从"诚"的层面而言，就"诚"体既具，则自然感通天下万物，使天下万物皆归于天理之正。这就是圣人"垂衣裳而天下治"的意思。

王氏在《兑·象传》注下明确的阐明了这一点。《兑·象传》曰："说之大，民劝矣哉！"王氏注曰："圣人但知行吾正以利乎民，初非求悦于民而民自悦之。相劝相勉而从乎上。"也就是说，圣人治天下，并未有"求悦于民"之心，只是顺本心完足的"天理"而动，而"民自悦之"，都欢呼雀跃愿意跟随圣人。这正是"发而皆中节"之意，也即所谓"无思也，无为也，寂然不动，感而遂通天下之故"的意思。

六、结语

《四库全书总目提要》这样评价王申子的易学："图书之学纵横反复皆可以通。彼亦一是非此亦一是非耳。然考申子之缴绕图书者仅前二卷，至于三卷以后，诠解经文仍以词变象占比应乘承为说，绝不生义于图书。其言转平正切实，多有发明。"四库馆臣对于王申子《大易缉说》中之经传诠解非常看重。元代的《易》学多为象数之学或图书之学，如王氏这样的真正意义的天人性命之学并不多见。而且王氏对于象数之学、《河》《洛》之学乃至占筮之学尽皆精通，并与"义理"之学融会贯通，真可以说"象数之源毕具，性命之理全彰"。

儒学历史

RU XUE LI SHI

礼乐刑政的儒家治道之思
——从"亲亲相隐"问题谈起

林桂榛

（曲阜师范大学政治学院）

一、关于"亲亲相隐"

笔者着意收集了不少"文革"时代批判儒家的书，其中一些很有趣，很能说明历史思潮中的某些学术结症问题，譬如 1974 年版《孔孟之道名词简释》一书里"父为子隐，子为父隐"词条说：

> "父为子隐，子为父隐"，出自《论语·子路》。意思是说，父亲做了坏事，儿子要隐瞒；儿子做了坏事，父亲要隐瞒。①

说"要隐瞒"的"要"字，或许就是"必须"的义务意，这是否符合孔子的意思暂不论；但这里解"隐"倒是对的，此"隐"是"瞒"的意思，瞒不是骗，也不是包括窝藏、藏匿等在内的笼统的"包庇"。部分法学词典解"相隐"词条的"隐"为"隐瞒"也是正确的，解为笼统的"包庇"则是错误的。

但这北京大学哲学系工农兵学员解"父为子隐，子为父隐"的词条接着又说：

儒学历史

---

① 北大哲学系 72 级工农兵学员：《孔孟之道名词简释》，人民出版社 1974 年版，第 86 页。

（孔丘）他说："父为子隐，子为父隐，直在其中矣。"就是说，父子做了坏事，应该相互包庇，这才是正直的人。孔丘企图用这种说法，巩固奴隶制的宗法关系，防止人们"犯上作乱"。这充分暴露了孔老二是一个两面三刀、惯于说假话的政治骗子。孔丘鼓吹的"父为子隐，子为父隐"，为历代反动阶级所继承，成了一切反动派大搞宗派、结党营私、互相包庇、狼狈为奸的信条。

这种批判腔调，我们也在刘清平、邓晓芒批判儒家"亲亲相隐"的大作里读到了，这种将"学术求真—价值批判"混淆一体以及相关批判不基于学术真相及逻辑必然的情况，在现在的学界依然常见。

我研究"亲亲相隐"问题坚持独立原则，不盲从任何人，一切都从自己的考证所得而来①。我认为《儒家伦理争鸣集》等里头的一些辩论是有问题的，赞成"亲亲相隐"立场者跟刘清平、邓晓芒等的辩论也有问题②。所有参加辩论的人，无论正反方，除了我，对"隐"的理解都是暧昧的，含糊的，都理解为包含窝藏等积极行为的笼统的"包庇"等。所谓"父为子隐，子为父隐，直在其中矣"的"直"，也多被望文生义地理解为"正直""率直"，包括梁涛的辩论文章③。

我通过文字学研究，通过字源和字义考察，已解决了这个问题：经学里的"父子相为隐"即"相为对方隐"的"隐"，律典里"同居相为隐""亲属相为容隐""亲属得相容隐"的"隐"，这"隐"是"瞒"的意思，是言语上"不说"的意思。"直"则是"看""视"的意思，尤其是"明辨是非"的意思，《说文》所谓"直，正见也"，《荀子》说"是谓是，非谓非，曰直"，帛书《五行》曰"中心辩而正行之，直也"。这个问题，我《何谓"隐"与"直"？——〈论语〉"父子相为隐"章考》一文说得最清楚。

廖名春说《论语》"父子相为隐"的"隐"字是《荀子》说的矫正弯

---

① 林桂榛：《"亲亲相隐"问题研究及其他》，中国政法大学出版社 2013 年版。
② 郭齐勇主编：《儒家伦理争鸣集：以"亲亲互隐"为中心》，湖北教育出版社 2004 年版。
③ 梁涛：《"亲亲相隐"与"隐而任之"》，《哲学研究》2012 年第 10 期。

木的"臬栝烝矫"的"臬"字的意思①。这个解法，王弘治早说了②，而且王四达早驳斥了此说③。用《荀子》"臬栝"的"臬"来解释《论语》"相为隐"的"隐"当然是不成立的，这完全是舍近求远、舍本逐末的解经路数。解经要首先用内证，外证是不能作为基点的，否则离谱解法可敷衍、发表的太多了，貌似有道理，还旁征博引样，实则不可靠，甚至往往谬以千里。

解《论语》"父子相为隐"的"隐"字，不能跳墙式甚至跨时代式，否则对古书往往是"强奸文义"还自命真相或真理。我们应首先考察《论语》同书里的"隐"字用法或字义，这才是内证法。《论语》该"隐"是什么意思？《论语·季氏》有句话说："言未及之而言谓之躁，言及之而不言谓之隐，未见颜色而言谓之瞽。"所谓"言及之而不言谓之隐"，就是知情但不说叫"隐"。孔夫子的定义很清楚，为什么要理解为窝藏包庇呢？为什么要把"父子相为隐"而为（wèi）对方隐理解为"父子相把隐"而把对方隐、将（jiāng）对方隐呢？这种望文生义的证据何在呢？古书字义难道可以妄度瞎猜吗？

这些个字怎么个来龙去脉，我做了非常详细的考证，考证的结果就是《"亲亲相隐"问题研究及其他》这个册子（如图）收集的我相关论文。我认为我的这个考证别人驳不倒，目前没有谁可以驳倒我这些穷本极源的文字训解。以《论语》本身的文字或定义来解《论语》"父子相为隐"章的"隐"，据我所知今人中首见于我硕士导师陈瑛先生，他以笔名秋阳发表在《道德与文明》2003 年第 2 期的

《从孔夫子的"直"说到"作证豁免权"》一文就简单提及此。我在中国社会科学院硕士毕业后，到杭州待了几年，收集了大量的文字学文献，我赞

---

① 廖名春：《〈论语〉"父子互隐"章新证》，《湖南大学学报》2013 年第 2 期。

② 王弘治：《〈论语〉"亲亲相隐"章重读——论刘清平、郭齐勇诸先生之失》，《浙江学刊》2007 年第 1 期。

③ 王四达：《也谈"亲亲相隐"之本义》，《齐鲁学刊》2008 年第 5 期。

同经学家"由字通经，由经通道"的致思道路，先把字搞清楚，别望文生义搞笑话或当笑料。后来有些学者写文章说"父子相为隐""亲亲相为隐"的"隐"是"知而不言"的隐瞒义，其实都后见于我考证性的文章。

邓晓芒说："（林桂榛）他堆积如山的考证却被我三言两语就摧毁了……他本以为我会和他一起纠缠到那些烦琐的史料中去，他就是不相信逻辑的力量。"① 他"三言两语就摧毁了"我的考证？邓晓芒逻辑学水平、逻辑能力怎么样先不论，但逻辑是逻辑，历史是历史，历史否定不了逻辑，逻辑也否定不了历史，此二者根本就是"八竿子打不着"。维特根斯坦《逻辑哲学论》说："逻辑命题不仅不应该被任何可能的经验所否定，而且它也不应该被任何可能的经验所证实。""显然的是逻辑对于下列这个问题没有任何关系：我们的事实上是否如此？"② 逻辑是逻辑，历史事实是历史事实，哲学专家陈康说不要"混逻辑与历史为一谈"③，罗素说不要"混自然与价值为一谈"④，周谷城说形式逻辑"对任何事物都没有主张""对于事物自身并没有增加什么说明或解释"⑤，但邓晓芒不懂这个。

关于我的文字考证，我认为我的证据是可靠的，观点是成立的，但"信不信由你"，我只能借这个俏皮话来说这个意思。"父为子隐，子为父隐"的"隐"就是知情不说的意思，这可以连接到古代的"亲属得相容隐"法律、法典问题上。中南财经政法大学范忠信教授对中国古代"亲属容隐法"很有研究，他文章发在《中国社会科学》上，书也出了相关的一两本。他解"亲亲相隐"法制史也是有错误的，他也不明白这个"隐"是什么意思。从唐律"同居相为隐"到明清律"亲属相为容隐"，这些容许亲属"相为隐"的律条说的都是亲属对某亲属犯案而知情不说可免罪，甚至走漏消息也可减免罪责，当然前提是某些案、某些罪除外，所谓"不用此律"。有

---

① 邓晓芒：《儒家伦理新批判》，重庆大学出版社 2010 年版，第 161 页。
② 维特根斯坦：《逻辑哲学论》，郭英译，商务印书馆 1962 年版，第 85～86 页。
③ 陈康：《陈康哲学论文集》，联经出版事业公司 1985 年版，作者自序。
④ 罗素：《为什么我不是基督教徒：宗教和有关问题论文集》，沈海康译，商务印书馆 1982 年版，第 50 页。
⑤ 周谷城：《形式逻辑与辩证法》，《新建设》1956 年第 2 期，又见《逻辑问题讨论集》，上海人民出版社 1958 年版。

一个北京大学法学博士后跟我辩，他把"亲亲相隐"理解为"强调亲属间隐匿犯罪证据的义务"，我说你竟然把中国容隐律理解为"义务"，你还好意思当北京大学法学博士后？我说得比较"嚣张"，但他根本就不懂这个问题，也是事实。

理解为"隐匿"尤其是通俗说的"藏匿"，更是有问题。"父为子隐，子为父隐"解为"父亲为涉案儿子藏匿儿子，儿子为涉案父亲藏匿父亲"还是"父亲为涉案儿子藏匿父亲，儿子为涉案父亲藏匿儿子"呢？不犯罪的父亲藏匿父亲自身，儿子藏匿儿子自身，不是什么"窝藏犯人"吧。至于"父为儿藏儿，子为父藏父"，汉语语法上就不通，要说这种意思必说成"父隐子，子隐父"六字简单了事，而非说成"父为子隐，子为父隐"八字这么啰唆，即"隐"是个及物动词，可说"父隐子，子隐父"。"父为子隐，子为父隐"的"隐"，明显是个不及物动词的用法和语义，"父子相为隐"说的是自己隐，而不是隐非自身的亲属等，否则不会有介词性质的"为"（wèi）字在。自己隐什么，自己隐言行尤其言，即不作为尤其言的不作为，故孔子自定义说"言及之而不言谓之隐"，如此而已，此"隐"就是"不显现""不张扬"的意思。

知情"告奸"是人类的普遍伦理义务甚至是法律义务，这是惩恶扬善的方向。韩非曰"设告相坐而责其实"，李斯曰"见知不举者与同罪"，《汉书》曰"知而不举告与同罪"，举告义务甚至发展为《盐铁论》所说的"亲戚相坐"，亲属无举告之功则坐收或坐诛。知情、告发一般的他人倒好说，但所知、所告是亲属尤其是近亲属就复杂了。知悉亲属涉案，自己于之是隐默不举告还是不隐默而告，还是其他，这是个棘手的伦理难题；若积极行为地帮助逃匿或帮助湮灭证据等，则有别于消极不作为性质的沉默不告了，其伦理是非、法律是非问题比沉默不说更复杂、更严重。《左传》里孔子对叔向"不隐于亲"赞为义直，《论语》里孔子对攘羊事"父为子隐、子为父隐"赞为有直，此可见要据亲属案件轻重情况及正义情况等酌情处理，就言说与否方面，或告或隐，当谨慎区分处理，把握分寸，以求中道，斯所谓"是谓是非谓非曰直"。

《论语》"父子相为隐"章里说的"攘羊"不等于偷羊，不等于今天我们说的"盗窃"。马融曰"往盗曰窃"，陆德明《经典释文》曰"因来而取曰攘"，赵岐曰"攘，取也，取自来之物也"，高诱曰"凡六畜自来而取之曰攘也"。"攘羊"是对误入自家羊圈或羊群的羊不驱逐、不声张，顺便占为己有，而非进入别人领地盗窃或抢夺。"攘羊"性质，当然没盗羊、窃羊这么严重。于亲属"攘羊"，劝谏亲属终止该行为及补救之，或自己行动把该羊放出或送还，这是正路；若自告奋勇式首先向外人或失主告发和宣扬父亲或儿子盗羊了，这就有过分或过急了，不告之"隐"及其他补救措施才合理，看轻重情况嘛。

对亲属犯罪知情，选择作为还是不作为？作为是作伪证、助逃匿还是助追捕及控告？这是种伦理困境，也是个法制难题。今许多国家的诉讼制度都对不举证亲属予以无罪化，此为"亲属拒证权"或"亲属作证豁免权"；甚至于藏匿犯人、湮灭证据等积极庇亲行为，也多予以适当减免罪责，如日本刑法典第105、韩国刑法典第151/155、德国刑法典第258、印度刑法典第212/216、台湾地区刑法典第162/167、澳门地区刑法典第331诸条等。

梁启超《中国法理学发达史论》曰："其在希腊，毕达哥士曰：法律者，正义也。柏拉图曰：正义一称法律。咯来士布曰：法律者，正不正之鹄也。其在罗马，锡尔士曰：法律者，术之公且善者也。哥克曰：法律不外正理。"（《饮冰室合集》文集第5册）古人曰"法者缘人情而制非设罪以陷人"（《盐铁论·刑德》），又曰"设法止奸本于情理，非谓一人为劫阖门应刑"（《宋书》卷六十六），故参诸古今中外的举证制度而"律许周亲相隐"（《通典·刑法五》），甚至于藏匿亲属等的处罚也予以酌情减免，此不失为"王道本乎人情"之良法。

二、关于"王道本乎人情"

古人多云"王道本乎人情"。"何谓人情？喜怒哀惧爱恶欲七者，弗学而能。"（《礼记·礼运》）"夫乐者乐也，人情之所不能免也。"（《礼记·乐记》）"是故先王本之情性，稽之度数，制之礼义。"（《礼记·乐记》）"乐统同，礼辨异，礼乐之说［设］，管乎人情矣。"（《礼记·乐记》）

"情"是《乐记》论乐之总纲，"礼乐刑政"是《乐记》论治之总纲。《韩非子·制分》曰"通乎人情，关乎治理"，商鞅法家以法令为"治之本"，荀子儒家以君师为"治之本"，《尉缭子》以官吏为"治之本"，《淮南子》以仁义为"治之本"，《乐记》则以礼乐刑政为"治之本"，儒家最综合明智，《乐记》最近荀子。故《荀子·成相》曰："治之经，礼与刑，君子以修百姓宁，明德慎罚，国家既治四海平。"《荀子·王制》曰："听政之大分：以善至者待之以礼，以不善至者待之以刑……贤不肖不杂则英杰至，是非不乱则国家治。"《荀子·性恶》"必将有师法之化，礼义之道，然后出于辞让，合于文理，而归于治"与《乐记》"礼乐刑政其极一也，所以同民心而出治道也"的主张一致。

　　"两脚踏东西文化，一心评宇宙文章"的林语堂从小饱读经书，对经书的领会极睿智与深刻，他在《孔子的智慧》一书中说："孔子的思想是代表一个理性的社会秩序，以伦理为法，以个人修养为本，以道德为施政之基础，以个人正心修身为政治修明之根柢……而孔子则如现代的基督徒，他相信道德的力量，相信教育的力量，相信艺术的力量，相信文化历史的传统，相信国际间某种程度的道德行为，相信人与人之间高度的道德标准，这都是孔子部分的信念……孔子从不满足于由严刑峻法所获致的政治上的秩序。"[1] 孔子说"有耻且格""怀德怀刑"，孔子于美德的信念有他自己的生命持守，有他对社会"道之以政，齐之以刑，民免而无耻"（《论语·为政》）及"法令者治之具，而非制治清浊之源也"（《史记·酷吏列传》）的担忧。"法律必须被信仰，否则它将形同虚设"[2] 说明的也是人心道德于法治的价值，因为国之所设法律的确未必能深入人心而让人"有耻且格"（《论语·为政》）。

　　张申府《所思》说"社会的根本问题在于群与己"，而实现社会和谐则"在良制度与良习惯"[3]。孔子肯定善良道德的精神力量，也不否定礼法之制的政治力量。孔子之儒创立的治世路线在先秦诸说中最为全面与合理，故

　　① 林语堂：《林语堂名著全集》第22卷，东北师范大学出版社1999年版，第3、4、6页。
　　② 伯尔曼：《法律与宗教》，中国政法大学出版社2003年版，第3页。
　　③ 张申府：《所思》，三联书店1986年版，第204～205页。

历史垂青于儒家。儒家不是无政府主义者，也不是法家式的君主法治主义者，儒家富有现实性与民主性，最能体察到治世须教化与管治并行，体察到礼法或法治须合乎伦理正义。而所有儒家文献中最能集中体现儒家治世思想之精髓的，就是出自荀子后学的《礼记·乐记》"礼以道其志，乐以和其声［性］，政以一其行，刑以防其奸，礼乐刑政其极一也，所以同民心而出治道也""礼节民心，乐和民声［性］，政以行之，刑以防之，礼乐刑政四达而不悖，则王道备矣"两句。《荀子·成相》"治之经，礼与刑，君子以修百姓宁，明德慎罚，国家既治四海平"亦完整道出教化与管治并行的治世之精见。

我比较重视《乐记》讲"王道备矣"的"礼乐刑政"。《乐记》说："礼以道其志，乐以和其声［性］，政以一其行，刑以防其奸，礼乐刑政其极一也，所以同民心而出治道也。"又说："礼节民心，乐和民声［性］，政以行之，刑以防之，礼乐刑政四达而不悖，则王道备矣。"礼乐与刑政在社会治道上相关，但又有别，各有侧重和路径。教化、精神当然要寓教于礼乐尤其祀礼等，但刑政却不是礼乐所能处理或对付得了的，礼乐和刑政各有自己领域和功效，彼此替代、覆盖不了。不要以"礼乐"价值、路径来否定"刑政"价值、路径，也不要以"刑政"价值、路径来否定"礼乐"价值、路径，应该"礼乐刑政四达而不悖"，这样才是"同民心而出治道"，这样各个方面才都有"安顿"。心灵安顿是安顿，秩序安顿也是安顿，总言之才是《乐记》说的"治道"，才是儒家的"治道"，否则就是"赏罚可用则禁令可立而治道具矣"（《韩非子·八经》）的法家治道论或"古之治道者以恬养知"（《庄子·缮性》）的道家治道论了，故《淮南子·俶真训》曰："若夫墨、杨、申、商之于治道，犹盖之无一橑，而轮之无一辐。有之可以备数，无之未有害于用也；己自以为独擅之，不通之于天地之情也。"

《淮南子·泰族训》曰："禹以夏王，桀以夏亡；汤以殷王，纣以殷亡。非法度不存也，纪纲不张，风俗坏也。三代之法不亡，而世不治者，无三代之智也；六律具存，而莫能听者，无师旷之耳也。故法虽在，必待圣而后治；律虽具，必待耳而后听……无法不可以为治也，不知礼义不可以行法。法能杀不孝者，而不能使人为孔、曾之行；法能刑窃盗者，而不能使人为伯夷之廉。孔子弟子七十，养徒三千人，皆入孝出悌，言为文章，行为仪表，教之所成也。墨子服役者百八十人，皆可使赴火蹈刃，死不还踵，化之所致也。"这是强调"法治—教化"并举的重要见解，此与强调"刑—礼""王道备矣"的《荀子》《乐记》完全相同。

"礼乐刑政"与"君子怀刑"等"刑"字本作"荆"［井刂］[1]，本义源于举兵经土分井制止纷争，后表法制义。"荆［井刂］"类"法"而别"刑"，故《说文》以"荆［井刂］"训"法"而用"刭"训"刑"。礼乐可柔和慢行以教化人心人格，荆［井刂］政可刚果速行以制约人群人行，故四者是"同民心而出治道"。日本古学派曾力辨儒家圣学、圣道、先王之道、孔子之道不过是礼乐刑政而已，曰"非离礼樂刑政别有所谓道者也"[2]。由明辨孔学及先王之道，日儒率先打破了宋学玄学化的道论理论，开创性地将东亚儒学重新转进至礼乐刑政的学理体系上，这也为后来日本廓清旧学迷雾走向开放变法、富国强兵奠定了思想基础。

"礼乐刑政"的"刑"本作从"井"之"荆"，从井是秩序、条理，井井有条是秩序。荀子说"礼者，法之大分、类之纲纪也"，"礼"本来就是自然法、习惯法，"法"是"礼"的延伸，正义之"法"当合符"礼"；"礼"则反映道理的"理"，反映道义的"义"，荀子和《乐记》说"礼也者，理之不可易者也"，《礼运》则说"礼也者义之实也，协诸义而协，则礼虽先王未之有，可以义起也。"法若协诸义，也是"虽先王未之有，可以义起也"，这就是礼法的因革损益问题。儒家讲礼与法的关系，讲礼法与理义的关系，不正是罗马人、西方人说的"法律是善良与公正的艺术"吗？曾子说断狱、司法也是"如得其情，则哀矜而勿喜"（《论语·子张》），荀子说"故公平者，听之衡也；中和者，听之绳也"（《荀子·王制》）。如此等等，这都是法律或司法的善良与公正问题。

儒家认为"人道政为大"，讲"刑政"是现实主义——不能无政府主义，也不能超政府主义，家庭之外的大社群、超级社群需要政府管理存在，

---

① 林桂榛：《儒学的世界性与世界性的儒学》，《光明日报》，2004年12月28日。
② 《日本思想大系》第36册，岩波书店1973年版，第200～201页。

但现实主义讲"刑政"也非要法西斯主义，因为真正的儒家要"治道"之效率与正义兼容并举。礼法及法的理义问题，荀子有很多阐释，荀子"礼义法度""仁义法正""师法之化，礼义之导"（《荀子·性恶》），说"之所以为布陈于国家刑法者则举义法也，主之所极然帅群臣而首乡之者则举义志也"（《荀子·王霸》）。又说："有法者以法行，无法者以类举。以其本知其末，以其左知其右，凡百事异理而相守也。庆赏刑罚，通类而后应；政教习俗，相顺而后行。"（《荀子·大略》）

《荀子·富国》曰："人之生不能无群，群而无分则争，争则乱，乱则穷矣。"严复1896年《原强修订稿》曰："故学问之事，以群学为要归。唯群学明而后知治乱盛衰之故，而能有修齐治平之功。呜呼！此真大人之学矣！"① 《译群学肄言序》又曰："群学者，将以明治乱盛衰之由，而于（正德、利用、厚生）三者之事操其本耳。"② 欲修齐治平则当明荀子说"师法之化、礼义之道"及"为之起礼义、制法度"（《荀子·性恶》）等，而明乎"礼乐刑政四达而不悖"就是明乎荀子发明的"群治"论，斯乃通往王道之路。

研究社会的 sociology 最初被汉译为"群学"，是严复等据于荀子的"群治"理论③。"社会"一词古已有之，与土地及人口有关，唐宋文献多见，本指社祭、社日衍生的集社、聚会等，近代日本学者始借以表述为社会学意义上的"社会"（society）。1897年所著谭嗣同《仁学》即有"社会学之书"字样④，同年日本古城贞吉汉译《论社会》一文说："野蛮之地无社会者焉，及文明渐开，微露萌蘗，久之成一社会。然则所谓社会，盖以渐积成者也。抑'社会'二字本非我国古来惯用之熟语，而社会之实形自古已有。"（《时务报》第17册）⑤

梁启超《中国法理学发达史论》曰："荀子，社会学之巨擘也。"荀子

---

① 严复：《严复集》第一册，王栻主编，中华书局1986年版，第18页。
② 严复：《严复集》第一册，王栻主编，中华书局1986年版，第123页。
③ 严复：《严复集》第一册，王栻主编，中华书局1986年版，第6、123页。
④ 谭嗣同：《仁学》，印永清评注，中州古籍出版社1998年版，第75页。
⑤ 《时务报》影印本第二、三册，文海出版社1986年版，第1148～1150、1227～1228页。

的思想是政治家型的思想，不同于思孟宗教心性一派的思想。荀子思考社会、政治又比孔子大大推进了一步，应该值得法学家、政治学家重视。求"治道"的智慧应该向荀子靠拢或讨教，两三千年的儒家思想史里，荀子才是刘向《孙卿书录》所谓"陈王道善易行，疾世莫能用其言"，荀子才是讲"生民非为君，立君以为民"的民主政府论。

三、关于礼乐与"幽则有鬼神"

另外，从儒学义理的角度，重视应该高度《乐记》"明则有礼乐，幽则有鬼神"这句话，这句话富有极其深刻的含义及道理。儒家是不是宗教不重要，儒家要不要建成宗教也不重要，萝卜青菜各有所爱，随大家的便。我当文明来拜孔子、祖先、山川，你当鬼神来拜孔子、祖先、山川，这都无所谓，荀子所谓"君子以为文，百姓以为神"（《荀子·天伦》）、"其在君子以为人道，其在百姓以为鬼事"（《荀子·礼论》）。所以，从安顿心灵或秩序的社会功用的角度来看，最重要的是礼乐形式、礼乐文明、礼乐建制，最重要的是礼乐实行是不能缺少的，这才是儒教存在或儒教功能、儒教作用存在的关键处。

儒家解决个体体验性的精神、情感的问题，主要靠礼乐，靠礼乐来养性涵心，这个礼乐可以是鬼神向度的，也可以是艺术美向度的，参与者可以自己发挥和选择，余地很大。基督教也主要靠仪式，卡西尔《人论》说了这个。礼乐仪式能统摄心灵、鬼神、超越甚至是美与艺术，周谷城评蔡元培"以美育代宗教"论时说如果美育代鬼神信仰，"代"是不可能的；如果是要代仪式或生活方式，则宗教仪式或宗教生活方式它本身很美，根本用不着代了。

礼乐是明的，是确定的，鬼神是幽的，是不确定的。鬼神或美，与参与者个性体验有关，说有就有。所以"幽"的起点或基础是礼乐活动或礼乐形式，方向或去处则是开放的，是玄远的，是无穷尽的，上天入地，比皇齐帝，随体验者自便吧。

二千年之荀学辨析

石永之

（山东社会科学院国际儒学研究与交流中心）

社会儒学论丛（第一辑）

一、"二千年之学"辨析

人们耳熟能详谭嗣同的名言："二千年来之政，秦政也，皆大盗也；二千年来之学，荀学也，皆乡愿也。"① 这一名言与康有为颇有渊源。而康有为对二千年之学有歆学、荀学、朱学三个论断。1891 年出版的《长兴学记》说："至刘歆，挟校书之权，伪撰古文，杂乱诸经……于是，二千年皆为歆学。"② 这一论断在当时很有影响。还有另外两个鲜为人知的断语："内之于己，变化气质，外之于人，开广智识，二千年学者皆荀子之学也。"③ "朱子之学，二千年来皆朱学。"④ 《万木草堂口说》乃是听课笔记，当时并未刊行⑤，这是后两个断语不为人知的原因之一。

康有为关于二千年之学的三个论断与谭嗣同的名言最相关的当然是"荀学说"，当时最有影响的是"歆学说"，最不可理解的是"二千年来皆朱

---

① 谭嗣同：《仁学》，蔡尚思、方行编：《谭嗣同全集》（增订本）下册，中华书局 1981 年版，第 337 页。
② 康有为著，楼宇烈整理：《长兴学记》，中华书局 1988 年版，第 19 页。
③ 康有为著，楼宇烈整理：《万木草堂口说》，中华书局 1988 年版，第 195 页。
④ 康有为：《万木草堂讲义》，姜义华、张荣华编：《康有为全集》第 2 集，中国人民大学出版社 2007 年版，第 286 页。按：此讲义即为丁酉（1897）本。
⑤ 首次刊行是楼宇烈先生以丙申本为底本，参照丁酉本加以整理。中山图书馆藏本的封面上提有"光绪丙申（1896）恭录"，是为丙申本；北京大学图书馆藏本有"大人丁酉在万木草堂讲义之抄录"，是为丁酉本。2007 年出版的《康有为全集》将这两个抄本单独成篇，丁酉本名为《万木草堂讲义》。

学"。朱子到康有为不过七百年左右，何来二千年之说，要想理解这一说法，只有曲为之解说。而且康有为的三个论断相互抵牾，如果要排除其随口一说之嫌疑，则需要逐一分析其旨趣。

康有为最有影响的"二千年皆为歆学"的说法绝非随口一说，1891年出版的《长兴学记》和《新学伪经考》都在申述这个观点。因为康有为要立孔子为教主，就必须批判刘歆。在《孔子改制考》中，康有为以非常手段立孔子为大地教主。他认为，上古茫昧无稽，然后斥责刘歆伪造《周礼》《左传》等古文经典。其目的就在于变法维新，他说："改者变也，制者法也，盖谓孔子为变法之圣人也。自后世大义不明，视孔子为拘守古法之人，视六经为先王陈迹之作。于是守旧之习深入人心，至今为梗。既乖先圣垂教之意，尤室国家维新之机。臣故博征往籍，发明孔子变法大义，使守旧者无所借口，庶于变法自强，能正其本。区区之意，窃在于是。"①

最不可理解的"二千年来皆朱学"这一说法，可以看成是"二千年学者皆荀子之学也"的一个转语，因为康有为直接说过："孔子之后孟、荀甚似朱、陆，荀似朱，孟似陆。"② 其根本原因就是："孟子高明，直指本心，是尊德性，陆王近之。荀子沈潜，是道问学，朱子近之。"③ 而且荀子与朱子都重视学，荀子传群经，与朱子注群经，功劳都很大。康有为说："然宋儒言变化气质之性，即荀子之说，何得暗用之而显辟之，盖孟子重于心，荀子重于学，孟子近陆。荀子近朱，圣学原有二脉，不可偏废。而群经多传自荀子，其功尤大，亦犹群经皆注于朱子，立于学官也。"④ 康有为还从内学与外学及其与弟子的关系，说明荀子与朱子的相似性，他说："凡言内学者，其徒必聪明绝特，而后其学可传。言外学者，讲持循践履，从笃实一边去，其徒虽非极聪明，亦足守其学。故孟子多言内学而少高弟，故无传人；荀子多言外学，故汉世经生皆出其门。《吕览》言，荀卿之徒著书布

① 张荣华编：《康有为卷》，中国人民大学出版社2015年版，第103页。
② 康有为著，楼宇烈整理：《万木草堂口说》，中华书局1988年版，第82页。
③ 康有为著，楼宇烈整理：《万木草堂口说》，中华书局1988年版，第70页。
④ 康有为著，楼宇烈整理：《桂学答问》，中华书局1988年版，第31页。此段又见《南海师承记》，姜义华、张荣华编：《康有为全集》第2集，第213页。

儒学历史

天下，其学派之盛可想。宋儒朱、陆亦然，朱子多言外学，故后学极光大，终宋之世，朱学一统。陆子卒后，其学渐微，职是故而。"① 荀子与朱子都言外学，且后学众多。

因此可以说，"二千年皆为歆学"是指二千年之经学皆为歆学，"二千年学者皆荀子之学也"是指学术，但此学术非今日之客观学术，而是可以变化气质的"道问学"之学术，而"二千年来皆朱学"的说法是"荀学说"的一种变化形式。这三个二千年之学的结论都还不是随便一说的，因为在《礼运注》中，康有为曾经把这三者放在一起来说。

康有为说："始误于荀学之拘陋，中乱于刘歆之伪谬，末割于朱子之偏安，于是素王之大道闇而不明，郁而不发，令二千年之中国，安于小康，不得蒙大同之泽，耗矣哀哉！……凡中国二千年儒先所言，自荀卿、刘歆、朱子之说，所言不别其真伪、精粗、美恶，总总皆小康之道也。其故则以群经诸传所发明，皆三代之道，亦不离乎小康故也。"② 这里康有为用大同、小康的二分法，把荀子、刘歆、朱子皆归于小康之道。但这一总说与散见于各中讲义和书籍中的分说又是什么关系呢？

这就需要考察《礼运注》的成稿时间。康有为自叙说，此书创作于光绪十年甲申（1884）。但《康有为全集》的编者按语说，显系"倒填年月"，汤志钧《礼运注成书年代考》认为，此书应该撰于1897年左右，自叙乃倒填年月，书内有受严复进化论影响的迹象，断言其与《孔子改制考》的时期相同，朱维铮不同意汤志钧的观点，他说："此叙紧接着荀卿、刘歆、朱子并列，说他们'所言不别其真伪、精粗、美恶，总总皆小康之道'，而在一八九七年初，康有为还认为董仲舒主要传的是荀学，并认为荀学高于孟学。直至一九零一年十二月撰《孟子微序》，他才改变意见，说荀况传'小康、据乱之道，盖得孔子之粗末者也'，因而以为荀学不及孟学。……因此，《礼运注》的成稿时间，不可能较《春秋笔削大义微言考》

①　康有为著，楼宇烈整理：《万木草堂口说》，中华书局1988年版，第78页。
②　康有为：《礼运注》，姜义华、张荣华编：《康有为全集》第5集，中国人民大学出版社2007年版，第533页。

《孟子微》更早。"① 但这些结论都值得商榷。

从康有为论述二千年之学的顺序来看，应当是《礼运注》成书最早，康有为把荀子、刘歆、朱子都统统归于小康之道，而加以批判，但这样的结论显然失之简单，难以服众，所以康有为在随后讲学的过程中，把政治与学术分开加以梳理，就对荀子和朱子的评价则改变了，而且一味否定小康的想法也改变了。清末仍然朱子学占主导地位，要讲学问自然须尊重朱子，要讲学术源流，自然也少不了荀子。在1885年的《教学通义·尊朱》②中说："自变乱于汉歆，佛、老于魏晋六朝，词章于唐，心性于宋明，于是先王教学之大，六通四辟，小大粗精，无乎不在者，废坠亡灭二千年乎？……惟朱子学识闳博，独能穷极其力，遍躏山麓，虽未遽造其极，亦庶几登峰而见天地之全，气力富健又足以佐之，盖孔子之后一人而已。"③从1891年的《长兴学记》、1894年的《桂学答问》、1896年的《万木草堂口说》和《南海师承记》以及1897年的《万木草堂讲义》等讲课笔记中，直到1901以后的《孟子微》，基本是大同、小康须并传，所以孟荀要并尊。由此可见，康有为的思想发展有一个过程，到《孟子微》的时候已经相对成熟，不像早期的《礼运注》，《礼运注》不应该在《孟子微》之后成稿。

而且康有为思想的核心在大同，而大同之说在《礼记·礼运》，他是通过学习西学悟出了以平等为根基的近代大同思想。据《我史》，康有为从十六岁开始渐收西学之书，二十六岁时，"购《万国公报》，大攻西学书。声光、化、电、重学及各国史志，诸人游记，皆涉猎"。这说明康有为对西学的了解在当时是非同一般，并不一定要等到严复1897年翻译《天演论》时才了解一点进化论思想的，所以汤志钧的观点难以成立。《我史》光绪十年条记载："至十二月，所悟日深，因显微镜之万数千倍者，视虮如轮，见蚁如象，而悟大小齐同之理，因电机光线一秒数十万里，而悟久速齐同之

①　朱维铮：《求索真文明——晚清学术史论》，上海古籍出版社1996年版，第255页。
②　全集编校者依据上海博物馆的抄件上"光绪十一年正月缉定"将成书时间定为1885年，而康有为《我史》的记载是在光绪十二年。
③　康有为：《教学通义》，姜义华、张荣华编：《康有为全集》第1集，中国人民大学出版社2007年版，第45页。

儒学历史

理……以三统论诸圣，以三世推将来，而务以仁为主，故奉天合地，以合国、合种、合教一统地球。又推一统之后，人类语言、文字、饮食、气质、衣服、宫室之变制，男女平等之法，人民通同公之法，务致诸生于极乐世界。"① 这说明1884年冬天康有为的思想正在破茧而出。而康有为自叙《礼运注》是在这一年冬至日成稿，这一次康有为可能没有"倒填年月"，笔者认为《礼运注》应该在1885年成书的《教学通义》之前，否则无法解释康有为讲学时大肆表扬荀子，尤其是朱子之后，又来批评他们，康有为关于二千年之学前后变化多端的论断是与不同语境和不同思想诉求相关的。

下面再说康有为与谭嗣同"二千年之学"两者之间的关联。谭嗣同从清廷的一份邸抄中知道了康有为，"因宛转觅得《新学伪经考》读之，乃大叹服……由是心仪其人，不能自释。然而于其微言大义，悉未有闻也……乃乙未（1895）冬末，浏淞芙归自上海，袖出书一卷，云南海贻嗣同者……取视其书，则《长兴学记》也，雏诵反覆，略识其为学宗旨。其明年春，道上海，往访，则归广东矣。后得交梁、麦、韩、龙诸君，始备闻一切微言大义。竟与嗣同冥思者十同八九……古称神交，宁复过之？直至秋末，始得一遂瞻依之愿。"② 这说明，谭嗣同读过《新学伪经考》和《长兴学记》，知道康有为"二千年皆为歆学"的论断，1894年的《桂学答问》中"孔门后学有二支"与谭嗣同1896年成稿的《仁学》③ 中"孔学衍为两大支"有明显的承继关系。看看谭嗣同《仁学》中的有关论述，就可以明了谭嗣同对康有为的思想做了怎样取舍。其文如下：

> 孔之不幸，又不宁惟是。孔虽当据乱之世，而黜古学，改今制，托词寄义于升平、太平，未尝不三致意焉。今第观其据乱之雅言，既不足以尽孔教矣。况其学数传而绝，乃并至粗极浅者，亦为荀学揽杂，

---

① 康有为：《我史》，姜义华、张荣华编：《康有为全集》第5集，中国人民大学出版社2007年版，第63、64页。

② 谭嗣同：《壮飞楼治事篇》（十），《谭嗣同全集》（增订本）下册，前揭书，第445页。

③ 印永清认为《仁学》的写作时间是："始于1896年9月，至年底已成初稿。而在1897年1~2月份，则进行了改稿、校稿。"见印永清评注：《仁学》，中州古籍出版社1998年版，第39页。

而变本加厉，胥失其真乎。孔学衍为两大支：一由曾子，曾子传子思而至孟子，孟故畅宣民主之理，以竟孔子之志；一由子夏，子夏传田子方而至庄子，庄故遂通诋君主。自尧舜以上，莫或免焉。不幸此两支皆绝不传，荀乃承间冒孔之名，以败孔子之道。曰："法后王，尊君统。"以倾孔学也。曰："有治人，无治法。"阴防后人之变其法也。又喜言礼乐政刑之属，惟恐箝制束缚之具之不繁也。一传而为李斯，而其为祸亦暴著于世矣。然而其为学也，在下者术之，又疾遂其苟富贵取容悦之心，公然为卑谄侧媚奴颜婢膝而无伤于臣节，反以其助纣为虐者名之曰"忠义"；在上者术之，尤利取以尊君卑臣愚黔首，自放纵横暴而涂锢天下之人心。……汉衰而王莽术之于上，竟以经学行篡弑，刘歆术之于下，又窜易古经以煽之矣。……故常以为二千年来之政，秦政也，皆大盗也；二千年来之学，荀学也，皆乡愿也，惟大盗利用乡愿；惟乡愿工媚大盗。二者交相资，而罔不托之于孔。被托者之大盗乡愿，而责所托之孔，又乌能知孔哉？①

这里谭嗣同接受了康有为所谓孔子改制、孔教、今文学的三世说等说法，就连据乱世这个被康有为误用的词语也承袭下来②。如同康有为在《礼运注》中用大同、小康的二分法直接批判荀子和刘歆一样，谭嗣同在这里用民主、君主的二分法把批判的矛头直指荀学，指认荀学为二千年君主专制的理论基础。而康有为一直批判的刘歆在谭嗣同的眼中只是被批判的对象之一，这反映了谭嗣同想要在中国传统文化中寻找民主思想资源以积极宣传民主思想的诉求，事实上，孟子的民本思想与现代民主还不是一回事。正如康有为后来改变了对荀子和朱子的看法一样，谭嗣同也改变了对荀子的看法，他说："荀卿生孟子后，倡法后王而尊君统，务反孟子民主之说，

---

① 谭嗣同：《仁学》，前揭书，第335～337页。

② 苏與说："近人所称据乱世，案何休《公羊解诂·序》云：'本据乱而作。'《疏》云：谓据乱世之史而为《春秋》。是据乱二字不相联也。"见苏與撰、钟哲点校：《春秋繁露义证》，中华书局1992年版，第10页。参见常超：《"托古改制"与"三世进化"——康有为公羊学思想研究》，北京大学出版社2015年版，第177页。

嗣同斥为乡愿矣。然荀卿究天人之际，多发前人所未发，上可补孟子之阙，下则衍为王仲任之一派，此其可非乎？"① 这时谭嗣同的思想变得成熟起来，不再简单看待民主问题。

接着要说的是，康有为的思想还引发了一场戊戌变法前后的"排荀"与"尊荀"的学术争论。梁启超在《清代学术概论》中说："启超谓孔门之学，后衍为孟子、荀卿两派，荀传小康，孟传大同；汉代经师，不问为今文古文家，皆出荀卿（汪中说）；二千年间，宗派屡变，壹皆盘旋荀学肘下，孟学绝而孔学亦衰。于是专以绌荀申孟为旗帜……启超屡游京师，渐交当世士大夫，而其讲学最契之友，曰夏曾佑、谭嗣同。……此可想见当时彼辈'排荀'运动，实有一种元气淋漓景象。"② "荀传小康，孟传大同"的说法正是来自康有为，这样的说法引得当时的青年才俊专以绌荀申孟为旗帜。

章太炎的"尊荀"也与康有为思想的有关。《太炎先生自定年谱》光绪二十三年三十岁载："梁卓如倡言孔教，余甚非之，或言康有为字长素，自谓长于素王，其弟子或称超回、轶赐，平子（宋恕）以浏阳谭嗣同所著《仁学》见示，余怪其杂糅，不甚许也。时余所操儒术，以孙卿为宗，不喜持恐论言捷径者。"③ 可以说，是康有为引发了维新变法时期"排荀"与"尊荀"的学术争论。

二、康有为与"排荀"思路的关系

"排荀"与"尊荀"这一场学术争论发生在戊戌维新时期，梁启超所谓的"排荀"运动的主将就是夏曾佑、谭嗣同、梁启超。最著名的是谭嗣同的《仁学》，最早提出排荀主张的是夏曾佑，1895 年给宋恕的信中有："盖教门之宗子，所学者为帝王之学，而其他为辅，而荀卿乃其中一支。"④ 梁启超在 1896 年的《西学书目表后序》中说："秦汉以后，皆行荀卿之学，

---

① 谭嗣同：《致唐才常》（二），《谭嗣同全集》（增订本）下册，前揭书，第 529 页。
② 梁启超著，朱维铮校注：《清代学术概论》，前揭书，第 126 页。
③ 转引自姚奠中、董国炎：《章太炎学术年谱》，山西古籍出版社 1996 年版，第 46 页。
④ 夏曾佑：《至宋恕书》，杨琥：《夏曾佑卷》，前揭书，第 510 页。

为孔教之孽派。"① "排荀"最用力的还是夏曾佑,文章有《近代政教之原》和《论八股存亡之关系》②。写于1903至1905年的《最新中学教科书中国历史》中继续了他的排荀主张,这部书后来以《中国古代史》之名多次印行,确实产生了一些影响,如李大钊在《乡愿与大盗》《民彝与政治》等文中也阐述了这样的观点。

然而"排荀"难说是一场运动,首先是排荀者随后改变了观点,如谭嗣同一样,梁启超后来也改变对荀子的看法,在1922年的《先秦政治思想史》中说:"荀子与孟子,同为儒家大师,其政治论之归宿点全同,而出发点则小异。孟子言性善,故注重精神上之扩充。荀子言性恶,故每注意物质之调剂。荀子论社会起源,最为精审。"③ 其次在"排荀"的同时就有"尊荀"的文章在发表,如章太炎在光绪二十三年(1897)的《兴浙会章程》中说:"至荀子则入圣域,固仲尼后一人。"④ 同年八月在《实学报》发表《后圣》认为,孔子之后,唯荀子可以称为后圣。1900年二月刊行的《訄书》初刻本以《尊荀》始,以《独圣》终。

但不管怎么说,在戊戌政变前后确实围绕着对荀学的评价问题发生过一场学术争论。正是康有为,引发了清末戊戌维新前后对荀学的两种截然不同极具张力的评价。无论是"排荀"的夏曾佑、谭嗣同、梁启超;还是"尊荀"的章太炎,他们的主张都和康有为的思想有某种关系。

关于这一场争论的原因,梁启超说:"清儒所做的汉学自命'荀学'。我们要把当时垄断学界的汉学打到,便用'擒贼擒王'的手段去打他们的老祖宗——荀子。"⑤ 朱维铮就是顺着梁启超的这一陈述进行研究的,他认为,清代汉学只是程朱理学的回应,说汉学垄断学界是夸张的说法,而且梁启超所说的,清儒所做的汉学自命"荀学","有名实混淆之嫌。'荀学'与《荀子》研究不是一回事。"同时,朱维铮也认为,当时一批反维新的南

① 梁启超:《西学书目表后序》,《梁启超全集》第1卷,北京出版社1999年版,第86页。
② 《论近代政教之原》发表在《时务报》第六十三册,光绪二十四年四月二十一日(1898年6月9日);《论八股存亡之关系》发表在《国闻报》光绪二十四年五月十六日至十八日(1898年7月4日至6日)。
③ 梁启超:《先秦政治思想史》,《梁启超全集》第6卷,北京出版社1999年版,第3649页。
④ 朱维铮、姜义华编注:《章太炎选集》,上海人民出版社1981年版,第17页。
⑤ 梁启超:《亡友夏穗卿先生》,《梁启超全集》第18卷,前揭书,第5207页。

儒学历史

国士绅的领袖人物，如王先谦、叶德辉等，开始都是以汉学家的身份名世，尤其是王先谦还特别表彰荀子，"这只能激起那班维新人物对汉学的反感，而憎及'荀学'。梁启超的'擒贼擒王'说，或以此为直接原因"①。

杨琥以为，这一场学术争论是中国文化内部的事情，但绝不局限于此，他指出"排荀的思想家和尊荀的章太炎，之所以都抬出'荀子'作为各自或批判的对象或尊奉的偶像，是和清代以来荀子学说的复兴分不开的。"他们都继承了乾嘉荀学复兴的学术成果，接受了汪中、凌廷堪等人的观点，排荀者是"即从反对专制主义的政治需要出发，借批判荀学而批判专制主义"。近现代西方的民主观念是显而易见的，而章太炎早年的"尊荀"，"起点在于承继了乾嘉以来荀学复兴的思想成果，但西方近代进化论、社会学理论也起了重要作用"②。杨琥的分析关注到西学政治学、社会学以及生物学的因素，民主、专制、进化论等西方文化元素初步参加到这一争论中，使得这一次关于"荀学"的讨论不同以往，不再仅仅是中国文化内部的讨论。

梁启超在《亡友夏穗卿先生》一文中分析他们当时的思想状况，也证实了这一点，他说："我们当时认为：中国自汉以后的学问全要不得的；外来的学问都是好的。既然汉以后要不得，所以专读各经的正文和周秦诸子。既然外国的学问都好，却是不懂外国话，不能读外国书，只好拿几本教会的译书当宝贝。在加上我们主观的理想——似宗教非宗教似哲学非哲学似科学非科学似文学非文学的奇怪而幼稚的理想。我们所标榜的'新学'就是这三种元素混合构成。"③ 这就是说，"尊荀"与"排荀"的人都有很好的中学功底，且都略知一点点西学，可以说这一场争论是中西方文化初步碰撞的缩影。

这里值得特别注意的是，梁启超说他们"只好拿几本教会的译书当宝

---

① 参见朱维铮:《晚清汉学:"排荀"与"尊荀"》,氏著《求索真文明——晚清学术史论》,上海古籍出版社 1996 年版,第 333～350 页。

② 杨琥:《戊戌时期章太炎尊荀思想及其中西学术渊源》,郑大华主编:《传统思想的近代转换》,社会科学文献出版社 2007 年版,第 318～341 页。

③ 梁启超:《亡友夏穗卿先生》,《梁启超全集》第 18 卷,前揭书,第 5207 页。

贝"，这就需要注意基督教对当时中国文化的巨大影响。1891 年朱一新（字蓉生）就批评康有为"阳尊孔子、阴祖耶稣"①，甲午（1895）战争后，康有为、梁启超等人公车上书未果，在他们的倡导之下，同年 8 月成立强学会（又称译书局、强学书局），后而成立孔教会，意欲仿照基督教的模式创建孔教。谭嗣同在给欧阳中鹄的信就说明了当时的情形，其文如下："耶稣教士曰：'中国既不自教其民，即不能禁我之代教。'彼得托于一视同仁，我转无词以拒。故强学会诸君子，深抱亡教之忧，欲创建孔子教堂，仿西人传教之法，偏传于愚贱……后虽名为开禁，实则止设一空无所有之官书局，亦徒增一势利场而已。此后孔子教竟不知如何结局。"② 谭嗣同虽然认同康有为的保教救国思想，但这里也很直率地指出，所谓强学会只不过"徒增一势利场而已"，很担心康有为孔教的结局。

　　基督教的上帝观念还是维新时期"排荀"思想的出发点，这里用夏曾佑的《论近代政教之原》来说明之。夏曾佑说："盖必有一至圣至仁、无始无终、无在无不在之物，以皋牢亭毒此宇宙也，是之谓上帝……阐上帝之意旨，以为此出于天地而传之于民，是之谓教。创教之人谓之圣。"这显然是引入基督教全知全能全在的上帝观念，并以此作为先天善恶的根据，他接着说："天下之民，其言与行合乎教旨者，谓之善，谓之贤智；其言与行不合乎教旨者，谓之恶，谓之愚不肖。"在依据宗教善恶判断人的善恶之后，就可以定政体保国家，所以他说："是非明矣，政体定矣，群可以保矣。"然后夏曾佑就据此批判秦政及其背后的理论根据，也就是荀子的法后王和性恶论，他说："是以秦人一代之政，即荀子一家之学，千条万派，蔽以一言，不过曰'法后王'与'性恶'而已。惟法后王，故首保君权……惟人之性恶，故猜防御下。"③ 这基本就是西方中世纪依据宗教之天国建立地上世俗国家的思路，随着西学的进一步传入，学者们知道了西方近代民主政治的确立是以政教分离为前提。

　　① 康有为在《答朱蓉生书》(1891)中为自己辩解说："谓仆取释氏之权实互用，意谓阳尊孔子，阴祖耶苏耶。"姜义华、张荣华编：《康有为全集》第 1 集，前揭书，第 323 页。
　　② 谭嗣同：《上欧阳中鹄》（十），《谭嗣同全集》（增订本）下册，前揭书，第 465 页。
　　③ 夏曾佑：《论近代政教之原》，杨琥编：《夏曾佑卷》，第 13～15 页。

这一场学术争论是甲午战争之后内圣与外王两条不同救国思路的反映，内圣救国论以康有为为代表，主张用宗教救国家，夏曾佑、谭嗣同、梁启超都是受到了康有为思想的影响，尽管他们的具体观点并不一样，他们"排荀"的文章都是在论述宗教的好处之后，再来批判秦政，进而"排荀"的。这样的内圣救国论是先内圣后外王，先以某种宗教观念为理论基础，然后再论及政治观念和政治制度。而维新变法时期的章太炎则是外王救国论，上面太炎先生自定年谱就说得明白，他对于康有为那番仿耶稣的教主做派非常排斥，而他本人所喜欢的儒术，是以荀子为宗的。

由此可见，"尊荀"与"排荀"的这一场学术争论，首先是中国文化自身发展的结果，宋明理学发展到王阳明，儒学的主导地位得以稳固，宋明两朝又亡国于文化落后之少数民族，使得明清之际实学思潮兴起，内圣之学的发展告一段落，从明末到整个清代都或隐或现地拓展儒家的外王学。外王学在清代有两支，在乾嘉之际直至清末，有惠栋、凌廷堪、俞樾等"复礼派"，还有道光咸丰兴起一直到康有为的"今文经学派"。"尊荀"与"排荀"的争论可谓是"复礼派"与今文经学派的碰撞。其次，这一场争论也是东西方文化初步碰撞的结果，基督教的传入使得谭嗣同、夏曾佑和梁启超等人有了保教救国的思想，并据此"排荀"，西方的进化论以及社会学、政治学影响了章太炎，使得早年的章太炎极力"尊荀"。其三，在思想上是宗教救国与政治救国两条道路的争锋，这是内圣与外王在维新时期的新变化。当时宗教救国论者居多，但在严复把《天演论》《群学肄言》《群己权界论》等西方的进化论、政治学方面主要著作系统翻译过来之后，风气又是为之一变，时至今日。

道德语言的分类与运行：
一种对荀子名学的现代解释

于　淼

（厦门大学哲学系）

摘　要：随着社会组织形式的改变，传统儒家以家庭为基础的、适用于传统小型社区的人伦理念和以五伦为基础的层层递进式的亲缘伦理推演模式亟待发展。而当今伦理学已被语言哲学研究纳入到研究领域，这为现代儒家人伦思想的研究提供了一个切入点。本文以道德语言的规约性为主干探讨荀子名学，提炼荀子名学理论中的规约性与相对应的道德领域，再把提炼荀子名学中的道德语言进行更符合现代语言伦理意义的划分，最后以其划分结果简介荀子名学背后整个儒家道德体系在当今社会的运行模式。

关键词：荀子　正名　道德语言　规约

以人伦关系为核心的伦理学是古今中外道德研究的中心议题。儒家思想本就以人伦为核心，上下贯穿出整个儒学系统。"儒家人伦思想，即从内在的道德性客观化出来，以对人类负责的，始于孝悌，而极于民胞物与，极于'天地万物一体'。"① 而现今传统儒家以家庭为基础的、主要适用于传统小型社区的人伦理念和以五伦为基础的层层递进式的亲缘伦理推演模式亟待发展，要求与现代社会组织形式相适应，以独立人为伦理实体面向公共空间。而从"社会儒学"的角度来讲，要求儒家走出富含人情味的以亲

---

① 徐复观：《儒家思想与现代社会》，九州出版社 2013 年版，第 27 页。

缘为基础的伦理规范,对现代社会诸如"平等""正义""自由"等现代价值做出儒学解释,对现代社会规范性要求做出回应。而在儒家传统伦理面向现代时,又必须解决这一困境:在坚持"人皆能为尧舜"的人性平等论的同时,传统儒家还持有等级和权威的信念,并且把人道德上的差异默认为人格上和等级上的不平等。

而随着近代分析哲学方兴未艾,伦理学也被纳入到了语言哲学的研究领域。而正如维特根斯坦所言"我的语言的界限便是我的世界的界限"[1],人伦关系中的道德意蕴同样可以从语言的角度显现。同时,因语言无时无刻不处于公共领域的流通之中,并且是一种规约性十分明显的符号系统,这与现代社会的高速运行和对规范的提倡十分切合。同时语言面前,人人平等,这又解决了儒家传统伦理面向现代的困境。因而,从语言角度对儒家人伦思想进行探讨应该是现今社会儒学研究的一个维度。而儒家源远流长的"正名"思想正好是从语言角度介入的切入点,而荀子作为先秦儒家名学的集大成者,更成为的研究的重中之重。

自熊十力以降的现代新儒家,对"正名"这一带有西方哲学特色的思想都十分关注。总体来说,他们倾向于将儒家正名学说做价值与逻辑的二元划分,然后再加之以认识论和存在论意义。"孔子言'正名',欲使'君君,臣臣,父父,子子'。孟子言'无君无父,是禽兽也';孟子正人之名而排无父无君者于人之外,是亦孟子之正名主义也。不过孔孟之正名,仅从道德着想,故其正名主义,仅有伦理的兴趣,而无逻辑的兴趣。……荀子生当'辩者'正盛时代,故其所讲正名,逻辑的兴趣亦甚大。"[2] 冯友兰此语便是这种思维倾向的体现。而又由于现代新儒家倡导"心性儒学",发展心本体论,又将荀子学说视为认知优先,因而对荀子思想高度有所贬损。而之后,荀子研究的视角被不断更新,荀子思想的现代性被不断发掘。而本文尝试从语言视角分析荀子"正名"思想中的道德规约性,探讨其现代人伦价值。

---

① 范坡伊森:《维特根斯坦哲学导论》,刘东等译,四川人民出版社 1988 年版,第 96～97 页。
② 冯友兰:《三松堂全集》(第二卷),河南人民出版社 1988 年版,第 284～285 页。

一、荀子"正名"思想中的"约定俗成"

荀子的"正名"思想沿承自孔子。

> 子路曰："卫君待子而为政，子将奚先？"子曰："必也正名乎！"子路曰："有是哉，子之迂也！奚其正？"子曰："野哉，由也！君子于其所不知，盖阙如也。名不正，则言不顺；言不顺，则事不成；事不成，则礼乐不兴；礼乐不兴，则刑罚不中；刑罚不中，则民无所措手足。故君子名之必可言也，言之必可行也。君子于其言，无所苟而已矣。"（《论语·子路》）

孔子对"正名"做了链条式的逻辑推导，揭示了"名"与礼法的联系："名"的不规范使用会影响语言的沟通，语言的沟通会影响社会的协调运作，社会不能协调运作会使社会道德法律失效。"名"的正确使用应当符合其背后的社会伦理规范系统，并且达到使这套系统持续良好运作的功效，所谓有所缘，有所用。而荀子虽然对孟子多有非难，作为一种连贯的思维，本文也不得不提及孟子对孔子"正名"思想的承继，《孟子》全书中有许多道德语言使用的鲜活例证，本文仅举一例。

> 齐宣王问曰："汤放桀，武王伐纣，有诸？"孟子对曰："于传有之。"曰："臣弑其君可乎？"曰："贼仁者谓之贼，贼义者谓之残，残贼之人，谓之一夫。闻诛一夫纣矣，未闻弑君也。"（《孟子·梁惠王下》）

孟子对"诛"与"弑"的辨别十分符合儒家微言大义的语言应用。二词在伦理、法理上拥有不同的解释，并且暗含差异明显的道德评判差异。

荀子集先秦儒家名学之大成，除承继孔孟外，也由对名家和墨家名学的批判而来。其"正名"思想贯穿《荀子》全书，在《天论》《正论》《解蔽》《非十二子》等篇章均有体现，集中于《正名》篇中。

儒学历史

1. 荀子"正名"论中"约"的二重层次

"约"及其含义相关词语如"期""命""期命"在荀子《正名》篇中多次出现。

王天海校释:"约名,省约之名,杨注是。期,约也。此言人以其共识之省名而相约也。"① 可见,"约"从时间维度上推敲有两重含义:一是对所约对象有共同商定的含义,二是在商定之后对形成的约定内容有遵守的承诺。放置到荀子的名学领域,对应了"名"的制定或界定的动作和"名"制定产生后处于的规范状态。

> 贵贱不明,同异不别,如是则志必有不喻之患,而事必有因废之祸。……然则何缘而以同异?曰:缘天官。凡同类、同情者,其天官之意物也同,故比方之疑似而通,是所以共其约名以相期也。
>
> 名也者,所以期累实也。辞也者,兼异实之名以论一意也。辨说也者,不异实名以喻动静之道也。期命也者,辨说之用也;辨说也者,心之象道也。
>
> 名无固宜,约之以命,约定俗成谓之宜,异于约则谓之不宜。名无固实,约之以命实,约定俗成谓之实名。名有固善,径易而不拂,谓之善名。
>
> 故王者之制名,名定而实辨,道行而志通,则慎率民而一焉。……如是,则其迹长矣。迹长功成,治之极也。是谨于守名约之功也。

在《正名》篇中这几处对"约"的应用中,前三处为制名、命名之用,后一处指对于既成的约定状态的遵循。

先穷其本,那么原始的"名"由合约定而来?荀子认为"名"的制定是个约定的过程,可同时荀子又将名实相符作为评判名是否得到正确运用的标准。这就引出了对"实"存在形态的探讨:"实"到底是以既有状态独立存在还是以共有状态伴随"名"一同产生?转换为现代哲学语言便是所

① 王天海校释:《荀子校释》(下),上海古籍出版社 2005 年版,第 895 页。

社会儒学论丛(第一辑)

指的意义世界是否本然存在？但荀子的解答却很简单："缘天官"。即用眼、耳、鼻、舌、身五官的感知功效和心官之心的归类、统筹功效来回答最初的名实如何对应问题。从人相似的感知能力和认知能力，使所指对象在人的思维领域形成一个共有的认知，再将共有的认知以"名"的形式约定下来。值得注意的是，荀子的解答，是基于认知的主观解答。而有关荀子之"实"的客观探寻，现代学者仍然没有停止，以至于产生了荀子到底为价值优先还是认知优先的哲学争论。这个问题的答案现在仍然是开放的。

而就本文而言，如果"实"为既有存在，那么"名"的制定便有很大的描述意义，约定本身相对客观。而如果"实"为共有存在，那么"名"的制定则有非常大的创造意义，约定本身则相对随机。但无论客观与否、随机与否。在第二重守约的意义上，"名"与"实"的对应关系已经确定下来，不能随意改动，所谓"名定而实辨"。

2. "名"在约定中对应的伦理领域

以现代语法分类，伦理领域的"名"与非伦理领域的"名"应该毫不怀疑地并存。而荀子承继了儒家的礼法传统，将"名"天然地指向了伦理领域。《正名》开篇有言"后王之成名：刑名从商，爵名从周，文名从《礼》。散名之加于万物者，则从诸夏之成俗曲期，远方异俗之乡则因之而为通。"此处荀子提出了"成名"与"散名"的区分。刑名、爵名、文名这类"成名"，即既成之名，为"后王"所制，所显现的为礼法观念，先天与伦理领域相对应。结合上文，"成名"与上文中"守名约"之状态相符合，那么此重意义上的实也与伦理领域相对性。而"散名"则是"俗成"，而"俗"在荀子理论中，也有诸多论述，也可归结为"俗成"与"易俗"两重含义。

> 尚法而无法，下修而好作，上则取听于上，下则取从于俗，终日言成文典，及纠察之，则偶然无所归宿，不可以经国定分；然而其持之有故，其言之成理，足以欺惑愚众。是慎到、田骈也。（《荀子·非十二子》）

> 立身则从佣俗，事行则遵佣故，进退贵贱则举佣士。（《荀子·王制》）

以从俗为善，以货财为宝，以养性为已至道，是民德也。（《荀子·效儒》）

从以上用法可以看出，荀子对"俗"的使用暗含了评价维度。在《非十二子》中的"取从于俗"带有明显的贬义，而"立身则从俗""以从俗为善"则可以看出，带有褒扬意义。其具体褒贬含义需要结合语境，但"俗"暗含作者的赞扬或否定的情绪态度却是无疑的。现代情感主义理论的主要代表人物斯蒂文森把道德语言看作人的情感的表达和宣泄，从这个角度看，"俗"无疑是一种道德语言。那么，从"俗成"的含义来看，"散名"以"俗"为中介同样被指向了道德领域。

"俗"的另外一重含义为"易俗"，与变化之义相关联。

> 性也者，吾所不能为也，然而可化也。情也者，非吾所有也，然而可为也。注错习俗，所以化性也；并一而不二，所以成积累也。习俗移志，安久移质，并一而不二，则通于神明，参于天地矣。（《荀子·儒效》）
> 材性知能，君子小人一也；好荣恶辱，好利恶害，是君子小人之所同也；若其所以求之之道则异矣……譬之越人安越，楚人安楚，君子安雅。是非知能材性然也，是注错习俗之节异也。（《荀子·荣辱》）

在《效儒》篇的引文中，"俗"与"化性""移志"连用。《荣辱》篇中"异"表差异，指代状态，但是"注错习俗"的使用与《效儒》篇中相同，推敲其语境，不难看出是为表现风俗对于人品性的影响。化性起伪是荀子人性论中的重要观点，在荀子伦理理论中地位不言而喻。由此看来，与变化相关联的"俗"仍然指向道德领域。那么便可以证得，荀子"正名"说是指向道德领域的规约，这种规约的终极社会形态便是礼法。

二、依照道德语言约定性的三重层次对荀子之"名"进行划分

对荀子"名"种类的划分早在战国时期就有研究，尹文子将荀子之名划分为"三科"：将方圆白黑等称为描写事物性状的名称为"命物之名"，

将善恶贵贱等形容人品格高下的名归为"毁誉之名",将贤愚爱憎等表现人情绪与状态的名划归为"况谓之名"。此后对荀子"名"种类的划分不一而足,但大致相仿。这种划分首先是依照荀子"正名"的目的将"名"从功用上分为"别同异"和"明贵贱"两类。在根据荀子"然则何缘而以同异"一段,将"天官"中的"心官"与眼、耳、鼻、舌、身五官区分出来,将心官发出的喜、怒、哀、乐、爱、恶、欲作为的一种特殊形态与"同异""贵贱"并列。最终形成"命物之名""毁誉之名""况谓之名"的"三科"划分。而传统认知中,与道德评判直接相关的"毁誉之名"包含道德价值;与认知有关的"况谓之名"凭借"因识成智"的上升路径,可以包含道德价值;而与同异相关的"命物之名"并不包含道德价值,而更富含认知和逻辑价值。

但如果我们借用语言分析学家黑尔的道德语言理论,可以把荀子名学的道德功用更好地提炼出来。依照黑尔的理论,根据语言性质本身和不同使用方式,产生了描述性概念、评价性概念和复合性概念。而规定性和可普遍性作为道德语言普遍具有两种性质始终蕴含其中。① 如果将荀子之"名"视为一个道德语言系统,那么对荀子之"名"划分也可以分为描述性的"名"、评价性的"名"与复合性的"名"。描述性的"名"本身仅包含描述性内容,不包含评价性内容,或者说其道德真值有待评价。与描述性名相对应的是评价性的"毁誉之名",最直观的纯粹评价性之名就是类属标明是非的"对""错""正当",体现程度的"好""坏"与表示期望的"应当",它应该直接表示道德真值。复合性的名顾名思义,即兼有描述性和评价性。

但我们针对上述划分,不得不提出这样几个问题。道德语言中,描述性与评价性真的可以单独抽离么?如果评价性完全不介入,那么单有描述如何会产生道德价值?黑尔的确列举了纯粹评价性的道德概念"好""应当""正当",但是这类纯粹评价性道德语言是否词域过小?而日常语言应

① 黑尔(R. M. Hare),现代元伦理学的代表人物之一,他在其代表作《道德语言》中阐述了其观点。他认为规定性(prescriptivity)和可普遍化(universalizability)是道德语言所具有的普遍化特征。

用经验又直观地告诉我们，评价性道德语言与任何描述性道德语言相结合，都可以显现出道德意义，那么是否可以将评价性提升到规定性、可普遍性并列，成为道德语言的普遍特征？

为了解决以上问题，本文从约定性产生道德意义的三重层次对道德语言进行划分，以荀子之"名"所涉及的儒家道德体系进行阐述。

上章已经论证，荀子"正名"说是指向道德领域的规约系统。可是规约道德意义的产生并不可一概而论。个人认为道德意义可以在语言的三重层次中产生：第一重为规约的道德意义产生自规约所指向的内容，它可以对应黑尔语言哲学体系中的复合性概念，描述性和评价性都实然性具备，我们仍称之为复合性的"名"；第二重为规约的道德意义产生于主体对所指客体的期望，具备实然描述性和应然评价性，我们称之为期望性的"名"；第三重为规约道德意义的产生来自约定本身，我们称之为规定性的"名"。下面以荀子学说进行详述。

1. 复合性之"名"

儒家伦理体系中表示德性的"名"都可以归入此类中，如"仁""义""礼""知""信""孝悌"。它们首先都可以是有所指地描述一类行为，如"爱人""助人"都在"仁"这个概念被提及的时候进入了我们的思维中。此类概念本身就富含强烈的道德评价含义，甚至可以代替单纯的评价性概念。如我们用"仁"评价一个人，就表示此人在道德方面可以受到在儒家道德评价体系下最高的评价。复合性概念之所以可以明白地表达道德评价，在于这类概念已经内化为人的价值标准，成为民族心理的一部分。

2. 期望性之"名"

表示儒家人伦关系的概念可以被归入此类"名"中，如"君""臣""父""子""夫""妇""兄""弟""师""生""朋友"等概念。它们道德意义的产生经过了三个环节：第一环节为满足其"名"所要求的客观条件，如"君"必是一国之主，"父"必要育有后代；第二环节为满足此概念背后隐藏的具体描述性道德要求，如为人君需要具备治国的智识和爱民的品格，为人父需要具备教子的能力和慈爱的品德；第三个环节为如果对象满足了前两个环节的要求，人们会对他表示赞赏的态度，反之则是批判的态度。总而言之，此类概念的道德意义在于对以角色为基础的道德期待的满足。

为了与前面复合性之"名"相区分，辨析一组相关性概念——"孝悌"与"子弟"。以本文对道德概念的划分，"孝悌"为复合性概念，"子弟"为期望性道德概念，它们的区别是显而易见的。"孝悌"既描述了顺从父亲、敬爱兄长的行为，有在儒家道德体系中对这种行为进行了评价，认可了它是好的。而"子弟"单独来讲并不表示任何道德意义，但当"子弟"满足了"孝悌"的要求时，道德意义才会产生。儒家人伦中的"君君、臣臣、父父、子子"的道德意义便产生于符合角色的道德期待。

3. 规定性之"名"

规定性之"名"有许多，其中最有代表性的便是不实指任何物，同时不含有道德色彩的"名"。它们仅仅有逻辑抽象性和逻辑规定性。

> 然后随而命之：同则同之，异则异之，单足以喻则单；单不足以喻则兼；单与兼无所相避则共，虽共，不为害矣。知异实者之异名也，故使异实者莫不异名也，不可乱也。犹使异实者莫不同名也。故万物虽众，有时而欲遍举之，故谓之物。物也者，大共名也。推而共之，共则有共，至于无共然后止。有时而欲遍举之，故谓之鸟兽。鸟兽也者，大别名也。推而别之，别则有别，至于无别然后止。名无固宜，约之以命，约定俗成谓之宜，异于约则谓之不宜。名无固实，约之以命实，约定俗成谓之实名。名有固善，径易而不拂，谓之善名。物有同状而异所者，有异状而同所者，可别也。状同而为异所者，虽可合，谓之二实。状变而实无别而为异者，谓之化；有化而无别，谓之一实。此事之所以稽实定数也，此制名之枢要也。后王之成名，不可不察也。（《荀子·正名》）

值得注意的便是此段中大量涉及的逻辑概念："同""异""单""兼""共""遍""别"。它们在此段中表示动作，但在现今语言中，也可以作为抽象名词。这类"名"并非实指，它们由对比和抽象得来。再如"高矮"

"大小""左右",都不是完全固定的概念。人们对这类词汇的运用往往根据自身经验,在一定范围内形成公共约定,而无论是这类"名"本身,还是由"名"构成的陈述句,都不掺杂道德评判。而道德意义产生自约定这个行为本身。

如道路法规中"靠右侧通行",其中"右"没有道德含义,"右侧行走"也没有道德价值,但是"靠右侧通行"代表的强制性约定"必须靠右侧行走"却产生了道德意义。为了论证道德意义在约定环节才产生,我们找出一个对照——"靠左侧通行"的英国。那么可以看出,无论是"左"抑或是"右""靠左走"抑或是"靠右走"都不涉及道德评判,因为如果涉及道德评判的话,与之相反的行为应该会出现与原陈述截然相反的道德评价,但这显然没有。可是一旦约定形成,约定本身却拥有了道德意义,而"左""右"仍然不产生意义。产生道德意义的来自于如果不靠右行走,就会有发生灾难的极大可能,从消极方面产生了强制约定的必要。

而这种从消极层面产生的强制性约定便是社会公德。这种公德显现于对约定的认知、习得和遵守,它的制定主体往往是具备法律和行政效力的拥有公权力的国家立法与行政部门,在最大程度上调节社会意义上独立的人与人之间的行为,其在语言方面更多表现为"必须""禁止"等强制性词汇的使用。

三、传统道德伦理在当今社会的语言性运行

随着社会形态的转换,上一章总结出的三类道德概念在当今社会的流通方向更具备现代特征。在日常语言中,复合性道德语言、期望性道德语言与规定性道德语言三者相互作用。如"随地吐痰"这一行为在中国古典社会并不具是复合性道德概念,它仅仅描述了行为,在古典时代并不会因而被加之道德评判。但随着"禁止随地吐痰"在现代社会成为规约性道德语言,经过一定时间,"随地吐痰"就成为复合性道德概念,既表示在公共领地吐痰这种行为,有带有了对这种行为的批判态度。从理论上讲,这三类道德语言两两间都可以相互流通。但处于整个社会伦理背景下考量,着重提出两个转换向度。

1. 期望性道德语言向规定性道德语言的转换

期望性道德语言向另外两类道德语言流出是现代人伦关系的必然。再次借助黑尔的道德语言理论，道德语言除了具有约定性之外，还拥有可普遍性。那么如果此道德语言如果需要加强道德含义，除了追求道德约定性之外，还要追求可普遍性。而如上章所讲，期望性道德语言的道德意义产生于以角色为基础的道德期待的满足。那么在现代社会个人需要越来越多面对公共领域的催促下，以角色为基础的期望性道德语言会逐渐转换为其他两种不限于角色的道德语境。

期望性道德语言向规定性道德语言的转换在当今社会的表现就是人伦语境向法律法规的转换。如近年来出台的一条法规，对子女回家看老人的最低次数进行了规定。"子女"作为期望性道德语言，期望子女的行为符合"孝顺"的要求。但是由于期望性道德语境的强制性太低，产生了空巢老人、留守儿童等诸多人伦性社会问题。那么就只好把期望性道德语言转换为强约定性甚至有法律、行政效力的规定性语言。将依靠自觉的人伦性问题转化为强制性的法律法规，然后进行面相全社会的强制调节，这与语言由角色到普适的转化相一致。

2. 规定性道德语言向复合性道德语言的转换

复合性道德语言与规定性道德语言中国传统伦理背景下有着非常明显的区别：表示积极性评价的复合性道德语言往往代表着社会道德理想，是社会道德的最高标准，从积极方面鼓励达成，但因为内涵极广缺少达成的可能；规定性道德语言往往表示社会道德的底线，是不能再向下降的最低标准，从消极方面禁止，却在社会运行层面行之有效。如"圣人"便是明显的复合性道德概念，它是中国古典人格的最高标准，可太难达成。但最强大的社会道德感召往往来自于复合性道德概念。

人作为一种有人知能力和德性潜能的生物，在行为背后总会被某些深切的理念支撑，受到崇高社会理想的感召。在古典社会，便是"仁""义""礼""知""信"等儒家传统纲常伦理，现今又加入了"平等""自由""公平"等现代西方理念。而一旦拥有这些高尚的道德情感，就会把道德语言普遍的社会约定内化为自身的需求。从规定性道德语言向复合性道德语言转化是一个将道德要求内化的过程，是道德的重要上升通路。

中国传统儒家伦理仍然是我国民族心理、民族性格的组成部分。但近代以来，随着政治经济变革带来的社会形态巨变和西方思想的冲击，以个人道德为中心的修身学说、以贤明君主为导向的政治理想和以仁义礼智信为内涵、由亲至疏的道德层层推演模式都受到了很大挑战。在个人在社会生活中直接面向公共领域的今天，对儒家伦理道德做出具有当代效力的解读是非常必要的。如今分析哲学仍然是西方哲学的主流研究方向，而道德语言的兼具规定性与可普遍性的特征又具备消解儒家传统伦理缺陷的优势，沟通西方语言分析与中国传统儒学也是社会儒学的方向之一。本文主要将道德语言限定于儒家伦理体系内分析道德语言的分析与运行，所使用的多为儒家伦理的经典概念。但不得不说，从现实角度讲，自然语言才是社会流通的主要语言，而自然语言更复杂，也更能在微处发生妙用，还待日后的深入。

试论汉代长者及其历史影响

巩宝平

(曲阜师范大学历史文化学院)

摘 要: 长者广泛分布于汉代各个时期、各个地域,涉及不同社会阶层,主要指年长德艾、广为公论推许的贤能士人。长者称谓具有丰富的内涵,侧重于道德,如厚重、宽仁、谨慎、恬静、忠义,尤崇宽厚。汉家制度经历了"霸王道杂之"至"纯任德教""多行宽政"的转变,长者是其中重要的参与者,发挥了独特的作用。两汉之后,仍有不少士人以宽厚长者见闻于世,活跃于朝廷乡里,敦励政风,美化时俗,影响深远,而这与传统官僚政治尚贤选能理念、乡土社会长老统治模式及文化主流思想崇尚宽厚之德密切相关。

关键词: 汉代 长者 尚贤 乡土社会

在汉代史载中,"长者"一词"使用频率很高"①,学界向有"两汉多称长者"之说②,长者是一个相当活跃的群体,引起不少学者的关注与探究。前人从政治史、文化史、社会史等不同角度探析汉代长者的社会角色、理论来源、主要特征等,并较多地考察了汉初长者政治,成果颇丰,如李迎春《汉初长者政治研究》(郑州大学 2006 届硕士研究生论文)、侯海英《〈史记〉中的长者与其在汉初的地位》(《陕西师范大学学报》1999 年第 1

儒学历史

---

① 丁毅华:《战国秦汉社会的长者慕尚》,《文史知识》1999 年第 11 期。
② 柳曾符、柳定生:《柳诒徵史学论文续集》,上海古籍出版社 1991 年版,第 675 页。

期)、侯海英《汉初长者集团执政思想》（《长安大学学报》2012 年第 2 期)、唐国军《帝制初期中国传统政治学体系建构》（中国社会科学出版社 2008 年）等，但是以往研究集中于汉初长者现象的研究，对汉代长者的丰富内涵、作用和历史影响及成因，鲜有涉及。有鉴于此，笔者踵武前贤，整理史料，试从汉代长者所处时段、分布地区、称号来源、具体角色、基本内涵等方面勾勒长者的主要特征，并探析其在传统政治社会中的历史作用、影响和成因。

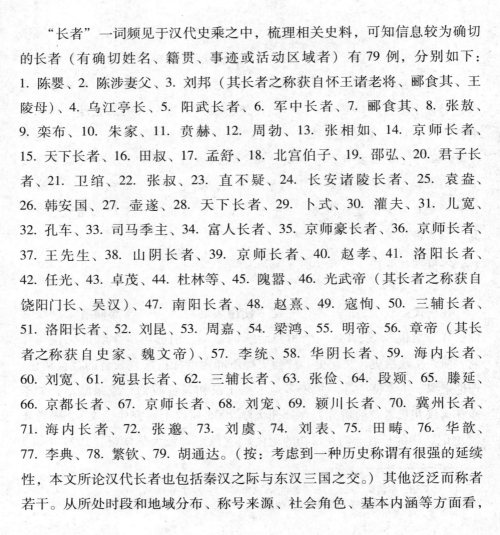
一

"长者"一词频见于汉代史乘之中，梳理相关史料，可知信息较为确切的长者（有确切姓名、籍贯、事迹或活动区域者）有 79 例，分别如下：1. 陈婴、2. 陈涉妻父、3. 刘邦（其长者之称获自怀王诸老将、郦食其、王陵母）、4. 乌江亭长、5. 阳武长者、6. 军中长者、7. 郦食其、8. 张敖、9. 栾布、10. 朱家、11. 贳赫、12. 周勃、13. 张相如、14. 京师长者、15. 天下长者、16. 田叔、17. 孟舒、18. 北宫伯子、19. 邵弘、20. 君子长者、21. 卫绾、22. 张叔、23. 直不疑、24. 长安诸陵长者、25. 袁盎、26. 韩安国、27. 壶遂、28. 天下长者、29. 卜式、30. 灌夫、31. 儿宽、32. 孔车、33. 司马季主、34. 富人长者、35. 京师豪长者、36. 京师长者、37. 王先生、38. 山阴长者、39. 京师长者、40. 赵孝、41. 洛阳长者、42. 任光、43. 卓茂、44. 杜林等、45. 隗嚣、46. 光武帝（其长者之称获自饶阳门长、吴汉）、47. 南阳长者、48. 赵憙、49. 寇恂、50. 三辅长者、51. 洛阳长者、52. 刘昆、53. 周嘉、54. 梁鸿、55. 明帝、56. 章帝（其长者之称获自史家、魏文帝）、57. 李统、58. 华阴长者、59. 海内长者、60. 刘宽、61. 宛县长者、62. 三辅长者、63. 张俭、64. 段颎、65. 滕延、66. 京都长者、67. 京师长者、68. 刘宠、69. 颍川长者、70. 冀州长者、71. 海内长者、72. 张邈、73. 刘虞、74. 刘表、75. 田畴、76. 华歆、77. 李典、78. 繁钦、79. 胡通达。（按：考虑到一种历史称谓有很强的延续性，本文所论汉代长者也包括秦汉之际与东汉三国之交。）其他泛泛而称者若干。从所处时段和地域分布、称号来源、社会角色、基本内涵等方面看，汉代长者有以下主要特征：

（一）广泛分布

从上列的 79 例长者来看，汉代长者在各时段均有分布，如秦汉之交有 7 例（1～7），西汉 32 例（8～39），两汉之交 8 例（40～47），东汉 32 例（48～79）。其中以西汉初年居多，达 21 例（8～28）。这也是为何当前多数学者集中讨论该时段的长者，并称之为"长者政治"① 的原因。事实上，东汉出现的长者人数和西汉一样多，且所具内涵有变，不尽同于前代，需要细究。另，两汉乱世多长者的现象较普遍，如秦汉之交 7 例、两汉之交 8 例、东汉末年 11 例。这些特殊时期的长者当另有所指，如古今学者所见，长者是指"豪侠者"② "或任侠气节的高度保持者"③，实际上是一种掌握时势权力④的社会群体，但长者的主体应是和平时期的贤士大夫（详见下文）。

（二）遍及各地

汉代长者广泛分布于京师内外，涉及三十多郡国，范围颇广，故史载有天下长者⑤、海内长者⑥诸说。且在黄河流域、江淮一带的郡县中长者较多，上举 79 例中，前者如长安、三辅、洛阳等京师一带有 17 例，后者如故楚之地有 17 例，均占汉代长者总数的 21.5%，比例相当高。另，因各种缘由导致同一地区长者在不同时段数量减少甚至销声匿迹，如汉初有"世之言梁多长者"⑦ 之说，但纵观整个汉史所载的梁地长者，仅有汉初三例，之后无迹可寻。

（三）公论推举

长者称誉的来源和途径不一，大致有三：公众舆论、他人称赞、自我称呼。其中，通过公众舆论或他人称赞获长者美名的例子达 79 例，占长者名称来源总数 83 例（按：此处 83 例是长者名称的总数，不同于上述具体获

① 李迎春：《汉初长者政治研究》，郑州大学 2006 年硕士学位论文。

② 范晔：《后汉书》，中华书局 1965 年版，第 851 页。

③ 刘俊文：《日本学者研究中国史论著选译》，中华书局 1993 年版，第 559 页。

④ 费孝通：《乡土中国》，三联书店 1985 年版，第 79～80 页。

⑤ 司马迁：《史记》，中华书局 1980 年版，第 2776 页。

⑥ 范晔：《后汉书》，中华书局 1965 年版，第 1820 页。

⑦ 司马迁：《史记》，中华书局 1980 年版，第 2865 页。

儒学历史

得其称的长者的总体人数 79 例。因史书评价某人为长者的来源不一，如注释中所举诸例中 3. 46. 56. 所示，故多出 4 例）的 94.0%。可见，社会公论对于某人能否为长者起到关键的决定作用。即使自许为长者的人，也是依托于大众舆论默认的一般标准而言，如年高德劭、为人宽厚等。汉代人对长者的推崇成风，于此可见一斑。究其原因，这当与汉代间里郡县的乡论评议比较发达、朝廷重视采集民间风谣等社会政治大环境密切相关。

（四）贤士为主

长者所涉社会阶层较广，从皇帝臣僚至乡里故老，皆有例证。其拥有的社会角色亦多，如在朝或在野的贤士大夫、权贵、地方豪杰、游侠、乡里宗族父老等，但仍以贤士、贤大夫为主，这一群体有 58 例，约占长者例子总数（79 例）的 73.4%。另，在前四史中，被冠以长者之称者多指在朝的政要或隐退的名流，涉及君长、公侯、官宦、豪富、游士等，如史载"章帝长者，事从敦厚"①、长者之有节行者②、游士长者③等，他们官居显职，或盘踞一地，或游历四方，是汉代重要的政治社会势力。就此而论，前人界定汉代长者为"豪侠者"④，或"汉初黄老政治所推崇的理想治国者"⑤，或"间里世俗社会的实际主宰者"⑥，或"大人"⑦，或"任侠气节的高度保持者"⑧ 等，均有失片面。

（五）推崇宽厚

长者称谓，在两汉时人看来，无非"年长德艾，事长于人"⑨、而事实上，它"具有很强的概括性和丰富的内涵"⑩。从相关史料来看，汉代长者的基本内涵主要有：德艾、言讷、名高、貌温、才智、富厚、年长等，尤

① 范晔：《后汉书》，中华书局 1965 年版，第 1811 页。
② 班固：《汉书》，中华书局 1962 年版，第 3944 页。
③ 范晔：《后汉书》，中华书局 1965 年版，第 525 页。
④ 范晔：《后汉书》，中华书局 1965 年版，第 851 页。
⑤ 阎步克：《士大夫政治演生史稿》，北京大学出版社 1996 版，第 274 页。
⑥ 张金光：《秦制研究》，上海古籍出版社 2004 年版，第 426 页。
⑦ 崔向东：《汉代豪族研究》，崇文书局 2003 年版，第 75 页。
⑧ 刘俊文：《日本学者研究中国史论著选译》，中华书局 1993 年版，第 559 页。
⑨ 应劭：《风俗通义校释》，天津古籍出版社 1980 年版，第 416 页。
⑩ 丁毅华：《战国秦汉社会的长者慕尚》，《文史知识》1999 年第 11 期。

其推崇德性。长者之德大致有以下几类：1. 厚重，如重厚少文、事从敦厚、忠厚、深中隐厚、忠贞自厚、忠厚、事从宽厚、犯而不校、退让君子、逊让有德、儒雅不争功、性不好争、好施故旧等；2. 宽仁，如务存宽政、宽仁恭爱、宽大、宽仁、爱人、为政仁爱、谦恭爱士、为人温良、温仁多恕、进退温雅等；3. 谨慎，如不愧于屋漏、醇谨、坐不窥堂；4. 恬静，如执性恬淡、为政清静、清约省素等；5. 忠义，如忠义、有义、忠义、重义轻生等。汉代长者崇德的倾向，与先秦侧重长者于年高①（即年长父兄或长辈之称）的含义迥然不同，从发展趋势来看，长者在汉代"更多地成为一种对道德价值，尤其是对宽厚谨敬的品德的肯定，非仅年长而已"②。长者推崇宽厚之德，在整个汉代政治发展中具有独特作用，影响深远。

二

在汉代的政治思想演变与建构过程中，以元帝为界，大致经历了由"霸王道杂之"③ 至"纯任德教"④"多行宽政"⑤ 的转变。其中值得格外关注之处有二：一为西汉早期政治中的"霸王道杂之"思想，一为从西汉中后期至东汉的"纯任德教"思想。这里既反映了汉代统治者对政治思想建设的探索过程，也是汉代终以儒术治国的体现。长者在其中发挥了关键的作用，是重要的参与者，具有独特的地位。

长者与汉初"霸王道杂之"的政治思想。汉初，百业待兴，前承秦制，在政治指导思想上显得相当保守，如萧规曹随。当政者的治政方略在整体上仍处于吸纳、消化周秦以来的思想资源过程中，具有很大的杂驳性，汉宣帝总结其前的汉家制度时所言"霸王道杂之"，即为其征。在具体的治政实践中，长者是直接的见证者与参与者，发挥着重要的作用，如长者张欧、黄霸。张叔虽为"治刑名家"，但其从政期间举用长者，为人称道，"未尝

① 张心远：《西汉前期的长者及其他》，北大史学论坛，http://www. hist. pku. edu. cn/club/print-page. asp？BoardID=28&ID=6620.
② 李迎春：《汉初长者政治研究》，郑州大学 2006 年硕士学位论文，第 14 页。
③ 班固：《汉书》，中华书局 1962 年版，第 277 页。
④ 班固：《汉书》，中华书局 1962 年版，第 277 页。
⑤ 范晔：《后汉书》，中华书局 1965 年版，第 1727 页。

言案人，专以诚长者处官。……上具狱事，有可却，却之；不可者，不得已，为涕泣面对而封之。其爱人如此"，"官属以为长者"①，可见张叔治政理念中法儒兼修、霸王杂之的特点，并在其周围形成一个小范围的长者施政群体，体行当朝所倡"霸王道杂之"的政治思想。而黄霸，作为执政一方、颇有政绩的著名循吏，主张"凡治道，去其泰甚者耳""力行教化而后诛罚"②，这种治世思想道儒得兼，既合老子的"去甚、去奢、去泰"主张，亦含孔子儒家的"为政以德""隆礼重法"等治政理念。张、黄二人，或法儒一身，或道儒合用，既从一个侧面体现了"霸王道杂之"的汉家制度，同样客观上成为这种制度的忠实执行者。进而言之，所谓政界所行的"霸王道杂之"之制，实乃汉代学者在不断思考和探索大一统王朝治理方略中整合先秦诸子政治思想，并渐次影响到时政的结果。而如果从法道儒三家的政治思想之相通处来看，它们在诸如"虚静无为"③、政德治道、一统天下等若干基本的思路上存有共识，成为汉代"霸王道杂之"之制能够得以付诸实践的强大理论之源。总之，"霸王道杂之"是汉初政治实践的常态，而长者是当时这种常态政治的重要载体和践行者。

长者与汉代"纯任德教"的政德建设。在汉代政治思想的建构中，从黄老道术至六经儒术，由杂驳而臻纯粹，一以贯之的就是汉朝统治者对政德的建构。这既有秦鉴在先、规避错误的考虑，也是一种学术思想从低迷期走向高涨的内在理路所致。从西汉后期至整个东汉，儒家明德慎罚、先教后诛的礼乐教化思想渐居汉代政治思想主流，汉朝更多地推行儒术，强化政德建设。如上节所论，汉代长者以深切的道德关怀见长，具有的丰富道德内涵和崇德诉求，在汉代的政治道德建设中，他们同样充当了见证与参与者的角色，并发挥着重要的作用。最明显的例子就是东汉开创者刘秀，在征战各地时，他多次被时人（如饶阳门长、吴汉）称作长者；在治理天下时，他确立以谨信、不款曲的"柔道"文治策略，所谓"吾理天下，亦

① 司马迁：《史记》，中华书局 1980 年版，第 2773 页。
② 班固：《汉书》，中华书局 1962 年版，第 3631 页。
③ 张分田：《秦汉之际法、道、儒三种"无为"的互动与共性》，《政治学研究》2006 年第 2 期。

欲以柔道行之"①，尤其关注和重用儒士，"爱好经术，未及下车，而先访儒雅，采求阙文，补缀漏逸"②。尽管刘秀与刘邦在治政方略上大有不同，如光武雅好经术、多任用儒者，重视其文化素养、经术治国；而高祖出身小吏、处处存问父老，重视基层宗法势力。但二者皆以宽厚之德见长，并重用德高望重的长者。在东汉地方行政中，也不乏长者被拔擢重用的例子，如王龚"其所辟命，皆海内长者"③，延笃"其政用宽仁，忧恤民黎，擢用长者，与参政事"④，朱穆"前在冀州，所辟用皆清德长者，多至公卿、州郡"⑤，等。以上诸例，皆可得窥长者参与当时政治道德建设的影子，发挥了积极的作用。

此处需要指出的是：长者得以重用，并在政德建设中发挥其作用，绝非个人喜好所致，而是时风使然，且有制度保证。就前者而言，如前言刘邦、刘秀受惠于社会重长者之风，通过自己所获长者之誉，赢得更多有利的舆论支持，重用有德名的贤长者，以此得天下、治天下。史家称东汉章帝长者"事从敦厚"⑥，也从一个侧面反映某种意义上的公论如史家评说对治政业绩的肯定和褒扬。就制度而言，汉朝历任统治者都提倡德治，如皇帝屡次下诏，令朝中大臣和地方官吏乡贤推荐孝廉、察举孝悌、征辟"贤良方正"，荐用"质朴敦厚逊让有行者"⑦。如上所论，长者推崇厚重、宽仁诸德，与汉代选官尚德之制相辅相成，故易得重用。这一点在西汉时期尤其明显，如孝文帝生前常召大臣询问："公知天下长者乎？"⑧ 临终也不忘嘱咐景帝"（卫）绾长者，善遇之"⑨；景帝时，大臣郑庄"每朝，候上之间，说未尝不言天下之长者"⑩；武帝提拔长者卜式为相⑪；宣帝举用长者王先生

① 范晔：《后汉书》，中华书局 1965 年版，第 68～69 页。
② 范晔：《后汉书》，中华书局 1965 年版，第 2545 页。
③ 范晔：《后汉书》，中华书局 1965 年版，第 1820 页。
④ 范晔：《后汉书》，中华书局 1965 年版，第 2103 页。
⑤ 范晔：《后汉书》，中华书局 1965 年版，第 1473 页。
⑥ 范晔：《后汉书》，中华书局 1965 年版，第 1811 页。
⑦ 班固：《汉书》，中华书局 1962 年版，第 287 页。
⑧ 司马迁：《史记》，中华书局 1980 年版，第 2776 页。
⑨ 司马迁：《史记》，中华书局 1980 年版，第 2768～2769 页。
⑩ 司马迁：《史记》，中华书局 1980 年版，第 3112 页。
⑪ 司马迁：《史记》，中华书局 1980 年版，第 1432 页。

为水衡丞①；等。重视德性修养的长者大量入仕，在很大程度上推动了当时的政德建设。

三

尽管如学界前辈所言，"秦汉以降，'长者'一词一直沿用下来，但在史籍和其他文献中，已不常见，使用频率远不如战国秦汉时期高"②，甚至"魏晋以降，英雄名士盛，罕称长者矣"③。但细察两汉后史，仍有不少长者以宽厚之德见称于世，活跃于朝廷乡里，敦励政风，美化时俗。如正史中所载"宽和笃厚"④ 的王宏、"宽和容裕"⑤ 的拓跋继、"和雅信厚"⑥ 的邢臧、"宽厚"⑦ 的高盛、"性和厚"⑧ 的念华、"性宽厚"⑨ 的徐坚、"器量浑厚"⑩ 的卢知猷、"纯厚"⑪ 的苏禹珪、"沉厚"⑫ 的拓拔常、"纯厚长者，为政颇宽"⑬ 的孙仅、"议论宽厚"⑭ 的萧永祺、"为人清慎宽厚"⑮ 的伯答沙、"主宽恕，不为深文"⑯ 的周瑄、"为人宽厚"⑰ 的汤绍恩、"待下宽"⑱ 的李奕畴、"以宽和为治"⑲ 的时翔，等等。除了正史之外，在地方志的记载中，如宋代，同样可见长者的影子，他们既指有德政令名的官员，又指地方民间权威、社会精英，后者在各地救济、公益事业、地方教化、乡村

---

① 司马迁：《史记》，中华书局 1980 年版，第 3210 页。
② 丁毅华：《战国秦汉社会的长者慕尚》，《文史知识》1999 年第 11 期。
③ 柳曾符、柳定生：《柳诒徵史学论文续集》，上海古籍出版社 1991 年版，第 684 页。
④ 姚思廉：《梁书》，中华书局 1973 年版，第 341 页。
⑤ 魏收：《魏书》，中华书局 1974 年版，第 402 页。
⑥ 魏收：《魏书》，中华书局 1974 年版，第 1872 页。
⑦ 李百药：《北齐书》，中华书局 1972 年版，第 181 页。
⑧ 令狐德棻：《周书》，中华书局 1971 年版，第 227 页。
⑨ 刘昫等：《旧唐书》，中华书局 1975 年版，第 175 页。
⑩ 欧阳修等：《新唐书》，中华书局 1975 版，第 5283 页。
⑪ 薛居正等：《旧五代史》，中华书局 1976 年版，第 1674 页。
⑫ 欧阳修：《新五代史》，中华书局 1974 年版，第 826 页。
⑬ 脱脱等《宋史》，中华书局 1977 版，第 10101 页。
⑭ 脱脱等：《金史》，中华书局 1975 年版，第 2721 页。
⑮ 宋濂：《元史》，中华书局 1976 年版，第 3058 页。
⑯ 张廷玉等：《明史》，中华书局 1974 版，第 4298 页。
⑰ 张廷玉等：《明史》，中华书局 1974 版，第 7212 页。
⑱ 赵尔巽等：《清史稿》，中华书局 1977 版，第 11363 页。
⑲ 赵尔巽等：《清史稿》，中华书局 1977 版，第 13008 页。

裁判等方面发挥了重要的作用①。由此可见，从秦汉自明清，长者多活跃于中央或地方政治中，受到时人赞誉，并发挥着重要的教化作用，是古代相当活跃的社会政治势力，影响深远。

长者之所以能够在漫长的中国古代历史上有如此深远的影响力，主要因为它以"年高德艾，事长于人"的年龄、德性和知识的优势，承载着农业社会中世人对治政宽厚、尊贤尚能的道德期许。细而论之，这种深远影响既与传统政治选官制中崇尚贤能之风有关，又与传统乡土社会年长德高者掌握一方教化权力的长老统治②模式相关。当然，从更深层次的文化主流思想构成方面来看，自汉之后，儒、道家思想"成为传统文化中的两大主流思想"③，前者主张为政以德、礼制仁政，后者主张尊道贵德、处其厚实，二者都推崇为政尚宽，而长者富有厚重、宽仁的道德内涵，与儒道治政思想相合，故得久传，影响深远。

① 杜芝明、张文:《长者与宋朝地方社会》,《云南社会科学》2011 年第 2 期。
② 费孝通:《乡土中国》,三联书店 1985 年版,第 65～70 页。
③ 许抗生:《简论中国传统文化的儒道思想互补》,《中国文化研究》1994 年第 2 期。

朱熹书院教化与道学社会化适应

朱人求

（厦门大学哲学系）

摘　要： 朱子的书院教化运动极大地推进了南宋道学的社会化适应。朱子书院的社会教化主要通过创造、传播新的知识、价值观和信仰即道学来影响社会革新，促进社会的变迁；通过道学价值观的教化与认同，塑造新的人格，从而完成书院师生的社会化；通过不同观点的学术争锋来传播道学核心话语；通过科举实现对精英人才的筛选和分配。道学思潮也在官民两种力量共同推动下最终成为国家意识形态，实现了其对社会的控制，迎来了南宋道学发展的又一个高潮。关注"身心的修炼"（即"哲学的修炼"）、倡导自由的精神、重视学统的承传是朱子书院教化的灵魂，对当代大学教育启迪良多。

关键词： 书院　教化　朱熹　道学　社会化适应

书院在两宋时期的发展达到一个新的高峰。据《文献通考·学校考·书院》记载，南宋初年共建书院167家，集中于江苏、安徽、浙江、江西、湖广、福建等地。其中影响较大的福建有33所，江西有39所，湖广有23所，其中大部分以倡明道学[①]为宗旨。理宗以后，随着道学被官方正统化，各地官员纷纷仿效道学家建立书院。在南宋四大书院（白鹿洞、岳麓、丽

[①]　本文所讲的道学，是指狭义的道学，即程朱理学。陈来先生认为，道学有广义和狭义之分，广义的道学指孔孟的精神传统，狭义上则指继承了孔孟道统的以洛学为主干的思想体系。参见陈来：《宋明理学》，辽宁教育出版社1991年版，第9页。

泽、象山书院）中，尤其以经朱熹重修并拟定教规的白鹿洞书院和岳麓书院最为著名。应该指出的是，在道学家掀起的书院运动中，朱子虽然未能首开其端，但却是运动的中坚与旗帜，终其一生，他以极大的热情投入到了书院建设之中①。朱熹积极参与的书院教育运动，也极大地推进了南宋道学社会化适应过程。

一、教化：书院教育的独特性

书院是中国古代一种独特的教育机构。它发端于唐，鼎盛于宋，延续于元，全面普及于明清，清末改制为新式学堂，延绵 1000 余年，对我国古代文化教育、学术思想的发展产生过巨大的影响。古代书院是一种综合型、多层面的文化教育组织模式，具有多种社会文化功能，倡明教化是书院教育最为独特的地方。

教化与教育不同。教化在教之外还有化，即把外在的事物转化为内在的精神养分，成为你自身生命的一部分。教化意味着人的精神的转变，它表示人的精神意识和行为方式从个别性状态向普遍性状态的跃迁，从而获得一种普遍性的本质。一般来说，教化主要指德性的培养，是人的内在精神的整体性生长。教育的目标是获得某种知识，扩大大脑品质，培养获取知识的能力。教化是对心灵的培育，教化的目标是按照心灵的内在本性提升心灵的品质。教化还是一种实践的智慧，它重视知行合一，强调知识的获得要与身心修炼结合起来。钱穆先生晚年有一篇重要的文章——《教育与教化》，指出："中国古代不言教育，而常言教化。……西方教育与宗教分离，偏在人文。中国则言教化，一天人，合内外，更重自然方面。孔门四科首德行，德本于性，则人而通天，由人文而重归自然。此乃中国文化教育一项重大目标所在。"② 这一分析深得教化的精神。

① 据统计，南宋书院运动中，与朱熹直接有关的书院有 40 所，其中创建书院 4 所，修复书院 3 所，在 20 所书院讲学，为 7 所书院撰记、题诗，为 6 所书院题词、题额。另外，他年轻时读书以及成名后讲学等经行过化之地，后人建有 27 所书院，以为纪念。以上合计有 67 所，相关书院数量之多，远远在同时代各位道学大师之上，其对于南宋书院运动的贡献，由此可见一斑。参见方彦寿：《朱子书院与门人考》，华东师范大学出版社 2000 年版，第 1～30 页。

② 钱穆：《晚学盲言》（上），广西师范大学出版社 2004 年版，第 263 页。

书院是儒家文化的一种载体，它"以诗书为堂奥，以性命为丕基，以礼义为门路，以道德为藩篱"（王会厘等：《问津院志·艺文·问津书院赋》）。在传授知识的同时，书院尤其重视道德教化，重视以德性为主的教化是书院教育的独特性。朱子的《白鹿洞书院揭示》集中体现了朱子书院教化的理念。《白鹿洞书院揭示》，又名《白鹿洞书院学规》《白鹿洞书院教条》《朱子教条》，由朱子制订。1180 年（淳熙七年），白鹿洞书院重建落成，身为南康军长官，朱子高兴地率领同僚和书院师生举行开学典礼，升堂讲说《中庸》首章，并取圣贤教人为学之大端，作为书院师生共同遵守的学规，这就是著名的《白鹿洞书院揭示》。朱子强调："父子有亲，君臣有义，夫妇有别，长幼有序，朋友有信。右五教之目。尧舜使契为司徒，敬敷五教，即此是也。学者学此而已。（《朱文公文集》卷七四）《揭示》首先以儒家的"五伦"立为"五教之目"，将传统的伦理纲常作为为学的目标，并强调"学者学此而已"。它有力地证明了这种道德教化精神正是传统书院的首要精神。朱熹指出，尧舜时代之"敬敷五教"，也就是实施道德教化，即用《尚书》标举的人伦教化于民众。它表明，书院的教育目标不仅仅在士人个人的道德修养，还有传道济民的更高诉求，它是一个由道德、伦理、济世三者组成的共同体，相对于科举学校之学来说，体现出一种很特殊的浸透了道学教育理念的书院精神。朱子书院教化尤其重视"知行合一"，注重道德的践履。他接着说："而其所以学之之序，亦有五焉，其列如左：博学之，审问之，慎思之，明辨之，笃行之。右为学之序。学、问、思、辨四者，所以穷理也。若夫笃行之事，则自修身以至于处事接物，亦各有要，其列如左：言忠信，行笃敬。惩忿窒欲，迁善改过。右修身之要。正其义不谋其利，明其道不计其功。右处事之要。己所不欲，勿施于人。行有不得，反求诸己。右接物之要。"（《朱文公文集》卷七四）笃行、修身、处事、接物，无不显示出强烈的道德实践的倾向。笃行是博学、审问、慎思、明辨四项认知的归宿，即把外在的求知转化为内在的生命，在生命中生根发芽，然后在生命实践中展开落实。这样一来，书院之"学"就落实到了现实的人伦世界，而践履人伦则成为"为学"的终极目标。为了达到这一终极目标，我们必须做到知行合一，即做到"穷理"和"笃行"的

社会儒学论丛（第一辑）

合一。也就是说，穷理和笃行构成"为学"的两大部分。《白鹿洞书院揭示》只是蜻蜓点水般提及学、问、思、辨，而把浓墨重彩涂抹在"修身""处事""接物"等"笃行"事务上，把知识的获得与身心修炼弥合得天衣无缝，这是典型的道学家的教化理念，足见朱子书院教化的经世关怀。

《白鹿洞书院揭示》既是书院精神的象征，也是儒家文化精神的高度凝聚，影响久远。1194 年（绍熙五年），朱子任潭州知州重建岳麓书院，将《揭示》移录其中，史称《朱子教条》，传于湖湘。《揭示》最终超越了个体书院的精神生长，成为天下书院共同遵守的准则，成为"历史上教育之金规玉律"①。1241 年（淳祐元年），宋理宗皇帝视察太学，手书《白鹿洞书院学规》赐示诸生。其后，或摹写，或刻石，或模仿，遍及全国书院及地方官学。于是，一院之"揭示"，遂成天下共遵之学规。而随着中国书院制度之推广，它又东传朝鲜、日本，不仅当年奉为学规，至今仍影响深远。

二、书院教化与道学社会化适应

朱子的书院教化运动极大地推进了道学的社会化适应。陈荣捷先生认为，"精舍与书院，都是朱子用来实现新儒学的工具"，朱子门人中至少有 8 人建立过书院、7 人充任过书院堂长、3 人很有名地推行朱子的《白鹿洞书院学规》，陈荣捷先生进一步指出："朱子及其门人，在推行书院制度上，在宋代较之任何其他学团，更为积极与活跃。"② 查考朱子一生，大部分时间在其自创的精舍、书院讲学，形成了人数众多的考亭学派，朱子学也随之推广到八闽大地、推广到全国甚至整个东亚世界。既然教化是书院的重要功能，那么，朱子书院教化是怎样推动道学的社会化？道学又是如何影响人们的社会化适应模式的呢？

（一）传播道学，塑造新人

书院也是新知识的诞生地。书院通过创造、传播新的知识、价值观和信仰即道学来影响社会革新，促进社会的变迁。两宋书院的发展与道学的

① ［美］陈荣捷：《朱子之创新》，《新儒学论集》，中央研究院中国文哲研究所 1995 年版，第 148 页。
② ［美］陈荣捷：《朱子新探索》，学生书局 1988 年版，第 513、110 ~ 111 页。

儒学历史

成长有着密切的关系，特别是南宋时期，双方互相推动而成齐头并进之趋势。如果说北宋书院在一定程度上起着代替或补充官学的作用，那么南宋书院则基本上承担着恢复儒家教育传统、培养"传道济民"的人才、传播道学思想的重任。南宋学者大多以研究道学为务，书院的大规模修建也主要是为了扩大道学的影响，所以，道学盛行的地区，多是书院集中的地区。理学家黄震评价书院："所谓天理民彝，如一发引千钧之寄，独赖诸儒之书院在耳。"① "书院之兴也，斯文之堂奥，正学之标识也。一部道学传，尽在是矣。"（《黄氏日抄》卷九十）把道学的发展看成是书院的功劳。正如日本学者稻叶君山所云："官学是专为科举考试而设的、供人获取利禄的捷径，而非真正的学问研究所，而真正的学问研究所，却在书院。求道问学，非书院不可。"② 书院的设立，实为中国学术文化建筑坚实的基础，盖从此真正的学术研究所，不在学校而在书院。

南宋道学家也很重视儒家经典，但他们在将"五经"作为书院基本教材的同时，更把"四书"纳入书院教育体系，且其地位常高于"五经"。"四书"系统的确立也标志着道学体系的初步确立。此外，南宋书院还以道学家们的著作作为教科书或教学参考书，其中包括周敦颐的《太极图说》和《通书》、张载的《正蒙》和《西铭》、朱子的《朱子语类》和《近思录》等等，至于朱熹的《四书章句集注》更是南宋及其后历代书院必读的教科书。朱子重要的道学著作，《大学章句》《中庸章句》《太极图说解》《西铭解》《近思录》《论语精义》《孟子精义》《周易参同契考异》等，皆完成于其创建的寒泉精舍、武夷精舍和竹林精舍。在书院的授徒著述活动中，朱熹的道学思想逐渐成熟，同时培养了大批弟子高徒，形成了人数众多的考亭学派。其门徒又以书院作为阵地，宣传和普及道学，在几代人的学术传承中，道学影响后世几百年。这说明，朱子思想形成于书院、成熟于书院，书院既是朱子学术思想的"孵化器"，也是他毕生经营的精神家园。

书院教化的社会化功能主要通过教化，让自己的学生按书院的规范行

---

① 陈谷嘉、邓洪波：《中国书院史资料》，浙江教育出版社 1998 年版，第 316 页。
② ［日］稻叶君山等：《中国社会文化》，杨祥荫等译，商务印书馆 1923 年版，第 50～51 页。

事，达成对道学价值观的认同，塑造新的人格，从而完成书院师生的社会化。《白鹿洞书院学规》称："熹窃观古昔圣贤所以教人为学之意，莫非使之讲明义理以修其身，然后推己及人。非徒欲其务记览为词章，以钓声名、取利禄而已也。"（《朱文公文集》卷七四）很显然，朱熹希望通过书院教育来塑造新人，一种洞悉圣贤义理、追求为己之学然后推己及人的新人，与官学"务记览为词章，以钓声名、取利禄而已也"有着完全不同的追求。诚如李弘祺先生所说："从这个《揭示》看来，我们可以说朱熹是希望透过书院的教育来建立一种不同的人生观，一套不同的价值。书院的理想和创制，从此就与朱熹和他的弟子们所创立的理学结合在一起，相互发明，相得益彰。"① 书院制度的建立，使过去只能在庙堂上"教天下之君子"的道学，过渡到"教天下之小人"，完成了文化和学术由上往下的转移，完成了道学社会化使命。通过书院教育，朱熹培养了大批道学弟子，据方彦寿先生考证，朱子在寒泉精舍的门人有蔡元定、林用中等 22 人，在武夷精舍的门人有黄榦、程端蒙、陈文蔚等 91 人，在考亭书院的门人有李燔、贺孙、蔡沈等 163 人，合计 276 人。② 正是有了这份塑造新人、传播道学的使命感，使得许多道学家及其弟子积极投身于书院运动中，使书院成为传播道学的主渠道。

（二）"讲会"争锋，和而不同

朱熹在书院讲学中非常重视不同观点的学术争锋，道学的许多核心话语也一步步在论辩中明晰，在争锋中流播。

1167 年（乾道三年）秋，朱熹千里迢迢从崇安来到潭州（长沙）与张栻讨论"中和"问题，以倡明道学。朱子在给表弟祝直清的信中表明了此行的目的："近得张魏公子钦夫者一二文字，观所见正当尽有发明。欲往见，相与讲释所疑。而千有余年道学不明，士之陋于耳闻目见，无以知道入德。"（《新安文献志》甲卷九《与祝直清书》）朱张讲会，以岳麓书院为中心，并往来于善化（今长沙）城南、衡山南轩二书院，以"中和"为主

① 李弘祺：《绛帐遗风——私人讲学的传统》，见林庆彰主编：《浩瀚的学海》，联经出版事业公司 1983 年版，第 381 页。
② 方彦寿：《朱子书院与门人考》，华东师范大学出版社 2000 年版，第 36～224 页。

题，涉及太极、乾坤、心性、察识持善之序等理学普遍关注的问题，讲论两个多月。在《中庸》的"性"的问题上，朱子与张栻辩论到"三日夜而不能合"①。临别时，张栻在《诗送朱元晦尊兄》诗中写道："君侯起南服，豪气盖九州，顷登文石殿，忠言动宸旒。"（《南轩先生文集》卷一）朱熹作《二诗奉酬敬夫赠言并以为别》回赠张栻："诵君赠我诗，三叹增绸缪。厚意不敢忘，为君高声讴。……勉哉共无斁，此语期相敦。"（《朱文公文集》卷五）显然，在这次辩论中，两人共同勉励，相互启发，结下了深厚的友谊。

朱熹与陆九渊学术观点不一致，黄宗羲在《宋元学案》中所说，象山之学，以"尊德性为宗"，紫阳之学，以"道学问为主"。1175 年（淳熙二年），吕祖谦为了调解朱、陆之间的分歧，特邀请朱熹、陆九渊、陆九龄参加在江西信州鹅湖寺举行的讲会，双方就无极太极、为学之方等道学基本问题进行讨论，即历史上著名的"鹅湖之会"。后来朱熹曾有"鹅湖讲道，诚当今盛事"的感想。"鹅湖之会"虽然没有解决分歧，它却帮助朱熹进一步厘清自己的学术脉络，也进一步扩大了道学的社会影响。如果我们转换一个视角，就会发现朱、陆的分歧并非水火不容，在某种意义上，二者倒是相辅相成的。1181 年（淳熙八年），朱熹邀请与他思想迥异的陆九渊来白鹿洞讲学。这不啻为书院的学术空气注入了新鲜、自由、兼容之活力，也充分显示了朱熹的办学思想及教育观念。陆九渊以"君子喻于义，小人喻于利"为题展开讲述，"说得来痛快，至有流涕者。元晦深感动，天气微冷，而汗出挥扇"（《陆九渊集》卷三十六）。而朱熹确乎以其真诚而表白："熹当与诸生共守，以无忘陆先生之训。"并请陆九渊把讲义"笔之于简"，朱熹亲自写《跋金溪陆主簿白鹿洞书堂讲义后》，珍藏于书院以供摹览学习。后来，朱熹还在《白鹿讲会次卜丈韵》诗中记载了这一盛况："宫墙芜没几经年，只有寒烟锁涧泉。结屋幸容追旧观，题名未许续遗编。青云白石聊同趣，霁月光风更别传。珍重个中无限乐，诸郎莫苦羡腾迁。"（《朱文公文集》卷七）由此可见，在道学各派激烈论争之间，朱熹并未固守一家之言，而是以一种开放的心态对各家各派兼收并蓄。朱子所倡导并积极参

---

① 束景南：《朱子大传》（上），商务印书馆 2003 年版，第 267 页。

与的书院"讲会"争锋，加强了不同学派之间的学术交流，活跃了学术空气，提高了书院教学水平，极大地促进了道学本身的成熟和发展。道学名家的学术争鸣，也极大地吸引了人们的眼球，产生了巨大的社会反响，使越来越多的人加入到接受道学、关注道学的队伍中来。

（三）官民互动，相得益彰

如果说前两者主要来自民间，来自道学自身内部的力量，那么，与官方互动则来自外部政府的推动，它包含科举的推动和皇权的干预两个方面。

1. 科举的推动

科举倡导精英教育，其实质是对精英人才的筛选和分配，这也是书院教育社会化的主要功能。朱子的书院始终坚持自己传道济民的社会关怀，反对一味"钓声名、取利禄"的科举之学，要求与科举保持适当的张力。"前人建书院，本以待四方士友，相与讲学，非止为科举计。"（《朱子语类》卷一六）但是朱子书院的用心并非绝对反对科举他只是希望通过书院来匡正迷失方向的官学教育。就在他一手创建的白鹿洞书院就考中两个状元，进士无数，一时成为全国最高学府。甚至，朱子还为即将奔赴临安参加省试的举人办起了培训班。他发布《招举人入书院状》称："窃惟国家以科举取士，盖修前代之旧规，非以经义、诗赋、论策之区区者为足以尽得天下之士也。然则，士之所以讲学修身以待上之选择者，岂当自谓止于记诵、缀缉无根之语，足应有司一旦之求而遂已乎？今岁科场，解赴省待补之士二十有八人，文行彬彬，识者盖称之，郡亦与有荣焉。然惟国家之所以取士与士之所以为学待用之意，有如前所谓者。是以更欲与诸君评之。今白鹿洞诸生各已散归，山林闲寂，正学者潜思进学之所。诸君肯来，当戒都养，给馆、致食以俟。"这一做法被陈荣捷先生喻为"访问学者"制度①，是朱子思想的一大创新。十分明显，利用书院举办举人培训班的目的，是想利用集训的机会来推广道学的价值观，以道学家讲学修身的一套来修正世俗的科举观念，以期明了国家取士与士之所以为学的真正意义，扩大道学的实际影响。

道学家们设计的理想目标是，书院不以科举为目的，而以为己之学、

① ［美］陈荣捷：《朱子之创新》，《新儒学论集》，中央研究院中国文哲研究所1995年版，第148页。

儒学历史

教化天下为旨归，朱子曾清楚地表述了书院的建设"非止为科举计"的理念。在科举时代，任何反对科举的教育机构要想长久存在，尤其是想作为一种制度而存在，那几乎是不可能的。因此，道学家们接受这种无可奈何的现实，并不泛言反对科举，只将反对的目标锁定在仅仅以科举为目的这一点上，而将大量的精力倾注于讲学事业，希望以自己理学的教育理想来化解消融书院生徒的利禄之心，培养传道济民的人才，那种认定朱子和书院反对科举的观点有待修正。朱子曾在白鹿洞书院开办举人应试培训班，其目的就是想利用集训的机会，以道学观念来匡正科场举人的功利之心，借这些文化精英的力量来推动道学的社会化。

2. 官方的支持

1179 年（淳熙六年），白鹿洞书院的修复，由朱子自己以南康军知军这样一个地方最高行政长官的身份主持。书院建成后，朱子希望得到皇帝的赐额和朝廷的肯定。于是，他"昧万死具奏以闻"，在 1181 年（淳熙八年）三月离任前向中央政府呈送了《乞赐白鹿洞书院敕额》的报告，希望能得到太上皇帝御书石经及印板九经注疏、《论语》《孟子》等书和经费。这一年十一月，机会终于来了，孝宗皇帝有事在延和殿接见他，他向皇帝当面提出为白鹿洞书院赐书赐额的请求，终于获得批准。

书院之学关心政治，崇尚义理，比较符合统治者的需求和治国方略。随着道学社会影响力的增强，统治者认识到道学对维护自身统治的作用，开始大力扶植道学，道学书院教育模式也被官方采纳和推广。同时，随着科举取士政策的深入人心和文人功利思想的蔓延，加之统治者对书院采取官办、笼络、控制的政策，书院的官学化色彩不断加浓，这一时期官学化的书院在促进道学传播的同时也丧失了自身学术研究的特色，以讲授科举时文为主，失去了昔日的生气和精神。嘉泰二年，政治形势发生变化，庆元党禁令解除，"嘉定更化"使道学迎来了光明。道学和它的大本营——书院一同走上了发展的快车道。嘉定年间，宁宗皇帝亲自为福建建阳云庄书院、江西南昌东湖书院赐额[①]，这是南宋书院发生转机的标志。理宗皇帝对

---

① 白新良：《中国古代书院发展史》，天津人民出版社 1995 年版，第 19 页。

道学颇为重视，最终确立了其官方哲学的地位。理宗对书院也是倍加关注，"或赐田，或赐额，或赐御书，间有设官者"①，并将《白鹿洞书院揭示》作为统一教规颁行天下，对全国书院的发展起了巨大推动作用。

可见，以朱子为代表的南宋书院运动中，道学家们既发扬光大私人讲学，又获得了中央与地方政府对书院的支持，开创了官民两种力量共同推进书院发展的新时期，形成了颇具道学色彩的书院教化理念。"理学通过书院获取了在民间知识界的舆论权力，同时还建构了相当的公共空间。"② 从此，书院又获得了中央、地方官府以及民间力量的共同支持。道学思潮也在官民两种力量共同推动下最终成为国家意识形态，实现了其对社会的控制，迎来了南宋道学发展的又一个高潮。

三、关于朱子书院教化的几点思考

（一）身心的修炼

注重德性的养成，重视生命的教育，重视心灵的塑造，是朱子书院教化的首要理念。注重身心的修炼是朱子书院教化的精髓，它对当代大学教育启迪良多。

对抗科举利诱，反对场屋俗学，是以朱子为代表的南宋道学家的长期任务，也一直是书院自别于官学的努力所在。1166 年（乾道二年），张栻在《潭州重修岳麓书院记》中提出了以"造就人才，以传斯道而济斯民"的道学教育理想，以匡正科举追名逐利之失，认为"天理人欲，同行异情，毫厘之差，霄壤之缪，此所以求仁之难，必贵于学以明之"③。后来，陈傅良在《潭州重修岳麓书院记》中把它归结为"治心修身之要"，并予以重申。朱子作《衡州石鼓书院记》时，也给予肯定，并作了一些补充，其称："若诸生之所以学"者，"则昔者吾友张子敬夫所以记岳麓者语之详矣"。并把"治心修身"的方法补充为"养其全于未发之前，察其几于将发之际，善则扩而充之，恶则克而去之"（《朱文公文集》卷七九）。就这样，朱子将科举

① 陈元晖等：《中国古代的书院制度》，上海教育出版社 1981 年版，第 321 页。
② 葛兆光：《中国思想史》第 2 卷，复旦大学出版社 2001 年版，第 246 页。
③ 陈谷嘉、邓洪波：《中国书院史资料》，浙江教育出版社 1998 年版，第 108 页。

儒学历史

功名置换成了天理人欲、治心修身、未发、将发等等道学话语，希望将危害士人的利禄之心，融化消解于道学教化之中。1740 年（乾隆五年），郑之侨作《鹅湖学规说》，再次重申了朱熹"治心修身"的书院教化理念。鹅湖书院以"志于道，据于德；依于仁，游于艺"为学规，郑之侨引用朱子的注解来进一步阐释："朱子云：此章言人之为学当如此也。……之侨谨按：古人读书必以立品为要，而立品之道莫大于修身。欲修身，又必涵养德性，栽培人心。"① 在这里，朱熹期望通过书院教化来修身养性，从而提升心灵的品质。这种"身心的修炼"本质上是一种"哲学的修炼"，即把道学转化为一种普遍的生活方式。当代大学教育应积极从中吸取养分，把自己从纯粹知识的训练转化到对整体生命的关怀上来，尤其是对心灵和德性的养成教育上来。大学教育的目的不仅仅满足于知识的传输和培养，相比较而言，德性的充实、人格的完善、心灵的满足则是更为重要的东西。

（二）自由的精神

书院是民间发起的，经济上独立自主，国家干预较少，故能充分体现学术自由的精神。因此，在历代书院发展的高峰时期，学术界往往出现百花齐放，百家争鸣的现象。以南宋来说，朱子主持白鹿洞书院，甚至邀请论敌陆象山前往讲学，双方都显示出兼容并包的学术胸襟。1167 年（乾道三年），朱熹从福建来到长沙，在城南、岳麓两书院，讲《孟子》"道性善"及"求放心"两章，一时"学徒千余，舆马之众，至饮池水立竭，一时有潇湘洙泗之目焉"（赵宁：《岳麓书院志》卷三）。这次学术活动，首开书院讲会、自由讲学之风。宋代书院盛行讲会制度。讲会提倡自由讲学，各抒己见。书院中各派名师大儒，朱熹、吕祖谦、张栻、陆九龄、陆九渊、陈亮等人的学术辩难，是学术史上的重要事件，开启了书院讲学、讲会之风，这是宋代书院最为有名的教学方法。学术自由的精神是朱子书院教化的灵魂，也是当代大学教育孜孜以求的目标。如何争取经济上的独立，如何以开放的精神来展开学术讨论，当代大学教育仍可从书院教化理论与实践中吸取许多宝贵的经验。

---

① 郑之侨：《鹅湖讲学会编》卷一，清乾隆九年刻本。

（三）学统的承传

　　书院的山长大多是德高望重的大学者，道德文章为一时翘首。山长以其渊博的学问和人格招引成为书院的中心，书院教育与学术传承也围绕山长而展开。"明道""传道"是书院教育的终极关怀，书院自始至终以倡导道学为己任，"书院之建，为明道也"（赵宁：《岳麓书院志》卷八），"国家之建书院……盖欲造就人才，将以传斯道而济斯民也。"① 朱熹也反复强调这一点，在著名的《白鹿洞书院揭示》中，朱熹将这五者列为"五教"之目，他认为书院应该以这些儒家传统的最基本的伦常原则与精神来教化生徒，"学者学此而已"。与现代化教育模式不同，书院以山长为中心的学术教育与学术传承是一种古老的师徒传授的模式。书院教育除了传授可以阐明的公共知识，在师生的相互问难、共同切磋的学术争锋和道德实践中，那些未能阐明的个人知识（如对生命和道统的体悟、对圣人心法的心领神会等）也得到了潜移默化的承传。波兰尼认为，识知是一种要求技能的行为，是一种艺术，它具有默会的成分，在一定程度上是不可言传的。从这种意义上说，知识也是具有个人性的。"一种无法详细言传的技艺不能通过规定流传下去……它只能通过师傅教徒弟这样的示范方式流传下去。""当科学中的言述内容在全世界数百所新型大学里成功地授受的时候，科学研究中不可言传的技艺却并未渗透到很多这样的大学中。"② 如何承传学统？怎样完成个人知识的授受？如何保持学派的多样性和独特性及学派之间的相互争锋与合作交流？面对这些十分严峻的现实问题，当代大学仍可从传统书院教育中吸取宝贵经验，走出一条融合传统和现代的新的途径，有效地促进个人知识的承传与公共知识的传授的统一，推动当代学术的整体性生长。

儒学历史

　　① 杨允恭：《白鹿洞志序》，参见朱瑞熙：《白鹿洞书院古志五种》，中华书局1995年版，第193页。
　　② ［英］迈克尔·波兰尼(Michael Polanyi)：《个人知识》，许泽民译，贵州人民出版社2000年版，第78～79页。

从朱子《白鹿洞书院揭示》看纲常儒教

李 明

（山东社会科学院哲学所）

摘 要： 朱子对纲常儒教教理的系统总结与提升运用深思熟虑而影响深远。立足朱子《白鹿洞书院揭示》并辅以《沧洲精舍谕学者》《童蒙须知》《程董学则》《小学》来观摩体认纲常儒教的核心内容与修习次第，对当前中国道德教育的健康发展具有重大启示价值。

关键词： 朱子 白鹿洞书院揭示 纲常儒教 当代重铸

清代大儒陈宏谋于其所辑《五种遗规·养正遗规》①序中曾一针见血地指出："天下有真教术，斯有真人材。教术之端，自闾巷始。人材之成，自儿童始。大易以山下出泉，其象为蒙。而君子之所以果行育德者，于是乎在。故蒙以养正，是为圣功，义至深矣。余每见当世所称材子弟，大都夸记诵，诩词章，而德行根本之地，鲜过而问焉。夫在山泉水清，出山泉水浊，繄岂泉之咎哉。汩泥扬波，父兄之教不先，子弟之率不谨也。"可见，夯实纲常儒教以培育知行合一之人文君子，无疑具有迫切必要性。那么，足可垂范依法的"真教术"何在呢？众所周知，朱子乃纲常儒教之集大成者，元明清时期程朱修教法式更是被奉为儒教修习教化的主流正统，即便乾嘉朴学大家亦均曾明示"六经尊服、郑，百行法程、朱"，可见其实际影响至为深远。鉴此，陈宏谋自觉列朱子《白鹿洞书院揭示》为《养正遗规》

---

① 相关引述参见［清］陈宏谋辑：《五种遗规》，中国华侨出版社 2012 年版。

之首篇，其按语释之云："学也者，所以学为人也。天下无伦外之人，故自无伦外之学。朱子首列五教，所以揭明学之本指，而因及为学之序，自修身以至处事接物之要。则学之大纲毕举，彻上彻下，更无余事矣。宏谋辑《养正规》，特编此为开宗第一义，使为父兄者共明乎此，则教子弟得所向方。自孩提以来，就其所知爱亲敬长，告以此为人之始，即为学之基。切勿以世俗读书取科名之说，汩乱其良知，庶耳所习闻，儿时亦晓然所学为何事。"朱子亦在《揭示》中自觉剖明创作原委云："熹窃观古昔圣贤所以教人为学之意，莫非使之讲明义理，以修其身，然后推以及人。非徒欲其务记览，为词章，以钓声名取利禄而已也。今人之为学者，则既反是矣。然圣贤所以教人之法，具存于经。有志之士，固当熟读深思而问辨之。苟知其理之当然，而责其身以必然，则夫规矩禁防之具，岂待他人设之，而后有所持循哉。近世于学有规，其待学者为已浅矣。而其为法，又未必古人之意也。故今不复以施于此堂。而特取凡圣贤所以教人为学之大端，条列于上，而揭之楣间。诸君其相与讲明遵守，而责之于身焉。则夫思虑云为之际，其所以戒谨而恐惧者，必有严于彼者矣。其有不然，而或出于此言之所弃，则彼所为规者，必将取之，固不得而略也。诸君其亦念之哉。"以下我们尝试结合朱子《沧洲精舍谕学者》《童蒙须知》以及《程董学则》，对《白鹿洞书院揭示》所列五教之目、为学之序等纲常儒教的核心要素展开简要论述，进而反思当今时代中国社会的教育缺失以期自觉自立地渐次复归本来面目。

一、五教之目：纲常儒教的永恒主题

朱子《白鹿洞书院揭示》所列"五教之目"，即《孟子·滕文公上》所云"父子有亲，君臣有义，夫妇有别，长幼有序，朋友有信"。

"五教之目"源远流长，朱子《白鹿洞书院揭示》正是对中华民族纲常儒教一贯主题的自觉总结，诚如《揭示》所明示："尧舜使契为司徒，敬敷五教，即此是也。学者学此而已。"五教阐发，历代有之。如孔子提出"正名"（君君、臣臣、父父、子子）说，孟子提出"父子有亲，君臣有义，夫妇有别，长幼有序，朋友有信"说，荀子提出"礼有三本"说，《礼记·礼运》提出"十义"（父慈子孝、兄良弟悌、夫义妇听、长惠幼顺、君仁臣忠）说。在董仲舒"天人相副"阴阳互动说基础上，班固辑《白虎通义》卷七"三纲六纪"条阐释总结云："三纲者何谓也？谓君臣、父子、夫妇也。六纪者，谓诸父、兄弟、族人、诸舅、师长、朋友也……何谓纲纪？纲者，张也；纪者，理也。大者为纲，小者为纪，所以张理上下，整齐人道也。人皆怀五常之性，有亲爱之心，是以纲纪为化，若罗纲之有纪纲而万目张也。君臣、父子、夫妇，六人也，所以称三纲何？一阴一阳谓之道。阳得阴而成，阴得阳而序，刚柔相配，故六人为三纲……三纲法天地人，六纪法六合。君臣法天，取象日月屈信归功天也。父子法地，取象五行转相生也。夫妇法人，取像人合阴阳有施化端也。六纪者，为三纲之纪者也。师长君臣之纪也，以其皆成己也；诸父兄弟父子之纪也，以其有亲恩连也；诸舅朋友夫妇之纪也，以其皆有同志为纪助也。"在三国两晋南北朝名教自然论提出之后，唐宋儒教终于酝酿出"内圣外王"天理纲常观。进而，在儒教前贤不懈努力基础上，明清时期出现的《三字经》等优秀蒙学读物明确指出"三纲者，君臣义，父子亲，夫妇顺……曰仁义，礼智信，此五常，不容紊……父子恩，夫妇从，兄则友，弟则恭，长幼序，友与朋，君则敬，臣则忠，此十义，人所同"，这就把纲常儒教基本教义大众化、通俗化了。通观纲常儒教历代沿革，朱子纲常教化思想无疑具有继往开来的基础性作用。

概要言之，"五教之目"即纲常儒教，而纲常儒教的核心内容亦即"三纲五常"（纲者表率，常者日用）之当位中正。其中，"三纲"即君为臣纲、父为子纲、夫为妻纲，"五常"即父慈子孝而有亲、君仁臣忠而有义、夫义妇顺而有别、兄友弟恭而有序、朋和友爱而有信。通过对"三纲五常"诚敬时中的日用践履，儒者即可下学上达、自觉觉他。在中华民族价值思维体系中，纲常双方阴阳对等、共生互补，三纲五常之当位中正即真实内在的自由平等，亦即权利与义务的完美平衡，我们应自觉持守"明德亲民，伦常当位"这一人文儒教基本价值取向，切实持守《大学》"为人君，止于仁。为人臣，止于敬。为人子，止于孝。为人父，止于慈。与国人交，止于信"这一纲常儒教的动态平衡。正如《中庸》所示"亲亲之杀，尊贤之等，礼所生也"，"伦常当位"价值取向藉鲜活的礼仪践履得以达成。礼始于冠、本于婚、重于丧祭、尊于朝聘而和于乡射，切实贯彻非礼勿视、非礼勿听、非礼勿言、非礼勿动原则，儒教纲常的修养教化方可当位中正。毋庸置疑，诚如《论语》所明示"人而不仁，如礼何"，守礼务须体仁，儒者本仁义以行礼仪、即礼仪而体仁义方可杜绝流弊。本立而道生，孝悌之道实为儒者伦常当位、守礼体仁之自然入手处，诚如《孝经·圣治章》所云"父子之道，天性也，君臣之义也……不爱其亲而爱他人者，谓之悖德。不敬其亲而敬他人者，谓之悖礼。以顺则逆，民无则焉。不在于善，而皆在于凶德，虽得之，君子不贵也"。因此，"纲常儒教"即顺人情而契天理的伦常日用之教，纲常儒教这一情理中道价值思维值得我们认真体察与内在贯彻。

需要着重指出的是，朱子纲常儒教的教化主体与成就目标均为人文君子。"人文"即纲常儒教的"人文"性质，主要是就价值思维的基本倾向而言的。总体而言，西方基督教文化为"神本"超越进路，即认为"原罪"折射出软弱与僭妄两极并存的人类有限性，故而人类须信靠创生万物之独一真神，藉无限之他力以提升有限之自力。即便是当前西方民主社会的价值思维主流，实际上亦不过是对此"神本"进路的世俗化延展而已。而中国儒教文化则为"人文"中道进路，即认为人性本善而觉有先后，天人合一而道则中庸，伦常内在而孝悌为本，下学上达而当位时中，改过迁善而随分量力，精纯合道而永无止息，义利一体而义以统利，德刑兼备而德化为本。即便是明清以来"感报劝惩"式的"神道设教"大众教化探索，也大都恪守了立足自力而又权借他力的"心境互动"这一人文进路。因此，在西方文化语境中"神"概念确指独一上帝，而在中国文化语境中本心即神、日用即神，心大无外故神明无所不在，心量不等故神明道力参差，日用事端无定故神明随事而分类，践履方式不一故神明异教而殊别。所谓"人文君子"，实即以纲常儒教为本务的圣贤师长与修齐学者。大致而言，"人文君子"以"人性本善，民惟邦本"为信念依据，以"守礼体仁，孝悌为本"为践履把柄，以"明德亲民，伦常当位"为价值取向，以"天人合一，道则中庸"为思维方式。诚如《荀子·王制》所云，"天地生君子，君子理天地。君子者，天地之参也，万物之揔也，民之父母也。无君子则天地不理，礼义无统，上无君师，下无父子，夫是之谓至乱”，人文君子自明明德而又亲民觉他，实为纲常儒教之引领主体与培育目标。

综上可见，朱子《白鹿洞书院揭示》"五教之目"，正是对人文儒教"学之本指"即明德亲民、伦常当位这一核心内容的自觉拈出与提升运用，对后世影响可谓至远至巨。

二、为学之序：纲常儒教的修习次第

朱子《白鹿洞书院揭示》指出，作为纲常儒教修习次第的"为学之序"，实即《中庸》"博学之，审问之，慎思之，明辨之，笃行之"。倘若与《论语·泰伯》"兴于诗，立于礼，成于乐"、《论语·为政》"吾十有五而志于学，三十而立，四十而不惑，五十而知天命，六十而耳顺，七十而从心所欲不逾矩"，以及《大学》格物、致知、诚意、正心、修身、齐家、治国、平天下"八条目"等理论表述互为诠证，这一纲常儒教修习次第的基本内涵是非常清晰的。

兴于诗者，藉诗以言志，儒者为学首在立志于纲常修习。关于立志纲常问题，朱子于《沧洲精舍谕学者》中明示："书不记，熟读可记，义不精，细思可精，惟有志不立，直是无着力处。只如而今，贪利禄而不贪道义，要作贵人而不要作好人，皆是志不立之病。直须反复思量，究见病痛起处，勇猛奋跃，不伏作此等人。一跃跃出，见得圣贤所说千言万语，都无一事不是实语，方始立得此志。就此积累工夫，迤逦向上去，大有事在，诸君勉旃，不是小事。"可见，"纲常之志"作为头脑主心骨，实际贯彻于人文君子博学、审问、慎思、明辨、笃行全过程，无志则心必馁矣。正是有鉴于此，陈弘谋将朱子《沧洲精舍谕学者》列为《养正遗规》第二篇，其按语更是结合世俗弊端而深切指出："学莫先于立志，固人尽知之，但世人所谓立志，志科名耳，志利禄耳。每子弟发蒙，即便以此相诱，故所夸材隽，不过泛滥于记诵词章，而不复知孝弟忠信为何事。朱子谕学者，所云志不立之病，却在贪利禄不贪道义，要作贵人不要作好人。教后生须将此路头，先与他指点明白，方得迤逦向圣贤一路上去。故是编既示以学之纲，即不可不正其志所向，否则志非其志，学亦非其学矣。"所论可谓切中时弊。

朱子《白鹿洞书院揭示》明确指出，在纲常儒教"为学之序"中，博学、审问、慎思、明辨四者为穷理之事。而自修身以至于处事、接物则为笃行之事。穷理明志方可笃行，笃行达志更可穷理。穷理在笃行中，笃行亦在穷理中，穷理笃行互动互诠而内在一体，此即《大学》"三纲领、八条目"之主旨意蕴。朱子《揭示》进而指出，笃行有三要领，即修身之要、处事之要以及接物之要。其中，修身之要为"言忠信，行笃敬；惩忿窒欲，迁善改过"，处事之要为"正其谊不谋其利，明其道不计其功"，而接物之要则为"己所不欲，勿施于人；行有不得，反求诸己"。可见，纲常儒教之笃行"三要领"均须落实到内圣、外王亦即明德、亲民互诠互益的良性互动上来。

朱子落实纲常儒教"为学之序"的礼法保障与入门规范，家教启蒙阶段当以《童蒙须知》为代表，塾校师教阶段则以《程董学则》为代表，而《童蒙须知》与《程董学则》则为狭义上的《小学》。在《养正遗规》中，陈弘谋将朱子《童蒙须知》列为第三篇，而将朱子论定《程董学则》列为第四篇，这一排列次序可谓缜密周至。

陈弘谋于朱子《童蒙须知》前按语云："前二篇（即《白鹿洞书院揭示》与《沧洲精舍谕学者》）为学者定其纲宗，端所祈向，而蒙养从入之门，则必自易知而易从者始。故朱子既尝编次《小学》，尤择其切于日用，便于耳提面命者，著为《童蒙须知》，使其由是而循循焉。凡一物一则，一事一宜，虽至纤至悉，皆以闲其放心，养其德性，为异日进修上达之阶，即此而在矣。吾愿为父兄者，毋视为易知而教之不严；为子弟者，更毋忽以不足知而听之藐藐也。"观此，其编排心迹了然可知。至于《童蒙须知》基本内容，朱子自序云"夫童蒙之学，始于衣服冠履，次及言语步趋，次及洒扫涓洁，次及读书写文字，及有杂细事宜，皆所当知"。例言之，"衣服冠履第一"强调"大抵为人，先要身体端整……不可宽慢，宽慢则身体放肆不端严，为人所轻贱矣"，"语言步趋第二"强调"凡为人子弟，须是常低声下气，语言详缓，不可高言喧哄，浮言戏笑……凡闻人所为不善，下至婢仆违过，宜且包藏，不应便尔声言，当相告语，使其知改"，"洒扫涓洁第三"强调"凡为人子弟，当洒扫居处之地，拂拭几案，当令洁净。文字笔砚，凡百器用，皆当严肃整齐……坏笔污墨，瘭子弟职。书几书砚，自黦其面，此为最不雅洁，切宜深戒"，"读书写文字第四"强调"凡读书，须整顿几案，令洁净端正……只是要多诵遍数，自然上口，久远不忘……凡写字，未问写得工拙如何，且要一笔一画，严正分明，不可潦草"，"杂细事宜第五"亦强调"凡子弟须要早起晏眠。凡喧哄争斗之处不可近，无益之事不可为……凡饮食有则食之，无则不可思索，但粥饭充饥不可阙……凡相揖必折腰"。朱子最后明示："凡此五篇，若能遵守不违，自不失为谨愿之士。必又能读圣贤之书，恢大此心，进德修业，入于大贤君子之域，无不可者，汝曹宜勉之。"对照可见，明代儒教蒙学名著《弟子规》，于朱子《童蒙须知》一脉相承而实有取焉。

　　陈弘谋于朱子论定《程董学则》前按语云："《童蒙须知》为父兄者所以教其子弟也，《程董学则》则自十年出就外傅以上事。凡乡塾党庠，胥可通行。故朱子尝以为有古人《小学》之遗意焉。父兄教之于家，师长教之于塾。内外夹持，循循规矩。非僻之心，复何自入哉。"朱子于《程董学则》后记中亦明示："道不远人，理不外事。故古人之教者，自其能食能言。而所以训导整齐之者，莫不有法，而况家塾党庠术序之间乎。彼学者所以入孝出弟行谨言信，群居终日德进业修，而暴慢放肆之气不设于身体者，由此故也。番阳程端蒙与其友生董铢共为此书，将以教其乡人子弟，而作新之，盖有古人《小学》之遗意矣。余以为凡为庠序之师者，能以是而率其徒，则所谓成人有德小子有造者，将复见于今日矣。于以助成后王降德之意，岂不美哉。"考察可见，《程董学则》基本内容包括严朔望之仪、谨晨昏之令、居处必恭、步立必正、视听必端、言语必谨、容貌必庄、衣冠必整、饮食必节、出入必省、读书必专一、写字必楷敬、几案必整齐、堂室必洁净、相呼必以齿、接见必有定、修业有余功而游艺以适性、使人庄以恕而必专所听。《学则》制定者深信，"苟日从事于斯，而不敢忽，则入德之方，庶乎其近之矣"。

　　朱子《童蒙须知》与《程董学则》为狭义上的《小学》，朱子《小学》

则为广义上的《童蒙须知》与《程董学则》。朱子编选《小学》序云："古者《小学》，教人以洒扫应对进退之节，爱亲敬长隆师亲友之道，皆所以为修身齐家治国平天下之本，而必使其讲而习之于幼稚之时，欲其习与智长，化与心成，而无扞格不胜之患也。今其全书虽不可见，而杂出于传记者亦多，读者往往直以古今异宣而莫之行，殊不知其无古今之异者，固未始不可行也。今颇搜辑以为此书，授之童蒙资其讲习，庶几有补于风化之万一云尔。"朱子《小学》题辞则进而明示："元亨利贞，天道之常。仁义礼智，人性之纲。凡此厥初，无有不善。蔼然四端，随感而见。爱亲敬兄，忠君弟长。是曰秉彝，有顺无强。惟圣性者，浩浩其天。不加毫末，万善足焉。众人蚩蚩，物欲交蔽。乃颓其纲，安此暴弃。惟圣斯恻，建学立师。以培其根，以达其支。小学之方，洒扫应对。入孝出恭，动罔或悖。行有余力，诵诗读书。咏歌舞蹈，思罔或逾。穷理修身，斯学之大。明命赫然，罔有内外。德崇业广，乃复其初。"朱子编选《小学》内篇包括立教、明伦、敬身、稽古四部分，外篇包括嘉言、善行两部分。"立教"者，"则天明，遵圣法，述此篇，俾为师者知所以教，而弟子知所以学"。"明伦"者，"稽圣经，订贤传，述此篇，以训蒙士"。"敬身"者，"仰圣模，景贤范，述此篇，以训蒙士"。"稽古"者，"摭往行，宝前言，述此篇，使读者有所兴起"。"嘉言、善行"者，"历传记，接见闻，述嘉言，纪善行，为《小学》外篇"。观朱子《小学》所选，圣贤是范而下学上达，兹事体大故"小学"不小。

综上，朱子《白鹿洞书院揭示》所述纲常儒教的"为学之序"，以及《沧洲精舍谕学者》《童蒙须知》《程董学则》《小学》所述落实"为学之序"的礼法保障与入门规范，正是对伦常儒教修习次第的自觉拈出与提升运用，对后世影响亦可谓至远至巨。

综上可见，朱子学术内外一贯而体用无间，集前圣先贤修教思想之大成，谆谆教诲学者要做一个身体力行纲常儒教的人文君子。纲常儒教者，亲亲尊贤贵位序齿，家国天下内在一体，这一特色也充分体现在朱子对宗法、封建、井田、学校的一并振起的开拓努力上。譬如，朱子一贯主张，圣人不以天下为己私，而应分天下与亲贤共理，《朱子语类》卷一百零八即曾明示"若论三代之世,则封建好处,便是君民之情相亲,可以久安而无患;不似后世郡县,一二年辄易,虽有贤者,善政亦做不成"。当然,朱子也洞察膏粱者不可使治民的道理,故其态度中和地主张"于郡县中错杂封建",以期庶几得其两益而去其两弊。

三、溯源返本:纲常儒教之当代重铸

东亚人文纲常儒教与西方基督宗教是具有重大差异的价值思维传统,立足一方价值思维路径并内在消化另一方价值思维路径优长是唯一可行的健康发展思路,而所有那些名实混淆的替代打压式所谓"先进"思路都是极其错误有害的。众所周知,近二百年来西学东渐,西化学者入主出奴,知行分裂、学教二元,义利模糊、本末倒置,当代中国社会价值思维基督教化与世俗西化情态可谓空前严重。当前,我们应痛定思痛而立定本位,内在树立中华民族文化自信而自觉返本溯源,通过自觉重铸中华传统纲常儒教,最终从基础与源头上彻底改观当前中国社会教育的混乱无序态势。

如上所述,以《白鹿洞书院揭示》《沧洲精舍谕学者》《童蒙须知》《程董学则》《小学》为代表性著作,朱子对纲常儒教的整合提升做出了集大成式的重大贡献,对核心主题、修教次序、学者立志、法圣力行、家教启蒙、师教规范等诸多关键环节均进行了深思熟虑的周至安排。认真观摩学习朱子纲常儒教思想,对当前中国社会纲常儒教的健康重铸而言,无疑具有重大启示价值。

明代儒士"君子人格"管窥（上）

——以张履祥《近古录》为中心

张瑞涛

（中国石油大学马克思主义学院）

> 抑使后人稽览，知畴昔之世，教化行而风气厚，其君子野人，各能砥砺整束，以章国家淳隆之治。
>
> ——张履祥：《近古录自序》

"君子"为儒家学者的人格理想，强调个人道德修养的至真纯粹境界和移风化俗之效能，诚如《易传》"天行健，君子以自强不息；地势坤，君子以厚德载物"所言，又如《论语》"君子之德风，小人之德草，草上之风必偃"，拟或《孟子》"富贵不能淫，贫贱不能移，威武不能屈，此之谓大丈夫"，及至《荀子》"君子之学也美其身，小人之学也以为禽犊"，通过精心刻画圣贤君子气象，以彰显理想人格的标榜价值和警示意义。在呈现出人格理想多元化色彩的明末清初时代，士大夫中既有恪守儒家行为准则的道德实践者，又有言不由衷的假道学和不管廉耻者①，因而，心系家国天下的儒学家则自觉梳理历代儒学名贤的嘉言懿行，以昭彰圣贤君子的道德气象，希图扭转士风时弊。其中，蕺山后学弟子张履祥编纂辑录《近古录》，宣扬君子德风，有裨于世道人心，从中亦可窥探明代儒仕的君子人格。

① 陈宝良：《从士风变迁看明代士大夫精神史的内在转向》，《故宫学刊》2013年卷。

一、"维持世运"：《近古录》编纂始末

张履祥（1611～1674），字考夫，别号念芝，浙江嘉兴府桐乡县人，因

世居清风乡鑪镇，后世学者尊称为杨园先生。他治学重践履敦笃，强调为学自得，为时人所称赏。如：《四库全书总目提要》有言："履祥初讲蕺山慎独之学，晚乃专意于程、朱。立身端直，乡党称之"；张杨园挚友凌克贞①有言："余友张念芝先生，于学绝道晦之日，独明心性之故，而修身力行以践其实。其于是非真伪之际，辨之明而守之笃"；"先生学有本原，功崇实践，守集义、养气之功，以致力于庸言、庸行之际，道器不离，动静无间。验其素履，则历险难而不渝，极困穷而自得。凡发为语言文字，决不矜情作意，而蔼然自见于充积之余。言愈近而旨愈远，见愈亲而理愈实，有德之言，非能言者比。余交三十年，察其语默动静，莫非斯道之流露，非深造自得者不能也。……先生德器温粹，陶淑于山阴，更觉从容。归而肆力于程、朱之书，学益精密，识亦纯正，仰质先圣，其揆一处，洞悉无疑"②。而且在凌克贞看来，信程朱理学即是信孔孟之道，博文约礼为孔门教人之准绳，知言养气为孟氏为学之律令，程朱之书即是翼经而行，如日月之丽天，"求道者舍此而别求门庭，是犹背日月而索照"③。凌氏论断虽说正中杨园治学之本旨路向，但也是对蕺山之学和阳明之学的极力诋毁。当然，因由盛赞杨园之学而极力贬低姚江之学的当属周镳和方东树。周镳有论："学自姚江后，'良知'之说盛行，如洪水横流，泛滥而不可遏。观黄梨洲所辑《明儒学案》，出奴入主，大约以姚江为宗。梨州受业蕺山，而其所载《蕺山语录》，亦依附姚江，不免阳儒因释之病。先生虽及蕺山之门，独能力挽颓波，明正学于举世不明之日，上继濂、闽之绪，下开清献之传，

---

① 凌克贞,初名阶,字宁膺,号渝安,浙江乌程人,明诸生。张履祥在跟好友姚夏的书信中指出:"字虎既殁,复得宁膺,不幸中之幸也。"（[清]苏惇元:《张杨园先生年谱》,载[清]张履祥:《杨园先生全集》下,陈祖武点校,中华书局2002年版,第1479页。）字虎既钱寅。由杨园所言可知,他与凌克贞亦为挚友。

② [清]苏惇元:《张杨园先生年谱附录》,《杨园先生全集》下,中华书局2002年版,第1525～1526页。

③ [清]凌克贞:《杨园先生全集序》,张履祥:《杨园先生全集》上,中华书局2002年版,第5页。

志称朱子后一人，允矣无愧。"① 方东树有言："自陈（白沙）、湛（甘泉）不主敬，高（攀龙）、顾（宪成）不识性，山阴（刘宗周）不主致知，素所趋无不差，而清献（陆陇其）与先生实为迷途之明烛矣。先生尝师山阴，故不敢诵言其失，然其为学之明辨审谛，所以补救弥缝之者亦至矣。且自朱子而后，学术之差，启于阳明。而先生闲邪之功，莫如辨阳明之失。……其说应在罗整庵、陈清澜、张武承之上"，且将张履祥视为"近代真儒"②。周镐和方东树将张履祥学问直接定位于阳明、蕺山之上，且不论其说是否恰当，但就其将阳明之学比作"洪水横流，泛滥不可遏"，将蕺山之学侮为"阳儒阴释"而言，已显见立场之偏颇、论断之臆造。须知，阳明之学为士子学人赢得思想解放之可能、补救程朱理学教条禁锢之弊病提供极好的立论前提，至于阳明后学弟子王艮、王龙溪等人"猖狂者参之以情识，超杰者荡之以玄虚"③，是对师学的过度诠释和严重误读；至于以蕺山学"阳儒阴释"，更是对刘宗周学说的误读和曲解。④ 当然，定性和定位杨园之学，须把握其顺承程朱理学路向，重工夫践履、主敬致知的思想特质。正因此，有学者直言张履祥"尊朱辟王"思想对清初"由王返朱"学术转型起重要推动作用，说杨园为"辟王学的第一个人"，甚至是"朱子后之一人"，是因为他基于更利于世道人心的思想背景而转向朱学以重新诠释"师说"，于蕺山刘门有"补救之力"，堪称"刘氏功臣"。⑤

张履祥于崇祯十七年甲申（1644）偕钱寅（字子虎，浙江桐乡（一说海盐）人）始问师刘宗周（字起东，号念台，浙江省山阴县人，后世学者尊称为蕺山先生），并于是年开始记录编纂《言行见闻录》。据苏惇元（字厚子，

① ［清］周镐：《张杨园先生全集序》，［清］张履祥：《杨园先生全集》下，中华书局 2002 年版，第 10～11 页。

② ［清］方东树：《重编张杨园先生年谱序》，［清］张履祥：《杨园先生全集》下，中华书局 2002 年版，第 1487 页。

③ ［明］刘宗周：《证学杂解·解二十五》，载吴光主编：《刘宗周全集》第二册，浙江古籍出版社 1997 年版，第 278 页。

④ 笔者撰文指出，刘宗周为学严辨儒释，"己之儒、释不可不辨，人之儒、释可姑置之不问"，坚持"醇儒学"价值方向，且能以醇儒者形象挺立于世人面前。（拙著：《心体与工夫——刘宗周〈人谱〉哲学思想研究》，人民出版社 2014 年版，第 52～69 页。）

⑤ 张天杰：《蕺山学派与明清学术转型》，中国社会科学出版社 2014 年版，第 241～258 页。

号钦斋)《张杨园先生年谱》记载:"十七年甲申,为大清顺治元年,先生年三十四岁。……二月,如山阴,受学于刘念台先生之门。先生偕钱字虎至蕺山,谒刘先生。"是时,刘蕺山问张履祥二人"有亲乎",对曰"祥与寅俱幼丧父,今母亡又数岁",则"刘先生色动,似重有哀者"。因为刘蕺山自身为"遗腹子",自小无从见及乃父,故当人谈及父母,他必心生痛念,因此平生特重孝道。进而,蕺山告诫二位门徒"修身所以事亲"。他还问履祥是否"静坐"及"古人主一之指"的内涵,履祥一一作答,指出"诚则一",且"以敬得诚",皆能贴合蕺山心思,因为在他看来,"从诚敬做工夫,便不谬"。蕺山还告诫二生:"学者最患是计功谋利之心,功利二字最害道";"事无求可,功无求成,惟义所在而已"。杨园先生则捡择《愿学记》中的语论请质刘蕺山,蕺山皆一一解答。① 拜师归来,张履祥自谓有得,便以刘宗周《人谱》《证人社约》等书展示门人,后来,又撷取刘子遗书中自感纯正者,编为《刘子粹言》,并于1644年夏四月开始记《言行见闻录》。

张履祥编辑《言行见闻录》的目的在于"师法先觉君子"。他在是书"序"中有所说明:"言行胡为而有录也?师之也。师之奈何?祥不敏,不能博闻多识,家贫,不胜舟车以请事当世贤人君子也。因述有知以来,所见闻于师友,于乡党,于道路,其深信弗疑,学而未逮者,书之于册,用服不忘。《记》曰:'天不爱道,地不爱宝。'苟择而取之,莫非师也。……先觉君子,其有嘉锡我矣。"② 在张杨园看来,既然不能舟车辗转请质当世贤人君子,惟有将所见闻于师友乡党的关于贤人君子的论说一一记载于册,"以言行为师",从而增长见识,培养德性。从本质而言,言行录所记述的乃是先贤时贤的嘉言懿行,记载者能于古圣先贤枢机伦物之间持循修身养性之道、推演力行事功之方,以此为叙德之助。此外当留意张杨园辑录《言行见闻录》"凡例"③ 的两点说明:其一,"录以载道"。在他看来,贤人君子之言与行皆"几于道",其意当是要说明作为大道流行的君子气象、圣贤精神已然隐喻于诸言行录之中。因为从大道根本而言,"道不远人";

---

① [清]苏惇元:《张杨园先生年谱》,《杨园先生全集》下,中华书局2002年版,第1496页。
② [清]张履祥:《言行见闻录自序》,《杨园先生全集》中,中华书局2002年版,第869页。
③ [清]张履祥:《杨园先生言行见闻录凡例》,《杨园先生全集》中,中华书局2002年版,第870页。

社会儒学论丛(第一辑)

但从万化流行而言，"人之为道而远人"。君子圣贤秉有共同的气象与精神，但各表象又是如此不同，惟有读者亲身去感悟和体贴他们的言行举止，方会有属己的心性自得。其二，"志信"。在他看来，凡所书记于册的君子圣贤言行，必是亲闻于耳、亲见于目，但其中亦有不闻于耳、不见于目之记载，只缘"必因其人而信之"，仍书其人以实之。"志信"之道体现出为学求道者的诚敬心态，惟"诚之""信之"，方能向道而行；亦惟有"志"于此道，方能不惑不迷、脚踏实地。

张履祥五十七岁时方辑《近古录》。据《年谱》载："（康熙）六年丁未，先生年五十七岁。馆半逻。……辑《近古录》。"[1] 康熙六年丁未即公元1667年，是时张杨园正在海盐半逻张佩璁处设馆授学，因感于士风人心迷乱罔离、颓败媚俗，遂编辑彰显先贤遗风、君子人格的《近古录》，他在序言中有说明："尚宝李公云：'予年七十外，所见皆后生纤巧，浅薄可厌。回首往事，近古者邈不可追，《杂记》缘以有作也。'小子祥弗幸晚出，少壮以来，见闻所经，窃疑戾是。今居尚宝没，又五十斯年，人心习尚，益复骇异。"[2] 此处"尚宝李公"为其同乡李乐。李乐，字彦和，号临川，生于嘉靖十一年（1532），隆庆二年（1568）进士，浙江吴兴人，少时受业于唐枢（一庵），又受徐阶（1503～1583，字子升，号少湖，嘉靖二年（1523）探花）的提拔，官至太仆太常寺少卿，终因年老未至，年八十七而卒，撰著《见闻杂记》。[3]《见闻杂记》是作者李乐对嘉靖、隆庆、万历年间士风民风的见闻杂感，总体感悟是"后生纤巧，浅薄可厌"；而张履祥时代距李乐没世又五十余年，所见闻则是"人心习尚，益复骇异"。秉持儒家治病救人、修身济世的责任情怀，张履祥将其友人何汝霖（字商隐，又姓钱，海盐人，明诸生）[4] 示己的陈良谟（1589～1644，字士亮，号栋塘，浙江安吉人）《见闻纪训》、耿定向（1524～1597，字在伦，号楚侗，湖北黄安

① ［清］苏惇元：《张杨园先生年谱》，《杨园先生全集》下，中华书局2002年版，第1510页。
② ［清］张履祥：《近古录自序》，《杨园先生全集》下，中华书局2002年版，第1219页。
③ 谢国桢：《见闻杂记跋》，［明］李乐：《见闻杂记》，上海古籍出版社1986年版，第1页。
④ ［清］苏惇元：《张杨园先生年谱附录》，［清］张履祥：《杨园先生全集》下，中华书局2002年版，第1526页。

人）《先进遗风》、李乐《见闻杂记》和钱衮（号懋登，浙江海盐人，何汝霖之父）《厚语》展卷通览，"节录去古未远者，凡若干条，稍为编次，以资则效"，希冀"抑使后人稽览，知畴昔之世，教化行而风气厚，其君子野人，各能砥砺整束，以章国家淳隆之治"。① 是书所编辑故事分成四类，即，立身：修身之事；居家，齐家之事；居乡，处乡党之事；居官，治国平天下之事。

终究而言，杨园先生忧之深，虑之远，有感于学术不明、大经不正，世道人心日流于浇漓，欲复振士风学风民风，故"于《经正》《言行见闻》二录之外，又辑是书，名曰《近古录》。使学者读是书，而有得于修己治人之方，且由是而进之以濂、洛、关、闽之微言，圣经贤传之奥旨，于以展其经纶，维持世运。俾君子幸而得闻大道之要，小人幸而得蒙至治之泽，登斯世于唐、虞、三代之隆不难矣"②。由此可知，欲晓明张履祥关于君子人格思想的论述，须将《近古录》与《言行见闻录》统合来看，因为二者之间"相为表里"。同时，尚需将张履祥在乙巳年孟秋（1665）作、丁未仲夏（1667）删繁就简、汰冗补漏的《训子语》与二录相结合，因其中所训示，如"立身四要""居家四要""正伦理""笃恩谊""远邪慝""重世业"等等，尽管是警示子孙的家诫语录，却足以成为培养君子人格的思想资源，与《近古录》和《言行见闻录》遥相呼应，相得益彰。当然，我们不可忽视的是，张履祥所辑《近古录》《言行见闻录》之学术旨归在"濂洛关闽"，而非业师蕺山之学，即此亦可见刘、张师徒之间为学大旨之异。须知，刘宗周最集中和最鲜明地展示修己证人之学的乃是其晚年"凡三易稿"而成的《人谱》，其本旨核心思想就是基于心体论与工夫论的合一，求达个体人心性与践履、知与行的通融，在即心即性、即知即行的圆融一体视域下，张显正心以证人的德性修养进路，其徒张履祥的君主人格构画进路显然与此不能等量齐观。

二、君子"修己立身"

《近古录》首卷列"立身第一"。《大学》首章有言："自天子以至于庶

① ［清］张履祥：《近古录自序》，《杨园先生全集》下，中华书局 2002 年版，第 1219 页。
② ［清］陈世效：《近古录引》，《杨园先生全集》下，中华书局 2002 年版，第 1220 页。

人，壹是皆以修身为本"，朱熹注释此句云："'正心'以上，皆所以修身也。'齐家'以下，则举此而错之耳。"① 修己立身建基于正心、诚意、格物、致知之上，同时又是齐家、治国、平天下的根本，"修身"既是"诚于中"的自觉显露，又是"形于外"的自在径行，人生世间诸行诸事，"壹是"一切皆围绕"修身"展开。自然而然，《近古录》围绕"立身"开显明代儒士的君子人格。

其一，君子清修自重、舍利取义。《论语》所言"君子喻于义，小人喻于利"已然成为求学士子的人生修养信条，《近古录》所裒辑的君子舍利取义之嘉言懿行尤为众多，虽君子有"职分"之异，但清修自重、舍利取义的立身境界相同。② 首先，儒仕名宦能显君子之风。《近古录》援引陈良谟《见闻纪训》有载：曾任南京户部主事的廖梯（字云卿，正德十二年（1517）进士，福建兴化府莆田人，享年八十一岁。）虽谪知安吉，但绝口不提谪事，并于衙门内盐酱蔬腐悉自置办，无沾里役公费；后由镇远知府讫归还家，四壁萧然，"清修苦节，始终不渝"，陈良谟有论曰："士之守官，犹妇人之守身，苟大节一亏，完事瓦裂，即其他种种才美，曷足以赎其失身之羞哉！"③ 援引耿定向《先进遗风》有载：幼负俊才、籍有清誉、且"艺林推为神骏，云路比之祥鸾"的李东阳（1447～1516，字宾之，号西涯，天顺八年（1464）进士，谥文正），其门下士曾缄两帕四扇而馈，但启缄取扇而归其帕，"扇以染翰故可"；东阳先生仕宦五十余年，柄国且十八年，卒而不能治丧，幸赖门人故吏醵金钱赙之，"贞操洁履"之君子气象浑然天成；吴廷举（1463～1528，字献臣，号东湖，谥清惠）平生衣弊带穿，不修藻饰，"视财利如粪土"，卒之日，殡殓无具，惟都御史姚镆资助以成。④ 援引李乐《见闻杂记》有载：曾官工部主事的杜伟（字道升，号靖

① ［宋］朱熹：《四书集注》，陈戌国标点，岳麓书社2004年版，第6页。
② 张履祥《训子语》有言："自天子至于庶人，各有职分当为之事。早作夜思，不离职分之内，为君便是圣明，为臣便是忠良，士为良士，民则为良民。"（《杨园先生全集》下，中华书局2002年版，第1360页。）立定本职行职分当为之事，自能彰显圣明忠良之气象，人皆能为君子矣。
③ ［清］张履祥：《近古录一·立身第一·见闻纪训》，《杨园先生全集》下，中华书局2002年版，第1221页。
④ ［清］张履祥：《近古录一·立身第一·先进遗风》，《杨园先生全集》下，中华书局2002年版，第1223～1224、1230页。

台，吴江人）自常俸禄外，"秋毫无取，环堵萧然，饔食常不给"；归安人氏陈恪（1462～1518，字克谨，号矩斋，成化二十三年（1487）进士，谥简肃）"狷澹劫愍，邛首如碍"，为大理寺承时，家贫，"饘粥不给"，荐者谓其"冰清玉洁"，弘治孝宗皇帝"因书之御屏"。① 其次，读书士子彰显君子之风。如《厚语》载：焦竑（1540～1620，字弱侯，号澹园，万历十七年（1589）状元）之父焦文杰（字世英，号后渠）"居常伉直持重，守廉洁"，时通州吴簿储囊八百金寓公所，簿之家人不知，及簿暴卒，公出所囊金还吴家；浙江余姚人李改初某日如厕获输税者所遗百余囊金，次日即诣县白令，决辞人赠金，"人服其高谊"；杭州海宁人马用晦（字文烽）拾贩客百余失金且不受酬谢，及其卒，侍御许星石唁词赞曰："拾孔道之遗装，盼伊人之中返。盟私心与独知，固缄扃而弗染。"② 再次，位列"士农工商"末位的商人亦有被誉为"商士"的君子。《见闻纪训》有载：休宁人氏程琼曾于安吉北门外开铺卖饭，他虽为市井里人，但直面他人百金之遗，能"拾遗而还"，且不受隗谢，"轻利重义"，被时人目为"商士"；徽人王某于苏州商贸，曾出资救助因遗失钱财而欲跳水自杀的妇人，且不接受对方任何馈赠。③《近古录》援引钱衮《厚语》有载：河南延津人周瑛"好义喜施，不恳恳于囊箧间为经商态"，尝不因盗贼窃家而匿藏晋商裴铭所寄于其家之白银，且每岁伏腊时节恒以米毂周济姻族之贫者。④ 最后，即便是"又下工商一等"的医人⑤亦能张显君子之风。《见闻杂记》有载：禾城婴儿科医生谈时雍"神术冠一时"，虽诊治病婴无不与药，但时常"辞金"，"大约十受二三"，曾辞谢徽商百金之酬，李乐即赞之曰："孰谓医仅小道

　　① ［清］张履祥：《近古录一·立身第一·见闻杂记》，《杨园先生全集》下，中华书局2002年版，第1234、1236页。

　　② ［清］张履祥：《近古录一·立身第一·厚语》，《杨园先生全集》下，中华书局2002年版，第1254、1256、1257页。

　　③ ［清］张履祥：《近古录一·立身第一·见闻纪训》，《杨园先生全集》下，中华书局2002年版，第1221、1222页。

　　④ ［清］张履祥：《近古录一·立身第一·厚语》，《杨园先生全集》下，中华书局2002年版，第1254页。

　　⑤《训子语》有言："人须有恒业，无恒业之人，始于丧其本心，终至丧其身。然择术不可不慎，除耕读二事，无一可为者。商贾近利，易坏心术；工技役于人，近贱；医卜之类，又下工商一等；下此益贱，更无可言者矣。"（《杨园先生全集》下，中华书局2002年版，第1352页。）

哉？如谈可以警贪风"；另有云间婴儿科医生王起云"医术神奇"，且不因昧心获利而隐讳婴儿病情，尝评价是时医人之弊病："才见银子便要，更无一点精进向上心肠，如何做得名医？"① 医如王君、谈君，亦可谓是"可以闻道"！无论从事何种职业，惟有君子不爱财，取义黜利，方能诚心于所从事职业，造福他人。

其二，君子退避权势、无求恩泽。人有君子之风，自是介洁自持，不屑干求恩泽于权贵，凡是不合道体、与本性仁义相违背的富贵"所得"，皆为君子所耻，诚如《论语·里仁》所载："富与贵，是人之所欲也。不以其道得之，不处也。贫与贱，是人之所恶也。不以其道得之，不去也。"是故，君子审富贵而安贫贱。《近古录》即辑录了士子退避权势、无求恩泽的诸多故事。如《见闻纪训》载：陈良谟少时尝固辞掌教介识科考官之私意好心，惟求实学向学力考，且能中试明大志，并立警言曰："人之出处预定，不须分外求谋，徒增心术"②；《先进遗风》载：杨守陈（1425~1489，字维新，号镜川，景泰二年（1451）进士，谥文懿）"伟才高第，藻词渊学，艺林推为雄长"，然能"介洁自持。未尝干求恩泽"，为翰林五品几十六年而不升调，有权倖欲引之，并使所亲白谕杨公，杨公语论曰："吾犹嫠妇也，茹荼积久，乃以白首改节耶？"；王鏊（号文恪公）虽与寿宁侯连姻亲戚，"决不与通"，且"岁时问遗，辄麾去"，并不以为过；以行义文墨极终一时的文征明独从书生以及故人子属辈之请托，其他即如郡国守相连车骑、富商贾人珍宝填溢里门外，终"不能博先生一赫蹄"，尤绝往还中贵人，戒言曰"此国法也"；祭酒陈敬宗者，阉宦王振慕其名，因巡抚周忱请托求见，陈公厉言："忝为人师，而求谒中贵人，他日无以见诸生"，以此为祭酒十八载而不迁；力学慕古的吕楠（泾野先生）入翰林，时同乡逆阉刘瑾用事，刘屡欲引泾野先生入内阁，皆不为所动、不与往来③；《见闻杂记》又载：江陵人张楚城与权倾朝野、骤聚显贵的张居正本是同乡，身为尚书李东阳外甥的应城人氏陈薖，虽"江陵所深望注意"，但皆不受张居正恩泽，不愿为都给事，各以左给事中补宪副而已，"其贤加人一等"。①

其三，君子温和亲切、尊师重友。《荀子·礼论》言："故礼，上事天，下事地，尊先祖而隆君师"，由此而凝结为"天地君亲师"的中华文化传统。而"师"之职责在于辅佐君王天下归一："故近者歌讴而乐之，远者竭蹶而趋之，四海之内若一家，通达之属莫不从服。夫是之为人师"（《荀子·儒效》），还表现于传道成德："师也者，教之以事而谕诸德"②。人师关乎他人之生长完备和德行修养，反之，受师教、慕师学者自然"尊师"，且尊师即是重道，重道必然尊师，甚至从一定意义言，"尊师"是衡量一个人是否为君子的标准之一。《先进遗风》即载：年已九十余的甘泉先生湛若水曾游吉州青原山，时几近七十的阳明后学弟子邹守益（字谦之，号东廓）先生率郡中同志友人二三百人走迎，并戒诸学子"不容出一语辨诘，烦聒先生"；东廓先生惟晨夕定省，食而执酱、执酳，"一尊古养老礼惟谨"；嗣湛先生别归，则送至境上，别时泪潸然横下。东廓先生殷殷服待湛先生，"盖以湛先生为师，王文成莫逆友"故也。③ 邹守益隆礼尊师，开显了君子气象，为学人士子树立了君子楷模！人生天地间，必为五大伦所包围，诚如张履祥业师刘宗周所言："人生七尺堕地后，便为五大伦关切之身"，是故父子必有亲、君臣当有义、长幼自有序、夫妇则有别、朋友需有信，"此五者，天下之达道也，'率性之谓道'是也"④。于此，"朋友有信"、笃敬友谊，亦成为衡量君子人格的当然准则。《厚语》即辑录了诸多关于君子"笃友谊"案例。如：时任工部都水司主事的江西吉水人罗循（字尊善）与同乡张敷华（号简肃公）为忘年交，张氏为阉逆刘瑾假假降内旨，令致仕去，且遣人侦探刺识，并禁假官舟、不得与有司相见，因乘蔽艇而触石败

---

① ［清］张履祥：《近古录一·立身第一·见闻杂记》，《杨园先生全集》下，中华书局 2002 年版，第 1236 页。

② ［汉］郑玄、贾公彦：《周礼注疏》，北京大学出版社 1999 年版，第 348 页。

③ ［清］张履祥：《近古录一·立身第一·先进遗风》，《杨园先生全集》下，中华书局 2002 年版，第 1227 页。

④ ［明］刘宗周：《人谱》，《刘宗周全集》二，浙江古籍出版社 2007 年版，第 7~8 页。

漏，随夜半叩罗循徐州洪署，罗氏即为之治具授餐，并易自所乘便舟使行，"不畏权奸，而笃于友谊若此"；金陵人杜环先父杜一元友人常允恭客死九江，其家破败，年已六十余的常母无所归，随慕访杜氏，杜环即代父养友之母："环父与允恭交好如兄弟，今母贫困，不归他人而归环家，此二父导之也"，故"奉母弥谨"；尚书张凤"为人正直而心地平易"，尤"笃于友谊"，故人太常赞礼郎李询夫妇相继而卒，其母老子幼，"遂养其母以终。聘其女为子妇，教养其子至于成立"，乡人称之为"朴实君子"。①

其四，君子至诚孝亲、恩义父母。"孝"是中国人的核心价值观之一，也是君子做人的基点和起点。《论语·学而》有言："其为人也孝弟，而好犯上者，鲜矣；不好犯上，而好作乱者，未之有也。君子务本，本立而道生。孝弟也者，其为仁之本与!"君子之仁德，主于爱亲，则必始于孝亲，诚如朱熹所言："行仁自孝弟始，孝弟是仁之一事"②。因父母之爱而生"我"，"父兮生我，母兮鞠我"，父母之生命传延至子子孙孙，就此作为自然属性的"生命"而言，人当"孝"自己的父母；同时，就"我"之存在而言，此一最大之"善"，人人珍爱自己，自然要返本归真而爱父母，"欲报之德，昊天罔极"（《诗经·蓼莪》），诚如唐君毅所言："我自觉父母宇宙生我对我之为善行，而肯定此善行；念父母宇宙之能自超越以生我，我即报以我之自己超越，以孝父母宇宙，则为自觉之善行。"③故而，君子至诚孝亲，《厚语》即载有诸多活生生实例。如："以身代父"故事：洪武辛亥年进士、曾为临川县丞的浙江临海人危孝先因坐法而谪役浦江县，其子危贞昉即诉于郡守，欲"代父作劳"，因郡守难其行，更谒京师伏阙上疏："臣犬马之齿方殷，愿代父作劳，使其归养，即死无恨"，后终获允，乃解儒衣而欣然就役，其时仅仅为郡学生而已；"乞祖消边籍"故事：年仅二十三岁的太学生程通遭母丧，归家庐墓三年，以致哀恸毁形，"妻子至不相识"，厚其耄耋老祖程平谪戍延安，乃上书有言："臣幼儿无父，祖犹父也。

① ［清］张履祥：《近古录一·立身第一·厚语》，《杨园先生全集》下，中华书局 2002 年版，第 1248~1249、1250~1251、1252 页。
② ［宋］朱熹：《四书集注》，陈戍国标点，岳麓书社 2004 年版，第 6 页。
③ 唐君毅：《文化意识与道德理性》，中国社会科学出版社 2005 年版，第 30 页。

儒学历史

臣祖老而无子，孙犹子也。更相为命。今边徼戍卒如林，原岂少祖者？"辞极恳切，高皇帝乃除程平边籍，视祖孙相持哽咽而叹曰："孝哉此人"；"刺股救母"故事：时年仅二十二岁的储罐（号文毅公）因母王淑人久疾不愈，乃"刺股救之"，后居应天乡试第一；"割肉救父"故事：广西全州人唐俨之父由郴州知府归老于家，得危疾而经久不愈，时年仅十二岁的唐俨因迎医不瘳，乃"潜割右胁肉鼎脯进之"，父啜食之则病愈；"以身代死"故事：江西吉水人钱瑛因红巾盗起而奉祖钱本和及母避祸，后其祖被枪被缚，瑛即"乞以身代"，祖孙二人争代死，因贼怜悯之而两释；瑛母被执，瑛妻张氏"请释而缚"，代姑以死；"尝粪识病"故事：宿儒胡居仁（敬斋先生）父病剧难痊，"尝粪不异古人"，执亲之丧，"哭踊骨力，非杖不能起，三年不入寝室"。① 世以孝相闻者，或割肉一脔以慰亲，或庐墓三载以思亲，其情其感已然诚动鬼神，尤为难能可贵者，为父为母以身代死，更可与日月争光！君子至诚孝亲，仁行天下！

其五，君子兄弟友爱、尽悌尽恭。《小雅·常棣》有这样描述兄弟手足之情的感慨："常棣之华，鄂不韡韡。凡今之人，莫如兄弟。"明月之下，繁盛素雅的棠棣花大放光彩，艳丽无比，但又能比得上兄弟手足之情呢？《近思录》撷取兄弟友爱故事，为时人和后人培育君子人格提供了精彩案例。如："兄弟相爱相信"故事：韩邦奇（自苑洛）"性极孝友"，与弟韩邦靖同举进士、交相砥砺，后因疾卧床几一载，污恶至极，人咸不堪忍耐，而邦靖侍侧不少离，饮食必亲、汤药必分饮，后邦靖病亟，邦奇不解衣、不滋味二月有余，形容枯槁，及邦靖卒，邦奇"废寝食，哭绝宾客，遗生事，衰绖蔬食，祥而弗懈"，樊恕夫《孝弟碑》赞曰"自有兄弟以来，中间道德之相高，功业之相映，亦多矣。至于相爱之深，相信之笃，所见之同，公兄弟可谓旷世少有矣"；"代兄系狱"故事：洪武初年，浙江诸暨人丁进遭诬被逮，其弟丁美"请代行"，后竟编之徙官以死；黄彦辅从兄黄彦实坐诬将徙，彦辅慨然代之，终大白归家，"乡人皆义之，死犹加悼惜"；"抚孤

---

① ［清］张履祥：《近古录一·立身第一·厚语》，《杨园先生全集》下，中华书局 2002 年版，第 1243～1244、1244、1246、1247、1248 页。

厚"故事：马西玄秉性廉洁，不好居积，所得俸禄奚皆周济昆弟亲戚，其弟马如骅死后，"卹其孤，有甥十余人，数来乞公，公应之不为怠"；广东顺德人梁韶师兄如父，周全长兄之丧，并完其子女婚嫁，教次兄之子犹己之子，学有小成而中举；顺天（现北京）通州人杨浔早失父母之怙，惟朝夕依其兄杨胜，兄有疾，浔必躬侍汤药，其同父异母弟杨膳、从弟杨俊皆早逝，浔抚养其孤子不遗余力，皆为之婚嫁，经纪其家，视为己出。① 所举故事，皆体现了兄弟之间"事兄尽悌，抚弟厚孤"的君子风范。因此，《训子语》提出了"兄弟手足之义"的家训理念，在杨园先生看来，兄弟如手足二体，自然是"持必均持，行必均行，适必皆适，痛必皆痛，偏废必弗宁，骈枝必两碍"，兄弟之间是"以为分形连气"②，从生命演进的历程来看，父母生养子女，子女传延祖辈生命，而对于子女来讲，每人身上都有关于祖辈生命的共同特质。在兄弟姐妹传延祖辈生命精神的过程中，他们之间自然存在着对对方彼此的包容与关爱，兄弟之间自然而然能够和必须友爱尽悌，人类生命的本质决定了兄弟之间的大伦德性。

其六，君子行业端茂，戒恋女色。《论语·颜渊》有言："非礼勿视，非礼勿听，非礼勿言，非礼勿动"，惟合乎礼、出乎道的视、听、言、动方是值得尊重的。虽然《论语》还言"食色，性也"，将人之饥食渴饮、恶恶好色视为人之本性，但一旦踰越"度"，便是私欲，即是非礼。是故，君子自当严守禀赋本性，克制私念杂欲。于其中，"戒恋女色"成为君子人格的重要特征，《近古录》围绕此君子风范，辑录了部分名人典故，主要体现于"不乘人之危"而取色。如：吴邑处士张晓初中年无息，欲娶妾图嗣，时值媒妪请进一女，少年姝丽，愿听人捡择为偏房，张处士即以文物定婚，但至成婚吉日乃疑此少女身世，故令人探察原委，原来此女为某病逝教官之女，不得已"售女"而筹资扶柩归乡，张处士遂解聘此女，且"育如己产，选良士嫁之"；陈白沙先生尝买婢女，后知其为同邑良家尹氏之女，乃"命内人抚育如己女，及笄，择婿嫁之"；永乐年间，浙江秀水商贾孙廓于襄江岸偶拾路遗金钗一

① ［清］张履祥：《近古录二·居家第二·厚语》，《杨园先生全集》下，中华书局 2002 年版，第1280、1281、1281、1281、1281～1282 页。

② ［清］张履祥：《训子语下》，《杨园先生全集》下，中华书局 2002 年版，第 1364 页。

双，遂停舟默坐待失主，原来一女奴粗心所为，孙鄜查验真实，慨然归还，女奴"愿失我身保君"，而鄜"悍然顿足跃起"，并有誓言："若如此，天地鬼神阴击我矣"①；广德州人氏张泮西（字大化）少年时即聘冠宗正之女，后其女双瞽，管氏父母欲解聘并请张氏别娶，泮西先生有此决绝之言："此吾命也。矧其女瞽于目，不瞽于心，奈何嗜色无行乎？"② 此些故事已然表明，君子即便有基于秉性的"食色"，但绝不嗜色无行，而是行业端茂。当然，虽言说男子丈夫戒恋女色、制行谨严，彰显君子人格，而妇道人家忠贞守节，亦不失为君子风范。如明太祖皇帝时期，有女莫荃嫁周谓，将及两月，周谓为太祖皇帝信用并委任繁剧，奔走岭塞不得归家凡二十九年，莫荃安贫守分，奉姑舅谨慎，日事蚕绩，躬任机杼，勤苦自营，闭门绝迹，闺门以法，虽乡里淑妇静女，咸识其面，以致闻其风者帏薄竦然，"里中妇女自惭己行，投水自经者四人"，守节经营历二十九年如一日，而其夫在官亦守高节，终夫妻相与老于林泉，当时号为"莫节妇"。③ 本质而言，无论是男儿丈夫戒恋女色、行业端茂，还是女子妇人守节明志、忠贞全身，皆为君子人格品性，更是"肃敬雝和"夫妻观念的真切展现。《训子语》即指出，贞良之妇固当褒扬，但顽钝无耻、甚或不可化诲、专肆不肯顺承之妇人，"多因丈夫先有失德，为其所轻，甚或短长反为所持"，故有放恣言行。因此，完满家庭的构建是夫妇双方通过守节顺道的结果，"于家室之际，致美肃雝。盖肃敬则无媟慢之端，雝和又无寡恩之节"④，从而家室宁静恩谊。

　　其七，君子读书穷理、明辨贤愚。读书是通过通读儒家经典文献的方式达致对内在自我精神思悟的理性考察。书是古圣先贤哲学智慧、道德思辨、精神慰藉和实功实行的文字总结，是对过去的思想史、哲学史、道德史、文化史的历史概括。人的历史，在较大程度上体现为文字记载史，作

①　[清]张履祥：《近古录一·立身第一·厚语》，《杨园先生全集》下，中华书局 2002 年版，第 1259、1260、1260 页。

②　[清]张履祥：《近古录二·居家第二·厚语》，《杨园先生全集》下，中华书局 2002 年版，第 1287 页。

③　[清]张履祥：《近古录二·居家第二·厚语》，《杨园先生全集》下，中华书局 2002 年版，第 1286 页。

④　[清]张履祥：《训子语下》，《杨园先生全集》下，中华书局 2002 年版，第 1368 页。

为追求精神信仰、道德价值、义理规范的儒者君子而言，透视儒家圣贤所著经典文献，自然可体悟君子人格之所在和价值方向。君子于乡里家居但能读书穷理，自是明辨贤愚、培植风操之进程，也是君子人格之自在展示。如《先进遗风》载，文庄公王鸿儒（1459～1519，字懋学，别号凝斋）历迁左侍郎，于书无所不读，于百家之学究原审义，所得则宏博奥衍、交发互益，犹善观史，每每以前代君臣之行事为案而己断，审辨得失邪正，又能明习国家故事，自祖宗用人行政及前辈立朝己故事之详，皆能了然于胸，能一一言之，虽起官非词林，但得谥为"文"，显见其"穷理致用"精神[1]；《厚语》有载，吕文懿公原，勤学不倦，于秘阁之图书手录口诵，自晨至昃而不辍，曾修《宋元通鑑续编》，义例精湛，发先儒之未发，尝累日考索一事，至得之而谓门人"进我二阶，不若得此之可喜"[2]。即此显见读书士子虚怀好学、穷理致知之为学精神。其实，读书穷理意在于辨贤愚、远邪慝，诚如《训子语》所言："读圣贤之书，亲仁义之士，则德可以进，业可以修"[3]。当然，贤愚之别终不外"公私义利"，杨园先生即此总结概括贤愚之差异气象：贤者平正、谦恭、敬慎、忍让、开诚、特立、持重、乐成、韬晦、宽厚慈良、嗜欲必淡、持身必严、从容有常、见其远大、厚其所亲、行浮于言、后己先人、乐道人善、不畏强御，反之，不肖者偏僻、骄慢、恣肆、好争、险诈、附和、轻捷、喜败、裱褙、苛刻残忍、势利必热、律人必甚、急猝更变、见其近小、薄其所亲、言过其实、先己后人、好称人恶、茹柔吐刚。[4] 那么，读书之志在于洗心向善，读书之行即在于明辨君子小人、贤与不肖，悉心善行者自然是君子，能明辨贤愚者亦是君子。

三、君子"敦睦居家"

因父母之生，故有子孙满堂、宗族亲党，且惟父慈子孝、兄友弟恭，

① ［清］张履祥：《近古录一·立身第一·先进遗风》，《杨园先生全集》下，中华书局2002年版，第1230页。

② ［清］张履祥：《近古录一·立身第一·厚语》，《杨园先生全集》下，中华书局2002年版，第1252～1253页。

③ ［清］张履祥：《训子语下》，《杨园先生全集》下，中华书局2002年版，第1373页。

④ ［清］张履祥：《训子语上》，《杨园先生全集》下，中华书局2002年版，第1358页。

儒学历史

方营造怡然自得、和睦友爱的家风。是故，君子能敦睦居家，于待人接物、家居生活中开显仁恕谨笃、至诚纯粹的君子之风。

其一，君子低调澹泊、不尚骄亢。《中庸》有云："《诗》曰'衣锦尚絅'，恶其文之著也。故君子之道，闇然而日章；小人之道，的然而日亡。君子之道：淡而不厌，简而文，温而理，知远之近，知风之自，知微之显，可与入德矣。"其意是说，君子为人低调澹泊、笃朴安分，于下学简温工夫修养之中，尽显纯粹德性。愈是低调淡简，愈是温文入理，诚如朱熹所言："淡、简、温，絅之袭于外也；不厌而文且理也，锦之美在中也"①。《近古录》撷取明儒谨行以验之。如：《先进遗风》所录"淡简儒雅"故事：山东布政司参议张继孟（字子醇，号少参公）致政归于林下，"于势利纷华泊如"：对俗客嗒然无一语，遇有道术之学士大夫则谈说名理、扬摧风雅，令人洒然不能归，前辈海内宿望西涯相公李东阳、蒲汀尚书李开先皆联相过访，惟脱粟之饭、家常蔬果照应，辄喜见眉宇，相谓有言："吾侪遇张子醇一饭，胜别家盛筵矣"，其为人爱重如此；由山西宪副解绂归家的黄卷，"即真明农"：驱家众作田，独"配操杵臼，爨釜作饮食，躬荷而馌之"，虽性孤介悃笃，却又逸兴豪雅，婴情山水间，而家去城邑四十里，"经岁不一至"，其室一榻萧然，不啻僧舍，"冷然嘘以清风，洒然沃以琼浆"②；《见闻杂记》所辑"清谨朴实"故事：余姚人陈陞褆身清谨、严饬可法，冠履衣裳，俱似山中农家人，其所批评者，"近日士子一登乡荐；家人走城市，满面贴了举人样子，何曾带得些些朴实来。此风俗浇漓、淳厚所关，余故有感而书之"；时已为大学士的吕本（字南渠）母卒，其墓文止本邑陈陞所撰，未见求之当朝元老，不似是时唐顺之（字荆川）所诮"世人之死，不问贵贱，虽椎埋屠狗之夫，凡力可为者，皆有墓文"之时弊俗病③；《见闻杂记》尚辑录"儒巾服役"故事：曾官中翰的唐虞（字少华）为中产之家，

---

① ［宋］朱熹：《四书集注》，陈戌国标点，岳麓书社 2004 年版，第 6 页。

② ［清］张履祥：《近古录二·居家第二·先进遗风》，《杨园先生全集》下，中华书局 2002 年版，第 1268～1269、1269 页。

③ ［清］张履祥：《近古录二·居家第二·见闻杂记》，《杨园先生全集》下，中华书局 2002 年版，第 1272、1273 页。

然"甚乏童仆"，于家宴请同道访客，则呼其子唐国柱服侍，"柱应之无难色"；曾任新淦太守的黄仁山居家待访客，"供茶供馔，皆子弟在学者"，时"儒生蓝袍，服役未尝以为耻"①；等等。即此显见，儒士君子富者不骄，贫者不谄，常怀淡泊之心，恒持温简之志。

其二，君子朴素俭约、戒奢尚实。《周易·否》卦曰："君子以俭德辟难，不可荣以禄"；《论语·学而》借子贡之口而盛赞孔子曰："夫子温、良、恭、俭、让以得之"，是故，君子立身需以俭养德，惟摒除不合理私欲，方可成就盛德光辉事业。《近古录》辑集君子故事以畅扬君子朴素俭约、戒奢尚实之风。如："无豪奢气焰"故事：太宰杨博（字虞坡）以疾乞归，行李萧然，"毫无气焰"，家人妇女俱跨蹇驴，都城内外人以为杨家管家婆所为也，实非"朴素俭约"所能誉者；曾任广东巡抚的清江县杨标（字逊川）曾手除其子所戴马尾巾，"裂作六七块，恶其侈"，其亲家访杨，亦仅以蔬果荤物整饬为果垒，外佐一小瓶酒而已；时任南太仆少卿的陆光祖（字五台）之次子"以羊绒作褶，红其裹"，陆先生即于元旦次日召跪于庭，"剥其褶焚之"②；"无奢靡之习"故事：与李乐同乡（浙江吴兴）的钱贡（字槐江）先人遗业颇丰，"家无奢靡之习"，入其居室惟闻纺织声，儿子数人亦布衣恒居，家人父子寒暑未尝袖葛，因治行卓异，转工部郎，时人称"廉静"③；郭威襄公"以俭素力学为务"，不置田产，应答皇上之疑问曰："臣以布衣，荷陛下宠临，叨有封爵。子孙馀饶，安敢增置，俾生侈心"，时皇上嗟叹良久："良臣若郭某之忠臣朴实，诸人不及"；以兵部尚书致仕归家的南直隶华亭人张悦（字庄简）自小官至重任，"清俭素约"，尝有言揭屏间以示："客至留馔，俭约适情，肴随有而设，酒随量而倾。虽新

① ［清］张履祥：《近古录二·居家第二·见闻杂记》，《杨园先生全集》下，中华书局 2002 年版，第 1277、1277 页。

② ［清］张履祥：《近古录二·居家第二·见闻杂记》，《杨园先生全集》下，中华书局 2002 年版，第 1271～1272、1272、1274 页。

③ ［清］张履祥：《近古录二·居家第二·见闻杂记》，《杨园先生全集》下，中华书局 2002 年版，第 1272～1273 页。

规不抬饭，虽大宾不宰牲。匪直戒侈奢而可久，亦将免劳烦以安生"。① 正因如此，杨园先生《训子语》即将"俭"视为"立身四要"之一，其粹语有如："作家以勤、俭为主，做人以孝、友、睦、姻、任、卹为主"；"男子服用固宜俭素，妇人尤戒华侈。"缘何会有奢靡之习？杨园先生指出，根本在于"心侈"，即人有非分之欲，"心侈则非分以入，旋非分以出，贫固不足，富亦不足"，若从心摒弃奢靡之习，唯行素位之学，即"素贫贱行乎贫贱，素富贵不忘艰难，所需自有分限，不俟求多。"②

其三，君子善待族亲、辑睦修好。杨园先生在《训子语》讲述"笃恩谊"时明确指出："家之兴替，只在宗族辑睦。尊长成其尊长，能教率卑幼，卑幼安其卑幼，能听顺尊长，虽目前衰落，已有勃兴之势。若其反此，目前虽隆，替可待也。然欲使卑幼听从，先须尊长正身以率其下。"③ 由此可知，"宗族辑睦"是兴旺家庭的重要保障，若于此有差池，上不能尊长，下不能教率子孙卑幼，必至家道颓败衰落。杨园先生有如此关于家道兴替的理性总结，当得源于《近古录》辑录君子善待族亲、辑睦修好人格故事的心得感悟和领会。《近古录》所辑录此类君子人格主要表现为："仁厚族亲"：如宁波鄞县洞云人氏张邦奇时为学宪，因其厅事仅二楹于官事多有不便，愿购其厅旁叔父所居一楹，适逢叔父有久欠税赋之宿逋，邦奇两倍购之，其父翁张甬川公"甚喜"，继而思其胞弟无以为居而潸然泪下，张邦奇公遂裂券还叔父，并购屋银两亦不取，"勋名道德，卓然为一代纯臣"；孝丰吴南山（字封君）之父吴玒为人谨愿畏法，某日自外归，见其别墅栗园中有人偷栗，遂迂路三四里抵家，言其故乃为不愿偷者仓皇坠地而受伤，即此可见其"宅心仁厚"，因此其子孙繁衍、簪缨赫弈④；"忍让敦睦"：如曾仕至大司马的刘大夏（1436～1516，字时雍，号东山，谥忠宣，天顺八年（1464）进士）在户部侍郎告归居家时，购草堂于先垄之次，薄田仅足

---

① ［清］张履祥：《近古录二·居家第二·厚语》，《杨园先生全集》下，中华书局2002年版，第1282、1282～1283页。

② ［清］张履祥：《训子语上》，《杨园先生全集》下，中华书局2002年版，第1356页。

③ ［清］张履祥：《训子语下》，《杨园先生全集》下，中华书局2002年版，第1370页。

④ ［清］张履祥：《近古录二·居家第二·见闻纪训》，《杨园先生全集》下，中华书局2002年版，第1264、1265页。

供衣食，邻里或有肆侵夺其田产者亦弗与争，而以先古詹尚书《报家人诗》之"四邻侵我我从伊，毕竟须思未有时。试向含元基上望，秋风吹草正离离"自慰并教导子孙，时族人有贫不能存、死不能葬、长而不能嫁娶者，皆赒之不怠，曾鬻玉带买谷赈族饥①；刘文介公天性孝友，闲居则综理家务，数千族人中，凡窭者葬其丧，贫者成其配，寡若者扶之得所，乡人有贷者皆焚其券。②《近古录》所举故事证明君子居家能辑睦族亲，于此亦可见人当于兄弟叔侄以及婚姻亲党之间须摒绝私意，体卹彝伦，利人燕好，勿求利于己。须知，利人者人恒利之，害人者人恒爱之，诚如曾子所言："出乎尔者，反乎尔者也"（《孟子·梁惠王下》）。

其四，君子恩谊仆奴、仁义祚家。先王分土授田，天下人未尝失其所，故能各自劳事，惟力不足使子弟为之，未尝有仆役，《论语·为政》即有言："色难。有事，弟子服其劳"，此之谓明证。后世则因王政不行，人民离散，贫无依著，势不得不服役于人。君子能申明大义，体贴众生，恩谊仆奴，从而仁义祚家。《近古录》撷取君子人格故事，体贴主人仁厚仆役、仆役恩报主人的高尚情操。首先，家有仁义道德，君子善待仆人。如：鲁铎（字文恪）为举人时，曾远行遇雨雪，夜止旅社，怜马卒苦寒而令其卧于己衾，并赋诗以记云："半破青衫弱稚儿，马前怎得浪驱驰？凡由父母皆为子，小异闾阎我却谁。事在世情皆可笑，恩从吾幼未难推。泥途还藉来朝力，伸缩相加莫漫疑"③；曾棨（字文恪）会试时，家仆荷担驱驴以随，凡遇大雪寒夜，必与之同寝，同行者非之，则警曰："彼亦人子也"，其"厚德"如此；钱衮仲兄钱懋先先生处童仆犹人所难，尝隆冬访友，舟中夜寒，乃分己所卧褥与仆，其坦夷慈祥、内无城府之风操可见一斑。④

① ［清］张履祥:《近古录二·居家第二·先进遗风》,《杨园先生全集》下,中华书局 2002 年版,第 1266 页。

② ［清］张履祥:《近古录二·居家第二·厚语》,《杨园先生全集》下,中华书局 2002 年版,第 1280 页。

③ ［清］张履祥:《近古录二·居家第二·先进遗风》,《杨园先生全集》下,中华书局 2002 年版,第 1267 页。

④ ［清］张履祥:《近古录二·居家第二·厚语》,《杨园先生全集》下,中华书局 2002 年版,第 1287、1287 页。

《近古录》还援引《见闻杂记》李乐所言："家有仁义道德，则其富不骤，其贫不促，自然气象悠长。若无仁义道德，则其富也勃焉，其贫也亦忽焉，"① 是以警戒雇仆之家当善待仆役，培育仁义道德，否则必至颓败破落。

其次，仆人殚心为主、公尔忘私，亦有君子风范。君子人格者，乃体具君子节操的德性品格，非与社会等级地位直接相关，纵使高官显贵，若无仁爱之心、礼义廉耻等道德情操，亦无有君子人格风范；虽为卑微走卒、役仆奴婢，倘安职守分、竭尽己力，亦可称之为君子矣。是故，受役于人之仆奴亦可开显君子人格，《近古录》即有著录。如：海盐孙肯堂（字白峰）以义正家，以道迪士，待仆有恩，其仆沈鸾曾于嘉靖癸丑倭乱时"以身代主"求死以活孙君，后贼怜其情而释主仆二人，沈鸾于利害面前守节如此，故有君子人格风范；海宁许敬所胜仆陈渭曾夜斗入主翁家之群盗，奋死排击，以身蔽主，以空拳当利器，体无完肤而死，后两日一夜而死，"犹以不能留主人之藏"而悲泣不已，其"忠义"固性天成。② 基于有明一代君子恩谊仆奴的人格风操，杨园先生《训子语》告诫其子孙，家居力有不足方可养仆，但惟善待之，不可求之太过、责之太深，更不可横加陵虐，须知，仆亦人之子，当开以为善之路、示以资生之方。当然，御仆之道在于"严其名分而宽其衣食，警其惰游而卹其劳苦"③，终究要以孝弟忠信为先而教导之。

其五，君子严守礼法、培植世德。关于"礼"之重要性，《论语·泰伯》有如此论断："恭而无礼则劳，慎而无礼则葸，勇而无礼则乱，直而无礼则绞"，《论语·尧曰》也明确指出"无礼，无以礼也"。虽然"礼"看似外在，实乃人在长期的历史积累与社会发展中建立起来的具有正当性、合理性的价值规范和道德规范，自觉知礼、自在行礼的过程就是"克己复礼""摄礼归仁"的过程。故而可说，严守礼法、自觉以礼检束是个体张显

---

① ［清］张履祥：《近古录二·居家第二·见闻杂记》，《杨园先生全集》下，中华书局 2002 年版，第 1272～1273 页。

② ［清］张履祥：《近古录二·居家第二·厚语》，《杨园先生全集》下，中华书局 2002 年版，第 1288、1289～1290 页。

③ ［清］张履祥：《训子语上》，《杨园先生全集》下，中华书局 2002 年版，第 1372～1373 页。

仁性的基本要求和成为君子贤良的基本素养，是人之所以异于禽兽的几希规范。《近古录》即辑录了部分贤良忠正"以礼自处、以礼处人"故事，还原了君子严守礼法、培植世德的君子人格气象。如：刘大夏官侍郎时，因访母党之亲，下拜年方弱冠的疏族舅氏，而舅氏仅以手扶之，拜者不以为屈，受者不以为抗；须发皤然、年届六十的施邻溪尝与客对坐，但当襁褓中的族叔为乳母抱持经过时，即顿起伫立，其深谙于礼者如此；巽洲先生曾因家佃女所适某者病故，且膝下无子，便为之著白衣功服，不忽卑幼之丧如此；司空刘麟（号南坦）送故人之弟归葬，在灵柩临发之际，刘司空向扶柩诸人跪地，请求"抬我龙三哥稳当些"，其高义迈古振尽，"非特以贵下贱为可称"。① 基于先贤君子严守礼法、尚礼重伦的君子人格风范，《训子语》的"正伦理"理念进一步明确"礼"之大用："礼本诸天地，莫大于名分之际。尊卑上下，名分所以定也。名分一乱，未有不亡，家国一也。其端多始于嫡庶、主仆之际，小加大，淫破义，祸乱随之以生。至于夫妻、父子、兄弟爱及宗族，衅隙既成，萧蔷祸稔，纵不灭绝无后，鲜不数世崩离。"② 礼仪之作非古圣先王好为此繁琐以苦人者，只为人生世上，身当因礼而检、心当以礼而洗，于千百年仁爱智慧、仁义德性成就个体不朽之生命。

人要做贤者君子，居家自当敦睦亲朋族党、体恤家人仆役，杨园先生《训子语》即告诫其子孙，君子敦睦居家之本质乃是"体祖宗均爱之心，曲加扶持保护，不使一人至于失所"，倘若人专己自私自利，不能与族亲家人相顾体恤，定会"伤一体之宜，视为得罪祖宗，不孝孰大焉"③！即此而言，杨园先生关于君子居家敦睦的谆谆教诲，已然与孟子"亲爱之而已"之道异曲同工。

① ［清］张履祥：《近古录二·居家第二·见闻杂记》，《杨园先生全集》下，中华书局 2002 年版，第 1270、1273、1276、1278 页。
② ［清］张履祥：《训子语下》，《杨园先生全集》下，中华书局 2002 年版，第 1363 页。
③ ［清］张履祥：《训子语上》，《杨园先生全集》下，中华书局 2002 年版，第 1356 页。

《聊斋俚曲》 与下层社会的儒家道德教化

车振华

（山东社会科学院文化研究所）

　　摘　要：中国古代有以说唱文学等通俗的文艺形式对下层民众进行道德教化的传统。蒲松龄继承了这个传统，他出于强烈的使命感和现实危机感，改编《聊斋志异》的故事而为《聊斋俚曲》，以寓教于乐的形式对孝、悌等儒家道德原则做了生动的阐释，为清末民初兴起的改编戏剧、小说以期改良社会风气的热潮开了先河。

　　关键词：说唱文学　《聊斋俚曲》　道德教化

一

　　伦理道德在古代中国是维系统治秩序的主要力量，它的巩固与否直接关系着统治秩序的稳固，即如龚自珍《平均篇》所说："人心者，世俗之本也；世俗者，王运之本也。人心亡，则世俗坏；世俗坏，则王运中易。王者欲自为计，盍为人心世俗计矣"①。中国传统社会以儒家思想为国家的主流意识形态，以"忠""孝""悌"等为代表的道德原则在维系国家的正常运转和保障社会的安定繁荣中起到了重要的作用。因此，统治阶层一直非常重视对下层的民众进行道德劝善教育，"对如何将主导国家社会运作的意识形态转化成一般人民人伦日用中的常识，以建立一个'文化霸权'一点，

----

　　①　［清］龚自珍：《龚自珍全集》，上海人民出版社 1975 年版，第 78 页。

一直有着强烈的关注"①。

从宋、元开始，统治阶级就非常关注"孝道"的具体实践，通俗性的劝孝诗文、乡规民约等广为流传。明洪武二十七年（1394），朱元璋设立"里老人"制；洪武三十一年（1398），颁布《教民榜文》，对民间进行教化。明世宗嘉靖八年（1529）正式建立"乡约"制度，对民众进行直接的道德宣教。清政府沿用了明代的"乡约"制度，顺治九年（1652）颁行《六谕圣碑文》，顺治十六年（1659）建立乡约。顺治帝还曾亲自注过《孝经》。清圣祖于康熙九年颁布十六条《康熙圣谕》，取代《六谕圣碑文》。他还在全国范围内广泛提倡孝道，认为"孝为万事之纲，五常百行皆本诸此。"（《清圣祖圣训》卷一）说孝道"则顺而祥；以之教人，则乐而易从；以之化民成俗，则德施溥而不匮。帝王奉此以宰世御物，躬行为天下先。"（《御制文选》第二集卷三十一）雍正二年（1724），雍正皇帝亲自撰写《圣谕广训》，用以阐释康熙的《康熙圣谕》十六条。

"乡约"等道德宣教形式，由于形式过于简单，内容粗糙枯燥，难以引起人们的兴趣，因此，统治阶层又借鉴了说唱文学等通俗的文艺形式作为道德宣教的辅助工具。说唱文学等通俗的文艺形式因其语言的通俗和人物形象的生动，能将儒家典籍予以通俗化和普及化，弥补了它作为高文典册的不足，有利于道德教义向普通民众的传输。

说唱文学从它的早期形式——说话——开始就自觉承担了政治赋予它的使命，强调通俗的形式要为表达劝化的内容服务，认为只有这样，说唱文学才能感染人，保有其存在的价值。如《冯玉梅团圆》就说："话须通俗方传远，语必关风始动人。"相对于劝孝诗文"人畜之别以明其理；讲恩言难以动其情；孝感果报以强其意；教孝辨孝以导其行。"②的特点，说唱文学还有着"生动可感以悦其心"的优势，因为它更受当政者的青睐。明万历年间山西巡抚吕坤曾发布政令说：

① 李孝悌：《清末的下层社会启蒙运动：1901～1911》，河北教育出版社2001年版，第330页。
② 肖群忠：《孝与中国文化》，人民出版社2001年版，第300页。

时调新曲，百姓喜听。但邪语淫声，甚坏民俗。如有老师宿儒，词人诗客，能将近日时兴腔调，翻成劝世良言，每一曲赏谷一斗。能将古人好事，如杀狗劝夫、埋儿孝母、管鲍分金、宋郊渡蚁一切有关风化者，作为鼓板平话、弹唱说书，半说半唱，极浅极俗，不用一字文言，妇人童子都省，又亲切痛快，感动民心，使人点头赞叹，流泪悲伤者，每书三十段以上，一本有司抄录送院，选中赏谷五石。肯亲自教习二十人以上，成熟者赏谷十石，仍另行优奖。①

与朝廷的号召相适应，也有一些官员亲自动手进行伦理宣讲，甚至亲自将伦理规范编写成说唱形式，以利于道德规范的普及和教化范围的普及。乾隆年间的山西巡抚苏尔德就编有《太平鼓词》一卷以配合朝廷的教化政策。《太平鼓词》又名《抚晋劝民歌》，共分"祭祀祖先""孝养父母""友爱兄弟""尊敬长上"等劝谕俚歌二十四段。及"忤逆父母""侮慢尊长""轻生害命""结党逞凶"等戒饬俗歌二十四段。该书卷首"自序"云："……今年春，使者奉天子命，来抚三晋，素敦实务。欲率属以理政计，惟有仍新吾之故辙。勉辑鄙俚歌谣，或瞽瞍，或无告，或乡约，或耆老，亦令其户诵家弦，俾锢蔽俗习之编氓，晓然于大义之不可忽视，惕然于法网之不可轻罹。庶几夫返伊耆之遗俗，而载效击壤之鼓歌也已。"② 苏尔德要效法的"新吾"就是明代的山西巡抚吕坤。

地方官员虽有维系"乡约"、执行教化的责任，但他们主要的责任是维持地方治安和运转司法体制，而且催征钱粮等要务比起监督伦理教化也要重要得多，何况对庶民的教化又没有一定的标准，其成效也是难以立竿见影，因此，此项工作主要就由乡间的知识分子来承担了。就如李孝悌所说：

但若纯就教化的效果而言，与一般乡村民众有直接接触的人，可能扮演了更重要的角色。透过和尚、道士、民间艺人以及各种宗教"专家"

---

① ［明］吕坤：《实政录》（卷一，布令，存恤茕独），山东省图书馆藏清道光丁亥年开封府署本。
② 转引自《续修四库全书总目》，齐鲁书社稿本第 3 册，第 450 页。

的影响，固然使得民间信仰与民间文化发展出许多与上层文化不同，甚至正是上层文化需要加以反对、压制的质素；但另一方面，在僧道直截了当的解说下，因果报应、转生轮回、天堂地狱的观念，常常化为简单的日常用语，如"善有善报，恶有恶报""积阴德、行好事""这么做要天打雷霹，下十八层地狱"等，对民众产生最直接的影响。而透过引人入胜的故事情节、民众熟悉喜爱的声腔曲调、演员华丽的戏服和卖力的演出，或是说讲者舌粲莲花的言辞技巧，忠孝节义的观念也往往不自觉地流入民众的心中。下层读书人和村落的庄头、里长、耆宿也常常在排难解纷中，间接地灌输了一些儒家的道德观念。①

相对于统治阶层自上而下的道德教化，那些贴近广大民众的人士给他们带来的潜移默化的影响，有助于广大的下层民众形成一种"集体无意识"，那就是对不守道德所之后果的恐惧，以及由此而形成的道德自觉。"所以广大乡村社会的僧道、艺人、下层读书人、村落的领袖和民众自身，才是对儒家道德价值体系的深入人心作出最大贡献的人。"② 尤其是下层的读书人，因为自幼受到儒家文化的熏陶，"它要负修身、齐家、治国、平天下一番大责任，它要讲忠孝、仁义、廉耻、节操一番大道理"③。而他们的地位又注定了要与下层民众朝夕相处，所以，他们的言行自然会对民众形成重要的影响。

二

毫无疑问，蒲松龄就是这种"与一般乡村民众有直接接触的人"，也是一个标准的"下层读书人"。他出身于书香门第，幼读经书，深受儒家文化的熏陶，同中国古代大多数读书人一样有着"修、齐、治、平"的理想。但他却科场蹭蹬，自十九岁中秀才后，到有应试记录的六十三岁，屡试不中，理想一次次被无情地击碎。他的一生除了短暂南下为孙蕙的幕僚和数次赴济南应

① 李孝悌:《清末的下层社会启蒙运动:1901～1911》,河北教育出版社 2001 年版,第 353 页。
② 李孝悌:《清末的下层社会启蒙运动:1901～1911》,河北教育出版社 2001 年版,第 354 页。
③ 钱穆:《中国文化史导论》(修订本),商务印书馆 1994 年版,第 250 页。

试之外，一直在淄川乡间为农，为塾师。他对民众的深刻了解和他入世救民的迫切愿望，使他成为担当起这一对统治阶层和下层民众都有着重要意义的角色。

在乡间，蒲松龄先后完成了几部体现其自身价值的书。《日用俗字》《农桑书》《药祟书》是他向农民普及简单文化知识、生产知识和卫生知识的著作。但蒲松龄并不满足于向民众普及实用知识，而是立志为民众的精神与道德生活的净化和升华作出自己的贡献。作于康熙二十三年（1684）的《省身语录》、作于康熙三十五年（1696）的《怀刑录》都表达了他的这种愿望。在蒲松龄抒发"生平之侘傺失志，蔑落郁塞，俯仰时事，悲愤感慨"（张元撰《柳泉蒲先生墓表》）的《聊斋志异》中，"警发薄俗而扶树道教"的作品不在少数。论夫妻关系的有《林氏》《恒娘》《马介甫》等；论父子和婆媳关系的有《水灾》《小翠》《珊瑚》《陈云栖》等；论兄弟和姊娌关系的有《仇大娘》《张诚》《伍秋月》《二商》《堪舆》等。这些作品都寄寓了蒲松龄道德教化的愿望。

在《聊斋志异》初具规模后，蒲松龄就对其开始了通俗化的改编，蒲箬《故显考岁进士、候选儒学训导柳泉公行述》说："如《志异》八卷，渔搜闻见，抒写襟怀，积数年而成。总以为学士大夫之针砭，而犹恨不如晨钟暮鼓，可参破村庸之迷，而大醒市媪之梦也。又演为通俗杂曲，使街衢里巷之中，见者歌而闻者亦泣。其救世婆心，直将使男之雅者、俗者，女之悍者、妒者，尽举而匋于一编之中。呜呼！意良苦矣。"

可见，俚曲的创作目的与针对的对象与《聊斋志异》是不同的，《聊斋志异》的写作目的是"抒写襟怀"，更多的是抒发个人的感慨，寄寓自己的喜怒哀乐，面向的对象是"学士大夫"，所以他采用极雅致的文言。《俚曲》的创作则更多是出于道德目的，意图整肃纲纪、挽救人心，它针对的对象是"村庸"，是"市媪"，是"男之雅者、俗者，女之悍者、妒者"，所以蒲松龄借用了当时民间流行的小曲，采用了极其俚俗却为乡亲们所熟知的方言俗语，达到了"使街衢里巷之中，见者歌而闻者亦泣"的艺术效果。① 在蒲松龄看来，

---

① 《聊斋俚曲》中也有为祝寿而作者，如《姑妇曲》第一回回前诗就声明作此曲是为祝寿："二十余年老友人，买来矇婢乐萱亲；惟编姑妇一般曲，借尔弦歌劝内宾。"但是，在《聊斋俚曲》十五篇中，明确提到为祝寿而作的俚曲却仅此一篇，而且《姑妇曲》全篇也是道德教化的内容。

身居穷乡僻壤之中，作作劝化的俚曲是他实现自己理想的最好的途径。如果俚曲能家传户颂，民风为之改观，这与他中举做官为民造福也没有什么区别了。蒲松龄俚曲的创作与一些文人（例如李渔和袁枚）常有的商业化写作不同，他并没有任何经济利益可得，完全是出于强烈的责任感和使命感。

其实，蒲松龄也自觉充当起儒家通俗伦理教义宣传员的角色，正如他在《聊斋志异》的《周顺亭》中所说："司风教者，重务良多，无暇彰表，则阐幽明微，赖兹刍荛。"① 蒲松龄作《聊斋俚曲》一方面即如《蒲箸等祭父文》所言，是为了补《聊斋志异》之不足，同时，它又有着很强的现实针对性。在《日用俗字》中，他攻击僧道："撮猴挑影唱淫戏，傀儡伤挤热腾熏。"而《请禁巫风呈》则更加细致地陈述了他对时事的担心。全文如下：

> 为祈禁巫风，以挽颓俗事：窃惟因风致恣，垂诸圣训；反浇为朴，望在循良。临淄民风，旧号淳良，二十年来，习俗披靡，村村巫戏。商农废业，竭赀而为会场；丁户欠梁，典衣而作戏价。沸心聒耳，王武子之所乐闻；乱吠齐喧，介葛庐之所能喻。乃妇女喜其易解，粉白黛绿者成群；而撞匠乐于涸淯，鼠目獐头者作队。赌争酒醉，遂呈刀杖之凶；作盗诲淫，更成鼠雀之狱。可笑浮靡之众，不计安全；非申告诫之文，乌知教化？恳请老父母片言晓示，严行禁止，庶几浇风顿革，荡子可以归农；恶少离群，公堂因而少讼。②

所谓"巫戏"，即《悲喜十三谣》的《端工（巫师）喜》谣所说："雅化行来旧染清，巫风久不到山城。昨朝又摘颔髭尽，打点胭脂上戏棚"③ 之"巫风"。④ "巫风"的存在，使人们不去实践现实生活中的伦理道德，而往

① 盛伟编：《蒲松龄全集》，学林出版社 1998 年版，第 529 页。
② 盛伟编：《蒲松龄全集》，学林出版社 1998 年版，第 1250 页。
③ 盛伟编：《蒲松龄全集》，学林出版社 1998 年版，第 1729 页。
④ 巩武威根据《日用俗字·僧道章》所述，认为"蒲松龄所指的巫戏是娱神为目的的百戏活动（自然也包括道情、宝卷的演唱）"。（巩武威：《蒲松龄"巫戏"考》，《戏曲研究》第二十九辑，文化艺术出版社 1989 年版，第 190～199 页。）车锡伦则认为"巫戏"是"山东姑娘腔"一类的地方歌舞小戏。（车锡伦：《蒲松龄"巫戏"和"山东姑娘腔"》，《戏曲研究》第 59 辑，中国戏剧出版社 2002 年版。）

往追求那些虚幻的拯救。蒲松龄用乐闻驴鸣的王武子和通兽语的介葛庐来痛斥"巫戏",可见其维护"民风淳正"的决心。而为了挽回民心,他又不得不采取与"巫戏"相类似的手段,即用通俗的艺术手段——俚曲——来进行道德教化。

三

研究者已经证实,张元所撰《柳泉蒲先生墓表》碑阴的"通俗俚曲十四种"的排列顺序并非是按照写作时间的早晚。我们发现在十五种俚曲中排在前五位的《墙头记》《姑妇曲》《慈悲曲》《翻魇殃》和《寒森曲》都是有关伦理教化的作品,除了这五部作品外,《快曲》《俊夜叉》《禳妒咒》等也都鲜明地表现出儒家的伦理规范,可见有关伦理教化的作品是蒲松龄最为重视也创作最多的一类作品。

蒲松龄《聊斋俚曲》的大部分听众是农民,他们被牢牢束缚在了土地上,已经失去了"治""平"的机会和能力,但他们还有"修""齐"的义务和要求,如果仅从伦理层面上说,这两个方面能和谐,那么农村社会就基本和谐了。蒲松龄突出表现的就是如何正确处理儒家伦理道德中的几种伦常关系,如《慈悲曲》讲后母与前房子女及异母兄弟的关系;《墙头记》提倡赡养老人;《禳妒咒》和《俊夜叉》讲悍妇。表现了他对几种儒家伦常如"孝""悌"等的强调。

1. 孝、悌

儒家思想对家庭伦理的"孝""悌"极为重视,《论语·学而篇第一》云:"有子曰:'其为人也孝弟,而好犯上者,鲜矣;不好犯上,而好作乱者,未之有也。君子务本,本立而道生。孝弟也者,其为仁之本与!'"① 孟子也说:"人有恒言,皆曰,'天下国家'。天下之本在国,国之本在家,家之本在身。"② "孩提之童,无不知爱其亲者,及其长也,无不知敬其兄也,亲亲,仁也;敬长,义也。无他,达之天下也。"③ "家"是社会生活的细

---

① 杨伯峻:《论语译注》,中华书局 1980 年版,第 2 页。
② 杨伯峻:《孟子译注》,中华书局 1960 年版,第 167 页。
③ 杨伯峻:《孟子译注》,中华书局 1960 年版,第 307 页。

胞，在儒家文化中，"家"与"国"是密切统一的，它是构成"国"的单位，即"小国"，也是人们生活的基础。在儒家传统观念看来，在"小国"即"家"中能"孝"的人，在"国"中也能对统治者和国君尽"孝"，即效忠。从这种意义上说，中国"国家的特性便是客观的'家庭孝敬'"[①]。

蒲松龄自己事母至孝（蒲箬《清故显考岁进士、候选　儒学训导柳泉公行述》），自然想把这种"孝"的伦理规范推广开来。因此，当他看到乡间有着太多"不孝"的现象时，他就要通过文学创作予以批评。蒲松龄的诗歌《老翁行》就是对不孝之子的斥责。《老翁行》不可谓不深刻，但大众却读不懂，即使明白了大意，也总觉得离自己很遥远，感受不深，于是蒲松龄创作了语言通俗、生动可感的俚曲《墙头记》。

《墙头记》写张大怪、张二怪兄弟极不孝顺，在寒冬腊月将父亲置于墙头，闭门不纳。后来听王银匠说父亲有存银，二人争相孝顺，在受到官府的惩戒后虔心向善。蒲松龄的目的在于宣扬"孝道"，但它又是一出喜剧，在作者的笔下，连老主人公被儿子放在墙头，饥寒交迫的场面都显得轻松，全篇也没有出现大道理的说教。但无论是通过结尾处张大怪、张二怪夫妇受到的严厉惩罚，还是两个逆子近乎荒唐的对待父亲的态度，听众都可以引以为戒，不需要作者言明，而知何者为对，何者为错。

在家庭中，"孝"除了子女对父母和祖父母的"孝"，还包括媳妇对公婆的"孝"。在中国传统社会，婆媳关系恐怕是家庭生活中最难处理的关系，在农村尤其如此。主要原因在于，虽然媳妇长时间生活在婆家，但她对婆婆的感情并非血缘之亲，只是基于丈夫的应有之亲，有礼法上的责任和义务，在感情上却始终有隔阂。对于婆婆而言，很难做到像对女儿那样疼爱媳妇，而必要的支使又是少不了的，所以，婆媳之间自然很容易产生矛盾。

蒲松龄提出了婆媳相处的准则，那就是媳妇要孝敬婆婆，婆婆也要疼爱媳妇。珊瑚是作者描写的正面典型，面对婆婆的无理挑衅，她始终逆来顺受："女孩家，女孩家，孝顺贤良谁似他？分明是心灵通，只装着不懂

①　[德]黑格尔:《历史哲学》,王造时译,三联书店 1956 年版,第 165 页。

儒学历史

话。责备自家，责备自家，照旧全无半点差。我尽了我的心，尽你怎么骂。"（第一回　孝子出妻）即使被休弃，闻知婆婆生病，仍然回去照顾，最终得到好报。而臧姑虐姑不孝，最终受到天警。"孝"是蒲松龄对媳妇提出的要求，而婆婆也应该理解媳妇的处境，勤加体恤："媳妇从来孝顺难，婆婆休当等闲看；自此若有豺狼出，方识从前大妇贤。"（第一回　孝子出妻）正如蒲松龄借沈大姨之口所说："这福只在人享。那媳妇子怎能件件都合着心呢？只是有一半点不是，我也不计较。"（第二回　孝妇重还）

与"孝"紧密联系在一起的是"悌"，"孝是时间性的'人道之直通'，弟是空间性的'人道之横通'。孝弟之心便是人道之'核心'。"①《慈悲曲》就是将"孝"与"悌"结合在一起加以表现的作品，它描写了一个类似晋代王祥与王览兄弟友善，感天动地的故事。文章写张讷被后母虐待，其父将他藏于姑家。张讷成人后，其姑病亡，乃返家，其后母之子张诚与其极友善。面对后母的虐待，张讷毫无怨言，张诚也极力爱护其兄。后张诚替兄打柴时被虎衔走，张讷乃孤身外出寻找，历时三年零九个月，终于找到了张讷及被达子掳走的嫡母王氏和兄长，一家复得团圆。

《慈悲曲》第一回就开宗明义："我今说一件兄弟贤孝的故事，给那世间的兄弟做个样子。"（第一回　是后娘气）结尾之［西江月］词也说："因贤孝弟，好心肠感动青天。不是神鬼共撮攒，那得父子相见？谁似他们一门贤孝，说起来个个悲酸。人家兄弟有多般，这一个样子请看。"（第六回　是悲中喜）蒲松龄认为，为人子者，孝顺乃是本分，不管父母多么不慈，子女都不应有怨言："虽然那蒺藜是后娘的罪孽，孝顺是为儿的本等。"（第一回　是后娘气）张讷就是"天生的贤，天生的贤，苦甜只在他心间，就是背地里他也不曾怨。"（第三回　是小痛）而为人后母的也要尽心爱护子女，常加慈爱。李氏"做后娘，没仁心，好不好剥皮抽了筋，打了还要骂一阵，这样苦楚好不难禁！五更支使到日昏，饱饭何曾经一顿？"（第三回　是小痛）自然没有好报。

---

① 钱穆：《中国文化史导论》（修订本），商务印书馆 1994 年版，第 51 页。

2. 悍妇、妒妇

蒲松龄在《聊斋志异》中生动刻画了大量悍妇和妒妇的形象，而他对悍妇、妒妇的关注当来源于他的人生经历，因为这类人物在农村是大量存在的，他也曾在《述刘氏行实》中披露其大嫂之悍。在《聊斋俚曲》中，蒲松龄延续了关注悍妇和妒妇的兴趣。相对于上流社会和知识阶层，在乡间，已婚女子受到的礼法约束要相对少一些。她们也要相夫教子，但因为丈夫往往不能读书习礼而误入歧途，所以妻子的这种"相"在很大程度上也有管束的意思。如果管束的太厉害，让丈夫尊严扫地，这就是"泼"了。

蒲松龄认为，女子过于温柔贤惠，在民间恐怕未必适用。而对于丈夫的不务正业，妻子拥有管束的权利，也负有这个责任，因此可以容许甚至鼓励她们"泼"一点。他说："诗曰：泼妇名头甚不香，有时用他管儿郎；管的败子回头日，感谢家中孩子娘。这四句诗，原有个将说，是说这做妇人的，但犯了这个泼字，外边厢吵邻骂街，家中吵翁骂婆，欺妯娌，降丈夫，这是人人可恨的。虽是这等说，这个泼字，若用的当了，就是合那疼汉子的孟姜、敬丈夫的孟光，一样相传。"《俊夜叉》中张三姐面对宗兀人的好赌和粗暴，毫不退缩。终于管得浪子回头。最后，"丝绸裤，蓝绫袄，上酒鱼肉吃不了。当时是个宗兀人，如今成了宗三宝。钱不少，人不老，如今才说三姐好；说道三姐委是好，当初亏了那一吵。"蒲松龄断定："不成人可也是前生早就，就是他老子娘也管不回头；造化低又摊着娘子忠厚，顺从着不言不语，嗄家当尽他去丢。这样人不饿煞那里走？"

在丈夫不成人的情况下，妻子的"忠厚"和"顺从着不言不语"，不但不是一种美德，反而等于把丈夫往悬崖下推。在妻子强势的管束面前，丈夫的服从自然就是弱势的表现，但只有这种弱势，丈夫才能走向正轨，家庭才能得以维持和振兴，因此，所谓"怕老婆"的弱势并不是什么可耻的事情。但蒲松龄又认为妇人之"泼"还应该有个限度。《俊夜叉》中张三姐之泼是针对宗兀人的赌博败家，而《禳妒咒》中江城之泼却是"妍皮裹妒骨"。蒲松龄虽然并不回避江城之泼有些时候是因为丈夫的不成器和不检点的作风，对江城施诸高蕃的暴力多少带有些欣赏的成分，但蒲松龄如此描写的主要目的是为乡间妇女之鉴，而不像有些研究者所说，江城的行为是反对纳妾制度和提倡男女平等。如果真是这样的话，结尾处江城的急剧转化就无法解释了。①

四

《聊斋俚曲》改编自《聊斋志异》的有《姑妇曲》《翻魇殃》《慈悲曲》《禳妒咒》《富贵神仙》《磨难曲》《寒森曲》七篇。《姑妇曲》改编自《珊瑚》，《翻魇殃》改编自《仇大娘》，《慈悲曲》改编自《张诚》，《禳妒咒》改编自《江城》，《富贵神仙》《磨难曲》改编自《张鸿渐》，《寒森曲》改编自《商三官》与《席方平》，由两篇糅和而成。

《聊斋俚曲》对《聊斋志异》的改编是出于道德教化的目的，而蒲松龄以俚曲劝善的前提是他相信人心本善，认为"礼非降自天也，非出自地也，乃生于心者也"②。在他看来，人心中是存在着道德观念的，只是一些人的这种"善"暂时受到了蒙蔽而已，通过教育，是可以恢复的。所以它努力适应民众祈福惧祸的心理，充分运用善恶因果报应来作为自己说教的凭借。相对于《聊斋志异》的"异史氏曰"在总结全文时经常要重提报应之不爽，以为警语，《聊斋俚曲》在这方面更加细致了，善人的结局必然集天下之富贵之一身（多是官至翰林、尚书）。在蒲松龄的时代，富贵的前提最有可能的就是科举中试，这也正是他梦寐以求的事情。于是，孝悌的代表张讷中进士、张诚中举人，孝子的代表商臣中进士，商礼登甲榜。

对于那些不孝的代表，蒲松龄也极尽恐吓之能事。《姑妇曲》中，"后来珊瑚两个儿子都中了举。臧姑生十胎都不存，到了五十上，才生了一子，进了学。臧姑活到八十才死了，还受了儿的孝顺。若是他终于不回头，着他公公说该促寿，该没儿，该早死了，还有什么儿哩？"（第三回　悍妇回头）在这里，蒲松龄不但强调现世报，以享年的短促、财富的缺失和子嗣

---

① 第二十七回，江城自述："俺如今懊悔从前，到如今一回想一身汗。做的那事儿，自己口里也难言，就是万剐凌迟，也尽不得罪愆！望爹娘把奴宽，从新做人，只当是另脱生了一番。未曾来踌躇难见爹娘面。"她帮高蕃收妾买妓，公婆评价"近来媳妇异常的孝"（第三十回　馆选），丈夫赞扬："夫人这样贤，买佳人奉我欢，越发叫我心感念。"（第三十一回　锦归）

② 盛伟编：《蒲松龄全集》，学林出版社 1998 年版，第 1044 页。

的夭亡等作为恐吓不守道德之人的工具，他还放开了民众改恶从善之路，指出了虔心改过的好处："仔顾踢蹬，天就把我找，若是回头，天也就不恼。老天容易饶，只要回心早，不用念佛，休骂也休吵，孝顺公婆敬哥又敬嫂。恶似臧姑天下少，天还不计较；若是他早回头，还有荣华报。你可看陈珊瑚，他好不好？"（第三回　悍妇回头）

作为颇具实用性的作品，《聊斋俚曲》有意识地淡化宗教色彩，而突出作品的现实意义和对民众的启示功能。《禳妒咒》加入了江城自幼争强好胜，父母又不肯及时纠正她的错误，反而娇惯放纵的情节，揭示出江城的"泼"与她小时候所受的教育有很大关系。《墙头记》的结尾也安排了一个父亲给儿子做了坏榜样的细节，来警示民众在教育问题上不能掉以轻心，这些都标明了蒲松龄作为一位乡村教育家和道德劝说家所具有的眼光。

正如蒲松龄在《慈悲曲》的开篇［西江月］词中所说："别书劝人孝弟，俱是义正词严，良药苦口吃着难，说来徒取人厌；惟有这本孝贤，唱着解闷闲玩，情真词切韵缠绵，恶煞的人也伤情动念。"这种通俗为美、寓教于乐的文艺观可以看作他俚曲创作的指导思想和艺术总纲。与清末民初中国曾经兴起的改编戏剧、小说以期改良社会风气的热潮相比，蒲松龄的这项文艺影响政治的试验整整提前了两百多年。

子贡手刻孔子夫妇楷木像考略

鲁 衢

摘 要： 子贡手刻孔子夫妇楷木像，是浙江省博物馆藏品，是不可再生的珍贵文化资源，是孔子文化的"金色名片"，是中华民族顽强生存、中国儒学持续发展的实物见证。随着我国文物法制体系建设日益加强，孔子文化文物法律意识日益提升，依法认定孔子及其夫人亓官氏楷木像文物等级，引起学术界的高度关注。本文力图考查两尊古像的历史源流，促进其依法纳入文物定级、修复程序。

关键词： 孔子 楷木像 文物 保护

一、孔子及其夫人亓官氏楷木像溯源

（一）古像概貌

曲阜市档案馆存 1935 年 10 月发行的《孔子世家谱》首页，印有孔子及其夫人亓官氏楷木像缩照，注明"子贡手刻现存于浙江衢州"。图中的孔子及其夫人亓官氏楷木像（以下简称古像），实为两尊独立的木雕像，各立于扁平凹槽木座内。其高度、肩宽、三围及木座，均无标准实测数据。

1. 孔子正面全身像。高约 37.2 厘米，宽约 15.5 厘米。面庞圆长，神态祥和。两耳外突，格外长大，右耳长于左耳。头戴圆帽，帽顶刻站方槽一周。双眉横长，双目突出。鼻高直而阔。双颧明显。胡须五缕，鼻下两缕呈八字型，下巴三缕长垂于胸。口合不露齿，下唇微卷。身着宽领宽袖长袍。双手合抱镇圭，拱手胸前，宽袖有飘动感。

2. 亓官氏正面全身像。高约 41.2 厘米，宽约 16.5 厘米。面庞长圆丰润，双目长而柔，神态生动。鼻高直而阔。小口闭合不露齿，薄唇稍卷。两耳外突，长而大。头挽高髻。身着圆领宽袖长袍，腰束宽带，双手拱于袖内。正面端坐，双膝前曲。

1934 年郁达夫《烂柯纪梦》文载："楷木像藏在孔庙西首的一间楼上，像各高尺余，孔子是朝服执圭的一个坐像，亓官夫人也是一样的一个，但手中无圭。两像颜色苍黑，刻划遒劲，决不是近代人的刀势。据孔先生告诉我们的话，这两像素来就说是出于端木子贡之手刻，宋南渡时由衍圣公孔端友抱负来衢，供在家庙的思鲁阁上，即以到衢州后的年限来说，也已经有八九百年的历史了。孔子像的面貌，同一般的画像并不相同，两眼及鼻子很大，颧骨不十分高，须分三挂，下垂及拱起的手际，耳朵也比平常人大一点儿。孔子的一个圭，一挂须，及一只耳朵，已经损坏了，现在的系后人补刻嵌入的，刀法和刻纹，与原刻的一比，显得后人的笔势来得软弱。"所谓藏在孔庙西首的一间楼上，即珍藏于衢州孔氏家庙大成殿西侧的思鲁阁二层。对于古像出自端木子贡手刻之说，郁达夫无异议。

（二）古像溯源

关于孔子夫妇楷木像的古文记载，据现有史料，首推《水经注》。该书是中国古代的地理名著，作者是北魏（386～534）地理学家、散文家郦道元。该书第二十五卷记载相关章句如下：

台南四里许，则孔庙，即夫子之故宅也。宅大一顷，所居之堂，后世以为庙。汉高祖十三年，过鲁，以太牢祀孔子。自秦烧《诗》《书》，经典沦缺。汉武帝时，鲁恭王坏孔子旧宅，得《尚书》《春秋》《论语》《孝经》，时人已不复知有古文，谓之科斗书，汉世秘之，希有见者。于时闻堂上有金石丝竹之音，乃不坏。庙屋三间，夫子在西间东向，颜母在中间南向，夫人隔东一间东向。夫子床前，有石砚一枚，作甚朴，云平生时物也。鲁人藏孔子所乘车于庙中，是颜路所请者也。献帝时，庙遇火，烧之。水平中，钟高意为鲁相，到官，出私钱万三千文，付户曹孔欣治夫子车，身入庙，拭几席剑履。男子张伯除堂下草，土中得玉璧七枚。伯怀其一，以六枚白意。意令主簿安置几前。孔子寝堂床首，有悬瓮。……魏黄初元年，文帝令郡国修起孔子旧庙，置百石吏卒。庙有夫子像，列二弟子执卷立侍，穆穆有询仰之容。汉、魏以来，庙列七碑，二碑无字。桧柏犹茂。庙之西北二里，有颜母庙，庙像犹严，有修桧五株。

一是汉代及以前。孔庙即夫子的故宅，宅大一顷，庙屋三间，各供奉一像：孔子像在西间，颜母像在中间，夫人像在东间。这是关于孔子夫妇像的最早记录。此时孔庙内，还有夫子瓮、夫子砚、夫子履和车服礼器等遗物。

孔子故宅较为低矮，遗址仍保留在今曲阜孔庙内，宜供奉楷木雕像。兵灾战乱年代，楷木像既便于保存，也便于携带和搬迁。公元 12 世纪曲阜孔子家族护送两尊古像千里跋涉南渡，便是极好的例证。

郦道元《水经注》第二十五卷没有记载古像是否子贡手刻，但提及"《说题辞》曰：孔子卒，以所受黄玉葬鲁城北，即子贡庐墓处也。《皇览》曰：弟子各以四方奇木来植，故多诸异树，不生棘木刺草。"子贡时代，楷木属于奇木。孔子后裔传说子贡守墓期间以楷木雕刻孔子遗像，确有可能。一则守墓是极为私密的个人行为，外界知之甚少；二则遗像作为家族宝藏，不宜四处张扬。

二是魏黄初元年。黄初（220～226）是北魏君主魏文帝曹丕的年号。此时重建孔子旧庙，仅保留孔子及其夫人亓官氏像，原来供奉颜母的位置，改为供奉孔子像，还有二位弟子执卷立侍。另建颜母庙，供奉颜母像，在孔庙西北二里处。由此可知，子贡手刻孔子夫妇楷木像是曲阜孔庙保留时间最长的古像，是名副其实的镇庙之宝。

（三）古像寓意

1. 儒家思想标志。经过两千多年历史长河的曲折颠簸，子贡手刻孔子夫妇楷木像始终相伴同行和谐共处，为我们正确认识儒学思想之和谐价值追求，提供了珍贵的实物依据。

2006 年 9 月习近平同志致贺衢州孔子文化节暨儒学盛会指出：儒学思想作为人类文化的瑰宝，源远流长，博大精深，是中国传统文化的象征，对人类文明的发展产生了深远影响。实现社会和谐是儒家思想的重要内容，以和谐为价值追求是儒家文化的基本精神。对于这一珍贵历史文化遗产一定要倍加珍惜、发扬光大。

2. 尊师传统见证。清代嘉道间刘佳《孔氏家庙瞻先师遗像，系木刻，传是端木子手雕》诗云："传是卫国贤，摹刻志师宜。"孔子嫡裔传说，子贡手刻楷木像，最接贴近孔子及其夫人真容，是历代各地孔庙造像的原始版本，笔者认为可信。

孔子遗像的面庞和举止，非常贴近《论语·乡党》的描述，惟妙惟肖。亓官氏，是孔鲤（前532～前481）的生母，病逝于公元前485年（鲁哀公十年），早于孔子（前551～前479）辞世，因此，遗像面容比孔子年轻。雕刻者不注重其身高比例，重点刻画容貌和神态，情真意切。只有非常亲近孔子夫妇的人，才能做到。

儒界传说，孔子去世后，弟子们悲痛不已，在孔子的坟前守墓三年，才依依不舍挥泪惜别，子贡却不忍离去。他在孔子墓前搭起茅屋，继续守了三年，这期间，常常回忆孔子夫妇生前的言行笑貌，心思手摹，终于用楷木雕刻出老师和夫人的遗像，后来赠送孔子家族珍藏。后世复制孔子夫妇像，只有依照子贡手刻楷木像，才会得到儒界及孔子世家认可。

3. 衢州孔庙信物。20世纪孔子家族刊印《孔子世家谱》，历时7年，于1937年11月告成。此次修谱，首次倡修合族大谱，曲阜孔氏族人决定利用当时先进的照相技术，将最能够代表先祖孔子形象符号的信物，刊印在家谱的显著位置。此时便有人提到长期珍藏于衢州孔氏家庙的祖传楷木古像。经过认真商榷，衢州孔氏家庙的主祀、孔子嫡裔同意拍摄古像，刊印在孔氏家谱的首页，在照片的上方特别注明"子贡手刻现存于浙江衢州"。浙江衢州，即衢州孔氏家庙。

公元12世纪寓居衢州的孔子家族，是孔子辞世之后在山东曲阜生活时间最长、在孔氏家庙主祀时间最长、在孔子族谱延续时间最长的直系血脉所在。因此，选用衢州孔庙信物，在孔子世家最具代表性、权威感和凝聚力。1996年衢州孔氏家庙名列全国重点文物保护单位，其传承正统儒家思想、弘扬正统儒家文化的社会功能，在孔子直系嫡孙的主持下全面显现。

子贡手刻楷木像，是孔子世家最珍贵的祖传魂宝，也是孔子嫡传血脉的信物，历来由孔子直系长孙或袭封嫡脉继承和保存。在古代宗法制度下，无论朝代更迭，孔子世家公认的古像继承权从未改变。尽管世居曲阜千余年的孔子嫡孙背井离乡，寓居衢州数百年；尽管元朝统治者在曲阜另封衍圣公，另建袭封制；但是，元明清三朝曲阜衍圣公从未讨要衢州孔氏家庙珍藏的祖传楷木古像。从这个意义上讲，子贡手刻楷木像与衢州孔氏家庙，具有同等的文物价值。

二、孔子及其夫人亓官氏楷木像变迁

靖康二年（1127）一月，金兵攻陷宋朝京城开封，五月掳掠徽宗、钦宗二帝及赵氏宗室、后妃、金银珠宝、皇帝仪仗、典籍舆册、天文仪器、技艺百工等北撤而去。六月，康王赵构在河南商丘宣布即位，是为宋高宗，改元建炎。当其立足未稳，金兵又来袭并继续南侵，宋高宗举朝南迁避战，率领文武百官、先朝遗民先后逃往扬州、临安（杭州）、越州（绍兴）、明州（宁波）等地，最后定都临安。这是一次大劫难、大动荡、大移民，世居曲阜千余年的孔子世家被迫迁徙。

（一）古像南迁

建炎三年（1129）正月，衍圣公孔端友和族长孔传举族护送祖传珍宝避敌南下，随行近支族人百余名，仅留极少数人留守林庙。他们盼望着能尽快返乡，当时未打算长期寓居江南。孔子世家南迁的祖传珍宝，其中有三套镇庙之宝。

1. 孔子夫妇楷木古像。建炎三年（1129）二月下旬，孔子家族一行护送古像乘舟沿衢江抵达衢州，暂居州学，州学内有大成殿及堂、斋、门、阁、庖湢之所，为屋百区。孔端友请技艺高明的工匠为孔子夫妇楷木古像制作了礼案，孔传亲自恭书了孔子夫妇、孔鲤夫妇、孔伋夫妇和孔仁玉夫妇的木主牌位。孔传和端友一起选定了大吉的日子，举行春季大祭，南渡衢州的孔氏族人与当地官员、贤达一道参加。以后每逢春秋舍典时，袭封奉祀者必须率族拜跪于孔子及亓官夫人楷木古像前。

2. 至圣文宣王庙朱记印。政和五年（1115）宋朝皇室所颁。这枚印章，其制长一寸七分，宽一寸六分。这类印记乃皇家颁给京城及外处职司、诸军将校等使用。至元十九年（1282）十一月，这枚宋朝衍圣公专用印章，被元朝廷收缴。

3. 唐朝画圣吴道子手绘《先圣遗像》。吴道子（约 680～759）曾任兖州瑕丘（今山东兖州）县尉，后被唐玄宗招入皇宫作画。这幅先圣遗像是为祭祀孔子而作，在孔子嫡孙手中珍藏近五百年。绍兴二年（1132）正月，孔端友和孔传决定，把从曲阜带来的画圣唐吴道子所绘《先圣遗像》镌刻于碑，立于州学。现存于衢州孔氏家庙大成殿西侧的思鲁阁一层，面南而立。

宝佑元年（1253），宋理宗诏拨官钱 36 万缗，赐建衢州孔氏家庙，次年（1254）仲春竣工，"仿曲阜之制，追鲁庙之遗，栋宇巍然，丹碧一新"。从此，寓居衢州的衍圣公世家有了祭祀孔子的专用庙堂。孔庙分庙、府两个部分，其中最具标志性的特有建筑思鲁堂，用于珍藏南渡的祖传瑰宝。

（二）古像劫难

两尊古像在 19 世纪太平天国时期曾遭兵劫。李元度（1821～1887，左宗棠麾下儒将，以功擢浙江转运使）曾记述他的部下抢救流失民间的孔子及亓官夫人楷木像的过程：

咸丰十一年帅师驻衢州及江山。时总兵李定太、刘培元防衢，皆乡人也。元度拟谒文庙，则积年为兵勇及难民所毁坏，木主狼藉地上。问圣裔，皆避地出。问二像，则寝阁仅存柱础，像不知所在矣。因属培元等大索民间。衢人士闻言，始知二像源流，初皆习焉不察也。明年，培元走书江山，告得像于伤者担头，有百夫长以钱四百文易之。像高三尺有奇，衣褶浑古，并完好。乃约镇道守令，具鼓乐送之入庙，量为修葺，檄兵勇皆毋入庙门。（《天岳山馆文钞》卷十九《书衢州文庙圣像事》）

孔子楷木像在抗日战争时期曾遭损坏。1939 年，侵华日军发动浙赣战役，入侵衢州的日军头目听说衢州孔庙供奉着春秋时期的古像，是举世无双的文物，企图劫取这一稀世珍宝。孔子嫡裔孔繁豪得知这一消息后，向当地国民政府作汇报请求协助转移。国民政府行政院派 4 名护卫，并电令孔繁豪护送圣像向龙泉转移。6 月 1 日，孔繁豪一行抵达龙泉县。孔繁豪租用了村民的房屋以供奉圣像及家人居住。9 月 7 日，孔繁豪外出办事，房东与其家人发生争执，致使孔子像左须及朝笏被折断。后来，孔繁豪为了确保宝像不再出意外，访得当地巧匠仿制了一对赝品供奉，将真品密藏在衢州山区。侵衢日军未能掠得宝像，烧毁衢州孔庙藏书楼，将庙内 400 余件礼乐器物及衢州钟楼的大钟洗劫一空。

抗战胜利后，孔子夫妇楷木像于 1946 年 8 月 27 日上午被迎护回衢州孔氏家庙，重新供奉在衢州孔庙思鲁阁中。当天衢州举行了盛大隆重的还庙祀典，参加者逾千人，各机关休假一天，城区各机关部队团体店户悬旗庆祝。在还庙祀典开始前，专门烧毁赝品以防混淆。

（三）古像归属

1949 年 5 月衢州解放，孔氏家庙祭田、庙产、学田归公，孔子夫妇楷木像由衢州军管会接收后，送交与衢州中心文化馆保管。1954 年 7 月，衢州中心文化馆将古像移交浙江省文管会登记在册，孔子夫妇楷木像成为浙江省博物馆文物藏品、浙江省特定文化资源，属于国家所有。

1959 年 8 月，经浙江省文物管理委员会批准，浙江省博物馆同意曲阜市文物管理委员会借用陈列。当时履行公文和函件迄今保存完好。孔子夫妇楷木像现寄存于曲阜孔庙，未依法认定文物等级。

三、孔子及其夫人亓官氏楷木像文物定级依据

2016 年国务院《关于进一步加强文物工作的指导意见》（国发〔2016〕17 号）指出："加强文物保护，让收藏在博物馆里的文物活起来，对于传承中华优秀传统文化、满足人民群众精神文化需求、提升国民素质、增强民族凝聚力、展示文明大国形象、促进经济社会发展具有十分重要的意义。"

新中国成立后，特别是改革开放以来，我国文物工作取得巨大成就，对于孔子文化文物的保护逐步加强。继孔子诞生地曲阜的孔林、孔庙和孔府被确定为全国重点文物保护单位、世界文化遗产，衢州孔氏家庙被批准为全国重点文物保护单位。浙江省博物馆藏孔子夫妇楷木像，属于具有历史价值、艺术价值、科学价值的、可移动的物质遗存，应当依法纳入文物定级、修复程序。

（一）纳入全国文物普查范围

2012 年《国务院关于开展第一次全国可移动文物普查的通知》（国发

〔2012〕54号）指出：可移动文物普查是通过国家统一组织、由专业部门采用现代信息手段集中调查统计的方式，对可移动文物进行调查、认定和登记，掌握可移动文物现状等基本信息，为科学制定保护政策和规划提供依据。此次普查从2012年10月开始，到2016年12月结束，分三个阶段进行。2016年1月至2016年12月为第三阶段，主要任务是进行调查资料的整理、汇总、数据库建设和公布普查成果。

依据《关于发布第一次全国可移动文物普查实施方案的通知》（文物普查发〔2013〕6号）文件，此次普查范围包括：1949年（含）以前，历史上各时代珍贵的艺术品、工艺美术品；反映历史上各时代、各民族社会制度、社会生产、社会生活的代表性实物；1949年后，由博物馆、纪念馆收藏登记的藏品；等等。

浙江省博物馆藏孔子夫妇楷木像，属于第一次全国可移动文物普查范围。应按照属地管理的原则，开展调查、文物认定、信息采集和审核。其普查成果于今年12月公布。

（二）纳入文物藏品定级程序

2010年4月浙江省文物局《关于印发浙江省〈文物认定管理暂行办法〉实施意见（试行）的通知》（浙文物发〔2010〕77号），其中第十七条至第二十条对于可移动文物认定和定级，都有明确规定。

《中华人民共和国文物保护法》第三条规定：历史上各时代重要实物、艺术品、文献、手稿、图书资料、代表性实物等可移动文物，分为珍贵文物和一般文物；珍贵文物分为一级文物、二级文物、三级文物。本法第三十六条规定：博物馆、图书馆和其他文物收藏单位对收藏的文物，必须区分文物等级，设置藏品档案，建立严格的管理制度，并报主管的文物行政部门备案。

浙江省博物馆藏孔子夫妇楷木像，能否被认定为珍贵文物及其定级，依据文化部《文物认定管理暂行办法》第十一条，由主管的文物行政部门即浙江省文物局备案确认。

学术界期待申报认定孔子夫妇古像为珍贵文物或国家一级文物。依据《文物藏品定级标准》（文化部令第19号），子贡手刻孔子夫妇楷木像，同时符合一级文物定级标准之第一项和第七项。

（三）依法合理补偿及修复

曲阜市文管会借用浙江省博物馆藏孔子夫妇古像超过三年，应从《中华人民共和国文物保护法》施行之日起计算。《中华人民共和国文物保护法》第四十条规定：文物收藏单位之间借用文物的最长期限不得超过三年。

依据《中华人民共和国文物保护法》第四十三条，曲阜市文管会应给予合理补偿。具体管理办法由国务院文物行政部门制定。

鉴于孔子夫妇古像破损严重、年久失修，浙江省博物馆应尽快依法修复，开展价值评估、现状调查、方案编制等活动。依据2014年国家文物局出台的《可移动文物修复管理办法》第十五条，报浙江省文物行政部门批准，并出具独立第三方机构或专家评审意见。

儒学与社会

RU XUE YU SHE HUI

当代中国儒教复兴的实践类型及其内在逻辑

李向平　张晓艺

（华东师范大学社会发展学院）

摘　要： 当代中国儒教复兴可以从宏观思想转向、中观理论构想、微观具体实践三个角度予以回顾，尤其是中国儒教复兴的思想转向及其实践路径。基于从探讨心性哲学到关注政治社会的思想转向，大陆新儒家们主要从政治儒学、公民宗教、儒教文教化、社会儒学等方面展开理论构想，儒教组织与乡村儒学实验等儒学复兴实践相继应运而生。以"制度形态——目标指向"作为维度，儒学复兴实践路径可类型化为政治实践型、传统教化型、公民宗教型和生活教化型四种理想类型。不同儒学复兴路径背后一以贯之的是儒教制度性和分散性的双重特征：大可化入政治制度，兼济天下；小可教化公众，独善其身。本文同时印证了权力关系决定信仰的模式，儒教表达受权力形塑的观点。

关键词： 儒教复兴　传统复兴　权力关系　实践路径

民国以降，维系数千年的儒家制度面临崩塌。虽有康有为、陈焕章等人构想的制度化孔教蓝图及其政治实践，但仍无法避免儒家衰落的历史演进。"1911 年辛亥革命的成功和以《临时约法》为代表的新制度原则的确立，从根本否定了儒家作为统治的合法性的依据，从而宣告制度化儒家的解体。"[①] 在以文化激进主义为特点的随后的文化运动中，儒学及其传统作

[①]　干春松：《制度化儒家及其解体》（修订版），中国人民大学出版社 2012 年版，第 30 页。

为中国传统制度特征的一个代表，更是被贴上了"非现代""落后的传统"等标签。"新文化运动的基本思路是把戊戌以来的政治问题归结为文化问题。"① 儒学自然首当其冲，成为众矢之的。正如希尔斯所说："人们经历了众多不尽如人意的事情，并且发现许多问题无法解决，这使他们开始怀疑言传下来的东西，怀疑特定的传统行为和制度的合理性。"② 而在 1949 年之后的大大小小的文化运动中，"推动人类历史向着无产阶级社会这个理想目标前进的共产主义者，则把孔子光荣地迎请到寂静的博物馆中"③。"博物馆说"成为列文森的解释。余英时认为，曾清晰可辨的儒家制度已消失不见，现代儒学面临着"魂不附体"的困境。"一方面儒学已越来越成为知识分子的一种论说（discourse）；另一方面，儒家的价值和现代的'人伦日用'越来越疏远了。"④ 此谓其著名之"儒家游魂说"。

伴随中国思想界的多元碰撞和争论，"儒教复兴"作为一个常提常新的话题，对其的关注和讨论从未停歇。杜维明指出，东亚地区儒教的复兴显示出传统现代化的进程，非亚洲文明对于现代亚洲的自我理解和当地知识的全球意义。⑤ 儒教复兴思潮不仅仅包括儒家自身哲学思想的发展，更是涵盖了现代中国的多种思想框架——传统与现代、保守与激进、本土与外来……并在其连绵不绝的争论中映射出中国思想界的分歧与共识。随着当代"大陆新儒家"的兴起，作为一种社会运动，儒教复兴运动也反映出学术界对此的不同思想方略和行动路径。儒教在中国从来就不是只停留于心形层面的思想论说，同样指涉了社会整合、人伦道德、政治制度等一系列社会秩序安排。因此，当代中国的儒教复兴，在社会思潮层面，是作为哲学思想的儒家理念的复兴和再度认可；在社会运动层面，则是儒教与现存社会制度试图整合的多种实践方式。本文正是儒教复兴的社会行动为研究基点，回顾当代中国儒教复兴活动的相关文献，从儒教复兴的宏观思想转

① 陈来：《传统与现代：人文主义的视界》，三联书店 2009 年版，第 81 页。

② ［美］爱德华·希尔斯：《论传统》，傅铿、吕乐译，上海人民出版社 2014 年版，第 31 页。

③ ［美］约瑟夫·列文森：《儒教中国及其现代命运》，郑大华、任菁译，广西师范大学出版社 2009 年版，第 322 页。

④ 余英时：《现代儒学论》（第二版），上海人民出版社 2010 年版，第 5 页。

⑤ Weiming, Tu. "Implications of the rise of" Confucian "East Asia." Daedalus 129. 1（2000）:196.

社会儒学论丛（第一辑）

向、中观理论方略和微观具体实践三个维度展开，以期厘清儒学复兴的内在理路。

一、从心性哲学到进入社会

儒教复兴的宏观思想转向"随着社会历史条件的变化，包括激进主义的兴衰，曾经是防御性的方位性意识形态的儒学，开始表现出改变现实的激进姿态，因而也使得现代新儒学的思想光谱大为改观"[①]。伴随20世纪80年代中国大陆文化保守主义的重新兴起，儒学复兴的思潮和实践初见端倪，进而涌现出一批新生代的"大陆新儒家"，志于倡导儒教复兴。如果说在此之前的新儒家更注重探讨儒学的心性层面，那么以蒋庆、陈明、秋风、康晓光等学者为代表的新生代"大陆新儒家"，则对于儒学给予了强烈的社会功用倾向，同时对于国家走向和社会发展具有很强的关注意识和参与实践。虽然他们的各自主张并不相同，但大致可以总结为"（一）以政治儒学兴起为标志的儒学的政治化；（二）以提倡建立儒教为标志的儒学的宗教化；（三）以儒学走向民众生活世界为标志的儒学的大众化"[②]三种形态。类似的，方克立也认为当代新儒家的"一个重要特点就是把前辈新儒家力图从封建意识形态中解脱出来的儒学，即心性化、形上化了的儒学，重新政治化和宗教化，强调要从'心性儒学'走向'政治儒学'，从'复兴儒学'走向'复兴儒教'。"[③]陈来更是简明地概括为致力于传统儒学研究的"学术儒学"、讨论当代思潮与儒学关系的"文化儒学"和国学班、读经班等儒学在民间实践层面的"民间儒学"。[④]也有学者回顾了近代中国儒学发展的百年历程和贺麟、张君劢、牟宗三等人的相关思想，总结出了儒学开展的三大路径——"坚持从传统出发""西学是儒学得以开出新方向的必要前

① 高瑞泉：《变动的光谱：社会思潮研究视野中的现代新儒学》，《中国人民大学学报》2015年第5期。

② 李维武：《近百年来儒学形态与功能变化的总体走向与基本历程》，载《武汉大学学报》（人文科学版）2014年第5期。

③ 方克立：《甲申之年的文化反思——评大陆新儒学"浮出水面"和保守主义"儒化"论》，《中山大学学报》（社会科学版）2005年第6期。

④ 陈来：《百年来儒学发展的回顾与前瞻》，《深圳大学学报》（人文社会科学版）2014年第3期。

提""主张与生活结合，反对书院儒学"和儒学开展的四大模式——以牟宗三、蔡仁厚和蒋庆为代表的"政治儒学"模式；以牟宗三、杜维明和陈家栋为代表的"哲学儒学"模式；以余英时、霍韬晦和龚鹏程为代表的"生活儒学"模式；以贺麟和张君劢为代表的"知识儒学"模式。①

可见，当前儒学发展的焦点已超越了有关"儒教是否是宗教"的讨论，而转向对于"当代中国儒学何以建设"的探讨。"儒学欲赢得现代民众真诚的认可，在于以切实的方式培养现代民众对它的特殊情感。"② 基于这一转向，在大陆新儒家的种种努力之下，儒学逐渐突破了学术和心性层面，作为试图开出新外王的尝试，与当代中国的政治和社会建设对话，凸显出当代大陆新儒家们的不同的理论方略，并在各自的行动路径中反映其现实抱负。

二、儒教复兴实践的中观理论构想

有关儒教复兴的宏观思想体现出从栖于心性到关注制度，从人文思潮到社会运动的转向。尽管宗教和文化遗产被很明确地定义到正统宗教实践的领域之内，然而最为热议的儒教，依然保持着最令人难以把握和非结构化的状态。现代社会下，儒教能够栖身何处，又何以有所作为？作为回应，大陆新儒家们也相继从不同角度提出有关儒教复兴实践的相关思想方略，共同构成了儒教复兴实践的中观理论构想。

（一）政治儒学

文化决定论思想的极端表现，就是将儒学宗教化和意识形态化。③ 自20世纪80年代末，蒋庆一直倡导其"政治儒学"主张。他于台湾新儒家学派刊物《鹅湖》月刊撰文称："儒学理应取代马列主义，恢复其历史上固有的崇高地位，成为当今中国大陆代表中华民族生命与民族精神的正统思想，而马列主义则只能作为某一个政党的指导思想，不能作为整个中华民族的

---

① 李承贵：《现代背景下的儒学开展方向——百年来儒学开展方向主要论说及评论》，《江西社会科学》2005 年第 1 期。

② 蒋国保：《儒学的现代困境与未来发展》，《哲学与文化》（台湾）2000 年第 5 期。

③ 郑伟：《当代大陆儒学复兴的思考》，《河北学刊》2006 年第 6 期。

指导思想。"① 尽管他在文内注释中说明他在政治上同意马克思主义纲领，也认为马克思主义提出的"剩余价值"等观点也具有深刻意义，但这篇被认为是与1958年在香港发表的"港台新儒家宣言"② 相对应的"大陆复兴儒学的政治宣言和思想纲领"，其文一出，即引起思想界很大震动，并招致了诸多强烈批评③与后续评论。④ 蒋庆在随后的文章中，陆续补充和完善了他的政治儒学主张，并从儒学传统经学致力解决政治问题的"春秋公羊学"中发掘理论资源。蒋庆认为"从心性儒学走向政治儒学不仅是时代的必然要求，也是当代新儒学在理路上应有的发展。当代新儒学只有走向政治儒学，才能开出新外王，克服儒学在当代遇到的最大危机与挑战。"⑤ 随后，他的相关著作陆续出版⑥，其政治儒学思想也从最初的新公羊学说演进到他的政治儒学思想，并在此过程中吸纳中国传统和西方政治理念，将倡导儒家宪政作为政治儒学的核心。"公羊学的焦虑是制度性的焦虑，而不像心性儒学（内圣儒学）的焦虑是实存性的焦虑，故公羊学最关注制度的建立，把改制立法看作是自己的首要任务。"⑦ 总的来说，蒋庆寄希望于将儒家义理上升为王官之学，并恢复儒教教义与价值体系，在教育体系上建立新的科举制度等国民教育制度，同时在民间建立"中国儒教协会"，具有政治、文化等特权，以期恢复与重建儒教制度。对此，许纪霖认为，蒋庆的主张，可谓"原教旨主义"之儒教。不过，"这种强烈的'制度性焦虑'与用世之心，成为蒋庆所代表的儒家（儒教）宪政提倡者们共同的代际特征，所不同的只是程度差异而已。"⑧

　　类似的，康晓光受20世纪90年代初"传统文化热"，特别是受到亨廷

---

① 蒋庆：《中国大陆复兴儒学的现实意义及其面临的问题》，《鹅湖》（台湾），1989年8月号。

② 牟宗三、徐复观、张君劢、唐君毅：《为中国文化敬告世界人士宣言》，《民主评论》（香港），1958年1月第9卷第1期。

③ 关东：《现代新儒学研究的回顾与展望——访方克立教授》，《哲学研究》1990年第3期。

④ 方克立：《评大陆新儒家"复兴儒学"的纲领》，《晋阳学刊》1997年第4期。

⑤ 蒋庆：《从心性儒学走向政治儒学——论当代新儒学的另一发展路向》，《深圳大学学报》（人文社会科学版）1991年第1期。

⑥ 蒋庆：《公羊学引论》，辽宁教育出版社1997年版；《政治儒学——当代儒学的转向、特质与发展》，三联书店2003年版；《再论政治儒学》，华东师范大学出版社六点分社2011年版。

⑦ 蒋庆：《政治儒学》，三联书店2003年版，第49页。

⑧ 许纪霖：《儒家宪政的现实与历史》，《开放时代》2012年第1期。

顿《文明的冲突》的影响，从文化民族主义进入，开始关注文化与现代民族国家的关系。他随后的访美经历中留意到了宗教对美国社会的影响，并进入对文化民族主义和中国传统宗教的思考和关注。康晓光认同亨廷顿有关文化与民族国家发展的观点，认为文化是现代民族国家之间竞争力的一个核心要素，也是支配国际政治格局的重要因素。对于复兴中华民族的文化、提高中国国家竞争力而言，亟待复兴传统文化，需要建设"超越民族国家的文化民族主义"。康氏倡导之文化民族主义，"不是要建立一种束之高阁的关于传统文化的理论，而是要建立一种强有力的意识形态，要发起一场广泛而持久的社会运动"①。

康晓光认为，"复兴民族文化是文化民族主义的核心任务。要复兴民族文化必须复兴儒学。复兴民族文化的根本是复兴儒教。这就是文化复兴的基本逻辑，也是新的文化民族主义的基本纲领。"② 而这场儒教复兴运动包括了整理国故、国内外推广儒家文化的社会动员、全球范围建立制度化的文化传播体系三大任务，采取"儒学教育进入正式学校教育体系、国家将儒教定位国教、进入日常生活并成为全民性宗教、通过非政府组织向海外传播儒教"这四大方式，并期望达到与国家政权建立政教合一体制，以解决当下中国政治的"正当性危机"。在近期的研究中，他还通过问卷调查与统计分析的实证研究，试图证明儒学传统正在当今中国得到复兴，传统文化的属性、工具文化的状态和现实条件是影响传统文化命运的三个基本变量。③

（二）儒家公民宗教说

陈明从罗伯特·贝拉的"公民宗教"概念出发，提出儒家"公民宗教说"。"公民宗教"概念源自于18世纪法国卢梭的《社会契约论》。贝拉发展了卢梭的概念，认为公民宗教具有同一种信仰、象征和仪轨，为大多数美国公民所共享的社会情感与价值共识。作为"神圣的非宗教"，贝拉的公

---

① 康晓光：《文化民族主义论纲》，《战略与管理》2003年第2期。
② 康晓光：《文化民族主义论纲》，《战略与管理》2003年第2期。
③ 康晓光、卢宪英：《儒家文化命运辨析——全球化时代几种儒家文化归宿理论的实证检验》，《学术界》2015年第1期。

民宗教概念具备宗教象征性质，其宗教性虽不体现为基督教本身，但能为国家公民所认同，体现为"一种终极秩序的象征化"。

陈明的儒家公民宗教说既是为儒家提供未来发展道路的尝试，也是出于对当前中国国家建构和国族建构的关怀，试图为此提供思想资源与解决方案。他理解但反对康有为、蒋庆、康晓光的文化民族主义观点，认为这样的意识"对于我们这个多元族群的共和国来说潜藏着巨大的实践性危险，其与政教分离之现代价值原则的冲突也会使得儒教本已趋于薄弱的社会基础更受削弱"[①]。基于此，陈明强调基于法律的公民身份特征，并将其设定为优先于民族、种族等的逻辑位置，并且认为"民族、文化诸关系的法律地位、政治地位一律平等。承认这种价值排序和原则对于儒教复兴来说不仅是必需的，而且意义重大"[②]。陈明的儒家公民宗教说旨在为中国的国家和国族建构提供具有社会共识的文化基础，而之所以选择儒教进入公民宗教的理论架构，被认为是文化博弈与历史选择的最终结果。他将儒教分为作为宗教的儒教与作为公民宗教的两方面展开论说，一方面承认儒教作为宗教具有与其他宗教同等的政治、法律地位，并且应在法律框架之内活动。另一方面，他又认为儒教能且只能成为中国的公民宗教，是"自然而然的社会选择过程"，也似乎牵强。

对此，任剑涛以政治哲学角度讨论了公民宗教与政治制度的关系，认为"公民宗教是立宪民主社会的公民习性训练方式，它依赖于宪政制度多于仰仗民俗习惯；它是现代的宗教形式，而不是传统的由信仰神学、仪轨仪式与生活方式构成的标准宗教。对一切尝试儒教复兴的人而言，要将世俗性与神圣性兼具的儒家学说完全改造成标准宗教，是一种不可能实现的目标"[③]。孙尚扬也认为："中国思想界试图将儒教建构为当代中国的公民宗教以提供民族凝聚之精神资源的方案，可能会因为其遭到的诸多质疑而难

儒学与社会

---

① 陈明:《公民宗教:儒教之历史解读与现实展开的新视野》,《宗教与哲学》,社会科学文献出版社2014年版,第392页。

② 陈明:《公民宗教:儒教之历史解读与现实展开的新视野》,《宗教与哲学》,社会科学文献出版社2014年版,第393页。

③ 任剑涛:《公民宗教与政治制度——作为公民宗教的儒教建构之制度条件》,《天津社会科学》2013年第4期。

以落实，或者说很难行得通。"①

公民宗教作为公共秩序价值基础的神圣性论述，使得社会成员之间能够形成有关价值基础和公共理性的社会共识。但这种神圣性论述的具体内涵与定义方式需要得到明确的厘清和普遍的共识，方能决定了公民宗教的基本价值取向。

（三）儒家文教说

秋风倡导了儒家文教说，强调儒家不是宗教，而是一种文教。他首先回归到"儒家是不是宗教"的问题，认为"儒家从来不是宗教，也不应当成为宗教，儒教说已构成儒家复兴之障碍"②，指出了中国"一个文教，多种宗教"的信仰格局。他认为由于作为文教的儒家存在，中国各个宗教中国化的本质即为宗教的儒家化。"经由共同的儒家化调适，在中国之多种多样的宗教有了相当的交集，关于人际秩序的基本倾向，形成了相同或相近的义理。这样，至少在社会治理层面，在政治功能层面上，各种宗教可以大体上相安无事，形成宗教共存的宽容格局。"③ 与此同时，基于儒家的文教性质，儒家本身形成了高度的精英特征，"儒家士大夫构建的教化制度中，最为重要的就是神道设教，借助多种既有神灵崇拜和宗教，教化儒家价值。"此过程也是其他宗教协助儒家进行社会教化，使民众经由诸宗教之神灵与教理体系，接受儒家价值观念，进而形成儒家特征的社会秩序。

如果说秋风的儒家文教观旨在探讨儒家自身的本体论特征，许纪霖则是在回应余英时"儒家游魂说"和秋风"儒家文教说"的同时，否定了当前儒家的王官之学和心灵宗教这上下两条发展进路。他指出，历史上的儒家有三种存在形态：作为王官之学的国家宗教、作为心性之学的心灵宗教和作为伦理道德之学的秩序宗教。④ 其中，前两者具有明显的宗教特征，而作为"秩序宗教"的儒家，侧重道德教化和日常践行，旨在为社会建立儒

---

① 孙尚扬：《现代社会中的意义共契与公民宗教问题——兼论儒教可否建构为中国的公民宗教》，《世界宗教研究》2015 年第 3 期。

② 姚中秋：《儒家非宗教论》，《同济大学学报》（社会科学版）2013 年第 4 期。

③ 姚中秋：《一个文教，多种宗教》，《天府新论》2014 年第 1 期。

④ 许纪霖：《儒家孤魂，肉身何在》，《上海采风》2014 年第 11 期。

家特征的道德伦理秩序，即为秋风所言之文教。儒家与自由主义结合，回到民间或可找到发展出路。

（四）社会儒学

李维武较早使用了"社会儒学"的概念，指代社会学意义上的儒学。他认为由于传统儒学直面现实生活世界的思想匮乏，人们处理现实问题时早已不再需要诉诸缺乏理论更新的社会儒学与政治儒学，况且与现实政治相纠缠并不利于儒学的现代发展，"社会儒学、政治儒学没有必要再作为儒学的一种独立形态"[①]。韩星较为系统地探讨了"社会儒学"概念，认为当代儒学的政治社会功能的实现，就"家"与"国"这两种层面而言，后者已不适应，但从政治儒学转向社会儒学，心性儒学、政治儒学与社会儒学三者共同构成了三元合和的内在联系。[②] 韩星指出，修身为社会儒学的根本，家庭为社会儒学的基石，社群组织是社会儒学的展开领域，天下大同是社会儒学的最高理想，传统儒学的现代转型应打开社会儒学发展的广阔空间。[③]

如果说韩星的"社会儒学"是现代儒学在家与国之间的无奈选择，谢晓东则借用狄百瑞有关儒学在治国与齐家之间存在断裂的观点[④]，指出儒学缺乏介于家与国之间的中介——"社会"，社会儒学应为儒学的表达形态。他认为社会儒学是一种建立在对人类群体生活的基本转型的认识、对传统儒学的基本价值和缺陷的认识、对儒学在现代的基本限制的认识基础之上的一种反思性儒学[⑤]，中国人的文化—心理结构、多元文化结构、民主制度的保护是社会儒学何以可能的三个条件。[⑥] 此外，与韩、谢二人将社会儒学作为儒学发展的一种形态不同，涂可国认为"儒学即是社会儒学，儒学从

① 李维武：《儒学生存形态的历史形成与未来转化》，《中国哲学史》2000 年第 4 期。

② 韩星：《儒学的社会维度或社会儒学？——关于儒学发展方向的思考》，第三届世界儒学大会论文集，第 581 页。

③ 韩星：《社会儒学的逻辑展开与现代转型》，《东岳论丛》2015 年第 10 期。

④ ［美］狄百瑞：《儒家的困境》，黄水婴译，北京大学出版社 2009 年版。

⑤ 谢晓东：《"社会儒学"何以可能》，《哲学动态》2010 年第 10 期。

⑥ 谢晓东：《"社会儒学"何以可能》，《哲学动态》2010 年第 10 期。

总体上表现为社会儒学"①，并将社会儒学划分为作为思想内容的社会儒学、作为功能实现的社会儒学、作为存在形态的社会儒学三个方面。

三、儒教复兴的微观实践路径

伴随传统文化的当代复兴，儒学在当代中国也经历着价值回归与再度发展。民间儒学也由此应运而生，并因地制宜，通过祭孔等儒教仪式、国学班、读经班、小区书院等不同方式开展活动。在此过程中，民间儒学生发于民间，并常常结合了来自官方、知识精英的多重参与和彼此整合。郭齐勇指出，民间儒学既是儒学是儒学灵根自新、重返社会人间的文化思想形态，也是在民间、日常生活世界里的儒学，或民间办儒学，即民间组织推动的儒学②，大众化、草根化、世俗化、生活化、实践化是民间儒学最基本的特质。③

有研究梳理了儒教重建的组织实践，将其总结为"儒教组织和儒教网站两种实践类型"。④ 然而儒教网站作为儒教组织的一种传播媒介，并不能够单独构成儒教重建的实践类型。近年来诸多的儒教重建行动，无论是一耽学堂的发展、中华孔圣会的成立，还是近年兴起的乡村儒学运动，都使得儒教得以深入城市与乡村的社会生活，并呈现出不同的实践方式。

（一）儒教复兴的现代组织化

"中华孔圣会"代表了儒教组织的专门化趋势。"中华孔圣会"由深圳孔圣堂发起，作为民间发起成立的非营利性组织，以"尊孔崇儒，弘扬传统，重建信仰，复兴中华"作为组织宗旨。深圳孔圣堂的定位是儒家的现代道场，问永宁借用杨凤岗提出的"宗教三色市场理论"，将其归为"和政府关系密切，合法的蓝色儒学"。⑤ "中华孔圣会"组织架构包括儒家学者委员会、理事会、行政执行机构及各地区的分支机构。儒家学者委员会是其

---

① 涂可国：《社会儒学建构：当代儒学创新性发展的一种选择》，《东岳论丛》2015 年第 10 期。
② 郭齐勇：《近年来中国大陆儒学的新进展》，《广西大学学报》（哲学社会版）2015 年第 1 期。
③ 颜炳罡：《民间儒学何以可能》，2005 年国际儒学高峰论坛专辑，第 367 页。
④ 董琳利：《理论方案、组织实践与未来趋势——儒教重建十年扫描》，《社会科学》2011 年第 12 期。
⑤ 问永宁：《当前深圳民间的三色儒学》，《周易研究》2013 年第 2 期。

最高决策机构，目前由蒋庆担任学者委员会主席，陈明担任副主席。中华孔圣会旨在推广深圳的孔圣堂模式，通过举办孔子文化节等社会活动，提升儒家思想的社会影响力。中华孔圣会内部的组织分工明确，科层制的层级清晰，体现了儒教复兴实践中组织化、专门化的特征。

　　一耽学堂由北大硕士逄飞发起，成立宗旨是致力于学习、体认和普及中国优秀文化的非营利性民间公益组织。一耽学堂不同于单一性质的"读经班"或"现代私塾"，活动的开展形式较为多元，既有在大中城市社区公园和高校中的晨读活动，也有面向60岁左右老年人开展的现代义塾，包括了城市公益小组、蒙学义教、文史宣讲、乡村实践等多种实践方式，其内容也不仅包括儒学思想，也涵盖中医、传统武术等不同形式。一耽学堂的社会实践理念中，存在一种"儒学公共空间"的可能，"意味着儒学所代表的传统价值，可以走出国家层面和家庭层面的传统伦理，而有可能走向一种新的公共生活伦理"①。因此，与一般儒学读经班或儒教组织不同，很难用流行的归类和定义来将一耽学堂定义为教化组织。② 从一耽学堂所投射出的传统文化复兴的民间实践，也使得当今的传统复兴成为一种发于民间的自觉的社会运动。

（二）山东乡村儒学试验

　　在众多民间儒学活动中，乡村儒学近年来愈发受到来自官方、学者和民间的关注。特别是在山东各地开展的乡村儒学活动，直接深入到乡村生活，成为如今民间儒学活动中的重要组成部分。

　　目前各地的乡村儒学活动中，位于山东济宁的尼山圣源书院可以成为一个典型代表。尼山圣源书院毗邻孔子出生地，由北京和山东的儒家学者发起，于2008年10月正式成立。圣源书院以"民办公助，书院所有，独立运作，世代传承"为方针，以"弘道明德、博学笃行"为院训，以"政府支持，社会赞助，学者办学"的模式办学。自2013年初，圣源书院组织由

---

① 张志强：《传统与当代中国——近十年来中国大陆传统复兴现象的社会文化脉络分析》，《开放时代》2011年第3期。

② Billioud, S. (2011). Confucian Revival and the Emergence of "Jiaohua Organizations": A Case Study of the Yidan Xuetang. Modern China, 37(3), 286.

刘示范、颜炳罡、陈洪夫、赵法生等学者组成的义工讲师团，在尼山附近的北东野村设立乡村儒学讲堂，免费为村民讲解儒学。

国内学术界对于乡村儒学的已出版研究虽然还乏善可陈①，但也举办过多次相关学术研讨会。其中规模较大的是 2014 年 4 月 21 日在山东泗水尼山圣源书院召开的"山东乡村儒学现象研讨会"和 2015 年 11 月 13～15 日在北京举办的"乡村儒学与乡土文明学术研讨会"。Payette 对曲阜和潍坊两地中的 4 所乡村儒学学堂进行了实证调研，指出理解由国家组织的当地的儒教，将显示出儒学在文化权威、文化治理和当地儒教复兴过程中再度复兴的角色。② 发现乡村儒学实验大多基于强烈的"社会需要"。例如尼山圣源书院这样新兴的乡村儒学实验，虽然与曲阜其他乡村学堂各自独立且对于儒学有各自的理解，但具有共同强调的元素，即"抵抗外来文化并保护国家传统"，换言之，"抵制儒家文化的缺失和基督教在山东乡村的兴起"③。对此，Payette 认为远期可能造成诸如"国内的局外人"（domestic outsiders，例如成为基督徒的中国人）和外国人的"认同闭锁"（identity closure），"随着时间推移，儒教复兴的一个要旨可能更接近于社会需要和抵制'腐朽'要素（corrupting elements）的文化抵抗，而不是对文化差异的一概拒绝。"④

四、儒学复兴实践的类型学划分

目前有关儒学复兴模式与儒学的发展类型的划分林林总总，有"宗教儒学、政治儒学、哲学儒学、伦理儒学、生活儒学"等五种类型的分类⑤，亦有"哲学、宗教、生活、世俗"四种类型的划分。⑥ 陈进国将当代儒教复

---

① 相关系统论述较少,具有代表性的有赵法生:《乡村儒学的缘起与意义》,《儒道研究》2014 年刊。

② Payette, Alex. ""Countryside Confucianism": Organizing the Confucian Revival, Saving the Villages, and Cultural Authority." *East Asia* (2015) :1.

③ Payette, Alex. "Local Confucian Revival in China Ritual Teachings, 'Confucian' Learning and Cultural Resistance in Shandong." *China Report* 52. 1 (2016) :13.

④ Payette, Alex. "Local Confucian Revival in China Ritual Teachings, 'Confucian' Learning and Cultural Resistance in Shandong." *China Report* 52. 1 (2016) :14.

⑤ 李承贵:《当代儒学的五种形态》,《天津社会科学》2008 年第 6 期。

⑥ 蒋国保:《儒学当代复兴及其路向》,《江西师范大学学报》(哲学社会科学版)2013 年第 1 期。蒋国保:《儒学复兴的三次启示》,《孔子研究》2013 年第 3 期。

兴及其存在方式的三种实践向度划分为"学术性儒教"（文化儒教徒）、"民间性儒教"（生活儒教徒）和"建制性儒教"（宗派儒教徒）三种形态。[①]与之相似，也有"民间儒教"[②]、"民间儒学"[③]，甚至"官方儒学"[④] 等概念。

类型学的关键是抓住重要的和有特点的社会事实。[⑤] 以概念类型学角度审视上述不同模式的分类概念，其判别标准主要依据儒学的存在形态或目标指向。相关的分类看似众多，但不少是在同一维度（例如针对儒学的存在形态）所展开的，难以体现儒教复兴的具体路径，更加难以反映儒教的本质特征。那么，是否存在将其类型化的可能？

不妨回归到有关儒教本质特征的讨论。如果将儒教视为"具有宗教特性的政治社会教义"[⑥]，那么"与其说儒教是一种宗教，还不如说是一种信仰体系，具有宗教特征、国教形式的信仰体系。只是这种信仰尚未成为宗教建构的中介，一直在国家权力、道德权威的制约之中，未能走向宗教建构之路，而依赖于国家权力成为一种构成神圣、意义的仪式性实践方式"[⑦]。显然，儒教传统不仅与传统中国的政治结构结合起来，而且嵌入到传统宗法制度中，兼有政治建设与民间社会的双重特征。因此，儒教复兴的目标指向（政治—社会）可以成为儒教复兴实践路径的一项维度。

作为现代中国问题的传统问题，实质上即是作为统合国家与社会并且维系社会、政治、心灵秩序的儒教体制在现代崩解的问题。[⑧] 在"制度化儒

儒学与社会

---

① 陈进国:《中华教:当代儒教的三种实践形态》,载《原道》,首都师范大学出版社 2009 年版,第 20 页。

② 柯若朴(Philip Clart):《"民间儒教"概念之试探:以台湾儒宗神教为例》,《近代中国史研究通讯》第 34 期,2002 年 9 月。转引自范丽珠、陈纳:《"以神道设教"的政治伦理信仰与民间儒教》,《世界宗教文化》2015 年第 5 期。

③ 郭齐勇:《民间儒学的新开展》,载《深圳大学学报》(人文社会科学版)2013 年第 2 期。

④ 张荣明:《民间儒学与官方儒学》,载《天津师范大学学报》(社会科学版)2012 年第 1 期。

⑤ ［法］让·卡泽纳弗:《社会学十大概念》,杨捷译,上海人民出版社 2011 年版,第 46 页。

⑥ Yang, C. K. *Religion in Chinese society: a study of contemporary social functions of religion and some of their historical factors*/ C. K. Yang. University of California Press, 1967. pp. 26 ~ 27.

⑦ 李向平:《儒教天命观及其信仰方式——兼论当代儒教信仰方式的转型》,《中国文化》2015 年第 1 期。

⑧ 张志强:《传统与当代中国——近十年来中国大陆传统复兴现象的社会文化脉络分析》,《开放时代》2011 年第 3 期。

家"解体后，无论是康有为孔教会的努力，余英时"游魂说"的观照，到当代学者们对儒教制度化的倡导抑或反对，无一不投射出人们对儒家制度共同且持续的关心，甚至形成了"儒教的制度焦虑"。李华伟认为："作为弥散型宗教的儒教需重新寻找'挂搭'之处，或者以他体为体，或者以自体为体。实践中，不外乎以下几种情况：1. 以儒教自身'被发明的传统'为体；2. 以儒教为基础的新兴宗教为体；3. 以其他制度宗教为体；4. 以儒教为公民宗教。"① 借此启发，儒教复兴的制度形态亦可作为一种考量维度。综上，我们可以建立"制度形态—目标指向"的类型学划分方法。

儒教复兴主要实践路径的类型划分

目标指向 制度形态	指向政治建设	指向社会生活
自身制度化（成为儒教或形成制度化形态）	政治儒学；中华孔教会	读经学堂（如一耽学堂）
自身无需制度化	公民宗教	乡村儒学建设；儒教文教化

基于"制度形态—目标指向"的类型学划分方法，可以将当前儒教复兴实践路径划分为：指向政治建设的儒教制度化实践（政治实践型）、指向社会生活的儒教制度化实践（传统教化型）、指向政治建设的非制度化儒教（公民宗教型）、指向社会生活的非制度化儒教（生活教化型）。由此，目前各类主要的儒学复兴路径均可纳入这一理想类型之中。此举不但有助于整合当代中国儒教复兴的思想资源、理论构想与实践行动，为不同思想和实践进路的对话提供了进一步的可能，同样有助于剖析儒教复兴的内在逻辑与行动本质。

五、儒教复兴实践路径的内在关联

"目标指向"与"制度形态"两个维度得以将不同的儒教复兴实践路径类型化，便于分析和比较。"目标指向"体现出当代儒教实践的不同行动抱

---

① 李华伟：《当代大陆儒教复兴之载体及其效用——历史视野下的反思》，《宗教学研究》2013年第3期。

负，不囿于心性关怀，或关注政治的顶层设计，或致力在社会建设，着眼于社会秩序。"制度形态"的分野凸显了人们对于"魂不附体"的儒教的制度焦虑与反思。"儒教制度化"者认为儒教的衰微的直接原因即是嵌入在儒学社会中的儒教制度化形态的解体，因此在当代重新将儒教制度化则是复兴儒教的题中之义。与之相反的观点是，儒教在当代不能够也不可能重新回归制度化，更不用说是与现今社会结构紧密结合的制度形态了。儒教无需也不能再度制度化，而应走向公民宗教，或发展为文教，发挥教化作用。因此，"目标指向"与"制度形态"两个维度代表了儒教复兴实践类型的分野所在。

儒学复兴的实践路径虽各有不同，但仍然共享着一套儒学发展的内在逻辑。关系决定信仰的模式，作为结果，儒教的制度性表达只能被包裹在权力结构中。当这一权力结构具有结构性的关系时，儒教就会具有相对应的宗教和信仰模式。[①] 由此看来，儒教在得到制度建构与信仰表达时，总是需要借助权力实现。儒教借助世俗权力作为制度依托，以天命信仰及其支配主体作为神圣资源，通过建构相应的人际神伦关系及其认同与实践机制，使得儒教具有制度和弥散的双重特征——大可作为制度，兼济天下；小能教化公众，独善其身。

因此，不同的儒教复兴进路所一以贯之的正是儒教的这一特征。人们在儒教自身制度化—分散化、关注政治—关心社会的连续统的两端游移，进而产生了上述不同类型的实践进路。儒教自身既制度既分散，既制度宗教既私人信仰的特征正是当今儒教复兴实践进路的内在逻辑。现今的儒教复兴实践依然依赖于权力结构，进而影响着相应儒教复兴路径的兴衰成败。以儒教复兴实践所在的权力关系为核心展开探讨，或可成为儒教社会学研究的一种进路。

---

① Xiangping, Li. "A Reexamination of Confucianism as a Religion from the Standpoint of Chinese Sociology of Religion." Contemporary Chinese Thought 44. 2(2013):101.

儒学现代转型与复兴的路径选择

傅永吉

（北京东方道德研究所）

因应于经济、政治、文化生活自发地向现代形态演化的儒学现代转型与复兴，表达为自然的历史过程，理应得到充分之重视。然而，在新文化建设之"优秀传统论传承体系建设"工程中，大智慧者群体以对儒家所代表的人之族类之生活意义与生命价值的洞悉为凭依所追求的自由自觉的创造性转化、诠释，方构成儒学现代转型的核心内涵，且更具根本意义。重视"再造儒林""整合资源""回归日用"三大维度并悉心建构，或可视为儒学现代与复兴之基本路径。

一

何谓儒学现代转型？随着中国社会向现代性的演进，儒学就开始了向现代形态的同步演化。抑或是，儒学所固有之根本精神，即具备现代性甚至后现代性的特质，可因应于时代需要而开掘、开发之，以便为大众（特别或首先是精英）提供人生意义和生命价值的文化支撑？

谈论儒学之现代转型，必引发另一议论：儒学的原本形态就必须（当然）是前现代的。这当然是一种僵化、机械的思维理路。

一方面我们应重点关注儒家所代表的中国人群体生活的共同规律、理念、规矩之"常"，并努力传承、发扬之；另一方面又必须看到，发端于西欧的现代性生存样态、其基本理念、运行路径或生活现实，与作为中华文明主干、核心的儒家传统存在诸多差异与明显张力。我们不得不坦承，毕竟原始儒学直接的生存土壤或物质（或经济）基础，就直接表象而言，是农耕经济（农业文明），并且在中国传统社会晚期萌发的市场经济，曾遭遇作为主流意识形态的儒家文化的猛烈狙击、抑制、清剿、扼杀；理学所阐释的"农本商末"、愚忠愚孝、维护封建专制集权独裁的道统，与工商（市场）经济为主体的现代社会的核心理念及制度理性就表象而言貌似明显地互不相容。即如，原始儒家虽有强烈的"民本"诉求，但与现代民主政治理念仍存在质级的差异，以殊有不同言说，拟过于轻描淡写。又如，就精神文化层面言，儒家所代表的中华人文信仰，终究与天命、天帝信仰等神秘主义有密切勾连，在科学昌明、民智大开的当代，如何予以创造性阐释，亦非一蹴而就那么简单。

这是我们思考儒学现代转型与复兴必须正视的现实必然性——必须直面的逻辑与理性前提。

显然，儒学的现代转型远未完成。即使从明末算起，这一进程已经有了四百年左右的历史，然则就实质性变革而言，则仍在未雨绸缪的预热阶段。

儒学的现代转型，另外一个必须解决的课题是与当今的主流意识形态马克思主义间的张力的有效破解，并寻求二者的会通甚至熔融。这一工程，更其艰巨、深刻。或者已经启动，但进展似乎远非顺利、更谈不上理想。所谓"路漫漫其修远兮，吾将上下而求索"，正其谓也。这一工程需要一批精通马克思主义并精通儒学的专业人士的共同努力，而这样一批人，目前现实生活中并不存在，两脉皆可粗通者实属凤毛麟角。就中华人文精神现代化追求而言，此处，是为"打通任督二脉"的核心工程。期求毕其功于一役，自然是不现实的。有所启动，并能坚持，已足称不易。而长远目标则必寻求二者的会通、融溶、合体；若如此之态势果有初成，则最终理想结局就大可期待。当下，唯一需要的是不懈之努力、尝试、探索，克服巨大的文化落差——跨越卡夫西峡谷。而此项事功之克成，则属于相对遥远的未来。春华灿灿漫山野，秋实累累自可期。播种者或遭遇重生困难、艰难险阻。而唯其如此，才需要志士仁人，正所谓："沧海横流，方显英雄本色"。

谚云："十年树木，百年树人"。这项寻求儒学之现代转型、复兴之文化工程，须以数百年计，吾辈今日之努力，若能有垫脚石之功，则足聊充安慰。

本文以为，儒学所代表或表达的是中华民族的文化基因——中国人作为独特族群的文化性格，所谓现代转型，也必然意味着中国人心、人性之某种转型，或中华民族的群体人格（及其每一个体之人格）向现代性的某种整体性的或综合性的转型，究其最深刻之本质，必抵达此心魂最深处，才能有所透彻觉解。这正是困难处，也是精微处。

二

儒学现代转型与复兴的路径选择。这当是本题所要讨论的重点。

中国这数十年改革开放所取得的发展成就，相当显著，同时，毋庸讳言的是，所积累的问题也可谓甚多。所有的问题，似乎都可以归结为人文生态的持续恶化：精致的利己主义盛行（猖獗）。物质主义、功利主义、实用主义、丛林主义，是当代拜金主义、拜权主义、暴力主义等低俗乃至邪恶之崇拜的哲学根据，这些主义其实可以简化或归结为市侩主义。而人文生态之恶化，其表征恰恰是人们的精神世界的侏儒化、市侩化趣向。儒学所要对治，正是这一现代性的吊诡。

儒学现代转型面临的一大课题是，其中关节点或与恰当地处置物质和精神之关系密切相关。其实马克思是现代的辩证唯物主义者，而孔老夫子又何尝不是轴心时代的辩证唯物主义者?! 马克思主义与儒学的对话，若用来摆布物质和精神之关系，可得出以下论断：物质为基础，精神为主导（引领）。物质并不决定精神。也不能由它来决定精神。物质所提供的仅仅是物性的支撑，即基础。物质生活的初步保障，并不是人的生活的全部，更不是这种生活的结束或完成，而仅仅是开端、肇始。"富之"（足食乃至足兵好所谓富强）是属人生活的序幕、铺垫。对于许多人（绝大多数人）而言，"衣食足"（饱且暖）是生活的基本，其后或"知荣辱"或"思淫逸"，于是，人生面临重大选择。思淫逸者，即停留在物质生活层面而不得升华、超拔。而知荣辱者，则意味着人性的道德文化特质得以唤醒、激活，人性的全面升华则有缘顺势开启，得到适当滋育，有机会健康发育。"富而好礼"的真谛，当作如是观。礼乐教化，与"博学与文"，引领人们走向儒学为代表的生命大智慧的精神宝殿的大门。

富强无止境。中国，无论整体还是其中个体，富与强，都还处在初级阶段。然而，社会综合建设的重心，已经出现向精神文化建设转移这种客观的必然性。此处，恰恰是儒学的优势所在——大有万用武之地，也应当大有作为。

儒家是综合、圆融的生命大智慧。它并不承诺要包治百病，也确实不可能包治百病，如果有人声称通过读经就能让学生全面发展，这人多半就是江湖骗子。但儒学确实能够帮助人们解决人生的最核心的命题（最根本的问题）：人生意义的界定、生命价值的重估。

儒家重视人的物质生活，从不轻忽肉体生命之延续、健康的价值；儒家更重视、高扬人的精神生活（灵魂即道德文化生命）的意义和价值。"仁者爱人"，是儒家精神的集中体现。这一命题拥有极丰富的内涵。

仁字"从人从二"，重视和谐的直至理想的人际关系的现实建构；古仁字又"从身从心"，建立在个体主体性的适度发育的基础上，强调人必有身心之和谐、均衡、圆融之发展。"仁者爱人"的重要含义是自爱。爱人是自爱与爱他的统一，一体两翼，互为表里。以现代性群体生活为场域，以现代人格心理学为参照，认真开掘仁学的这一重内涵，是儒学研究的当务之急。儒家并不否认人的生物性存在样态及相应的生命境界即"自然之境"，也不一般地否认人类基于理性判断的功利诉求及相应的博弈的合理性甚至必然性及相应的生命境界即"功利之境"，儒家生存大智慧包容这一切术数之学（或次生伦理精神）于其中，对冲、消解其蒙昧性或赤裸裸的市侩性，而赋予或唤醒、激活人性内在的仁家美德与道义精神，将人的自然本能及功利理性（工具理性）置于美德文化的统御、引领、驾驭之下。当然，更重要的是，儒家引领人们以物质生命为基础而走向更高的生命境界：道德之境和天地之境，即士君子境界及圣贤境界。道德境界建基于功利境界之上。然而，儒家所强调的却是道德的超越性，即在根本上道德是超功利的，西人康德后来所概括出来的"绝对命令"（定言命令）可谓对儒家道德论之精微的恰当理解、阐释。道德基于物质、功利、实用而对能统御、引领、驾驭之，在这个意义上，"志于道、据于德、依于仁"，儒家人伦义理所满足的是人生的"根""魂"这一生命最本真的需求。儒学的现代转化，要上升到形而上的天空，观照当代新生活，对原始儒学所代表的中华民族对人伦义理的理解做创造性转化、阐释。

三

具体来说，儒学现代转型与复兴要注意三大关键因素：第一，再造儒林。第二，整合资源。第三，回归日用。

第一，再造儒林。虽然儒学曾经的种种优越的政治的、制度的、文化的条件如今不复存在，但我们仍然有理由期待儒林有现代性之再造，从而能有儒学之现代转型与复兴。如果没有虔诚地信仰儒家的儒者（儒士）的批量出现，所谓儒学转型、复兴，都只能水中月、镜里花。

时代需要虔诚的通儒。中华民族激情拥抱现代怀过程中所遭遇的现代丛林主义的强烈挑战，对儒学而言或恰恰是意外的良机：王者归来。要对治现代丛林主义加市侩主义对人文生态的双重毒化，需要儒学为代表的中华优秀传统文化的甘霖。但还需要一个强大的团队：通儒或现代新儒林。一要虔诚地笃信于儒家道统，不是学究，更不是禄蠹，而是虔诚的信仰者。愿为儒家仁德理想、道义精神、礼法秩序这些核心义理在当代的再生（被普遍践行）奉献、牺牲的殉道者。二要精通儒家核心经典，首要是的对儒家的人文信仰之核心有恰当的觉解，并能予以创造性的转化、阐示。三要有广阔的文化视野，对其他主要文明（特别是欧美文明）要有足够的了解与同情之理解，有会通古今、中西的能力。四要强烈的经世致用意愿、意志、能力，并落实为日常生活和工作实践。

这是就个体而言，儒者的量与质的同体突破。要有一定的数理，并有较高的质量。其次，是当代儒林的整合，结束山头林立、一盘散沙的现状。这是个特别课题，兹搁置不论。

第二，整合资源。儒家被边缘化的时代已经结束。但重归主流，成为现代精英群体的共同人文信仰则有待时日。在学术界，仍缺乏基本的认同，更远远谈不上广泛认同。如前所述，儒林群体的自身，如何重新集结，形成团队战斗力，是迫在眉睫、必须破解的难题。姑且搁置儒林再造这一课题，现有的儒学研究界亦必须特别关注社会资源整合问题。

国家意识形态的重大变革、调整，核心价值观培育、践行工程，优秀传统文化传承体系建设工程，这是十六届七中全会以来，新文化建设的最重大的总体特征，这个框架，恰恰也是今天我们谈论儒学现代转型与复兴的最重要的时代背景。

此外，我们必须正视儒学在正规教育系统中的地位和价值的重估、重建，从而在教育体制内尝试找到儒学的"应有位置"。教科书中并不缺少传统文化的素材。但我们连合格的"经师"（能大致准确解读并传授经典文本奥义的教师）都极度匮乏！至于"人师"（学为人师、行为世范）的成批涌现，就更不敢想象。于是，不得不又回到儒林再造这一问题。教育的发展，经典文本整个上大量存在于教科书中，并未能自发地完成"传道"的使命。各路学士、硕士、博士们，其实与儒家之"道"仍极隔膜甚至大多数抱持厌烦、憎恶心理——百年激烈反传统的这一遗产（遗毒），或需要不止一代人来细细（慢慢）消化。目前这个一盘散沙的小儒林，在正规教育系统中，能发挥怎样的作用？这是我们要思考的一个课题。

还有，儒学普及（儒家核心义理的传承、传播）如何有效利用现代城乡社区文化建设这个官方平台问题。这也是社会资源整合的一个大题目。《教育部：到2020年初步形成社区教育治理体系》（凤凰财经，7.29），教育部职业教育与成人教育司副司长刘建同介绍《教育部等九部门关于进一步推进社区教育发展的意见》有关情况："仍处于发展的初级阶段，制度体系不健全，各地发展还很不平衡，社区教育工作的中坚化水平还不高，民间力量参与社区教育的程度不够。"下一步"要整合各项社区的教育资源，……要开放共享学校资源，鼓励各类学校充分利用场地设施、课程等师资、教学实训设备等，积极筹备和参与社会教育，要充分发挥县级职业教育中心、开放大学，广播电视学校、科普学校在农村社区教育中的骨干和引领作用。另外，要注重社区教育机构与城乡社区综合服务中心、社区文化中心等机构的资源共享，统筹共享社区资源，还要充分利用社会资源、充分利用社区文化、科学普及、体育健身等各类资源，提高图书馆、科技馆、文化馆、博物馆和体育场馆等各类公共设施面向社区居民的水平。预计到 2020 年，我国的社区教育治理体系将初步形成，内容形式更加丰富，教育资源融通共享，服务能力显著提高，发展环境更加优化，居民参与率和满意率显著提高，基本形成具有中国特色的社区发展教育模式。"

这或者是个大机遇。遍布城乡的社区文化站，或者已经有良好的硬件建设，而最缺的是文化——经师和人师。现有的幽居在象牙楼（或准象牙塔）里儒学教育和研究机构，能否并且怎样有效地抓住这个机遇呢？是被动等待还是主动出击？此外又当有怎样的未雨绸缪？

学界与商界的协作。我们或期待真正的儒商的出现，并期待儒之商者能为儒学的现代普及、传承、传播给予无条件的经济赞助。这在总体上仍须等待，因为真正地儒商还没有批量出现，凤毛麟角的儒商亦复隐士般神龙见首不见尾，难以捉摸。

书院式的尝试，整体而言，仍处起步阶段。如何在当代发扬这一传统，自亦有进一步深入探索的必要。

第三，回归日用。我赞成社会儒学、日用儒学、生活儒学这些融入现代城市化新生活的尝试和探索。尽管这些师友们的具体阐述或有明显的区别，但我只"自其同者视之"，求同存异，寻求共同的目标。我也曾撰文《回归日常生活的道德重建》，这两年的新的体会是：基于日常生活的广义人伦建构。对于现代生活而言，儒学所重视、强调的人伦义理，当然有家庭（家训、家风、家教）这一基本层面的重拾和发扬，而更长远或更深层次的则是，面对城市新生活中陌生人际间经常性新关联，如何建构起良好的秩序、和谐？如何将"讲仁爱"落实？这就需要以广义人伦义理的视角与高度来阐释之，并寻求所谓"创造性地生成与转化"了。

四

关于道统，我的初步心得是：儒学是中华人文信仰之核。在中国人的信仰体系中，儒家的特点是基于日常生活而超越之的人文信仰，即对人自身的半神属性的信仰，落实为"格物、致知、诚意、正心、修身、齐家、治国、平天下"的内圣外王功夫。"八条目"的关键环节是"诚意、正心、修身"，孔子所谓"古之学者为己"，于此，可悟其精微、妙味。

身心并淬、性命双修，要在日常生活落实。

儒家这套信仰体系，或有宗教性，但在现代生活中，不必以儒教的形态寻求复兴，甚至不必以牟宗三、唐君毅先生所倡"人文宗教"之形态寻求复兴。在中国大陆在总体文化环境中，若尝试或探索"人文信仰"之形态并寻求复兴，从而弱化与其他精神文化系统对峙的张力，或更具现实可能性——可操作性。另一方面，这一广义人伦义理之视角或高度，则足以展示或发挥儒家所独具的人文包容性，为现代情境下"万教合一"的未来信仰系统的重新整合做早期铺垫。儒家并不以诸子之一而自况，当然亦不必以"诸教之一"而自我定位。儒家之信仰重在人文精神之坚守：即仁德理想、道义精神、礼法秩序之虔信。在全然世俗的日常生活中唤醒、激活、培育人性本有的善良根性（良知良能）即人的半神属性，引领人们成长为士君子并希贤希圣进而追求成贤成圣，由精英群体以身作则地践行美德而营造起现实生活中的秩序，以居上位者流的身心内在和谐为依托而营造普遍的人际和谐、群体和谐、社会和谐乃至天下和谐。

这需要儒家文化以现代性为综合参照系的综合创新。所谓创新，即是我们通常所谓"返本开新"，要回到孔夫子（周好孔孟荀创立儒学时的原典文本），寻求对儒家核心精神的精准觉解、把握、阐述，这是返本的重点。至于后儒的各种"损益"则等而次之。返本就是返抵中华文明之道统，追求中华文明的最核心理念在现代情境下的完整传承，并寻求这一中国人对生命意义和人生价值的独特理解如何在现代工业生产和城镇生活所造作的新物质基础上的重构——创造性阐释及日常生活化落实、践行。

所谓完整，只能在根本之义上得到恰当理解。在文化基因（当然不是转基因而是原汁原味的正统基因）的意义上别忙理解。这种理解，还并且必须是删除了封建专制独裁与小农小市民即小生产的前现代特质（杂质、毒素）后因而可与现代生活恰当调适的意义上，中华民族的文化基因的现代转型与传承。所谓复兴，也必在此意义上，才能恰当得到恰当诠释。

我们所欲传承并发扬光大的是作为生命大智慧的儒学，许多曾经的枝枝叶叶都可以或必须去掉，只保留主干——最核心的人伦义理，这或或者可称为"生命儒学"。又貌似仍然辞不达义。

　　就我粗浅的理解，在儒家的文化视野中，肉体生命的安顿相对要容易些。而精神生命的安顿则要困难得多。因此投入了主要精力，悉心进行探索。"富之"，解决衣食之虞，相对而言，并非人生之难事。而健全的精神品格的培植、养成，则很难很难。对许多人而言，超出自然之境、功利之境，是件颇难的事，正所谓"小人喻于利""天下熙熙只为利来，天下攘攘只为利往"。一些人面对此人生之困顿采取的是鸵鸟政策——"困而不学"。儒学或只对那些困而思学者及学而知之者，才有实际之启蒙、引领意义。也就是说，并不是每个人实际上都可以真正走出低俗的小人、市侩的功利境界，并不是每个人都有机会真正成为士君子。这正是儒学所要面临的实际挑战。人人皆可为尧舜，与实际的唤醒、激活、培育良知良能的过程，终究是两回事。而且，儒家的理想并不止于士君子这一道德境界，而必须指向"希贤希圣"即向往崇高神圣的"天地之境"，这不仅是超理性的即信仰境界，而且是超道德的，即脱凡入圣的控管神圣之完美的人格境界。欲抵达这一境界，就须培植起对物质生命的超越性情怀，"不以物喜，不以己悲"，进而"先天下之忧而忧，后天下之乐则乐"，激发出博大的悲天悯人的圣贤情怀。这种境界下的人生，甚至具备彻底蔑视物质、功利、实用的心力，绝不将生命价值寄托或依附于任何外在之物，如肉体，如事功，更遑论短暂的眼前的蝇头小利或耳目之娱。对于升华到此一境界者而言，所谓成就幸福之现实人生，其实具备了某种纯粹精神性的含义：幸福只在精神世界本身所寻求的超然健全。精神成长为一自我圆足的超然"实体"。在极端特殊的境况下，精神这种自我圆足的要求，甚至会以彻底否弃物质（包括肉体存在）为要件。就一般情形而言，儒学所主张的这种健康的士君子人格之养成，所着力解决的是"利、义"间的现实张力的缓解、释放，构建起一种基于物质（功利、实用）而统御、驾驭之的"义利并重""以义驭利"的道义精神，足以对治当代泛市场化、泛商品化环境下的物质主义、功利主义、实用主义等次生价值的冲击所造成的人文生态持续恶化。

　　以精神文化之修养所造就的人的心灵世界的不断完善的趋势，作为每一个体（自天子以至于庶人）安身立命之根本，造就每个人精神世界的丰富、充实、圆融，并由此而促使人们极大地淡化对物质享乐的需求，在丰富多彩的精神文化世界中寻求生命的充实、丰满、圆融、和谐。在某种极端的意义上，物质或可幻化为某种可有可无（并无绝对必要性）的附庸。牺牲精神、殉道精神，则由此而升华开去。在接近或抵达圣贤人格那些超凡绝俗者的眼中，物质生活之支撑的可有可无，可尝试由两种角度或层面加以理解。其一，精神生活的至上性，彰显出物质生活的微不足道。如伯夷叔齐"饿死不食周粟"的气节，又如苏武的忍辱负重与高傲气节。再如"泰伯三以天下让"所表达的视权位名利如粪土的超迈境界。其二，更通常或更容易理解的情形上，健全的制度给予人们的物质生活以刚性保障，足以令人们不必担心物质上的绝对匮乏出现的可能，相对的"均"（制度化的均贫富）使人们无衣食等基本生活保障之虞，合理的适度的福利制度，足令物质生活的基本要素如同空气般，天然自得，不构成人生的现实的忧虑、博弈的真实内容，因其近乎天然的自在之"有"而显现为某种"可有可无"的态势。于是，庸常的物质生活，真正成为精神生命的附丽。摆脱了物质生活的困扰，人的生命的本真内涵才得以显现，甚至可以说，人的生活意义、价值才真正开始：真善美的追求，促使人们活得充实、精致而优雅。当然建立在物质生活的保障之上。而精致和优雅，则主要显现的是精神品质。

五

余论。

管子说："礼义廉耻，国之四维；四维不张，国乃灭亡。"管子还有另外一句话，其实可以视为是四维张扬的前提："仓廪实则识荣辱，衣食足则知礼节"。在儒家的文化视野中，"仓廪实"从而"衣食足"是为政的基本功，即孔子所谓"富之"或"足食"，可理解为通过制定和完善礼法制度，造成优良的刚性环境保障，以激发民众发展生产的热情，令（国与民）仓廪充实而衣食无虞，这是"教之"的必须前提。人们（对于绝大多数庸庸碌碌者而言）解决了衣食之虞，并非一定就识荣辱、知礼节，因为人更自发的冲动是"饱暖思淫逸"，即禽兽同的本能欲望的进一步膨胀——因为人类特有的理性能力，欲望会反复被放大，自发地趋于贪婪，走向欲壑难填的深渊。历史上以及当代那些富可敌国的贪官污吏的批量出现并一再复制，说明走向崇高的自发性，对于多数人实在是难以企及的精神高地。孔子所谓"有生而知之者"，其一解，当在此生命意义、价值判断层面给予恰当理解。另有许多人（或多数人）系"学而知之者"，孔子自认（自承）属于这类人，必须适当的教化，才能走向"富而好礼""君子上达"的人生正途。子贡曰："贫而无谄，富而无骄，何如？"子曰："可也。未若贫而乐，富而好礼①者也。"子贡谈论"无谄""无骄"，仍拘泥于对待物质生活的态度，未得升华，孔子的答案则直指超越于物质生活的精神生命价值，人生意义、生命价值之本真内涵由此而豁然开朗。孟子所谓"贫贱不能移，富贵不能淫"，所指正是这重人之为人的精神文化（道德文化）特质，即人性的怡然自足性——"万物皆备于我"的"浩然正气"，孟子所谓"求其放心"，所指在此。肉体不再纠缠于精神（心性），于是，还人心（良知良能）以本真的自由态。人性的升华，当作如是观。

如何求得此人性的升华与自由态？《论语》记载："子以四教：文、行、忠、信"②，这确实是孔子的教育理念，他自己也说过："君子博学于文，约之以礼，亦可以弗畔矣夫！"③颜回谈师从孔子求道的心得体会："夫子循循然善诱之，博我以文，约我以礼，欲罢不能。"④此三处文字，所涉"文"均指孔子所重的历代古籍、文献资料研习，以典籍滋养健全这人格——优雅而智能双全、刚柔并济的威仪气度。而"行"与"礼"则从不同侧面强调儒学所重视的良好行为习惯的养成，"行"即践行、"时习"，是人性升华与生命自由的体验或操作之路径，"礼"则是规矩之体系，是得体行为的边界和尺度的集合，是夏商周三代的习俗之法。从《论语》书中，我们可以看到孔子经常带领他的学生周游列国，一方面向各国统治者进行游说，一

---

①　"富而好礼"，此处"礼"可做广义理解，即礼乐文化，或人特有的精神生活，人际间以精神生活和谐为媒介所营造的普遍和谐。由个体之内和谐而营造起广义的与普遍的和谐，是和而不同之小康与大同的重要的或最重要的基础(根据)。

②　《论语·述而》。

③　《论语·雍也》。

④　《论语·子罕》。

方面让学生在实践中增长知识和才干。但书本知识和实践活动仍不够，还要养成忠、信的德行，即对待别人的忠心和与人交际的信实。概括起来讲，就是书本知识，社会实践和道德修养三个方面：通过研读经典、践履礼法而修养良好的习惯——将规矩内化为美德即优良的生活习惯。至于"忠、信"二德则可理解为仁德的两种通常且重要的表现或实现方式（具体德止）。孔子"四教"的核心是"文"与"行"，而重点则是"忠"与"信"这两大仁德的日常具象。

仁德之道的教育落实是"六艺"，其实是六大知识系统。我们常说亚里士多德是古希腊百科全书式的哲学家，精通古希腊各门学科，亚里士多德全集是天文地理文学历史等各门学科的权威之作，他的著作集的最后一部分叫"在物理学之后"，物理学倒数第二部分，将亚里士多德的其他杂说汇集在一直，就是这"在……之后"，当时不知如何命名，就给了这样一个不确定的名称，就像北大的未名湖。这部分内容，我们今天知道，就是亚里士多德的哲学思想的汇集。我们尤其知道，亚里士多德首先是个哲学家——百科全书式的哲学家。孔子要求自己的学生们游于艺，以六艺为教学的内容与方式，可见孔子也是个百科全书式的哲学家——人文圣哲，对古代的各门学科都有钻石，并谈得上通，于是以"通识"教育来培植自己的弟子，努力将他们打造成一批特殊人才——道义担当的士君子。这个教育内容，也就是我们今天所说的人文素质教育。我们还可联系"弟子入则孝，出则弟，谨而信，泛爱众，而亲仁。行有余力，则以学文。"孔子对入门的弟子要先进行一番考察，看看他们在基本为人处事诸环节是否达标，如果达标了，就可以"博之以文"了，如果尚未达标，就要进实习学校强化训练，先将基本的行为规范理解明白、掌握到位、践行得体之后，再经考核合格后，才能进入学习经典文本课程的班次。在孔子，品德修养的事，是一以贯之的重中之重，所谓"游于艺"，其实不过是落实"志于道，据于德，依于仁"的日常路径、具体办法，也就是操作层面的事情，孔子所关注的核心点，从来不离开"求证仁德之道"这一根本，于是，孔子的办学，更为重要的是"行"，从《论语》和其他典籍中，可以看出孔子经常在路上领着弟子们演礼，礼仪是仁义的规矩化、制度化，落实为一系列的具体要求，一举一动都很有讲究，所以孔子会带着弟子们随时随地地演练演练，要的就是熟能生巧，该用的时候，自然而然地再现出来，成为生活习惯，一种类本能的社会能力。于是，我们可以知道，孔子办教育的第二个重点，与第一重点并肩，无分轻重，甚至理解为重要与根本是行为的训练。在"孝""弟""谨""信""爱众""亲仁"这些基本的人伦定向之后（或之上）开始的"学文"，"博之以文"，是为了对仁德之道有更精深的更改把握，上升为有清晰、圆融、系统的理性支持的信念、信仰，最终成长为志士仁人：有坚定、坚强的发自内心的虔信、坚守，然后才有毕生的矢志不渝的践行。

士君子人群因为有丰富的精神需求，精神有寄托，而不可能空虚，更不可能汲汲于物欲——堕落为物欲的奴隶。因为有超越性的情操修养从而彻底摆脱了物化、异化的烦恼，人生的真正幸福才成为可能。只有士君子才可能享受真正的人生幸福。只有选择"向君子"的人生方向，大众（大多数人即出普通人）才有机会分享做人的幸福。肉身是（灵魂的）载体，物质是（精神的）支撑。精神生活本身的丰盈、丰富、多彩，所造就的内在的充实，是人类幸福的本源。这样，在不离世俗物质生活的前提下，儒家构建起具有内在超越性的人文信仰体系，高扬起人的精神生命的价值，而置物质生命于从属地位：物之层面的有节制的因而适度的享乐，至多是人生"可以有"的某种附丽。于是人生幸福并不在纵欲，也不在禁欲，而在理性的与超理性的节欲。幸福必自节欲始。懂得并能有效节制欲望——做欲望的主人而非奴隶，是现实人生幸福的真正起始点。陷溺于名缰利锁，则是人生的真正困顿。许多人解不透这一层，不免困顿于物欲、功利、实用，于是陷溺于一己之私利，而人生从这一刻开始也就趋于陷落了。这是市侩小人的功利境，是儒家所要努力摆脱的生命困顿。

儒家人文信仰所指向的这一人性层面，正是中华精神的独特性：内在超越性。因内在的完善、完满、圆融，而能享受超然物外的人性之乐，此即"孔颜乐处"。其乐，在生命质量的极大提升，在抵达道德文化这一人生的大快乐之至境。"贫而乐"，并不是追求贫困，也不是因贫困而乐，而是不为物质上的贫乏（匮乏）所困，在任何境况下，都能保持达观、快乐的精神状态。此即士君子之乐。这种乐，一定意义上说，是纯粹精神的，即超然物外的。这就是儒家即世间而能出世间的宗教性特征。于是，本身并非宗教的儒家，因内在具备这种宗教性特质，而支撑并建构起独特的人文信仰体系，足以为现实人生提供最优质的精神食粮，并足以引领人们远离逼仄、低俗即侏儒化、市侩化的粗陋而悉心追求真善美为主旨的精神生活：求真、向善、审美，三维一体，支撑起丰富、充实、博雅的心灵生活，分享人之为人的大幸福、大快乐。儒家所信奉的人文信仰，指向人的内心之神性。儒家的复兴，则意味着人性的复魅——重新向人之内心寻找神圣性的根源，为生命意义和人生价值提供内在的根据和支撑，人类则可以因循这一神圣性之维而重构现实生活，这就是我所理解的儒家人文信仰的"内在的超越性"。有德而幸福的人生，不假于外在的金钱、权势或神灵等世俗的或神灵的世界，而仅仅凭借于人之内心本有善良本性——良知良能。此一维度的唤醒、激活与培育，亦可有效化解或解决现代人的"生命质量如何有效提高？"这一普遍而现实的课题。

儒学与社会

儒学与当代社会双向互动的重要方式
——构建新乡贤文化

王洪铁

（枣庄市传统文化研究会）

一、儒学是关注现实、与时推移的学问

任何思想文化都产生于社会，反过来，又影响着社会。此即"双向互动"。儒学也是这样：产生于春秋乱世，以循古礼、订规制、正人伦、治天下、安苍生为主旨；由孔子、孟子、荀子三代宗师开创；由董仲舒、韩愈、程朱、陆王等后世诸儒在历史新时期中扩充完善，形成了"苟日新，日日新，又日新"的"修齐治平"理论。因此说，儒学是来自生活实践的智慧，又成为指导、规范社会的思想；所以说，儒学初始，就与社会"双向互动"。

孔子早年"首办私学"，在整理古籍"诗、书、礼、易、乐、春秋"中初萌了儒学思想，在仕鲁四年中运用增删，尤其在周游列国十四年中，结合所见所闻，即当时最新社会实际，丰富完善了儒学思想。

孔子行如其言，积极入世：任中都宰，大行礼治，规范养生送死，提倡朴实，反对雕饰，五寸薄棺，避耕陵葬，等；仅一年，"四方则之"。孔子任大司寇，则"必使无讼"。孔子做代理相国，则"夹谷会盟""堕三都"。孔子无职时，不愿做"系而不食"的"瓠瓜"，欲"待贾而沽"，甚至欲应召去投强势管家公山弗扰、佛肸，还甚至"乘桴浮于海"。孔子当然不是为了爵禄富贵，如果是，当初何不在齐国受封三百里地？当初何以拒绝阳货？后来何不接受南子交易？何不安享卫灵公供养？何以每到一处，

对诸侯作"倨傲之容"？孔子自己作了强调："鸟兽不可与同群"！即只能与人打交道，解决人的问题。"天下有道，丘不与易也"；"天下如一兮欲何之！"

孟子步尘孔子，周游列国，传播仁政。说梁惠王做仁君，劝滕文公立善国，谏齐宣王听民意；从而践行了"达则兼善天下，穷则独善其身"之言。

荀子恪守"儒者在本朝则美政，在下位则美俗"之信条，掌学宫，治兰陵，教弟子，著文章，践行儒道。

叔孙通自荐为汉朝制定朝仪，制定宗庙仪法，使得朝廷庙堂秩序井然，并流传后世。司马迁"究天人之际，通古今之变，成一家之言"，忍受宫刑之耻，著出"史家之绝唱，无韵之离骚"。诸葛亮为维护正统，安定乱世，鞠躬尽瘁，死而后已。韩愈贬职潮州，仅八个月，驱鳄鱼，赎奴隶，建学校，造福百代。范仲淹"先忧后乐"，庙堂忧民，江湖忧君。苏轼卓立朝堂，为民请命，旧党新党皆不容，谪贬、坐牢、濒临砍头，仍政绩显赫，深得民心，以筑西湖"苏堤"最为称道。王安石推行变法，三度罢相，仍高唱"不畏浮云遮望眼"。欧阳修为政清廉，体恤民情，刚直不阿，力主改革，屡遭奸佞诬谤，数度被贬，仍笑吟"野芳虽晚不须嗟"。文天祥孤忠扶危主，兵败被俘，高吟"留取丹心照汗青"。王阳明亦文亦武，创立心学，兴办书院，平定叛乱，屡立战功。林则徐"睁眼看世界"，冲天一炬，禁烟虎门，唤醒国人，振奋后世。曾国藩砥柱中流，抵御叛乱，维护统一。康有为、梁启超忧国忧民，救亡图存，发起"公车上书"，促成"戊戌变法"。谭嗣同于变法失败之际，不屈服，不逃避，"我自横刀向天笑"，凛然赴死，以唤醒国人。翁同龢，一朝状元，两代帝师，尚书军机、廉立朝堂，拥护光绪帝变法；被慈禧革职后，竟靠门生故旧"分俸"度日……

正是这些圣贤先哲、名儒大师，支撑起了社会管理框架，传播了儒学精神，使得中华民族一路走先，创造了几千年辉煌。

由此可见，儒学是关注现实、与时推移之学；儒学自始便是与社会双向互动之学。

学界有"儒学是守成、维稳之学"之说。若如其然，如下问题则难以解释：孔子何以"知其不可而为之"？孟子何以发展孔子学说？荀子何以批判孟子之学？诸葛亮何以六出祁山？"程朱理学"与"陆王心学"何以论争百年？王安石、张居正何以变法？金圣叹等十八位士子秀才何以"哭庙"赴死？李鸿章、张之洞何以推行洋务？龚自珍何以疾呼"不拘一格降人才"？康有为、梁启超何以维新图强？

二、"民本""重义""贵和""中庸"是儒学精粹

儒学作为中国文化的主体，东亚精神的象征，涵盖着哲学、管理、人伦等政治、教育诸多领域；其中，"民本""重义""贵和""中庸"最为精粹。孔子提出："为政以德，譬如北辰，居其所而众星共之"；"志士仁人，无求生以害仁，有杀身以成仁"。孔子还提出："不义而富且贵，与我如浮云"；"见利思义，见危授命"。孔子又提出："己所不欲，勿施于人"；"己欲立而立人，己欲达而达人"。孔门弟子有子曰："礼之用，和为贵。"孔子曰："过犹不及"；"中庸之为德也，其至矣乎！民鲜久矣！"

前述圣贤之训，便构成了儒学最为宝贵、最富实用性部分。由西汉"罢黜百家，独尊儒术"，到其后"举孝廉"，再到隋唐科举取士，直到清朝，中华民族上自帝王、中至官吏、下至士子，皆受此精粹熏陶教化，以此为施治做人准则。故此，上下两千余年间，中华民族充盈着安民、重义、贵和、不偏不倚之风。否则，大一统局面不可想象，辉煌领先更不可能。

换言之，两千余年间，儒学深刻影响并主导着古代社会，古代社会又使儒学不断修正、不断发展；是因为"圣贤易地则皆然"；"圣之时者"。

总言之，西汉以降，两千余年间，是儒学与社会双向互动的历程。

三、儒学在古代社会的地位

西汉以降的古代社会中，儒学是主导性思想文化，通过政权及教育的强势推行，儒学成为民族主流精神，儒学规范成为衡量、评价、制约、激励民族的标准。故此，中华虽然不是宗教社会，但有着极强的凝聚力、向心力及认同感、归属感，虽然几经分裂，仍归于统一；虽然几经异民族统治，均"反向同化"。反观"四大文明古国"其他国家，或消亡，或中断。

唯我中华为数千年"不倒翁"。

何耶？儒学使然也。

儒学是天人性命一贯之学。其内通心性，外透天道，旁彻物情。儒学对人与自然关系、人与人关系、人与物关系，皆以"和谐"为价值标准，作出论断。

人与自然关系的最高境界是"天人合一"。孔子提出自然界有其四时更替的自我规律，说"天何言哉！四时行焉，百物生焉，天何言哉！"因此，人应该"知天命""畏天命"，实行人与自然之和谐。

人与人关系，孔子概括为"仁义礼智信、忠廉孝悌恕、温良恭俭让"。其中，"仁义礼智信"被称为"五常"。孟子强调补充"耻"，说"耻之于人大矣！"

人与物关系，孟子提出"亲亲而仁民，仁民而爱物"；《中庸》认为"能尽人之性，则能尽物之性；能尽物之性，则可以赞天地之化育；可以赞天地之化育，则可以与天地参矣。"宋代大儒张载提出"民吾同胞，物吾与也。"即"民胞物与"。即对待人类是同胞关系，对待万物则是伙伴、朋友关系。即人类尊严与价值应该肯定，但人与众生、万物也具有相通性、共处性。

人与人关系的另一方面，即儒家与其他文化系统的关系，宋代儒宗朱熹主张"理一分殊"，即天地万物只是一个理，此是"理一"，即荀子所言"天下无二道，圣贤不两心"；每个事物都各自有理，此是"分殊"。千差万殊的事物都是理一的体现。按此认识，人类文化或文明，有其质的规定性，即共同性、超越性、统一性；但又各具存在表现的形式，即特殊性、多样性。基于此，任何文化或文明传统都不能独白，不能唯我独尊，只能并存并荣，和谐相处。否则，就会冲突动荡。

自儒学成为主流精神文化以来，正是这些理念指导中华民族去处理各种关系，营造了和谐的环境，中华民族方辉煌领先，屡经磨难而浴火重生，成为"不倒翁"。

反观西方文化，认为上帝赋予了人管理、统治万物的权力，因此天人对立，人应主宰一切自然、生物；西方文明优于一切文明，人类其他文明都应被征服、被改造、被淘汰——总之，奉行"文化沙文主义"或"文化帝国主义"。

由此影响，西方文化是为生冷、刚性、对立、冲突之文化。

四、当代社会主流精神文化缺失

经过几十年的长足发展，中华民族实现振兴，大梦将成，初步恢复了大汉盛唐气象。但是，那只是物质、经济、科技、军事层面上；精神层面，反而滑落到了新的谷底：贪腐、欺诈、造假、失信、失贞、不孝、争勇斗狠、破坏环境、上下交争利、教育界、知识界、宗教界……净土多失……

当年，强秦统一天下的前夜，荀子曾入秦考察，然后与另一智者范雎论谈，

先赞扬了民风质朴淳厚、官吏谨慎廉洁、朝廷简政高效、社会富裕等，话题一转，道：

"则其殆无儒邪！"

果然，秦国挟四代厚积，一统天下，但仅十六载，灰飞烟灭。诚谓"逶迤而来，戛然而止"。

何耶？无儒邪！无儒则无仁，无义，无信，无礼，无耻，仅凭暴政、权谋、利益驱动，岂不殆哉！

荀子云："故用国者，义立而王，信立而霸，权谋立而亡"；"修礼者王，为政者强，取民者安，聚敛者亡。"

当今中国社会，繁荣与混乱并存，光明与隐患同在，与大秦统一天下前夜，何其相似乃尔！

好在荀子早就揭示出"无儒"之危害。

当今中国社会，如同当初大秦：五四运动，挞伐儒学；"文化大革命"，根除儒学；政权轻贱儒学；教育剔除儒学；社会嘲弄儒学；各界回避儒学；一篇《孔乙己》，使儒生成为可笑、可鄙、可怜的废物。遭此几劫，儒学气息奄奄，仅悄悄残存于偏远乡村，仅由些"乡野鄙夫"传载。而今，这等人也已垂垂老矣。

当今社会之初，尚有"现代革命文化"占主流地位。现代革命文化中

"利他主义、集体主义、奉献精神、追求高尚、伟人崇拜"，使官员做焦裕禄，"全心全意为人民服务"，"毫不利己，专门利人"；使民众做雷锋，人人为我，我为人人；社会各界皆发扬"龙江风格"，充盈着和谐、友爱；国人皆具国家情怀。然而，革命文化与儒家文化相对立，自断其源，难以流长。再则，"革命精神"是在血与火中形成，脱离了特定环境，便难存续传递。伟人意识到此一点，便不断发动政治运动，如"三反五反""四清""社教""整风"；直至"文化大革命"，作为"继续革命"的尝试，意图永保"革命精神"与成果。但是，人亡政息，伟人及老一代革命者一退幕，"改革开放""发展是硬道理"一发声，革命文化便土崩瓦解。主流精神文化严重缺失，西方消极文化乘虚而入。于是，历史被轻蔑，先贤被嘲笑，英雄被否定，祖宗被摒弃。于是，利己主义、拜金主义、放纵主义、征服型及竞争型经济、审丑主义文化观……各种社会恶风卷土重来，各种社会新疾嚣张肆虐。

痛定思痛，信仰危机是最深的危机，主流精神文化缺失是致命性缺失。一个社会必须有主流精神文化为主导，成为全体社会成员的道德依据，成为是非标准和价值评价尺度。主流精神文化必须重建。

重建其实就是将革命文化与儒家文化融合，形成新时期的中国主流精神文化。由历史渊源而言，儒家文化是悠久的传统，早成为理论体系，具有广泛深厚的民众感情基础。现代革命文化所哺育的社会管理者，是人类历史中罕见的精锐群体，已为民众深记缅怀。二者本来是源与流，只要理顺衔接，取消对立，并各自去除消极成分（如儒家文化中"尊尊亲亲"、提倡等级制、重视人治；如革命文化中以斗为乐、以斗求进），便可融合。由思想内容而言，革命文化的社会终极追求是公平正义，此与儒家文化主张的大同构想并无二致。儒家反对两极分化，"民不患贫而患不均"；革命文化追求共同富裕；此主张高度契合。革命文化提倡利国利民利人、见义勇为；儒家文化主张重义轻利，见利思义，以义节利，君子喻于义；此情怀如出一辙。既如此，革命文化便可与儒家文化融合，再吸收其他文化精华（如道家、佛家、科学、民主等），形成新思想体系，用以主导社会（即"新儒家文化"）。

重建主流精神文化是一系统工程，必须进入法规层面、政权层面、教育层面；建立培养支持机制，建立评价晋升机制，等。重中之重，是重建主流精神文化的"实体性"形态（如学堂等培养、研究、推广机构），应类如西方教会，独立于政治体系之外，不至于受执政力量的贬损厌弃，不至于因失去政治保护后而受到体制性轻视摧残，不至于因发生执政危机而受牵累。从而保证儒家文化与当代社会长久的双向互动。

五、以儒家理论疏解当代社会问题；儒学也因时转化，"双向互动"

当代社会，以计算技术、通信技术、现代种植养殖技术等为先导的技术革命深刻地改变着原有的生产方式、生活方式和行为方式，冲击着思想、信仰、风俗及价值取向。人们一方面享受着物质财富，一方面为成果占有的巨大鸿沟而焦虑；一方面享受着科学进步所产生的便利，一方面忍受着环境恶化、道德沦丧的恶报。面对这些冲击，科学技术已无能为力。西方文化也痼疾缠身，深陷泥潭。全球都在"全球化"中迷失自我。如何与自然、与万物相处？如何安顿人类心灵？如何安排人间秩序？如何重塑道德观念？如何重建立核心道德体系？所有人类文化形态都面临考验，也都应该做出回应。

欲治疾，先诊断。种种乱象之源，在于基本价值观严重混乱。价值观混乱，在于主流精神文化缺失，人性倒退为动物性、逐利性，丧失了道德伦理的光辉。

儒学重视伦理、强调道德、讲求经邦济世，以修齐为乐，以治平为任，以"五常"为做人准则，以"天下大同"为追求。所以，儒学文化能够承担"医世平乱"之历史重任。

孔子、孟子不仅在中华民族所崇拜的历史人物中远居前列，在影响人类历史的世界人物中，孔子也被推为第五位（前四位是三大教主及牛顿，见美国人麦克·哈特著《影响人类历史进程的 100 名人排行榜》）。孔子、孟子应当成为中华民族伦理精神的代表。孔子、孟子的格言警语，鞭辟入里，文采斐然，便于传扬，可醒世入心。如"君子和而不同，小人同而不和"；"君子喻于义，小人喻于利"；"君子成人之美，不成人之恶，小人反是”；“君子求诸已，小人求诸人”；“君子坦荡荡，小人长戚戚”；“三军可夺帅也，匹夫不可夺志也”；“己所不欲，勿施于人”；“富贵不能淫，贫贱不能移，威武不能屈”；“善养吾浩然之气”；“生，亦我所欲也，义，亦我所欲也。二者不可得兼，舍生而取义者也”……

如此等等，振聋发聩，无不强调人生价值和人的主体精神，提供具有辩证思想的观察世界和处理问题的根本原则和思想方法，对道德沦丧和人性异化作出有力校正。因此，当代社会的发展应召唤儒家文化回归；同时，儒家文化也应参与社会发展而推移转化。

六、儒学与当代社会“双向互动”的重要方式是构建新乡贤文化

然而，儒学与当代社会的“双向互动”如何开展？

答曰：应急之策、长远之策、重要方式是构建“新乡贤文化”。

何谓乡贤？乡贤文化在古代社会有何作用？

乡贤即生活在乡村中的道德典范，精神领袖。乡贤知书达礼，通古知今，崇德向善、诚信友善，正直公道、急公好义、闻名乡里、德高望重。乡贤传播道德，以身示范，弥合分歧，协调冲突，平息纠纷，守护秩序。乡贤以其知识人格，形成凝聚力、感召力，成为价值观的引导者、公平正义维护者、乡民行为规范者和约束者。

乡民尊奉乡贤，爱戴乡贤，信任乡贤；契约法规、官员领导，皆不如乡贤之影响。

中国漫长的古代社会中，奉行“皇权不下县”，即县以下广大乡村不设国家权力，而由乡贤主导乡村自治。古代乡贤多是出仕为官后，退隐故乡，成为桑梓领袖，或出资，或募捐，修桥铺路，立祠建庙，兴教办学，培养后生。后生长成，再离乡为宦，或经商行医，告老后，再返桑梓，领袖乡民。如此，循环往复，生生不息，形成良性循环。如此，以极低成本，取得良好的乡村治理效果。同时，优秀的文化传统、良好的民风民俗，得以保留发展。如山东鲁南枣庄、苍山一带，古称兰陵。西汉之初到魏晋时期，多出鸿儒大师、高官廉吏。如制定朝廷庙堂礼仪的“汉代儒宗”叔孙通，如公羊学家、丞相公孙弘；如叔侄帝师疏受、疏广；如“凿壁偷光”的丞

相匡衡；如太傅、《鲁论语》传人萧望之；如少傅、推行儒术的王臧；如折槛谏臣朱云；如大司徒司直、仍粗衣布被的王良；如经学大家、大司徒王朗；如《孔子家语》作者王肃；等。上述群体之所以形成，是由荀子任兰陵令时办学为发端，其后进入"出仕—乡贤—再出仕—再乡贤……"的循环。

再如江苏泰州，仅元末明清以降，便产生反元义军领袖张士诚、《水浒传》作者施耐庵、"扬州八怪"之郑板桥、京剧宗师梅兰芳；此外，还有明代内阁首辅李春芳、吏部尚书翟善、礼部尚书李思诚、福建巡抚朱一冯、哲学家王艮、诗人吴嘉纪、史学家李清、天文历算家陈厚耀、数学家陈潮、"扬州学派"代表人物任大椿、"太谷学派"集大成者黄葆年、语言学家刘熙载、音韵学家何萱、"同光十三绝"画师之梅巧玲、收藏家季振宜、评话艺术家柳敬亭；以及棋圣黄龙士、武状元张兆璠、武状元兼两仪拳祖师刘荣庆……泰州之所以人文荟萃、名贤辈出，也是"乡贤文化"使然。

总之，"乡贤文化"是农耕时代的一种文明，是中华优秀传统文化在乡村的表现形式，也更是儒学与古代社会的"双向互动"形式。

七、重建"乡贤文化"，破解当代社会乡村治理难题

进入当代社会后，"乡贤文化"被扫除了，"白家轩"（小说《白鹿原》主角）等乡贤们被打断了脊梁骨，成了"癞皮狗"。代之治理乡村的是当过土匪的"黑娃"们。同时，还增设了乡镇政权。时至今日，乡镇还派生出"点、片、管区"等分支机构。应该说，此举对乡村的控制的确有力有效，但是，弊端日益显现。一是官民对立，难以形成和谐关系。二是成本极大，成为难以承载之重。尤其二者互为因果，恶性循环，成为无解之难。如山东滕州西部一个镇，管辖12万人，机构门类繁多（比国务院仅少外事部门），工作人员约三百人（在编及协理），每月开支700万~800万元，尽力筹集，只能500余万元，缺口100余万元，只好拖欠待发。许多部门经费不足，便以此为由荒政怠政。许多工作人员凭工资养家，屡遭拖欠，怨声载道，无心施为，接触村民，难有好嘴脸、好腔调。

这些乡镇，为突破资金困扰，便"满地找钱"。或截留上级给予"三

农"的支助补贴；或巧立名目，摊派征敛；或与奸商勾结，出卖农民利益，打土地的主意。如此，皆激起村民怨愤，治理愈难。只好增加人员，加大力度，从而又加大了成本……

至于乡村底层，虽通过民选，实行自治，虽也涌现出许多优秀带头人，但是，也有众多乡村处于"亚健康"状态。那是因为，村民具有根深蒂固的宗族观念，因此，选票未必投向优秀者。许多乡村被不良分子控制，民意选票被绑架。还有些乡村，压根就没有优秀者，所谓选举，"矬子里面拔将军"而已。作为弥补矫正，当下施行选派"大学生村官"，或选派机关人员进村任"第一书记"。此策或许有效，但一是加大管理成本，二是具有"镀金"色彩，难以培养、留住优秀者。

尤其是农村城镇化推行在即，没有优秀人才引领、承当、监督，将会产生许多社会问题。如官商与村干部勾结，强卖土地、破坏环境、掠夺资源，致死人命，激起群体事件，等等。如此恶性事件，时常见诸媒体。

特别是"农村城镇化"，如果是在暴力、欺压、争斗、纠纷中完成，而新城镇中仍然充斥着暴力、欺压、争斗、纠纷，"农村城镇化"则是一局败棋。如在乡贤主导或参与下完成，新城镇中居住着乡贤，新城镇则有了灵魂，则和美温馨，则宜人宜居，则满足人"近贤而居"之愿，则形成见贤思齐、闻恶生厌之风，则给人以归属感、依赖感、安全感、荣誉感。

八、如何构建新乡贤文化

破解前述此难题，必须重新构建"乡贤文化"，即构建"新乡贤文化"。而构建"新乡贤文化"，首先要定义"新乡贤"。所谓"新乡贤"，应该是扎实生活于乡镇村寨中的离退休干部、知识分子、科技人员、优秀企业家等人士；应该既具传统文化素养，又通时达变，更是道德权威；应该能够引领、教化乡民，泽被乡里，涵养文明乡风；应该是乡民维系情感联络的纽带，促进公序良俗形成，推动乡村社会善治。总之，应该既有资质，又有情怀，更能担当。这些资源，乡村稀少，城市尚存。如一些干部、知识分子、企管人员、工程技术人员、特别是涉农科技人员，离退休后，欲发挥余热，报效家乡，但苦于没有渠道，或家乡已无住所，或难以适应村庄低卫生条件，或在城里还要帮扶子女照看下一代……于是出现如下现象：退休工程师、农艺师推婴儿车，退休企业家遛狗，退休干部打扑克、摸麻将，退休高级教师挽菜篮子……

疏通渠道，搭建平台，才能使前述人员由城市"边缘"人员返乡成为乡贤。但是，不能仅仅提倡，至少须有如下措施：一、订立法规，使城市离退休干部、知识分子、优秀农民工、优秀企业家等人士返归家乡，有依有据。二、返家乡贤，必须具有相当主导权、话语权。三、对返家乡贤，必须提供一定的生活、活动条件或费用。如，给予一定的保姆费，就能换出一位看孩子的退休干部返乡带富一个穷村，或带好一个乱村。四、应设立专门独立机构，承担对乡贤的审核推举、培训提升、监督考核、调整退出等职能，以保障"新乡贤"构建有序、可控。

"新乡贤"治理，可取代压缩许多行政机构，从而节省大量社会成本。"新乡贤"治理，可促使社会和谐稳定。"新乡贤"治理，可形成"美政""美俗"。"新乡贤"群体，可成为相对独立于行政的、承载儒学文化及其他传统文化载体，使儒学文化及其他传统文化能够安全存续，不断发展，与当代社会良好地"双向互动"。儒学文化必须与当代社会双向互动。儒学文化与当代社会双向互动的重要方式是构建"新乡贤"文化。

中西比较视域下的政治哲学

石永之

（山东社会科学院国际儒学研究与交流中心）

摘　要： 政治哲学具有历史性、科学性和哲学性三个显著特征。政治哲学是理性存在物的事情，是以人类整体而不仅仅以国家的生存为目的，它需要在仁者爱人即人类普遍具有的同情心中获得其正当性，它是人类运用理性对人类政治历史经验的归纳、总结与发展，也是政治哲学家对人类本性加以分析，并进而演绎推理的结果。

关键词： 政治哲学　历史性　科学性　哲学性

一、近现代西方的政治哲学

无论在西方还是在东方，政治哲学都是一个新的学科。尽管研究政治哲学的相关问题已经几千年了，但关于政治哲学的思维方式、主题，以及与道德哲学和政治科学等学科的区分仍然不明确。韩水法认为："这不仅因为学科体系乃是现代知识体系化和学术制度化的结果，而且也是由于政治哲学的内容和对象向来就与相关的政治、道德、经济和法律等问题盘根错节地结合在一起，因而被看作是政治的、道德的或综合的研究，而没有为之划出一个单独的领域。即便到了 20 世纪下半叶，在英美，政治哲学的学术活动在多数人看来也是属于道德哲学或其一个部分，而在德国，政治哲学更是一个新的名称。"[①]

---

① 　韩水法：《什么是政治哲学》，《中共中央党校学报》2009 年第 1 期。

为了深刻反思现代性，尤其是现代哲学，施特劳斯对政治哲学这个新的学科名目做了深入研究。施特劳斯先考察哲学与政治哲学的关系，接着给出自己关于政治哲学定义，然后论述了政治哲学与政治神学和政治科学的区别。

施特劳斯说："如果人们把获得有关好的生活，好的社会的知识作为他们明确的目标，政治哲学就出现了。……'哲学'表示处理方式；这种处理既追根究底又包罗万象；'政治的'既表示主题又表示功能：政治哲学以一种与政治生活相关的方式处理政治事宜。……哲学是用有关整全的知识取代有关整全的意见的尝试。……哲学并不拥有真理，而是探求真理。"① 这就是说，政治哲学是目的论的，其目标就是好的生活，这需要哲学关于整全的知识应用于政治主体并实现其功能。施特劳斯接着定义的政治哲学即是："政治哲学于是就将以关于政治事物之本性的知识取代关于其意见的努力。……倘若一个人不是以某种善或正义的标准来衡量它们，他就不能理解政治事物之为政治事物的如其所是。要做出真实判断就必须了解真正的标准。如果政治哲学希望正确处理其主题，那么它就必须争取获得有关这些标准的真正知识。政治哲学就是要真正地既认识政治事务的本性又认识正当的或好的政治秩序的努力。"② 这里的关键是，政治哲学除了认识政治事物的本性之外，还必须提供某种善或正义的标准，此即政治哲学的哲学性。简言之，政治哲学应该为政治提供道德知识。

施特劳斯接着明确了政治哲学与政治神学的区别，他说："我们把政治神学理解为神的启示（divine revelation）为基础的政治教诲，政治哲学则限于人类头脑独立能够触及的事物。"③ 这表明了政治哲学的根本特征就是：限于人类头脑独立能够触及的事物，换言之，就是只限于人类理性的事情。施特劳斯进一步指出，政治科学最多只能为政治哲学提供素材。他说："政治科学是一个含混的词汇：它指明对政治事物的这类探究要受自然科学模式的引导，它指明此类工作要由政治科学系的成员进行。……正如自然科

---

① 施特劳斯:《什么是政治哲学》,李世祥等译,华夏出版社 2014 年版,第 2 页。
② Leo Strauss. *What Is Political Philosophy*[J]. The Journal of Politics,1957,Vol. 19,pp. 344~345.
③ 施特劳斯:《什么是政治哲学》,李世祥等译,华夏出版社 2014 年版,第 5 页。

社会儒学论丛（第一辑）

学自立自足，最多是无意中为自然哲人提供思辨的材料，政治科学自立自足，最多无意中为政治哲人提供材料。"①

施特劳斯关于政治哲学的基本观点基于一种古典情怀，因此，他对近现代西方政治哲学持一种批判态度。施特劳斯说："政治哲学是非科学的，或者说是非历史的，或者两者兼备。科学和历史，现代社会的两大力量，最终成功地毁灭了政治哲学存在的可能性本身。……现代科学的目标不再像神学和形而上学那样是关于为什么的绝对知识，而是关于如何做的相对知识。"② "对价值判断的拒斥以这样的假设为基础，即不同价值或价值体系之间的冲突在本质上用人类理性是无法解决的。……相信科学知识，也就是现代科学拥有或渴望的知识类型，是人类知识的最高形式，这暗含着对前科学知识的贬低。"③ 这就是说，是现代科学导致了相对主义和价值中立以及对前科学知识或者说常识的贬低。这种情况当然不是现代科学本身造成的，施特劳斯认为，是实用主义和新康德主义修证孔德所创立的实证主义而导致的结果。从施特劳斯对政治哲学概念的反思中可以看出，近现代西方政治哲学的基本特征就是：科学性和历史性，但却没有多少哲学性。

下面就西方近现代政治哲学的两个开拓者继续探究其特征。学术界通常认为，西方近现代的政治哲学肇始于马基雅维里，罗素说："文艺复兴虽然未能产生重要的理论哲学家，却在政治哲学中产生一个声名显赫的人物，尼古拉·马吉雅维利……他的政治哲学是科学性和经验性的，建立在他自己对事物的亲身经验基础之上，只关心达成既定目标的手段，而不关心其结果是被看成善还是恶。"④ 这就是说，从马基雅维里开始，政治哲学就具有科学性和经验性的特点，且不关心伦理学的善与恶。施特劳斯还特别强调这后面一点："要认识到马基雅维利巨大的成功，人们有必要清楚地把他的原则。重复一遍，这一原则是：为使正当或可欲的社会秩序有可能——即便不是确定的话——实现，或者说，为了征服机运，人们必须降低标准：

① 施特劳斯：《什么是政治哲学》，李世祥等译，华夏出版社2014年版，第5页。
② 施特劳斯：《什么是政治哲学》，李世祥等译，华夏出版社2014年版，第9页。
③ 施特劳斯：《什么是政治哲学》，李世祥等译，华夏出版社2014年版，第14~15页。
④ Bertrand Russell, *A history of western philosophy*[M]. Simon and Schuster. New York, 1945:504.

儒学与社会

人们必须使重点从道德品质转向制度。"①

接着是霍布斯的工作让政治哲学具备了成为一个学科所必需的理论性。与笛卡尔同时代的霍布斯深知科学理性的力量，并将其娴熟地运用到政治哲学领域。霍布斯指出："被称为'common-wealth'（利益共同体）或者'国家'的伟大利维坦是用人为的艺术造成的，它只是一个'人造的人'。"②"权利的相互转让就是人们所谓的契约。"③西方文化自此以后，就将人类的政治关系解读为人与人之间的一种契约关系，西方的政治契约论即由此开始。

霍布斯把哲学理解为，人运用理性从个别事物归纳出普遍真理的道路，政治哲学无疑就是哲学的分支。他还归纳出现代西方政治哲学的两个基本预设，就是人性恶和天赋理性，并指出，人类可以用理性克服人性之恶。他说："哲学开启了从个别事物之观察上升为普遍定律的道路。人的理性存在于多少领域，哲学就可以划分出多少分支，根据不同主题的要求，它就有不同的名称。……于是我得出了两条关于人性的绝对肯定的假设。一条是人类贪婪的假设，它使人人都极力要把公共财产据为己有。另一条是自然理性的假设，它使人人都把死于暴力作为自然中的至恶势力予以避免。"④

霍布斯的契约论背后蕴含着科学理性的分析方法，这是近现代对政治权力的一种理性的说明，是民主选举真正的理论基础。施特劳斯称之为分解综合法，他说：

依照这个称为"分解综合（resolutive-compositive）"的方法，既定的政治事实（任何特殊行为正义与否，或现行的一般正义观念，或作为典型政治现实及正义首要条件的国家本身）接受分析，被化约为各种要素（"个人意志"），然后反过来，从这些要素着手，一种"集体意志"的必然性及可能性，通过清澈明晰的演绎法，得以最为确凿连贯的阐发，于是，原先是

① 施特劳斯：《什么是政治哲学》，李世祥等译，华夏出版社 2014 年版，第 38 页。
② 霍布斯：《利维坦》，中国社会科学出版社 1999 年版，第 8 页。Thomas Hobbes：*LEVIATHAN*. Reprinted from the Edition of 1651，参见中译本第 1 页。
③ 霍布斯：《利维坦》，中国社会科学出版社 1999 年版，第 102 页。Thomas Hobbes：*LEVIATHAN*. Reprinted from the Edition of 1651，参见中译本第 100 页。
④ 霍布斯：《论公民》，应星、冯克利译，贵州人民出版社 2003 年版，第 2 页。

"非理性"的一团蒙昧混沌，遂经历"理性化"的过程。①

实际上，霍布斯的契约论运用的是理性科学的演绎法，他以天赋人权为基点，转让部分权利，达成契约，建构国家，然后形成系统化的法律，保障人们的生命及财产安全。

通过马基雅维里和霍布斯所运用的思想方法可以看出，西方近现代政治哲学建立在科学理性的基础之上，具有科学性和历史性的特点。施特劳斯之所以说政治哲学是非科学和非历史的，乃在于科学和历史都是价值中立的，不能为政治提供道德标准。施特劳斯说："对政治知识的学术探求从根本上受道德冲动和对真理的热爱的激励。"② 这就是说，除了从历史和科学的角度探求政治知识之外，还必须考虑道德，政治哲学的哲学性，就是为政治提供道德标准。

能够为政治提供道德标准只有"爱智慧"的哲学或者神学，《理想国》中的苏格拉底说："哲学如果能找到如它本身一样最善的政治制度，那时可以看得很明白，哲学确实是神物，而其他的一切，无论天赋还是学习和工作，都不过是人事。"③ 道德的善最终又指向了神，神学更是如此，这就是说，政治的道德标准需要信仰来给出，这样问题又来了，政治哲学中，政治与道德支撑之间就有了一种紧张关系，政治哲学以人类理性为根基，而道德知识与信仰相关，然而需要注意的是，尽管施特政治哲学要求凝聚政治共识以求社会稳定，而信仰则是多元的。简言之，就是理性与信仰、一与多之间紧张。

接着应该明确的是，近现代西方政治哲学的主题就是国家。从马基雅维里、霍布斯、洛克、卢梭直至罗尔斯、诺奇克都是如此。马基雅维里就从关于历史的真知灼见思考的，在丛林法则的环境里面如何保全自己的国家。马基雅维里感叹道："在整饬共和国、护卫国家、统治王国、举兵征伐、控制战局、审判臣民和扩张帝国时，却不见哪个君主或共和国求助于

① 列奥·施特劳斯：《霍布斯的政治哲学》，申彤译，译林出版社2001年版，第2页。
② 施特劳斯：《什么是政治哲学》，李世祥等译，华夏出版社2014年版，第7页。
③ 柏拉图：《理想国》，郭斌和、张竹明译，商务印书馆1986年版，第248页。

儒学与社会

古人的先例。"①

不仅政治哲学家们如此，作为社会学家的韦伯也是如此，韦伯认为："国家是这样一种人类团体，它在一定疆域之内（成功地）宣布了对正当使用暴力的垄断权。……现在的特点是，其他机构或个人被授予使用暴力的权利，只限于国家允许的范围之内国家被认为是暴力使用'权'的唯一来源。因此，对我们来说，'政治'就是指争取分享权力或影响权力的分配的努力，这或是发生在国家之间，或是发生在一国之内的团体之间。"② 依据韦伯的看法，除却国家，再无政治。

因此可以看出，近现代西方政治哲学以政治与宗教的分离为起点，以保全国家为目的，开启了西方的现代化进程，通过对人类历史上政治实践的分析，以及对国家的制度建构、政治权力的来源及其运作与监督所作的科学性研究，明确了政治哲学当以人类的天赋理性能力为基础，政治关系乃是一种契约关系，政治哲学具有历史性和科学性的特征。

二、中国传统的政治哲学

由于"哲学"一词本身是转道而来的舶来品，中国哲学的合法性问题曾经引起过争论，这里似乎需要先说明在什么意义上，中国传统中是有政治哲学的。哲学在西方本身即有多重含义，巴门尼德的存在论、苏格拉底的爱智慧，柏拉图以降的形而上学，直至海德格尔认为哲学等于形而上学本体论，应该终结这种遗忘了存在本身的哲学，转而提出了生存论思想。在后形而上学时代，政治哲学被许多学者称为第一哲学，意在强调哲学要关乎人类的生存，尤其要进入人们的政治生活。就哲人的思想关乎政治而言，中国传统的政治哲学无疑是极其丰富的，先秦诸子尤其如此。下面选取荀子和韩非子以说明中国传统政治哲学的特点。

在政治哲学家里面，荀子最具有代表性，笔者曾指出，荀子"义者循理"的理性思想正是政治哲学的根基；"行义以礼"强调制度建构的重要

---

① 马基雅维里：《论李维》，冯克利译，上海世纪出版集团 2005 年版，第 44 页。
② 马克斯·韦伯：《学术与政治》，冯克利译，三联书店 1998 年版，第 54～55 页。

性；"行义以正"表明政治制度及其运作要公正、公平。①

这里先说谈荀子政治哲学的历史性。荀子几乎遍考古人治理天下的历史经验，以求古为今用。他说："王者之制：道不过三代，法不二后王；道过三代谓之荡，法二后王谓之不雅。衣服有制，宫室有度，人徒有数，丧祭械用皆有等宜。声则非雅声者举废，色则凡非旧文者举息，械用则凡非旧器者举毁，夫是之谓复古，是王者之制也。"（《荀子·王制》）这是说，远去的历史需要人类的智慧才能穿透，荀子认为，雅儒法后王，大儒法先王，他说："用雅儒，则千乘之国安；用大儒，则百里之地，久而后三年，天下为一，诸侯为臣；用万乘之国，则举错而定，一朝而伯。"（《荀子·儒效》）

这是因为，历史也是能够迷惑人的，荀子说："古为蔽，今为蔽。凡万物异则莫不相为蔽，此心术之公患也。"（《荀子·解蔽》）从历史中总结经验，需要有理性的科学精神，这种科学精神就是，通过历史研究得出的结论要能够辨别、验证，并且能付诸实施。荀子说："故善言古者必有节于今；善言天者必有征于人。凡论者贵其有辨合，有符验。故坐而言之，起而可设，张而可施行。"（《荀子·性恶》）

再说，荀子政治哲学的科学性。荀子不仅在总结历史经验的时候运用了理性的科学精神，在分析政治制度的起源也运用了科学的分析方法。他说："人生而有欲，欲而不得，则不能无求。求而无度量分界，则不能不争；争则乱，乱则穷。先王恶其乱也，故制礼义以分之，以养人之欲，给人之求。使欲必不穷于物，物必不屈于欲。两者相持而长，是礼之所起也。故礼者养也。"（《荀子·礼论》）荀子分析政治制度起源的思路和方法与霍布斯若合符节。荀子还指出，政治的设立乃是为了民众的利益。荀子说："天之生民，非为君也；天之立君，以为民也。故古者，列地建国，非以贵诸侯而已；列官职，差爵禄，非以尊大夫而已。"（《荀子·性恶》）

用理性的思考去建立政治制度是政治哲学的共同点，但与西方近现代

---

① 石永之：《荀子正义思想述要》，《孔子研究》2012 年第 2 期。

政治哲学明显不同的是，荀子政治哲学的思想结构是：仁—义—礼。① "仁者爱人，义者循理。"（《荀子·强国》）理性不是政治哲学的终极本体，而是在仁爱情感的基础上发挥作用的。荀子的这一思想结构有利于克服近现代西方政治哲学的一些弊端。

中国传统中另一位重要的政治哲学家就是荀子的弟子韩非，韩非子与西方政治哲学的鼻祖马基雅维里就非常相似，都反对以德治国，都主张君主专制以保全国家。因此被一些学者成为"第一个现代政治哲学家"，他们关注的重点是韩非子与现代性的关系。② 这里侧重于讨论其如此立论的理由及其政治哲学理论的主要特点。

韩非子的政治哲学也是通过政治的历史性考察开始的。韩非子说："上古竞于道德，中世逐于智谋，当今争于气力。"（《韩非子·五蠹》）又："且夫尧舜、桀纣千世而一出，是比肩随踵而生也。世之治者不绝于中，吾所以为言势者，中也。中者，上不及尧舜，而下亦不为桀纣。抱法处势则治，背法去势则乱。今废势背法而待尧舜，尧舜至乃治，是千世乱而一治也。抱法处势而待桀纣，桀纣至乃乱，是千世治而一乱也。……夫良马固车，五十里而一置，使中手御之，追速致远，可以及也，而千里可日致也。"（《韩非子·难势》）这就是说，韩非子认为，在一个通行丛林法则以武力论英雄的时代，一个中人要想治理国家，就必须抱法处势。

而要抱法处势就必须造势，而要造势就需要法与术。韩非子说："人主之大物，非法则术也。法者，编著之图籍，设之于官府，而布之于百姓者也。术者，藏之于胸中，以偶众端而潜御群臣者也。故法莫如显，而术不欲见。"（《韩非子·难三》）"主用术，则大臣不得擅断，近习不敢卖重；官行法，则浮萌趋于耕农，而游士危于战陈。"（《韩非子·和氏》）法以治民，术以治吏。

造势的关键在于术。政治行政的关键在于管理好官吏，而要管理好官吏就要用术造势。韩非子说："故国者，君之车也；势者，君之马也。无术

① 石永之：《论儒家正义思想的形成》，《中国文化的再展开》，安徽人民出版社2012年版。
② 白彤东：《韩非子：第一个现代政治哲学家》，《世界哲学》2012年第6期。《韩非子与现代性——一个纲要性的论述》，《人民大学学报》2011年第5期。福山与秋风也有类似的看法。

以御之，身虽劳，犹不免乱；有术以御之，身处佚乐之地，又致帝王之功也。"(《韩非子·说四》)这是因为韩非子认为："故吏者，民之本，纲者也，故圣人治吏不治民。"(《韩非子·外储说右下》)"明主之国，官不敢枉法，吏不敢为私，货赂不行。"(《韩非子·八说》)

韩非子认为政治应该脱离道德的理由在于人有趋利避害的人之常情。他说："夫安利者就之，危害者去之，此人之情也。"(《韩非子·奸劫弑臣》)人做事的目的不是为名就是为利。"凡人之有为也，非名之则利之也。"(《韩非子·内储说上》)所以他说："明主之所导制其臣者，二柄而已矣。二柄者，刑、德也。何谓刑、德？曰：杀戮之谓刑，庆赏之谓德。"(《韩非子·二柄》)"且臣尽死力以与君市，君垂爵禄以与臣市。"(《韩非子·难一》)如此一来，政治就成了功利主义的一种利益安排。而马基雅维里认为，政治要脱离道德的原因在于民众是群氓，他说："君主如果能够征服并保持一个国家时，他所采取的一切手段都将被人们认为是光荣的，而且备受赞扬。因为庸人们总是被事物的外表和结果所蒙骗，而这个世界只有庸人。"①

如此看来，韩非子的法家思想确实如西方近现代的政治哲学相类，最明显的特点是，就政治而论政治，放弃了道德进入政治的可能性，只强调国家政治稳定的重要性，而不论其伦理基础与价值支撑。如果韩非子的思想具有近现代西方政治哲学的基本特征，那么在荀子到韩非子的转变之间，或许可以找到破解西方现代政治哲学价值中立的困局。

三、中西比较视域下的政治哲学

历史性、科学性和哲学性是东西方政治哲学都具有的三个特征，最吸引人同时也最是异彩纷呈的地方就是政治哲学的哲学性。此哲学性在理论上涉及政治与伦理的关系，政治制度及其运作如何获得伦理支撑；在实践中政治哲学如何发挥作用，哲人的思想怎么才能进入大众的政治生活；由于伦理问题往往与信仰高度相关，哲人的思想分歧最大也是对信仰的理解，

① 马吉亚维里：《君主论》，张志伟等译，陕西人民出版社 2001 年版，第 106 页。

所以，归根结底就是政治哲学就是要处理好理性与信仰的关系。

近现代西方政治哲学以政教分离为标志的，故而有理性与信仰的紧张。为了解决这个问题，康德曾经试图在纯粹理性的限度内建立理性宗教。施特劳斯说："哲学跟信仰、祈祷和宣教也许能够协调一致，但绝不会合而为一"。① 那么可行的办法就是理性与信仰的协调一致，而中国传统正是如此，以敬天畏命的天命信仰为根基，而以理性教导为主。季路问事鬼神。子曰："未能事人，焉能事鬼？"敢问死。曰："未知生，焉知死？"（《论语·先进》）儒家有天命思想，子夏闻之夫子："死生有命，富贵在天。"（《论语·颜渊》）"五十而知天命。"（《论语·为政》）先秦讲天道、宋明说天理，主要是把天命往道德理性方面引导，以天命信仰教导人做德性君子，"不知命，无以为君子也。"（《论语·尧曰》）《中庸》曰："诚者，天之道也，诚之者，人之道也。诚者不勉而中，不思而得，从容中道圣人也。诚之者，择善而固执之者也。"

这就是说，要想理性与信仰协调一致，需要把政治哲学与神学区分开来，并在文化多元的社会，寻求政治共识，罗尔斯采取的办法就是如此，他说："政治自由主义只在政治的范围内运作，而任哲学如其所是，它不触及所有种类的学说——宗教、形而上学和道德——以及它们长期的发展和解释传统。政治哲学是从与上述各种学说的分离中产生的，而且用自身独立的术语表达它自己。因此，它不能通过求助或批评和拒绝任何完备性的学说来解决自己的问题。"②

进一步，信仰多元会导致政治哲学本身的多元。罗尔斯说："政治自由主义所理解的政治哲学，主要是由各种不同的、被视为独立的权力与正义之政治观念所组成。因此，如果说政治自由主义肯定是自由主义的，那么，某些属于政治哲学的权利与正义之政治观念在此意义上也可能是保守的，或者是激进的；君权神授的观念，甚至专政的观念也可能属于它。……它们也会拥有独立的政治权利和政治正义的观念，无论这多么难以令人置信。

---

① 列奥·施特劳斯：《回归古典政治哲学：施特劳斯通信集》，朱雁冰、何鸿藻译，华夏出版社2006 年版，第 197 页。

② John Rawls. *Political Liberalism*[M]. New York：Columbia Press，1996，p. 375.

这都属于政治哲学的范畴之内。"① 在政治哲学多元及其背后的文化多元，尤其是信仰多元，政治自由主义的做法是有其可取之处的，中国传统中儒释道三教长期并存的政治经验就显得很宝贵。

哲学政治的哲学性，在一定意义上也可以理解为哲人与大众的关系，哲学的智慧之光在哲人那儿闪烁，而政治是公共的事务，要想哲学进入政治领域，就需要哲人的智慧为大众所理解并接受。而西方文明的两大传统都存在哲人和大众的紧张，古希腊的苏格拉底和希伯来的耶稣基督都被大众以法律的名义判处死刑，而且他们都坦然接受了多数人的暴政，可以说是苏格拉底和耶稣基督以其英勇无畏的死反向启示着西方的政治文明。施特劳斯以为哲人可以用显白与隐微两套说辞来解决这样的问题，只不过如此一来，哲人就必须表现为一种精神分裂样态。

苏格拉底和耶稣基督因为创造了新神冒犯旧信仰而判死刑。而在中国传统中，只有法家的商鞅和韩非之死，与其严苛的政治思想密切相关。当然在中国传统中，哲人与大众的关系也是不轻松的话题，朱子死后不久，朱子学就被官方宣布为伪学，随后又成为官方意识形态，阳明学也有类似的遭遇。而且东西方历史上都不断有文字狱的发生。关于政治哲学家如何言说的问题，荀子说："辞让之节得矣，长少之理顺矣；忌讳不称，袄辞不出。以仁心说，以学心听，以公心辨。不动乎众人之非誉，不治观者之耳目，不赂贵者之权势，不利传辟者之辞。故能处道而不贰，咄而不夺，利而不流，贵公正而贱鄙争，是士君子之辨说也。"（《荀子·正名》）这就是说，在荀子看来，"以仁心说，以学心听，以公心辨"，才是政治哲学家最佳的言说方式。

要想哲学关乎政治，让政治哲学有哲学性，以教育的方式使得哲人的思想对大众的公共政治生活发生关联是可行的办法之一。从东西方的历史来看，哲人的思想都是靠他们弟子的传播而影响大众的，通过学术、通过教育以由近及远的方式而为大众知晓和接受。古今中外，莫不如是。这自然需要哲人本身有其哲学性，他们需要通贯古今，这是思想本身的事情。

儒学与社会

---

① John Rawls. *Political Liberalism*[M]. New York：Columbia Press, 1996, p. 374. 中译本 396 页。

哲人的深刻思想吸引天下英才，显学于当世，进而影响后世。

政治哲学的历史性是不言而喻的。政治哲学的问题总是历史地被给出的，政治的思考需要以史为镜，其思考的结论也需要在历史的政治实践中加以检验，可以说，政治哲学是最具历史感的，这和伦理学追求个体之善的某些结论，比如诚信，可以穿越时空是完全不同的。东西方政治哲学家都注重对历史经验的分析与归纳不是偶然的。政治哲学的问题不是抽象的形而上学问题，总是在具体的时空中提出的；政治哲学的思考总是从对政治传统的历史反思开始的，所以政治哲学着力实然而不能只考虑应然。

政治哲学的科学性，在于哲学是人类理性反思的产物。政治哲学把人类的政治实践作为具体研究对象，以人类的政治经验为出发点，其研究结果也指向现实的政治实践，并需要在政治实践中得到检验。也就是荀子所说："凡论者贵其有辨合，有符验。"（《荀子·性恶》）

但是政治哲学的科学性既不是纯粹理论意义上的科学性，也不是实证意义上的科学性，像数学做纯粹的理论演绎那样的政治哲学只能做样板，解决应然的问题，政治哲学也不能如同物理学那样去做可控的实验验证，政治哲学的验证是在不完全可控的条件下进行的。实证主义意义的科学性对政治哲学并不合适。

政治哲学的科学性首先是由人类的基本特性给出的，政治哲学家往往要先考察人性的原因也就在于此。其次，政治哲学的科学性往往是历史性给出，是在政治制度的因革损益中发现政治实践的规律。

进一步可以看到，东西方政治哲学的三个特性，历史性、科学性和哲学性。分别对应着政治正当性的三原则：传统、理性和道德性原则。其历史性表明它源自传统又归于传统；科学性表明政治制度及其运作要得到人类理性的认可与遵从，哲学性则表明政治必须获得正当与善的伦理支撑。

以国家为基点思考政治是西方政治哲学一贯的做法，但这种思考政治的局限性也是很明显的，从政治哲学本身来说，政治权力的运作不仅比国家的起源要早，而且范围也要广得多，试图以国家定义政治然后去界定政治哲学的全部范围无疑是有欠缺的。国家主义很容易为殖民主义辩护，国家主义的政治哲学是现代社会国家纷争以及世界大战的至乱之源，而中国传统则主张："大道之行也，天下为公。"（《礼记·礼运》）孟子曰："尧舜之道，不以仁政，不能平治天下。"（《孟子·离娄上》）《孟子》有：

> 齐宣王问曰："交邻国有道乎？"孟子对曰："有。惟仁者为能以大事小，是故汤事葛，文王事昆夷；惟智者为能以小事大，故大王事獯鬻，勾践事吴。以大事小者，乐天者也；以小事大者，畏天者也。乐天者保天下，畏天者保其国。《诗》云：'畏天之威，于时保之。'"（《孟子·梁惠王下》）

不能以大事小、以强事弱正是国家主义难以克服的困难，也是当今世界的动乱之源。

综上所述，政治哲学总是人或者康德所说的理性存在物的事情，是以人类整体而不仅仅以国家的生存为目的，它需要在仁者爱人，也就是人类普遍具有的同情心中获得其正当性，它是人类运用理性对人类政治历史经验的归纳、总结与发展，也是政治哲学家对人类本性加以分析，并进而演绎推理的结果。简言之，政治哲学具有历史性、科学性和哲学性这三个显著的特征。

这里以荀子为例说明中国传统政治哲学的特点，这是因为马基雅维里所确立的价值中立原则一直延续到了罗尔斯都难以突破。

其问题则在于：这样的政治哲学存在伦理与政治的紧张，也与预设理性与信仰的冲突，其国家主义也极易导致国家之间的纷争。

宗教儒学及其社会功能论纲

张 进

（山东社会科学院文化研究所）

一、什么是宗教儒学

之所以有宗教儒学这样一个命题，是因为我认为儒学既是一种哲学，一种道德伦理学说，同时也有它的精神性和宗教性的一面。就像西方世界的基督教一样，儒学在中国传统社会了确实发挥了宗教一样的作用，这是不可否认的一个事实。如果儒家只当做一套世俗的伦理道德，不了解儒学身后的"天地万物合为一体"的精神关怀，不可能真正了解儒学。

本文所述的宗教儒学之"宗教"，与现在学术界一般意义上理解的西方基督教话语下的"宗教"概念虽有联系，但又不同，有着特殊的中国文化内涵。从某种意义上来讲，儒学是一种关注于人的信仰，是安身立命之"教"。有学者认为它是"弥散性宗教""道德的宗教"。

在中国传统社会，最迟从后周开始，就有儒、道、佛三教并立之说。儒道佛"三教"并称已成习惯、无人质疑。近代以来，对中国文化是否具有"宗教性"特别是儒家文化的"宗教性"之质疑颇多。本文不拘泥于儒学是否宗教的争论，仅就儒学的超越性、终极关怀等宗教层面及其社会作用进行探讨。

二、宗教儒学的主要内容

（一）儒学之"天""天道"的宗教意蕴

儒学发展有三个高峰期，一是先秦，二是汉代，三是宋明。孔子之

"天"仍有主宰之天的意味:

> 咨!尔舜!天之历数在尔躬,允执其中。四海困穷,天禄永终。
> 《论语·尧曰》
> 获罪于天,无所祷也(《八佾》)
> 天丧予!天丧予!(《先进》)

甚至有时也有西方上帝观念中那种万物本源的存在:

> 定公问于孔子曰:"古之帝王必郊祀其祖以配天,何也?"孔子对
> 曰:"万物本于天,人本乎祖。郊之祭也,大报本反始也,故以配上
> 帝。天垂象,圣人则之,郊所以明天道也。"(孔子家语·卷七 郊问
> 第二十九)

在孔子、孟子那里,天是人之"德""性"的终极源头。孔子说"天生德于予",孟子曾引《诗经》中"天生烝民,有物有则。民之秉彝,好是懿德"(《孟子·告子上》)的语句说明,人们喜欢优良的品德在于事物之则,而事物之则来自天生。孟子还认为,心之器官是用于思考的,心又是"天之所与我者",直接将心与性与天联系在一起。孔子曾说:"天何言哉?四时行焉,百物生焉,天何言哉!"(《阳货》)。尽管已淡化了传统宗教观念"天"的人格形象性质,但也不能就此认为这里的天已无主宰之意。上天虽然不言不语,但是,四时之更替,万物之生长,却莫非决定于天。在这里,天仍然决定着自然万物的生长与更替,孔子则从宇宙万物的运行规律中体验到天的力量。有人一向将这句话看作是孔子之自然之天的证明,然推寻其意,在自然之天的背后,仍有一主宰之天在,且其作用更为根本。孔子的意思是说,天尽管无言,然四时运行,万物生化,各得其所,正表明天意之神妙莫测。

汉儒董仲舒通过其"天意""天志"概念重新恢复了天的人格神形象。董仲舒把儒家学说与阴阳、五行等相结合,建立起庞大的天人感应的神学

思想体系。在董仲舒看来，天是"百神之君"（《春秋繁露·郊义》），"唯天子受命于天，天下受命于天子"（《春秋繁露·为人者天》），"王者承天意以从事"（《春秋繁露·尧舜汤武》）。这样，"天"成为宇宙间最高的主宰，君权是具有代天神实行赏罚的神圣权威。至于秉持权威的君王一旦自昏妄为，天就会以自然界或人间的灾异来告诫君王以正道尊天。董仲舒强调，君王尊天要表现在施政上，即为适应"五行"要定出相应的政治制度、天文历法，诸如甄定德位，"改正朔、易服色"（《汉书·董仲舒传》）；还要把人伦关系用阴阳五行说巩固起来，建立"三纲五常"的道德伦理体系。董仲舒的君权神授理论被汉武帝利用。其后，经过汉章帝白虎观会议，由《白虎通德论》融儒家等级伦理、政治原则和谶纬思想于一体，神化君主、封建等级制度和三纲六纪，进一步完善了董仲舒的神学理论，使官学化的儒学走向了神秘、迷信和愚昧，成为专制统治者用来愚弄人民的思想工具。如果说儒学在孔孟先秦时的儒学是一种世俗伦理，那汉朝的儒学则变成了一种宗教伦理。汉儒治学，神性充斥，其流弊竟至于谶纬盛行。从此，"君权神授"、纲常名教成了神圣不可违背的天条。

对于孔子、孟子所信仰的"天""天命"，宋明理学则以"理""天理"解释之。程颐认为"天"就是理，而天、理、上帝、鬼神、乾，都是实同名异的概念。朱子继承了这一思想，一再指出："天者，理而已矣。大之事小，小之事大，皆理之当然也。自然合理，故曰乐天。不敢违理，故曰畏天。"① "天，即理也。其尊无对，非奥、灶之可比也。逆理，则获罪于天矣。岂媚于奥、灶所能祷而免乎？"② "天者，理势之当然也。"③ 把"天"视为"理"，是朱熹"天"观念的基础，但他又否认天是一个和人同形的上帝。"天之所以为天者，理而已。天非有此道理，不能为天，故苍苍者即此道理之天。故曰：'其体即谓之天，其主宰即谓之帝。'……但非如道家说，真有个三清大帝著衣服如此坐耳。"（朱子语类 卷25）朱子并没有取消上帝的神性，反而是把对"天"或上帝的敬畏贯彻到生活的每一方面和每一时刻。

---

① 朱熹：《四书集注·孟子集注·梁惠王下》，岳麓书社 1985 年版，第 261 页。
② 朱熹：《四书集注·论语集注·八佾》，岳麓书社 1985 年版，第 89 页。
③ 朱熹：《四书集注·孟子集注·离娄上》，岳麓书社 1985 年版，第 47 页。

在天人关系上，朱子以"天理说"为基础，发挥了董仲舒的"天人感应"论，提出了新的"天人合一"思想。他说："性者，人所受之天理。"①认为天理作为宇宙的最高原则，体现于人即为性，人性即天理，天命之性是人之本性。由于天理至善至美，所以包含着仁、义、礼、智的天命之性也是完美完善的道德品质。但由于"气质之性"的缺陷，有些人就不能将天命的善性充分发挥。他说："命，犹令也；性，即理也。天以阴阳五行化生万物，气以成形，而理亦赋焉，犹命令焉。于是人物之生，因各得其所赋之理，以为健顺五常之德，所为所谓性也。……盖人之所以为人，道之所以为道，圣人之所以为教，原其所自，无一不本于天而备于我。"② 这是朱熹对天命的经典解释，也是对天人关系的经典说明。朱子还反复讲述了他的天命观：

> 天命者，天所赋之正理也。③
>
> 盖以理言之谓之天，自人言之谓之命，其实则一而已。④

天命是赋予人的本性，而这个本性也就是天理。人要遵循天命，最重要的就是要依理而行，如果时时处处不违背天理，那就是时时处处遵循了天命。这种人性上的天人合一论把儒家所倡导的伦理道德纲常提到了天理的高度，成为不容侵犯的宗教信条。同时也说明了人们必须接受儒家伦理道德的教化，体现天道，才能克服自己的不完善，实现人生的终极追求——成为"圣人"。

学作圣人的重要之处，便是"存天理"，"灭人欲"。心中萌发任何一个念头，都要合乎仁义中正之道；做任何事情，都能合乎儒家的伦理规范。要达到这一步，重要的方法是以虔敬的态度静坐，反省自己。朱子把这样的修养原则概括为一个字，叫作"敬"。敬，本是儒家的祭祀原则："敬、

① 朱熹：《四书集注·论语集注·子路》，岳麓书社 1985 年版，第 104 页。
② 朱熹：《四书集注·中庸章句》，岳麓书社 1985 年版，第 29 页。
③ 朱熹：《四书集注·论语集注·季氏》，岳麓书社 1985 年版，第 208 页。
④ 朱熹：《四书集注·孟子集注·万章下》，岳麓书社 1985 年版，第 407 页。

尽，然后可以事神明。此祭之道也。"（《礼记·祭统》（卷12））朱子把"敬"推广为一般的修养原则。朱熹以"畏"来解释"敬"，他说："敬只是一个畏字"，"小心畏谨便是敬"。"敬有甚事？只如畏字相似，不是块然兀坐，耳无闻，目不见，全不省事之谓，只收敛身心，整齐纯一，不凭地放纵，便见敬。"（朱子语类　卷12）那么在心性修养时，"敬"的对象是什么呢？他在《敬斋箴》说："正其衣冠，尊其瞻视，潜心以居，对越上帝"，这可谓一语道破了"天机"。在《论语·季氏篇》之"君子有三畏"之条中，他对"畏天命"一句又作了如下的解释："畏者，严惮之意也。天命者，天所赋之正理也。知其可畏，则其戒谨恐惧，自有不能已者。而付界之重，可以不失矣"。"畏天命三字好。是理会得道理，便谨去做。不敢违，便是畏之也。如非礼勿视听言动，与夫戒慎恐惧，皆所以畏天命也。"（朱子语类　卷46）"畏天命"是彰明"天理"后不越其外，时刻战战兢兢，如临深渊，如履薄冰，戒谨恐惧且畏慎于心。朱子的"畏天命"思想体现了其"居敬"功夫的核心、宗旨所在，也体现了朱子"敬畏"思想的最大特点。

（二）关于人之生、死与鬼神的观念

对生死的解释，是一切哲学与宗教都无法逃避的话题，也是儒家始终关注的问题之一。《论语·先进》有这样的记载："季路问事鬼神。子曰：'未能事人，焉能事鬼？'曰'敢问死。'曰：'未知生，焉知死？'"不少人据此认为，孔子重生轻死，重人事轻鬼神，所以不回答子路关于鬼神和死亡之事。朱子援引二程作注，认为"不知此乃所以深告之也"。也就是说，能够事人，就能够事鬼神；知生，就能知死。"死之事即生是也，更无别理。"[1] 这种"事死如事生"的思想，乃是中国儒学的一贯之义，也是历代儒者对于人之生死的基本态度。

正如许多人所言，儒学的确是一种重"生"之学，而对儒学和宗教深有研究的日本学者加地伸行则认为，儒家对于死也是非常重视的。他认为，古代中国人缺乏那种虚幻的"天堂""极乐世界"观念，一般来讲都是重生

---

① 《二程集》，中华书局1981年版，第17页。

惧死的。因此如何淡化生与死的界限，让人死而复生、重食人间烟火等便成了一种理想的解决途径。于是，最迟在殷代就有了专门为人料理丧葬事务的神职人员。这些人便是早期的"儒"，也可称为术士或巫。作为一种巫的"儒"，其主要功能之一就是招魂，把死去之人的鬼魂招回。他们宣称，人的精神和肉体可以分离，"魂"主宰人的精神，"魄"主宰人的肉体。魂魄在一起时人是活的。魂魄分离开来，人就死了。因而若把魂魄再聚在"一处"，死人便可复生。但聚在何处呢？最好的寄托物当然是死者尸体。但尸体久放会变腐。于是人们把死者极具代表意义的头骨留下，日后每逢节日、忌日，后人在祭祖前，一般通过占卜，从孙辈中选一人戴上头骨扮成死者之"尸"，让死者的魂魄附在他身上。《礼记·效特性》就有这样一种"立尸"的记载。通过这种仪式，死者好像重新回到人世间接受了酒与祭品。后来，"尸"的头骨慢慢由"假面"所代替，再后，则被刻有死者名字的木牌神主所代替。这种招魂巫术当然是一种原始的祖先崇拜，但它对孔子及后世儒学的影响却极其深远。孔子把它加以升华，创立了以"孝"为核心的儒教。①

　　朱子也以魂魄来解释人的生与死。他说："人所以生，精气聚也。人只有许多气，使有个尽时，尽则魂气归于天，形魄归于地而死矣。人将死时，热气上出，所谓魂升也；下体渐冷，所谓魄降也。此所以有生必有死，有始必有终也。""气聚则生，气散则死。"（朱子语类　卷3）朱子依据气化论，将祖先的"灵魂"解释为"气"。生与死的转化，就成了气之聚散变化的必然结果。人有生有死，生死都是自然之事。朱子又用阴阳二气之屈伸、变化来说明鬼神："程子曰：'鬼神，天地之功用，而造化之迹也。'张子曰：'鬼神者，二气之良能也。'愚谓以二气言，则鬼者阴之灵也，神者阳之灵也。以一气言，则至而伸者为神，反而归者为鬼，其实一物而已。"这就是说，鬼神只是气之变化。但朱子又主张以理为神，"金木水火非神，所以为金木水火者是神。在人则为理，所以为仁义理智者神也。"此乃朱熹之创意，体现了理学本色。朱熹还认为，鬼神虽"无形与声"，却是有知的，

　　① ［日］加地伸行：《论儒教》，齐鲁书社 1993 年版，第 11～14 页。

"能使人畏敬奉承而发见昭著如此，乃其'体物而不可遗'之验也"。鬼神能让人隆重地穿着礼服去祭祀它。祭祀时，它"洋洋乎如在其上，如在其左右"[1]。

可见，在朱子看来，鬼神的存在是无可怀疑的，它是人们祭祀、崇拜和敬畏的对象。《朱子语类》卷三记载："又问：'世之见鬼神者甚多，不审有无如何？'（朱熹）曰：'世间人见者极多，岂可谓无，但非正理耳。如伯有为厉。'"朱子以气类相感解说祭祀，认为祭祀当祭者，必与祭祀对象发生相应相感。他说："祭祀之礼，以类而感。""此身在天地间，便是理与气凝聚底。天子统摄天地，负荷天地间事，与天地相关，此心便与相通。"故当祭天地。"我之气即祖先之气，亦只是一个气，所以才感必应"，"祖考之精神魂魄虽已散，而子孙之精神魂魄自有些小相属，故祭祀之礼尽其诚敬，便可以致得祖考之魂魄"。（朱子语类　卷3）就是说，祭祀鬼神要依"礼"，按照"鬼不歆非类"的原则，人们不可祭祀不该由自己所祭的鬼神。正如孔子所说："非其鬼而祭之，谄也"（《论语·为政》）。朱子认为，"非其鬼"，就是"非其所当祭之鬼"[2] 不该自己所祭的鬼而要去祭，就是谄媚，就是"淫祀"，朱子对此坚决反对。儒教的基本原则是人神一理。对于人，越礼的奉承巴结是谄媚，对于鬼，也是这样。朱熹认为，祭祀并非单纯的报本崇德，在事实上也会感动神灵，祭者和被祭者的气可以相互感应。他说："'祭如在，祭神如神在'。如天子则祭天，是其当祭，亦有气类，乌得而不来歆乎！诸侯祭社稷，故今祭社亦是从气类而祭，乌得而不来歆乎！今祭孔子必于学，其气类亦可想。"（朱子语类（卷3））后人与祖先、神灵"气类"相应，可以通过祭祀活动相感格。因此，朱子继承《礼记》的宗教情意论，反对祭祀中单纯的"设教"功能，否则便成伪事，认为"后世设教二字甚害事"。

《朱子语类（卷三）》中保存了大量谈论鬼神的材料。但像朱熹这样的大儒同时又认为，君子应该首先关心现实世界的事情，不需多论鬼神之事。

---

① 朱熹：《四书集注·中庸章句》，岳麓书社 1985 年版，第 41 页。
② 朱熹：《四书集注·论语集注·为政》，岳麓书社 1985 年版，第 84 页。

"鬼神事自是第二著，那个无形影，是难理会底，未消去理会，且就日用紧切处做工夫。子曰：'未能事人，焉能事鬼！未知生，焉知死！'此说尽了。此便是合理会底理会得，将问鬼神自有见处。若合理会底不理会，只管去理会没紧要底，将间都没理会了。""待日用常行处理会得透，则鬼神之理将自见得，乃所以为知也。"① 这就是说，现实生活上的事情都清楚了，鬼神之事的道理也就自然明白了。鬼神一理，生死一理，生理即包含着死理。和孔子孟子一样，朱熹整个思路的关键性重点是他始终站在此世而不是彼世来理解鬼神，尽人事而知鬼神是他的主要思想倾向。

三、宗教儒学的人文价值

从先秦到宋明，儒家之天具有浓厚的宗教色彩，也包含了儒家个人强烈的信仰与理想追求。我们知道，儒学是一种"为己之学"，其落脚点乃在"自天子以至于庶人，壹是以修身为本"（《大学》）。而修身的承担者正是个体。儒家的所谓"修齐治平"，其实不只是为社会群体而规划的美好蓝图，而且首先是为个体人生而规划的理想境界：作为"外王"的"齐家、治国、平天下"，只是作为"内圣"的"修身"的完满实现；而"修身"的目标不是群体的"大同"，而是个体的"知性""知天""成圣"，这正是一个儒者的终极价值所在。按照著名宗教哲学家蒂利西的观点，宗教是一种终极关怀。② 仅从这个意义上来讲，儒学似乎近乎宗教。为学的主要目标也是修身以达到内圣外王的境界。无论孔子、孟子还是朱子一生都穷其一生在寻求"道"，即一种成圣的方法，而不是要做一个哲学家。

祭祀一般被看作一种宗教仪式，但儒家的三祭（即祭天地、祖先、圣贤）不仅具有宗教性情怀，更蕴涵着现实的追思恩德的伦理感情。蔡仁厚先生有一段颇为精辟的论述："'天地'，是宇宙生命之本；'祖先'，是个体生命之本；'圣贤'，是文化生命之本。通过祭天地，人的生命乃与宇宙生命相通，而可臻于'万物皆备于我'、'上下与天地同流'的境界。通过祭

① 《朱子语类》卷 3。

② 单纯：《当代西方宗教哲学》，中国社会科学出版社 2004 年版，第 218 页。

儒学与社会

祖先，人的生命乃与列祖列宗的生命相通，而可憬悟一已生命之源远流长及其绵延无穷之意义。通过祭圣贤，人的生命乃与民族文化生命相通，而可真切地感受慧命相承、学脉绵流的意义。总括起来，中国人对于生化万物、覆育万物的'天地'，自己生命所从出的'祖先'，以及立德立功立言的'圣贤'，对此三者而同时加以祭祀，加以崇拜，这种回归生命根源的'报本返始'的精神，确确实实是'孝道伦理'的无限伸展，而其中所充盈洋溢的'崇德''报功'的心情，亦未尝不可视为一种不容其已的'责任感'之显露。"

朱子有诗曰"为有源头活水来"，这使我们反思到任何一个民族、文化、学说都有其源头即本根；也有其活水的流向，即传承与发展。儒家道统精神是以"尧、舜、禹、汤、文武、成王、周公、孔子"的一贯思想为根据，因此儒学的源头可以追溯到孔子之前的三代。孔子本着"信而好古"，述而不作的精神，把三代以来的重要思想典籍，加以整理，使之系统化，并且发扬光大。作为古文化典籍的《诗》《书》《礼》《易》《春秋》的六经是中国文化的源头活水，后世许多思想都可以从中找到最初的原型和生长点。而古代宗教的礼仪典章也主要地被保存在了这些经典中，这也是儒经浓厚的宗教底蕴之所在。如《易》是宗教卜筮之书，《礼记》有三分之一的内容与丧礼、祭祀有关，《尚书》记载的是历代圣王的宗教活动，《诗经》中的《雅》和《颂》是宗庙之歌等等。儒家文化的宗教特质对后世产生了重大影响。我们从朱子对鬼神、生死的解说中仍可依稀看到古代文化的痕迹。但以儒家文化为代表的中华文明始终处于一种"生生不息"的发展中，儒学（包括其鬼神说）发展到朱子这里，只是成功地完成了从粗糙向精致的一次转变。朱子对生死与鬼神问题的思考，一方面蕴含着人本主义和民族精神——这是中国文化的精髓、真正的"一点滴骨血"；另一方面又弥散着一种十足的信仰气息和宗教精神。对此，我们不能视如敝屣，而要细心剔析，因为这种宗教精神也是一种重要的民族凝聚力。①

---

① 张允熠：《论儒学的宗教精神》，《求索》1996 年第 4 期。

四、宗教儒学的社会功能

其一，对社会群体或个体的心理调适功能。儒家作为一种人文信仰，有"身心性命之学"与"安身立命之学"之称，有助于安顿个体生命和。"孔颜之乐""理欲之辩"，对当今物欲社会具有积极作用。

其二，社会教化功能。

其三，社会整合功能。在历史上，儒学曾发挥过巨大的社会组织和社会聚合的作用。它起的就是社会求同、认同和向心作用。重建儒家文化信仰对于重塑中华民族的民族精神，增强中华民族的认同感和凝聚力具有重要意义。

其四，文化交往的功能。

宗教有文化交往的功能，使不同的文化、不同的人群得以交流、沟通，从而达到相互了解、理解和谅解。在人类历史上，宗教是文化传播的使者，宗教中有个词叫"宣道（mission）"，所以它既是一种文化交流，也是一种宗教交流。儒学也曾经从孔孟之乡传遍中华大地，又传播到亚洲、欧美很多国家，对人类文明的发展做出了贡献。当然，任何一种文化或宗教交流都要坚持相互尊重、平等互利的原则。如果依靠强权，就会成为一种文化侵略或者文化霸权。在宗教传播史上这种经验教训也是极为深刻的。在20世纪90年代，美国学者塞缪尔·亨廷顿提出了著名的文明冲突论，他认为文明是通过文化、传统，特别是宗教来定义的。他把世界分成西方基督教文明（欧洲和美国）、伊斯兰文明、儒家文明等对立的阵营，认为伊斯兰文明、儒家文明在未来将会威胁西方文明。这种观点当然是片面的，他只看到了不同文明具有对立性，没有看到文化交流、文化融合的一面。在"文明冲突论"甚嚣的2000年8月，联合国在纽约总部召开了"世界宗教与精神领袖千年和平峰会"，其目的就是把世界主要宗教组织聚集在一起，共同商讨如何对付日益复杂的世界局势，争取世界和平等问题。当时参会的一共有13个宗教（印度教、印第安人宗教、锡克教、神道教、犹太教、道教、基督教、伊斯兰教、耆那教、佛教、琐罗亚斯德教、巴哈伊教、儒教）的领袖1000多人。作为最大的儒教国家，中国代表团没有儒教的代表，但出席这次宗教领袖代表大会的确实有两个儒教的代表：一位是香港孔教协会会长汤恩佳先生，另一位则是美国哈佛大学教授、现代新儒家学派代表人物杜维明先生。今天我们重建儒家人文信仰有助于提升中华文化的软实力。中华优秀的传统文化尤其是儒学是一种"和"的文化，这种和平因素是我国文化软实力的基因所在。继承和弘扬优秀传统文化将有助于中国建设成为文化强国及进行文化传播，从而扩大中国的国际吸引力和影响力。

其五，构建理想社会。

在儒家经典《礼记·礼运》著录孔子的一段话，将人类的社会理想"大同"做了具体的描绘：

> 大道之行也，天下为公，选贤与能，讲信修睦。故人不独亲其亲，不独子其子，使老有所终，壮有所用，幼有所长，矜寡孤独废疾者，皆有所养。男有分，女有归。货，恶其弃于地也，不必藏于己；力，恶其不出于身也，不必为己。是故，谋闭而不兴，盗窃乱贼而不作，故外户而不闭，是谓大同。

大同思想表达了人类追求幸福、和平美好的愿望，强调"天下为公"是"天道"，也是人类"大道"。在儒家看来，个人的修行固然重要，但与在救世济民和实现大同理想的伟大功业中所体现的神圣性和宗教性相比，显然是微不足道的。为实现大同理想而努力是每一个儒者义不容辞的责任，这体现着神圣性的"天道"，是天经地义。从孔夫子到孙中山，这一理想蓝图吸引着无数的仁人志士为止奔走不息，成为争取社会进步的伟大旗帜。

大同是儒家的最高理想，儒家也深知，实现大同是一个漫长的过程。于是儒家在提出大同目标的同时也提出了"小康"。从《礼记·礼运》可以看出，"小康"社会不是儒家理想的社会目的，只是一种"大道"已失后，拨乱反正和过渡时期。

山东省当代民间儒学发展的
成就、问题及其对策

涂可国　张　进　刘云超　车振华　佟金丹　郑　艳

（山东社会科学院文化研究所）

由于科举制等依托制度的废止、语言文字的障碍、社会经济基础的变更、多次激进反传统运动的破坏以及主流意识形态、西方文化和现代化等的冲击，导致儒学在大众民间心理层面出现了疏离、陌生、冷待乃至排斥。在中华民族复兴的时代背景下，要使儒学成为绝大多数中国人的精神信仰、人格操守、价值向导、观念支撑和行为规范，它就必须相应作出调整和更新，使其走进民间大众日常生活之中，成为城乡居民内心世界中的重要成素和日常生活价值准则，使其日益平民化、大众化和通俗化，推广普及儒学，借以发展大众儒学、平民儒学、民间儒学，只有这样，才能为广大民众所理解、认同和接受。正是在政府部门、儒学机构和有识之士的推动下，依靠民间自发力量，作为孔孟的故乡、儒学的发源地，21 世纪以来，同全国许多地区一样，山东民间儒学应运而生，并成燎原之势。为了更好地了解和把握山东民间儒学的发展现状及其存在的问题，以提供其健康发展的智力支持，我们在山东社会科学院年度调研课题中设计了"山东省当代民间儒学发展的成就、问题及其对策"项目，并深入到曲阜、泗水和济南等地实地调研，现汇报如下。

一、山东省当代民间儒学产生发展的历史因缘

（一）民间儒学与官方儒学的并行互动

民间儒学一直作为一条或明或暗的线索存在于社会各个层面。如今的

兴起，只是让我们重新注意到她的存在。平民阶层作为民间儒学的社会载体并不是中国历史上第一次发生的新鲜变化。早在孔子周游华夏之初始，虽然他讲授的内容是源自周朝贵族阶层的礼乐文化，但其讲授的对象却是以平民阶层为主。受其讲授对象的影响，孔子将周朝的礼乐文化更具象化为一种人伦日用之间所持有的心理状态，即"仁"。"仁者人也，亲亲为大。"孔子所开创的儒家学派，一开始就迥然有别于官学，而属于民间的"私学"。孔子乃民间儒学之始祖，孔子与他的学生就是最早的民间儒者。私学的出现将文化由宫廷解放出来，文化传承与创造人人有责，实现了文化的全民性自觉。"有教无类"是孔子创立儒学的根本宗旨。"有教无类"决定了孔子民间儒学的本质，"有教无类"的涵义不是某些特定阶层、特定集团、特定群体的人可教，而是人人可教。

汉武帝时期接受董仲舒的建议，实行"罢黜百家独尊儒术"。建立太学，标志着儒学教育官方化和制度化，确立儒家经典成为国家规定的教科书，起用通晓儒学的人参政。自此，儒学得到统治者支持，成为官方主流意识形态，儒家学派成为唯一的正统学派，并通过控制国家教育与人才选拔标准，影响深远。两汉以下，"布衣孔子"逐渐变成了"大成至圣文宣王"，儒学官方化。自汉以后，直到民国，儒学一直充当着国家意识形态的角色。儒学由民间进入宫廷，借助强大的国家机器尤其是教育机制和人才选拔机制，使形形色色的读书人投入到儒家经典的学习与研究中，对于推动儒学研究与发展尤其是向周边国家和地区传播起到巨大的推动作用。官方化对儒学而言是把双刃剑。它在推动儒学发展的同时，也腐蚀着儒学的机体，曲解了儒学的精神，扼杀了儒学的创造力，甚至败坏了儒学的声誉。儒学由民众人伦日用的生活向导变为少数知识精英的文化奢侈品，诚如谭嗣同所言："孔子庙，惟官中学中人乃得祀之"，"农夫野老，徘徊观望于门墙之外"。"孔庙，一大势利场也"。

几千年来，虽然官方儒学越来越脱离大众，但是民间儒学并未消失。从两汉经师之间更相授受到唐宋以下书院讲学，与宫廷儒学还是保持了相当的距离。在民间也一直活跃着为数不少的民间儒者，既有归老的官员，有功名的地主或商人，也有落第秀才，构成所谓乡绅阶层，承担起儒学普及与教化大众、化民成俗的工作。乡间儒生是儒学大众化的传播者、宣传者和实践者，正是靠着一代又一代乡间儒生的行为示范和不懈努力，使儒家的行为方式、价值理念得以在中国民众生活中扎根、生长，使儒学真正"草根化"。李泽厚先生说，宋明以来儒学已进入民间世俗中的各种族规、家训、乡约、里范以及《三字经》《千字文》《增广贤文》等流行作品中，显现儒学不仅是精英阶层的书斋理论，还是"百姓日用而不知"的准则和指南。余英时先生也说，自汉代以来，一大批所谓"循吏""儒林"向广大民众推行"教化"，逐渐变为社会的普遍意识，所谓"以礼化乡里""邑里化之"。传统社会中，儒家的终极关怀、精神价值是通过家教，通过执守行为规范的"礼"，特别是乡约、家礼等，得以在下层民间社会流传与维系的。

（二）关注生命关注现实关注生活

儒学是关于生命的学问，是关注生命的学问；儒学的主要价值在于为现实人生提供安顿心灵的恰当方式。儒学大众化、平民化和生活化是对儒学本真的复归。儒家思想之核心精神应该在于《周易》大传所说的"天地之大德曰生"，"生生之谓易"。早在宋代，二程和朱子就说过，"生即仁"，"生底意思是仁。"从万物的生机来理解"仁"，将仁与生相提并论。现代新儒家哲学亦多从生命角度去理解儒家思想，其中尤以梁漱溟、唐君毅、方东美、牟宗三先生的生命哲学具有代表性。"生"的哲学视整个宇宙为自我创生、生生不息的有机生命体。作为生命哲学的儒学承认人的尊贵又尊重万物的内在价值，既坚持爱有差等又提倡万物一体。所以，儒学关注每种生命存在的方式，既关注存在于不同时空背景之下的现世人生之生命安顿，又关注作为整体的人类族群生命的延续与和谐，还视天地宇宙为一大生命，关注其本然和应然之存在方式。儒学对生命的关注，从现世人生的伦常日用中来，最后复归于现实人生的伦常日用中去。其根本目的是，在纷繁复杂、瞬息万变的生命进程中，如何最为适切的安顿每一个个体生命的心灵。正是在此意义上，儒学致力于完善自我，成就理想人格。

正因为儒学是生命之学，所以儒学主要展现出为己之学的面貌。孔子在《论语·宪问》中说："古之学者为己，今之学者为人。""为己"思想由孔子提出后，作为儒家思想的基本前提为后期儒学流派所继承，"为己之学"得到进一步展开。传统儒家从先秦孔孟荀到宋明朱子王阳明，坚持了"学者为己"的为学宗旨。"为己之学"反映了儒家对主体自我的肯定，体现了对个体内心精神世界的关切。杜维明说："在儒家的传统里，学做一个完善的人不仅是一个首要关切的问题，而且是终极关切和全面关切的问题。"① 学者为己是儒家的一贯之道。

儒家为己之学具有两个特质。第一，为己之学是心性之学，而非功名利禄的事功之学，旨在强调一种道德价值而非功利价值。儒家这种德性优先的人文关切虽然有超时代的永恒价值，但也不免有其理想化的色彩和在现实中的软弱无力，但这种提升人性的人文关怀精神仍然是可贵的。第二，为己之学是对人的自我完善、安身立命的内在价值的弘扬，是对人不受外在的功名利禄所役的独立精神和人的主体性的肯定。修心、进德、成性其最终目的是为了自我完善，实现身心和谐、人际和谐，最后达致天人合一的最高境界。孔子说，三军可夺帅也，匹夫不可夺志也。孟子要人们善养浩然之气，要有"大丈夫"气概。荀子子说："志意修，则骄富贵；道义重，则轻王公，内省而外物轻矣。"（《荀子·修身》）这种内在精神诉求就是人的安身立命之所，安身立命之所不在彼岸，也不在来生，而是在自己的身心性命中，在自己的现实存在之中。这实际上就是在自己身上实现人生的理想，找到人生的归宿。而"为己之学"就是这种安身立命的唯一正途，以主体实现为最高原则，以自我实现为旨归，自安其身，自立其命，以实现自身心灵的安宁，而不为外物所动。

基于生命哲学和为己之学，日常生活在儒学中就具有了更为本质的地位和价值。早在孔子传道之初，他的主要授课对象即是平民阶层。孔子主张复周礼，我们可以从《论语》中发现他赋予周朝贵族的礼乐文化以更多的日常生活内容，这样一来，原属贵族宫廷的礼乐制度就逐步下移至平民阶层演变为一种日常生活的伦理有序。孔子在面对"子奚不为政？"的质疑时说："书云：'孝乎惟孝、友于兄弟，施于有政。'是亦为政，奚其为为

---

① 杜维明：《道学政：论儒家知识分子》，上海人民出版社 2000 年版，第 49 页。

政？"这种贵族精神平民化的转变使得儒家逐步确立了自平民日常生活之伦理有序至天下国家之政治有序的推理逻辑，也就是说，天下国家是否有序的存在根基并不仅仅依赖庙堂之中王臣，而更取决于平民阶层日常生活的伦理德性是否有价值。一个讲究"孝悌"的平民阶层，其德性价值的生活必然能够影响到建立在平民阶层之上的国家本身的施政情况，使其亦具有一种德性的光辉。在这种思想的前提下，传统儒家的政治理想即是一种道德王的理想，即是一种基于无差别的社会阶层皆共有的道德、人格的追求而实现的主持天下公义的理想。这种德性价值的无差别不仅局限于汉民族的集体之中，对周边少数民族如夷狄之族来说，孔子认为也是符合这一精神原则的。《论语》有云："子欲居九夷，或曰：'陋，如之何？'子曰：'君子居之，何陋之有。'"

不仅政治理想如此，孟子还把德性的原则推至天地万物，所谓"亲亲而仁民，仁民而爱物"，"仁者以天地万物为一体"。从中可以看到，儒学所说的"仁义"德性，乃是在一种极普遍的范围上，也即生命的层次上，对人本质的定义。这种极大的包容性，从一开始就奠定了儒家思想的适用范围，即基于生活而包容政治，基于人本质的德性而包容其他一切存在于人身上的差异的范围。任何人都可以于儒家思想内寻找到一种本质意义上的德性追求的可能。从这个角度上讲，儒家思想，从孔子之始不仅是一种阶层上的平民化的学问，还是一种包容上的具有普适意义上的"平民"学问，他从最基本的人之本质的角度俯瞰各个不同的社会阶层，使其皆于一种共同的德性平台上达成彼此认可的一致，因此无论是推崇礼乐精神的贵族还是日夜为生活劳苦的平民，在孔子的眼中，都是同样可以被"德性"二字所定义的对象。

所以，儒学当前的大众化、平民化的发展路径，正是儒学在渡尽劫波之后的回乡之路，这个回乡既是回归乡村和平民之意，也是回归儒学本真之意。只有这样，儒学的价值才可以最大限度地得到挖掘。现代新儒家们主张返本开新，但是民国以来，尤其是新中国以后，大部分儒家学者或者寻章摘句不问世事，或者沦为政治的附庸，还有一些学者则对于自上而下的儒家式政治建构抱有一种乌托邦式的理想。这些可能都没有找到儒学在当下的合理定位。让儒学走出象牙塔，走出博物馆，走出故纸堆，走出乌托邦，回到农村，扎根在广袤无垠的黑土地黄土地上，以此唤醒百姓的良知和社会的公知，并重建消失已久的乡村文明，恐怕这才是儒学在当前中国最为合理的定位，也是儒学在新时代重新获得勃勃生机的希望所在。颜炳罡先生认为："众所周知，儒学从来就不是少数哲学家、思想家、历史学家等社会精英的奢侈品，而是民众人伦日用的向导。儒学必须从少数思想精英的手中解放出来，让它走向民间，走向现实生活。这样，儒学才能尽到它的时代责任，完成它的历史使命。"

（三）知行合一

习总书记很重视"知行合一"。在有关社会主义核心价值观讲话中，强调价值观贵在坚持知行合一、坚持行胜于言，在落细、落小、落实上下功夫。在群众路线教育活动中也强调知行合一，习总书记说过，贯彻党的群众路线，"知"是基础、是前提，"行"是重点、是关键，必须以"知"促"行"，以"行"促"知"，做到知行合一。知行合一四个字从哪里来？这是王阳明的话。但知行合一的思想并非王阳明首创，而是儒学自身应有之义。儒学乃为己之学，强调个人道德的完满、自足、自律。儒学之学不是科学知识，而是道德实践，主张学问和生命一体。无论是洒扫应对，伦常日用，还是济世救民，家国天下，皆能从容中道，这是儒学价值所在。所以儒学特别强调内圣外王的统一，强调认识和实践的统一。即使如程颐、朱熹等主张知先行后的学者，也提出一个真知的概念，认为真知一定能行，如果不能行，只是知的浅。而这一点与马克思主义恰相吻合，马克思主义重视实践，实践是检验真理的唯一标准。理论联系实际是我党的优良作风。从某个角度而言，"知行合一"就是要坚持理论和实践的相结合。所以，所谓中国知识分子的担当和责任，他不是外在的，而是内在于儒学和马克思主义之中的题中之义。对当前中国的人文知识分子来说，不仅要说，更要做，要在做中说，在说中做。乡村儒学，正是这样一群具有担当感和使命感的儒家学者，本着知行合一的儒家传统，在乡村重新接续起中华文明之慧命，这是功德无量的事情。

二、山东省当代民间儒学兴起的社会条件

从横向角度分析山东当代民间儒学兴起的原因、条件，有如下四点值得注意。

（一）大众的精神需求

当前的中国已经成为世界第二大经济体，经济的飞速发展，人民物质生活水平极大提高。但是还有众多不足与第二强国的地位不相匹配。例如法制还不健全，还存在各种不公平，甚至还有很多冤假错案。群众精神生活内容贫乏，质量不高，迷信、黄赌毒泛滥。导致对现实不满，又无法找到出路。社会矛盾激化，基尼系数高，又没有宣泄通道。主流价值观缺席，正能量无力，容易被错误思想侵入。与此同时，中国现实社会中各种违背伦常的现象越来越多，也越来越恶劣，如小悦悦事件，老人倒地无人敢扶现象，毒奶粉、地沟油、商业欺诈、制假售假，假文凭与学术不端，金钱与权力拜物教盛行、钱权色的交易等，腐蚀着社会，某种程度上反映了价值失序与道德信念的危机。有些事件甚至到了惊世骇俗的程度，例如盗车杀婴事件，湖南湖北的老人自杀村现象。近代以来，由于儒家教化体系破坏殆尽，导致乡村文化的荒漠化，并进一步导致了乡村的价值真空和底线失守，数千年来自治的、礼让的、温情的乡土不见了。

一方面，群众物质生活水平的提高，必然伴随精神生活和文化生活要求的提高。当前社会提供的精神食粮无法满足群众日益提高的精神生活的需求。优秀的儒家文化正可以满足群众的需求。另一方面，众多社会乱象的出现，让越来越多的群众反思其背后的深层原因。于是，从儒学入手来拯救世道人心，成为众多方法之一，而且日益展现出其有效性和优越性。儒学在当代的大众化和民间化顺应了普罗大众的需求，是水到渠成的事情。

（二）官方的大力推动

两年前，习近平总书记在视察孔子学院时强调，一个国家、一个民族的强盛，总是以文化兴盛为支撑，中华民族伟大复兴需要以中华文化发展繁荣为条件。总书记的重要讲话，对于继承和弘扬中华优秀传统文化、建设社会主义核心价值体系、振奋中华民族精神、提高国家的文化软实力，

儒学与社会

具有十分重要的意义。

山东省委省政府高度重视习近平总书记关于弘扬优秀传统文化重要讲话和重要指示精神的学习、贯彻和落实，多次专题研究和讨论，实施齐鲁优秀传统文化传承创新工程的工作方案，积极推进优秀齐鲁传统文化的研究阐发、普及和教育、实践养成、保护传承，传播交流体系的建设，着力打造山东道德文化高地。在弘扬优秀传统文化的过程中，政府部门从政策上、投入上大力扶持民间儒学的发展，做了大量卓有成效的工作。去年以来，山东省省级投入"乡村儒学"建设扶持资金1300万元，培训首批乡村儒学骨干500名，全省120多个乡镇综合文化站、1900多个村文化大院率先建成儒学讲堂，举办讲座1.6万次，80多万基层群众受益。

推进孔子学堂进基层。中国孔子基金会作为传统文化的传播机构，积极推进"孔子学堂"走进校园、走进社区、走进乡村、走进企业、走进机关等基层场所，以喜闻乐见的形式，引领人人参与，快乐实践，有效传播孔子"仁、义、礼、智、信"等传统文化精髓，让其成为植根于每个人内心的文化信仰。

"四德榜"为普通群众树碑立传，是山东公民道德建设的创新载体。发端于莱州市朱家村的"四德榜"，眼下已经走向全省乃至全国，全省80%以上的村庄、社区建起了"四德榜"。主要表彰在个人品德、家庭美德、职业道德、社会公德建设方面涌现出的基层模范人物。"四德榜"张贴在村里的显著位置，成为过往群众抬头就见、人人向往的楷模。到去年底，全省建立的"四德"榜已达8.8万多个，有3000万人次群众的好人好事上榜，覆盖全省八成以上的村庄和近三成人口。在2015年10月，山东善行义举"四德榜"还登上泰山之巅，以强烈的象征意义激发人们积极向善的道德意愿。目前，四德榜正在由农村向城市社区、机关、企业、学校拓展，深层次融入群众生活、国民教育、经济社会发展、社会治理、党的建设和精神文明创建。到2017年底，善行义举"四德榜"将实现全覆盖。

推进美德山东、文明山东、诚信山东建设，持续开展"学雷锋、做山东好人"活动，截至目前有2361人入选"山东好人榜"，评出128名"山东好人之星"，486人入选"中国好人榜"。这些活动，对引导群众道德养成发挥了积极作用。

（三）儒学突破自身困境的合理选择

儒学界一个比较普遍的共识是，20 世纪以来直到现在，儒学一直处于花果飘零、魂不附体的状态。回顾儒学之辉煌过往，真正是流水落花春去也，有天上人间之别。余英时先生在一篇题为《现代儒学的困境》（1988）的文章里，对现代儒学的境况做出这样一种判断：儒学在现代已经魂不附体，失去其寄身之所而成了一个"游魂"。美国学者列文森在《儒教中国及其现代命运》一书中，也提出他的"博物馆说"，认为儒学已经进入历史，仅仅是一种博物馆里的陈列品了；正因为它已成为陈列品，才能保存下来。这两个说法，当时在中国学术界激起了强烈的反响，大多数学者都对儒学的现代命运持一种悲观的态度。

儒学精神与民众之间的社会断层，是儒学自身发展的一大危机。几千年来，儒学的发展越来越精英化，越来越专业化，越来越脱离大众，越来越远离原始儒家的精神。降至今日，经一些知识精英的打造，儒学已经沦为知识之学，与百姓的人伦日用已经毫不相干了。学术儒学或精英儒学直到今天仍然曲高和寡，而规范的现代学术语言离百姓的日用生活越来越远，越来越不受民众的关注，学术儒学、精英儒学在当代世界似乎在高等学府、科研机构自成一个世界，与寻常百姓日常生活绝缘。由于长期在高等学府、科研机构自我经营，缺乏与民间社会尤其是下层民间社会的沟通、互动，在民间社会中几乎找不到呼应的力量。

近代以来，儒学可谓一新再新，理论体系一个接着一个，然则，所有这些高明的理论设计都因缺乏下贯民间的具体渠道而只为学者所称道，而不为民间所了解。儒学并没有摆脱"农夫野老，徘徊观望于门墙之外"的局面。学术化的儒学固然可贵，但如果不能向民间转化，不能化为民众的生活实践，再高深的理论最终摆脱不了束之高阁的局面。进入 21 世纪，面对扑面而来的全球化浪潮，面对文化普遍主义与文化相对主义的双重挑战，面对民族自我角色认同的危机，儒家民间生态的正在被严重摧折，儒家必须有所作为。而儒学不能在民众中发生作用，儒家的一切作为都会沦为纸上功夫。

在中国的历史中，儒家士大夫一直是官方施政群体的一员，他们对自我的要求即是要关注民生之疾苦，像张载和范仲淹这一类有着极高道德操守的士大夫即可谓是传统儒生之代表。因此，对历史上的儒家来说，之于民众困苦生活的关切主要由士大夫的包涵道德关怀意味的施政行为以保证，而之于生活自身的价值肯定，则由文字承载的思想义理以保证。然而时至今日，儒生已不再充任官方施政人员，其之于民众困苦生活一面的关切就落在了空处，而其思想义理的结构仍没有发生大的改变。因此，仅仅思想义理上的传播，自然不能引起民众内心的共鸣。因为在他们看来，自己生活的困苦并未得到儒学的足够重视，尤其是缺少直接的帮助，故而缺少了现实施政支撑的儒学显然更像是古板的贵族文化遗产，是引不起自己的兴趣的。所以，儒学若要之于整个时代，之于民族精神的文化身份做更大的努力的话，那么除去自身知识性的拓展，其社会性的发展就不能仅仅限于知识性的普及，它更需要现在的儒学团体，对社会底层民众有着精神上的关怀和现实上的救助。这才能够使其所传播的价值理念与现实行为处在良好的彼此印证关系中。民众受其现实行为的感染，自然也就会发生思想认可上的转变，而不再将儒家秉承的价值理念视为一纸空谈的教条。因此，关切社会底层民众的现实救助活动的成功与否可谓是儒学能否于未来改变自己近百年来因遭受种种不公待遇而留给社会民众的不良印象的关键。

在通过现实救助而得到民众认可的基础上，儒学自身的存在，即可谓是民众自觉选择的结果，而民众对儒学的自觉认可，即可谓是抵制外来文化之于民族精神入侵的最好防卫。儒学需要的，不是由知识群体发起的捍卫民族精神的文书抗议，而是民众自觉地对儒学作一种自我民族精神的身份认可。因此，在当今的文化真空环境中，民间儒学的传播，儒学之于民间的关怀，就是一种相对于外来文化入侵行为的文化自救运动，也可以理解为儒学要突破花果飘零之困境所做的合理性选择。

（四）精英阶层责任感的觉醒

当前儒学重新世俗化、平民化的过程，并不是由平民阶层作为引导者完成的。知识阶层的儒学精英们在这场运动中充当了领头羊的作用。山东的乡村儒学是具有责任感、担当意识、文化情怀的人文知识分子在 21 世纪中国乡土创造的新的文化实践，是人文知识分子服务社会的一次新的尝试。

他们通过教育普及的方式引导儒学之于平民阶层的复兴。这场变革的主要目的并不仅仅限制于儒学研究者这一小众群体的学术自我更新，更在于唤醒作为中华民族主要载体的平民阶层心中的文化自救意识，以民族文化的自我觉醒重塑社会伦理乃至中华文明的新秩序。

从中外的历史文化传统看，所谓知识分子一般具有三个基本特征：一是掌握专门知识；二是具有自由精神；三是以天下为己任，具有强烈的社会责任意识即"家国情怀"。知识分子是一个特殊的社会阶层，他们是思想者、智慧者，是启蒙者、播火者。知识分子不仅仅是掌握知识的人，还应该成为社会的良心，承载起时代使命。然而经过一系列社会变革、思想运动，从打倒孔家店到打倒臭老九，大部分所谓知识分子只是一种职业，人如其名，有知识的一分子而已。尤其是人文知识分子，更多的沦为政治的附庸。对于家事国事天下事，知识分子集体失语成为常态。

随着改革开放，中国在经济、政治、文化各个层面与世界接轨，政治气候也呈现更为宽容、自由和开放的良好态势。这使得知识分子逐渐回归健康、活泼而富于生命力的存在方式，逐渐唤醒内心沉睡已久的责任意识和家国情怀。当他们再一次求助于西方思想建立自己民族的未来文化之路的时候，这一举动却并未给中国自身带来复兴的生机，反而造成了因盲目崇拜西方思想及生活方式而引起了人才流失的后果。大量的知识、文化精英选择了离开中国，寻求立足于西方世界的自身发展，而留下的却只是已成一片文化废墟的中国。这一现象引起了社会的反思，人们开始意识到假若要为自己的民族、自己的国家寻求一种复兴的可能，则必然要重视和理解自己民族国家过往的历史和文化。国学热的文化思潮正是在一时代背景下于20世纪90年代蔓延开来，而知识界对儒家文化的关注及由民间读经运动引申出的儒学复兴的口号都是因此而有。

兴起于九十年代中期的读经运动，第一个结果即是以德性的准则重塑了社会大众的生活秩序，其第二个结果即是吸引了大量的知识分子重新进入到儒家思想的价值语境之内，以儒家的视角重新审视自我的生活，以及整个社会的现状。越来越多的知识分子开始倾向于认同儒家思想所提倡的生活价值，政治价值的变化，对于中国的未来有着不可估量的意义。于是我们看到山东的乡村儒学、民间儒学现象，正是这样一群具有担当感和使命感的儒家学者，本着知行合一的儒家传统，试图在民间重新接续起中华文明之慧命。

三、山东省民间儒学发展的重要意义

山东省一些地方民间儒学的发展推动了儒家伦理植根民间、重返社会，使仁义、礼义、诚信、忠孝、廉耻等价值理念进入寻常百姓之家，为老百姓提供了一定的生活指南与安身立命之道。

（一）安立世道人心

从家庭来看，我们以前都认为它是社会的细胞或基础单元，是社会之根，家庭安定和美，社会就不会出现太大的问题。但是现代化进程造成了与这种观念相背离的现象，有太多的力量将个人从家庭中拉出去，让他脱离家庭，变成孤零零的个体。将人拉出家庭的力量，首先是社会分工加剧在起作用，传统家庭具有的几乎是全能的功能，不少被国家、政府和新的社会组织弱化了，甚至取代了。同时也要看到，数十年来我们的教育和教化体系并没有充分意识到维持社会成员对家庭、父母的忠诚的重要性，甚至曾经长期将之与社会割裂开来、对立起来。这样，家和家庭的重要性，至少在人们的观念中大大弱化了，显得不那么重要了。于是孝道衰微、人伦颠倒、离婚率不断增加等问题就出现了。

对乡村社会整体而言。我们都认为乡村是中国的基础，甚至说中国文明就是农业文明，三十年来不断强调的"没有农村的稳定，就没有中国的稳定"也是这个意思。但是自20世纪90年代以来，我们遭遇了城市化。当然不应该反对城市化或城镇化，但作为工业化的伴生现象，它原本是一种自然进程，绝不是由行政力量强行推进的。问题是，从世纪之交开始，我们的各级政府都把它当成了至上命题和迫切任务，当成了所有中国人的归宿或终极目的，以至于形成了城市信仰。于是乡村的处境就可想而知了，"消灭村庄""让农民变市民"甚至"消灭农业"的论调在很大程度上变成了政策实践。曾有报道说中国十年间消失了90万个村庄（自然村），我最近做了一个推算，从1991年到2013年底，全国消失的自然村至少有140万

个，也即从大概 420 万个减少到不足 280 万个。这种人类历史上前所未见的现象造成了一种世界稀有的"贱农主义"，也即以农为贱，将农业、农村和农民都视为落后的存在，必欲"消灭"而后快的思潮。这种思潮及其相伴的城市化洪流，将乡村的青壮年裹挟而去。因此，乡村以及仍然还留在乡村的居民就显得失魂落魄，因为他们被告知自己的明天是在城市。

在这样的格局下，我们很容易切实地理解乡村儒学、民间儒学的重要性。如果把儒家教化的旨归理解为以家庭关系为中心扩展开来的乡村秩序的重建，那么推进乡村儒学就是在固本培元，具有收心的作用，将过于外向和外放而"变硬"了的心——舍弃家庭走向社会、舍弃乡村走向城市，乃至于舍弃中国走向欧美——收回一些，使其趋于安宁和柔软，它至少能在一定程度上抵消外部力量对家庭和乡村的解构。进一步说，它的效应不限于乡村，在一部分甚至大部分的乡村新一代将走出乡村而变成城市居民的趋势中，我们会发现，一个受过儒家伦理熏陶而将其内化了的乡村居民，更容易成为温文尔雅的城市居民。

（二）整合社会秩序

1. 传承弘扬中华优秀传统文化的积极实践

当前，优秀传统文化日益被社会各界所认可，成为学术界研究关注的热点，但不可否认的事实是，目前我们的优秀传统文化更多地活跃在"象牙塔"里，存放在图书馆的典籍中。如何让优秀传统文化走出"象牙塔"、走出"图书馆"，走进群众、走进生活，十分值得探索。山东"乡村儒学"把讲堂设在村里，搬到群众家门口，并组织开展道德实践活动，让传统文化焕发活力，发挥了时代价值。这种模式深受群众欢迎，易于群众接受，使优秀传统文化真正走进了群众生活，可以说打通了传承弘扬优秀传统文化的"最后一公里"，为全国传承弘扬优秀传统文化实践了一种新模式。

2. 山东"乡村儒学"是推广公益性文化服务的积极尝试

山东通过"乡村儒学"，教化百姓，引领风尚，邻里和谐，乡村文明，社会呈现出安定团结的良好局面。作为服务主体的泗水尼山圣源书院、茌平韩屯道德学校都是民间机构，充分调动了社会力量参与公共文化服务，为推广公益性文化服务做出了探索尝试。同时，山东"乡村儒学"既满足了群众精神文化生活需求，又传承弘扬了优秀传统文化，推动现代公共文化服务体系建设与优秀传统文化传承体系建设相结合，丰富了公共文化服务的内涵，呈现"山东特色"。

3. 山东"乡村儒学"为维护文化安全作出了有益探索

思想阵地先进文化不去占领，其他文化就会去占领。当前，在我国农村，有个别群众信奉"全能神"等邪教，害人害己，对国家文化安全造成威胁。山东通过"乡村儒学"这种模式，提倡孝道，讲究礼仪，让优秀传统文化占领群众精神生活高地，成为邪魔外道的重要"对冲"力量，为维护国家文化安全，发挥了很好的示范作用。

（三）促进敦风化俗

即使是在儒学魂不附体之时，儒学在民间一直具有潜在的力量。这种存在状态，按照美国汉学家列文森的说法，就是一种心灵的积习或者是珍藏在心中的影子，它还在潜移默化地对老百姓的生活有所影响，尤其是在广大的乡村社会，在一些老农的意识里面，在他们日常生活中，还能看到传统儒学的一些印迹，包括为人处事，日常生活中那些做人的道理，他们都还在亲身实践着。这是什么原因呢？就是儒学中"化"的力量。

人格的完成不仅是一种内在性，"充实而有光辉之谓大，大而化之之谓圣，圣而不可知之之谓神"，是其外显的一面。《孟子·尽心上》说："君子所过者化，所存者神，上下与天地同流。"《礼记·中庸》说："诚则形，形则著，著则明，明则动，动则变，变则化。唯天下至诚为能化。"都是讲这个"化"最终要落实为一种移风易俗，德风德草的社会教化。

什么叫"圣而不可知之之谓神"？就是能够形成良性社会氛围的一种感化感通的作用。孔子讲"君子之德风，小人之德草。草上之风，必偃。"（《论语·颜渊》）又讲"民可使由之，不可使知之。"（《论语·泰伯》）过去我们认为这个讲法是愚民政策，其实不是。"由"是自由，老子也讲："太上，下知有之，其次亲而誉之，其次畏之，其次侮之"，"功成事遂，百姓皆谓我自然"。意思是，最好的治道，是顺乎人性人情之自然，由此形成良性的社会氛围，如春风化雨，百姓自然向善，用不着每天谆谆教导。所以儒家讲"由之"。孟子说："舜明于庶物，察于人伦，由仁义行，非行仁义也。"（《孟子·离娄下》），"由仁义行"，就是"从心所欲不逾矩"。这时，已没有外在的必须服从规矩的痕迹，完全是自由的行为，这才是"化"。

文化不仅是一种抽象理论性的东西，而是通过一定的生活样式渗透在人的行为里，体现在一定的以身体道的群体中，它才具有活的生命意义，具有教化的作用。儒家的"神道设教"，是一种行之有效的教化方式。儒家的这个"化"，在社会生活中有很多样式，择其大要，有以下几点值得注意。第一点是经典的传习。孔子六艺之教，着重的都不是知识，而是身心的教养。任何一个社会、文化都有它的经典，经典要经常诵读，而不光是研究，我们过去就有诵读经典的传统。第二点就是礼乐教化。礼是社会生活的样式，携带着丰富的文化信息。同时，它作为一种生活的样式，与民众生活具有一种内在的关联性，能够对人的教养和良性社会道德氛围的养成起到潜移默化的作用。这就是"民可使由之"的道理。第三个方面就是重视家庭教育，女性妇德。儒家文化就特别强调孝道。孝是人最自然真挚的情感。

（四）推动儒学"灵根再植"

应该怎样做才能保持传统文化绵延不绝？根本上还是要将国学，特别是儒学教育引入基础教育体系。国学是国本，当然是基础教育的主要内容，应以循序渐进的方式，在体制内的国民基础教育中加大国学、传统文化的分量。用政治教育取代道德教育只能是失败的。国学教育是生命教育、性情教育，是管总的。国学、中国文化中的很多珍宝还未被我们认识，我们应以健康的心态，以同情理解的方式，学一点经典，慢慢培养我们的兴趣，慢慢理解我们的传统，并创造性地加以转化，使我们的现代化得到健康的发展。

民间儒学指的是儒学的核心价值、主要精神深入到家庭、学校、社会、企业、机关，变成国民的信仰、信念与日用常行之道的精神形态。民间儒学，也可以理解为在民间、在日常生活世界里的儒学，或民间办儒学，即民间组织推动的儒学。王阳明说："不离日用常行内，直造先天未画前。"（《别诸生》）这说明儒家的道有终极性，同时又在老百姓的日常生活之中。

本来儒学就不是书斋之学，而是生活之学，但由于西方化的影响，儒学有变成书斋、会议之学的危险，所以我们尤其要提倡民间儒学，并鼓励青年学子立志到民间去弘大儒学，再植灵根。在此意义上，民间儒学有如下价值。

一是弘扬以"修身"为中心的格物、致知、诚意、正心、修身、齐家、治国、平天下的精神，克服现代病症，治疗顽疾，促使自然与社会的和谐，特别使人的心灵得到安顿，使社会生活与现代化良性发展。二是在广泛吸取东西方各民族文化的优长的基础上，在肯定文化的时代性的同时，确保中国文化的主体性，坚持并发展中国文化之为中国文化、中国人之为中国人的基本精神与核心价值。在这个意义上我们主张"中体西用"或"中体外用"。三是与佛教、道教与其他民间宗教与文化一道成长，与已经在民间有了较大发展的基督教（含天主教、新教等）交往对话，保持良好的宗教文化的生态平衡，根本上是使人的精神生活有所寄托与安立。在这里，儒家中人要向基督教徒、教士学习，动心忍性，深入草根民间，博施济众，修己以安人，修己以安百姓。推广儒家诗教、礼教、乐教，让我们这个社会多一些君子，多一些有教养的、温良恭俭让的国民。

四、山东省当代民间儒学发展的最新进展和社会成效

伴随着国学热、儒学热、读经热，民间儒学勃然兴起。作为儒学的故乡，山东省当代民间儒学也得到了快速发展，引起了社会的广泛关注。当前我省民间儒学发展势头比较迅猛，如由泗水、曲阜等地发端的乡村儒学向其他地方扩展，由中国孔子基金会主导的孔子学堂也在民间社会得到了积极广泛响应，这些民间儒学在一定程度上促进了社会风气的好转，改善了家庭邻里关系，安定了社会秩序。

（一）形成了多元发展格局

1. 以泗水为代表的"乡村儒学"

早在 2006 年，一批学者就走出书斋，来到孔子诞生地创办尼山圣源书院，而后又走进乡村，义务为村民讲授儒学，探索弘扬传统文化的新路子。从 2012 年底开始，泗水县在圣水峪镇试点开设"乡村儒学讲堂"，以"孝"

"礼"为主要内容，用通俗的语言向当地百姓讲授敬老爱亲、修身齐家等儒学思想，用传统美德教育群众。举办一百多场，听众达几万人次，引起社会各界广泛关注。如今，乡村儒学已呈现出"燎原之势"，走出泗水，走向全省各地。在济宁、泰安、聊城、潍坊、淄博、德州等地不断涌现，形成了独具特色的"乡村儒学现象"。

2. 以曲阜为主的百姓儒学

与泗水比邻的曲阜市，从 2012 年 8 月到 2014 年 7 月就依托 675 所彬彬有礼学校，对 64 万曲阜市民进行了儒学教育，完成了一次教育普及。2014 年 10 月，曲阜又开始酝酿实施一项"百姓儒学"工程：为下辖 405 个村庄配备儒学讲师，向村民讲授"孝道"等儒家传统文化。并启动实施"一村一座儒学书屋、一村一台儒学新剧、一家一箴儒学家训"等相关配套活动。不仅如此，曲阜还举办"百姓儒学节"，把儒学融入百姓生活的方方面面。让百姓人人参与、人人享受、人人体验，感悟文化盛宴，让百姓更有获得感和幸福感。

3. 由中国孔子基金会主导的孔子学堂

作为传统文化的传播机构，中国孔子基金会以资本支持、技术指导等方式资助民间儒学的普及工作。2014 年，中国孔子基金会宣布，今后几年要在中国建成 1000 所孔子学堂，目前已在山东省内建成 60 多所。"孔子学堂"以培育和践行社会主义核心价值观，弘扬优秀传统文化为主要目标，致力于探索孔子教育思想与现代学校教育、社区建设、企业发展相结合的特色文化发展之路。在孔子学堂里学习的幼儿和青少年们，不仅诵读国学经典，还要学习修身养性。

4. 省文化厅在全省建设"尼山书院"助力儒学普及

2014 年 5 月，山东省文化厅在全省开始推进"图书馆＋书院"公共文化服务模式，在省、市、县各级公共图书馆建设"尼山书院"工程。作为文化部门推出的一项创新性文化工程，山东将于 2015 年底前在全省 153 个公共图书馆设立"尼山书院"。这是传承中华优秀传统文化，弘扬社会主义核心价值观的重要举措。按照计划，下一步将逐步建立全省尼山书院联盟，在书院中进行经典诵读、国学讲座、讲解礼仪雅乐知识，形成孔子故里的特色与优势，使之成为知名文化品牌。这对于乡村（社区）儒学将起到巨大的推动作用，"尼山书院"建设将使全省乡镇和村级"乡村儒学讲堂"同时实现基本覆盖；到2020年，随着全省"尼山书院"联盟的建立和规范运转，"乡村儒学讲堂"设施将进一步完善。

5. 各种民间机构开办儒学培训组织，如书院、国学院、论坛、讲坛等，推动儒学文化的推广、普及

1995年，山东大学颜炳罡教授与几位志同道合的学生一起组织建立的明心国学社，是较早自发成立的高校国学团体之一。颜老师每周坚持义务带领学生诵读讲授儒家经典，十几年来从未间断。受明心国学社的影响，山东师范大学，山东经济学院，济南大学，中国海洋大学等省内高校都相应发起了诵读经典的国学活动。从明心国学社中走出的明心学员，在各自的社会岗位上以一己微薄之力仍坚持传播儒学文化，影响着周边人群。明心国学社的社团活动涉猎甚广，不仅包括基本的经典文化讲读，还包括古代礼仪的学习和社区义工的课程培训等。2000年9月，王敬东，这位原本平原县实验中学的教师，认识到孩子"做人"教育的重要性，有感于学生德育教育的匮乏，辞职创办了山东平原经典小巨人学校，该校是全国第一所全日制的经典诵读学校。十多年来，这所学校的师生已有几人、几十人发展到数百人的规模。自习近平视察曲阜后，儒学教育培训开始在曲阜、泗水、济南等地红火起来。这些儒学培训机构与普通学校课程设置差不多，不一样的地方在于加大了国学经典的阅读量。

6. 各个部门、单位创建的民间儒学样态，如公园儒学、公交论语等

在很多公共环境，不少部门和单位利用各种传播方式为民众营造一种生活环境上的儒学氛围。自2006年开始，济南公交在全城范围内推广公交论语，配有解释、感悟的牌子成了一道风景线。2009年又发起了"论语进车厢"活动，向社会各界征集《论语》名句500余条，分类为"学习篇""处事篇""修养篇""服务篇"等篇目，通过公交平台进行传统文化的普及。目前，济南共有4700多辆公交车，每天240万人次的运送量，这些公交车内没有商业广告，每个乘客都有机会看到的是《论语》。"公交论语"成为美丽泉城流动的道德讲堂。而泗水县则将传统文化元素融入城市建设，

将县城一条水系规划为儒家文化景观带，名之为洙泗儒园。在公园内，可以看到熊十力、钱穆、唐君毅、张丕介、牟宗三、梁漱溟、冯友兰等十几位鸿儒硕哲或立或坐的青铜塑像栩栩如生，石刻浮雕还分别配以生平简介、学说及其格言绝句。这种方式的儒学传播对于民众的内心感受起到了很好的潜移默化的作用，为传统文化普及创造了良好条件。

（二）提高了人的基本素质

优秀传统文化不能只是象牙塔里的存在物，抑或是博物馆里的陈列品，更不是少数学者和文化精英们的奢侈品，而是国人的生活智慧，是广大民众的生活向导。一批儒学学者、知识分子深入乡村开设讲堂，深入浅出地讲解了儒学知识，强化了基层民众对传统文化内涵的理解。他们用儒家思想滋润乡村，用传统美德教化一方群众，收到了明显的成效。乡村儒学讲堂的主要内容包括伦理教育，用儒学礼法告诉村民家庭内部、邻里之间、社群之间如何相处，有一部分是素质教育，讲个人卫生、公共卫生，对公共事务的关心，私德和公德并重。在家庭，教育家庭成员率先垂范，做好女儿、好儿子、好媳妇、好女婿，在家庭小事中引导孩子知父母情、感父母恩。在村庄、社区，开展孝与感恩大家评、让老人住好房、给孤寡老人送温暖、传唱公民道德歌等活动，使广大居民懂孝德、会感恩、乐感恩。这使得所在乡村（社区）百姓的公民道德素质普遍提升。

（三）改善了家庭邻里关系

在当今中国农村，一方面，随着青壮年劳力不断向城市流动，乡村逐渐"空心化"，同住一村却不相识的现象在增多。另一方面，在不少地方，家族宗族在维系伦理道德方面发挥的作用不断衰减，伴随社会转型，人们的思想越来越多元化，一些原先被广泛认同的观念看法有淡化趋势，不给老人赡养费甚至也见怪不怪。鉴于此，乡村儒学的一个目标就是让留守农村的老人、妇女和小孩们处理好家庭的关系，以传统的家族伦理原则来规训那些不愿意照顾老人的人。儒学讲堂的讲师们注重切合农村老百姓的实际生活，从人们关心的孝道开讲，讲一些孝亲、和家、睦邻的故事，多举身边例子以情动人，把儒家孝道之"爱""敬"精神变成生活道理，让儒家经典文化变得通俗易懂。这有利于促进农村家庭和睦，邻里之间关系和谐。

泗水县圣水峪镇北东野的一个媳妇从前对公婆不孝敬，还打过婆婆。村里举办儒学讲堂，她来参加了一段时间，逐渐明白了不少道理，感觉到自己不对。现在像换了一个人似的，家里的活自己主动包揽下来，不让老人动手。还时常用三轮车拉着婆婆逛街游玩，给老人买新衣服。村里一个姓刘的老太太，几年前老伴去世了。四个儿子商定每家每年给老人200块钱。可二儿媳妇就是不给。村干部也拿她没什么办法。但随着这几年乡村儒学的开展，村里发生了很大变化，二儿媳妇的态度也发生了可喜的转变。刘婆婆感叹地说："学习孔夫子管用了，每个人200块钱都给我，都争着叫我去家里吃饭。"儒家的孝道要求不仅要对自己的父母"爱"与"敬"，而且要把这种精神扩及社会，做到"老吾老以及人之老，幼吾幼以及人之幼"。在当前农村弘扬这种儒家精神，邻里之间就能做到彼此尊重，互敬互让，自然就会少生是非，少起事端，促进邻里之间的和谐。曲阜市"百姓儒学节"启动以来，相继开展了百姓朝圣祭孔、邻里摊煎饼、共吃团圆饭等"邻里百家宴""乐和邻里饺子宴"等系列活动，不仅拉近了邻里街坊的感情，还让邻里关系更加和睦和谐，实现了把儒学融入百姓生活的方方面面。乡村（社区）儒学讲堂让村里（社区）的邻里关系、婆媳关系、夫妻关系都变得融洽了。

（四）促进了社会风气好转

通过开展乡村儒学，不仅家庭邻里关系和谐了，还有力地推动了乡村文化和精神文明建设，促进了农村社会风气好转，助人为乐也逐渐成为当地的新风尚。2013年，泗水县在圣水峪镇尼山圣源书院开设儒学讲堂，讲授儒学经典，吸引了大批村民。一年以后，当台湾佛光大学教授、牟宗三先生弟子谢大宁来到书院，眼前的情景使他感动得热泪盈眶，说自己仿佛看到了阳明后学儒学会讲的盛况再现。"一年来的学习完全改变了村子的风气，原先婆媳纷争是村里的家常便饭，有的媳妇公开在大街上骂公婆甚至打婆婆耳光，这样的现象现在已经没有了，代之而起的孝敬老人的风气。酒后骂街曾是村子的一大风景，开展儒学教育以后，乡亲们发现这一奇特风景不知不觉消失了。以邻为壑乱倒垃圾的少了，人们宁愿往前走几步将垃圾倒进坑里。村里孝亲模范越来越多……"① 2014 年 1 月 3 日上午，一位美籍华裔学者来尼山圣源书院开会。他想看看中国乡村集市到底是什么样子，于是向村民冯宝清打听去小河集的路怎么走。因为附近公交不便，冯宝金便主动用自己的三轮车将他送到 5 公里外的集市，并且按照约好的时间又把他接回来。这位美籍学者拿钱酬谢，但这位并不富裕的村民却坚辞不收，只是说他也是乡村儒学的热心听众。这位学者深有感触，逢人便说孔子老家的人真好。其实真正应该感叹的是我们从正在兴起的乡村儒学身上看到了中华传统文化的重光。

（五）整治了社会秩序

"儒学在古代社会是一种善治，在现代社会，儒学逐渐成为一门学问，从人们的生活中消失，现代化带来众多问题，应该重新把儒学请回到生活中，解决现代化带来的问题。"② 近年来乡村儒学的发展对于整治社会秩序、促进乡风文明建设发挥了重要作用。在泗水县东北野村，经过近两年的"乡村儒学讲堂"，村里乱扔垃圾的没有了，打娘骂老的没有了，再就是村里没有了小偷小摸。老百姓原来有个说法叫"秋里忙"，就是每逢秋收，村东头有七八个妇女，村西头也有七八个妇女，背着粪箕子，拿着镰刀，表面上去地里割草，其实是趁别人看不见时，偷挖人家的地瓜和花生。通过学习，村里这种人基本上没有了，因为村民们的"羞恶心被讲出来了"。在有的地方，还正尝试以儒家思想治村的模式。青州市弥河镇张家洼村过去是个十里八乡出了名的"乱村"，邻里纠纷不断，打架骂街的不断，不孝敬老人的现象普遍存在。男青年不好找媳妇，人家都说这个村的人打架、打娘、打爷成风，坚决不能嫁。2002 年底，新一届村两委班子制定了一系列村民自治制度，把"以孝治村"写进村规民约，通过知孝、倡孝、督孝和评孝，全力推进"以孝治村"。村里制定了孝亲的具体标准：一是倡导老人住正房、住好房，彻底改掉"父母住偏房，儿子坐正堂"的不孝之举。2006 年我村老人住正房的达到 100%。二是明确赡养标准，对于子女给老人

---

① 赵法生：《尼山脚下的乡村儒学建设试验》，中国民族宗教网 http://www.mzb.com.cn/html/report/140921011 - 1.htm.

② 《把儒学"请"回乡村》，《新京报》，2014 年 11 月 12 日。

的粮食数量与具体时间，每年给父母买几身新衣裳等都有具体规定。还规定如包水饺、炖肉的时候，第一碗先端给父母享用。干部率先垂范——"倡孝"：每逢70岁以上的老人过生日，村委送上生日蛋糕，村干部自己带上鸡蛋或牛奶到老人家中拜寿。村民们也仿效村干部，积极为父母过生日。建立督促约束机制——"督孝"，实行"一卡、二榜、三罚"，"一卡"，即个人填写《赡养老人统计卡》；"二榜"，即孝心榜和不孝榜；"三罚"，就是不孝者书面检讨，张榜公示，限期整改。村里每年评选出"好婆婆""好媳妇""十星级文明户"等。经过十多年的"以孝治村"，如今的张家洼村发生了巨大变化：家家子女孝顺，户户尊老爱幼，邻里互帮互让，全村350口人拧成一股绳，村里的各项工作也都好干了。一个昔日的落后村先后荣获"潍坊市级文明村""省级文明村"等荣誉称号。尽管这种以传统儒学对治理乡村的方式还有待实践的进一步检验，但这种"以孝治村"称得上是当前基层治理模式探索的一种有益尝试——从单纯依靠行政、诉诸法律到借助于道德的力量来解决。

山东当代民间儒学的发展，使儒学走入城乡大众日常生活之中，成为农民和市民内心世界中的重要成素和日常生活价值准则，培养向善之心，培植人的德性，把儒家的伦理纲常转化为乡民的内在道德自觉；它有助于建构民间社会人伦秩序，加强中国社会治理，协调官民关系，推动敦风化俗等，以重建民间社会的伦理秩序和文化生态。

五、山东省当代民间儒学发展的基本做法和主要经验

山东乃孔孟之乡，是儒学发展与兴盛的大本营，也是当代民间儒学发展的主要基地。以曲阜为代表的山东省各市级单位在政府组织与引导、各部门协同配合以及多种社会力量的支持之下，充分利用地方文化资源优势，调动广大人民群众的积极性，实现了儒学与民间社会（尤其是乡村社会）的有机结合，使得儒学所倡导的人生观与价值观在民间社会生根发芽。

（一）政府组织引导

从传统意义上讲，民间儒学是相对于官方儒学、权力儒学而言的，其既不是任何政治势力或政治权力的寄生物，也不是指导或规范政治构架或

权力运作的操作性原则。但是，民间儒学的发展离不开政府的组织与引导。习近平总书记指出，孔子创立的儒家学说以及在此基础上发展起来的儒家思想，对中华文明产生了深刻的影响，是中国传统文化的重要组成部分，是中华民族生生不息、发展壮大的重要滋养。民间儒学（尤其是乡村儒学）的发展得到了山东省、市、县各级领导的大力支持。山东省委、省政府将"乡村儒学"纳入山东省公共文化服务体系建设"十三五"规划，纳入各级财政面向社会购买公共文化服务目录。为推动儒学的发展，曲阜市委、市政府曾出台《关于举办曲阜市第二届"百姓儒学节"活动的实施意见》；泗水县委办公室、县政府办公室也曾颁布《泗水县深入推进"乡村儒学讲堂"建设实施方案》，表现出政府对于民间儒学活动的支持与引导。

（二）部门协同配合

山东当代民间儒学的发展，是在政府组织与引导之下，各部门协同配合的结果。为贯彻落实习近平总书记关于弘扬优秀传统文化系列重要指示精神，大力培育和践行社会主义核心价值观，山东省各级部门都积极参与到对儒学活动的推动与支持中来。山东省文化厅决定给予乡村儒学以专项经费扶持，同时提倡社区儒学、学校儒学，使之走入公共文化服务体系，保证这项文化事业持续发展。此外，山东省文化厅在全省实施了推进"图书馆＋书院"服务模式，在省、市、县各级公共图书馆建设"尼山书院"工程。曲阜市举办"百姓儒学节"期间，包括有市文物局、市委宣传部、市互联网管理办公室、市教体局、市旅游局、市文广新局、市妇联、市文联、市委政法委、市司法局、市文化馆、市商务局、团市委、市经信局、市工商局、市交通运输局、市财政局、市文明办、市广播电视台、市电影公司等多个部门进行牵头或是承办工作，显示了部门协同配合的优势。

（三）民众广泛参与

当官方儒学解体之后，民间儒学是相对于精英儒学或学术儒学而言的，民间儒学的根基不排斥高校、科研机构、学术团体，但绝不仅限于这些部门。民间儒学主要建基于民间社会，以民众为主要对象，民间儒学即是推动儒学在普通民众中的影响，其在当代的意义便是重建可以包含平民阶层及社会其他阶层在内的、合理的道德秩序。山东当代民间儒学的发展即是从民间出发、从百姓出发、从乡村出发的典型。曲阜"百姓儒学节"的举办鼓励各行各业和市民大众策划富有特色的百姓文化活动，开展各类优秀文化资源进社区、进村居，为居民提供讲座、辅导、展演等文化服务，期间举办的祭孔活动更是持续一个月，有近 10 万曲阜居民有组织地参加祭孔大典，朝圣祭孔的人员涵盖了村民、企业职工、单位员工、教师、学生、社区居民、个体工商户、网民、志愿者等各个群体和各层面的先模人物，由所在单位或社团组织参加，是真正属于老百姓的祭拜活动。

（四）社会力量支持

民间儒学的推动最重要的是来自于民间力量和社会力量的支持。中国孔子集以资本支持的方式资助民间儒学的普及工作，创作了大型动画《孔子》，与山东电视台联合举办了"新杏坛"电视讲座，与齐鲁晚报发起了"孔子书包"捐助贫困学生的公益活动，与济南公交总公司联合发起了"论语进车厢"活动等；山东大学明心国学社举办了丰富的社团活动，包括基本的经典文化讲读、古代礼仪的学习和社区义工的课程培训等，并主办《心灯》杂志以普及儒学知识；诸多知识分子、民间精英的积极参与，包括牟钟鉴、王殿卿、杜维明、刘示范、张践、颜炳罡、赵法生、陈洪夫等一大批学界精英，此外还有投身于其中的众多志愿者讲师。

（五）典型试点先行

山东当代民间儒学的发展，尤以"乡村儒学"为显，并被称之为"山东乡村儒学现象"，这一现象的发起地便是孔子诞生地——尼山。尼山是儒家文化的源头，在当代知识分子的建设之中，成立了具有"民办公助、书院所有、独立运作、世代传承"体制的尼山圣源书院，聚起一个包括中国社科院、北京大学、清华大学等院校学者的高端知识分子团队，举办了一系列国际性和全国性的学术会议与讲座，并从事国学师资培训、乡村儒学讲授等工作，从而成为极具典型性和借鉴性的儒学推广与研究的基地。山东省委常委、宣传部长孙守刚表示将一如既往地全力支持尼山圣源书院的建设和发展，全力推动乡村儒学建设，从圣水峪镇周边几个乡村做起，使其在全省推广。

（六）实现有机结合

山东民间儒学（尤其是乡村儒学）的建设实现了政府力量、社会力量与民间力量的统筹结合，并成为全省公共文化服务均等化、标准化的重要内容。各级党委政府把弘扬优秀传统文化特别是儒家文化放在重要的位置，拿出专门的人力、物力与财力推动民间儒学建设，初步形成"政府支持、学者主导、官民互动"的支持配合和协调管理机制；儒学讲堂紧紧抓住百姓最关心、易于接受的问题，弘扬以家庭伦理为主要内容的价值观，与实际生活接轨，可以形成长期有效的影响力；建立固定的宣讲团队、科学设置讲学点、设立儒学建设基金，从而形成良好的运行体制；从乡村走向城市，探索发展社区儒学、广场儒学，扩大覆盖面和感染力，使乡村儒学建设与社会主义核心价值观有效对接和互动，相互结合、相得益彰。

六、山东省当代民间儒学发展过程中存在的主要问题和薄弱环节

中华优秀传统文化是中华民族的根，儒学在中国几千年的发展过程中对于中国人民族文化心理和社会规范与社会秩序的形成，起到了潜移默化的滋养和推动作用。然而作为炎黄子孙的我们，对于我们祖先的文化却知之甚少，甚至对于这些优秀的传统文化存在着误解和排斥。对于传统文化的认知，绝大多数人沿袭了新文化运动一味批判的惯性思维模式，以至于我们这些大部分属于新文化运动百年之后成长起来的几代人，根本没有接受过中华优秀传统文化的教育和熏陶。我们接受的完全是模仿西方知识和学科的体制化教育，这样的教育培养出来的人，学科分得很细，也可能学到了某些方面的知识，但是却缺乏传统道德文化的教育和熏陶。"2011年10月13日，2岁的小悦悦（本名王悦）在佛山南海黄岐广佛五金城相继被两车碾压，7分钟内，18名路人路过但都视而不见，漠然而去，最后一名拾荒阿姨陈贤妹上前施以援手。"在小悦悦车祸发生之后，从她身边路过的人有18个，这还不包括开着汽车路过的，相信这些人中大部分都受过现代教育，但是最后是一个没怎么受过现代教育的捡垃圾的人，把小悦悦救了起来。小悦悦事件的出现应该引起社会各界尤其是教育界的反思。如果我们的教育培养出来的大部分都是有知识却缺乏道德良知的人，我们国家未来的发

展十分堪忧。人非生而知之，而是学而知之，因此后天的教育十分重要。在城市和乡（镇）村，在学校、政府机关乃至企业、部队中弘扬优秀中国传统文化，推广民间儒学，向孩子和广大的民众宣讲和传播中华优秀的传统文化道德，提高国人的道德修养，可以拯救世道人心，造福子孙和千秋万代，对于中国社会的长远发展和繁荣稳定有着重要作用，是当前一项十分迫切而任重道远的任务。

但同时，我们在调研活动中，发现在民间儒学的发展中也存在着一些问题和薄弱环节。

（一）民间儒学讲师师资缺乏，师资队伍素质参差不齐

中华传统文化是在中国社会发展中长期积淀形成的，文化是民族之根，文化的培育和滋养需要日积月累的慢功夫。十年树木，百年树人。而从新文化运动至今的一百多年，我们的传统文化一直处于被批判、被否定、被误解的状态中，连基本的传承都岌岌可危了。这一百年来成长起来的几代人中，除非家学根底深厚和热衷于传统文化的人士，大部分人都没有接受过中华传统文化的教育。

在曲阜、泗水的调研中，以及和曲阜师范大学历史文化学院做过乡村儒学相关调研的老师的座谈中，我们了解到目前推广民间儒学、传播优秀传统文化中遇到的最主要的问题是有扎实深厚国学修养的讲师的缺乏。向广大民众宣讲中华优秀的传统文化和道德故事是推广民间儒学一种十分重要而直接的方式。而宣讲质量的好坏，广大百姓是不是爱听，对讲师个人的国学修养、宣讲的内容和宣讲的方式都有较高的要求。目前，在山东省的乡村儒学讲堂中，讲师主要有这样几个来源：一是外地来的专家学者、讲师及研究生等；二是小学教师；三是为数不多的乡贤；四是有一定知识文化的退休村官。泗水圣源尼山书院依托尼山世界文明论坛和举办其他国内外儒学会议的便利条件，经常邀请一些国内外专家、学者、大学讲师及研究生，到乡村儒学讲堂做义务宣讲。但是，其他地区并没有泗水这样的便利条件，在民间儒学推广的问题上，找不到合适的讲师就成了一个大问题。而且即使是专家、是小学老师等，也需要面临把学术语言或者授课语言转换为生动活泼的百姓语言的问题。而小学教师和其他并非国学专业的

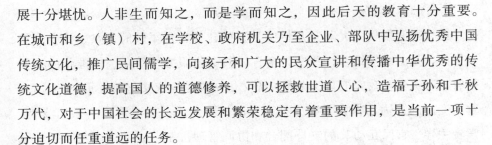

研究生等人的国学素养也需要培养和提高。泗水圣源尼山书院的颜炳罡、陈洪夫、赵法生等一批热衷于民间儒学推广的专家学者，依托圣源尼山书院的强大专家资源，正在着手培养一批热爱传统文化并且有一定素养的人才，使他们能真正成为传承优秀传统文化的讲师。曲阜国学院的段炎平院长在谈到国学院发展面临的主要问题时，也谈到师资的缺乏是主要问题。在曲阜国学院学生的书桌上，看到了《论语新解》《四书章句集注》《孟子说解》等儒家的经典，相信这么扎实的国学教育能培养出来有深厚国学素养的国学讲师。但是，目前这些学生正在培养中。而一些地方，由于没有合适的人选，就安排导游来做国学讲师，这种现象必须注意。如果只是安排导游或者讲解员做国学讲师，他并没有受过扎实的国学经典的教学与培养，他讲出来的话很可能会错解文义、误人子弟；而且，他讲得不好，老百姓下次就不来听了。

（二）民间儒学活动的长期坚持主要依靠民间自发的力量，缺乏政府适当的政策性扶持和必要的基础经费支持

民间儒学活动的长期坚持与开展，需要民间自发的力量，也需要政府的政策性扶持和一定的资金支持。"现实中，若没有上级政府或者民间力量的推动，一些镇村主动开展道德实践的动力并不足。"[①] 我们看到，泗水县的乡村儒学讲堂等活动依托圣源尼山书院的宝贵资源，办得还是很不错。这一方面与泗水当地优厚的文化资源有关系，也与泗水县当地政府对于民间儒学的重视和提倡密切相关。

文化建设是一项长期的潜移默化的工作，文化传统的重建与接续需要几代人不断的努力。十年树木，百年树人。在民间儒学及文化的发展、传播、建设过程中，就不可能像经济发展那样只看短、平、快的经济效益。而且事实也证明，片段追求短期内 GDP 的高速发展，牺牲破坏的可能是几十年乃至几百年的生态环境，而这种对地球资源和生态环境的破坏却是永久性的。经济的发展不能这么短视，同样，文化的发展更要注重长远的社会效益。

---

① 《引导村民当主角——聚焦乡村道德建设之三》，《齐鲁晚报》，2014 年 4 月 17 日第 2 版。

在民间儒学的具体实践过程中，泗水县的民间儒学活动还是办得比较有成效的。这固然是因为一批圣源尼山书院的专家和学者的坚持和努力，也与泗水县政府和宣传部的大力支持和提倡有很大关系。泗水县的乡村儒学讲堂开展得有声有色，对于乡间民风的改善起到了很大作用。在城市开展的广场儒学和社区儒学，也取得了一定的进展。泗水县城的广场儒学讲座设立在兴儒公园，由泗水县宣传部主办，定期举办，每一期交给下面的一个单位来负责具体的组织和实施工作。面对市民的圣源尼山书院社区公益讲堂也能坚持连续举办，取得了很好的效果。泗水宣传部长蔡同芝还做客"齐鲁大讲堂"，介绍泗水县在弘扬优秀传统文化上的经验和做法。

国学讲师义务地做公益性的传统文化讲座，但在宣讲场地、教学设施、教材印刷、讲师的路费、车油费及食宿费等问题上，需要政府给予一定的资金资助。毕竟，民间儒学是个长期的文化工程，义务宣讲本来就是一种奉献，政府也应予以一定的资金资助和政策支持，以利于民间儒学活动的长期持续开展。而这部分投入，是真正能起到改善人心、造福社会的作用的。

除了普通百姓的教育，学校的传统文化教育也十分重要。目前公立的体制内学校也建立了许多国学经典读诵班，但体制内的老师由于长期应试教育的惯性思维模式，让学生读诵经典只是为了提高语文成绩，并没认识到弘扬传统文化对于化育人心的重要作用，这样的背诵式教育就偏离了弘扬传统文化的真正意义。民间办学的国学私塾有时可能忽视了体制化教育，让家长担心孩子日后的就业问题。因此，有的民间办学的国学私塾正在转向把国学经典教育和应试教育结合的双轨办学方针。曲阜国学院就是这样一个民办学校。有了这样的转向，高素质、肩负传承文化使命的民办私塾学校将会是弘扬和传承优秀传统文化的重要阵地和发展趋势，需要政府给予重视和政策上的支持。

山东儒源文化集团把教授文化礼仪、企业礼仪与传统文化培训、儒家文化体验、幼儿园教育等与旅行社、文化传媒公司等项目都做成了一个产业链式的文化产业，对于传统文化面向社会各界人士的传播起到了一定的积极作用。但要注意防范产业化过程中可能出现的形式化问题，不能把景点讲解员和导游一下子都当成是合格的国学讲师，要知道国学讲师的使命，注重讲师队伍师资人员素质的培养与提高。

（三）贪大求快、一窝风、一刀切的形式主义

民间儒学活动的健康发展贵在长期的坚持，要注意避免贪大求快、一窝风、一刀切的形式主义。民间儒学讲堂（含乡村/社区/广场等儒学讲堂），讲课至少每两周一次，形成规律性、持续性的活动。如果是一个月一次，甚至一个季度一次，半年一次，连续性得不到贯彻，教化的效果就会大打折扣。

曲阜的百姓儒学工程在某些方面起到了一定的作用，但在某些方面流于形式主义，存在着假大空的造势现象。文化的化育贵在持续性，不能只是热闹一时，那样起不了真正的作用。2014 年由某企业资助与儒学会馆联合举办的位于曲阜游客集散中心的儒学讲座集中办了一个暑期，还是起到了一定的作用。但只是昙花一现，没有定期持续地开展下去。"截至目前，曲阜市已在全市成立 675 所'人人彬彬有礼'教育学校，建成 516 个'廉洁道德讲堂'，建立起 4800 人的专兼职教师队伍，编写并免费发送 10 万多册《倡孝道·学国学——市民教育读本》等教材。近日，曲阜市计划在全市 400 多个村庄，每个村庄都配备一名儒学讲师，力争形成'村村讲儒学，户户颂和风'的新景象。"以上这段话是齐鲁晚报对曲阜百姓儒学工程的报道。"4800 人的专兼职教师队伍"，这么巨大的数字具体是怎么得来的，又是不是真正有国学素养的合格的国学讲师呢？"全市 400 多个村庄，每个村庄都配备一名儒学讲师。"如果只是安排导游或者讲解员做国学讲师，他并没有受过扎实的国学经典的教学与培养，他讲出来的话很可能会错解文义；更重要的是，他讲得不好，老百姓下次就不来听了。这种一刀切、一窝风的形式主义做法远离了开展乡村儒学的初衷，也严重影响了民间儒学活动潜移默化、化导人心的实际效果。在没有合适的讲师人选时，硬派一个不称职的讲师，不如由村民们或学生们唱一些儒风的歌曲，如《跪羊图》《烛光里的妈妈》等歌曲，播放一些由有经验的讲师宣讲的孝亲、和家、睦邻等接地气的视频讲座，然后再由负责人组织村民进行讨论和交流。另外，像曲阜图书馆冠名尼山书院这一活动，希望不要只是空有尼山书院的名字，而是真正把传统文化的宣讲和弘扬做到实处，起到深入民众、化育民心的作用。

儒学与社会

（四）民间儒学存在不太注重社会效益，出现一定的唯利是图、谋取暴利的过高收费倾向

民间儒学在最初的推广过程中十分艰难，是由一些热衷于传统文化，以弘扬传承传统文化为己任的一批儒学民间人士默默地坚持在做。直至现在，他们仍旧自愿自发、义务无偿地在奔走、在宣讲、在为民间儒学能在中国大地上重新发挥她的作用而奉献自己。这是精神与情怀源于他们对儒家文化和中华优秀传统文化的信仰，相信传承、推广、弘扬优秀的传统文化，可以拯救世道人心，造福千秋万代，有助于实现中华民族文化的复兴与长久发展。我们不反对民间儒学的办学者盈利，关键是盈利后的收入是否用于扩大民间儒学的教学以及推广活动中。在民间儒学的推广中，有许多义务宣讲、默默奉献的人，赵法生自掏腰包来印制传统文化教材，段炎平在十年前国学极不受重视的情况下，自费办国学院，来传承弘扬传统文化，化育人心。这样的人，政府可以适度给予报偿，义务宣讲可以，但路费、油费、食宿费等政府应该负担。这样的讲学、办学等有益于社会民心的活动，政府应该予以支持。因为他们所做的化育人心的工作，真正有利于人心道德的重建，有益于和谐社会的建构。

但也不乏某些机构和文化公司，趁着习主席大力提倡传统文化的东风，打着儒家文化和国学的招牌，定制了收费过高的短期国学课程等。比如，某大学或者某文化公司打着某大学的招牌举办的总裁国学班收费较高。不是不可以盈利，关键要看盈利后将这笔盈利用于何处。是用于传统文化的普及推广，比如用于其他公益讲座支出，印制国学宣传小册子和视频的光碟等等，这种盈利是可以的。但是如果不是用于传统文化的推广，只是满足了某些人唯利是图的欲望，就很有问题。

七、推动山东省当代民间儒学进一步健康发展的主要措施和对策建议

（一）创新宣传教育的内容形式

1. 编写通俗易懂、易于接受的教材

作为中华优秀传统文化的重要组成部分，儒学有着博大精深的内涵，社会大众对于儒家经典有着不同程度的陌生感。要促进民间儒学的健康发

展，就必须针对不同文化程度的受众，编写出通俗易懂、有吸引力也容易为大众所接受的《论语》《孟子》《礼记》等儒家经典的入门教材。不能止于对儒学繁复的概念和名词的解释和介绍，而是应该深入浅出，结合当下生活中的具体事例，重点选择"孝""悌""廉耻"等与民众生活最为贴近的概念来讲。对儒学的讲解应该有时代性，可以宣讲"新二十四孝"等与现代生活紧密结合的行动准则，弘扬真善美，批判假丑恶，注意避免迂腐的道德说教和那些不符合当代价值观的案例。

2. 运用多样的、现代化的传播方式

民间儒学的传播方式应该是多样的，现代化的。儒学课堂上，除了面对面的宣讲和儒学讲义的阅读，还可利用现代的科技手段，如网络课堂和播放视频等，让受众接受儒学可以更加便捷和直观可感。可以策划"公交论语""酒店论语""厂房论语""社区论语"等儒学普及活动，可以在条件成熟的社区设立"儒学普及工程基地"，向社区居民免费发放儒学的通俗讲义等读物。

3. 增强群众的实际参与感

民间儒学的目的是让儒学深入到社会大众的思想观念和实际生活中，成为他们的日常行为准则，起到改造人和塑造人的作用。为了实现这个目的，就必须打破群众对儒学的隔膜，增强他们的实际参与感。常规的课堂宣讲是必要的，同时还必须引领群众参与到一些生动活泼的活动中去，从中感受和领悟儒学。曲阜市举办的"百姓儒学节"就有一些好的做法，如举办"邻里一家亲"活动，通过邻里水饺宴、摊煎饼、民情夜会等活动加强邻里之间的沟通，让百姓之间团结和睦相处。也可以像泗水县那样，将每月的第一个星期日设立为"全民孝亲日"，鼓励子女帮父母做家务，陪父母聊天、参加文体活动，带父母检查身体，请父母吃团圆饭等，在日常生活中实践儒家的孝道伦常。

（二）与重大文化工程和公共文化服务体系有机衔接

1. 与山东省重大文化工程相衔接

山东当代民间儒学还应该实现与山东重大文化工程的有机衔接，其发展应按照"四德工程"建设、优秀传统文化传承创新工程、"乡村文明行动"、精神文明创建等文化强省建设工作的总体部署和要求，防止两张皮甚至相冲突的现象。

近年来，围绕着公民的道德建设和精神文明创建，山东省采取了一系列的重大文化工程。先后制定了《关于贯彻落实〈公民道德建设实施纲要〉的指导意见》和《关于实施四德工程进一步推进公民道德建设的意见》，在全省范围内实施了"公民基本道德行为40则"普及行动，各地市根据自身实际组织实施了公民道德建设工程。几年来，"四德工程"伴随着一系列教育实践活动而展开，在实施中建立起党委政府统一领导、宣传部门组织协调、相关单位各负其责、全社会积极参与的"四德工程"领导体制和工作机制，注重突出榜样的力量和示范效应，注重利用宣传平台，营造浓厚的氛围。在2011年全面启动的为期五年的"乡村文明行动"中，各地普遍成立宣讲团，利用村民学校、文化活动室等场所，采取举办讲座、入户宣讲等形式，帮助村民培育文明新风，取得了良好的效果。在搭建群众方便参与和乐于参与的活动平台，紧密联系实际、精心设计道德实践载体以及规范化运作等方面，民间儒学应该借鉴这几大文化工程的良好经验，充分发挥其在推动乡村文明程度的提高和社会主义精神文明建设，推动中华传统美德的创新性发展和创造性转化中的作用。

2. 将"乡村儒学讲堂"纳入公共文化服务体系

在总体布局上，要把"乡村儒学讲堂"和"尼山书院"一起，作为当前和今后一个时期全省公共文化服务均等化标准化建设的重要内容。把二者共同纳入公共文化服务体系建设"十三五"规划，纳入各级财政面向社会购买公共文化服务目录，在全省一起规划，一起部署，一起推进，一起落实。在建设模式上，把"乡村儒学讲堂"与正在全省深入开展的乡镇综合文化站和村文化大院（综合文化中心）建设有机结合，将"乡村儒学讲堂"建设和服务，作为乡镇综合文化站和村文化大院建设和服务的重要拓展，依托乡镇综合文化站和村文化大院的设施设备、人员队伍、服务网络，积极开展"乡村儒学讲堂"建设。在运行机制上，把建成的"乡村儒学讲堂"作为省、市、县各级图书馆"尼山书院"开展活动的重要阵地。各级"尼山书院"要把对"乡村儒学讲堂"的队伍培训、活动指导、流动服务作为日常工作的重要内容。逐步建立健全"尼山书院"和"乡村儒学讲堂"统筹推进、上下协调、互相补充的长效运行机制，实现优秀传统文化对乡村基层的全面、均等覆盖。

（三）强化正确引导管理

1. 加强政府的引导

与"四德工程"等由政府倡导的重大文化工程不同，民间儒学的发展呈现出一种民间的姿态，政府的过多干预和管控不利于其健康发展，但这并不表明政府部门可以缺失。宏观政策的把握、重大儒学活动的组织、宣传平台的提供、活动资金的支持，都离不开政府部门。曲阜市"百姓儒学工程"和"百姓儒学节"的实施，以及泗水县"乡村儒学"的开展和"儒风孝道之乡"的打造，都是政府起到了主导的作用。各级党委政府应该按照社会主义核心价值观的要求，从宏观上做好组织协调和指导监督，加强对民间儒学发展的引导，促进其健康有序发展，防止出现走偏走歪的现象。

2. 加强对民间书院、国学院等培训机构的规范化管理

随着民间儒学的快速发展，社会大众对儒学的热情空前高涨，各种形式的民间书院和国学院等儒学培训机构也应运而生。这些机构对于弘扬儒家文化、培养儒学人才起到了重要的作用。民间资本的大量涌入，使得儒家文化与现代企业文化出现良好互动的同时，也带来了很多问题。很多培训机构的授课过于注重形式而忽视了儒学的真正内涵；有的在讲授内容上不加甄别，宣扬了违背现代文明的观点；有的将资本逐利的本性发挥到极致，全以盈利为目的，忽视了社会效益，甚至出现了收费高昂、影响恶劣的所谓"天价国学班"。这些形形色色的怪现象，既与儒学的基本精神相悖，也严重损害了民间儒学的形象。因此必须加强对民间书院等培训管理机构的规范化管理，在注册准入上从严把关，对其教学质量进行不定期考核，纠正其过度的商业运作，严厉打击办学过程中出现的违法行为。

（四）加大经费投入保障

1. 政府应加大经费支持力度

民间儒学，尤其是乡村儒学，突出的是社会责任和社会效益，并不直接带来经济效益，其发展需要有充足的外来经费保障。目前泗水县的乡村儒学讲师属于义务性质，不拿任何报酬，长此以往，恐怕难以为继。另外，

儒学的宣传推广以及乡村儒学讲堂的建设都需要经费的投入。经费投入应该以地方政府为主，把民间儒学教学设施设备、讲师义工队伍建设以及儒学推广发展基金等纳入政府财政预算，并逐年加大比例。积极争取把国学推广、师资培训，相关配套设施建设纳入省里的规划当中去。省财政要整合公共文化服务方面有关的奖补资金，对各级图书馆"尼山书院"建设和服务成绩显著的单位进行奖补。同时从农村文化建设专项资金中切出专门资金，对"乡村儒学讲堂"建设成效显著的单位进行奖补。

2. 拓宽筹资渠道

除了政府投入外，民间儒学的发展还应该拓宽筹资渠道，充分利用社会资金。可以广泛寻求民间资金的捐助，设立民间儒学发展基金，用以民间儒学的宣传、推广和教学。民间儒学机构可以利用自己的专业技能，和传媒出版企业合作，通过儒学教材出版等方式，获得一定的经济报酬。国学班、书院等培训机构，在遵法守纪的前提下，在当好儒学正能量传播者的同时，也允许有适度的盈利。

（五）加强人员队伍建设

1. 强化儒学师资培训，建立儒学师资培训基地

发展民间儒学，队伍是基础，人才是关键。懂儒学、热爱儒学并愿意为之献身的人才更是重中之重。以曲阜的"百姓儒学"为例，曲阜市出台的《关于深入推进"百姓儒学"活动的实施意见》，提出每个村庄都将配备一名儒学讲师，力争形成"村村讲儒学，户户颂和风"的新景象。曲阜有四百多个村庄，按照《意见》的要求，则需要四百多位儒学讲师，在现有条件下，还存在着很大的人才缺口。目前山东民间儒学的师资，主要来自于高校和科研院所从事儒学研究的专业人员，为兼职性质。还有一部分来自于当地的中小学教师和有一定文化水平的乡贤，他们有工作的积极性，也了解当地的民情，但也并非全职，并且由于缺乏培训，传播儒学的效果也有待提高。因此必须加强儒学师资的培训，邀请专家讲解儒学教材，进行授课示范。受训的儒学讲师之间也可以交流教学体会和心得，互相提高。可以在尼山圣源书院等有条件的机构建立儒学师资培训基地，提供一个良好的平台，使儒学师资的培训规范化和持续化。

2. 建立稳定的志愿者队伍

发展民间儒学，除了儒学讲师，还需要志愿者的热情参与。要鼓励高校研究生和大学生充当志愿者，为民间儒学做一些力所能及的宣传工作。培养和建立稳定的义工队伍，尤其要注重义工的本地化，发展一些乡村儒学讲堂附近的儒学学习积极分子和骨干分子，付给他们一定的报酬，让他们承担一些诸如组织群众学习的任务，使儒学真正在乡村扎下根。

（六）增强知识分子的社会责任感

山东民间儒学的发展，离不开省内外知识分子的广泛参与，它要求我省知识分子以一种"士的自觉"情怀，发扬忧民忧国、经世致用、仁以己任的弘道意识和关心民事民瘼的担当精神，而不能停留在建构不同形态的道统、学统，"为知而知"，而要致力于用之于世，坚持"修道之为教"。一是借助于以儒化民，以文化民，对广大民众施以儒家孝道和五伦教育，使他们掌握儒家人伦知识，努力把儒家的伦理纲常转化为大众的内在道德自觉。二是利用人见贤思齐的心理，树立大量"最美好人"理想人格让民众学习仿效，致力于教化民众、传播知识、传承文化、塑造人格等，激励普通民众培养向善之心，培植人的德性。同时要对公民社会、市民社会中存在的不良现象加以批判和劝诫，促使扬善抑恶，以重建民间社会的伦理秩序和文化生态。三是加强对府学、文庙、乡校、学堂、书院、私塾、碑刻、牌位、文物、祠堂、家谱、家庙、家训、家礼和祭祀礼仪等物质的和非物质的文化遗产加以保护，以留住带有儒化特质的"乡土记忆"，构建作为重要文化载体、象征和平台的文化传承体系。四是深入发掘山东民间社会中的各种儒家文化，对已有的山东儒学文化积淀进行创造性转化和创新性发展，并赋予以新的要素、新的内涵、新的活力，弘扬民间所蕴藏的道德精神传统。五是借助于社会化或外在建制，将儒学外在化、社会化、制度化，通过经典诵读、国学普及、传唱活动以及包含三字经等在内的蒙学方式，融合到山东大众文化领域，融入乡规民约、家规族规、校训学规、家谱家庙等各种形式的乡土文化之中，培育忠孝仁厚风俗。

儒家传统与毛泽东的实践观

邱文元

（曲阜师范大学历史文化学院）

受到西方破裂式路径造成的二元论的影响，马克思的实践观还不能够树立起自觉能动性，也没有能够把辩证法从肯定的方面去诠释。毛泽东提出了马克思主义中国化的命题，使得从马克思开始的从思辨理性向实践理性的转变彻底完成，从而极大地推进了马克思主义的发展。

由于中国历史的连续性发展，使得传统中国保持了公有制（国有制）经济的主导地位，中国革命因而不是沿着彻底颠覆既有经济社会结构的途径而是沿着返本更新的路径进行的。近代中国革命不是以资本主义的高度发展为条件的"无产阶级革命"，而是恢复公有制主导地位的农民革命。没有私有制造成的阶级分裂和劳动异化，也就不存在马克思所说的资本主义发展和这个发展造成的"人的异化"。中国文化造就的人格不需要自我否定的中介就已经获得了主体性和主观能动性，从而使得毛泽东思想——中国化马克思主义借助中国思想儒家传统，比较容易、也最彻底地解决了困扰第二国际的革命自觉性问题。马克思主义在西方文明语境中采取超越否定的逻辑才能对实践理性进行阐释，而中国的马克思主义者则可以通过继承和激活儒家的传统就可以进行了。如果说毛泽东对于马克思主义在中国发展的最大贡献是他对自觉能动性的阐释，那么我们就可以说毛泽东的实践理性归根结底是对中国传统的继承和发扬。

我们从三个方面分析和研究毛泽东对马克思主义实践学说的发展。第一方面是，毛泽东在中国知行观语境中对马克思从观念与现实的知识观语境中阐述的实践概念进行了再诠释。其次，毛泽东关于主观能动性的思想，对于马克思主义发展具有重要意义。第三，有了上述思考之后，我们就可以对毛泽东在新中国成立后对否定之否定规律和质量互变规律的否定加以合理解释。通过这三个方面的分析和研究，我们就可以看到毛泽东思想继承和发展马克思主义的贡献所在和其伟大意义。毛泽东思想克服了西方文明语境给马克思主义造成的内容与形式的不相适应之困难，而使得马克思主义实现了从理论到实践的飞跃。

一、连续性路径中的马克思主义实践观

西方文明的破裂式路径导致了作为社会分裂的镜像的神圣和世俗、观念和现实两个世界的分裂对立，因而西方哲学史始终围绕着解决这个分裂对立的认识问题展开。要么是柏拉图主义从观念出发的理念论，要么是洛克、休谟式的从经验出发的经验论，试图从观念或现实的一方出发来造成二者的一致。前者因此走向了无视实际的教条主义，后者则陷入事务主义最终走向怀疑主义。这些不从实践的立场出发的认识论是不结果实的。马克思在西方思想史上第一次提出了实践立场，并从实践的立场出发来解决认识问题，实现了对西方哲学史的伟大革命。

马克思实践观的提出在西方哲学史上实现了一场伟大的革命，这场革命的发生在西方哲学史上也有历史的渊源。

早在古希腊的亚里士多德那里就有了对实践智慧的思考。亚里士多德区分了科学、实践智慧（phronesis）和制作，在西方哲学史上对实践智慧有比较详细的阐释。"实践智慧是实践的，因此人们必须拥有两者：普遍的知识和具体的经验，如果某人只能有一种，那就宁可偏爱后者"。[①] 但是受到破裂式路径造成的两个世界分裂的影响，亚里士多德把实践智慧置于第二位，从属于研究永恒不变事物的科学。后者显然是思辨的，这种思辨与希腊文明的社会分裂相对应。思辨哲学的发展必然以统一神的观念为其归宿，这种观念极力贬低属人的实践智慧。拉丁语 prudentia 就已经成为关乎个人

儒学与社会

---

① 亚里士多德：《尼各马可伦理学》，邓安庆译，人民出版社 2010 年版，第 220 页。

私利的精明了，不再具有重要的伦理和政治学的意义。现代英语的 prudence 几乎是一个贬义词，也是与其一脉相承。

经历了从古希腊古典哲学到中世纪经院哲学的发展，思辨哲学走向了自己的否定——从思辨理性走向了实践理性。当基督教借助犹太教的上帝观把亚里士多德纯粹思辨的唯一神实体化进而人格化了以后，奥古斯丁也借助上帝创造把自由意志还给了人。到了近代，康德提出纯粹理性也必然是实践理性，并且第一次在哲学史上提出了实践理性优先于思辨理性的命题。但是，对于康德来说，自由意志只是彼岸世界的精灵，它一旦落入时间和现象中就必然是自相矛盾的。康德把这种与生俱来的自相矛盾（"恶"）称之为"根本恶"，因此在康德看来历史中的变迁是不可理解的。黑格尔在康德基础上实现了一个转变，认为精神堕落到现象世界，是它返回自身的必要环节，为历史变迁提供了哲学的阐释。在精神现象学中，黑格尔升华了劳动的概念，并通过劳动概念揭示了西方文明破裂式路径的主奴辩证法——奴隶为了生存屈服于主人而丧失了人格尊严，但是又通过劳动赢得了自我意识和自由意志。

我们只有把马克思的思想放到它所产生的西方文明和历史中才能准确地加以理解和阐释。马克思的思想一方面返回古代希腊，另一方面又是启蒙的和现代的，是二者的一个综合。在对这两个方面的综合问题上，马克思深受黑格尔的影响。在古代和现代、理想和现实的综合中，黑格尔都进行了极为有意义的探索，为马克思提供了发动哲学革命的准备工作。黑格尔哲学的主奴辩证法，以及日耳曼人的基督教文明——尤其是在日耳曼德国每一个人都是自由的观念，就是古希腊理想和启蒙思想综合的结果。在亚里士多德的政治学中，城邦是行动主体相互承认自由的自由人联合体。马克思的共产主义理想是扩及每一个人都得到自由发展的自由人联合体，——一个扩大版了的古希腊城邦。在柏拉图和亚里士多德的政治哲学中，奴隶主和奴隶的对立，或者说奴隶的被奴役，是希腊城邦自由人联合体存在的不可缺少的必要条件。在一定程度上，自由是相对于奴役而言的，没有奴役也就没有自由。日耳曼人的基督教文明在接受了现代启蒙之后所产生的那个理想的综合中，不再有奴役和自由的对立。黑格尔把世界历史看作是绝对精神走向自我认识的过程，只是在极为抽象的意义上谈论了每一个人都自由的历史发展——从一个人的自由到所有人的自由的历史进程，其意义只是在绝对精神的自我认识的进程中才获得理解。马克思哲学思想的伟大贡献，他在西方哲学史上的革命性成就，就在于他站在了实践的立场上推进了黑格尔半途而废的哲学创造。

马克思的实践立场完全彻底地是劳动人民的立场——无产阶级立场（对于破裂式路径而言）。它包含两层含义。第一层含义，马克思认为实践活动首要的是生产劳动，生产劳动是人类生存和繁衍的最基本条件。第二层含义是"实际地反对和改变事物的现状"，即通过无产阶级革命实现每一个人都有的自由发展。"实际上和对实践的唯物主义者，即共产主义者说来，全部问题都在于使现存世界革命化，实际地反对和改变事物的现状。"①

为什么说马克思实践立场的确立是西方哲学史上的一场革命？正是这个立场的转变才完成了黑格尔发起却半途而废的一场革命。

我们看一看，从亚里士多德开始到黑格尔，哲学家从来都是站在精英统治者阶级的立场上来观察和思考的。在亚里士多德的实践活动中，即城邦的政治和伦理生活中，是没有劳动的内容的。柏拉图和亚里士多德的哲学是鄙视劳动的，而他们界定的实践活动只包括城邦政治和伦理，则把奴隶和外邦人的生产劳动排除在外。犹太教—基督教的传统也同样鄙视劳动，被驱逐出伊甸园的亚当、夏娃要劳动生产，以作为上帝对他们犯罪的惩罚。在古希腊和犹太教—基督教的两个传统上，实践是和劳动对立起来的。现在，马克思把劳动确立为实践活动的首要部分，这不是在哲学史上发动了一场革命吗？黑格尔虽然认识到了劳动对于奴隶重新获得自我意识和自由意志的重要性，也提出了每个人都自由的理想，然而他仍然把政治和实践活动与市民阶级的经济生活对立起来，企图把官僚精英的国家强加于市民社会之上。马克思在批判了黑格尔的法和国家之后，提出了无产阶级暴力革命的思想，——要彻底实现人类的自由全面发展，把古代确立下来的奴役和自由的秩序彻底打翻。

① 《马克思恩格斯全集》第 3 卷，人民出版社 1995 年版，第 48 页。

以马克思主义为旗帜的共产主义运动进行了一百多年，造成了人类历史空前的变化。到了 1991 年苏联解体，东欧的共产党政权纷纷崩溃瓦解。阿伦特指责马克思无产阶级革命学说关于消灭奴役实现人类全面自由发展的思想是自相矛盾的。指责共产主义运动，特别是列宁、斯大林领导的第三国际的共产主义运动不但没有消灭奴役，反而全面消灭了自由。阿伦特认为，没有奴役也就没有自由，消灭了奴役也就是消灭了自由。哈贝马斯受到阿伦特的影响，提出了交往理性的观点，从马克思倒退到了资产阶级的政治立场。在 20 世纪 90 年代李泽厚"告别革命"的口号下，自由主义登上了学术舞台，影响着中国政治、经济、文化发展的进程。研究马克思主义的中国学者，也提出马克思的劳动实践学说忽视了道德、伦理和交往理性的内容，需要加以修正和补足。

这些苏东剧变后的反思和批评虽然在立场上存在着极为严重的问题，却也扭曲地反映了马克思主义和共产主义运动的实际情况。马克思主义在经典作家那里受时代和文明环境的影响，不可避免地存在着一些局限性——这就是马克思主义坚定的立场观点和其借以表达这个立场观点的西方哲学史所提供的表现形式之间的不相适应性。

90 年代以来，马克思主义在中国的命运便与东欧苏联大不相同，追根溯源就在于中国化的马克思主义借助中国传统的儒家思想很好地解决了这个不相适应的问题，——不仅坚持和发展了马克思主义的立场和观点，而且克服了马克思主义内容和形式不相适应的问题。我们在这里需要加以强调的是，正是中国连续型文明的丰富遗产为毛泽东和中国共产党人提供了克服上述不相适应的问题的思想资源，坚持和发展了马克思主义。而不是如同东欧和苏联的共产党人根本放弃了马克思主义的立场和观点。

马克思的实践观存在着内容和形式的不相适应，实际上是西方破裂式路径文明发展困境的实际反映。我们在上面已经讨论了马克思实践观的两部分内容，现在我们进一步分析这两部分的关系就可以认识到马克思实践观的总体特征。

马克思强调生产劳动是最重要和最基本的实践活动，这是马克思哲学革命的伟大所在。但是，马克思在这里所说的劳动是和亚里士多德阐述的政治实践是相对立的，也就是说实现共产主义之前的现实的劳动实际上是被政治排除在外的"异化劳动"。在破裂式路径的西方文明发展过程，这种异化劳动被马克思看做人类解放的一个必要环节，正是异化劳动发展到极端而走向自我否定，不仅要产生无产者自我意识的觉醒，而且通过无产阶级暴力革命一举消灭产生"异化劳动"的条件私有制。马克思实践观中的"异化劳动"是和建立在其基础上的贵族和资产阶级的政治分裂对立的，但是作为对"异化劳动"否定必然结果的推翻私有制的革命实践却是政治的行动。

马克思的劳动概念不只具有消极的一面——只在私有制的条件下才是异化的。还有积极的内容，尤其是在无产阶级暴力革命完成以后，摆脱了异化的劳动就不再表现为私人化的劳动而是表现为社会性的。人类从事生产实践不是以一个个孤立的个人的方式进行的，而是在交往中结成社会结构的方式从事生产的。也就是说人与自然的劳动关系，和人与人之间的社会关系是互为前提和建构的。不存在脱离了政治的经济活动，也不存在脱离了经济活动的政治交往。只是私有制和它所产生的异化劳动造成了政治和经济的对立。

但是困扰马克思继承人的问题是，只有通过无产阶级革命才能废除使劳动异化的私有制，才能使劳动者成为自觉的社会和自由劳动者；可是，只有在无产阶级自觉其社会和自由劳动者的身份后，他们才能获得无产阶级的意识，才能组织起来发动一场废除私有制的无产阶级革命。这就是一个二难悖论，不解放劳动就不能革命，不革命也就不能获得劳动解放。

只是在马克思主义传播到几乎与西欧历史文化传统大相径庭的俄国和中国，信奉马克思主义的政党才成功地领导了革命。俄国革命和中国革命都是镶嵌在自身文明和历史中的革命。俄国化的马克思主义即列宁主义，和中国化的马克思主义即毛泽东思想，都与自身的历史和思想传统结合在一起。由于中央集权国家观念和历史的存在，在俄国和中国都存在着土地公有制的物质基础，这一物质基础一定程度上维护了劳动者与劳动条件的结合。因而在东方的俄国和中国就不存在无产阶级意识和异化劳动的二难悖论。而在西欧，马克思的继承人则找不到"异化劳动"条件下"无产阶级意识"自觉的途径，无法实现推翻资本主义制度的目标。西欧发达国家的无产阶级最后走向了争取普选权和福利国家的"修正主义"和改良主义道路。

中国化马克思主义如何能够通过凝聚劳动人民的意志重建政治秩序，从而使中国共产党能够领导中国革命走向胜利？中国连续型路径和它的儒家思想资源，为毛泽东提供了阐释马克思实践观的便利条件，使得中国化马克思主义的实践观根本上摆脱了内容与形式的矛盾。

在 19 世纪西方哲学社会科学的西欧中心主义视野中，不存在人类历史除破裂式路径外的其他途径。在马克思晚年的东方社会研究探索之前，马克思也只是把东方和中国的文明和历史看作专制主义和没有发展的历史停滞（马克思晚年的探索几乎没有对他身后的共产主义运动产生影响）。在陈独秀和王明右的和左的教条主义错误路线造成的两次灭顶之灾后，有着深厚儒家文化渊源的毛泽东坚定地走向了马克思主义中国化的道路。毛泽东正是通过继承发扬儒家优秀传统，做出了对马克思主义实践观的发展。

毛泽东实践观与马克思实践观有路径上的不同。首先，中国传统维持了劳动和劳动条件的结合，摆脱了异化劳动和它的政治上层建筑的分裂对立。中国历史发展的连续型路径，使中国历史发展延续和保持了公有制，尤其是土地公有制的主导地位，从而使得代表公有制主导地位的国家能够抑制贵族和精英阶级的私人占有，而在一定程度上保护了小农的自由劳动和其劳动条件（自耕农的土地和劳动工具）的结合。土地国有制下的小农与他所耕种的土地的结合，能够发挥国家和小农两个层面的积极性，使得中国在古代历史上始终居于世界各国经济发展的前列。19 世纪的西欧哲学社会科学根本不从实际出发，而是从偏见和观念出发，把中国文明看作是没有发展等待风化的僵尸。实际的情况是，中国连续型路径为中国文化保留了公有制的主导地位，也从而为毛泽东把劳动关系和社会关系相统一，从而提出形式和内容一致的实践观提供了条件。

资产阶级革命推翻之前的英国斯图亚特王朝和法国的波旁王朝，还把它们的统治合法性建立在君权神授的观念之上。与此不同，三千年前的商周更替就留下了政权来自人民的意志的观念——儒家民本主义的最早表述：

"天听自我民听，天视自我民视"。中国历史在土地公有制基础上建立的传统政治是和劳动密切结合的政治：为了劝课农桑，每年皇帝都要到田里实行耕籍礼，皇后要在后宫采桑养蚕。中国的读书士人也以耕读世家为誉。关键是中央集权国家为了抑制精英阶级的贵族化，积极保护小农的生产条件和生产力相结合的小农经济。

其次，农民为主体的中国革命，也和推翻私有制的破裂式路径下的revolution（革命）有所不同。后者是要彻底打破精英贵族阶级的国家和私有制，前者则是要在恢复中央集权国家所代表的土地公有制基础上，恢复和重建劳动力和劳动条件的结合。破裂式路径下，特别是资本主义条件下，劳动自由为私有制所侵夺；连续性路径下，劳动自由则是大一统国家为腐败和卖国的精英阶级所破坏后丧失的。为劳动自由发展开辟道路的革命，在前一种情况下是废除私有制及其建立在私有制基础上的国家；在后一种情况下，革命则要清除腐败和卖国的精英统治，重建土地公有制。毛泽东为中国共产党确立了群众路线，并通过群众路线团结和组织起人民大众的力量，打败了外国侵略者，推翻了腐朽的精英政治，在崭新的基础上实现了劳动和政治的统一。

二、知行观与主观能动性

三十年代毛泽东对马克思主义中国化的解释是，把马克思主义普遍真理和中国具体实践相结合。这个解释的好处是，它回避了马克思主义理论与中国传统思想的相互比较的问题，从而为中国连续性文明语境对马克思主义的理解打开了方便之门。它的缺点是，它掩盖了中国化马克思主义的中国来源。

在我们把马克思的思想置身于西方破裂式路径的语境之后，我们就可以对中国化马克思主义与中国儒家传统的深刻继承关系有自觉认识。

受到西方哲学思想二元论和知识论传统的影响，马克思以前的实践观（如黑格尔的实践观）谈论人的自由发展要通过解决观念和对象（即精神和物质）同一性问题的形式来进行。在西方二元论传统，人的本质和实存是分裂对立的，人的自由发展就是要恢复二者的同一。而本质与实存的关系首先是否定关系，二者的同一也就是否定之否定的思辨。这个自否定的自由发展过程，不是一个行动的过程，而是一个思辨的进程。它还需要宗教末世论的补充，像基督的复活一样，人的解放是一场终极的救赎。马克思实践观的阐述很显然要受到这个传统的影响，但是，马克思的彻底的实践立场和这个思辨哲学和宗教信仰的传统存在着矛盾和冲突。"无产阶级要解放自己就需先解放全人类"，似乎是把无产阶级替换了基督。马克思的思想虽然仍要透过思辨哲学和救赎信仰的形式，却已经获得了彻底的实践立场，把实践的主观能动性赋予了劳动大众。但是，在马克思这里形式和内容的矛盾达到了西方哲学史的一个极限。

西方自由主义学者透过二元论和形而上学的逻辑，把这种矛盾解释为决定论和唯意志论的矛盾冲突。研究毛泽东思想和中国革命的西方自由主义学者美国的迈斯纳、英国的施拉姆都认为毛泽东是唯意志论者。恰恰相反，在我看来毛泽东继承了中国思想的"一个世界"传统，消除了二元论的影响，使马克思主义得到发展，而取得了内容和形式一致的实践立场。

在儒家传统影响下，毛泽东的实践观则把知识论消化吸收为自身的一个环节，不是通过思辨和信仰的间接方式，而是通过知行的不断循环实现人的发展。儒家传统认为不能透过本质与实存对立的方式来把握人性，人性是不断发展和培养的结果。在这个发展过程中，观念依赖于实存，实存又受到观念的塑造，二者是互相渗透和相互转化的。也就是说观念不是绝对的，它走向实存不是自我否定的思辨，而是肯定和发展的行动。耶路撒冷与雅典的信仰与思辨哲学的分裂对立消除了，人的自由发展从而展现为一个道德培养的行为过程。在毛泽东的中国化马克思主义视野中，劳动大众的自由解放，不是通过资本主义的发达和异化的中介，也不是通过长期宣传和组织无产阶级的合法行动，最后走向总罢工和总暴动一举取得成功，而是在不断发展的游击战争中不断地发动和动员人民群众来参加革命，通过28年的武装斗争夺取了全国政权。

马克思的思想是西方文明两大传统即犹太教—基督教传统和古希腊哲学传统交会的产物，是西方哲学史的一个高峰。90年代以来马克思研究逐渐摆脱了苏联教科书模式的束缚，发现了马克思与上述两个传统的继承关系。人们一致认为，马克思与上述两个传统的继承关系，是通过深化黑格尔的论题而完成的。马克思通过确立实践的立场，即无产阶级革命的立场，而推动了康德、黑格尔开始探究而未能给出问题答案的精神和物质同一性研究。

马克思在《资本论》第二版跋中说，"辩证法在黑格尔手中神秘化了，但这决没有妨碍他第一个全面地有意识地叙述了辩证法的一般运动形式。在他那里，辩证法是倒立着的。必须把它倒过来，以便发现神秘外壳中的合理内核"。① 在苏联时期的马克思主义教科书中，把马克思在这里所说的对黑格尔辩证法的颠倒，看作是马克思唯物主义辩证法对黑格尔唯心主义辩证法的批判改造。20 世纪三十年代以来，马克思各种手稿的整理出版，使人们发现了马克思与黑格尔的关系，不是简单的批判关系而且是深刻的继承关系。卢卡奇、马尔库塞等西方马克思主义者在《巴黎手稿》（1844 年经济学哲学手稿）中发现了马克思早年异化思想与黑格尔《精神现象学》的继承关系。列宁早就发现了马克思的《资本论》在方法论上继承了黑格尔的《逻辑学》。20 世纪的一些学者，如阿尔弗雷德·施密特、克里斯托弗·阿瑟和托尼·史密斯，在马克思思想成熟时期的 1859 年手稿《大纲》出版后，进一步确立了马克思的《资本论》和黑格尔《逻辑学》的继承关系。在马克思对黑格尔否定辩证法的继承关系弄清楚以后，我们就可以理解马克思上述颠倒的意思所在了。

我们上面谈到马克思对于黑格尔哲学的革命性改造，根本在于马克思对黑格尔的辩证法进行了实践立场的改造。黑格尔只是抽象地谈论了世界历史最后一个阶段的所有人都是自由的观念，并不想彻底实践这个理性观念。彻底实现这个理性观念，是马克思实践立场的一个主旨。马克思彻底的实践立场是从现实世界的改造出发的，因此他才能够发现无产阶级的阶级本质，——无产阶级只有解放全人类才能最终解放自己。为了搞清楚无产阶级革命的条件，马克思提出了经济基础与上层建筑关系的历史唯物主义原理，研究了资本主义的总体逻辑。黑格尔的西方文明精神史研究，和

---

① 　马克思：《资本论》，人民出版社 1990 年版，第 24 页。

马克思经济社会发展的研究，分别是对西方破裂式路径发展的主观方面和客观方面的研究。因此，马克思对黑格尔辩证法的颠倒，表明了二者之间的镜像关系。

毛泽东在《实践论》和《改造我们的学习》中反对一切形式的主观主义，确立了实事求是的思想路线。实事求是的思想路线，否定了教条主义理性论（独断地在现象世界之上为其确立了本质），和经验主义怀疑论（二元论的彼岸是无法达到的），确立了"理在事中"的认识。实事求是因此也就是事物自身的发展和完善，是成己成物的统一过程。"以成己与成物（成就自我与成就世界）为指向，实践智慧联结了对世界的解释与对世界的变革，展现为'应当做什么的'价值关切与'应当如何做'的理性追问的统一。它在赋予智慧以实践品格的同时，又使实践获得了智慧的内涵。"① 在毛泽东的实践观中，亚里士多德的三个区分中的永恒事物的理论认识是被消解了（从伏羲画八卦时起，中国就没有永恒彼岸的宗教信仰），而政治行动和生产劳动构成了以他人的自由发展为条件的每个人自由发展的有机环节。

消解了彼岸世界，在"一个世界"中变易的事物，因此失去了永恒的救赎，却也获得了自我主宰的能动性。毛泽东把马克思主义实践观中国化后的最大收获，就是获得了主观能动性的认识。毛泽东和中国共产党领导中国人民走向民族复兴道路，就是极大地发挥了主观能动性的结果。这当然和中国文明发展的连续型路径的物质基础关系密切，是中国历史连续性发展的主观方面的表现。

在连续型路径的发展中，中国保持了国家和公有制经济的主导地位，并因而保护和维持了劳动者和劳动条件相互结合，使得中国劳动人民的劳动达到了古代史上最高的自由程度。在这样的条件下，国家和人民的结合就遏制住了精英阶级或集团的扩张，并为劳动人民出身的草根阶级的文化教育和政治参与提供了选举、科举考试的制度保障。

近代中国革命面对的不是资本主义高度发展带来的贫富分化，而是帝

---

① 杨国荣:《论实践智慧》,《中国社会科学》2012 年第 4 期。

国主义入侵和卖国的、腐败的精英集团的联合统治——这个联合统治瓦解了国家主权，造成了人民的流离失所和贫病交加，使中华民族面临着覆亡的危险。因此中国革命的任务就是宣传、组织人民，在人民统一意志的崭新基础上形成强大的力量，并以此强大力量来驱逐帝国主义、彻底铲除腐败和卖国的精英统治，建立中国共产党领导的人民民主的政权。

中国革命的实践因此不需要资本主义充分发展的前提条件，和马克思在西方发达资本主义条件下设想的无产阶级革命有着根本的差异。这并不是说毛泽东实践观是唯意志论的，毛泽东领导中国革命的主观能动性的高超发挥，是和中国五千年文明连续型路径的发展的前提条件结合在一起的。在探索中国革命的农村道路的过程中，毛泽东通过三湾整编、古田会议，确立了培养和提高农民的无产阶级觉悟以建立一支"无产阶级"革命军队的建军路线。

早在毛泽东提出马克思主义中国化的观点的三十年代末页，毛泽东就在《中国革命战争的战略问题》《实践论》和《矛盾论》这些光辉篇章中对马克思主义实践观进行了连续性路径文明语境中的重新阐释，阐发了主观能动性的思想。《中国革命战争的战略问题》尤其是一个典范，表现了毛泽东对儒家传统主观能动性思想的深刻理解。

在新中国成立以后毛泽东还有新的思考。在上层建筑和经济基础的关系上，毛泽东不受资本主义发展的经济规律必然性的束缚，开始探索发挥主观能动性实现经济社会发展宏伟目标的"中国道路"。那就是要充分调动国家集体和劳动者个人的积极性，而不是依靠资本主义的资本对劳动的剥夺，来实现国民经济的健康快速发展。但是受到计划经济教条主义和历史条件的限制，毛泽东的充分调动国家、企业和劳动者积极性的思想并没有落实为实践行动。在中国社会主义市场经济的实践中，由于市场机制的引入，最终使得毛泽东晚年探索的经济发展的中国道路走向了成功。

毛泽东在"一个世界"内知行关系的中国思想史背景下对马克思主义实践观的阐释，把马克思主义实践观从西方哲学史的神、俗或主、客对立二元论的歪曲形式中解放了出来。在神俗和主客分裂对立的前提下，二者的相互渗透就变成了自我否定性质的——这便使得黑格尔、马克思哲学的总体性与部分或显像之间存在着自否定的自我关联。只有在消除了二元论的中国哲学的"一个世界"中事物之间的联系才能够直接透露出肯定的内在关系，也只有此时才能谈论矛盾的普遍性和特殊性、主要矛盾和矛盾的主要方面。

三、肯定辩证法与否定辩证法

把毛泽东对马克思主义实践观中国化的逻辑弄清楚以后，就可以对学术界关于毛泽东关于辩证法新提法的争论作一个评述。

在毛泽东思想的"一个世界"化中，指向终极实在的、超越的、否定辩证法变成了彻底实践的肯定辩证法。

马克思和恩格斯将黑格尔的唯心主义的辩证法颠倒过来，建立在唯物主义的基础之上，使否定之否定规律成为唯物辩证法的三大基本规律之一。恩格斯在1879年为《自然辩证法》写的笔记中提出了三大规律的最早论述："辩证法的规律是从自然界和人类社会的历史中抽象出来的。辩证法的规律无非是历史发展的这两个阶段和思维本身的最一般的规律。它们实质上可归结为下面三个规律：量转化为质和质转化为量的规律；对立的相互渗透的规律；否定的否定的规律。"① 恩格斯在《反杜林论》中却说："马克思所使用的整整一系列辩证的说法：按本性说是对抗的、包含矛盾的过程，每个极端向它的反面的转化，最后，作为整个过程的核心的否定的否定。"② 在这里，恩格斯就试图用对立统一规律来解释否定之否定，虽然他还说否定之否定是辩证过程的核心。

在马克思主义从理论探索到实践转化的进程中，列宁认识到对立统一才是辩证法的基本规律。列宁曾经明确指出："可以把辩证法简要地确定为关于对立面的统一的学说。这样就会抓住辩证法的核心，可是这需要说明和发挥。"③ 并且指出，否定之否定规律"不过是科学社会主义由以长成的

社会儒学论丛（第一辑）

---

① 《马克思恩格斯选集》第4卷，人民出版社1995年版，第310页。
② 《马克思恩格斯全集》第20卷，人民出版社1971年版，第153页。
③ 《列宁全集》第38卷，人民出版社1959年版，第240页。

那个黑格尔主义的遗迹,是黑格尔主义表达方式的遗迹罢了"①。斯大林在《论辩证唯物主义和历史唯物主义》一文中,将否定之否定规律完全排除在辩证法的论述之外②。斯大林强调斗争是绝对的,否认矛盾的双方的统一性。毛泽东批评斯大林,"他第四条讲事物的内在矛盾,又只讲对立面的斗争,不讲对立面的统一。按照对立统一这个辩证法的根本规律,对立面是斗争的,又是统一的,是互相排斥的,又是互相联系的,在一定条件下互相转化的"。

斯大林去世后,赫鲁晓夫在苏共 20 大的秘密报告中全盘否定斯大林,苏联学界也开始重新讨论否定之否定和对立统一规律哪一个是基本规律的问题。苏联学者的讨论也引起了中国马克思主义学者对否定之否定规律的重新思考。1956 年,由苏联哲学家讨论阿历山大罗夫主编的《辩证唯物主义》一书引起的关于否定之否定规律的争论传入中国。自庞朴在《哲学研究》1956 年第 3 期上发表《否定之否定是辩证法的一个规律》始,开展了持续了 8 年之久的否定之否定问题的学术讨论。其主旨是否定之否定规律的普遍性及其在辩证法中的地位问题。1957 年到 1964 年 8 月毛泽东关于辩证法的问题有过多次讲话,这些讲话形成了毛泽东对马克思主义辩证法的新的系统思想。

在《在省市自治区党委书记会议上的讲话(一九五七年一月二十七日)》中毛泽东说:"斯大林有许多形而上学,并且教会许多人搞形而上学。他在《苏联共产党(布)历史简明教程》中讲,马克思主义辩证法有四个基本特征。他第一条讲事物的联系,好像无缘无故什么东西都是联系的。究竟是什么东西联系呢?就是对立的两个侧面的联系。各种事物都有对立的两个侧面。他第四条讲事物的内在矛盾,又只讲对立面的斗争,不讲对立面的统一。按照对立统一这个辩证法的根本规律,对立面是斗争的,又是统一的,是互相排斥的,又是互相联系的,在一定条件下互相转化的。"③毛泽东批评了斯大林只强调对立面斗争而不强调对立面的统一的错误,指

① 《列宁全集》第 1 卷,人民出版社 1990 年版,第 133 页。
② 《斯大林选集》下卷,人民出版社 1979 年版,第 425~431 页。
③ 《毛泽东选集》第 5 卷,人民出版社 1977 年版,第 330~362 页。

出"对立统一"就是"对立面相互斗争又相互转化"。1958 年 1 月写的《工作方法六十条（草案）》中，毛泽东指出："对立统一规律，量变质变规律，肯定否定规律，永远地普遍地存在。"① 毛泽东在这里把教科书中的否定之否定规律改成了"肯定否定规律"。1964 年 8 月毛泽东在北戴河关于哲学问题的讲话中指出，"恩格斯讲了三个范畴，我就不相信那两个范畴。（对立统一是最基本的规律，质量互变是质和量的对立统一，否定之否定根本没有。）质量互变，否定之否定同对立统一规律平行的并列，这是三元论，不是一元论。最基本的是一个对立统一。质量互变就是质和量的对立统一。没有什么否定之否定，肯定、否定、肯定、否定……事物发展，每一个环节，即是肯定，又是否定。奴隶社会否定原始社会，对于封建社会，它又是肯定，封建社会对奴隶社会是否定，对资本主义社会又是肯定，资本主义社会对封建社会是否定，对社会主义社会又是肯定。"② 1965 年 12 月毛泽东在杭州会议上的讲话中进一步贯彻和强化了这一思想。他指出："辩证唯物主义过去说是三大规律，斯大林一说是四大规律，我的意见只有一个基本规律，就是矛盾的规律。质和量、肯定和否定、现象和本质、内容和形式、必然和自由、可能和现实等等，都是对立的统一。"③

毛泽东上述关于辩证法讲话的基本精神，就是辩证法只有一个对立统一规律。首先，为了更好地体现对立统一这一基本规律，就要把质量互变规律、否定之否定规律理解为量变与质变、肯定与否定的对立统一。其次，就是把否定之否定从辩证法规律的首要位置上排斥出去，他认为"否定之否定"把否定绝对化了，对于"否定"和肯定的辩证关系理解不正确，应当改为肯定否定规律。这是毛泽东对从恩格斯、列宁到斯大林的马克思主义辩证法发展的一大贡献。第三，和斯大林强调斗争的绝对性不同，毛泽东认为矛盾的双方是斗争和依存的统一体。第一个和第二个特点是主要是毛泽东对列宁、斯大林关于辩证法规律的思想的一个继承下来的。第三个特点是毛泽东对马克思主义辩证法的一个创造性发展。

① 《毛泽东著作选读》下册,第 804 页。
② 《毛泽东思想万岁》1961 ～1968 年,第 148 页。
③ 《毛泽东思想万岁》1961 ～1968 年,第 246 页。

1978 年 9 月，李辛生发表了《恢复否定之否定规律在唯物辩证法中应有的地位》的文章，承接间断了 14 年的讨论。1979 年包括《1844 年经济学哲学手稿》的《马克思恩格斯著作全集》第 42 卷和黑格尔的《精神现象学》中文版出版，也为否定之否定问题的讨论提供了资源。庞长富 1979 年 4 月 19 日在《光明日报》发表了《唯物辩证法的规律只有一个》文章，认为"质量互变、否定之否定不能算作规律，……是对立统一规律的展开和表现。"李淮春在《教学与研究》1979 年第 4 期发表了《唯物辩证法的规律是三个而不是一个》，对庞文进行批评。肖焜焘《关于辩证法科学形态的探讨》（《中国社会科学》1980 年第 2 期）是一篇在篇幅和内容上都引人注意的文章，指出马克思从黑格尔辩证法继承了"否定之否定"的精华。在研究对立统一规律的基础上，进一步探讨了为什么马克思将辩证法说成是"否定性的"，为什么恩格斯将"否定之否定"作为整个过程的核心，为什么列宁将"否定性"视为辩证法的精华的缘由。卢婉清在《哲学研究》1980 年第 10 期发表了《辩证法的核心是对立的统一还是否定的否定》不赞同肖文，对肖文的观点提出商榷。

70 年代末的否定之否定讨论话题的重新提出，有一个人们不便名言的批评对象——这就是毛泽东在"文革"前不久关于否定之否定问题的讲话。恢复否定之否定辩证法规律地位的讨论，也包含着对晚年毛泽东思想评价的意义。因此为毛泽东辩解的文章也是在支持否定之否定规律普遍性的前提下对毛泽东曲意回护。如《在毛泽东哲学思想中有？无"否定之否定"的地位》（《毛泽东思想研究》1984 年第 3 期）一文中，何祚榕断言毛泽东虽然自己说要否定这个否定之否定规律，实际上毛泽东多次反复讲述的"螺旋式上升"和"波浪式前进"就是肯定了这个规律的普遍性。何祚榕认为问题出在，人们（包括毛泽东）误认为否定必定是质变。许全兴认为毛泽东否定这个否定之否定规律的普遍性，不是因为他误认为否定就是质变，而是因为"毛泽东正基于对否定之否定规律的内容和实质的探刻理解，才在晚年提出事物的发展表现为肯定、否定、肯定、否定的无限过程，才不相信有什么否定之否定，不相信三段式的普遍性"。"把否定之否定规律说成是揭示了事物（不管是指它的本质，还是它的存在形式）按三段式规律

725

发展的观点，是对否定之否定规律的一种误解。""毛泽东不相信三段式的普遍性，是对这种误解的否定，是正确的。不过，他确实一也有点囿于这种由来已久的误解，因而在否定这种误解时，他用的竟是否认否定之否定规律的语言。"《浅析毛泽东由"否定之否定"到"肯定否定"的变化——兼与何柞榕同志商榷》（《毛泽东思想研究》，1985（02），许全兴）。何柞榕和许全兴对毛泽东关于否定之否定规律普遍性的辩护，显然是不得要领的。

对于毛泽东晚年关于辩证法思考的讲话，毛泽东否定"否定之否定规律"普遍性的论断，应当和毛泽东关于中国道路和中国话语的一生不懈探索联系在一起，我们才可以深入理解。

首先，我们必须弄明白"否定之否定"的真正内涵，这个概念是西方破裂式路径发展在意识上的反映，是对西方历史在阶级分裂对抗中从一个极端走向另一个极端发展逻辑的概括。其次，我们要弄明白毛泽东何以对它的普遍性加以否定。在毛泽东对中国历史发展的连续性路径有了深刻理解后，更加自觉地继承了儒家为主流的思想传统，更加自觉地阐述了中国肯定辩证法的内涵。

虽然否定之否定规律是黑格尔在其逻辑学中第一次系统阐述的，但是它早就蕴含在希腊哲学和犹太教—基督教这西方两大传统中并且是其基本内容，也保留在马克思无产阶级革命的理论中。

西方上述两大传统一开始就确立了一种超越的本体论，这种超越的本体或绝对的神和现实世界的关系是否定性的。古希腊爱利亚学派的巴门尼德和他的学生芝诺，认为存在是唯一的和永恒不变的，从而把本体和现象世界对立起来。基督教历史观的基本框架就是否定之否定——人类历史开始于亚当和夏娃的伊甸园，由于自由意志而堕落（康德把进入时间的人类的罪性叫做根本恶），最后在基督的救赎和末日审判中回到与上帝共在的天国。黑格尔哲学全书的逻辑学、自然哲学和精神哲学，就是上帝否定自身又回到自身的过程的解说。

西方哲学史和宗教史的这种否定性的绝对本体论，是西方破裂式路径发展在思想上的反映。在希腊罗马文明起源的时候，西方历史就走向了私有制和它造成的阶级分裂对抗的道路。古希腊罗马奴隶制造成的社会分裂投射到意识中，就形成了此岸世界和彼岸世界的分裂。这种分裂反映到意识中就是古希腊和罗马早期的神俗二元论，到了罗马帝国时期基督教的诞生就是这个分裂的进一步发展。现代资本主义的产生不过是基督教世俗化的结果，在现代工业发展的条件下恢复到奴隶制的阶级对立，和奴隶制下的劳动是强制的异化劳动一样，现代资本主义工业的发展造成了无产阶级的贫困和悲惨境地。

马克思的共产主义思想是西方文明史的伟大成就，其中阐述的人类历史发展的普遍真理，却只能是破裂式路径的西方历史发展特殊道路所能包含的人类历史发展的普遍性真理。因此，马克思思想的普遍内容，既需要通过西方哲学的特殊形式进行表述，也和这个特殊形式对立起来。这就使得马克思的思想存在着坚定的实践立场和思辨哲学表述形式的深刻矛盾。马克思关于资本主义发展的批判，深刻地揭示了破裂式路径的基本特征。马克思的劳动实践观就是不能离开破裂式路径的历史发展进行诠释的——在这个路径中，劳动是通过自身分裂和异化的途径恢复自己和发展自己的。这样的破裂式路径正是黑格尔的否定之否定精神史的物质基础。之所以马克思能够把黑格尔的辩证法颠倒过来，也是因为精神观念史与社会发展史之间存在着相互反映的镜像关系的缘故。

在过去一百多年的中西比较研究中，我们发现要正确全面地认识马克思的思想，就必须把马克思的思想置身于西方文明思想的历史中。同样，我们要深刻理解毛泽东思想，也必须把毛泽东思想看做中国从孔子以来的优秀思想传统的发展。马克思主义在中国的传播、马克思主义中国化只是中国传统自身创造性发展的一个外缘和契机。

仲尼曰："君于中庸，小人反中庸。君子之中庸也，君子而时中。小人之中庸也，小人而无忌惮也。"（《中庸》）中国历史连续性发展塑造的人格是能够从大局着眼从继承和发展着眼的君子人格，因此对于走极端的"否定之否定"是无法认同的。这就是毛泽东为什么要在晚年否定辩证法的否定之否定规律普遍性的根本缘由。毛泽东用肯定否定规律替换否定之否定规律，是中国思想传统顽强生命力的表现，是毛泽东对孔子儒学传统的继承和发展。

在中国革命和建设的实践中，毛泽东把马克思的实践观中国化，并借以揭示了中国历史连续性发展的规律，从而领导中国共产党和中华民族走向了与西方破裂式路径完全不同的民族复兴道路。和西方历史中的无产阶级革命强调资本主义发展的前提条件不同，毛泽东领导的中国革命和推动中国历史发展的农民革命传统一脉相承。和破裂式路径现代资本主义发展不同，中国的现代工业化发展是在建立了公有制经济主导地位的前提下进行的。在公有制经济主导下，劳动者不是和劳动条件分裂对立而是密切结合在一起。社会主义市场经济不仅调动了企业和资本的积极性，也充分发挥了国家和劳动者个人的积极性，实现了人类历史上前所未有的经济发展。和西方哲学社会科学不同的是，中国数千年的思想史高度重视国家和公有制经济的主导作用。中国历史的连续性发展反映在中国哲学的意识中，就形成了儒家思想的体用论（本体论）——本体不是超越的，本体和现实世界的关系不是否定性的。这既存在于中国文明发展形成的国家观念和制度中，也存在于中国文明塑造的君子人格中。

从 70 年代末开始的对否定之否定普遍性的肯定，到 90 年代告别革命和否定毛泽东思想的思潮的兴起，中国知识界走了一段弯路。但是改革开放以来的中国社会主义市场经济的成功实践，为我们重新理解毛泽东思想提供了条件。毛泽东早年中国革命道路的探索，晚年关于经济发展中国道路的探索，包括他对马克思主义辩证法基本规律的思考，是我们建设中国话语体系的取之不尽用之不竭的宝贵资源。

毛泽东对否定之否定规律普遍性的否定，是毛泽东对马克思主义发展的一个重要贡献。毛泽东完成了列宁、斯大林未完成的任务，即克服了马克思主义在西方文明的起源带来的内容和形式上的矛盾，把马克思主义从理论发展为实践。

后　记

　　社会儒学是新世纪以来中国大陆涌现出来的当代儒学新形态，它目前虽然不如政治儒学、制度儒学、生活儒学、大众儒学等时兴，但是，它必定以其巨大的包容性、多元性、系统性等特质而呈现出旺盛的生命力和发展远景。自从投入儒门以来，我主要致力于儒家哲学、儒家文化、儒学人学和社会儒学四大领域的开拓，多年来投入大量精力思考儒家道德哲学和社会儒学诸多问题。我认为，儒学是一个由儒学原理、自然儒学和社会儒学及其各种分支所组成的层次有序的有机体系。我尽管对儒学始终抱有"诚心和敬意"，但从不标榜自己是什么新儒家，只是要求在日常生活中努力以一个儒者的形象展现在世人面前，尽管做得很不够。其实，海内外绝大多数所谓的新儒家、新新儒家，只不过是学术层面的儒学传承者、建构者，他们缺乏系统化的儒学创造，而且，就其人格而言还称不上是真正的儒者。在学界同仁的大力支持下，我和韩星、谢晓东两位同道极力倡导、探索、推广社会儒学，力图实现儒学与社会的良性互动，达成儒学的社会化和社会的儒学化的美好愿景；并且以牟钟鉴、陈来、黄玉顺等先生为楷模，致力于当代儒学（区别于现代儒学）的体系化创建。我个人在山东社会科学院文化研究所学术团队的精心配合下，围绕社会儒学学术空间的拓展，撰写了一些论文，承担了相关课题，组织了三次较有规模、较有影响的专题会议。

后
记

本文集正是两次社会儒学会议所提交论文的集成。一次是"社会儒学与社会治理"学术研讨会。为深入贯彻落实习近平总书记有关弘扬中华优秀传统文化的讲话和批示精神，进一步弘扬儒家文化传统，创新发展儒学，为中国社会治理现代化提供思想资源和价值支撑，山东社会科学院文化研究所、中国人民大学国学院和山东省国际文化交流中心于2015年12月3~5日在济南联合召开了山东社科论坛："社会儒学与社会治理"学术研讨会。会议主要围绕以下问题展开了讨论：社会儒学的内涵、结构、价值与意义，社会儒学的发展历程、现实基础与时代背景，建构社会儒学的途径与方法，社会儒学与社会治理，社会儒学与儒学其他形态（包括生活儒学、生命儒学、经济儒学、政治儒学、法律儒学、制度儒学、宗教儒学、道德儒学、文化儒学、乡村儒学、都市儒学等）的关系，社会儒学与社会责任体系建设等。另一次是第三届泰山文明论坛："社会儒学与社会关系"国际学术研讨会。为进一步创新发展儒学和社会儒学，推动儒学社会化和社会儒学化，实现儒学与社会的良性互动，建构儒学社会，并为当代社会关系的优化提供精神动源，加强文化智库建设，经过精心准备，山东社会科学院文化研究所联合韩国东亚哲学研究会、中国人民大学国学院和山东孔子学会共同于2016年8月6~7日主办了第三届泰山文明论坛："社会儒学与社会关系"国际学术研讨会。会上就儒家角色伦理与责任伦理、儒家社会伦理、儒家礼德思想、儒家家庭伦理、儒家信和伦理、儒家人学思想、儒家社会思想的历史发展、儒学重建与社会儒学发展、儒家社会文化等议题展开了热烈讨论。为真实记录两次会议的成果，特汇集成书。本文集由我负总责，赵迎芳、汪霏霏、张进、刘云超四位副主编协助我做了大量工作。

涂可国

2017 年 7 月 8 日

社会儒学论丛（第一辑）